La Poésie du xxe siècle

★

TRADITION ET ÉVOLUTION

Ouvrages de
ROBERT SABATIER
de l'Académie Goncourt
aux Éditions Albin Michel

Essais :

HISTOIRE DE LA POÉSIE FRANÇAISE :
1. La Poésie du Moyen Age
2. La Poésie du xvie siècle
3. La Poésie du xviie siècle
4. La Poésie du xviiie siècle
5. La Poésie du xixe siècle
   * Les Romantismes
   ** Naissance de la poésie moderne
6. La Poésie du xxe siècle
   * Tradition et Évolution
   ** Révolutions et Conquêtes
   En préparation :
   *** Poésie immédiate. Francophonie

L'ÉTAT PRINCIER
DICTIONNAIRE DE LA MORT

Poésie :

LES FÊTES SOLAIRES
DÉDICACE D'UN NAVIRE
LES POISONS DÉLECTABLES
LES CHÂTEAUX DE MILLIONS D'ANNÉES
ICARE ET AUTRES POÈMES
L'OISEAU DE DEMAIN

Romans :

LES ALLUMETTES SUÉDOISES
TROIS SUCETTES A LA MENTHE
LES NOISETTES SAUVAGES
LES FILLETTES CHANTANTES
LES ENFANTS DE L'ÉTÉ
ALAIN ET LE NÈGRE
LE MARCHAND DE SABLE
LE GOÛT DE LA CENDRE
BOULEVARD
CANARD AU SANG
LA SAINTE FARCE
LA MORT DU FIGUIER
DESSIN SUR UN TROTTOIR
LE CHINOIS D'AFRIQUE

Robert Sabatier
de l'Académie Goncourt

HISTOIRE DE LA POÉSIE FRANÇAISE

La Poésie du XXe siècle

I

TRADITION
ET ÉVOLUTION

Albin Michel

IL A ÉTÉ TIRÉ DE CET OUVRAGE SOIXANTE EXEMPLAIRES SUR VÉLIN CUVE PUR CHIFFON DE RIVES, DONT CINQUANTE NUMÉROTÉS DE 1 À 50, ET DIX HORS COMMERCE NUMÉROTÉS DE I À X.

© Éditions Albin Michel, 1982
22, rue Huyghens, 75014 Paris
ISBN BROCHÉ 2-226-01395-4
ISBN RELIÉ 2-226-01396-2

Propos d'entrée

APRÈS les six ouvrages consacrés à l'histoire de la poésie française depuis ses origines, voici les deux premiers volumes de *la Poésie du vingtième siècle* intitulés respectivement : 1. « Tradition et Évolution », 2. « Révolutions et Conquêtes », en attendant un troisième livre en cours de préparation consacré à la poésie récente, aux œuvres de la communauté francophone, à maints lieux du poème comme l'indique un « texte de liaison » situé à la fin de « Révolutions et Conquêtes ».

Comme il n'est point interdit de rêver, surtout ici, on peut supposer que vers l'an de grâce 2005 un quatrième volume pourrait couvrir les dernières années du siècle, mais nous ignorons qui en sera l'auteur; j'exprime simplement le vœu que ce travail soit poursuivi et amélioré dans un temps futur où les lecteurs se seront réconciliés avec cette force d'avenir, cette énergie vitale, qui a nom Poésie.

Je n'ai rien à ajouter à la « Préface générale » figurant en tête de *la Poésie du moyen âge,* mais je rappelle quelques indications : « J'ai dû choisir le déroulement chronologique, sachant bien qu'il reste imparfait : la division des siècles est souvent mensongère car ces bornes sont sans cesse bousculées par des courants impérieux. Mais quel regard peut embrasser de trop longues périodes ? Par-delà l'artifice du découpage par tomes, il faut prendre cette histoire comme continue. »

J'ajoute qu'un tic de langage fait appeler « Anthologie » tout ensemble consacré à la Poésie; je réfute cette appellation : *il ne s'agit nullement d'une anthologie* (recueil de morceaux choisis) *mais d'une Histoire.* Peut-être entre les deux l'orgueilleux artisan voit-il la différence de trente années de travail. Non, nous voulons donner au lecteur une relation des différents courants d'un art multiple fait d'incessantes mutations. Que serait un historien se limitant à ses propres goûts et triant dans l'histoire ce qui lui convient ? Toute activité créatrice humaine est respectable : aussi les lieux les plus antithétiques sont-ils parcourus, de la tradition à l'évolution, des révolutions aux conquêtes nouvelles, sans que rien soit rejeté ou dédaigné.

Il ne s'agit pas d'un ouvrage de critique; il ne s'adresse pas aux spécialistes bien que nous ne manquions pas de signaler leurs travaux et de leur rendre hommage; il se veut simple et lisible, comme si l'on racontait une belle histoire, sans rien renier pourtant des difficultés essentielles. Il n'est pas surchargé de notes, de références, de renvois : simplement, en cours de texte, on trouvera mention d'essais et d'opinions, d'indications biographiques (il s'agit aussi d'une « histoire des poètes ») et bibliographiques. Certes, une bibliographie générale est souhaitable et il se peut que nous l'entreprenions un jour, mais nous nous sommes aperçu que, situé en fin de chaque volume, un tel travail aurait nécessité des centaines de pages qu'il était matériellement impossible d'ajouter sous peine de mettre en cause la publication même de l'ouvrage.

Que dire encore ? Qu'il s'agit avant tout d'une *invitation à la lecture* car les textes seuls comptent. Par eux seuls, l'homme peut se définir, être « pour un seul jour contemporain des roses ». Si, par l'éveil d'une attention nouvelle, malgré les maladresses de la ferveur d'un simple amoureux de la poésie, quelque poète devient lumière pour qui le découvre, l'invitation-incitation n'aura pas été inutile. Je souhaite que mon lecteur ou mon ami inconnu prenne ces pages comme une mise en évidence de cette chose trop oubliée, parfois si précaire, mais si prometteuse de germinations, si éternellement salvatrice, qui se nomme Poésie.

R. S.

Mouvances de la tradition

I

Dans le sillage symboliste

Au seuil du nouveau siècle.

Tandis que s'élabore la poésie du siècle qui est le nôtre, qu'apparaissent de prodigieuses intuitions sur un avenir immense et peu prévisible dans une précipitation jusqu'alors inconnue de l'histoire, des sciences et des faits sociaux, les écoles et les individualités vont être à l'image de bouleversements constants, d'incessantes remises en question de l'écriture et de la société, et, dans cette course éperdue, dans ces chocs de probités, les valeurs nouvelles, si elles cohabitent avec d'autres, plus éprouvées, et qui, parfois, *a contrario,* ne sont pas étrangères à leur essor, sont à la source d'une mécanique de la révolution constante permettant d'incroyables progressions au prix même de marcher sur des cadavres, certaines formes de poésie ne pouvant, de ce fait, être conduites vers leur épanouissement naturel. Certes, le fait n'est pas entièrement nouveau, et l'on se souvient de l'écrasement des valeurs du moyen âge par l'avènement de la Pléiade, de leurs tentatives de survie, du classicisme vainqueur et du néo-classicisme écrasé par l'impulsion romantique, des luttes de cent écoles... Cependant, en aucun temps, il n'y eut une telle consommation de forces vives, et des élans comparables à ceux qui ont précédé et suivi la Première Guerre mondiale, une telle impression de bouillonnement, de fusion de notre art dans le grand creuset universel, avant que, à la suite d'une autre guerre, il n'éclate en mille et mille étincellements jusqu'aux inconnues de l'avenir.

Nous voudrions, nous aussi, brûler les étapes, mais il nous importe d'établir l'historique de ces métamorphoses qui, seul, peut nous permettre, à défaut d'une compréhension entière des phénomènes, d'en suivre les phases essentielles, et, peut-être, d'en éclairer, par souci de justice, quelques aspects trop vite oubliés. Nous rejoignons donc cette date de 1900, la vraie coupure étant sans doute plus sûrement celle d'une guerre qui impose ses sinistres frontières. Les poètes dont le temps de vie est à cheval sur deux siècles, et que nous avons rencontrés, ont, les uns, accompli l'essentiel de leur œuvre et se contentent de se survivre, tandis que les autres, les plus nombreux, vont développer et amplifier leur création, et même apporter un terreau bénéfique. Parfois, des modulations et des modérations, tout en suscitant l'opposition essentielle (tant il est vrai que la poésie ne progresse que par ses luttes), vont permettre une meilleure connaissance de leur art, tentant de l'humaniser et de le mettre en rapport avec la vie et les rythmes du temps. C'est une histoire de plus en plus difficile à suivre, car les mouvements anciens cherchant une durée et un rajeunissement se chevauchent avec les nouvelles esthétiques, et tout gagne en passion et en énergie créatrice. Sans vouloir prolonger le préambule, l'historien est tenté de solliciter l'indulgence tout en promettant, pas à pas, sur le chantier de la poésie et par ses œuvres vives, une tentative d'éclairer mutations et métamorphoses.

A la charnière du siècle.

Si intéressantes que soient les tentatives et les tentations qui précèdent, préparent ou accompagnent l'Unanimisme, le Fantaisisme, les Futurismes, la difficulté reste d'analyser des œuvres qui tentent de les sous-tendre et d'en être l'illustration. Un regard sur la poésie de l'époque montre que les poètes les plus tentés par la nouveauté, les théoriciens les plus novateurs, restent d'une singulière timidité tant ils sont influencés par un symbolisme et un néo-symbolisme qui semblent s'adoucir et, René Ghil et quelques-uns mis à part, perdre de leur hardiesse tout en tentant de rejoindre plus d'humanité et des rapports plus concrets avec la vie.

Pour tenter de clarifier, un regard s'impose sur la chronologie de poètes déjà présents dans le second volume de *la Poésie du dix-neuvième siècle* auquel il faudra sans cesse se référer. Nous donnions alors un exemple : « Tristan Klingsor (1874-1966), Paul Fort (1872-1960), Fernand Gregh (1873-1960), Paul Claudel (1869-1955), Charles Maurras (1868-1952), André Gide (1869-1951), Saint-Georges de Bouhélier (1876-1947), Paul Valéry (1871-1945), Francis Jammes (1868-1938), Louis Le Cardonnel (1862-1936), ayant écrit pour la plupart des œuvres marquantes avant 1900, vivront respectivement 66, 60, 60, 55, 52, 51, 47, 45, 38, 36 années du XXe siècle. »

Si nous rappelons des noms et des dates, c'est pour montrer que certains poètes appartenant à des écoles du siècle précédent, comme le Symbolisme ou l'École romane, ont pu assister à l'avènement du Surréalisme et parfois ont traversé la Deuxième Guerre mondiale et assisté à des phénomènes récents. Ce n'est pas seulement une singularité, mais un fait de cohabitation à souligner, et l'on verra qu'auprès des parallèles, il existe des obliques et parfois des points d'incidence ou même de communes lignes de départ. Ce n'est pas nous éloigner de l'évolution que de tenter un rappel et faire un tour d'horizon des valeurs issues du siècle précédent en invitant le lecteur à se reporter à notre précédent volume pour une plus ample information; des chapitres particuliers seront bien entendu réservés à des poètes de l'envergure de Claudel, Valéry, Péguy, Jammes, Milocz, Henry Bataille, par exemple.

Valeurs symbolistes.

Les résonances symbolistes et impressionnistes se retrouvent dans toute la littérature, au théâtre et dans les arts, la décoration, la critique. Le début du siècle s'y baigne avec une préciosité alanguie, et l'on goûte la poésie lascive d'Anna de Noailles et des « Amazones » tout comme celle des pionniers symbolistes. Le public de l'aristocratie et de la bourgeoisie y trouve des sentiments délicats en rapport avec sa manière de vivre et oublie volontiers les directions sociales de l'école.

On lut beaucoup Albert Samain que ses détracteurs appelaient « poète de sous-préfecture », on lut avec délectation celui dont José Maria de Heredia (toujours lu lui aussi) disait : « Mon gendre a plus de génie que moi, mais j'ai plus de talent que lui », Henri de Régnier qui, après ses *Lendemains*, 1885, ou ses *Jeux rustiques et divins*, 1897, donnait des œuvres jamais décevantes d'artiste raffiné jusqu'au maniérisme, empreintes de sensualité élégante, marquées comme chez Verlaine, mais d'une autre manière, par les fêtes galantes du siècle de Watteau. Oui, comme on lisait ses romans d'amour exaltant la beauté féminine, on restait charmé par l'alexandrinisme et le Parnasse des *Médailles d'argile*, 1900, et on le resta par *la Cité des eaux*, 1902, *la Sandale ailée*, 1906, *le Miroir des heures*, 1911, recueils vivifiés par le Naturisme. En ces lieux, le symbole et l'ornement se rejoignent dans les vers amples, des phrases longues comme chez Marcel Proust, se déroulant en subtiles volutes musicales. Il fait ainsi chanter *la Forêt* :

> Héroïque forêt de légende et de songe,
> Si tu ne m'offres plus ton fabuleux mensonge
> Et si, dans les chemins, je ne retrouve pas
> Les Princesses en pleurs que rencontraient mes pas,
> Ni les grands Chevaliers s'en allant sous l'armure
> Vers la grotte enchantée où dormait l'aventure
> Dont le destin devait ouvrir à leur retour
> Le château de Tristesse ou le verger d'Amour...

Cet artiste saura avoir la vertu de la simplicité :

> Le matin, je me lève, et je sors de la ville.
> Le trottoir de la rue est sonore à mon pas,
> Et le jeune soleil chauffe les vieilles tuiles,
> Et les jardins étroits sont fleuris de lilas.

Ce ne sont là qu'échantillons, mais une ligne aussi nette, un goût assez pur pour éviter le dilettantisme, se retrouveront dans les livres du grand âge, *Vestigia flammae*, 1921, et *Flamma tenax*, 1928, comme dans ses romans (en particulier *l'Altana ou la vie vénitienne*, 1924), ses chroniques, ses contes, ses aphorismes. Si Régnier s'accorde parfaitement à son époque, si de nouvelles présences l'ont fait oublier, il a su, lentement, patiemment, renouveler un art parfait, au soleil de douces maturations et le relire apporte de délectables surprises.

Un Francis Vielé-Griffin n'avait pas attendu le Naturisme pour se vouer à l'exaltation de la Nature et de la Vie, pour rechercher des rythmes nouveaux, volontiers par le vers libre, tout en restant un poète d'eau limpide et de cristal transparent. Influencé par Mallarmé, souvent proche de Ghil, il a su avoir recours à la poésie des ballades et des complaintes populaires, extraire du folklore chrétien et des légendes germaniques ce qu'ils ont de plus directement poétique. Aux alentours de 1900, il publiera *la Partenza*, 1899, *la Légende ailée de Wieland le forgeron*, 1893-1899, *Sainte Agnès*, 1901, *l'Amour sacré*, 1900-1903, *Thrène pour le président Lincoln*, 1912, d'après Walt Whitman, *la Lumière de Grèce*, 1912, *Sapho*, 1912. Si partout il exprime sa mélancolie, ses plaintes même, il côtoie l'élégie sans jamais sombrer dans la morbidité décadente. Cette poésie reste marquée par les allégories et si Vielé-Griffin n'évite pas toujours le lieu commun ou l'image attendue, il parvient à le faire oublier en partie par la sûreté de son métier et son art d'utiliser les ressources musicales du vers libre.

Pour ces poètes et ceux qui suivent, il est utile de se reporter au précédent volume. Rappelons que Robert de Montesquiou-Fezensac, cette incarnation du décadentisme, ajouta à ses recueils d'avant le siècle, *le Pays des aromates*, 1900, ou *Professionnelles beautés*, 1905. Faisant un choix de ses *Poésies*, 1906-1909, il parla dans sa préface des dons prodigues de sa jeunesse, indiquant parmi ses qualités et défauts mélangés, l'exubérance et la complication naturelle, ce qui prouve en faveur de sa lucidité.

Laurent Tailhade, le bouillant Tailhade à la rhétorique superbe, de ses *Poèmes aristophanesques*, 1904, d'une veine satirique, aux *Poèmes élégiaques*, 1907, où le maniérisme fait un mariage de déraison avec le Parnasse, a distribué les deux inspirations de son œuvre qui étonne toujours, même si on ne peut l'apprécier qu'en la situant dans son époque.

Symbolisme, musique et science.

Le maître d'une poésie fondée sur la science, René Ghil, l'intelligent, l'ambitieux pionnier désireux de trouver les rythmes libres s'accordant à l'évolution humaine, le rejeton du Mallarmé du *Coup de dés* et du Rimbaud du *Sonnet des voyelles*, après *Dire du mieux*, 1889, et *Dire des sangs*, 1898, publiera successivement *le Toit des hommes*, 1902, son essai *De la poésie scientifique*, 1909, puis *les Images du monde*, 1912. Tandis que la plupart des poètes issus du Symbolisme s'efforcent de donner de plus douces tonalités à leurs poèmes, vont en direction du naturisme et de l'humanisme, cherchent plus ou moins la simplicité, s'assagissent, tout en restant en proie à l'inquiétude, René Ghil, lui, ne cède pas à la tendance générale. Il apparaît plus sûr de lui et mieux armé que ses contemporains. Il veut toujours le mariage de la poésie avec la musique et la science. Il ne cesse de le dire, de l'affirmer, d'apporter des exemples par l'édification d'une œuvre vaste, des cinq livres de *Dire du mieux* aux quatre livres de *Dire des sangs*. Il est un des maîtres de l'instrumentation verbale, il ne lui manque que des oreilles assez éduquées pour l'entendre. L'harmonie, chez lui, prend le pas sur la syntaxe, les rapports musicaux conditionnent la création poétique. Sa grande épopée poético-scientifique, même si elle connut en son temps un échec relatif, force l'admiration. On ne retint de sa manière que l'étrangeté et la difficulté de lecture, car son ton râpeux, raboteux, rocailleux comme une grotte baroque, ne pouvait alors être apprécié. Tenter d'unir l'art d'un Scève ou d'un Du Bartas et leurs vues cosmiques aux conceptions wagnériennes en passant par les travaux de Helmholtz sur les harmoniques fut son ambition. Des citations ne suffisent pas à le bien définir. Ajoutons cependant à celles du précédent volume cet extrait de *la Prière vers l'Orient* :

> Mes songes dépassant les Formes,
>   ce qu'ils furent...
> toute la terre par mes sens gonflée!
> Rappelez-vous! source de pleurs :
>   comme ils demeurent...
> aux terres qu'arrosait le Sindhu, après l'heure
> autochtone des Ghunds souterrains, en exils
> caverneux devant les peuples,
>   comme ils demeurent
> portant d'assises en assises la poussée
> s'éternisant d'un grand Instinct panthée, au hile
> d'or de lotus, les Temples! – les temples virils
> et doux
>   comme la Vie, d'avoir en pensée
> et très saint, érigé le lingham monolithe
> qu'entoure le serpent dardant sa tête vite!

Cette simple citation permet de voir comme l'étendard symboliste flotte sur des poètes aussi différents qu'un Régnier et un Ghil. Proche de ce dernier, Gustave Kahn, après avoir lancé ou animé des revues comme *le Symboliste*, la *Revue indépendante*, *la Vogue*, organisé avec Catulle Mendès des matinées de poètes, écrira des romans, contes, chroniques, critiques d'art, essais littéraires, avec une constante qualité. Ce théoricien convaincant, ce partisan du vers libre dont il revendique l'invention, poursuit son combat dans *le Vers libre*, 1912, après avoir publié *les Fleurs de la passion*, 1900. Si, dans ses poèmes courts, le vers libre lui permet de délicates variations musicales, lorsqu'il l'emploie pour des œuvres plus vastes, le dessert plutôt. Kahn, souvent remarquable, doit être retenu comme un pionnier hardi, même si la course du temps le fit bientôt dépasser. N'oublions pas non plus que ses *Images bibliques*, 1926, comme ses *Contes juifs* ou ceux de *Terre d'Israël* le situent auprès d'un André Spire ou d'un Edmond Fleg.

L'érudit Remy de Gourmont, après 1900, publiera de nombreux romans, des essais (*Physique de l'amour*, 1903, *Promenades littéraires et philosophiques*, 1904-1927) et ses *Lettres à l'Amazone* (Natalie Clifford-Barney), 1914, 1926, ses *Lettres d'un satyre*, 1913, ses posthumes *Lettres à Sixtine*, 1921, et les poèmes de *Divertissements*, 1913, après *Oraisons mauvaises*, 1900. Son œuvre est d'un écrivain curieux des tendances nouvelles, raffiné comme ont su l'être les symbolistes, avec une pointe de sensualité s'accordant avec son intelligence et sa culture. On le retient comme un des meilleurs critiques du mouvement symboliste.

Robert de Souza, autre esthéticien, a sa place dans son voisinage et plus encore dans celui de Ghil ou de phonéticiens comme Georges Lote, le Père Jousse, l'Abbé Rousselot, André Spire. Il participera au débat de l'abbé Brémond sur la poésie pure et cela trente ans après son premier essai sur *le Rythme poétique*. Il dédiera son recueil *le Poème de l'Heure* aux gloires du ring, ce qui indique son désir d'actualiser le Symbolisme.

Son compagnon Tancrède de Visan, pseudonyme de Vincent Biétrix, est le collaborateur de René Ghil aux *Écrits pour l'Art* en 1905. Il mit en lumière les rapports du Symbolisme et de la philosophie de Bergson. Par ses essais, il révéla de nombreux écrivains et des poètes comme Louise Labé alors mal connue. Meilleur théoricien que poète (*Le clair matin sourit*, 1938), dans *l'Attitude du lyrisme contemporain*, 1911, il défend la littérature symboliste contre ses accusateurs : pour lui, le mouvement ne se situe pas à l'écart de la vie et il fait la liaison avec l'idéalisme des nouvelles tendances. L'esthétique symboliste « est celle qui prétend se passer de symboles », c'est-à-dire que le poète reste en contact direct avec la nature dont il transcrit l'incessante imagerie, apportant une connaissance du réel authentique, loin des concepts et des constructions intellectuels. Il est proche de Bergson que Marcel Raymond a justement cité à son propos : « Nulle image ne remplacera l'intuition de la durée, mais beaucoup d'images diverses, empruntées à des ordres de choses très différents, pourront, par la convergence de leur action, diriger la conscience sur le point précis où il y a une certaine intuition à saisir. En choisissant des images aussi disparates que possible, on empêchera l'une quelconque d'entre elles d'usurper la place de l'intuition qu'elle est chargée d'appeler, puisqu'elle serait alors chassée tout de suite par ses rivales. » Tancrède de Visan a vu plus loin que beaucoup de ses contemporains immédiats dans cette approche de l'absolu et ce sont les générations suivant le Symbolisme qui lui apporteront la meilleure illustration de théories ambitieuses. Retenons que le mode de connaissance philosophique de Bergson et celui de la connaissance poétique sont parallèles. Au cours du XXe siècle, d'autres rapprochements de la même sorte s'opéreront. On retient de Tancrède de Visan ce rapport direct entre l'image et l'état d'âme se développant dans la durée et son désir de conduire le poète à pénétrer au cœur de cette réalité.

Théodor de Wyzewa, tout comme Dujardin et Schuré, poursuivit ses recherches wagnériennes, montrant la capacité émotionnelle et sensitive des musiques verbales dans le vers et la prose, l'art de Wagner justifiant l'emploi du vers libre.

Édouard Dujardin, autre musicographe et poète, fondateur avec Remy de Gourmont de *la Revue des Idées* (1904 à 1913) voulut unir science et humanisme. Spécialiste de l'histoire des religions, désireux, aux moments les moins propices, d'établir une réconciliation franco-allemande, il sera retenu comme l'inventeur du monologue intérieur par son roman *les*

Lauriers sont coupés, 1888, l'idée lui en ayant été donnée par Wyzewa. Le couronnement de l'œuvre de Dujardin fut, comme nous l'avons déjà indiqué, *le Mystère de Dieu mort et ressuscité*, 1923, légende dramatique sur le conflit du judaïsme et du christianisme au premier siècle de l'ère chrétienne. Les chants de *Mari Magno*, 1922, témoignent de sa recherche d'un lyrisme neuf.

Édouard Schuré contribua, nous l'avons vu, au culte de Wagner chez les symbolistes. Chantre harmonieux de la nature, obsédé par la précarité de l'être, ouvert aux sentiments d'enthousiasme, pétri d'humanité, il semble saluer l'homme en saluant les arbres dans *En forêt* :

> Et lorsque l'un de vous, seul, roidi sur sa roche,
> Tombe aux coups de l'orage, il tombe le front haut,
> Il tombe comme un preux sans peur et sans reproche,
> Et des gerbes de fleurs lui font un gai tombeau.
>
> Comme un roi dans sa pourpre il dort couché dans l'herbe,
> Il dort calme et puissant de son dernier sommeil ;
> Il a dans sa forêt poussé libre et superbe,
> Il a vécu cent ans d'air vierge et de soleil.

Dans cette lignée, Adolphe Boschot, historien de Berlioz, familier de Mozart, cherche à donner à ses poèmes des tonalités de musique de chambre, le meilleur de lui-même étant dans ses *Poèmes dialogués*, 1900. L'année suivante, dans une lettre à Gabriel Boissier, secrétaire perpétuel de l'Académie française, il appelle l'opportunité sur une réforme de la prosodie qui, déjà à l'époque, pouvait paraître fort timide, mais suscita l'intérêt au point d'unir un congrès de poètes sous la bannière de *la Foi Nouvelle* autour de l'École française. Boschot écrit : « Le rythme constitue le vers. Sans une certaine régularité, le rythme cesse d'être musical et expressif ; il peut même cesser d'être perçu. En général, toute grande et large poésie pourra se contenter des rythmes trouvés depuis Ronsard jusqu'à Victor Hugo. La nouveauté consistera, semble-t-il, à faire paraître tout nouveaux les anciens rythmes, parce qu'on saura les adapter à l'expression de plus en plus musicale des émotions, des sentiments et des pensées. Si les poètes, individuellement, et à leurs risques et périls, sont toujours libres de s'essayer à innover, néanmoins le rythme même ne peut être l'objet d'une réforme générale : c'est lui l'élément traditionnel qu'il faut respecter avant tout. » Ce que prône Boschot, c'est le remplacement des règles graphiques par des règles phoniques : assouplissement de la césure ; exactitude de la rime pour l'oreille selon la moderne prononciation ce qui élargit le champ des possibilités ; emploi du hiatus quand il est agréable à l'oreille. Ce n'était point là grande nouveauté, mais aux yeux de la plupart, cela passa pour tel. Il n'y avait là au fond qu'un vague replâtrage du classicisme et, depuis pas mal d'années, la musique avait repris son bien. Cela n'empêche d'ailleurs pas que les poèmes de Boschot, et l'on cite encore ceux de *Pierre Rovert* ou de *l'Aube de l'amour*, restent ceux d'un paysagiste ému, descriptif comme les bons parnassiens, ayant le sens de la grandeur comme un Vigny, souvent élégiaque et tendre, et sereinement musical comme dans cette *Libellule* :

> Dans un rayon, l'aérienne libellule
> S'agite sans bouger sur le ruisseau dormant.
> Penche-toi : tu verras que de bleus diamants
> Brûlent dans l'éventail de sa robe de tulle.

Avec Souza, Ghil et leurs amis phonéticiens, le peu connu Antoine Orliac (1880-1958) s'intéresse à l'orchestration verbale, mais attend 1921 pour publier *l'Évasion spirituelle*, en même temps que son *Métabolisme ou une nouvelle attitude du lyrisme moderne*, que suivra en 1952 un *Choix de poèmes*. Il tente de répondre, comme Ghil, aux rythmes et aux mystères de l'univers par une poésie ardente et sensible.

André-Ferdinand Hérold continuera après 1900 à offrir sa douceur *Au hasard des chemins*, 1900, ou *Sur la route fleurie*, 1911, tout en écrivant du théâtre volontiers en vers. Ce spécialiste des langues orientales, cet érudit, s'inscrit dans cette tradition qui veut que, du Parnasse au Symbolisme, se retrouvent de véritables savants. Ses tragédies en vers comme *Prométhée*, en collaboration avec Jean Lorrain, musique de Gabriel Fauré, ou *le Jeune Dieu* furent jouées et appréciées en leur temps. Une opinion de Remy de Gourmont : « C'est un poète de douceur; sa poésie est blonde avec, dans ses blonds cheveux vierges, des perles, et au cou et aux doigts des colliers et des bagues, élégantes et fines gemmes... » La critique alors savait paraphraser le poème. Hérold montre parfois qu'il n'a pas oublié la musique verlainienne :

> Les fleurs meurent d'une mort lente,
> Les oiseaux ont fui vers des prés
> Où peut-être un autre avril chante
> Son hymne joyeux et pourpré.

Charles Morice se dévoua aux poètes qu'il aimait : Verlaine, Banville, Corbière. En 1901, il publia *Noa Noa,* poèmes de Tahiti, symbolistes sur un sujet parnassien :

> Voici le Soir qui vient dans la pourpre et l'or, ivre
> D'amour. C'est l'heure fraîche où se reprend à vivre
> Le peuple enfant, joyeux d'un avenir de nuit.
>
> Et toute l'île, sur les rivages, au bruit
> Du vivo, des chansons, des rires assemblée,
> S'agite, folle, bavarde, bariolée, –
> Les femmes, le tiaré à l'oreille, les plis
> Du paréo tendus sur leurs reins assouplis,
> Le torse libre, aux tons de bronze et de bitume, –
> Et la mourante ardeur du couchant se rallume
> Aux brusques éclairs d'or qui sillonnent leur chair.

Pierre de Bouchaud partage les idées de Boschot. Il publiera *les Heures de la muse*, 1902, *le Luth doré*, 1911, poèmes bien faits, pleins de tact et de goût, mais où une personnalité véritable n'apparaît pas toujours. Les idées prosodiques de Bouchaud sont les mêmes que celles de Boschot : déplacement de la césure dans l'alexandrin, rime pour l'oreille et non pour les yeux, inobservance de l'alternance des rimes, emploi de l'hiatus. Il veut qu'aucun son ne soit désagréable à l'ouïe et il agit ainsi dans tous ses poèmes :

> Senteurs des nuits d'été, doux parfum de rosée ;
> Fraîcheur délicieuse où les bois sont baignés ;
> Ô soupirs de la terre heureuse et reposée,
> Nards subtils dont les champs muets sont imprégnés ;
> Vents légers portant sur leurs ailes le silence...

Symbolisme orphique et chrétien : Le Cardonnel.

Curieux itinéraire que celui de Louis Le Cardonnel (1862-1936). Il fréquente les cénacles symbolistes, fait ses débuts au *Chat Noir* avec des poèmes réalistes, collabore aux revues les plus diverses en donnant à des vers bien faits une petite allure pré-fantaisiste (on peut le lire dans des feuilles rhodaniennes, dans *Scapin*, *la Vogue*, *Écrits pour l'Art*, *la Plume*, *l'Ermitage*, *le Saint-Graal*, *le Mercure de France*, etc.). Et voilà qu'il quitte Paris en 1894, est ordonné prêtre deux ans plus tard, semble perdu pour la poésie. Mais ses anciens amis veillent et, à leur instigation, il recueille des poèmes épars dans *Poèmes*, 1904, et continue sous un nouvel éclairage, celui de la religion, dans notre siècle à publier *Carmina Sacra*, 1912, *Du Rhône à l'Arno*, 1920, *A Sainte Thérèse de l'Enfant Jésus*, 1921, *De l'une à l'autre aurore*, 1924, *Poèmes retrouvés*, posthume, 1946, apportant une présence fort classique, mais bien personnelle, où le mysticisme prend des airs aériens, où le symbolisme se teinte d'orphisme délicat. Suave et doux, pur et consolateur, André Fontainas le montre ainsi : « Il a réalisé sans effort la fusion de sa croyance et de ses élans d'ardeur. Aussi n'étale-t-il dans ses poèmes aucun prosélytisme ; aussi l'accueil qu'il accorde quand elles passent aux divinités symboliques de l'Hellas s'ajuste sans difficulté aux exigences de sa foi très scrupuleuse. » Il y a en lui du saint François d'Assise et du Piero della Francesca (il résida longtemps en Italie) et des touches de savoir qui font penser aux humanistes et aux néo-platoniciens renaissants. Il célèbre Wagner et Louis II de Bavière, Dante et Tennyson :

> Tombez sur Tennyson qui nous charma les heures,
> Sur Tennyson, aux chants si limpidement beaux,
> Qu'à jamais leur cadence enchante nos demeures
> Et que nos cœurs lui soient palais plus que tombeaux :
> Tombez sur Tennyson, le délivré des heures !

Ces cinq vers nous montrent des défauts courants chez Le Cardonnel : il côtoie le prosaïsme, se contente d'épithètes banales et n'a pas toujours le sens de l'image neuve. Dans ses poèmes inspirés par l'Italie, il rejoint par endroits l'art de Moréas. C'est cependant sa foi qui l'inspire le mieux comme dans ce début de *la Poursuite divine* :

> Ô mon Dieu, vous avez des ruses adorables
> Pour triompher des cœurs et vous les attacher,
> Car vous êtes épris de ces cœurs misérables;
> Jusqu'au bord de l'Enfer vous courez les chercher,
> Et, vous penchant sur eux doucement, vous leur dites
> De céder à l'amour et de ne plus pécher.

Ou encore dans ce poème *Près du cloître* que l'on extrait de *Carmina Sacra* :

> Près du cloître où la vigne est blonde de lumière,
> Oublieux du cruel passé qui fut le mien,
> J'abandonne, en priant, mon âme tout entière
> Aux attraits de ce beau printemps italien.
>
> Dans mon ravissement je crois marcher à peine,
> Je sens comme bondit la terre sous mes pieds.
> Ce matin, dans la claire église franciscaine,
> J'ai compris le bonheur des cœurs sacrifiés.

Le Symbolisme aquatique de Guy Lavaud.

Néo-symboliste, Guy Lavaud (1883-1958), à l'image de Rodenbach qu'il admire, est un poète de l'eau, et aussi du ciel nuageux et des fleurs, comme en témoignent ses titres : *la Floraison des eaux*, 1909, *Des fleurs pourquoi...*, 1910, *Sur un vieux livre de marine*, 1918, *Imagerie des mers*, 1919, *Poétique du ciel*, 1927, *Confidence des fleurs*, 1945, en ajoutant à cette veine le ton de l'élégie intime : *Du livre de la mort*, 1907, *Climat du soir*, 1948. Sa poésie est celle des ciels mouvants et il se rapproche de Stéphane Mallarmé et Francis Jammes (gendre de Francis Vielé-Griffin, il appartient à la famille symboliste). Il ne dédaigne pas un appel réaliste à la poésie que portent les termes marins et il connaît bien la faune et la flore sous-marines, l'halieutique dont il tire de fines métaphores, et, en ce sens, fait rêver comme dans ces albums où apparaissent frégates, corvettes, vaisseaux ou sacolèves. Il pourra tracer en quatrains un alphabet de la mer où chaque lettre prend une figure marine. Il le dit :

> Comme d'autres sont nés sous le signe d'un astre
> Je suis né sous celui de la mer et de l'eau.
> Comme un signet de soie pris dans la cire grasse
> Je ne puis détacher mon âme de ce sceau.

De lui, Henri Clouard dit : « La poésie de Lavaud est flexible, enroulée comme une liane... Il fut toujours d'une clarté parfaite et coulante, capable de faire voir, en quelques vers allusifs, deux vagues qui se suivent, différentes, sur la mer. » De la beauté des choses il connaît le prix :

> Je sais ce que raconte à la vie océane
> La rumeur de ce flux qui, sans relâche, efface
> Chaque pas imprimé par l'homme sur le sable,
> Le sable qui se lave et toujours se ressemble.

Le lecteur prévenu en matière de prosodie constatera chez lui le retour des rimes féminines remplacées parfois par l'assonance pour donner de la fluidité, des élisions d'*e* muets, des harmonies et des tentatives d'harmonie allitérative. Dans son dernier recueil, *Art poétique*, 1956, il avoue une impuissance à cerner les ombres et les secrets de l'univers. Il reste de lui de fort beaux poèmes dignes de poètes plus connus que lui et souvent le lecteur est sous le charme :

> Nuits dorées des étés, ô nuits, limpides fêtes
> Où la planète bleue et cette enfant, l'étoile,
> Les constellations au front calme et, tempête,
> La grande nébuleuse au milieu de ses voiles
> — Milliers de pas blancs et de ceintures — dansent,
> Lumières, harmonies, musiques inouïes,
> Ballets que chaque soir sur le ciel entrelace...

On aime de Lavaud ses archipels sidéraux et ses îles comme ses blancs bouquets d'étoiles parfumées, comme disaient Rimbaud et Mallarmé de qui il est fort proche en ses meilleurs moments.

Les Eaux dormantes d'André Foulon de Vaulx.

D'origine belge et naturalisé français, comme André Fontainas, l'Anversois André Foulon de Vaulx (1873-1951) est, comme Guy Lavaud, sensible aux eaux, mais ce sont les eaux dormantes et il fait penser à Rodenbach. Il aime soleils brouillés et ciels mouillés, parcs solitaires et bois sombres, canaux et lacs, crépuscules et brumes. Son vers est classique et il passe des souffles de romantisme atténué dans un Symbolisme à forme parnassienne. Ses livres se suivent, apportant chacun une inflexion particulière sans jamais apporter un véritable renouvellement : *les Jeunes Tendresses*, 1894, *les Floraisons fanées*, 1895, *le Jardin désert*, 1898, *l'Allée du silence*, 1904, *la Statue mutilée*, 1907, *la Fontaine de Diane*, 1901, *les Eaux grises*, 1913, *le Vent dans la nuit*, 1920, *le Parc aux agonies*, 1923, *Œuvres poétiques*, 1925. Sa suite romanesque, les dix volumes *les Ames solitaires*, est bien oubliée.

On apprécie ses paysages en larmes, sa volupté voilée par une vision mélancolique de la vie, à travers ses époques de pessimisme et de résignation. Il règne, chez ce poète du silence et du calme, une sorte d'héraldisme, de la tristesse et de la fierté devant la douleur que calment des alexandrins de bonne qualité mais monotones et parfois impersonnels. C'est un peintre de la nature aquatique tout à sa rêverie des eaux qui sont, comme dira Bachelard, porteuses de mémoire. Ici, *la Brume sur les eaux* :

> Le ciel est un rouet qui file de la pluie.
> Et par ce lent dimanche anglais l'âme s'ennuie
> Comme si, l'endormant au bruit de son rouet,
> Le ciel tissait de la tristesse, et la nouait
> Et l'enroulait et la moulait autour de l'être.
> Chaque fil d'eau l'étreint, l'étouffe, l'enchevêtre;

> Et le rouet du ciel qui dévide cette eau
> Finit par tisser tout un immense manteau
> Où l'âme, prise d'un grand sommeil mortuaire,
> Se blottit d'elle-même ainsi qu'en un suaire,
> Et se couche, fermant les yeux, pour ne plus voir
> Tout ce lin que le ciel sur elle fait pleuvoir.

Dans le sillage symboliste.

Une grande partie de la poésie du début du siècle est imprégnée de symbolisme, c'est pourquoi l'influence du mouvement dépasse les petites prisons de nos chapitres et qu'en bien d'autres lieux on la décèle. Quelques-uns, post plus que néo-symbolistes, puisqu'ils n'apportent aucun renouveau, sont de simples suiveurs qui tentent vainement d'accéder à l'art des grandes générations, celle de Mallarmé ou celle d'Henri de Régnier.

Gabriel Volland (1881-1947) dans *le Parc enchanté*, 1908, ou *la Flûte d'ébène*, 1910, se sert de thèmes romantiques comme l'oubli, la mort ou le souvenir, puise dans le parc zoologique parnassien pour dépeindre un fauve ou des chauves-souris, a recours aux thèmes symbolistes, faunes, cygnes, bergers, sans rien ajouter à ses prédécesseurs avec une bonne volonté naïve et une impression d'application laborieuse qui décourage la citation.

Raoul Boggio (né en 1898) avec un peu plus d'art, dans de nombreux recueils (citons *l'Ombre d'un rêve*, 1924, *la Double Image*, 1923, *Nuance*, 1940) cherche à unir musicalité et luminosité. Il s'éloigne timidement de la rime pour tenter quelques assonances. S'il prend pour symbole le cygne, il court le danger de répéter Mallarmé. Il sait aussi être direct, multiplier les interrogations et donner à ses poèmes le ton de la confidence. Un exemple :

> L'eau frémit dans tes mains creuses et tu vas boire
> Longuement... – N'est-ce pas que la vie est divine
> Plus que la solitude inhumaine des cimes ?
> Elle est harmonieuse, elle est douce, elle est sage.
> Et tu l'as réveillée, avec ses yeux d'extase,
> La Belle qui dormait au Bois de la Légende...

Maurice-Pierre Boyé (1899-1969) incline vers l'élégie et la rusticité. Fernand Mazade dit : « Il a de l'érudition et de la méditation, de la fantaisie et de l'élégance, de la sensibilité et de la mesure. » Signalons *les Reposoirs*, 1921, *Poèmes d'Ile-de-France*, 1925, *Flore ou le langage des roses*, 1927, *Élégies romanesques et champêtres*, 1934, *Pauca Matri*, 1955. En bien des endroits il se rapproche d'Henri de Régnier à qui il dédie un poème :

> Pour la première fois, l'automne fut sans vous
> Langoureux et timide, ardent et monotone,
> Nous avons respiré son parfum triste et doux,
> Mais l'automne sans vous, est-ce encore l'automne ?

Auteur d'un ouvrage sur *la Mêlée romantique,* son savoir, ses sources livresques se glissent dans ses poèmes descriptifs où les souvenirs passent dans les paysages comme le montre une *Halte à Port-Royal des Champs :*

> Feuillages pondérés et fins de Port-Royal,
> Peupliers qui tremblez jusques en vos racines,
> Brumes s'évaporant en flocons bleus du val :
> Vous m'avez fait aimer d'un amour sans égal
> La prose de Pascal et les vers de Racine!

Jean Pourtal de Ladevèze (1898-1976), depuis ses *Fragments,* 1927, jusqu'à sa mort, a publié presque chaque année un recueil, le plus souvent au *Divan,* de poèmes symbolistes d'inspiration classique qui traduisent ses états d'âme : nostalgie aristocratique, émotion devant la beauté des choses, les jeux de la couleur et de la lumière, souvenances d'instants préservés par le poème, solitude traduite en musique. Il cherche des images évocatrices, discrètement mallarméennes, sur un ton assourdi. De beaux vers donnés par les dieux surgissent dans ces poèmes discrets et raffinés, ces stances gnomiques, mais une lecture d'ensemble donne vite une impression de monotonie : il faut savoir choisir les pièces poétiques où les épithètes et les rimes ne sont pas trop attendues. Lisons ces *Stances :*

> C'est l'heure où trois grands rois par les sables lointains
> Portant l'encens, l'or et la myrrhe en long cortège,
> Vont vers l'astre inconnu des terrestres destins
> Soumettre leur puissance à l'enfant qui protège.
>
> La nuit blanche de neige entoure la maison.
> Tu cherches au ciel noir en vain l'étoile enclose :
> Mais venu de la rue un oblique rayon
> Sur la vitre a fleuri la beauté d'une rose.

Valeurs symbolistes après 1900 : en Belgique.

On le sait, Émile Verhaeren mourut en 1916 écrasé en gare de Rouen par un train. Après 1900, cet homme, qui avait eu la rare qualité de rejoindre la réalité quotidienne des hommes du travail, apportera une influence prépondérante sur une bonne part du Modernisme, et l'on peut dire que le Naturisme, l'Humanisme, le Paroxysme, l'Unanimisme et même le Futurisme lui doivent le meilleur d'eux-mêmes. Verhaeren qui a pris d'une manière toute particulière figure de poète national est avant tout un penseur universel. Il reste celui qui entendit plus que tout autre l'appel de la vie en même temps que les voix du terroir. Du Symbolisme, il a retenu l'instrumentation verbale et en a trouvé l'application; Hugo lui a apporté une tradition idéaliste et socialisante; Whitman l'a ouvert aux rythmes et aux images de la civilisation du progrès. Marqué par les faits sociaux, par l'histoire, ce poète a ressenti le tragique de la condition humaine et l'a exprimé dans ses poèmes et dans ses drames. Sans cesse, il affirme l'existence du monde : il en a la carrure, la vitalité, le mouvement, il en porte le sens tragique et la souffrance. *Les Forces tumultueuses,* 1902, sont un cri de fraternité humaine. L'homme s'identifiant aux choses en devient le dieu panthéiste dominant tout par une énergie démesurée face au frénétisme dévorant. *La Multiple Splendeur,* 1906, exprime encore « les rythmes fougueux de la nature entière ». Ses hymnes exorcisent les puissances de mort, il peut « s'enivrer de l'humaine bataille », s'épanouir dans l'apothéose du monde. Et cela ne l'empêche nullement d'être ce poète d'amour qui divinise la femme dans *les Heures claires, les Heures d'après-midi* ou *les Heures du jour,* d'être le poète idyllique des *Blés mouvants,* 1912, le fresquiste du pays natal dans *Toute la Flandre,* 1904-1911.

Symboliste, certes il l'est puisqu'il joue sur son instrument, mais plus encore on le voit romantique social et poète mouvant de la réalité des choses. Homme de carrure, parfois raffiné plus que tout autre, parfois à l'état brut, ne craignant pas les grincements de ferraille et les bruits des manufactures, ce poète est celui de l'énergie, de la vitalité et du dynamisme, et cela fait oublier quelque grandiloquence et quelque monotonie. Son mérite est de s'être laissé aller à sa nature profonde et d'avoir su, dans un état paroxystique donner à une époque son correspondant poétique et sa musculature imagée.

Le miracle est sans doute qu'un même sol ait produit tant de diversité. Si Georges Rodenbach mourut en 1898, la plupart des poètes belges du Symbolisme sont présents dans notre siècle et peuvent côtoyer les poètes d'esprit nouveau qui assureront une remarquable relève.

De Maurice Maeterlinck, Édouard Schuré disait qu'il était « comme Ibsen un individualiste irréductible » et André Gide le définissait « homme du Nord, très positif, chez qui le mysticisme est une manière d'exotisme psychique ». Au début du siècle, le poète des *Serres chaudes,* 1889, des *Douze Chansons,* 1894, le dramaturge lyrique de nombreuses pièces comme *l'Intruse,* 1890, *Pelléas et Mélisande,* 1892, homme fêté, admiré, riche, se partage entre Paris, le Midi et la normande abbaye de Saint-Wandrille. L'étude de Ruysbroeck, Emerson, Novalis ajoute à son pessimisme. Il observe la vie animale, préparant ses vies d'insectes, d'une valeur scientifique contestable. Ses études sur *la Mort,* 1913, s'écartent des idées reçues de l'époque. Il crée des drames parmi lesquels *Sœur Béatrice,* 1901, *Mona Vanna,* 1902, *l'Oiseau bleu,* 1908, immense succès international. Le roi des Belges le fait comte. Le prix Nobel lui est attribué en 1911. Il multiplie les œuvres et, durant la guerre de 1939-1945, il s'exile aux États-Unis. Il mourra en 1949. Il reste avec Claudel le grand représentant du Symbolisme au théâtre. L'art de ce mouvement, dont il est l'un des maîtres et des créateurs, lui a donné, à partir d'artifices, le vaporeux, le flou, une sorte d'aura poétique qui correspond à des présences d'êtres vagues, hors du temps ou venus de quelque moyen âge féerique, pris dans des zones mystérieuses aux confins du réel et du merveilleux imaginaire, cernés par la peur et l'angoisse, guettant des lueurs d'espérance, et dont les sentiments et les sensations sont évoqués dans une langue de beauté.

Cette musique immatérielle du Symbolisme, Albert Mockel, le créateur de *la Wallonie* en 1886, sans cesse la sollicita. Il fut un des premiers vers-libristes en même temps que Gustave Kahn, fréquenta les Mardis de Mallarmé (il écrivit *Stéphane Mallarmé, un héros,* 1899), s'attacha à étudier Verhaeren « *poète de l'énergie* », 1933, dont la puissance dionysiaque semble à l'opposé de la rêverie pleine de liberté et de fantaisie de ce poète wallon que Fontainas place dans la lignée de Baudelaire. Après *Chantefable un peu naïve,* 1891, *Clartés,* 1902, Mockel attendit 1924 pour publier une composition lyrique et dramatique, *la Flamme immortelle* qu'apprécièrent les poètes de la nouvelle génération. Partout, il cherche à exprimer avec ferveur les sentiments ineffables. Parce que pour lui « certains poèmes ressemblent à des yeux sans regard », il cherche au contraire à exprimer les régions secrètes de l'âme par des jeux de lumière et d'ombre et de douces harmonies. Dans le précédent volume nous donnons des exemples de cette poésie de charme et de sensibilité. Quelque peu effacé par de hautes présences, Mockel mérite, aux côtés de Verhaeren, Rodenbach ou Maeterlinck, une place de premier plan dans le mouvement symboliste. Il reste un transfigurateur du monde ambiant, un révélateur de la pureté intérieure de l'artiste qui sait voir au-delà des apparences.

Avons-nous assez dit l'importance de Max Elskamp? Ce graveur sur bois, cet imagier flamand, cet enlumineur offre une présence particulière, résolument originale, et qui semble ne rien devoir à personne. Certes, le Symbolisme l'a imprégné, mais il n'en épouse ni le dilettantisme ni l'esprit décadent. Il participe du folklore sans être « folklorique », c'est-à-dire en ce qu'il a de plus enraciné. Les campagnes, les cathédrales, l'Escaut, les vitraux, les dames flamandes, il en saisit les couleurs, l'imagerie et les chante avec une candeur purificatrice. Il est simple sans simplifier, naïf sans calcul, savant comme pouvaient l'être les primitifs, franciscain sans mièvrerie. Les êtres et les choses sont vus par un regard qui est bien le sien. Après la guerre de 1914, les titres de ses recueils disent combien les épreuves et l'exode l'ont assombri : *Chansons désabusées, les Délectations moroses, Aegri somnia,* 1921-1924. Il reviendra par la suite à ses poèmes du début. Tendre et mystique, coloré et fantasque, il affirme une poétique simple : « J'ai aimé les petites villes, les navires et les anges et j'ai cru sage de m'en tenir à cela. » Or, à partir d'un projet qu'on croirait réduit, il atteint à l'universalité. Du *Songe de la vie,* 1898, à la *Chanson de la rue Saint-Paul,* 1928, il a écrit des chefs-d'œuvre de rêverie et reste, dans l'ensemble symboliste, un des rares poètes dont les chatoiements et les colorations se rapportent à la réalité directement observée.

Jusqu'à sa mort en 1948, André Fontainas, Belge naturalisé français, évoluera du Symbolisme mallarméen à un néo-Classicisme hors de l'évolution de la poésie. Rachilde disait déjà son peu de souci de plaire à la foule, et Remy de Gourmont la solidité, le sérieux de vers travaillés comme des bronzes ciselés. On situe volontiers ce poète bientôt devenu traditionaliste dans le sillage d'Henri de Régnier et parfois de Paul Valéry. De livre en livre jusqu'à son *Choix de poésies,* 1950, posthume et dû à la ferveur de sa femme, il témoigne sa quête fidèle de la beauté allusive.

Un amoureux de l'Ardenne, à la poésie souple et franche, sans fards, Thomas Braun est proche de son ami Francis Jammes dont il a les accents à la fois mystiques et naturistes. Le *Livre des bénédictions*, 1900, montre dans des versets bibliques une grandeur, un optimisme plein de sérénité presque joyeuse, on le voit encore dans *Fumée d'Ardenne*, 1912, *le Beau Temps*, 1920, où passe un écho lointain de Lamartine avec des accents simples et un doux coulant assez rare chez les symbolistes.

Après *l'Ame en exil*, 1895, *Des vers*, 1897, Georges Marlow attendra 1926 pour publier *Hélène*, poèmes d'amour et de tendre nostalgie. La facture est classique et le souvenir de l'harmonie racinienne se marie à l'art hérité du Mallarmé le plus épris des moules parnassiens.

A la fois néo-romantique imprégné d'un anacréontisme comme l'aimaient les poètes du XVIIIe siècle et marqué par la poésie fluide de son temps, Isi Collin a vingt-deux ans quand il publie *l'Étang*, 1900, que suivront *la Vallée heureuse*, 1903, puis *la Divine Rencontre*, 1913, en prose poétique.

L'admirable Iwan Gilkin a publié l'essentiel de son œuvre douloureuse, aux accents baudelairiens, au XIXe siècle (voir ce volume). Il publiera encore *Prométhée*, 1900. Issu comme lui du Symbolisme, Grégoire Le Roy continuera dans *la Chanson du pauvre*, 1907, *la Couronne des soirs*, 1911, *le Rouet et la besace*, 1912, *les Chemins de l'ombre*, 1920, à cultiver des obsessions mélancoliques dans un climat d'intimisme pensif. Paul Gérardy écrira des *Roseaux*, Valère Gille de plus classiques œuvres comme *le Coffret d'ébène* ou *la Corbeille d'automne*. D'autres, comme Henri Vandeputte, Victor Kinon, Georges Rency, se rattacheront à la nouvelle poésie belge, et nous retrouverons aussi Marie Nizet et Jean Dominique, femmes poètes de haute qualité. Le miracle poétique belge étudié dans le précédent volume ne restera pas un phénomène isolé, mais se perpétuera jusqu'à nos jours à travers le Surréalisme et différents mouvements. D'ailleurs, toutes les écoles trouveront en Belgique leur correspondant avec des nuances originales. Certains, comme Émile Van Arenbergh, Georges Eeckoud, Albert Giraud garderont l'empreinte parnassienne et néo-classique, mais bientôt le moteur intellectuel du Nord reprendra sa marche, renouvellera ses conquêtes conjointement à la marche de l'histoire à travers ses péripéties.

Une province du Symbolisme : le Musicisme de Jean Royère.

Jean Royère (1871-1956) se considérait comme l'héritier direct de Stéphane Mallarmé, il l'affirma avec force à l'auteur de ces lignes lors d'une promenade cinq ans avant sa mort place du Trocadéro. Montrant les inscriptions de Paul Valéry sur le fronton du Palais de Chaillot, il dit : « C'est moi qui devrais être là-haut... » Après avoir étudié Poe, Baudelaire, Mallarmé, il avait, à ses débuts, collaboré avec René Ghil avant de s'en séparer quand il jugea son système trop didactique. « La

poésie, écrivait-il, fut toujours pour moi une fuite vers la béatitude. »
Il fonda en 1906 *la Phalange* et donna à sa théorie poétique le nom de
Musicisme tout en inventant le terme de « poésie pure » qui devait,
longtemps après, faire l'objet d'un débat célèbre. Sa doctrine ne renou-
velait guère le mallarmisme, elle accentuait simplement le caractère
spirituel de la poésie et revendiquait sa qualité d'expérience autonome en
la dissociant du mysticisme religieux et de la pathologie mentale. Il
voulait cependant offrir au public « une poésie humaine » et c'est pour
cela que son éclectique *Phalange* s'ouvrit aussi bien à ses proches qu'aux
poètes de l'Abbaye. Si ces derniers trouvaient leur inspiration dans le
réel, pour Royère le seul réel qui fût source de poésie était « l'expérience intime et profonde où le monde poétique et pur de la conscience »
s'unissait, sans s'y confondre, à l'univers extérieur rénové par les
sciences. Il s'agissait à la fois d'intimisme et d'impressionnisme senso-
riel et surtout d'une intensification de la vie cérébrale par le tri et le
choix des sensations transposées. Musicisme : art spirituel d'expression
musicale. Si Royère fut suivi au début, il ne tarda pas, même au sein de
sa revue, de se retrouver seul ou presque à défendre sa doctrine.

Dans ses recueils symphoniques : *Exil doré,* 1898, *Eurythmies,* 1904,
Sœur de Narcisse nue, 1907, *Par la lumière peints,* 1919, *Quiétude,* 1922,
Ô Quêteuse, voici, 1923, *Orchestrations,* 1936, il poursuit l'expérience mallarméenne et, à force de raffinement, en accentue des tics, formules
lapidaires, emploi de mots rares, et accède à une sorte de préciosité aux
confins du baroquisme involontaire. En fait, c'est le Mallarmé des
poèmes les plus classiques (et non celui du *Coup de Dés*) qui l'influence et
il conduit cet art vers un néo-Classicisme qui ne sera pas étranger à
l'évolution de Paul Valéry. Ses idées, plus que par ses poèmes, il les met
en valeur par des essais : *Clartés sur la poésie,* 1925, *le Musicisme,* et des
essais sur La Fontaine, Boileau, Baudelaire ou Mallarmé. Il écrivait par
exemple : « Le Rythme universel engendre le rythme, c'est-à-dire la
Poésie par intuition du " Moi " comme l'Éther, en vibration dans l'œil
et le cerveau, produit la lumière. » Lorsqu'il étudiait les œuvres de ses
maîtres proches ou lointains, il en isolait quelque aspect fragmentaire
pour l'ériger en absolu et étayer ainsi sa doctrine d'un art reposant sur
le rythme et le symbole. Dans ses poèmes, lorsque le vocabulaire précieux ou la syntaxe contournée et bizarre ne brouillent pas le chant, on
trouve une harmonie et une fluidité qui sont d'un symboliste à l'écoute
de la musique du monde apaisé :

> A l'heure où t'enveloppe un peu d'ombre qui joue
> Sous la feuille, par terre et tombe de ta joue
> Dans l'eau vive qui boit l'eau morte de tes yeux
> Je te donne de quoi te vêtir d'une aurore...
> Mon vers roule sur toi son flot capricieux,
> Une rosée ardente à tes seins s'évapore...

En d'autres endroits, ses expressions précieuses sont bien d'époque :
« sidérale strophe erratique » ou « poème opique émeraude » ou « scelle

le palimpseste » proches de son ami plus franchement baroque Louis de Gonzague Frick.

Ses amis lui reprochaient son obscurité à quoi il répondait : « Je déclare que je ne me soucie pas outre mesure du clair génie français. Ma poésie est obscure comme un lys. » Pour lui l'hermétisme mallarméen était une mystique : « Il m'a donc fallu, dès mes débuts, refonder le symbolisme contre le symbole, car le symbole est didactique et, partant, classique. Je n'avais dessein, quant à moi, que de ce symbolisme verbal auquel toute notre tradition antérieure conduit. Car c'est un mysticisme et le génie français n'est pas celui de la clarté, mais de la profondeur. »

L'art de Royère conduisait à la tour d'ivoire. Il réfutait la notion d'enthousiasme et faisait de la poésie « création verbale rien de plus ». C'était la limiter. Cependant la poésie pure de Royère devait susciter un autre théoricien, l'abbé Brémond, et un illustrateur de poids en Paul Valéry dont, comme l'a remarqué Marcel Raymond, l'auteur de *De Baudelaire au surréalisme*, *la Jeune Parque*, si *la Phalange* avait survécu à 1914, aurait pu être un asile sûr.

Autour de Jean Royère.

Le pape du Musicisme avait commencé par diriger les *Écrits pour l'Art*, de 1887 à 1893, avec René Ghil et les principaux collaborateurs étaient Robert Randau, F.-T. Marinetti, John-Antoine Nau, Victor Litschfousse, Sadia-Lévy, Edgard Baës, etc. Là il s'agissait de ghilisme. *La Phalange* où Royère mena son propre combat fut une revue ouverte et ses numéros montrent son éclectisme puisque les tenants des diverses formes de la poésie de l'époque s'y retrouvent comme en témoigne cette liste non exhaustive :

Paul Adam, Maurice Barrès, Léon Bloy, Jules Bois, André Breton, Charles-Adolphe Cantacuzène, Francis Carco, André Gide, Louis de Gonzague Frick, Francis Jammes, Gustave Kahn, Tristan Klingsor, Guy Lavaud, Philéas Lebesgue, Sébastien-Charles Leconte, Louis Mandin, Stuart Merrill, Jean Moréas, John-Antoine Nau, Georges Périn, Robert Randau, Henri de Régnier, Paul-Napoléon Roinard, Jules Romains, Han Ryner, Paul Souchon, Robert de Souza, Laurent Tailhade, Léon Tonnelier, Émile Verhaeren, Francis Vielé-Griffin, Charles Vildrac, Anna de Noailles, Valentine de Saint-Point...

Être publié dans *la Phalange* était en soi une consécration. Un André Breton n'y fit-il pas ses débuts! Parmi ces innombrables poètes de tous horizons, certains étaient proches de Royère, symbolistes et néo-symbolistes ou tenants de poésie ou de musique pure. Ainsi John-Antoine Nau (1860-1918), le fluide auteur de *En suivant les goélands*, 1904, qui a cette particularité d'avoir été le premier prix Goncourt avec : *Force ennemie*. Sa poésie apportait de l'exotisme dans son lyrisme *(voir vol. préc.)*.

Jean Royère apprécia un poète mort jeune dans un accident d'avion, l'aviateur Jacques Prado (1889-1928) qui écrivit *Balises*, 1927, et le posthume *Holocauste*, 1929, dans la collection de *la Phalange*. « Un verbe frénétique et secret », disait Jean Royère et Henri de Régnier put parler

« d'âpres sonorités, de mystérieuses analogies, de brèves évocations de la mer ». Ce Saint-Exupéry de la poésie, en même temps qu'un harmoniste, était un poète du voyage et des grands espaces, ce qui ajoute à son art des accents rappelant le meilleur Parnasse avec une note de sensualité exotique, de l'intelligence et du parler franc. Il écrivit des « sesquisonnets », c'est-à-dire des sonnets de trois quatrains et trois tercets. Cet aviateur aimait *les Mots ailés* :

>   Je suis amoureux des mots
> Des vieux mots roturiers de la langue française,
>   Ils disent le ciel et l'eau
> Et les lents peupliers alignés sur la berge.

Si de Jean Royère il a retenu la musique, certains poèmes relèvent du Modernisme comme en témoignent ces vers dédiés à Pierre Mac Orlan :

> Le hurlement lointain des vaisseaux qui s'en vont
> Blesse comme l'appel d'inconnaissables terres,
> Et l'odeur de safran des fauves planisphères
> Met, le soir, des fraîcheurs de Gange sur mon front.

Armand Godoy (1880-1963), riche mécène cubain, né comme José-Maria de Heredia à La Havane, après avoir découvert la langue française à quarante ans, illustrera sur le tard et mieux qu'aucun autre la doctrine musiciste, depuis *le Carnaval de Schumann*, préfacé par Camille Mauclair, 1927, jusqu'à *Dulcinée*, 1957, et aux *Œuvres complètes* chez Grasset, en passant par trente livres abondants, des traductions de Poe et de José Marti, des études sur Milocz et Baudelaire. Cette poésie fluide se partage entre des ferveurs tendres et de clairs chants catholiques. Voici le début d'un sonnet :

> Il est une voix douce et si mélodieuse
> Que l'on dirait un lys parlant avec le soleil.
> Il est une cadence humble et mystérieuse,
> Plus souple qu'un soupir, plus tendre qu'un appel.

Après la Seconde Guerre mondiale, signalons qu'un groupe de poètes et d'esthéticiens tenait ses réunions autour de Jean Royère et publia sous le titre *les Poètes du Mercredi* à la brasserie littéraire Lipp des plaquettes poétiques témoignant d'une recherche proche de celle du Musicisme. Là, Jean Royère faisait figure de maître débonnaire et il y avait des invités de marque comme André Salmon ou Maurice Fombeure et Jean Follain autour de qui se réunissaient dans la même salle les poètes de la nouvelle génération. Avec des nuances, les amis et presque disciples de Jean Royère se rapprochaient de lui. Il y avait Paul Bazan (1900-1978) et Roger Lucas (né en 1900), romanciers et poètes, Marc-Adolphe Guégan (1891-1959) *(L'Invitation à la fête première, Oya-Insula, Mystique des tempêtes)*, Georges de Givray *(Preuves*, préface de Jean Royère), Jacques-G. Krafft (1890-1960) *(Rythmes du large et Chansons à la rive*, 1925) esthéticien de la prose, auteur d'un *Henri Brémond et la poésie,* 1931, Joseph Maurelle *(l'Anneau de Saturne),* Simonne Chantalou, Claude Chanterive, Claude Barlande, Camille Pedrega, etc. L'un d'eux, Jean Léger *(Poèmes de la Genèse,* 1923, *Stratagèmes,* 1948) donne ici une *Invitation* au poème :

> Viens ! Un mot dit par jeu met le mystère à nu.
> Cher complice, écoute : un poème
> S'offre, écrit pour toi seul et pour cet instant même.
> Qu'ondule dans ta chair son rythme continu !
> Au point d'élection sommes-nous parvenus ?
> Quel dieu de mort pourrait séparer l'un de l'autre ?
> Mon œuvre disparaît en fécondant la vôtre.

Il a donc existé, après la Deuxième Guerre mondiale, des proches de Jean Royère et du Musicisme qui se retrouvèrent en des cercles portant le nom de Paul Valéry ou, plus curieusement, d'Aliénor d'Aquitaine. Le vrai débat étant cependant loin, quarante années auparavant, quand le Symbolisme trouva un prolongement et un regain d'intérêt à propos de la querelle de *la Poésie pure,* 1926, où, autour des poèmes valéryens qui unissaient Racine à Mallarmé, l'abbé Henri Brémond, reprenant l'expression de Jean Royère, suscita un débat passionné.

Proches de Paul Valéry : Lucien Fabre et d'autres.

Curieux destin littéraire que celui de Lucien Fabre (1889-1953). Il fut ingénieur, romancier, poète, inscrivit son nom au palmarès du prix Goncourt avec *Rabevel ou le Mal des Ardents,* roman de l'homme d'affaires, publia quatre autres romans sans grand succès, donna d'excellents essais scientifiques et littéraires *(la Démarche intellectuelle de Paul Valéry,* 1925), et, enfin vit ses poèmes *Connaissance de la déesse,* 1924, précédés d'un *Avant-propos* resté célèbre de Paul Valéry. Le poète du *Cimetière marin* avait trouvé en Lucien Fabre une présence proche, un esprit rigoureux, un homme d'une vaste culture générale, à la fois technique et scientifique, littéraire, philosophique, théologique. Dans son *Avant-propos,* après un regard d'ensemble sur le Symbolisme, un hommage à ses poètes, une réflexion venue un quart de siècle après le célèbre mouvement, s'adressa plus particulièrement à son protégé, mais la postérité retiendra l'*Avant-propos* et oubliera les poèmes de *Connaissance de la déesse,* le recueil de Fabre qui suivait son premier livre de poèmes, *Vanikoro.* Il écrit : « Qu'importe ! si je cueille au vent de ses roseaux / La parole inouïe... » car il sait « la langueur des antiques berceaux / Et des vieux mots usés par la grâce des âges ». Mais « Que nos mots soient trop vieux pour des songes nouveaux » ne l'empêche de se soumettre, dans le sillage valéryen, à de transparents délices :

> Or, dévidé le songe où s'effile un délice,
> Cette parole, issue au cœur de son azur,
> Pour fixer l'éphémère et cet instant si pur
> Que figure un oiseau tremblant sur son calice,

> Palpite insaisissable aux roseaux du futur.
> Ah! cette aile mobile... et cette fleur qui glisse,
> Ces songes... Mais, les traits de ton visage obscur,
> Qui les pénétrera, ô parole propice?

Deux esthéticiens roumains de langue française, Matila Ghyka et Pius Servien (1902-1959) témoigneront par leur œuvre de préoccupations voisines de celles de Paul Valéry. Ghyka étudiera l'esthétique des proportions et le nombre d'or, le langage poétique faisant l'objet de ses réflexions dans *Sortilèges du verbe,* 1949. Pius Servien est l'auteur d'essais esthétiques sur les structures du rythme qui ont fait date et dans lesquels il a tenté de cerner les rapports entre la science et la poésie.

Ils seront nombreux les proches de Paul Valéry ou ceux qui ont reçu son influence à des degrés divers et nous les rencontrerons au fil de cette longue histoire. L'attrait de l'incantation hermétique ou quasi hermétique, de la recherche métaphysique, du nombre d'or, de la cérébralité souvent déchirée, les tentatives d'élucidation et d'éternisation du mystère, la recherche de la lucidité, le goût des formes héritées de Mallarmé et de Valéry, nous les reconnaîtrons chez maints poètes montrant, par leur originalité, que Paul Valéry a pu ouvrir sans cesse des portes, qu'il ne représente pas une fin du Symbolisme, mais de nouvelles ouvertures; et l'on verra que certains poètes, dans la deuxième moitié du siècle, ont tenté de réconcilier Valérysme et Surréalisme.

Regard sur le Symbolisme.

Il existe *des* symbolismes. Au fil du temps, de nombreux poètes issus de Verlaine ou Mallarmé ont ouvert les portes de précieuses serres pour rejoindre la nature et pour découvrir la société réelle en ses métamorphoses, y trouvant le sang neuf d'un socialisme lyrique et généreux. Par le recours à la fable, à l'allégorie, au drame, aux personnages mythiques ou historiques, d'aucuns ont livré leur moi profond dans la subtilité des prismes. Puisant leurs thèmes dans l'histoire ou la mythologie, allant des héros aux dieux, ils prolongent à la fois le Parnasse et le Symbolisme premier; le passé légendaire leur a permis de poétiser par les brumes du temps leurs émois présents, et il en naquit d'exquises musiques.

Les sensations et les sentiments, trouvant leurs correspondances secrètes, se sont épanouis dans la beauté; les épanchements ont fait renaître le chant élégiaque et la mélancolie discrètes sans le recours aux plaintes et aux exclamations romantiques; la fraîche nature d'un Jammes ou la fantaisie d'un Paul Fort ont fait reculer les paradis artificiels au profit des paradis naturels; René Ghil et ses amis ont prospecté le domaine des sons; les féeries du Nord se sont baignées dans les eaux mortes; l'épopée moderne et manufacturière a trouvé son chantre chez Verhaeren le précurseur.

Comme le mot Romantisme, le mot Symbolisme a recouvert tous les arts et connu les directions les plus diverses. Comme les romantiques, les symbolistes, partis d'un art aérien, se sont dirigés vers le social. Bien des disciples, parfois, ont mal compris Baudelaire, Rimbaud ou Mallarmé, ou exploité à satiété quelque région, quelque parcelle de leur immense territoire jusqu'à en épuiser la terre et la rendre inféconde, et même jusqu'à transformer les essais de transcendance en simple littérature. Il fallait bien les apports de nouvelles fumures, la fabrication de nouveaux terreaux et c'est l'évolution historique qui les a apportés. La jeunesse tourmentée de Verhaeren lui a apporté la forte sève de l'âge mûr. La forte poussée des villes est allée de pair avec les sucs vitaux de la terre d'un Francis Jammes et la poésie s'est alors sustentée de fortes liqueurs. On pourrait dire que le poète d'Orthez apportait déjà une riposte écologique.

S'il est vrai que la poésie ne vit que d'être renouvelée, croyant gommer, elle ajoute, et les déliquescences, les dons du décadentisme ont gardé des charmes secrets, surannés, artistes, auxquels il n'est pas interdit de revenir pour trouver, par-delà les malentendus et les errements des écoles, les frontières infranchissables et les données insolubles, ce qui ne peut pas mourir : les textes et leurs correspondances, témoins parlants d'un instant de l'aventure de la pensée, même si, aujourd'hui, l'esprit de révolte et d'aventure permanentes reste le grand victorieux. Ajoutons que le Symbolisme, mouvement profondément ancré dans les mentalités, ne meurt pas au moment où les nouvelles écoles prennent le devant de la scène, un Claudel, un Valéry, les néo-symbolistes que nous étudierons en témoignent, et aussi le contenu symboliste survivant dans de nombreuses conceptions poétiques et littéraires.

Un bulletin de santé du Symbolisme.

En janvier 1923, dans les *Écrits du Nord,* Jules Romains annonce que « le symbolisme s'est éteint à la fleur de l'âge », qu'il « a eu pour grands hommes, pour héros, ses précurseurs », que passé leur époque ce fut « l'avènement d'un symbolisme de surface », d'où « sa vogue brillante, son déclin rapide ». Il compare en cela le Symbolisme au Romantisme, mais pour ce dernier « l'échec profond s'était dissimulé sous un formidable succès apparent ». Cette déclaration violente amènera aussitôt les poètes à s'interroger : le Symbolisme a-t-il dit son dernier mot ? Dans *le Disque vert,* ils vont répondre. Pour Marcel Arland, « ce qui reste du symbolisme, ce sont les œuvres qui y ont échappé ». Pour Fernand Divoire, il est « passé dans le sang ». René Arcos se demande s'il a jamais existé. André Salmon remarque : « Il est vrai que si peu d'entre les symbolistes comprirent le symbolisme. » Henri Pourrat affirme qu'il y a « un symbolisme de toujours et de partout ». Gabriel Audisio n'entend plus les appels des symbolistes dont il dit le déficit. Francis Picabia trouve puériles les classifications : « Arrivé à une certaine hauteur, classicisme, romantisme, symbolisme, dadaïsme se rencontrent en une cristallisation unique. » Pour Mélot Du Dy, le Symbolisme se porte bien. Pour Pascal Pia, il cherche son dernier mot. Georges Pillement exprime sa lassitude des théories et des écoles et rend justice au mouvement et à ses poètes.

Luc Durtain se range au côté de Jules Romains. Si pour René Chalupt, il a une riche postérité, Odilon-Jean Périer remarque que « le symbolisme ne se réalise nulle part que dans le silence de Rimbaud ». Nicolas Beauduin en fait un bel arbuste rapidement desséché. Marcel Sauvage reconnaît que les meilleurs de sa génération sont les symbolistes. Pour Philippe Soupault le Symbolisme a accompli sa mission mais il est mort. Jules Supervielle, après avoir cité Poe, Whitman, Baudelaire, Rimbaud, Laforgue, Verlaine, demande : « Peut-on considérer comme morte la tradition qui porte de tels noms ? » Pierre-Jean Jouve dépasse l'idée des écoles et des théories et il cite Élisabeth Browning : « Le poète est celui qui dit les choses essentielles. » Par la revue *Littérature,* les surréalistes en plein combat répondent : « Nous n'avons pas l'habitude d'être dérangés pour des choses semblables... En voilà assez... » Pierre Bourgeois s'exclame : « Vive le symbolisme ! » tout en appelant à une réaction vigoureusement moderniste. Dans leurs diverses réponses, Léon Deffoux, Marcello Fabri, Paul Fiérens, Léon Chenoy, Éric de Haulleville, Henry Petiot, Henry Dalby, Élie Richard, René-Marie Hermant, Robert Guiette, Paul Neuhuys, Robert Boudry, Marcel Raval, Jean Hytier, René Purnal, Jean-Jacques Van Dooren, Jacques Rivière que l'on cite, François-Paul Alibert, qu'ils louent les précurseurs, qu'ils blâment les symbolistes de salon, qu'ils reconnaissent leur dette, qu'ils refusent toute école ou bien qu'ils trahissent leur embarras, par leur intérêt même, disent l'importance du mouvement, tout en affirmant, parfois à leur insu, sa fin en tant que tel. Désormais, par-delà un symbolisme difficilement définissable (puisqu'on se pose la question de savoir si les plus grands sont réellement symbolistes), par-delà un symbolisme historique pris comme école littéraire, il restera l'influence, les œuvres, et, loin des apparences, le symbole pris comme essence de la poésie. A l'aube des années 20, si le Symbolisme s'éloigne, la plupart des créateurs qui ont suivi les premiers maîtres ont poursuivi, sans être désormais au premier plan de l'orchestration poétique, des œuvres importantes jusqu'à la Seconde Guerre mondiale et même au-delà, parallèlement aux nouvelles écoles qui les reléguaient au second plan. Le Symbolisme, par la grâce de nos plus grands poètes, a conquis ses lettres d'éternité.

2

Permanences et réactions classiques

Sous l'étendard du baroque, on peut aujourd'hui réunir des poètes aussi différents que Malherbe, Mathurin Régnier et Agrippa d'Aubigné, alors que, dans leur temps, ils s'opposaient farouchement. Si divergentes que fussent leurs conceptions, marqués par l'époque dans laquelle ils vivaient, en certains lieux, à leur insu, ils se rejoignaient.

Avec le recul nécessaire, on pourrait dire qu'il en fut de même au début du siècle et que les frontières entre les écoles ne sont pas rigoureusement tracées, et non plus protégées, car on passe d'un pays de la poésie à l'autre fort allègrement. Si, plus tard, on verra cheminer des poètes issus des écoles les plus différentes, dans l'obscurité des chapelles ou les éclairs des manifestes, si les cohabitations resteront pacifiques dans la mesure où chacun voudra ignorer la présence de l'autre, si l'idée même de poésie ou de poétique créera des univers sans rapports, il n'en est pas de même à la période dont nous traitons. Il existe une vie littéraire intense, des rencontres de cafés ou de salons, des combats au grand jour, et la presse est encore ouverte à cela qui paraît plus essentiel que les démagogies informatrices. Quelle que soit la violence des attaques, il reste un tel respect de l'autre, une telle urbanité, que, même si on ne baigne pas dans la tendresse, aucun dialogue n'est brisé.

Il apparaît que les différentes tendances nées du riche XIXe siècle, riche, mais non pas écrasant, riche d'avoir indiqué des chemins nouveaux, s'expriment et suscitent des disciples, chaque école en « isme » se prolongeant, si l'on peut s'exprimer ainsi de son « néo ». Dans le secret de la création, des fils se tendent en toutes directions et un schéma, même simplifié, présenterait la complexité de l'appareil intérieur d'un ordinateur.

Le Symbolisme originel, et ce qu'il en restait, avait donc pour opposants le Naturisme et l'École romane. A leur contact il se modifia, mais ils ne le remplacèrent point. On peut cependant parler de tendances qui iront, l'une en direction du modernisme, nous le verrons, l'autre dans le sens d'un néo-classicisme qu'il est opportun de définir. Ce mot de néo-classicisme pouvait être employé à propos des poètes du premier Empire que combattirent victorieusement les jeunes romantiques, mais, en fait, il s'agissait plutôt d'un post-classicisme exsangue. Le néo-classicisme dont nous parlons ici a une acception différente : il ne se limite pas à l'imitation des contemporains de Racine ou de ceux de Voltaire, il étend ses domaines à la Renaissance, parfois au moyen âge en en prenant le ton archaïque, et, aussi bien, à la première période romantique. On ne peut le prendre comme un mouvement cohérent; il forme un ensemble englobant des nouveaux romantiques, des poètes de l'École romane, des maurrassiens, des poètes épris de l'Antiquité, des virgiliens, des philosophes idéalistes, des mainteneurs de hautes disciplines, des gens épris d'ordre et de tradition et qui pourraient former une sorte de droite poétique encore qu'une équivalence avec l'idée politique de la droite ne s'affirme pas chez tous. Un tour d'horizon s'impose.

Les néo-romantiques.

Comme le Parnasse déserté trouve, longtemps après Gautier et Banville, Leconte de Lisle et Heredia, un génial post-scriptum avec Pierre Louÿs, le drame romantique en vers s'est trouvé un héritier en la personne d'Edmond Rostand. Faut-il rappeler le succès de *Cyrano de Bergerac*, 1897 ? S'il existe une poésie de la virtuosité verbale et du trait, de la réplique et du dialogue, du brio et du brillant, du clinquant et de la rime sonore, Edmond Rostand a su la rejoindre et la pousser à son comble, et la confirmation est apportée par *l'Aiglon*, 1900, cette renaissance du mythe napoléonien, et les joyeux cocoricos de *Chantecler*, 1910, à la renommée moins grande et qui reste une tentative originale et courageuse. Les œuvres qui franchirent la barrière du siècle connurent un succès grandissant, alors qu'une posthume *Nuit de Don Juan*, 1921, passa inaperçue.

Le fils d'Edmond Rostand et de Rosemonde Gérard, le frère du biologiste Jean Rostand, Maurice Rostand (1891-1968) naît trop tard dans un siècle trop vieux et reçoit pour héritage le goût de ses parents pour le romantisme. Se situant hors des recherches poétiques, il apparaît comme un reflet attardé des héros qu'il tente d'éveiller après un sommeil de cent ans, René ou Lorenzaccio :

> Ô Lorenzaccio, mon grand ami, mon frère,
> Pour qu'il fût, au-dessus de nos destins fiévreux,
> Un astre inespéré dont l'ardeur nous éclaire,
> Nous voulûmes choisir un grand rêve tous deux !

Le théâtre en vers l'attire et il donne une quinzaine de pièces : *Un bon petit diable, Casanova, la Gloire, la Mort de Molière, le Phénix, le Masque de fer, le Secret du Sphinx, l'Archange, la Nuit des amants, Napoléon IV, le Dernier Tsar, le Général Boulanger, Europe, Verlaine, Catherine empereur...* Il tirera une pièce de son roman pacifiste *l'Homme que j'ai tué*, 1921, en 1934. Ses recueils : *Poèmes*, 1911, *le Page de la vie*, 1913, *les Insomnies*, 1923, *Morbidezza*, 1928, *Il ne faut plus jamais*, 1938, *Poésies complètes*, 1950.

Exilé dans un temps avec lequel il ne s'accordait guère, nostalgique, désabusé et tendre, il imite Hugo avec grandiloquence, mais, sous l'égide de Musset, a des accents spontanés. Des recueils comme *Morbidezza* ou *les Insomnies* ne sont pas à rejeter. Il semble parfois rejoindre une confession psychanalytique que limite une forme classique :

> Avant! ce n'était pas vivre! Je me rappelle!
> C'était un battement continu de prunelle,
> Quelque chose de doux, de charnel, d'exalté.

Il a des ferveurs s'exprimant avec un art proche de celui des complaintes :

> Les sirènes du temps passé sont mortes, mortes!
> Comme de grandes sœurs que la légende emporte,
> Mais écoute pourtant ces plaintes dans la nuit...

Dans ces voisinages se situe René Fauchois (1882-1962) qui fut un acteur de *l'Aiglon* et un interprète de ses propres pièces. Après *le Roi des Juifs*, 1899, il donna de nombreux drames en vers : *Beethoven*, 1909, *Rossini*, 1920, *Mozart*, 1923, *Jeanne et ses voix*, 1956, et de plus heureuses comédies comme *Boudu sauvé des eaux*, 1919, dont le cinéaste Jean Renoir et l'acteur Michel Simon devaient assurer le succès en 1932. N'oublions pas son théâtre en musique avec la collaboration de compositeurs comme Louis Vuillemin, Gabriel Fauré, Reynaldo Hahn, Emmanuel Bondeville, et non plus qu'il composa des interludes mirlitonesques pour *les Indes galantes* de Rameau.

Comme Maurice Rostand, Fauchois est tenté par l'art hérité de Musset notamment dans *Délices des mourants,* 1953, que précèdent *les Gloriales,* 1929, *Quatrains bachiques,* 1945, et que suit *la Part de l'homme,* 1955, affirmant, après plus d'un siècle, la présence romantique. Le voici narrant en poésie, entre Musset et Coppée :

> N'avez-vous jamais vu deux poètes ensemble?
> Ils sont heureux. Leur front rayonne et leur voix tremble.
> Dans un café voisin du Théâtre-Français,
> J'en vis deux, attablés, en proie à leurs accès...

A ces facilités, on préfère une *Marine* où, après un vers digne des symbolistes, suit un chant musclé style Hugo :

> Les vagues font un bruit de perles remuées.
> Un grand aigle marin plane dans les nuées.
> La voile pourpre claque au vent, et le bateau
> Gravit et redescend le flot, ce vert coteau
> Abrupt comme un calvaire et doux comme une soie
> Qui s'enfle, roule, oscille et plonge, et se déploie.

Parmi ce romantisme attardé, on trouve parfois des chansons fantaisistes, dans le voisinage d'un Carco. Ainsi, *Dans un bar* :

> Dans un bar où tous les argots
> Retentissent dans la fumée
> Qui monte en flocons des mégots,
> Je pense à toi, ma bien-aimée.
>
> Devant le comptoir d'acajou
> Un jockey depuis longtemps ivre.
> Grimaçant comme un sapajou,
> S'agrippe à la barre de cuivre.

Tantôt en vers, tantôt en prose, son théâtre lui assura parfois des succès, mais la présence de dramaturges tels que Claudel rejetait une certaine forme de comédies ou de drames versifiés dans l'oubli : ils ne correspondaient plus aux nouveaux rythmes de pensée des contemporains.

Les titres des essais de Léo Larguier (1878-1950) disent ses goûts : *Théophile Gautier*, 1911, *Lamartine*, 1919, *Mistral*, 1930, *Victor Hugo*, 1935, *Aubanel*, 1946. Déjà, René Ghil le situait dans une illustre lignée. Il le disait instinctif et ajoutait : « Cette nature spontanée, cependant, s'est reconnue et s'est disciplinée très consciemment sous une haute maîtrise, celle de Hugo. » Et René Ghil complétait ainsi son tableau flatteur : « C'est par Baudelaire, merveilleux, inattendu et transitoire avatar du Romantisme, que le poète a su créer à la douleur et au doute de son âme une atmosphère à la fois âcre et lourde, comme de parfums surchargeant nos têtes. Les influences cependant ont été subies seulement en le sens même de son tempérament, – que nous trouvons surtout entier en sa communion sensitive avec les choses et les êtres de la Nature en laquelle son organisme intumescent semble comme plongeant à la manière avide de radicules... » Il ne faut peut-être pas prendre à la lettre ces compliments en forme de poème décadent, René Ghil critique « poétisant » la chose. Il parlait alors à partir des premières œuvres de Larguier comme *la Maison du Poète*, 1903, *les Isolements*, 1904, et de pièces en vers comme *l'Heure des tziganes*, 1912, ou d'un roman versifié comme *Jacques*, 1908.

Néo-romantique, Larguier l'est par ses goûts et surtout dans ses premières œuvres comme *les Isolements*. Voici le début d'un poème intitulé *le Mensonge* :

> Comme un globe montant du creux de la vallée
> Sur le pays désert et gris de Galilée,
> Une lune d'automne oscille dans l'azur,
> Et blanchit le ciel doux mélancolique et pur.

S'il écrira toujours en vers réguliers, Larguier, au contraire de bien des néo-romantiques, saura évoluer et apporter une sorte de fantaisie narquoise se mêlant au stoïcisme d'un amoureux du passé. Ses recueils *Orchestre*, 1914, *les Ombres*, 1935, ne cessent cependant pas de célébrer le souvenir de l'époque dans laquelle il aurait aimé vivre. Ainsi, ce poème, *Romantisme* :

> Non loin de là, Balzac, fiévreux et décoiffé,
> Interrompt un roman pour faire son café.
> Madame Récamier est encore divine.

> On pourrait saluer Monsieur de Lamartine
> Qui saute d'un coupé verni sur le trottoir
> Du Théâtre-Français, gants blancs et habit noir,
> Rayonnant comme un lord qu'aimerait une reine...

On trouve des quatrains moraux comme chez Moréas :

> L'homme est un voyageur trop pressé qui s'étonne
> De voir, au frais matin vert et bleu qu'il quitta,
> Succéder le déclin d'un jour d'extrême automne,
> Et d'avoir tout perdu de ce qu'il emporta.

Après sa mort, on réunira ses *Quatrains d'automne,* 1953, dont Jean Rousselot dit : « Peut-être est-ce dans ce dernier livre qu'il faudra chercher, entre beaucoup de rimes sentencieuses, l'originalité " moderne " d'un poète qui passait son temps à flâner chez les antiquaires et vivait de préférence " au passé " » :

> Les mots vivent : Marmite est une villageoise,
> Tabatière, une vieille au seuil de sa maison...

Venu du pays d'oc, Léo Larguier fut une figure typique de la bohème parisienne côté rive gauche, parfois proche des fantaisistes. Alors qu'il était caporal, ne fit-il pas mettre son escouade au garde-à-vous sur le passage de Paul Cézanne! Effacé par des écoles plus actives, ce virtuose, ce rhéteur fervent de Sainte-Beuve, ce membre de l'Académie Goncourt, a multiplié les pièces de théâtre en vers, les livres de souvenirs et les anecdotes de la vie littéraire, les biographies.

Comme René Fauchois, Maxime-Léry (1884-1968) fut un comédien; il interpréta le rôle de Cyrano de Bergerac, et, auprès de Sarah Bernhardt, il fut le Flambeau de *l'Aiglon.* Il écrivit des pièces comme *les Chevaux de bois,* avec Antoine, ou *Eugénie Grandet* d'après Balzac et écrivit des vers héroïques et lyriques à la manière de Rostand. Il alla chercher ses modèles plus loin que le Romantisme, chez La Fontaine et Florian pour écrire des *Premières Fables,* 1937, et des *Fables de Maxime-Léry,* 1953, qui ont le mérite d'être courtes, discrètes, fondées sur des « actes divers » assez faibles, mais témoignant d'un bon esprit d'observation.

Maurice Levaillant (1883-1961), membre de l'Institut, professeur à la Sorbonne, fut surtout le critique des grands romantiques : ses ouvrages sur Chateaubriand, Lamartine, Hugo, ont fait autorité. Poète, il a mêlé leurs influences à celles de Vigny dont il a le stoïcisme et la hauteur philosophique, de Chénier par sa manière d'évoquer le passé lettré. Dans ses livres, *le Miroir d'étain,* 1906, *le Temple intérieur,* 1910, *les Pierres saintes,* 1913, *Des vers,* 1921, *la Porte d'azur,* 1925, on voit qu'il a retenu le meilleur de ses grands modèles, ne se livrant pas comme la plupart des néo-romantiques ses contemporains à de pâles envolées lyriques, mais en retenant la mesure et la perfection. Voici un bref extrait de *la Porte d'azur :*

> Souffles qui dévalez des pures altitudes,
> Clarines des troupeaux lointains, cris des rameurs,

> Échos lents où frémit la voix des solitudes,
> Silence frais des nuits, soupirs, frissons, rumeurs,
> Entrez dans tous mes sens par mon âme asservie!
> Délivrez-la du songe amer qui l'égarait,
> Et de cette rancœur qu'au milieu de ma vie
> On sent à comparer l'espérance au regret!

Né trop tard dans le siècle, s'il a pu voir jusqu'à sa mort en 1961 les changements du monde et ceux de son art, ce grand universitaire, cet homme probe ne renia pas son classicisme romantique. Il y a là un fait singulier, car le moule de ses poèmes ne suffit visiblement pas à son expression totale.

Un autre néo-romantique, que nous appellerions plutôt un romantique classique, est André Dumas (1874-1942) qui procède des romantiques première manière comme Lamartine avec un écho de Sully-Prudhomme et un zeste de François Coppée. Plus volontiers connu comme auteur d'anthologies : *Poètes français du Xe au XVIe siècle, du XVIIe, du XVIIIe siècle* ou *Poètes nouveaux*, il ne s'est guère aperçu que l'histoire poétique est faite de renouvellements constants. Dans ses recueils, *Paysages*, 1901, *Roseaux*, 1927, *A propos*, 1928, *Paysages-roseaux*, 1929, il se soucie surtout de forme et trouve l'art d'y faire entrer une sensibilité et un charme proches de ceux des élégiaques :

> Dans le parc délaissé dont j'ai poussé la porte
> L'automne se prolonge indécis et charmant.
> Un peu de vie encor frissonne sur l'eau morte.
> Les arbres dans le soir s'effeuillent lentement.

André Dumas a trouvé au théâtre son moyen d'expression et ses pièces en vers ont été jouées sans cesse à la Comédie-Française et à l'Odéon. Quelques titres : *l'Autre*, 1909, *Esther*, en collaboration avec Sébastien-Charles Leconte, 1912, *Bretagne*, avec Charles Le Goffic, 1930, *Ma sœur Anne*, 1935.

Edmond Rostand eut de nombreux émules, depuis Edmond Haraucourt (1856-1942) avec *Héro et Léandre*, 1893, ou *Don Juan*, 1898, jusqu'à Jean Richepin (1849-1926) avec *le Chemineau*, 1897, sans oublier Catulle Mendès (1841-1909) pour *Briséis*, avec Ephraïm Mikhaël, 1893, *la Reine Fiammette*, 1894, *la Vierge d'Avila*, 1908, ou Charles Silvestre, et tant d'autres qui rimèrent des tragédies et des comédies alors que le théâtre vivant choisissait la prose ou le théâtre à séquences poétiques comme celui de Paul Claudel.

L'influence romantique, celle de Hugo ou de Lamartine, si elle est particulièrement visible dans les œuvres des poètes et des dramaturges en vers réunis ici, court chez beaucoup même s'ils procèdent plus volontiers d'autres mouvements de petite taille comme c'est le cas pour l'humaniste Fernand Gregh ou pour Sébastien-Charles Leconte, et les femmes poètes comme Anna de Noailles ou Lucie Delarue-Mardrus n'ont pas oublié les hauts messages lyriques. Cependant, chez la plupart de ces poètes, le romantisme passe par le filtre de Baudelaire ou de Verlaine, du Parnasse ou du Symbolisme, avec parfois l'influence plus classique d'André Chénier.

Vers un Néo-Classicisme?

Du temps du Symbolisme jusqu'à la guerre de 1914, et même au-delà, apparaissent des tentatives de renouvellement du classicisme dictées par un désir d'ordre, un besoin de réaction. Des poètes d'horizons divers tentent sans cesse de faire revivre le mythe prétendu régénérateur de l'esprit national français. On trouve des maurrassiens, des poètes romans, des créateurs épris de l'antiquité grecque et romaine, des universitaires, des idéalistes philosophiques, de nobles stoïciens, des intimistes, des élégiaques, surtout des nationalistes, qui souhaitent une poésie avant tout « française » selon leur acception du terme face aux mouvements de gauche apparentés facilement au désordre et au péril allemand montré par les esprits revanchards. Tout cela ne va pas sans de singuliers mariages et de difficiles renoncements.

Avant 1900, Charles Maurras s'en prit au Romantisme, au Symbolisme et à l'Humanisme pourtant peu dangereux de Fernand Gregh. Allégrement, Maurras voulait sauter en arrière par-dessus le XIXe siècle et retrouver l'art du siècle philosophique et remonter plus haut encore vers le clair génie français. Au remuant Paris des lettres il voulait opposer une décentralisation, en se tournant d'abord vers sa province méridionale pour tenter de trouver une mesure, celle de l'homme français selon sa conception.

Jusqu'à la guerre, des tentatives de ralliement s'opéreront. Louis Bertrand, présentant les *Chants séculaires,* 1903, de Joachim Gasquet, s'attaque aux délires jugés malsains, aux élans vers l'infini, aux tentatives de rejoindre l'absolu, à la recherche du mystère, amputant sans fondements sérieux la poésie de ses plus évidentes fonctions. Marc Lafargue quête à son tour une sève nouvelle dans sa riche province occitane, tandis qu'Adrien Mithouard dans *l'Occident* semble transiger en faisant des peintres impressionnistes les descendants directs du génie celto-chrétien des bâtisseurs de cathédrales.

Il y a un renoncement lorsque Maurice Barrès oublie son dilettantisme d'esthète pour en appeler aux énergies nationales. Le monarchiste Maurras et le socialiste Péguy avec son culte de Jeanne d'Arc, sa mystique de la race, son goût des grands classiques, en dépit de leurs différences, procèdent l'un et l'autre du nationalisme, mais, nous le verrons, tout est plus nuancé qu'il n'y apparaît immédiatement. En 1910, une enquête de Charles Morice s'intitule « Une Renaissance de l'idéal classique? ». Une grande partie des poètes, des écrivains, des critiques de l'époque s'est ralliée au mouvement dont l'importance n'est pas à sous-estimer.

Les revues, engagées fortement ou éclectiques, sont les supports de ces idées. Charles Maurras, monarchiste, salue Marc Lafargue, déjà connu par les poèmes du *Jardin d'où l'on voit la vie,* 1897, lorsque, dans *l'Age d'or,* de 1903, il annonce une renaissance classique d'origine occitane.

Le nationalisme de la jeune droite s'affirme avec vigueur, et, avant 1914, les manifestes, les essais, les enquêtes abondent dans les revues devenues champs de bataille. Citons : *la Nouvelle Littérature,* 1905, essai de Georges Casella et Philippe Gaubert; les enquêtes orientées de Georges Le Cardonnel et Charles Vellay en 1906; celles d'Henri Clouard dans *la Phalange,* 1907 et 1908, de Charles Morice cité plus haut dans *Paris-Journal,* en 1910, puis de Jean Muller et Gaston Picard en 1912. Deux écrivains prennent le pseudonyme d'Agathon : il s'agit d'Alfred de Tarde et d'Henri Massis. Après une enquête sur *l'Esprit de la nouvelle Sorbonne,* en 1911, où ils critiquent Lanson et ses disciples, ils écrivent, toujours en commun, *les Jeunes Gens d'aujourd'hui,* 1913, où le patriotisme et le catholicisme s'accompagnent d'un farouche anti-intellectualisme et d'un aimable optimisme, tandis qu'Émile Henriot, le futur critique et courriériste du *Monde* dit *A quoi rêvent les jeunes gens?* en 1914...

Des maurrassiens comme Henri Clouard, Eugène Marsan, André Thérive, dès 1908, mènent le combat dans la *Revue critique des idées et des livres.* Les rejoignent un Jean-Marc Bernard, un Le Cardonnel, des poètes de l'École romane comme Ernest Raynaud et Raymond de La Tailhède, des poètes de formation universitaire comme André Mary futur poète « gallican », Auguste Angellier, Émile Ripert, Frédéric Plessis. On retrouvera certains de ces poètes et de ces critiques (Clouard, Thérive, Marsan, Jean-Marc Bernard, et aussi Pujo ou Maurice de Noisay) auprès de jeunes comme Francis Carco, Edmond Gojon, Roger Frêne, Abel Bonnard, Pierre Benoit, plus connu comme romancier, Louis Thomas, Charles Derennes, Guy Lavaud, Alexandre Arnoux, dans *les Guêpes,* de 1909 à 1912, revue de polémique, qui se dégagent de *la Phalange, l'Occident,* la jeune *N.R.F.* Précisons cependant que, parmi les poètes, les engagements sont à des niveaux différents : on le voit par les noms de ces collaborateurs dont certains, doux poètes élégiaques, se retrouveront dans l'amitié du groupe Fantaisiste dont la revue *le Divan* sera le support.

En fait, plus encore qu'une conception poétique commune, qu'une esthétique littéraire, ce sont plutôt des idées politiques qui les unissent, et, comme toujours, certains poètes publieront ici et là, n'ayant pour souci que de faire connaître leur art. D'autres groupes sont proches comme les barrésiens de la *Revue du temps présent* ou les collaborateurs des *Amitiés françaises* où l'on trouve auprès de François Mauriac, André Lafon, Noël Nouet, Robert Vallery-Radot, Hélène Seguin, Henriette Charasson, Paul Drouot. Après la guerre, ce mouvement continuera aussi bien dans la *Revue critique des idées et des livres* qui reparaît que dans *la Muse française* ou *la Minerve française,* ces deux dernières, comme *le Divan,* plus volontiers ouvertes aux poètes comme les fantaisistes déjà nommés et des néo-classiques assez proches de l'idée romane de Moréas tels que Vincent Muselli, Fernand Mazade, André Berry, l'éditeur-poète André-Paul Garnier, Noël de La Houssaye, Louis Pize, Pierre Camo, Albert Flad, René Fernandat, Xavier de Magallon, Albert Erlande, Maurice Chevrier, etc., certains d'entre eux gens de valeur souvent effacés par la montée des écoles révolutionnaires du langage. A ces noms, il faut ajouter ceux de sympathisants, moins orthodoxes, et, dans une certaine mesure, plus ouverts à la nouveauté comme Yanette Delétang-Tardif, Henry Courmont, Edouard Marye, Jeanne Marvig, Philippe Chabaneix, André Payer, Henri Muchard, Yves-Gérard Le Dantec, Fagus, etc. D'autres poètes néo-classiques par la forme, mais plus volontiers dans la descendance de Mallarmé, tenteront de restaurer un classicisme renouvelé : c'est, auprès de Paul Valéry, Lucien Fabre, François-Paul Alibert, Henri Gautier Du Bayle ou Henry Charpentier. Nous tenterons de rencontrer ces poètes dans leurs œuvres, tant il est vrai que certains séparent leurs goûts politiques de leur idéalisme esthétique.

La Musique intérieure de Charles Maurras.

Les amis de Charles Maurras (1868-1953), les poètes de l'École romane qui, vers 1895, s'opposèrent aux brumes du Symbolisme, au langage décadent, et aussi, à de moindres degrés, aux virtuosités parnassiennes et aux déclamations romantiques, les Moréas, Du Plessys, Reynaud qui tentèrent de ressusciter le principe gréco-romain de la Pléiade, nous les avons rencontrés dans le précédent volume. Au XIXe siècle, Maurras n'a publié que quelques vers dans les revues, comme *Pour Psyché*, 1891. Nous n'avons pas à nous étendre ici sur le fondateur de l'Action française dès 1899, le prosateur (encore que ses ouvrages sur *Anatole France politique et poète, les Amants de Venise, George Sand et Alfred de Musset, la Sagesse de Mistral, Lorsque Hugo eut les cent ans, Romantisme et Révolution, Poésie et vérité*, etc. ressortissent de la critique poétique), le polémiste ardent, agressif jusqu'à l'absurdité, batailleur, sur le journaliste égaré du temps de l'Occupation qui lui valut une condamnation à la réclusion perpétuelle, avant qu'il ne fût gracié et terminât ses jours dans une maison de retraite, mais le chef d'école littéraire et le poète méritent d'être considérés.

Après *Pour Psyché*, 1891, réédité en 1911, ses œuvres poétiques sont : *Inscriptions*, 1921, *le Mystère d'Ulysse*, 1923, *la Musique intérieure*, 1925, *Quatre Poèmes d'Eurydice*, 1938, *la Balance intérieure*, 1952, sans oublier *Au-devant de la nuit*, sous la signature de Jean Rameau. Le plus significatif de ces recueils est sans conteste *la Musique intérieure* (cette notion d'intériorité revient chez ce poète atteint, comme Ronsard et Du Bellay, de surdité), ne serait-ce que par sa préface qui est à la fois confession, bréviaire et manifeste poétique.

Né à Martigues, il fit ses études au Collège catholique d'Aix-en-Provence, se passionnant pour les problèmes littéraires, collaborant bientôt à la fondation de l'École romane, écrivant sur Théodore Aubanel, fondant l'école parisienne du Félibrige, défendant selon son optique la cause provençale à partir des idées de son maître Mistral. Majoral du Félibrige, il publiera même en provençal *Abrégé d'un mémoire*, 1946. Son œuvre se compose de cent trente volumes environ et il fut le maître à penser de nombreuses générations. Il perdit la foi et se rapprocha de philosophes comme Schopenhauer, de poètes comme Baudelaire, d'humanistes sceptiques comme Anatole France. En 1895, il fut envoyé par *la Gazette de France* à Athènes pour suivre les Jeux Olympiques; il en naît les articles publiés dans *Anthinea,* 1901, mais surtout une discipline le ramenant vers le classicisme méditerranéen. Son retour au catholicisme est moins dicté par une foi retrouvée que par souci d'un ordre social et national. Il se rapprochera de Barrès. Il appartient à l'histoire tout court : rappelons son talent de dialecticien et de polémiste dans *l'Action française,* son engagement violent contre les défenseurs de Dreyfus avec ses « camelots du roi », la condamnation par Pie XI de l'Action française, ses attaques contre la République, la démocratie, le socialisme, et sa fin, son engagement pétainiste, son procès, sa condamnation, les derniers mots que prononça ce sourd au moment de l'agonie : « Pour la première fois, j'entends quelqu'un venir... »

La lecture des Anciens lui a donné « une haute idée de la poésie ». Ses vers châtiés sont ceux d'un écrivain tentant sans cesse d'atteindre à la perfection classique. Avant tout prosateur, il écrit en vers, rime bien, et dit de lui-même modestement : « Peu d'hommes auront rimé autant, et sur plus de riens. » Il faut lire sa longue et précieuse introduction à *la Musique intérieure,* car l'homme s'y exprime tout entier sans le moindre fard même si le contenu est parfois un peu trop discursif, en même temps que son art poétique est tracé, situé dans son contexte humain et dans la recherche de son temps, avec ces scrupules prosodiques bien oubliés aujourd'hui. On lit encore : « Au fur et à mesure que ces vanités s'entassaient dans mes tiroirs, les rectifications que la vie apportait à l'esprit malheureux qui les inspirait, la haute idée que je me reformais de la poésie, la rencontre de Mistral, de Moréas, d'Anatole France, celle de La Tailhède et de Le Goffic qu'habitaient de vraies muses, mes lectures et récitations des anciens et des maîtres français, Villon, Ronsard, Malherbe, La Fontaine, la réflexion et enfin l'âge, faisaient une justice non partielle, mais complète, de ces pitoyables échos. » On voit là une grande exigence et l'on comprend mieux qu'il ait tant tardé à publier, lui qui, dès le XIXe siècle, avait préparé l'épanouissement de l'École romane. Il est vrai aussi que Maurras voulait préserver son silence et faire chanter ses vers pour lui tout seul et il n'est pas interdit de penser que le musicien intérieur, parce qu'il était atteint de surdité, voulait garder sa part de secret, lui qui s'affirmait comme homme public. L'influence de Moréas était déterminante, il se fit son critique et souvent son modèle. Cependant, c'est en s'affranchissant en partie de l'art de cette École romane, en dépassant ses limites, qu'il trouvera son propre épanouissement. Il est vrai qu'aux poèmes de l'humaniste, de l'amoureux des idées, du patriote, du Français indigné, du didactique parfois, il est permis de préférer telles petites pièces oublieuses de l'attirail mythologique de nymphes et de satyres, où il quitte le langage noble pour atteindre à un parfait naturel et à une vive sensibilité. D'aucuns retiendront les poèmes traduisant son angoisse religieuse, son idéalisme, sa recherche d'un univers « où l'esprit n'est pas vaincu ». Là il témoigne d'une rigueur et d'une délicatesse qui lui font éviter la sécheresse de l'intellectualisme.

Esprit curieux, son art pourrait se situer dans un mince territoire entre le Symbolisme et l'École romane, et si l'on veut mieux cerner son originalité, on s'aperçoit que son humanisme latinisant le conduit vers une contension attique, une poésie allusive non sans un soupçon d'hermétisme, un goût artiste que l'on pourrait parfois mettre en parallèle avec ce Mallarmé qu'il n'apprécie guère. Lui aussi sait rendre à la musique son bien, mais d'une autre manière. Vu d'aujourd'hui, cet homme de droite est, dès qu'il s'agit de poésie, le lieu de bien des injustices. Cependant, n'est-ce pas lui qui écrit : « M. Valéry, mallarmiste, finit par recouvrer une grande partie de ce que Mallarmé nous a retranché. Le pénétrant esprit d'un poète d'avant-garde, M. Guillaume Apollinaire, a laissé là-dessus de véritables prédictions testamentaires. »? Qu'il y ait parfois quelque chose de laborieux chez Maurras, çà et là du prosaïsme, des chevilles aussi, des adjectifs de remplissage, est indéniable, mais pas plus que chez tel ou tel poète de son temps plus fêté que lui. A côté de cela, des trouvailles sensibles, une musique, des états purement poétiques et qui restent son bien propre. On aime ses évasions vers le rêve, ses allusions imaginatives, ses cadences riches de résonances profondes.

Durant le temps de sa longue vie, tant de nouvelles écoles, tant de poètes de premier plan se sont affirmés qu'à défaut de le dire poète considérable, on peut le dire poète digne de considération. Il semble écrire en dilettante, que ce soit sur des fleurs ou sur *la Joconde*. Il joue avec les vieilles formes, introduit le dialogue dans la ballade et fait de bons sonnets. Il ne dédaigne pas l'art descriptif, mais on le préfère chantre d'un certain intimisme. Il fait chanter *les Ténèbres :*

> Un vent froid souffle dans ta rue,
> Mon cœur s'arrête à chaque pas.
> L'étoile est-elle dans la nue?
> Je ne sais pas, je ne sais pas.
>
> Ma tête est lourde, tout se mêle,
> Je suis trempé de boue et d'eau.
> Du moins la lampe veille-t-elle
> Dans l'interstice du rideau.

Pudique, discret, son ton apaisé sonne juste. Parfois l'image est banale : « Vos regards éloignés brûlent comme du feu. » Il sait écrire aussi :

> Mais, ô mensonge, sois sincère!
> Si tu me montres mon amour
> Affranchis-moi des durs mystères
> Qui m'interceptent sa lumière,
> L'heure parfaite d'un beau jour!

Si l'on regrette le peu de recherche des épithètes : voûtes *splendides,* souvenir *sombre,* âme *plaintive,* matin *radieux...* et des images trop attendues, tels poèmes patriotiques atténuent les excès claironnants de Déroulède. Il est à l'aise lorsque, humaniste, il traduit inscriptions et sentences. Pour montrer son art le plus personnel, voici in extenso *Pour Psyché :*

> Psyché, vous êtes ma pensée
> Vous éleviez votre flambeau
> Les hommes vous ont repoussée
> Vous souriez comme un tombeau,
>
> Psyché, vous êtes ma souffrance
> Vous vous mourez au vent d'Ailleurs
> Vos yeux sont las de l'apparence
> Et vacillants comme des fleurs.
>
> Et, Psyché, vous êtes mon rêve,
> Ensemençant l'air léger
> De vos mépris pour l'heure brève
> Qui dit que vivre est de changer.

On retrouvera dans *la Balance intérieure*, 1952, la permanence de Psyché dans un *Nocturne* :

> Ainsi sont révélés du demi-dieu barbare
> L'étreinte, la caresse et le silence amer :
> Quand la nef eut ravi la fille de Tyndare
> Les ténèbres du sang recouvrirent la mer.
>
> Mais ton rire a sonné sur l'abîme du monde,
> Psyché! Quelle colombe a réveillé le jour
> Et, pure du souci d'un cœur qui lui réponde,
> N'a longtemps roucoulé que l'amour de l'amour!

Cette *Balance intérieure* traduit une vie tentant de s'équilibrer entre l'action et la méditation qui la sous-tend. Jusqu'à la fin du demi-siècle, par une poésie qui prit sa source au XIXe siècle, Charles Maurras a tenté un retour à l'art de la Pléiade renouvelé. A la tête du groupe gréco-latin des lettres françaises, il a su faire œuvre personnelle par des inflexions qui ne doivent qu'à lui-même, suscitant durant l'étendue de notre temps une masse de disciples ne se souciant pas plus que lui des recherches des élites nouvelles et poursuivant envers et contre tout une ligne néo-classique de la poésie française.

Vincent Muselli ou le charme du savoir.

Parmi les innombrables poètes qui se situent dans la tradition de Maurras et plus encore de Moréas, des poètes de l'École romane, en bref des créateurs soucieux de la forme classique et de la maîtrise des mots de la langue française pris dans leur plus stricte acception, parmi bien des suiveurs sans hardiesse, un poète se détache parce qu'il a su unir aux qualités ordonnées de l'ancienne esthétique, comme le dit Marcel Raymond, « les vertus de surprise que recherchent les modernes ». Il s'agit de Vincent Muselli (1879-1956), né à Argentan, poète contrasté qui a su allier à une œuvre fière, hautaine, sévère même, une finesse délicieuse et un soupçon d'ironie qui le firent admirer des poètes de cette École fantaisiste que nous rencontrerons. Henri Clouard le montre « savant et bachique, grave et libertin », et il ajoute : « Sa pensée souple, délurée, éclaire tous les sentiments d'un cœur qui se soumettait à la vie tantôt avec une fantaisie empanachée, tantôt avec une stoïque mélancolie. Il ne dédaigna pas l'art de la mignardise et de la jolie arabesque; il sourit, fringant, au plaisir; mais sa fierté est de la famille de Vigny et de Moréas. »

Libre, indépendant, ce solitaire bienveillant, révéré par les poètes classiques, voyait dans la perfection de la forme une image du système de l'univers dont il voulait saisir ce qu'il a de durable sans se soucier des transformations rapides de la société. En ce sens, son art poétique est une recherche de l'équilibre et ne cherche pas une originalité qu'il sait posséder en lui-même. Il disait : « L'art ne consiste pas à être de son temps. Le culte idolâtre du présent introduit la vicissitude dans l'esthétique. » Le poète d'aujourd'hui, pour qui être de son temps est en soi un art, ne peut être évidemment d'accord avec ces vues qui portent leurs limites. On préfère chez lui le poète au théoricien. Ajoutons que le philosophe René Guénon, par sa recherche en Orient de valeurs spirituelles oubliées, fut son initiateur. Il le qualifiait de « logicien inspiré ». Pour Muselli, métaphysique et poésie sont sœurs, et même ne sont qu'une, « l'une étant le beau idéal dans la pensée, l'autre le beau idéal dans l'expression ». Dès lors, « pourquoi les séparer? ».

Dès *les Travaux et les jeux,* 1914, on assiste à la rencontre du gnomisme de Jean Moréas et d'une musique héritée de Mallarmé, comme en témoignent ces *Stances :*

> De ces jardins pompeux et brillants, la nuit sombre
> Déjà détruit la forme et trouble les couleurs;
> Les marronniers, les pins ne sont qu'un noir décembre
> Et le jour fatigué se retire des fleurs.
>
> Ne prends point de souci des arbres ni des roses,
> Qu'importe à notre amour leur indigne trépas,
> Va! notre cœur échappe au désastre des choses,
> Lui qui sent venir l'ombre et qui ne tremble pas.

L'Œuvre poétique de Vincent Muselli, 1957, a été, dans son entier, publié par la revue *Points et Contrepoints*. Les principaux recueils, de 1914 à 1952, sont : *les Travaux et les jeux,* 1914, *les Masques,* 1919, *les Sonnets à Philis,* 1930, *les Strophes de Contrefortune,* 1931, *les Sonnets moraux,* 1931, *les Sept Ballades de contradiction,* 1938, *Poèmes,* 1943, *les Douze Pas des Muses,* 1952. Parmi les sonnets moraux, retenons *Orphée :*

> Le connais-tu, l'enfer, celui-là d'être seul!
> Ce vide, cette angoisse et les peurs toujours prêtes!
> Mage qui conduisais les forêts et les bêtes,
> Tu te sauves, hagard, ivre encor du linceul.
>
> Repars! pouvais-tu croire, insensé, que, ravie
> A soi-même, et greffée à l'Être universel,
> Elle viendrait ainsi, docile à ton appel,
> Revêtir, pour tes yeux, son fantôme et sa vie!

> Ah! tu peux désormais déployer tes douleurs :
> C'est en vain que ta lyre, Orphée, et que tes pleurs
> Lamentent aux échos Eurydice perdue.
>
> Quoi ? n'oserais-tu point retourner chez les morts,
> Revoir le fleuve et l'ombre et la morne étendue
> Et le soufre montant des plutoniques bords !

Le Muselli le plus familier apparaît dans ses ballades dites « de contradiction ». Il se situe là près de Villon et non loin de Guillaume Apollinaire :

> Qu'as-tu fait des jours les plus beaux,
> Mouton, qu'as-tu fait de ta laine !
> Qu'a-t-il fait ce cœur en lambeaux :
> A tels roseaux pleure ma peine !
> Où vont la source et la semaine,
> Amour, Hélène et leurs appas ?
> Une heure encore et la dernière,
> Plaisirs qui ne reviendrez pas,
> Au fil de l'an fuit la rivière !

Dans son œuvre, on trouve des lieds, une berceuse, un compliment, une épigramme volontiers, le poète atténuant par le chant certains archaïsmes pleins de charme qui montrent sa connaissance de la poésie française à ses différentes périodes puisqu'il reste en lui du médiéval, du renaissant, de l'intimisme romantique et des somptuosités symbolistes. Sorte de bohème littéraire bien qu'il en refusât les oripeaux, pauvre et grand seigneur, André Billy disait de lui : « Muselli a une des plus belles crinières que je connaisse, une crinière noire, épaisse, bouclée, sous laquelle son front paraît énorme. » Le grand chapeau, le manteau posé en cape, la canne à la main, il pouvait apparaître aussi comme un des derniers lions mis à la mode au siècle précédent.

Parmi ses amitiés littéraires, signalons Apollinaire, André Salmon, Frédéric Lefèvre, Yves-Gérard Le Dantec, Marcel Arland qui parle à son propos de « quasi-perfection », Jean Texier, Alexis Curvers, Fernand Crommelinck ou Marie Noël dont voici le témoignage : « Bonhomie exquise, candeur malicieuse, chaleur de plaisir grande ouverte, notre Jean de La Fontaine se fût bien aimé en sa compagnie. » Ayant recueilli la leçon de Moréas et de Du Plessys, prenant ses distances avec le Symbolisme sans en contester l'utilité, il ne s'inféoda à aucun groupe comme l'a signalé dans le « Poète d'aujourd'hui » que lui a consacré Hélène Desmaroux. Peu lu par les jeunes poètes de l'avant-garde, parfois même inconnu pour eux et assimilé injustement à la troupe moutonnière des rimeurs, Muselli recèle quelques trésors.

Le Classicisme de Le Dantec.

Près de Muselli se situe Yves-Gérard Le Dantec (1898-1958), Breton né à Ajaccio, neveu du grand biologiste Félix Le Dantec, poète, exégète et critique, connu le plus souvent par ses travaux critiques et ses éditions commentées de grands poètes comme Hugo, Baudelaire, Laforgue, Corbière, Verlaine, Mallarmé, Renée Vivien ou Jean Pellerin. Résolument classique, soucieux de parfaite prosodie, dur et pur, ce savant qui connaissait parfaitement le grec devait puiser ses principales sources dans l'Antiquité, et, comme un parnassien, tenta de renouveler les mythes antiques.

Ses œuvres poétiques personnelles sont : *l'Or des souvenirs*, 1922, *Ouranos*, 1930 et 1933, *l'Aube exaltée*, 1932, *Sonnets ouraniens*, 1940, *les Roubaiyât d'Omar Khayyâm* traduits en vers d'après le poème d'Edward Fitz Gerald, 1943, *Nouveaux Sonnets ouraniens*, 1945, *L'Éden futur*, 1951, *Ouranos*, édition augmentée, 1953, *Ainsi qu'un peuple de colombes*, 1955.

Une idée de sa manière est donnée par un sonnet d'*Ouranos*, intitulé *la Tare céleste* :

> Ce sang n'est pas le tien, Thisbé, que la lionne
> A laissé sur le voile à ta fuite échappé :
> Pyrame, est-ce le tien dont se gorgea Thisbé,
> Dans sa chair essuyant le fer qui la sillonne?
>
> Quelle main vers le cœur sans tache de Procris
> Guida ton trait parmi les broussailles, Céphale?
> L'Aurore, qu'offusquait votre amour triomphale,
> Dans un spasme savoura-t-elle vos deux cris?
>
> Non. Les amants promis de tout temps à ces fêtes,
> Victimes et bourreaux ensemble, et nous, poètes,
> D'un forfait mal puni nous payons la rançon.
>
> Ouranos! Ouranos! ta blessure est ouverte
> Toujours; et, sur l'abîme où nous nous enfonçons,
> De ce sang galvaudé nous expions la perte!

Mais *Ouranos* est aussi le lieu de poèmes plus légers, plus chantants comme cette strophe printanière :

> Le ciel ouvre sur ma tête
> Son dais calme et strié d'or
> Que le crêpe des tempêtes
> Hier profanait encor.
> Je vibre comme une harpe
> Sous les fluides écharpes
> D'une brise de printemps,
> Et j'écoute mille cloches
> Dont par degrés se rapprochent
> Les carillons éclatants.

Une autre de ses veines est de mêler à l'élégie tendre un sentiment chrétien avec un chant fervent d'épithalame, deux de ses titres évoquant un vers célèbre : *L'Aube exaltée* et *Ainsi qu'un peuple de colombes*.

Les *Sonnets ouraniens* sont le lieu, comme le dit Henri Clouard, « d'un lyrisme de Table Ronde qui refuse de se laisser méditerranéiser ». Le Graal que recherche Le Dantec est puisé aux sources de l'Antiquité et sa quête passe par une poésie noble et mystique. Il n'a pas le charme et l'originalité d'un Muselli, mais il représente comme lui une survivance respectable.

Maurrassistes et moréassiens.

Un Raymond Gagnabé de La Tailhède (1867-1938) figurant dans le précédent volume est à rappeler; n'est-il pas l'auteur, avec Charles Maurras, d'un *Débat sur le Romantisme*, 1928 ? Deux ans plus tôt, il réunit odes, sonnets, hymnes dans ses *Poésies* où il reste « fidèle à la prosodie traditionnelle et au culte du passé littéraire de la France ». Serge Fauchereau écrit aujourd'hui : « Tout en donnant la préséance à la politique, ni Maurras ni ses disciples ne cesseront de sacrifier à leur métromanie. Leurs recueils sont pleins de nymphes et de feuilles d'acanthe, d'armures et de glaives d'airain. » Et le critique ajoute : « On a peine à croire que l'appareil suranné de l'*Hymne pour la France* de Raymond de La Tailhède est contemporain des manifestations dada. » Et il cite :

> Terre libre où fleurit l'héroïsme et la gloire!
> France dont les soldats ont inscrit dans l'histoire
> L'impérissable honneur!

Parmi les fidèles de Maurras, nous trouvons un Jacques Reynaud (1894-1965) qui traduit comme tant d'autres la latinité en vers classiques dans *Polymnie*, 1921, *Chants pour les morts et les vivants* ou *les Métamorphoses*, vaste ensemble où les marbres antiques sont bravement reciselés par le christianisme.

Proche de Maurras encore, le critique Roger Puthesté, dit André Thérive (1891-1967) successeur de Paul Souday au *Temps* de 1929 à 1942, plus connu comme romancier et fondateur en 1929 de l'école du Roman populiste ou comme historien des lettres et de la langue française. Pour lui comme pour tant de poètes classiques, sous la plume de ses exégètes reviennent les mêmes épithètes : « noblesse de forme, inspiration toute classique... » Citons ses livres : *Poèmes d'Aminthe*, 1922, *Anthologie non classique des anciens poètes grecs*, 1934, *Max et Maurice*, traduit de Wilhelm Busch, 1952.

Comme André Thérive critique littéraire, mais aussi dramatique et sportif, Lucien Dubech (1882-1940) se situe dans le sillage de *l'Action française* de Charles Maurras. A Moréas, il emprunte certaines tournures gnomiques romanes, mais il tient plus encore du « grand Malherbe » à qui il emprunte la forme de l'ode et dédie ses poèmes, avec parfois des accents raciniens. De son maître, il a la sévérité, mais aussi la sûreté de goût et ses strophes ont ce doux-coulant cher à la Pléiade et aux poètes du premier XVIIe siècle. Son art traduit un pessimisme pensif et parfois teinté d'ironie face au sort de l'homme. Sa rhétorique parfois contraint quelque peu l'ineffable qu'il s'efforce de rejoindre. Délicieusement artiste, il se lit avec plaisir et ses vers traduisent le ton d'une élégie dépouillée et qui sonne vrai :

> Étonné d'un feu qui m'embrase
> Puis m'abandonne à mon émoi,
> Je porte un dieu trop grand pour moi
> Qui me défie et qui m'écrase.

Intituler un recueil *Stances à la légion étrangère*, 1927, est peu commun. Il s'agit du premier livre de Maurice Chevrier (1875-1935) qui publia ensuite *les Trois Premiers Livres des chants*, 1929, *Propos*, 1929, *Poésies*, 1939. Ses *Stances* sont du Moréas en moins bien et ses chants empruntent à l'Antiquité ses nobles majuscules :

> Hurlez, femmes d'Assur, dans Ninive la Grande.
> Lamentez votre sort, captives d'Illion.
> Ô compagnes d'Esther, répandez en offrande
> Aux pieds de l'Éternel les larmes de Sion.

Du côté de Nice, on trouve Eugène Lapeyre (1905-1979) qui semble unir la musique de Maurras à celle de Racine dans des livres comme *le Jardin sur le fleuve*, 1927, *le Voyage intérieur*, 1931, *Poésie*, 1977. C'est un poète amical, harmonieux, plein de clarté et de joie d'exister. Son compatriote Paul Damarix (né en 1905) a fait son éloge. De son vrai nom Maurice Seyrat, Damarix se situe dans la lignée parnassienne, mais a reçu le message du Moréas roman, avec un regard sur le néo-Classicisme valéryen. Il a publié *l'Heure bien douce*, 1921, *le Jardin mystique*, 1924, *le Feu de la lampe*, 1925, *Transparences*, 1927, *la Jeune Vagabonde*, 1929, *les Illusions*, 1930, *les Puissances endormies*, 1943, *l'Espace magique*, 1943, édition augmentée en 1970, *les Réalités imaginaires*, 1977. Francis Jammes et Jean Lebrau le préfacèrent. Il fonda avec le poète Marcel Ormoy une librairie niçoise qui connut un développement important. Ami des poètes de l'école fantaisiste, il en a le ton pensif et la mélancolie. Il dit :

> Je suis cet homme seul et vais, à temps compté,
> Fuyant peine et travaux qui courbent mon échine,
> Sur ce vapeur au rythme égal de sa machine
> Chercher un long sommeil à mon anxiété.

Lorsque Marcel Abraham (1898-1957), au couchant de sa vie, réunira des poèmes épars dans les revues et des inédits sous le titre *Routes*, 1953, on trouvera des stances dans le goût de Moréas qui a surtout fait école par cette forme particulière avec son gnomisme qu'on trouvera encore dans de brefs poèmes tandis que certaines œuvres procèdent de l'unanimisme de Jules Romains, l'ensemble témoignant d'une sincérité allant jusqu'à la confession. Abraham a laissé une œuvre critique importante s'attachant à des poètes comme Racine, Marceline Desbordes-Valmore, Théophile Gautier et beaucoup d'autres.

L'influence de Moréas n'est pas toujours si bénéfique, et une part de l'art d'un Alphonse Métérié (né en 1887) le montre bien, celle où son gnomisme classique écrase en lui ce qu'il a de plus pur. On peut aussi le situer à la fin d'un Symbolisme délicat, dénué d'affèteries artistes. Dans ses œuvres, on respire un heureux parfum de terroir, une musique douce dans la tradition des poètes angevins ou de Nerval quand il chante le Valois. Il excelle à prendre le ton des lieds ou des complaintes et, dans ses meilleures productions, passe un écho de Laforgue et même du Symbolisme particulier de Maeterlinck :

> Ô jeune fille pure
> des Autrefois dormants,
> dont j'ai vu la ceinture
> en des parcs de roman,
>
> rose brûlante et chaste
> au lunaire perron,
> reine-fleur de la caste
> des vierges au beau front,
>
> en vos robes légères
> revenez-vous le soir
> dans l'allée-aux-fougères
> où je voudrais m'asseoir?

Dans cette veine, il est un imagier tendre, avec un rien de préraphaëlite, qui s'exprime en sourdine et charme. Rappelons ses principaux recueils : *le Livre des sœurs*, 1922, *le Cahier noir*, 1923, *Nocturnes*, 1928, *Cophetuesques* (inspiré par le *King Cophetua* de Burne-Jones), 1934, *les Cantiques de frère Michel*, 1944, *Vétiver*, 1946, *Proella ou le second livre des fleurs*, 1951.

D'autres poètes se placent sous la bannière des maîtres de l'École romane, Maurras et Moréas, virgiliens, poètes épris de l'Antiquité, idéalistes et philosophes, poètes chrétiens, intimistes élégiaques sont légion. La plupart d'entre eux, choisissant des thèmes éprouvés, finissent par y laisser sombrer ce qu'ils pouvaient avoir de personnel. Les suivre, les découvrir, les montrer est une tâche ardue, mais toute probité mérite respect et regard. Ne trouverions-nous çà et là qu'une trace de poésie que nous serions récompensés de notre peine.

L'Antiquité et les antiquailles.

Comme de La Tailhède, nous avons parlé dans le précédent volume de Sylvain-François-Maurice Flandre-Noblesse dit Maurice Du Plessys (1864-1924). Bien des humanistes, savants véritables, sont venus du Symbolisme ou ont été marqués par lui; venus à l'École romane, ils ont souvent gardé quelque chose du Parnasse de Leconte de Lisle ou de Heredia et les frontières sont mal tracées.

Un Sébastien-Charles Leconte (1860-1934) est lui tourné vers les parnassiens, de *Salamine* et du *Bouclier d'Arès*, 1897, au *Bouclier de Gethsémani*, 1932, en passant par *le Sang de Méduse*, 1905, *l'Holocauste*, 1926, et une pièce *Esther, princesse d'Israël*, en collaboration avec André Dumas, 1912. Il n'a ni l'art de son célèbre homonyme Leconte de Lisle (on ne manqua pas de le brocarder sur cela) ni la contention de Heredia ni la souplesse de Théodore de Banville, et pourrait bien figurer la caricature des tics de ses maîtres. Là où ces derniers, en quelques vers, traçaient un tableau vigoureux de peintres au couteau, il se disperse en longs discours et s'épuise en verbeuses sonorités. Il construit des épopées théosophiques ou philosophiques où il se sent à l'aise car il fut un grand voyageur dans l'espace et le temps, se nourrissant de science, recherchant une vérité, mais il manque son but en discourant à perte de souffle, en décrivant par accumulations d'alexandrins sans atteindre la grandeur qu'il recherche.

On lui préfère l'historien de Marie-Antoinette et de Louis XV, le poète Pierre de Nolhac (1859-1936), né à Ambert *(voir volume précédent),* à la fois possesseur d'une vaste culture hellénique et latine, amoureux de Pétrarque et d'Érasme (il leur consacra des études), de Ronsard, de Montaigne et aussi de Shelley et des lakistes tout autant que de son Auvergne natale dont il est le chantre. Il écrira *Paysages d'Auvergne,* 1888, *Paysages de France et d'Italie,* 1894, *les Sonnets,* 1907, *Vers pour la patrie,* 1920, *le Testament d'un Latin,* 1928, *le Rameau d'or,* 1933.

Le culte des ancêtres, du sol natal, des dieux grecs comme du Dieu des Chrétiens lui ont inspiré des vers parfaits. Ce qui le sauve d'être une copie de ses maîtres est que la sensibilité et l'émotion, son amour sincère et pieux des artistes, des penseurs, des poètes qui l'ont précédé font prendre à la poésie le pas sur l'érudition inspiratrice et souvent peu propice à la création personnelle. Son pétrarquisme aussi lui apporte des présents de poésie véritable. Il n'échappe pas à un moralisme mis à la mode par Moréas et ses *Stances* témoignent de sa raison pensive :

> Ô vieux poète ! il est plus tard que tu ne crois.
> Que vas-tu dire encor dans le jour qui s'achève ?
> A quelle œuvre d'amour, d'espérance ou de rêve
> Donneras-tu ton âme une dernière fois ?

> Mûrissons longuement la parole suprême ;
> C'est elle qui survit à celui qui s'est tu.
> Sur la note brisée où l'accord est rompu
> Le cœur entend toujours chanter la voix qu'il aime.

Professeur de lettres, spécialiste de l'étymologie, Émile Moussat (1885-1965), né à Alger, en plus d'un théâtre en vers avec Claude Bernard, publiera *Sous le ciel d'Allemagne,* 1924, *l'Athlète brisé,* 1928, *A l'Appel des poètes,* 1930, *le Vin des tranchées,* 1936, *les Sonnets clandestins,* 1948, *le Centaure et la sirène,* fables, 1950, *Musées : muse amusée,* 1952, *Sous la douche estivale,* 1958. Il cultive l'art de la fable en faisant regretter La Fontaine ou Franc-Nohain ou même la légion des fabulistes du passé. On retient ses *Musées* où il dépeint Naples ou Rome en sonnets graves ou parés d'un amusement d'érudit, montrant les visiteurs moutonniers des galeries d'art ou le peuple animé des villes italiennes :

> Mille cris de marchands qu'on ne peut reconnaître
> S'élèvent de la rue et jusqu'à la fenêtre
> Où la chemise pend en guise de rideau.

> On sent partout grouiller la vie et les négoces.
> A la lessive, ici, la femme use tant d'eau
> Qu'elle n'a plus de quoi débarbouiller les gosses.

Aux sources antiques, sans ces jeux d'érudit, André Stirling (1890-1978) puise la matière de médaillons antiques qui ne manquent ni d'art ni de grâce. Dramaturge d'un abondant théâtre versifié où il traite des problèmes de la liberté, de la fatalité, du libre-arbitre tout comme dans ses poèmes, il ne dédaigne pas de faire entrer dans ses vers une exotique *Jeune Guadeloupéenne* ou de situer Jean Racine et Monsieur Hamon *A l'Ombre des forêts*. Il est aussi l'auteur de contes poétiques fantasques et fantaisistes comme *Du petit Faune amoureux à la Princesse mal élevée,* 1922. Citons *les Extases,* 1908, *Motifs pour les Quatre Saisons,* 1918, *le Pâtre aux yeux clairs,* 1923, *Écrit dans la lumière du matin,* 1937, *Vallon de Port-Royal au parfum d'évangile,* 1941, *Écrit dans la lumière de midi,* 1962. Ses *Quatrains* unissent le ton didactique à la rêveuse image :

> Ne me sois, ô saison de tendresse câline,
> qu'un souvenir ancien que le temps rend meilleur.
> Le bonheur, ce n'est rien que de croire au bonheur.
> Dans l'œil nu d'une biche un printemps s'illumine.

Le même ton se retrouve dans la plupart de ses œuvres poétiques. Voici, par exemple, *Artémis chasse* :

> De branche en branche, aux soirs d'automne, qui n'a vu
> en silence, glisser ta forme passagère
> laissant dans les bosquets le sillage imprévu
> de ta chair pâle au parfum d'ambre et de fougère?
>
> Quelle magique proie à ton soin diligent
> fut-elle ainsi promise et t'oblige à poursuivre
> de par la solitude un espoir de survivre
> et dans les nuits de glace une course d'argent?

Un amoureux de Pindare, fervent de paganisme archaïsant, proche du lointain Ronsard est Noël de La Houssaye dans des *Odes* ou un *Mausolée pour Euterpe*. Antiquité encore chez André Lamandé (1886-1933) dans *Sous le clair de lune d'Athéné,* 1920, chez Alexandre Guinle, poète d'*Atalante,* chez le romancier Pierre Benoit (1886-1962) dans *Diadumène,* 1914 et 1921, ou *les Suppliantes,* 1921, que nous retrouverons plus loin, chez Albert Erlande (1878-1934) avec *Niobé* ou *Poème royal* où il ne manque ni de sensualité ni de goût sans qu'une personnalité véritable se détache.

Henri-Philippe Livet (1905-1942) dans *Palmes,* 1931, *Chants du prisme,* 1933, *Deucalion,* 1937, *l'Odeur du monde,* 1939, s'il choisit des thèmes antiques les situe dans des décors qui empruntent les gazes et les voiles du Symbolisme :

> Et les hêtres sont noirs où la Parque a filé
> L'arachnéenne voix de cette aube de pierre,
> Et c'est un grand silence au pur trouble emmêlé
> Qu'aurait aimé le faune aujourd'hui sans lumière...

Georges-Eugène Bertin (mort en 1938), du recueil *En quittant la vie,* 1898, à *la Dernière Nuit,* 1902 (il écrivit aussi *la Reine d'Égypte,* en vers, 1934), pourrait bien être le prototype des innombrables suiveurs qui vont de l'élégie lamartinienne à l'art de José-Maria de Heredia qui les surpasse tous, celui du sonnet sans défaut aux rimes bien frappées selon une recette éprouvée qui ne requiert qu'un dictionnaire de rimes, un autre de mythologie et un brin de savoir-faire.

Auguste Génin (né en 1873), Français né à Mexico, spécialiste du Mexique, consacra à ce pays une douzaine d'études savantes et des recueils didactiques, le principal étant *Légendes et récits du Mexique ancien,* texte définitif des *Poèmes aztèques,* de 1890, épais volume plein de vers proches de Leconte de Lisle où les noms de l'ancien Mexique apportent leurs curieuses sonorités :

> Xicotencatl est mort et Tlaxcala l'oublie ;
> Tlaxcala suit Cortèz en son ténébreux plan ;
> La lâche République aux Espagnols s'allie,
> Pour écraser enfin ton front, Ténochtitlan !

> Tezcucains et Chalcains, Otomis, Chinantèques,
> Tous, se sont contre toi ligués et ton jour vient.
> Pour te défendre encor les derniers des Aztèques
> Vont mourir ; le destin sous sa dextre te tient.

Marcel Diamant-Berger appartient à la famille parnassienne, on le voit notamment dans *Isis abandonnée,* 1924, où « la fiancée du Nil » apparaît dans son cadre historique et ses décors, dans *les Eaux divines du Gange,* 1975, où Vichnou, Krishna ou Siva deviennent des héros proches de ceux de Heredia.

Martin Saint-René (1888-1973) écrivit des dizaines de milliers de vers. Dès l'âge de seize ans, il publiait des livres comme *l'Odyssée des peuples* (plus de six mille vers) et Sully Prudhomme saluera ses *Olympiques* comme l'œuvre d'un nouvel Heredia. Vers lyriques, épopées, sonnets, théâtre et traductions en vers, proses érudites, toute sa vie il écrira dans une fièvre versificatrice en restant à la porte de l'histoire littéraire et des anthologies. Hélène Vacaresco ne pouvait que le dire « prodigieux travailleur » et il eut, il a encore, ses admirateurs fanatiques comme Louise Chassagne criant au scandale devant le silence, mais aussi ses détracteurs dédaigneux. Dans le domaine quantitatif il reste le champion toutes catégories, ce qui n'est pas si mal. Les quatre vers que nous citons, ceux d'un *Paradis* souhaité aux poètes, peuvent-ils donner une idée de son travail ?

> Un jardin, tout de lis et de rose trémière ;
> Un doux soleil d'été riant sur les berceaux ;
> Et dans l'allée où chante un peuple heureux d'oiseaux,
> Un petit enfant blond qui court dans la lumière !

Il est curieux de voir la permanence de cet art antique. Ainsi un Nicolas Beauduin (1880-1960) débuta par des recherches d'avant-garde pour son époque (et dont nous parlerons dans la partie consacrée à l'évolution poétique et aux révolutions du langage) pour revenir à l'humanisme classique bien loin du « paroxysme » de ses débuts où dominait l'ivresse des sons et des couleurs selon l'art « synoptique polyplan » et s'aidant des artifices de la typographie. Après 1925, il s'éloigna de l'avant-garde pour laquelle il n'était sans doute pas fait pour étudier les poètes latins, et surtout Virgile et Horace. Il restera heureusement assez mallarméen pour qu'*Endymion* soit autre chose qu'une médaille :

> Il songe en son jardin d'argent l'Amant lunaire,
> L'étrange Amant qu'un jet neigeux de lune effleure ;
> Et la nuit est de givre et semble imaginaire.
>
> Imaginaire aussi l'encens fragile, et l'heure,
> Et l'heureuse rosée, et la frileuse brise
> Qui la lèvre aux roseaux jase sur l'eau qui pleure.
>
> Il songe à ce baiser qui l'appelle et le grise,
> Et qui parfois aussi s'apprivoise et se pose,
> Oiseau rose et doré dont le réseau l'irise.
>
> Si riant est son rêve inapaisé qu'il n'ose
> Sur sa lèvre recluse où l'arôme encor traîne
> Retrouver ce baiser comme une rose éclose.

Ce poème n'est-il pas admirable de musicalité? Noël de La Houssaye, dans une préface, voit Beauduin comme « le mainteneur de l'orphisme, le coryphée de ceux qu'attirent l'incantation et la véritable magie ». Si, avec certains poètes « antiques » nous sommes tentés de répéter le fameux : « Qui nous délivrera des Grecs et des Romains? » d'autres comme Beauduin nous démontrent que toute source inspiratrice peut être valable si elle est bien comprise et moteur de la création. On le voit dans *les Dieux-Cygnes*, 1935, et *Mare Nostrum*, 1936, surtout, après maints livres : *le Chemin qui monte*, 1908, *les Triomphes*, 1909, *la Divine Folie*, 1910, *les Deux Règnes*, 1911, *les Cités du verbe*, 1911, *les Sœurs du silence*, 1912, *la Cité des hommes*, 1914, qui précédaient *Rythmes et chants dans le renouveau*, 1920, *Signes doubles*, 1921, *l'Homme cosmogonique*, 1922, etc. Beauduin a publié aussi essais et romans. Son retour au classicisme représente un choix délibéré, mais nul doute qu'il n'y reste quelque chose de ses recherches musicales avortées.

Henry Charpentier (1889-1952) au contraire ira de l'art de Leconte de Lisle ou de Hugo vers celui de Mallarmé et de Valéry par un goût prononcé d'assimiler la Poésie à la Connaissance, mais ses premiers maîtres lui auront donné ce sens de se plaire dans la familiarité des dieux antiques.

L'humanisme savant est une constante de la société française. Nous le verrons encore chez nombre de poètes méridionaux, proches par conséquent de la civilisation méditerranéenne, et ce sont souvent ceux qui l'ont mieux compris et en ont écarté la poussière. Une autre tendance sera le gallicanisme autour d'un autre érudit, André Mary : nous y trouverons une certaine vigueur et parfois même quelque joyeuseté païenne.

Un autre humanisme résidera dans la recherche d'une élévation que nous avons déjà entrevue au cours de ce chapitre chez un Muselli, un Beauduin, un Le Dantec qui nous garde de nier un fait poétique classique qui existe en parallèle avec les recherches d'avant-garde plus apparemment séduisantes et porteuses d'avenir que nous tenterons de faire entrevoir, tant toute démarche probe est respectable.

Virgiliens, intimistes, élégiaques.

Les beautés de la campagne française ont incité les poètes à la méditation émerveillée. Virgile est présent et aussi les poètes de la Renaissance. Ici le paysage fait naître les souvenirs, les émotions, les pensées émues, l'élégie qui court au long de la poésie française; là une solide rusticité apporte sa force de terroir; ailleurs germe ou le stoïcisme ou la pensée chrétienne. Pour visiter ces campagnes de la poésie, il faut emprunter des chemins escarpés, partir à la billebaude et tenter de glaner des plaisirs simples, avec l'espoir d'une surprise, celle de découvrir un parfum d'éternel. Des poètes, tous nés avant le siècle et après 1870, se retrouvent ici témoins eux aussi de l'art d'une époque où ils mûrissent tandis que germe le futur de notre poésie.

Jean Lebrau (né en 1891), né dans l'Aude, à Moux, affirme une présence bien particulière. Il est de tous le plus ouvert à des pensers nouveaux, un des rares poètes de la terre natale publiés par la N.R.F. Cet ami des fantaisistes, sensible aux jeunes talents, exprime les paysages des Corbières en touches légères, impressionnistes, sans rien jamais qui pèse ou qui pose, avec un sens du détail assez rare et une grande vigueur d'écriture. « Un certain parfum *jammiste* flotte dans cette œuvre discrète et d'une amère douceur. », écrit Jean Rousselot. Au contraire de la plupart des bucoliques, Lebrau n'est pas le chantre d'un univers tranquille et sans problème, celui des bergeries d'antan. Sans doute, l'Espagne proche de son pays lui apporte-t-elle une part de son univers de chair, de sang et de mysticisme. Il sait que la nature n'est pas toute innocence et il la chérit avec lucidité. Il vit dans un pays de soleil, de vent, d'aridité, et sa poésie, calme ici, peut avoir ailleurs le goût de la pierre chaude et le tranchant du silex. Il est sensible à l'univers humain et à ses souffrances, au sort des êtres autant qu'à celui des animaux comme en témoigne un admirable *Diurnal* en prose, riche d'observations amusées ou meurtries. Les sèches garrigues, les vallons pierreux, la nature assoiffée lui dictent de courts poèmes :

> Mon pays est noir
> De trop de lumière.
> La rose trémière
> Y mourut un soir,
> C'était la dernière.

Il est sensible à la condition humaine et il lui suffit d'un instant d'observation pour la traduire :

> Il se perdait dans un village aux blancheurs vides
> Où les fontaines se taisaient sous un ciel noir,
> Puis une femme lui tendit des mains livides
> Au creux desquelles il se vit comme au miroir
>
> Mais il se vit sans reconnaître son visage
> Et sur le sien la femme avait un voile bleu
> Comme le ciel aux murs de chaux de ce village
> Où le nomade avait laissé l'ombre d'un feu.

Ses recueils sont nombreux et témoignent de soixante années et plus de poésie. Citons *la Voix de là-bas,* 1914, *le Cyprès et la cabane,* 1922, *la Rumeur des pins,* 1926, *Couleur de vigne et d'olivier,* 1929, *Quand la grappe mûrit,* 1932, *Ellébore,* 1952, dont voici un extrait :

> L'herbe grise sous le vent,
> Le soleil sur la pauvresse,
> Un village ne vivant
> Que de tout ce qui m'oppresse.
>
> On ne voit que des cyprès
> Sur des montagnes de pierres
> Dérobant de vieux secrets
> Aux dévorantes lumières.
>
> La chèvre lèche le roc,
> Et l'enfant morveux renifle.
> Sous les sarments luit un soc.
> Au disque un train siffle, siffle...

Fidélité au même chant sans cesse repris selon de nouvelles inflexions dans *Impasse du romarin,* 1953, *Couleur de cèpe et de colchique,* 1954, *Corbières,* 1959, *Au secret des pierres,* 1962, *Au vent du soir,* 1968, et vingt autres recueils. Sa probité, sa fidélité à la poésie font qu'il a pu être apprécié à la fois de poètes classiques et de poètes éclos après la Deuxième Guerre mondiale sous des signes nouveaux. Apparemment traditionaliste, Lebrau, par sa rigueur et sa manière toute personnelle d'aborder et d'appréhender les signes vivants, souvent tragiques, de l'existence, s'apparente à une forme « moderne » de la poésie.

« Élégiaque latin à prédominance rustique », c'est ainsi que le critique Henri Clouard définit Louis Pize (1892-1977), poète du Vivarais, et il ajoute que « son art s'épanouit volontiers en prière ». La vie coutumière, la simple foi de la campagne, les heures du jour, les saisons de la nature, les variations du sol et du terroir se mêlent aux souvenirs antiques, aux dieux et au triomphe de la Chrétienté. Ses livres sont entre autres *Petits Poèmes des jardins et de la montagne,* 1913, *la Couronne de myrte,* 1919, *les Pins et les cyprès,* 1921, *Chansons du Pigeonnier,* 1928, *les Feux de Septembre,* 1931, *le Pays de l'automne,* 1938, *Compagnons du souvenir,* 1963. Dans ce dernier recueil il évoque comme Rutebeuf les amis disparus :

> Quand le vent de novembre assiège les fenêtres,
> Je murmure vos noms dans le jour qui s'éteint.
> Qu'êtes-vous devenus ? Je songe à tant de lettres
> Que n'apportera plus le retour du matin.

On l'a appelé le Virgile du Vivarais et sa demeure était un lieu de paix où les poètes de sa race aimaient le rejoindre. Il parle ainsi de son pays :

> Pays heureux, vallée où le Rhône s'avance,
> Entre un double rempart d'îles et de roseaux,
> Vers le seuil éclatant que, déjà, la Provence
> Offre dans la verdure au passage des eaux.

Nous ne le séparerons pas ici de son ami et éditeur, le poète Charles Forot (1890-1973) qui chérissait sa demeure, *le Pigeonnier,* au point d'en donner le nom à ses éditions. Vivarois, il publia Louis Pize et aussi ses amis les fantaisistes comme Philippe Chabaneix et beaucoup d'autres. Il s'était d'ailleurs rattaché à ce mouvement fantaisiste avec *la Ronde des ombres,* 1922, avant d'être un poète élégiaque avec *Suite d'automne,* 1925, *Odes,* 1932, *Charmes des jours,* 1934 ou *Amour,* 1953. Forot chante lui aussi, loin de Paris, loin des nouvelles écoles littéraires, les saisons et l'amour, les charmes des paysages en les peuplant volontiers de nymphes et en ajoutant des accords de flûte virgilienne ou de luth orphique.

La même tranquillité se retrouve chez un grand éditeur de classiques Auguste-Pierre Garnier (1885-1965) poète bucolique qui publia un grand nombre de recueils réunis sous le titre de *Poésies,* 1936. A la manière des poètes de la Pléiade et comme s'il ne s'était rien passé depuis trois siècles, il a le goût de l'églogue virgilienne et il en a la fraîcheur. Dans ses poèmes pensifs, apaisés, il règne un calme de sous-bois dont les bruissements se traduisent en murmures poétiques. Sa Normandie natale lui suggère des élégies aux teintes automnales à l'opposé du robuste naturalisme des romanciers de sa province. Il y découvre des douceurs d'Ile-de-France et montre les joies familiales, les herbages et les rivières, les fleurs et les fruits en se tenant en retrait avec une modestie d'homme émerveillé. Il peut répéter : « Je sais l'art d'évoquer les minutes heureuses » et il y mêle de la mélancolie et du charme. Peu soucieux de nouveauté, son inspiration, d'un livre à l'autre, ne varie guère, mais il n'est rien qui ne soit finement tracé comme dans ce *Jardin :*

> Il neige sur tes mains des fleurs d'acacia
> Rose. L'été fleurit la pelouse. Il y a
> Des querelles d'oiseaux et des bruits de ramées.
> Haleines et parfums, eaux vives, voix aimées,
>
> A l'esprit, comme aux yeux, tout est bonheur, plaisir,
> Délice; et le jardin, aux pas lents du loisir,
> Laisse, en la reverdie où les jours clairs t'accueillent,
> Un émouvant chemin de rayons et de feuilles.

Né dans les Ardennes, André Payer (1887-1950), sans oublier son enfance dans sa province natale, va chercher son bucolisme dans les ruelles d'un Paris qu'il ne cesse de chanter comme dans *Visage de Paris,* 1926, *Petits Ciels,* 1933, *Parabole du jet d'eau,* 1934. Les quais de la Seine qui invitent au voyage comme des ports de mer, les vieux hôtels témoins de l'histoire, les façades des immeubles cachant mille secrets l'inspirent, et surtout un Montmartre villageois qui n'est ni celui des Carco et Dorgelès, ni celui des chansonniers, mais bien le sien :

> Dans Montmartre dressant haut
> sa ruche aux mille alvéoles
> j'écoute gazouiller tôt
> les oiseaux et les écoles.
>
> Chaste concert du quartier !
> Dirait-on pas que s'accordent
> aux doigts de quelque luthier
> les jeux d'innombrables cordes ?

Jean Valmy-Baysse (1874-1962) pourrait n'avoir laissé de souvenir que par ce *Bertrand de Born* écrit pour le théâtre, mis en musique par Darius Milhaud, et qui fut représenté à Orange en 1936. Que dans *le Temple*, 1903, Émile Faguet ait reconnu « le sentiment de la nature et de l'amour » va de soi comme un bon passe-partout. D'autres recueils, *la Vie enchantée*, 1906, *le Cœur et les yeux*, 1932, peuvent être définis à peu près de la même manière. Son symbolisme est familier, son élégie a des inflexions tendres comme il se doit, la difficulté de juger étant que rien n'est ni mal, ni très bien. Valmy-Baysse aime les choses, chante les paysages avec un lyrisme atténué. Il écrit :

> ... Car la tristesse un peu morne des nostalgies
> S'éveille au glas profond de nos naïvetés :
> La science de vivre use nos énergies,
> La science d'aimer ternit nos puretés.

Selon André Dumas, Fernand Dauphin (1876-1961) aime « la fraîcheur opaque des bois, le silence amical de la lune... » Comme tous ces poètes bucoliques se ressemblent ! Les noces du sentiment et du paysage harmonieux, Dauphin les célèbre dans ses *Odes à voix basse*, 1907, ses *Allégresses*, 1922, son *Cantique de la vie*, 1951.

Comme Honoré d'Urfé, Victor de Laprade ou Louis Mercier, Paul Granotier, dit Guy Chastel (1883-1962) est inspiré par le Forez. Après *le Silence des rêves*, 1912, il attendra 1934 pour publier *Vigiles* que suivront *Mon Ciel et ma terre*, 1941, *Dizains*, 1950, *Harmoniques*, 1953, *Destins*, 1956. Aveugle de guerre, il ne cessera de chanter la lumière sans jamais une plainte, avec une sérénité constante et le seul souci des choses éternelles. Il restera fidèle à son *Pipeau* :

> Ce soir virgilien où la campagne écoute
> Un pâtre moduler sur sa flûte de bois,
> Je pense à toi, frère inconnu, de qui la route
> Ne passe pas encor l'horizon de tes bois.
> Je sens sous tes doigts frais ta démarche guidée
> Par le rythme d'une âme à sa terre accordée.

Intimiste, nul ne l'est plus que le best-seller absolu de la poésie française, Paul Le Fèvre dit Paul Géraldy (né en 1885) avec *Toi et moi*, 1913, ouvrage sans cesse réédité, bréviaire des amoureux naïfs par sa sentimentalité (« Baisse un peu l'abat-jour... ») et son charme doucereux et facile. Auprès de pièces de théâtre, Géraldy a aussi publié *les Petites Amies*, 1908, *la Guerre, madame...*, 1916. L'immense succès populaire de *Toi et moi* qu'il n'avait pas prévu le fit dédaigner des critiques et même de poètes proches de lui. Or, cet homme discret, écarté des anthologies les plus accueillantes, a parfois un ton d'élégie qui lui est particulier, avec un rien de Coppée c'est vrai, mais aussi le recours à la poésie des noms de lieux :

> Je sais un raccourci pour aller à la gare,
> à travers bois. C'est le chemin de mes cousines.
> On suit l'Airelle, on tourne à gauche après les mares...
> on va par Egriselle et la Haie-Pèlerine...

Il fait un peu son auto-critique, ce poète prosaïque et sentimental :

> J'aime un peu trop les mots, c'est vrai, quand je les aime...
> Mais c'est avec les mots qu'on fait les Paradis.

Né à Cognac, François Porché, après avoir été un symboliste dans *A chaque jour...*, 1904, puis un poète épique de la guerre de 14, sera un intimiste délicat dans *Sonates*, 1923, *Vers*, 1934, qui ne sont pas sans musicalité. Sa grande tentative cependant aura été de se faire à la fois le poète et le reporter poétique des événements et des phases de la guerre, publiant plusieurs recueils réunis sous le titre de *Commandements du destin*, 1921. Un souffle d'héroïsme cru passe dans ces œuvres de guerre où toutes les ressources de l'art poétique sont employées, du vers classique au vers libre, avec une recherche de toute la mythologie du combat et de la souffrance, avec un appel aux dieux, aux mythes et aux fées si ce n'est aux refrains des poilus. Vaste entreprise qui aurait demandé le souffle d'un Agrippa d'Aubigné ou d'un Victor Hugo. On préfère qu'il imagine un paysage à partir d'un air de flûte, qu'il nous montre une aïeule ou recherche le dieu caché; il est alors harmonieux et sans embarras. Il y a aussi en lui un homme de terroir (*Humus et poussière*, 1911) léger, juvénile, qui mêle dans un même poème bien des sujets comme pour éloigner l'ennui. Dans ce poème il se réfère à l'origine de son nom :

> Porché, je ne sais pas jouer avec mes lèvres
> Les airs qu'un pâtre grec module sous un pin,
> Car je ne descends pas de ces gardeurs de chèvres
> Friands de lait mousseux pour y tremper leur pain.
>
> Comme allait mon aïeul, jadis, à la glandée,
> Sans musique, songeur, raisonnant à part soi,
> Je vais, suivant ma voie et suivant mon idée,
> Cherchant à travers tout quelque trace de Toi.

Administrateur de la Comédie-Française, Porché fut l'auteur de pièces comme *les Butors et la Finette*, 1918. Il épousa Mme Simone, grande actrice et doyenne centenaire du jury Fémina.

Ernest Fleury (1889-1931), père du poète Marthe-Claire Fleury, dans *Andantes*, 1889, que préfaça François Coppée, et dans les posthumes *Chants perdus*, 1956, offre des poèmes classiques nuancés et musicaux. Il ne faut pas le confondre avec Albert Fleury (1875-1911) l'auteur des *Poèmes étranges*, 1894, et de *Confidences*, 1900, poète virgilien, et non plus avec Albert Flory (1890-1978), l'auteur de *Tercets*, 1929, de *Jeux de la Terre et du Ciel*, 1934, un des poètes du Pigeonnier de Charles Forot, miniaturiste, qui inventa un poème à forme fixe, le « trinet » dont il n'usa que pour des poèmes courts et ramassés, pour ne dire, de son propre aveu, que l'essentiel et éviter les chevilles. Il est assez rare que les poètes de sa génération, œuvrant loin des avant-gardes, aient eu ce souci. La brièveté des poèmes de Flory pourraient l'apparenter aux auteurs orientaux mais il ne les imite nullement. Son art poétique est aussi bref que ses œuvres : « La densité porte en elle des prolongements que le lecteur croit découvrir en lui. Elle féconde. Ainsi le poème le plus court prend des résonances inattendues qui lui font dépasser l'étroitesse de ses limites. Il n'y a pas de petit poème. » Voici un exemple de ses trinets, un poème intitulé *Présence* :

> Sous le soleil et sous la lune,
> Où, silencieuse compagne,
> Son pas contre le mien posé,
>
> Elle va, transparente et brune,
> Mon ombre partout m'accompagne
> Comme un fantôme apprivoisé.

Emmanuel Aegerter (1883-1945) tenta dans ses *Poèmes freudiens*, 1927, de rejoindre la pensée du psychanalyste viennois, mais les poètes surréalistes étaient mieux préparés que lui pour cela. Dans *la Chimère dans le parc*, 1914, *les Poèmes d'Europe*, 1929, *Feux Saint-Elme*, 1931, ou *le Voilier aux diamants*, 1931, il tente une description des villes et des êtres et il essaie de puiser « un grand cri d'espérance à l'infini muet » dans tout spectacle qui lui est offert, un chat, une femme, une rencontre. Il multiplie les symboles, cherche à entourer son entreprise d'un halo de rêverie. Il est dommage qu'auprès de fines observations des clichés, des épithètes attendues fassent tache et l'empêchent de rejoindre l'ambitieuse poésie à laquelle il aspire. Un petit exemple du meilleur de lui-même dans ce début d'une *Étape hollandaise* :

> Petite place hollandaise
> En dominos, murs blancs et noirs :
> Par les fenêtres luit la braise
> Des cuivres ou l'eau des miroirs.
>
> L'heure a des pâleurs de faïence
> D'un beau Delft gris aux dessins bleus...
> Écoute au beffroi du Silence
> Tinter le moment merveilleux.

Comme lui, Jean-Louis Vaudoyer (1885-1963) a gardé quelque chose de l'art de Théophile Gautier revu par un Henri de Régnier, celui des *Médailles d'argile*. Sur des rythmes et des mètres éprouvés, il unit paysages d'âme et paysages réels avec un certain sens artistique et psychologique, mais sans réel renouvellement. Amoureux de la musique et de la danse, de l'art et des musées, il aime définir en quelques quatrains un peintre, Giorgone ou Tintoret, en bon touriste épris du voyage d'Italie et en humaniste délicat. Parmi une œuvre abondante (il est aussi un romancier fécond, un auteur de livres de voyages), signalons *Poésies*, 1913, *Rayons croisés*, 1928, *Franges*. Il est aussi l'auteur d'une *Stèle d'un ami* pour Paul Drouot (1886-1915) mort à la guerre.

Paul Drouot écrivait de courts poèmes souvent frappés comme du Moréas qu'on trouve dans *la Chanson d'Eliacin*, 1906, *la Grappe de raisin*, 1908, *Sous le vocable du chêne*, 1910, et il se surpasse dans un livre posthume, *Eurydice deux fois perdue*, 1921, qui contient de sensibles poèmes en prose comme celui-ci :

As-tu, quelque nuit, dans une vision plus brève que la mort, contemplé l'Angoisse ? Elle est couverte de silence, agitée de convulsions; elle tient à la main une petite aiguille. Qu'elle en doive percer ton cœur, ce n'est pas à cela que ton cœur se dérobe : mais si, brusquement, l'acier se brisait, la pointe flexible ! Tu te roules à terre; en vain. Tes cheveux blanchissent de froid sur tes tempes écartées. Tu menaces tout bas, de crier; tu murmures d'avance : « Assez. » Tu saisis ses genoux pelés, tu soulèves sa main débile. Mais elle, entre son œil et Dieu plaçant l'aiguille, elle regarde si le chas de cette aiguille n'est pas – pour obtenir de ton grand cœur qu'il s'y engage – trop délicieusement vaste.

Émile Despax (1881-1915) fut aussi enlevé par la guerre. Son livre, *la Maison des glycines*, 1905, par sa tendresse et sa mélancolie, proche de Charles Guérin, charma ses contemporains dont Anna de Noailles qui aimait « cet enfant de Virgile, amoureux des lutines bergères » et des jeunes filles qu'il sait chanter :

> Où filiez-vous donc, petites aïeules,
> Dans le château blanc ou près du moulin ?
> Rêveuses sans cesse et lasses et seules,
> Guimpes de dentelle ou coiffes de lin.
>
> Mères à quinze ans, ô petites dames
> Rêveuses sans cesse et tristes un peu,
> Qui filiez la laine et berciez vos âmes
> Au balancement d'un bercelet bleu,
>
> Vous filiez, le long des lentes journées,
> Dans l'aire où venaient courir les oiseaux,
> De vos doigts fluets quinze quenouillées,
> De vos doigts fluets, sur quatre fuseaux...

Ernest Prévost (1872-1952), tout comme son homonyme le romancier Marcel Prévost, voulut renouveler des thèmes tendres « par l'excellence de son art, mais surtout par la spontanéité, la vérité, la simplicité de son cœur » (Edmond Jaloux). Les titres de ses livres sont significatifs :

Poèmes de tendresse, 1920, *l'Ame inclinée,* 1921, *le Livre de l'Immortelle,* 1924, etc. Gentillesse mêlée d'idéalisme, élévation de l'amour d'une femme à une véritable religion, voilà ses buts. Il parle beaucoup dans ses vers et pour peu exprimer sauf peut-être dans un poème *Du Nouveau sur la rose* où le premier vers au moins semble donné par les dieux :

> La Rose est le supplice éclatant du rosier.
> Le rosier, tous les ans, met la grâce suprême
> De son génie en fleur dans l'air extasié.
> Poète, chaque année, il refait son poème,
> Brûle toute sa sève à son divin brasier.
> Et, dans l'angoisse d'être inférieur à lui-même,
> De trahir d'un frisson l'aurore à son éveil,
> Il arrache son cœur, et le livre au soleil !

André Minot dit André Romane (1888-1941) fut considéré par Fernand Gregh comme « aérien, ailé » frère d'Ariel dans Shakespeare. En fait il s'agit d'un poète traditionnel d'honnête qualité qui n'appelle nullement cette définition. Après plusieurs recueils dont *les Pipeaux du faune,* 1929, *les Délassements amoureux,* 1922, il devint aveugle et publia un titre, *les Ténèbres ensoleillées,* 1932, fort émouvant car il traduit une lutte contre l'ombre et l'affirmation d'un haut caractère :

> Palpitait mon orgueil d'être vainqueur de l'ombre,
> Et de pouvoir encor chanter, sans mots amers,
> L'émouvante beauté du monde dans mes vers.

Le fils de Jean Richepin, Jacques Richepin (1880-1946) écrivit surtout du théâtre en vers (*la Reine de Tyr,* 1898, *la Cavalière,* 1900, *Falstaff,* 1904, etc.) avec un certain succès. Parmi ses interprètes se trouvait la comédienne et poète Cora Laparcerie qu'il épousa. Les études de caractères de son théâtre sont supérieures à ses poèmes comme en témoigne cet art poétique un peu simple intitulé *l'Essieu* :

> Vois la roue : elle tourne autour de son essieu ;
> Ainsi le vers doit-il porter dans son milieu
> La pensée, et, précipitant sa course folle,
> Avec son tournoiement lui faire une auréole.
> La roue en vain s'efforce à s'entraîner plus fort :
> Seul, l'essieu qu'elle porte ennoblit son effort.
> La roue à son essieu doit être inféodée
> Et l'art doit se soumettre aux règles de l'Idée.

Fils de Georges Lafenestre, filleul d'André Theuriet, Pierre Lafenestre (1878-1947) tient de son parrain dans *Symphonie poétique,* 1910, *le Cortège des Muses,* 1911, *Poèmes,* 1935. Gabriel Boissy (1879-1949), comme Albert Flory, dans des *Stances du mortel sourire,* 1930, livre des poèmes courts qui font penser aux haïkaïs japonais. *Le Larcin* en est un exemple :

> La lune sur les seringas...
> La jalouse !...
> Voudrait-elle dérober leur arôme ?

Henri Derche, dit Henri Galloy (1878-1937) commença par être un poète de cabaret, un publicitaire versifiant les mérites apéritifs du Dubonnet ou les pastilles Gérondel, un auteur de gazettes rimées comme Raoul Ponchon, avant d'être atteint de mélancolie et de devenir un poète verlainien, proche aussi de Léon Deubel, sensible à sa propre détresse comme aux détresses humaines, quelque peu poète maudit, laissant passer dans son élégie un soupçon de sa truculence passée. Signalons *Musiques,* 1935. Voici la fin du sonnet *Ivresse* :

> Un train siffle... Ô délice, ô trouble de sentir
> Que, d'objet en objet, à travers la distance,
> A moi tout l'Univers, ce soir, vient aboutir !

Hector Laisné (1886-1938) à qui Gabriel Garnier a consacré un ouvrage en 1979, avait été préfacé par Pierre Jouguet. Il fut le probe et classique auteur de *Sonnets platoniciens et chrétiens,* 1947, précédés par un intelligent « Essai sur l'amour et la poésie d'amour ». Poète, philosophe, musicien, Laisné fut un de ces humanistes trouvant dans le moule du sonnet un habitat à sa convenance...

Parmi les élégiaques, les intimistes, d'autres noms : Pierre Rodet (né en 1884) et *les Papillons noirs,* 1907, le comédien Marcel Millet (1886-1970) et *le Sac de voyage,* 1931, Marcel Paÿs (né en 1881) et *les Ailes de cire,* 1909, Gilbert Charles et *les Signes de la nuit,* 1934, Edouard d'Hooghe (né en 1873) et ses *Poésies,* 1911, Maurice Rey (mort en 1937) et ses *Musiques dans la nuit,* 1937, Joseph Dulac et *Val d'amour,* Jean Desthieux et *le Livre des baisers,* Edouard Guerber, dit Jean Thogorma et *le Crépuscule du monde,* Joseph Melon et *le Roi triste,* Noël Garnier et *le Don de la mère,* Jean Réande et *Inquiétude,* et encore Jacques Feschotte, Albert Flad, Jean Dorsenne, Jean Dars, Pierre Quitet-Vauquelin, René Salomé, Charles Ekisler, Robert Rochefort, Fernand Romanet...

Armand Got, l'auteur de *La Poèmeraie,* fut un animateur et un poète des plus considérés, et il est vrai qu'un souci d'humaniste du terroir et un sens des plus agrestes dominent ses poèmes. Quant à Jacques de Ricaumont, sa *Petite Suite pour clavecin mélancolique,* 1932, œuvre de jeunesse, aurait mérité de ne pas être oubliée, même si Ricaumont s'est orienté par la suite vers le roman et la critique sans oublier l'animation de prix littéraires comme le prix Marcel Proust.

Olivier Calemard de La Fayette (1877-1906) aurait dû figurer dans le précédent volume. Henri Clouard l'appelle « risque-tout de l'âme » et dit qu'avec le courage d'un fils de la Haute-Loire, il surmontait le malheur par degrés, dans un élan réfléchi, lorsque la mort l'a brisé. Il publia *le Rêve des jours,* 1904, puis ce fut son livre posthume *la Montée,* 1909, où des souvenirs romantiques prennent des colorations symbolistes. Il dit l'âpre hiver, la montagne rouillée, les derniers étourneaux, les saisons, les vents, la lumière avec l'art subtil d'un paysagiste et d'un musicien épris de la nature. De son terroir, aux confins de l'Auvergne et du Velay, il est le poète infiniment délicat. En le lisant, on pense parfois aux meilleures réussites d'un Patrice de La Tour du Pin, ainsi dans ces vols d'oiseaux :

> Ah ! fuyez, derniers étourneaux, par bandes souples !
> Virez, dans le brouillard, d'un miroitement d'ailes,
> Pour qu'en votre étain mat vibre quelque étincelle !
>
> Déjà les corbeaux tournoyants voltent par couples,
> A contre-vent, là-bas, presque légers et grêles
> Sur l'abîme, perdus aux remous des nuages.
>
> Et boivent le désir de leurs amours sauvages.

Olivier Calemard de La Fayette avait de qui tenir : son grand-père, Charles Calemard de La Fayette avait écrit un *Poème des champs*, 1863, dont Sainte-Beuve apprécia le naturel, car il disait là en vers ce qu'on ne pouvait trouver qu'en prose dans les manuels d'agriculture.

Partout en France, les vieilles provinces ont trouvé des poètes bucoliques, rustiques pour les chanter *(voir préc. vol.)*. Rappelons Édouard Michaud (1876-1935) poète du Limousin, Ernest Gaubert (1881-1945) poète du Languedoc dans *les Vendanges de Vénus*, 1900, *les Roses latines*, 1907, Paul Briquel (né en 1877) poète de Lorraine dans *la Gerbe de fleurs noires*, 1901, *la Conscience du soir*, 1903, Francis Yard (1876-1947) poète de Normandie dans *l'An de la terre*, 1906, Maurice Le Sieutre (1879-1930), autre Normand patoisant et populaire, Jacques Rougé (né en 1873), poète de la Touraine dans *Au beau pays de Touraine*, 1901, Edmond Rocher (1873-1948) poète du Vendômois dans *Petite Patrie*, 1909, Léonce Depont (1862-1913) poète de l'Aunis dans *Pèlerinages*, 1901, Roger Frêne (1878-1940) poète de l'Aveyron dans *Paysages de l'âme et de la terre*.

De Camille Gandilhon Gens-d'Armes (1871-1948), Paul Fort disait qu'il était le seul poète né dans un volcan. « Quand on disait Auvergne, on pensait d'abord à lui » a affirmé le poète Louis Amargier. Ce solide chantre du Cantal, proche de ses aînés comme Gabriel Marc (1840-1909) ou Arsène Vermenouze (1850-1910) déjà rencontrés, fonda à Paris « la Veillée d'Auvergne » en 1909, fit partie avec ses compatriotes Pierre Radet et Marcel Paÿs du groupe « les Loups » de Roger Dévigne. Ce barde est l'auteur de deux séries de *Poèmes arvernes* de structure classique ; ils sont le reflet fidèle de la rudesse et de la beauté de son sol natal. Des titres de sonnets bien frappés comme *la Colère du volcan, Au Cantal, Gergovie, la Bourrée montagnarde, le Pâtre, les Loups*, disent la source de son inspiration. C'est solide et franc, rustique sans rien de fruste, imagé sans afféteries, descriptif sans ennui. Ses émotions devant la nature n'ont rien des évanescences lamartiniennes. C'est le chant de la terre natale avec ses enfants de grand air et de vie laborieuse et saine. Tout est bien réel :

> Jeunes, nous descendons vers les hasards des plaines,
> Pour vaquer d'un cœur dur aux longs travaux humains.
> Puis, quand nous sommes las d'errer par les chemins,
>
> Heureux ou résignés, les mains vides ou pleines,
> Vers toi nous revenons, terre où nous sommes nés,
> Et tu reprends les os que tu nous as donnés.

Ne quittons pas le Massif central sans rappeler les *Genêts et rocailles*, de Léon Boyer (1883-1916), les *Poèmes d'Auvergne* de Pierre de Nolhac (1859-1936), Amélie Murat que nous retrouverons. Il y a des prestiges poétiques évidents chez des prosateurs comme Henri Pourrat (1887-1959), le merveilleux Alexandre Vialatte (1907-1971), traducteur de Kafka et auteur de romans originaux comme *les Fruits du Congo,* 1956, venu après *Battling le Ténébreux,* 1928, œuvres étranges, oniriques, symboliques, Joseph Malègue (1876-1940), le romancier d'*Augustin ou le maître est là,* 1933, le romancier Jean Vissouze (1898-1978), les conteuses Marie-Aimée Méraville (1902-1963) et Annette Pourrat, de jeunes romanciers comme Georges Conchon, prix Goncourt avec l'*État sauvage,* comme Jean Anglade (né en 1915), auteur de délicieuses *Fables omnibus,* 1981, Georges Londeix (né en 1932), l'érudit et romancier Lucien Gachon (né en 1894), l'exégète de Mallarmé, Henri Mondor (1885-1962), le philosophe Pierre Teilhard de Chardin (1881-1955).

Pour en revenir aux poètes, comme Emma Roussel-Dupin et Louis Amargier, qui chantent le pays de Saugues, Amargier étend son amour du terroir au merveilleux dans *la Chanson du Gévaudan,* 1951, *Merveilles,* 1953, *Terre et ciel,* 1955, *Secrets I et II,* 1957, 1966 :

> Je ne sais si j'irai tout droit dans les abîmes
> Sans guide pour dormir près des morts allongés.
> Jamais je ne saurai déchiffrer les énigmes
> Et pourtant je veux croire au renouveau des blés.

Amargier succéda comme critique littéraire à *l'Auvergnat de Paris* à Raymond Cortat (1901-1972), professeur et poète, né à Aurillac, qui de *Sous le signe de la vigne vierge,* 1930, à *la Passion des villages,* 1968, en passant par trois autres recueils primés, n'eut de cesse de faire connaître sa petite patrie et ses chantres avec beaucoup d'attention, de talent, de délicatesse.

Pierre-Abel Hauvette, de *Noces marines,* 1953, à ses poèmes *A l'imparfait,* 1979, en passant par *Pour que l'instant demeure,* 1962, offre des poèmes élégiaques et pensifs où passe un souvenir d'Apollinaire, non loin de l'art de l'école fantaisiste.

Charles-Théophile Féret (1859-1928), dans *la Normandie exaltée,* 1930, chante sa province en y mêlant des souvenirs livresques :

> Tu n'auras pas ce ciel. Ton Dieu lare indigète
> Ment. Et le gouffre est vide où tu crois ta cité.
> Pleure ton élégie à la rusticité
> Du Sarmate, plaintif Ovide, ou bien du Gète;
> Pas d'Amour. Pas de Gloire. Et pas d'Éternité.
> Sous ta peau qu'en derniers frissons l'affre vergette
> Qu'as-tu quand la Mort blême aux helminthes te jette?
> — *L'extase encor d'avoir chanté.*

Ce dernier vers dit quel est *le Salaire du poète normand,* titre du poème d'où cette strophe est extraite. Féret a de l'originalité. Il aime aussi jouer sur des mètres rapides comme dans ce début d'un poème *Pour les vieilles maisons de bois qu'on brise* paru dans la *N.R.F.* :

> Pour les pignons où l'Autrefois
> Adorable se perpétue,
> Pour les vieilles maisons de bois
>   Qu'on tue,
>
> Frères, je sonne le tocsin.
> Debout, les gars et qu'on arrache
> A l'Édile, inepte assassin,
>   Sa hache.
>
> Quand la flibuste des cadets
> De Normandie à ses flottilles
> Amarrait les galères des
>   Castilles ;
>
> Qu'aux mains des huchiers au retour
> Ils vidaient les piastres des outres,
> Pour qu'on ciselât le contour
>   Des poutres ;
>
> Près d'eux, Vandale, étaient-ils là,
> Les tiens d'aïeux ? — Non, ta colère
> Sur nos vieux logis venge la
>   Galère.

Le Breton Jean Des Cognets (1883-1928) mêle vers et prose lorsqu'il célèbre son Argoat dans *D'un vieux monde,* 1917, avant deux autres recueils, *Sous la croix de sang* et *Fugitives,* qui le situent dans la postérité de Charles Le Goffic et d'Anatole Le Braz *(voir préc. vol.)* qui mourront, le premier en 1932, le second en 1926. D'Anatole Le Braz, Joseph-Émile Poirier (1875-1939) fut l'élève. Il dispense sa poésie de terroir dans *Tiphaine Raguenel,* 1895, la *Légende d'une âme,* 1905, *le Chemin de la mer,* 1908, où l'on chante les lieux et les hommes, les us et les coutumes. Ces poètes sont des peintres et un Pierre Ardouin (1870-1934), pour chanter sa Saintonge natale se partage d'ailleurs entre la palette et la lyre.

Les poètes de nos provinces sont souvent plus réalistes que rêveurs ou bucoliques ; ils n'ont jamais la mièvrerie des bergeries d'antan ; les rencontrer, ce n'est pas toujours accéder à la nouveauté, mais c'est découvrir le paysage et l'homme du paysage ; il en naît un charme certain. Rappelons encore l'importance du groupe *le Beffroi* vers 1900 avec Léon Bocquet, Léon Deubel, Paul Castiaux, Roger Allard, Louis Pergaud, solides naturistes.

La matière provinciale est trop riche pour que nous ne commettions pas des oublis. Pour rendre hommage, citons encore pour le nord de la France A.-M. Gossez et Amédée Prouvost, pour l'est René d'Avril et Fernand Baldenne, pour l'Auvergne et le sud-est Pierre Aguétant, Jean Bach-Sisley, Jean Tenant, pour le centre François Fabié, Hugues Lapaire, Gabriel Nigond, pour le sud-ouest Charles Brun, Emmanuel Delbousquet, Ernest Gaubert, Gabriel Mourey, Olivier Hourcade, Albert Bestour, Armand Praviel.

Les anthologies de poètes du terroir sont nombreuses. Un ouvrage est essentiel : *Poètes du terroir* de Van Bever que peuvent compléter *les*

Poètes de clocher de Charles Fuster, *les Poètes du terroir* de Gaston Janet, mais toutes mériteraient d'être complétées alors que l'importance quantitative du corpus régionaliste décourage les chercheurs. Signalons quelques florilèges provinciaux : *Anthologie des écrivains ariégeois*, 1942, en langue locale et en français, *Poètes angevins d'aujourd'hui*, 1922, *Anthologie des poètes français du Sud-Est*, 1947, de Suzie Bournet et Paul Chevassus. Une large part est faite à la poésie venue des provinces dans l'*Anthologie des poètes instituteurs*, 1949, de Robert de Bédarieux, dans *Muses et Ames*, 1932, 1933, une *Anthologie nationale des poètes vivants* de Jean Deloulme, et il est paru dans les années 1950, avec une préface de Xavier de Magallon, une demi-douzaine de volumes, classés par régions, sous le titre d'*Anthologie des poètes contemporains*. N'oublions pas *le Florilège des poètes du « Verbe »* préfacé par Fernand Gregh en 1921.

Nous verrons que des anthologies plus récentes se distinguent totalement de celles qui figurent ci-dessus. Nous sommes alors dans un univers où, si le lieu de la naissance n'est pas oublié, les poètes touchent à l'universel. C'est la jeune poésie française qui s'exprime et, s'il s'agit de décentralisation, il ne s'agit nullement de réduction des grandes voies poétiques. Certes, on est heureux de trouver, auprès de jeunes poètes, les proses d'Albert Pons (1896-1958) et les poèmes de luminosité chrétienne de Raymond Valadié (né en 1903) dans un numéro de *la Tour de Feu* de Pierre Boujut exaltant les poètes de la région de Cognac. Certes l'anthologie permanente du Gâtinais, *En butinant nos genêtières* est plus volontiers classique. Mais quels trésors de modernité nous apportent ces ensembles : *Poètes bretons d'aujourd'hui*, 1976, et, toujours en Bretagne, *Grandes Heures littéraires de Bretagne* et *Anthologie de la poésie bretonne* (1880-1980) d'un des meilleurs poètes contemporains, Charles Le Quintrec. On lira avec délectation : *Quelques Poètes angevins d'aujourd'hui*, 1978, de Pierre Menanteau et Guy Valensol, les anthologies des poètes lyonnais du groupe *Arpo 12*, à partir de 1973, *Arpa* à Clermont-Ferrand, *Poètes du Sud*, 1978, *Poésie en Rouergue* de Jean Digot, *Dix Poètes d'Alsace* de Jean-Claude Walter, les ensembles de *Poésie 1*, *la Nouvelle Poésie d'Alsace*, *Poètes du Nord*, *Poètes d'Occitanie/Limousin*, etc., *Jeune Tournay/Unimuse*, 1979, *Florilège fribourgeois*, 1979, etc. Comme nous aimerions tout citer ! Mais nous retrouverons maints contributeurs à ces ensembles dans un prochain volume.

Anticipons en affirmant qu'une entreprise de décentralisation s'accompagnera d'une prise de conscience universelle qui dépasse le cadre provincial pour rejoindre les grandes aspirations contemporaines sans que soit oublié le sol natal. Le poète, s'il ne cesse de chanter dans son arbre généalogique, se sépare des clichés et des images attendues. Chaque province deviendra un univers enthousiaste et fécond.

Idéalismes philosophiques et religieux.

Dans cet univers de la poésie de forme classique, les courants intellectuels spiritualistes, idéalistes, philosophiques, chrétiens, fort nombreux, ne témoignent pas toujours de l'originalité et de la force d'un Jammes, d'un Nouveau par exemple, mais çà et là, au fil de centaines de recueils, parce qu'on trouve une recherche personnelle de la vérité, la poésie peut récompenser certains par sa présence réelle et il se glisse dans des talents honnêtes et probes quelques passages méritant, à défaut d'aborder aux rives lointaines, d'être signalés pour l'information et pour le souvenir. Et puis, l'on verra que quelques-uns, même de talents mineurs, offrent des personnalités intéressantes.

Ainsi, l'ami de Paul Fort, Louis Mandin (1872-1944) mort à soixante-douze ans déporté en Allemagne. Cet ancien secrétaire de rédaction de *Vers et prose,* puis du *Mercure de France,* consacra sa vie au service de la poésie et l'on rappelle qu'il publia avec Paul Fort une *Histoire de la poésie française depuis 1850* retraçant cette période jusqu'à 1926, date de sa publication. Ses recueils sont *les Sommeils,* 1905, *les Saisons ferventes,* 1914, *Notre Passion,* 1927, et son florilège personnel *l'Aurore du soir,* 1938. Il a voulu lancer le vers de quatorze pieds avec césure après le sixième, croyant fermement à la postérité de ce vers « mandinien » en le préconisant comme pendant à l'hexamètre des Anciens et de la poésie anglaise :

> Le soleil du printemps ranima l'ardeur dans mon sein.
> Mais ses derniers reflets, tombant obliques sur la mousse,
> Ce soir, disent, parmi le crépuscule où tout s'éteint,
> Que la flamme est cruelle et qu'au toucher sa cendre est douce.

Mandin est un romantique, un lyrique ample traduisant sa vie intérieure profonde, un sensuel mettant « de la volupté jusque dans le *De Profundis* ». Homme de solitude, il a chanté *Ariel esclave,* 1912, en mêlant vers libres et classiques, un Ariel à qui il confie ses propres appels idéalistes, ses besoins de justice :

> Mon Ariel, âme affamée
> D'extase et de logique, et de lyrisme et de justice,
> Et de simple bonté, fraîche comme un calice
> De rose qui se sent aimée.

Spiritualiste néo-classique, Robert Honnert (1901-1939) a publié à la N.R.F. *les Désirs,* 1930, dont on extrait *le Jour n'est que silence* :

> Le jour n'est que silence et l'âme n'est que feu ;
> La vie à l'ombre dort ; l'oiseau suspend ses jeux ;
> Alors je vais farouche et baissant la paupière,
> D'espérance étourdi, de mystère oppressé,
> Et je sens, d'un long trait d'angoisse et de lumière,
>   Mon cœur percé.

Dans d'autres œuvres, *Lucifer,* 1934 ou ses posthumes *Portes du monde,* il écrit avec élégance, sans affectation, exprimant ce qui existe en lui de pur, le respect de la tradition s'accompagnant d'originalité et de délicatesse. On trouve une sorte d'extase devant les féeries de la vie et les détresses de la douleur et de la mort, des invocations au Seigneur d'une belle qualité. Il suffirait çà et là qu'il oublie de s'adonner à la tentation de la rime facile et attendue pour que son chant accède à la force des plus grands. Il n'empêche que sa poésie peut être une compagne fraternelle et susciter en nous des échos compréhensifs, car il parle au plus profond de l'être.

Comme Robert Honnert, Louis Genet, dit René Fernandat (1884-1959) a publié à la N.R.F. *Les Signets du Missel,* 1945, sont comme des compléments ou des variations sur les textes saints. Ainsi *les Communicantes* :

> Par les aiguillons du supplice
> Qu'ont subi Lin, Xyste et Clément,
> Et par les gouttes du calice
> De feu que but Diacre Laurent,
> Par les tourments des mille vierges
> Qui fondirent comme des cierges
> Devant les autels du démon,
> Permettez à la blanche Hostie
> D'être l'âme de l'autre vie
> Qui luit derrière l'horizon!

D'autres titres : *Royaume des cieux,* 1932, *Voyage au Purgatoire,* 1932, affirment comme chez un Louis Le Cardonnel « l'union du poète et du prêtre ».

Henri Dérieux (1892-1941) est l'auteur d'une étude sur *la Poésie française contemporaine de 1885 à 1935* résolument favorable à la poésie de forme classique, ne consacrant que quelques pages rapides aux phénomènes nouveaux comme le Surréalisme « espoir déçu » parce qu'il le désire ainsi. De ses poèmes (entre autres *le Sable d'or,* 1911, *le Regard derrière l'épaule,* 1912, *le Regard sur le monde,* 1934, *Heureux qui comme Ulysse...,* 1937), Edmond Jaloux lui fit compliment : « Il faut un bien grand talent pour dire des choses qu'on a déjà dites des centaines de fois et le faire de telle façon qu'on en soit ému comme si on les ignorait encore. » En chrétien, Dérieux a dit les jours déchirants de la guerre, médité sur la brièveté de la vie, sur les maladies, dans des livres bien structurés, allant de la chanson triste et de l'élégie à une pensée plus ample :

> Abrège-moi cette heure où le cœur est troublé
> Et s'il me faut monter jusqu'à ce sacrifice,
> Donne-moi la vertu du simple grain de blé
> Qui ne peut pas renaître au jour qu'il ne périsse.

La revue *Points et Contrepoints* a publié un numéro d'*Hommage à Henry Dérieux* qui perpétue son souvenir.

Journaliste littéraire et un des premiers hommes de radio, André Delacour (1883-1958) eut de hautes ambitions spirituelles. Dans une vingtaine de recueils dont *l'Angoisse,* 1913, *la Victoire de l'homme,* 1922, *le Voyage à l'étoile,* 1928, *Évangiles,* 1948, *le Soir ensoleillé,* 1952, il ne cesse d'exalter la nature, se situant entre Baudelaire et les symbolistes, avec un appel aux sentiments chrétiens sans que pour cela il oublie la musique essentielle des mots mis au service de la foi. Il chante ici les pacifiques :

> Dans le tumulte et la chaleur du carrefour,
> Ils passent parmi nous, solitaires et calmes,
> Avec des yeux de ciel qui rayonnent d'amour
> Et n'ayant dans leurs mains d'autre arme que les palmes.
> C'est le frémissement de leurs rameaux légers
> Qu'ils opposent au dur entrechoc de nos glaives,
> Comme monte parfois la chanson des bergers
> Du vacarme lointain des vagues sur les grèves,
> Mais, dans la rue hostile où souffle un air épais,
> Insultés et moqués par la foule vulgaire,
> Eux, les enfants de Dieu venus porter la paix,
> Glissent à chaque pas dans le sang de la guerre.

André Delacour fit partie d'un groupe de poètes spiritualistes où se retrouvaient, autour de Charles de Pomairols, quelques poètes dont Jean Des Cognets et Charles Grolleau (1867-1940) et qui faisait pendant à un groupe idéaliste fort proche, celui de Joseph Mélon, Louis Lefebvre, René Salomé ou Guy de La Mothe. Charles Grolleau, traducteur de William Blake, Oscar Wilde, Chesterton, eut une inspiration toute chrétienne dans ses divers recueils dont *Reliquae*, 1904, *l'Encens et la myrrhe*, 1909, *Sur la route claire*, et il publia *les Quatrains d'Omar Khayyâm*, 1902, *les Ghazels de Hafiz*, 1922.

Un des fondateurs du *Mercure de France*, Alfred Mortier (1865-1937) tenta de ressusciter la tragédie classique (*Marius vaincu*, 1910, *Scylla*, 1913, etc.), de retrouver des accents cornéliens, de faire revivre au théâtre Dante et l'Arétin, d'écrire des pièces lyriques originales comme *Sakountala*, 1920. En poésie, il publia *le Temple sans idoles* et *le Souffleur de bulles*, 1929. « Ses cris, affirma Edmond Sée, fixent quelques-unes des lois sentimentales essentielles. » On trouve dans sa poésie deux aspects : celui du poète qui adjure l'homme devant la mort, celui du chanteur léger, « souffleur de bulles » comme il se désigne lui-même et qui sait faire chatoyer les couleurs d'une *Fête* comme un peintre :

> Parmi les coupes d'argent
> L'or amoncelé des grappes
> Mêle à maint regard changeant
> L'éclat damassé des nappes.
> Et dans l'orgueil de la sève
> S'écroulent sanglants les fruits
> Pour la luxure qu'achève
> L'accablement de la nuit.

Alexandre Geoffrit, dit Jacques-Noir (1881-1970), poète stoïcien, s'il ne renouvelle guère les sujets et les formes, cherche à rejoindre la grandeur dans des œuvres de rigueur malherbienne comme *l'Ame inquiète*, 1909, *les Heures profondes*, 1926, *le Fils que je n'ai pas eu*, 1955. Un exemple de ses *Stances* :

> Lorsque tu t'avançais, harmonieuse et juste,
>   Tout s'éclairait soudain :
> Les êtres qui passaient, le ciel, le sol, l'arbuste,
>   La porte, le jardin.

De *la Voile du matin*, 1936, à *la Saison de mémoire*, 1963, et au *Cyclamen*, 1981, Eugène Grognet dit Lionel Tabuis, qui fut apprécié par Saint-Georges de Bouhélier, a chanté, en classique pèlerin du beau, aussi bien le souvenir d'une mère retrouvée dans le grand âge que le pays haut-savoyard, les saisons de l'âme et « les grands anges captifs qui sanglotent en nous », si ce n'est l'hallucination de la mort ou « les lutins des nuits de sortilège ». Il nous persuade qu'il peut être bon d'aller y voir de plus près dans les sages recueils où auprès de poèmes plus attendus peut résonner « la petite note claire du cœur ».

Jacques Heugel (né en 1890) est un poète de philosophie courante surtout dans *le Souffle embrasé*, 1920, ou *le Double Trésor*, 1924. Comme Victor Hugo ou Édouard Schuré, dans ses œuvres les plus ambitieuses, il interroge la bouche d'ombre. Ou bien il part à la quête de ce que l'univers offre comme beauté et d'infini, mais ses tentatives ne lui permettent pas souvent de s'élever au-dessus de la pensée dictée par la rime. De l'originalité cependant avec *l'Étrange Ballade des arts difficiles* ou *Voiles* :

> L'espace... Ligne droite en tous sens étendue,
> Infinie, et marquée, – effrayant appareil ! –
> Par des étapes d'électrons et de soleils,
> Et nulle part rompue, et nulle part perdue...
>
> Le temps... Une autre droite en tous sens étendue,
> Infinie, et marquée, – épouvante de l'œil ! –
> Par des étapes de berceaux et de cercueils,
> Et nulle part rompue, et nulle part perdue...
>
> Le nombre... Une autre droite en tous sens étendue,
> Infinie, et marquée, – ô l'effroi régulier ! –
> Par des étapes de microns et de milliers,
> Et nulle part rompue, et nulle part perdue...

Le fondateur de la revue *l'Occident* (où collaborèrent Claudel, Milocz, Alibert, Fagus, Francis Vielé-Griffin, et aussi Maurice Denis le peintre et Vincent d'Indy le musicien), Adrien Mithouard (1864-1919) exprime sa foi et ses élans mystiques dans de nombreux livres : *l'Iris exaspéré*, 1895, *le Pauvre Pêcheur*, 1899, *les Frères Marcheurs*, 1902, *la Majesté du temps*, 1922, et trace en versets le psaume *In exitu*, 1918. Spécialiste du moyen âge où il voit les clefs de notre civilisation, érudit, essayiste (*le Tourment de l'unité*, 1901, *le Traité de l'Occident*, 1904, *les Marches de l'Occident*, 1910), il s'affirme néo-classique tout en représentant un pas vers une nouvelle esthétique.

Louis Lefebvre (1871-1947) trahit les inquiétudes de sa foi et recherche ce qui peut la nourrir. Il y a, de *la Prière d'un homme*, 1920, au *Vergers humains*, 1931, en passant par *Ignis*, 1926, un appel à l'amour de la créature, un ton de prière et de confession proche de Germain Nouveau ou du Verlaine de *Sagesse*. Dans ses poèmes de détresse, il fait penser à Léon Deubel :

Seigneur, soyez béni, quand ils m'ont rejeté
Avec cette malice et cette violence;
Seigneur, soyez béni : leurs voix m'ont répété
Que ma pauvreté cesse où leur haine commence.

Seigneur, j'allais vers eux, comme vous le vouliez,
En ouvrant mes deux bras pour l'étreinte fidèle;
Mais avant que nos doigts eussent été liés,
Ils évitaient l'étreinte et s'enfuyaient loin d'elle.

Comme lui, Georges-Louis Garnier (1880-1944) est habité d'une inquiétude allant jusqu'à la souffrance dans *la Grève du sang*, 1924, et dans *le Songe dépouillé*. Ses poèmes sont ceux de la maladie, de la solitude et d'une recherche de la sérénité. Languide, ascétique, il va de la peur à l'espérance. Poésie angoissante qui tourne classiquement autour de la quête d'un sens de la vie.

Charles Dornier (1873-1954) n'oublie pas les hommes, les travailleurs surtout, ceux qui peinent, les forgerons comme son père, les hommes de l'usine à gaz, le mineur, les prolétaires, et encore un passant ou une vieille fille, dans les poèmes sociaux de *l'Ombre de l'homme*, 1910, *les Sillons de la gloire*, 1920, *le Mur de lumière*, 1928, et, de cette poésie descriptive, émue, amicale, monte un chant lancinant. Il y a, malgré bien des indigences, dans son réalisme social de l'idéalisme et de la spiritualité plus affirmés souvent que dans des œuvres plus abstraites.

Pierre Lély-Poujol dans le *Vent du dernier soir*, veut retrouver la permanence des pensées et des actions dans une même lignée généalogique, ce qui peut préparer à affronter les difficultés de la vie, les souvenirs anciens devenant un tremplin pour l'avenir.

Le titre du premier recueil de Pierre Gracy (1890-1970) : *les Chants de la cité, du foyer et des dieux*, 1928, l'exprime fort bien. Suivront des titres aussi parlants comme *Guirlande pour saint François d'Assise*, 1929, *l'Architecte*, 1953, *la Flûte et le serpent*, 1955. On ne peut s'attendre à de fulgurantes originalités et non plus au scandale d'un alexandrin qui aurait perdu pied et ni à la rime approximative. Tout est parfaitement ciselé pour porter des pensées philosophiques et des rêveries lyriques que les Jeux floraux couronneront sans hésitation. De plus, auprès de quatrains portant de lourdes charges d'épithètes attendues et venues pour compléter la mesure, on trouve des vers de belle et dansante architecture comme : « La grâce de ton pas sur ses colonnes danse » qu'on se plaît à isoler d'ensembles un peu lourds.

Le cas de Wilfrid Lucas (1882-1976) est bien particulier : porté aux nues par maints poètes néo-classiques, rejeté par d'autres du même bord, il a au moins le mérite d'une ambition. Après *les Roses s'ouvrent*, 1911, il a consacré son œuvre à un cycle « épique, marial et visionnaire » : *Marie de Magdala*, 1923, *la Cité bleue*, 1926, *la Route de lumière*, 1927, *les Cavaliers de Dieu*, 1935, *l'Évangile du soir*, 1947, *le Grand Voilier des âges*, 1952, *le Porche de la mer*, 1955, *la Couronne de joie*, 1958, projet vaste où s'alignent des régiments de vers en bon ordre, dont Jean Rousselot dit : « Ces immenses poèmes en vers réguliers, qui retracent la Genèse et multiplient les variations sur le Credo chrétien, seraient tout à fait ennuyeux, si, çà et là, quelque baroquisme ne se mêlait à leur laborieuse application. »

Quantitativement, Jean-Michel Renaitour (né en 1896) ne le lui cède en rien, et, des *Olympiques* à *la Course au bonheur,* 1977, en passant par quarante abondants recueils, il déploie une activité de rimeur qui laisse pantois, toutes les inspirations lui étant bonnes, versifiant à flot ininterrompu sans se soucier des évolutions et des modes ; on ne lui déniera pas une certaine spontanéité, car il écrit comme on parle, mais lui il parle en vers.

L'abondance versificatrice existe aussi chez Louis Montalte (mort en 1979), mais avec de singuliers éclats, une énergie combattante de « fonceur ». Voilà qu'en trois ans, il publie lui-même ces livres monumentaux où les poèmes sont farcis de considérations de tous ordres : *Roses de sable,* 1976, *Poésie française pérenne,* 1977, *Poèmes pour les prostituées,* 1977, *Ce cœur de chair,* 1977, *Vieillesse peut,* 1978, *Sait-on jamais?,* 1979, etc. Doué d'une rare énergie, ses livres sont énormes, parfois « hénaurmes ». Cela bouillonne, part en tornades et les vers forment des bataillons de choc. Toutes les lectures de toute une vie, toutes les préoccupations se retrouvent là, et l'énergie naît du choc des éléments les plus contradictoires : c'est contestable, agaçant, viril, vert, empanaché, verbeux, mauvais, passable, surprenant, dérisoire, savant, érotique, graveleux, mais on ne peut dénier la couleur, l'éloquence et une sorte de foi profonde qui force l'intérêt.

Appartiennent encore à la tradition classique Jean Francis-Bœuf (1873-1933), Pierre Grosclaude (1902-1973), historien de Malesherbes, poète de *la Poursuite obstinée,* 1936, et de *Ce monde inhumain,* 1956, André Piot (1894-1974), compagnon du devoir, qui se révéla poète des tranchées dans *Chœur des jeunes hommes, 1914,* 1934, dans *l'Enfant de lumière,* 1950, ou *Mémoires poétiques,* 1963, il exprime un humanisme harmonieux et ouvert à toutes les générosités, Gustave-Charles Toussaint et ses étranges *Miroirs de goules* empreints de spiritualité orientale.

Né comme Paul Valéry à Sète, Marcel Roland (1879-1955), auprès de drames en vers, a publié *les Insomnies,* 1901. Humanitaire et chrétien, il exprime « les plaintes confuses des déshérités, les appels des vaincus de la destinée, la rumeur des peuples peu à peu conscients d'un avenir d'amour et de justice ». Il fait penser à un Baudelaire marqué par les Évangiles qui chercherait ses fantômes « dans les plis sinueux des vieilles capitales ».

> Certains jours, je m'accoude au balcon d'où l'on voit
> L'humanité qui passe avec ses moignons rouges,
> Et ses minces habits transpercés par le froid ;
> Des flammes d'alcool teignent le seuil des bouges.
>
> Où donc vont-ils, ces gueux et ces estropiés,
> Faisant sonner sous leurs talons le trottoir blême ?
> Ils ont l'air de traîner, attachés à leurs pieds,
> Des boulets, et leurs fronts semblent lourds d'anathèmes...

C'est durant la guerre que le médecin Henri Vaugeon, dit Henri Ghéon (1875-1952) se convertira au catholicisme. Poète, critique littéraire, dramaturge, il est un des fondateurs de *la Nouvelle Revue Française*. Il avait commencé par publier des recueils lyriques : *la Chanson d'aube,* 1897, *la Solitude de l'été,* 1898, salués par Charles Guérin, André Theuriet, Tristan Klingsor, André Gide qui appréciaient son délicat naturisme, peu éloigné de Francis Jammes. Puis parurent *le Pain, l'Eau-de-vie,* 1900, *Foi en la France,* 1915, *les Chants de la vie et de la foi,* 1935, œuvres plus socialisantes. Il est poète dans ses pièces comme *le Pauvre sous l'escalier,* 1921, inspiré par la vie de saint Alexis (voir *la Poésie du moyen âge*). Il créa la compagnie dramatique des Compagnons de Notre-Dame, 1924, qui deviendront les Compagnons du Jeu. Dans ses vers libérés comme dans ses versets il est inspiré par la foi, une foi souvent populaire et naïve. Si son éloquence convient à ses œuvres théâtrales, le poème s'en accommode moins bien, d'autant qu'elle charrie volontiers des clichés. Il a cependant parfois un ton personnel :

> Mon Dieu, nous nous humilierons tant qu'il faudra,
> nous dirons : je ne suis rien, rien, auprès de la grandeur du Père !
>
> Nous acceptions de n'être plus même cela :
> un grain de sable dur parmi les grains de blé sur l'aire ;
> mais, non, non ! vous n'humilierez pas notre mère...
> Ou, sur son sol meurtri, un matin, le coq chantera.

Comme Ghéon, André Mabille de Poncheville (1886-1969) et André Germain (né en 1883) utilisent le verset. Les recueils de Poncheville, *Hymne aux Américains,* 1917, *Nord et Midi,* 1924, montrent une inspiration élevée tournée vers la chrétienté et l'union de l'Occident, avant qu'il ne se consacre aux romans historiques et à la critique d'art ou ne raconte les pèlerinages d'Espagne et d'Italie sur un ton proche de celui de Charles Péguy dont il fut le propagateur. André Germain a publié souvent sous le pseudonyme de Loïs Cendré *Cœurs inutiles,* 1906, *Poèmes voilés,* 1912, *le Double Visage,* 1913, *Chants dans la brume,* 1922, ainsi qu'un *Renée Vivien,* 1917. Germain a reçu la leçon des symbolistes et celle d'un Oscar Wilde, celle aussi de Gabriele d'Annunzio dont il oublie le maniérisme peu à peu pour aller vers une pureté qui n'est pas dénuée de somptuosité dans des poèmes qui disent Chartres, une nostalgie, l'Évangile ou des *Prières obscures* comme ici :

> Puisque les peuples ne sont plus qu'un pauvre troupeau traqué que l'on jette à l'Abattoir,
> Ne les arracherez-vous pas, mon Dieu, au pouvoir inepte des Gouvernements, aux mains sanglantes des Chefs et des Rois ?
> L'énigme du Monde pèse sur nos cœurs ainsi qu'un doute envers votre bonté. Mais peut-être commencerons-nous d'accepter et de comprendre
> Si, cherchant parmi tant de tyrans le seul roi véritable, nous trouvons à son front le crachat des Hommes, l'atroce couronne, le sang du Supplice et la sueur de l'Agonie.

Un autre utilisateur du verset est Jean Germon (né en 1902), poète maudit en proie à la solitude, à la maladie, à l'indifférence, et qui chanta dans un désert éclairé seulement par de rares ferveurs comme celle du poète Alice Cluchier. Ses recueils expriment sa foi et sa souffrance, sa pureté et des éclats de colère qui font penser à Léon Bloy. Ses *Cinq Nocturnes de l'âme seule,* 1953, sorte de testament lyrique, expriment sa souffrance dans un monde en proie aux « techniciens du confort et techniciens de la mort » :

Je m'embarque Seigneur, je m'embarque Vous voyez bien que je ne résiste pas
Mais arrachez-moi des griffes du contact et de la pesée de ces grotesques grimaçants
De ces convulsionnaires ratiocinants, de ces gargouilles venimeuses à têtes vipérines
Mais par un miracle de Votre Grâce Seigneur délivrez-moi
Du mutisme obscur obtus sinistre concerté de ces gens
Qui jusqu'au bout me bouchent de leur opacité haineuse toutes les fenêtres
Vers la beauté du monde et la simple douceur de vivre libre entre Vos mains

Une autre figure du catholicisme le plus intransigeant est Monseigneur François Ducaud-Bourget (né en 1897) qui réédita *l'Imitation de Jésus-Christ* versifiée par Pierre Corneille, et donna une œuvre poétique importante et active d'humaniste combattant et de chrétien. De lui, Paul Fort put dire : « Je ne sache point qu'il y ait, dans le lyrisme français, ton plus élevé que celui reçu des anges, permis du ciel, très angéliquement accepté, adopté par Ducaud-Bourget » et Francis Jammes salua un homme « fier dans son humilité de servir jusqu'en la poésie son Dieu ». Il est un poète classique, mais il lui arrive de faire éclater la forme sous le flot du besoin de dire et les ardeurs de la foi. Dans *Clairières,* 1963, il affectionne le sonnet auquel il ajoute volontiers un quinzième vers. Dans *l'Oblation,* 1976, la Parole fuse, s'élève, brise les barrières formelles. Les premiers vers d'un sonnet, *Tentation,* expriment l'ardeur d'un poète appartenant à « une race éveillée après des siècles lourds » :

> Parfois je sens gronder en moi d'étranges houles.
> D'où me vient ce frisson délectable et cruel,
> sombre comme un remords et plus clair que le ciel,
> où je devine et souffre un orage, une foule...

Dans le second volume de *la Poésie du dix-neuvième siècle,* des lignes ont été consacrées à Daniel Cornette de Venancourt (1873-1950), Georges Faillet, dit Fagus (1872-1933), Louis Mercier (1870-1951), Germain Nouveau (1851-1920); nous ne faisons donc que les rappeler et nous citons encore Léon Cathlin (né en 1882) et ses *Treize Paroles du pauvre Job,* 1920, Camille Melloy (né en 1891) et ses *Enfants de la Terre,* Maurice Mardelle et son *Compagnon de la cathédrale,* Loÿs Labègue (1869-1941) et ses *Églises parlantes,* Serge Barrault et son *Grand Portail des morts,* 1930, Raymond Millet et son *Poème de la messe,* Alfred Vaillandet (1864-1942), Gaston Starbach, Alphonse Gaillard, Jules Palmade, Philibert Blanc, et ce Gustave

Gasser (1879-1965), père du régionalisme bourguignon proche du naturisme de Saint-Georges de Bouhélier.

Clartéistes, harmonistes, lyriques divers.

Au début du xxe siècle, les groupes en « isme » pullulent. Une simple liste en donne une idée : Humanisme, Naturisme, Synthétisme, Synchronisme, Simultanéisme, Impulsionnisme, Intégralisme, Paroxysme, Synoptisme, Dynamisme, Dramatisme, Musicisme, Unanimisme, Primitivisme, Intensisme, Druidisme, Sincérisme, Harmonisme, Spiritualisme, sans oublier les groupes futuristes, dadaïstes, surréalistes qui ne tarderont pas à fleurir.

Ces groupes, on ne saurait les réunir en un chapitre. Les uns se réfèrent à la tradition dont ils sont des variantes, d'autres ont à peine un manifeste ou un avenir, d'autres enfin participent de la poésie nouvelle. Il en est de fugitifs comme le Sincérisme de Louis Nazzi, l'Intensisme de Charles de Saint-Cyr, le Primitivisme de Han Ryner, le Néo-Romantisme d'André Joussain, le Druidisme de Max Jacob et Louis de Gonzague Frick. Il en est d'allure futuriste comme le Visionnarisme, l'Impulsionnisme, le Dramatisme, le Paroxysme, le Dynamisme, le Simultanéisme, etc., qui souvent ne se distinguent les uns des autres que par des nuances. Ici, nous traiterons de ceux qui sont les plus proches de la tradition classique et nous nous réservons de parler des autres en maints chapitres appropriés.

L'importance d'un mouvement se juge non seulement à la valeur de ses poètes, mais aussi à son influence sur la littérature et même la société quand il s'agit, par exemple, de Romantisme, de Symbolisme, de Parnasse, d'École romane, de Surréalisme. Rares sont les mouvements qui répondent à cela ; or toute tentative, même avortée, s'inscrit dans l'histoire littéraire et on ne saurait les passer sous silence. A la fin du xixe siècle *(voir préc. vol.)*, l'Humanisme de Fernand Gregh, le Naturisme de Saint-Georges de Bouhélier, le Jammisme, nous l'avons vu, ont eu une influence alors même que triomphait le Symbolisme dans lequel se fondait une partie du Parnasse que déjà l'École romane aérait.

Quel jeune poète au seuil du nouveau siècle n'a rêvé de créer son propre mouvement ? Le siècle aura ses feuilles mortes. L'apposition d'une étiquette a aidé à la propagande : les individualistes, à moins qu'ils n'affirment une très haute personnalité, sont le plus souvent injustement oubliés dans les chapitres des histoires littéraires faute de ne pas répondre aux manies de classification des spécialistes.

Marcel Marchandeau, dit Touny-Lérys (1881-1976) vécut quatre-vingt-quinze ans. Né à Gaillac, il était le fils d'un poète d'honnête facture qui signait Marc Dhano et qui fut avec lui, ainsi que Georges Gaudion, l'auteur du manifeste du Primitivisme qui s'opposait au Futurisme et prônait une doctrine vague, celle de l'instinct. En fait, Touny-Lérys fut un intimiste et les critiques le comparèrent à Charles Guérin, Henry Bataille et Francis Jammes qui préfaça sa *Pâque des roses* parue en 1909, année du manifeste. Ce livre suivait *les Filles d'Éros,* 1900, des recueils de petits poèmes d'amour et de chansons, une *Élégie,* 1908, avant que ne paraissent *Amoureusement,* 1910, *le Printemps souriant et grave,* 1923, des recueils consacrés aux saisons, et enfin un *Choix de poèmes* préfacé par Francis Carco. Armand Praviel a fort bien défini son art : « une grande harmonie, un peu facile, qui ne s'embarrasse pas des règles de la prosodie classique, une vive sensibilité, fertile en images gracieuses et séduisantes, une âme vibrante, chaleureuse, simplement ouverte, une main tendue, qui veut ignorer l'envie et la perfidie; un style tout naïf, sans afféteries... » Il est vrai qu'il y a de l'ingénuité dans ses poèmes de peu de conséquence. Il s'est tracé des limites et les emplit fort bien, sans élans lyriques, avec une philosophie quotidienne qui le porte à la confidence quelque peu prosaïque, à un gnomisme souriant. Qu'il chante la nature, l'amour ou l'amitié, il ne se sépare jamais d'une humanité attentive et souriante. Il dit :

> Ah ! Rester ou partir !... Qu'importe le voyage ?...
> Chaque homme, vous et moi, sommes des paysages;
> Chaque minute, ami, est la contrée nouvelle...

Primitiviste, instinctiviste, certes il l'est, mais sans l'art extrême des Primitifs, et avec un instinct ne jouant que sur des intimités charmantes.

Pascal-Bonetti (1885-1975), jusqu'à son dernier souffle à l'âge de quatre-vingt-dix ans, fut un mousquetaire, un bretteur au service d'une poésie de forme classique qu'il défendit sous la bannière de la Société des Poètes français. Il fut à l'origine de la Fondation internationale des Amitiés françaises avec de jeunes poètes d'origine étrangère comme Canudo, Blaise Cendrars, Alan Seeger, fut membre de la « Maison de Poésie » d'Émile Blémont, fonda le Jardin des Poètes, batailla dans *le Figaro, le Gil Blas, le Matin, la Petite République* et maintes autres publications, s'occupa des commémorations officielles de grands poètes du passé, manifestant en tous lieux une énergie qui lui assura le respect de bien des jeunes poètes dont les doctrines venaient soixante-dix ans après les siennes.

Il fit partie au début du siècle de la réaction anti-symboliste et tenta de lancer une école, l'Harmonisme. On a oublié que son premier livre *les Orgueils,* 1910, fut salué par Émile Verhaeren, Henri de Régnier et René Ghil, qu'après *la Chanson de France,* 1913, sa *Marche au soleil,* 1924, fut couronnée par Paul Valéry, avant qu'il publiât *les Ailes,* 1930, où il se fait le chantre de l'aviation, *Chants d'exil,* 1942 à New York, *la Suite royale,* 1955, sous le signe de la lumière, avant *l'Or des naufrages* et *la Symphonie du soir,* 1976, ouvrage posthume publié par les soins de Marthe-Claire Fleury. Louis Aragon lui écrivait : « Oui, vos vers ont été un grand sujet de rêve de ma jeunesse, et un objet d'enthousiasme et d'entraînement au milieu de cette décomposition générale de l'architecture prosodique », ce qui n'est pas un mince compliment. En son temps, Maurice Barrès put le dire classique dans la forme, romantique dans ses élans, moderne dans son inspiration et dans son rythme. Harmoniste, il l'est dans toutes ses œuvres qui témoignent d'une haute spiritualité sans jamais rien de pontifiant avec leurs vers parfaits, d'une coulée sans heurts, incantatoires sans grandiloquence, éloquents sans bavardage. Il a l'art de faire revivre des thèmes rebattus et qui semblaient usés par le Parnasse et le Symbolisme dont il ne combattait au fond que les excès de maniérisme et de décadentisme puisqu'il en a gardé le sens musical. Telle *Atalante,* telle *Dryade,* telle *Psyché* semblent prêtes pour une composition de Reynaldo Hahn qui, d'ailleurs, l'admirait. Il a chanté l'intimité des saisons, dépeint *Notre-Dame de Strasbourg* avec magnificence « rose mystique, tour d'ivoire, maison d'or », tracé des *Stances* plus subtiles que celles des suiveurs de Moréas, trouvé devant *New York* des accents proches des unanimistes :

> A l'ombre de Wall Street, dans ton Broadway, j'ai vu
> L'humble Trinity Church, par les ans mordorée,
> Douce, accueillante et belle au milieu de ses tombes
> Et qui semble, entre tant d'opulents gratte-ciel,
> Une feuille arrachée à quelque vieux missel
> Que l'on aurait parmi des chèques oubliée.
> J'ai connu tes quartiers sordides, China Town,
> Ton sourire, Greenwich Village, et ton silence,
> Washington Square, oasis rose d'où s'élance
> D'un pas déjà royal ta Cinquième Avenue.

Si ici quelques libertés sont prises avec la prosodie, ce qui convient parfaitement à la description et au foisonnement de la grande cité, ailleurs Pascal-Bonetti joue sur de plus sages harmonies :

> Il est des soirs d'extase où je suis la raison,
> La torche dont le sage illumine sa veille,
> Le nombre d'or de quoi l'énigme et la merveille
> Éblouissent la prométhéenne prison.

Si Pascal-Bonetti mena bien ses luttes, l'Harmonisme qui ne fit guère école ne fut qu'un moment du parcours. Il en est de même pour le Clartéisme d'Albert de Teneuille (1891-1965) qui devait naître beaucoup plus tard, en 1928, André Rollot, Marcel Diamant-Berger, André Stirling et Raphaël Oddo figurant dans ce groupe. Les clartéistes ne proposaient qu'une doctrine assez vague et de peu d'originalité. Centristes de la poésie, ils refusaient, ou disaient refuser une esthétique désuète tout autant qu'une révolution destructrice. Doctrine néo-classique puisqu'on jugeait que le progrès ne peut s'accomplir que dans le respect de la tradition, de la syntaxe, de la prosodie, de la sacro-sainte raison, du culte du passé et de la foi en l'avenir. Il fallait unir discipline classique, couleur romantique, pureté parnassienne, spiritualité symboliste, musicalité moderne, en bref faire un bouquet de toutes fleurs. Dans ses livres : *Poésie : les Larves d'or,* 1926, *Parmi les dieux,* 1929, *le Temple de lumière,* 1938, Albert de Teneuille apparaît comme un poète classique, cherchant une haute inspiration, mais ne se distinguant pas, au moins par une originalité de sujets et d'écriture, de nombreux poètes de sa génération aux intentions louables et à la pensée noble.

Roger Dévigne (1885-1965), personnage séduisant, à la fois animateur de groupes et de revues, journaliste, folkloriste, imprimeur en chambre, n'a pas fait du « féerisme » une école : c'est ainsi qu'il désigne en souriant son propre art poétique. Trente ans avant d'être le directeur de la Phonothèque nationale, 1938, il avait lancé une revue, *la Foire aux chimères*, 1908, et participé aux manifestations tapageuses d'un mouvement épris de préoccupations sociales et de rêves humanitaires, « Les Loups », moins école que rassemblement de solitaires, d'indépendants, de jeunes loups soucieux de se faire entendre et que protégea Jean Richepin qui préfaça une anthologie rassemblant seize de ces jeunes gens. En 1910, Dévigne fonde une seconde revue, *les Actes des poètes*, une maison d'édition « l'Encrier » et joue de la presse à bras, comme les gens de l'Abbaye et tant d'autres plus tard soucieux d'assurer l'édition des poètes. Georges-Hector Mai, dit Roger Dévigne, a publié *les Bâtisseurs de villes*, 1910, *le Cheval magique*, 1924, *Maisons sur la mer*, 1935, *Poèmes* et *Peint sur cellophane*, 1956. Il est un poète libre de ton, rimant si cela lui plaît, cherchant plutôt des effets d'assonance et de dissonance, ayant de la fantaisie et de l'imagination. Sa voix est sensible, discrète; il aime l'air du large, les ports, l'aventure, et il met de la sensualité à décrire de belles figures mythologiques comme cette *Petite Psyché* :

> Petite Psyché nue, ô petite Psyché,
> Un gros pleur a coulé de ta joue enfantine
> Sur ton petit sein rond et couleur d'églantine,
> Ton sein en pomme.
> Ô petite Psyché, le merveilleux jeune homme
> Où s'est-il caché?

Ses premiers recueils montraient son goût pour des poèmes intimistes, familiers, voire populistes. Il y passait une gamine des faubourgs, une marchande de poupées; il disait les oracles du village ou montrait le poète au travail, contait les anges messagers, invitait à entendre le vent du large sur un ton plein de simplicité. Puis son art alla s'épurant sans qu'il oublie sa spontanéité, humanisant les sujets mythologiques, donnant vie aux inspirations du Parnasse et de l'École romane.

Le groupe « Les Loups » unissait des poètes dont nous parlons en maints endroits comme Pascal-Bonetti, Charles Dornier, Marcel Paÿs, Jean Raÿter, Hélène Séguin, André Tudescq, Robert Vallery-Radot, Gabriel Volland, Camille Gandilhon Gens-d'Armes l'Arverne, et encore Anatole Belval-Delahaye (1879-1918) et *la Chanson du bronze*, 1908, René Christian-Frogé (né en 1880) et *Au jardin des roses mourantes*, 1908, Henri Derche dit Henri Galoy (1878-1937), Édouard d'Hooghe (né en 1873), Jean Ott (1878-1935), Pierre Rodet (né en 1884), auteur des *Papillons noirs*, 1907, de *la Dame en noir*, 1909, l'ensemble formant une horde ayant plus de joyeuseté que de hargne, assez loin des lycanthropes de 1830.

Poésie en quelques endroits divers.

Nous avons signalé au XIXe siècle un jeune poète d'alors et nous le retrouvons ici. C'est Dauphin-Meunier (1868-1927) qui fut aussi un historien de la famille de Mirabeau. Il fut de plusieurs batailles, du Symbolisme à l'École romane, étant un ami de Stuart Merrill comme de Jean Moréas, Raymond de La Tailhède, Maurice du Plessys, Lionel des Rieux, d'autres comme Édouard Dubus ou Henri Degron, et encore Charles Maurras, Maurice Barrès ou François Coppée. Ce qui le séparait de ses amis symbolistes, c'était une exigence classique lui faisant repousser le vers libre, disant : « ...et si, pour écrire, je me pare de belles manchettes, c'est pour garder une tenue : c'est un corset pour les faiblesses de ma pauvre humanité. » Que l'on soit d'accord ou non, c'est fort bien dit. Il fut discret : qui connaît ces titres parus avant le siècle : *A trépas, l'Heure en exil, les Élégies royales, Bréviaire pour mes dames ?* Un an après sa mort, Tristan Klingsor préfaça *Voyage dans les yeux* réunissant *Dans la plaine du cœur, Nouvelles Élégies royales, le Cœur dépareillé*. Il y a une grâce désuète dans sa manière de chanter quelque dame lointaine, d'éveiller de vieilles pastorales classiques ou de voyager parmi le monde et les jardins en s'accompagnant de la musique de ses vers. Il y a du XVIIIe siècle en lui car il est finement descriptif et imagé, un temps de fêtes galantes revues par Verlaine sur un air ancien, à moins que Ronsard ne rejoigne Hoffmann dans son inspiration.

Partout l'on reconnaît son désir d'offrande un peu hautain, sa gravité tendre et sa pudeur. Il vivra assez longtemps pour chanter la mort de Péguy, mais sans cesse il règne un stoïcisme affirmé avec douceur, avec des touches romantiques surtout aux abords de l'automne de la vie où « Chaque jour désormais couvre d'une eau plus noire / L'Atlantide engloutie au fond de ma mémoire. »

Léon Cubélier de Beynac (1866-1942), poète de son Périgord et qui charme Armand Got pour qui il fut « le seul intégraliste intégral ». En effet, il fut aux côtés d'Adolphe Lacuzon et s'insurgea contre les aspects mièvres du Symbolisme. Au fond il est proche d'un Vigny et d'un Leconte de Lisle par un aspect ardent, combatif, ce que l'on voit dans *la Naissance du Verbe,* 1911, où il dit « les héros de l'effort, du verbe et de l'exemple » et aussi dans *les Dieux gardiens du jour,* 1920 ou dans sa participation aux recueils collectifs de *la Foi nouvelle*. Il fonda la revue *les Poèmes* où sont réunis les meilleurs chantres du siècle naissant.

Ne craignons pas de faire un saut dans le temps, au risque même d'être anachronique pour trouver un certain nombre de poètes épris du vers classique. Ainsi Léon Madlyn qui vit entouré d'une bibliothèque de milliers de volumes de poètes et qui les connaît tous, est toujours prêt à rappeler leur mémoire à qui commettrait le péché d'oublier l'un d'entre eux. Il faut non seulement saluer la ferveur, mais aussi une création poétique qui, pour discrète qu'elle soit, n'en a pas moins d'éclatants mérites. Celui-là ne cherche pas à plaire ni à se mettre au goût du jour, préférant se pencher sur des œuvres souvent inconnues pour rappeler à quelque historien des lettres qu'elles existent, mais oubliant de parler de ses propres productions, par exemple ses *Élégiaques,* 1974, et leur suite qui prolongent jusqu'à nos jours des musiques venues d'un temps qui s'éloigne. Et cependant, il n'emprunte qu'à lui-même et à son chant profond qui sait se passer de rimes, mais non pas d'architecture interne.

Raymond Schaltin qui vécut à Alger, après son premier livre, *les Chants du Chéliff,* ses études sur la musique arabe, un drame, un roman, des poèmes aux titres mélodieux comme *la Cithare d'or* et quelques autres, tentera des « poésies sur un rythme neuf » dans *les Schaltiniennes,* 1955. Ils sont rares ceux qui, au XXe siècle, ont tenté de trouver de nouvelles formes. Il est donc l'inventeur de la schaltinienne, poème de forme fixe qui fait penser à un sonnet privé de sa première strophe, mais avec de nouveaux systèmes de rimes. Plusieurs formes sont possibles : la schaltinienne simple (décroissante ou accélérée), la schaltinienne double avec des jeux renouvelés, parfois difficiles. Lorsque Henri Morier publia son *Dictionnaire de poétique et de rhétorique* aux P.U.F., nous eûmes la surprise de découvrir quatre grandes pages avec schémas et description de cette nouvelle forme qui, pour lui, est « digne de concurrencer le sonnet » par son dynamisme original. Certains, comme Luc Vuagnat (dans *Trouées de l'irréel,* 1958, et *Comètes du songe,* 1964), cultiveront ce genre qui, né un siècle plus tôt, aurait sans doute connu une véritable fortune. Cela sans doute ne suffit pas pour renouveler la poésie dans son essence, mais du moins la forme a-t-elle son intérêt. Et qui sait si d'autres dans l'avenir la tenteront. Nous donnons ici un exemple tiré des *Schaltiniennes* :

> Le souvenir limé par la ronde des ans
> s'atrophie et revêt l'armure des légendes
> où l'esprit vagabond grave des sarabandes
> et mêle l'irréel aux cris des océans.
>
> Le sacré n'est au fond qu'une polyvalence
> entre le bien, le mal où s'asseoit le néant
> des accents déformés, où rêve le silence.
>
> Le sens du vénérable est là dans le sonnet
> où chaque mot renferme un fragment de secret.
>
> Nombres et volonté, dés de l'équivalence.

Rappelons Francis Éon (1879-1942), « un poète simple, mais émouvant, plein de goût et qui connaît, dit Guy Lavaud, admirablement son métier » et aussi selon Jean Rousselot d'un art « extrêmement savant et efficace » car « les rêveries les plus émues et les plaintes les plus graves prennent sous sa plume surveillée mais vibrante la même force d'inscription ». Collaborant au *Divan,* aux *Marges,* à *Points et Contrepoints,* il fut de ces poètes discrets, délicatement musicaux comme on en trouva et on en trouve dans ces revues. Ses titres : *la Promeneuse,* 1906, *Trois Années,* 1909, *la Vie continue,* 1919, *Suite et Perséphone,* 1933. Entre autres, le recueil de 1919 contient des accents réalistes et douloureux qui en disent long sur l'état des sentiments après une guerre où Éon perdit deux frères, poètes comme lui, André-Marie Éon et Gabriel Éon.

Pour Roland Le Cordier, « la poésie est une immortelle vivante, hors du temps, au-dessus des écoles qui la doivent servir et non l'accaparer, l'enrichir et non la dépouiller ou la défigurer ». Il est, tant d'années après eux, assez proche de ces amoureux de la poésie de dépassement, consciente de la condition humaine et il a entendu l'avertissement de Fernand Gregh : « Seuls se taisent dans leurs poètes, les peuples qui n'ont plus la force de vivre. » On peut trouver dans tel livre comme *l'Ange du dehors*, 1970, des noms de dédicataires ou de poètes mis en épigraphes aussi différents que Fernand Dauphin et Pierre-Jean Jouve et il est clair que si ce poète a choisi une forme classique il n'en reste pas moins ouvert à de nouveaux messages. De son premier livre, *Rêve inachevé*, 1937, à *Cette âme de feuillage*, 1976, et à *Cette vie en péril*, 1980, en passant par une quinzaine de livres, il offre une poésie limpide, pleine de bruissements, de spiritualité aux confins de la religion des Évangiles et d'une Grèce où Homère rencontre Pindare, où l'on voyage dans un temps musical, où s'affirme le combat entre l'esprit et la matière. De belles envolées :

> Les grands oiseaux, Orphée ! ont le soleil pour centre
> Et nul n'en voit tomber ou mourir dans un antre.
> Ce n'est pas en saignant qu'on efface les pleurs ;
> Il faut porter son cœur en le vivant ailleurs
> Comme une croix nouvelle où sa part de ciel entre.

Nous l'aimons quand il s'abandonne au chant de sa sensibilité, parcourant quelque lieu d'un Paris poétique, quand il chante les fruits et les fleurs de Provence, quand la sensualité prime sur la pensée philosophique, et il est vrai qu'il a souvent de la grâce et des accents délicieux. Signalons de lui une anthologie dans l'esprit de celle de *Poètes prisonniers* de Pierre Seghers, celle des anciens combattants prisonniers de guerre, un livre du trentenaire (1945-1975) intitulé simplement *Poètes* que préfaça Roger Ikor et où toutes les formes de la poésie sont représentées, avec des noms marquants comme Charles Autrand, Pierre Béarn, Luc Decaunes, Philippe Dumaine, Armand Lanoux, Pierre Loubière, Claude Sernet, Pierre-Henri Simon, etc.

A propos de Georges Rocher, Paul Reboux citera Heredia, Louÿs et Samain, ou bien Horace et Catulle, cela dans une préface à *la Chanson de l'amour* qui est de fort honnête classicisme adouci par une âme tendre et mélancolique comme il en fut tant et tant. Gaston Bourgeois, directeur de la *Revue moderne*, fervent lui aussi de la poésie classique, est l'auteur de nombreux recueils parmi lesquels *les Heures du soir* et *Incendies* où l'on sent un désir d'évasion dans une nature propice aux épanchements et à l'élégie. Nous citerons Pierre Abraham (1892-1974), Gilbert Charles, Cyrille Dubus (1890-1974), Georges Godefroy (1912-1974), Édouard de Keyser (1883-1974), et saluerons en Raymond Lunel (né en 1918), à ne pas confondre avec Armand Lunel, le romancier, un poète à la pensée élevée qui s'exprime dans *Élégies de Vincennes* ou *Ode à la création* avec rigueur. A Marseille, l'animateur du *Club des poètes,* Constantin Castéropoulos, a su s'ouvrir aux diverses formes de la poésie la plus nouvelle tout en étant lui-même d'une manière traditionnelle que ce soit dans *les Fleurs nouvelles* ou dans d'autres recueils denses, tentant le quatrain selon ses divers mètres avec du métier. Ce Grec de Provence n'oublie pas le soleil qui aide à vivre, à lutter contre les forces obscures du mal, ce qui l'amène parfois à des chants proches de Moréas dont il a la forme parfaite ou de Samain dont il a les instants de spontanéité.

Dans les hauteurs de la religion, Henri Capieu (né en 1909) qui fut aumônier d'étudiants puis pasteur de l'Église réformée de France dans le Béarn, à Alger, à Paris, a publié *Signes,* 1955, *Demeures,* 1963, *Cette gloire qui monte,* 1969, *De sable et de désir,* 1976, recueils dans la tradition de la grande poésie protestante depuis le XVIe siècle. Gaston Bachelard a dit que ces « poèmes aident à retrouver la respiration du calme » et Jean Paulhan a parlé de « délicatesse inflexible ». Partout Capieu nous rappelle « ce qui demeure d'ombre et de bonheur après un passage » et le poème, en vers classiques, libres ou en versets est comme un mot de passe pour nous faire partager les dons de la terre et du ciel, poèmes de soleil et d'ombre, de mystère et de foi, poèmes où chaque mot semble nous entraîner comme une eau pure « vers l'océan insatiable au fond de chaque homme ou quelle mer inconnue ? »

Si maints poètes sont restés sourds aux conquêtes nouvelles, il en est qui, tout en gardant la forme traditionnelle, en ont recueilli les échos. Nous le voyons chez un homme de haute culture, d'ancienne culture provençale comme Charles Mauron qui fait penser à la fois aux poètes de la Renaissance lyonnaise, comme Maurice Scève dont il a la pensée serrée et à Mallarmé dont il a certains tours :

> Beau dauphin du paysage,
> De mon cœur sort ce fil bleu
> Avec le dernier peu sage
> Reflet de tout autre feu.
> A vous je meurs : que s'éploient
> Les méditatives soies.

Il faudrait ainsi distinguer ceux qui, recevant des énergies nouvelles, s'inscrivent dans une mouvance de la tradition, de ceux qui sont en réaction contre la nouveauté dérangeante, mais il est vrai aussi que, quel que soit le désir de se conformer aux anciens modèles, l'air du temps, l'événement, l'actualité peuvent apporter des inflexions et des nuances qui modifient une physionomie, bien qu'il faille regarder souvent de très près pour s'en apercevoir. A notre avis, aucune production poétique humaine ne saurait être dédaignée, même si certaines nouveautés portent plus de séduction que bien des ressassements. Mais peu à peu, nous verrons qu'il est des tentatives au cœur même de la tradition qui ouvrent la voie au modernisme tout en témoignant une fidélité aux vieilles structures, à « la forme vieille » comme disait Rimbaud.

3

La Poésie en maintes demeures

L'Enfant chargé de chaînes, François Mauriac.

Qui ne connaît le romancier de *l'Enfant chargé de chaînes*, 1913, *la Robe prétexte*, 1914, *le Baiser au lépreux*, 1922, et surtout *Génitrix*, 1923, *le Désert de l'amour*, 1925, *Thérèse Desqueyroux*, 1927, *le Nœud de vipères*, 1932, *le Mystère Frontenac*, 1933, *Galigaï*, 1952, *l'Agneau*, 1954, etc. Qui ne connaît le membre de l'Académie française, 1933, le Prix Nobel, 1952 ? Qui ne connaît le dramaturge des *Mal-Aimés*, 1945, par exemple ? Qui ne connaît l'auteur des *Mémoires intérieurs*, du *Bloc-Notes*, celui à qui rien du monde contemporain ne fut étranger ? Qui ne connaît le moraliste passionné de politique, le résistant, le polémiste dont les chroniques ont marqué l'époque de la décolonisation et le retour du général De Gaulle au pouvoir ?

Mais qui, en dehors des spécialistes, connaît un poète nommé François Mauriac (1885-1970) ? C'est à lui que nous nous attacherons bien que l'ensemble de son œuvre soit indissociable de l'homme et du créateur multiforme. Il eut ses heures de gloire. Ainsi lorsque Paul Bourget fit connaître à Maurice Barrès ce jeune homme auteur d'un premier recueil *les Mains jointes*, 1909, Barrès parla de lui dans *l'Écho de Paris* en des termes enthousiastes : « C'est la poésie de l'enfant des familles heureuses, le poème du petit garçon sage, délicat, bien élevé, dont rien n'a terni la lumière, mais trop sensible, avec une note de folle volupté... Mais il faudra sortir de cet attendrissement, de cet avenir trouble et devenir un homme... Qu'adviendra-t-il de la charmante source ? » En 1910, Barrès dira encore : « Monsieur, vous êtes un grand poète que j'admire, un poète vrai, mesuré, tendre et profond qui n'essaie pas de forcer sa voix. » ou bien : « Je donne à ce nouveau venu pour père et pour grand-père un Verlaine qui n'a pas de remords, un Sainte-Beuve moins tourné vers la physiologie. » Deux ans plus tard, c'est Alain-Fournier qui écrivait : « C'est la poésie d'un enfant riche et fort intelligent qui ne se salit jamais en jouant, qui a la croix chaque samedi, et qui va à la messe tous les dimanches. » Or déjà Mauriac méritait plus d'approfondissement et, dès les premiers livres de poèmes, portait en puissance tout ce qui caractériserait son œuvre poétique et romanesque. Dans notre domaine, il a publié, après *les Mains jointes* de 1909, *l'Adieu à l'adolescence,* 1911, *Orages,* 1926, *le Sang d'Atys,* 1940.

Il appartenait, ce jeune Bordelais, à la famille racinienne, et il y avait en lui un ton venu de Maurice de Guérin et de Francis Jammes en ce qu'il a de plus nostalgique. Son premier recueil était celui d'un adolescent pieux, élevé dans les institutions religieuses, habité par les prières, les hymnes et les cantiques, recherchant la pureté dans la liturgie et en proie à des dangers épars, des tourments vagues, des tristesses pubères; il régnait dans ses vers des ingénuités de Chérubin catholiques et une grâce juvénile comme dans *les Livres :*

> Voici l'« Imitation de Jésus-Christ » où gît
> Tout mon passé d'enfant mystique et raisonnable.
> Voici les vers du pauvre Verlaine assagi –
> Ces vers lourds des sanglots d'un amour ineffable.
> Pascal me va guider en la nuit de son cœur
> Vers ces infinis de misère et de grandeur.

Lourde chaleur, dimanches lourds, on imagine son sud-ouest de vignes et de landes, avec sa chaleur et ses parfums violents. Le premier recueil a été publié aux éditions du *Temps présent* de Jean Loew qui accueillait les jeunes écrivains catholiques de tendance moderne. L'année suivante, Mauriac donne son *Adieu à l'adolescence,* avant des périodes de silence qui ne l'amènent à publier des poèmes que de loin en loin car il n'en écrit que sous la poussée d'une nécessité intérieure. Nul désaccord entre le prosateur et le poète : c'est la même ferveur chrétienne ardente et marquée par une attirance vers la beauté païenne, le dieu Pan quittant ses forêts pour approcher les voûtes des cathédrales. Dans *l'Adieu à l'adolescence,* le poète ne s'est pas séparé en fait de ses émois adolescents, de ses ferveurs et de son éducation qui l'incline à chanter Port-Royal en parlant de « l'austère volupté des belles hérésies ». S'il y a un mûrissement, on retrouve la même spiritualité inquiète, la même recherche du mystère des âmes :

> – Ames douces, lagunes sombres qu'on délaisse,
> Qu'en vos eaux dont je sais l'immobile tristesse
> Mon visage, déjà meurtri, se reconnaisse...!
> Je n'aime plus qu'à me pencher sur vos fièvres
> Et je n'ai plus que le souci de vos secrets,
> Des mots tremblants et doux qui chantent sur vos lèvres
> Comme un vol de pigeons posés aux toits dorés...

François Mauriac fréquente alors Francis Jammes et de jeunes esprits de qualité comme Robert Vallery-Radot, catholique intransigeant qui finira moine bénédictin, et André Lafon avec qui il fonde *les Cahiers,* 1912. Il a eu des tentations politiques et sociales du côté du *Sillon* de Marc Sangnier, mais s'en est éloigné pour ne revenir à l'action qu'en 1936 lorsque, avec Bernanos et Maritain, il apporta son appui aux républicains espagnols.

Orages est de 1926. Il groupe des poèmes écrits entre 1912 et 1923 (en 1949, une nouvelle édition contiendra *le Sang d'Atys, Ébauche d'Endymion* qui sont de 1940 et *la Veillée avec André Lafon* de 1915) et ce sont là « les derniers grondements d'une jeunesse qui s'éteint ». *Orages :* comme ce titre lui convient bien! Le vertige de la terre chaude, l'oppression physique, l'angoisse fiévreuse, le désespoir charnel se concilient avec une exigence spirituelle intérieure. Un tel art naît non seulement d'une éducation, mais aussi d'un arbre généalogique et d'un climat. L'Espagne n'est pas loin : « Tête de grand d'Espagne, transfigurée par le Greco », ainsi André Maurois peindra-t-il le poète et Germaine Beaumont nous rappela que dans Mauriac il y a Maure. Dans ce recueil on fait sans cesse référence à la mythologie, à la Bible, à la littérature : David, le Faune, Marsyas, Ganymède... qui expriment la sensualité et sa précarité. Tout recours à la nature se sépare de la description : le soleil, la terre, l'arbre, l'eau sont toujours intériorisés, paysages d'âme. Lisons ce *Sacré-Cœur* où l'océan est spirituel :

> Il est une autre mer (la mer est à deux pas...)
> Son sel prête à ta lèvre une amertume neuve.
> Cet amour sans rivage attire à soi les fleuves
> Et console les cœurs qui ne se mêlaient pas.
>
> Son écume nourrit la candeur des mouettes...
> Trop tard! Une autre écume a sali mes genoux.
> Comment se lèveraient pour calmer la tempête
> Ces éternelles mains où j'ai fixé des clous?

Les thèmes sont le désir, l'attente divine, la séparation, les combats de la chair et de l'esprit. Il règne partout une sensualité blessée et il y a des grandeurs comme dans ces *Phares :*

> Si j'embaumais en moi l'amour que je te voue,
> Si je te couchais, morte, avec les autres morts,
> La terre frémirait toujours de jeunes corps,
> La lueur de ton sang rougirait d'autres joues.

L'instrument prosodique est classique, le vers sait être plein et sonore, la cadence coulante et brève et en même temps fort contenue. Écoutons encore ce chant panique *le Corps fait arbre :*

> Le parfum de ta robe attire les abeilles,
> Plus que les fruits mangés que ta sandale broie.
> Accueillons cet élan de végétale joie,
> Ce silence de la campagne où Pan sommeille.
>
> Rêve que désormais immobile, sans âge,
> Les pieds enracinés et les mains étendues,
> Tu laisses s'agiter aux orageuses nues
> Une chevelure odorante de ton feuillage.

Le Sang d'Atys, 1940, porte son art à ses sommets. On pense à un équivalent en vers aux poèmes en prose de Maurice de Guérin, avec une note racinienne dans les alexandrins riches d'un harmonieux contenu. Les amours de Cybèle et de l'adolescent phrygien qui fait penser au jeune Bordelais des premiers poèmes, la résurrection qui fait de l'Atys païen un nouvel Atys marqué par la grâce sont exprimés en vers classiques qui montrent, alors même que les contemporains s'éloignent de cet art prosodique, qu'il n'est nullement épuisé dès lors qu'une voix profonde y transparaît. *Le Cantique de Cybèle* où le silence d'Atys couvre toutes les voix, où l'on dit : « Vous m'avez possédée avant votre venue » ou « Au sable intérieur je cherche des empreintes » ou encore :

> Les constellations et les vagues brisées,
> Les bolides perdus que recueille la mer,
> Atys, rien ne me vaut ta jeune face usée
> Ni cet œil où je bois un long baiser amer.

Le Cantique de Cybèle donc est aussi beau que cet *Atys* en état de grâce qu'il faudrait citer tout entier et dont voici quelques extraits :

> Au dernier jour, ces corps confondus en Cybèle,
> Les milliards de morts qui dorment dans la mer,
> Se précipiteront hors de mon flanc ouvert.
> L'œil obscurci déjà par la nuit éternelle,
> Je verrai, des confins de mon dernier désert,
> Sur leur joue embrasée une adorable aurore
> Monter avec le sang et m'éblouir encore.
> Ma part d'éternité demeure avec Atys.
> C'est pour ne pas mourir que Cybèle éphémère
> Épouse étroitement vos corps ensevelis,
> Innombrables Atys ! Vous êtes ma poussière,
> Ma poussière, c'est vous qui ressusciterez.

François Mauriac, s'il en était besoin, auprès de ses romans, de son théâtre, de ses biographies, de sa critique, de ses œuvres de journaliste, apporterait une preuve par la poésie, le lieu où toute tricherie est impossible. Gide aura beau trouver ses angoisses chimériques, Bernanos refuser ses inquiétudes et Sartre dire « Dieu n'est pas un artiste ; M. Mauriac non plus », l'auteur d'*Orages* et du *Sang d'Atys* répond par sa sincérité poignante, son pathétique vrai, ses images de sang, ses meurtrissures, par la fleur vive du poème qui est bien celui d'un maître en son art. On comprend que de jeunes poètes, comme Marc Alyn qui lui consacra un « Poètes d'aujourd'hui », par-delà leur peu de goût pour une poésie trop classique, aient trouvé là une intense plongée au plus vif de l'être.

Les Amis du jeune Mauriac, les « Cahiers ».

Dans ses jeunes années, François Mauriac adhéra à un groupe formé autour des *Cahiers de l'Amitié de France* de Robert Vallery-Radot et qui comptait parmi ses fidèles André Lafon, Maurice Brillant, Noël Nouet, Francis Caillard, Jean de La Ville de Mirmont, Eusèbe de Brémond d'Ars, groupe dispersé par le tribut de la guerre de 1914 et par les vocations diverses.

Robert Vallery-Radot (1885-1970) né à Avallon connut une jeunesse inquiète de Dieu semblable à celle de François Mauriac. Avant d'écrire un *Lamennais,* 1931, qu'admira Georges Bernanos, ainsi que des romans et des récits de voyage, il fut le poète de ces œuvres : *le Grain de myrrhe,* 1906, *l'Eau du puits,* 1910. Du premier recueil, Mauriac disait : « M. Robert Vallery-Radot trouve des vers larges et mystérieux comme ceux de Charles Guérin et dont l'écho se prolonge indéfiniment à travers le cœur... Il y a dans *l'Eau du puits* l'éternelle et pure histoire du premier amour. Mais j'en veux surtout retenir les poèmes où revit une immense douleur spiritualisée par la foi. » Cependant, les poèmes de Vallery-Radot nous ont paru moins tourmentés que ceux de son illustre ami; ils sont pleins d'apaisement et de luminosité et il semble que le poète soit constamment en fête religieuse. Suave et doux, qu'il chante la Vierge ou la brebis perdue, la présence du Christ ou de l'épouse, les malheurs et les joies, toujours la joie semble déborder de lui :

> Ô vivants, Dieu se cache au centre de tout être
> Et l'on n'a qu'à l'aimer pour le voir apparaître;
> Je l'aime, c'est pourquoi sa face m'éblouit
> Et j'exulte aux accents de son verbe inouï;
> Son amour me déborde et je ne puis le taire :
> Mon cœur trop plein de lui en veut griser la terre.

Pour les connaisseurs en matière romanesque, André Lafon (1883-1915) est avant tout l'auteur du roman *l'Élève Gilles,* 1912, qu'aima Barrès et qui fit quelque bruit. C'est Léon Bocquet qui publia au *Beffroi* ses *Poèmes provinciaux,* 1928. Suivit *la Maison pauvre,* 1911, poèmes inspirés par les phases d'une conversion au catholicisme, avant que Lafon ne meure de maladie alors qu'il était mobilisé. Lecteur de Jammes et de Samain, Lafon parle à mi-voix pour confier ses émois religieux ou ses vagues désirs; en cela il fait parfois penser à son ami François Mauriac :

> Je n'espère plus rien sinon la délivrance
> D'une âme trop longtemps prisonnière en la chair,
> Et qui, lasse d'erreurs et de retours amers,
> N'a plus qu'un grand désir de paix, d'ombre, d'enfance,
> D'enfance retrouvée au jardin reconnu
> Où toute source est bonne à la soif qui s'y penche,
> Où la claire maison luit au fond, sous les branches,
> Pleine de nos aînés avant nous revenus.

Il y avait à Bordeaux pléthore de jeunes écrivains qui se nommaient Louis Piéchaud (1896-1941), Martial Piéchaud (1885-1957), Mouvereau, Jean Balde (mort en 1938) et Jean de La Ville de Mirmont (1886-1914). André Lafon eut ces deux derniers pour condisciples au lycée. La Ville de Mirmont est un quêteur d'aventures, un nostalgique des grands départs avortés. L'aventure qu'il connut, ce fut la guerre et la mort. Son recueil *l'Horizon chimérique,* 1920, posthume, le confie avec une même source d'inspiration, mais deux manières de s'exprimer, car ses amours allaient de Jules Laforgue à Jean Moréas. On trouve ici un lointain écho du premier :

> Et puis voici
> L'île Saint-Louis
> La plus tranquille,
> La plus déserte de toutes les îles,
> Sans Robinson, sans Vendredi,
> Vaisseau manqué, jamais parti
> Vers les Antilles !

Cet horizon est bien chimérique qui ne parle que de vaisseaux trop tôt partis, d'âmes enchaînées, de départs inassouvis. Il rêve qu'il voyage et dit :

> Hors du port qui n'est plus qu'une image effacée,
> Les larmes du départ ne brûlent plus mes yeux.
> Je ne me souviens pas de mes derniers adieux...
> Ô ma peine, ma peine, où vous ai-je laissée !

La plupart de ces amis de François Mauriac sont habités par le sentiment chrétien, on le voit surtout avec Eusèbe de Brémond d'Ars (1888-1959), qui, comme Mauriac, marie la pensée chrétienne à l'émotion païenne dans *les Tilleuls de juin,* 1920, ou brûle à sa flamme ardente la nature et l'univers dans *l'Étoile sévère,* 1935. Francis Caillard (1886-1925) et Noël Nouet (1885-1969) seront l'un et l'autre des intimistes, le premier dans *Rosiers sur la tombe,* 1912, le second dans *Étoile entre les feuilles,* tandis que Maurice Brillant (1881-1953) fera partie du groupe catholique de *la Nouvelle Journée* et s'opposera au rationalisme de Charles Maurras, écrira un roman d'apprentissage et deviendra musicologue et historien de la chorégraphie.

Une Pléiade méridionale.

Depuis sept poètes de la période alexandrine, depuis des groupes toulousains (sept hommes, puis sept femmes) au début du XIVe siècle, depuis les amis de Ronsard, le mot « Pléiade » a tenté les poètes. Ainsi sept d'entre eux se sont réunis sous cette appellation : Anna de Noailles que nous ne séparerons pas des « Amazones », Paul Valéry *(voir préc. vol.)* à qui sera consacré un chapitre, Fernand Mazade, Pierre Camo, Charles Derennes, Joachim Gasquet, Xavier de Magallon.

Quelles sont les caractéristiques de cette constellation ? Laissons parler André Fontainas : « Ce n'est pas seulement le hasard de la naissance qui rapproche ces noms ; il y a entre eux un nœud par le traitement primordial de la fonction lyrique qui les distingue des poètes parisiens ou des régions du Nord. L'aisance harmonieuse du décor où la pensée évolue, mesurée et claire, côtoyant une propension à user de quelque tour oratoire, sans doute inné, et s'appuyant souvent sur les procédés conceptuels d'une logique, sinon strictement scolastique, du moins plus formelle et basée sur un fonds persistant de principes raisonnables, lyrisme à tendances souvent plus intellectuelles que sensibles. » Et bien, nous pensons qu'au début du siècle cent poètes répondent à cette définition. Il n'importe, nos sept poètes y répondent, et, s'ils se sont choisis, ne les séparons pas. Un Xavier de Magallon ou un Fernand Mazade pourraient aussi bien être placés aux côtés des poètes romans, Moréas et Maurras, Joachim Gasquet près des poètes chrétiens, Charles Derennes près des néo-symbolistes ou des fantaisistes, Pierre Camo près des élégiaques.

Rappelons que Fernand Mazade (1861-1939), né à Anduze, Gard, avant 1900 *(voir préc. vol.)* avait publié une première édition des poèmes *De Sable et d'or*, 1889 (nouvelle édition en 1922) et fait jouer *la Belle au bois rêvant* (et non « dormant ») au Théâtre Libre en 1893. Parce que dans *De Sable et d'or*, Mazade invente le sonnet de quinze vers, il fut remarqué par Charles Le Goffic et Maurice Barrès. Consacrant sa vie à la poésie (on lui doit une grande *Anthologie des poètes français des origines à nos jours*), il ne cessa d'être un harmonieux symboliste même lorsqu'il se rapprocha des sujets des poètes romans dans des recueils antiques : *Arbres d'Hellade*, 1912, *Athéna*, 1912, *Apollon*, 1913, par exemple. Ses goûts de paysages classiques transparaissent de *l'Ardent Voyage*, 1921, à *l'Élégie italienne*, 1933. Il est aussi un poète de l'amour et excelle à traduire les harmonies d'un paysage réel ou d'un paysage d'âme. Citons encore *Dionysos et les nymphes*, 1913, *la Sagesse*, 1924, *les Poèmes de Sainte-Marthe*, 1926, *Printemps d'automne*, 1930, *Premier Cahier des amours*, 1934, *Intermède fantasque*, 1936, *Dernier Cahier des amours*, 1937, et des recueils posthumes comme *la Fête basque*, 1949, *Au cadran d'Elseneur*, 1954, *la Chanson de Saint-Valery*, 1958, sa veuve, Juliette Fernand-Mazade chérissant sa mémoire. Lire Mazade, c'est trouver bien des surprises heureuses. Citons des vers *A l'Inconnu* :

> Je te donne une coupe en terre de Corinthe
> Autour de quoi j'ai peint des symboles de dieux
> Et que ma bien-aimée a remplie, avec crainte,
> De vin radieux.
>
> Et, l'automne venu, je t'offrirai la figue
> (Sans faire s'envoler la guêpe qui la mord),
> Le brugnon, la grenade ouverts à la prodigue
> Reine de la mort.

Le fondateur de cette Pléiade fut Joachim Gasquet (1873-1921) né à Aix-en-Provence. Amoureux de l'Hellade et de la latinité, il est proche des néo-classiques et sa doctrine poétique est celle de Charles Maurras. S'il ne cherche pas la nouveauté, du moins ses vers sont-ils harmonieux et lyriques dans *l'Arbre et les vents*, 1901, *les Chants séculaires*, 1903, *le Printemps*, 1909, *le Paradis retrouvé*, 1911, *les Hymnes*, 1919, *le Bûcher secret*, 1921, *les Chants de la forêt*, 1921, sans oublier son drame lyrique et philosophique *Omphale*. Un peu partout, les chants chrétiens et le paganisme se côtoient qu'il chante un *Soir païen* ou *les Parques* ou qu'il fasse chanter la forêt :

> Un rossignol m'a dit en songe :
> « Je suis l'extase du désir...

> Tout, hors l'amour, n'est qu'un mensonge,
> Vivre sans aimer, c'est mourir.
>
> Et mourir, c'est aimer encore,
> C'est brûler en un ciel plus beau,
> Qu'on soit rosée avec l'aurore,
> Qu'on soit frisson avec l'oiseau... »

On voit bien que cette Pléiade n'a de commun que de mêmes origines lorsqu'on lit Charles Derennes (1882-1930) né à Villeneuve-sur-Lot, car il pourrait s'apparenter aux symbolistes dans la lignée de Mallarmé et de Valéry tout comme aux poètes fantaisistes par l'ironie légère et les airs de complicité qu'il entretient avec son poème. Naturaliste comme Maeterlinck, il étudie en poète les animaux et la nature : *Bestiaire sentimental, Vie de grillon, l'Enfant dans l'herbe, les Chauves-Souris,* etc., publie des romans sur les chats, et une douzaine d'autres. Il sait écrire dans la langue de Mistral (qui disait de lui « c'est un troubadour qui a mal tourné ») un *Romivatge* (Pèlerinage), 1924. Ses livres de poèmes sont *l'Enivrante Angoisse,* 1903, *la Tempête,* 1906, *la Chanson des deux jeunes filles,* 1920, *le Livre d'Annie,* 1921, *Perséphone,* 1921, *la Fontaine de Jouvence,* 1923, *la Princesse,* 1924, *la Matinée du faune,* 1926. Le troisième volume du *Bestiaire sentimental* lui valut le prix Fémina en 1924.

Auprès de néo-classiques solennels, on aime boire à sa source rafraîchissante, car son ton est toujours direct et imagé. Après sa lecture, on pourrait définir son œuvre au moyen de ses propres vers :

> C'étaient de beaux décors et de belles histoires,
> Des soleils cinglant d'or des vergers et leurs fruits ;
> Auprès des palais blancs où des esclaves noires
> Hâlaient des seaux vermeils aux margelles des puits ;
> Des soirs enguirlandaient leur glycine aux platanes ;
> Par tes enchantements, Sultane des sultanes,
> Les jours semblaient sortir des mille et une nuits.

Pierre Camo (1877-1949) né à Céret, évoque aussi bien la mythologie que l'exotisme (il fut magistrat colonial, notamment à Tananarive) qui lui permet d'utiliser les décors de lointains rivages lui apportant en cela quelque originalité. Parmi ses recueils, *le Jardin de la Sagesse,* 1906, *le Poème des beaux jours,* 1913, *le Livre des regrets,* 1920, *Cadences,* 1925, etc., on trouve, comme chez les poètes romans, ce souffle chaud qui donne vie aux marbres du Parnasse. Pierre Camo publia les poèmes de Tristan l'Hermite et de Racan, ce qui montre son goût du pré-Classicisme. Certaines odes pour Aristide Maillol ou pour chanter ses âges sont élégiaques. En d'autres lieux, passe un souvenir de Théophile Gautier, de Charles Baudelaire comme dans cet *Œillet noir* où il tente de s'approcher de ses maîtres :

> Ses lourds bijoux, sa parure bizarre
> Ont je ne sais quel charme singulier,
> Et sa voix donne un tour particulier
> Aux vers qu'on chante au son de la guitare.

> Sa chevelure est une belle nuit
> Des chauds étés aux jardins de Valence,
> Et tout son corps, formé de nonchalance,
> A l'apparence agréable d'un fruit.

Ces poètes néo-classiques n'ont pas toujours l'idée de l'image originale et les épithètes se plantent comme des étiquettes. Cependant Xavier de Magallon d'Argens (1866-1956) surprend parfois par une note personnelle. Né à Marseille, il fut, ce monarchiste, avec Léon Daudet un champion des idées maurrassiennes, représentant l'Hérault à la « chambre bleu horizon » après la Première Guerre mondiale. Il traduisit fort bien Virgile et sa poésie se souvient des cadences de Ronsard, des rigueurs de Malherbe tout en ayant des envolées lyriques hugoliennes. Certes, ce passionné côtoie la verbosité de l'éloquence, mais il sait jusqu'où il peut aller trop loin. Il a publié *l'Ombre,* 1920, *Poèmes,* 1921-1923, *les Amitiés,* 1930, *le Livre des ombres,* 1956. Un exemple ici de sa poésie qui est bien d'un homme du sud, *l'Abeille* :

> Le repas de midi, sous les pins caressants,
> De l'été magnifique assemblait les présents.
> Le vin rose riait aux roses coquillages.
> Du pied de la terrasse un fleuve de feuillages
> Portait le rêve ami de ma calme raison
> Aux collines d'azur qui touchaient l'horizon,
> Et puis le ramenait vers le vin délectable,
> Vers les fruits attendris qui brillaient sur la table
> Et les propos dorés où les cœurs se berçaient.

Une Pléiade méridionale élargie.

De même origine, maints poètes auraient pu appartenir à ce groupe dont ils épousent maintes caractéristiques, l'humanisme savant et le néo-Classicisme par exemple ou encore ce goût bucolique qui fait de Virgile un citoyen de Provence. Un Emmanuel Signoret *(voir préc. vol.)* aurait pu y figurer et aussi un Tristan Derême que nous ne séparerons pas des fantaisistes.

Le meilleur de ces poètes est sans doute le plus rigoureusement classique : François-Paul Alibert (1873-1953) que Gide admira et qui est l'auteur d'une œuvre abondante, encore que, comme il nous le confia en 1948 lors d'une visite dans sa ville de Carcassonne, une grande partie soit restée inédite. Fidèle à sa cité, il en dirigea le Théâtre antique et y donna des adaptations d'Euripide et une *Nausicaa* inspirée d'Homère. Une veine variée, des poèmes dignes de ses maîtres classiques, voilà ce qu'on trouve de *l'Arbre qui saigne,* 1907, au *Colloque spirituel,* 1948, en passant par une vingtaine de recueils dont *le Buisson ardent,* 1912, *Odes,* 1922, *Églogues,* 1923, *Élégies romaines,* 1923, *la Guirlande lyrique,* 1925, *Mirages,* 1936, *Épigrammes,* 1934 et 1937, etc. Il semble qu'il écrive naturellement bien tant ses vers coulent selon un flot tranquille sans la moindre faute de goût. Classique, il l'est comme le furent André Chénier et Alfred de

Vigny, comme Jean Moréas et Paul Valéry purent le devenir, et l'on comprend que le critique René Lalou ait observé qu'il marquait « un progrès dans la renaissance classique de Moréas à Valéry » et qu'André Thérive ait affirmé : « Je tiens que la poésie classique s'appelle aujourd'hui M. François-Paul Alibert. » Tout est clair, sensible, harmonieux, les vers sont amples et savamment ordonnés. Certains poèmes en paraissent un peu froids, mais la plupart sont riches de somptuosité et de sensualité. On peut parler de densité mallarméenne :

> Peuple dépaysé qui s'exhale, ah ! roseaux
> Vous penchez et tenez, de sa fuite enivrée,
> A chaque pointe errante une nymphe expirée.
> C'est vous qui, tout froissés d'un musical exil,
> Exhaussez, sur un mode équivoque et subtil,
> A l'accès de l'azur ce rustique trophée.

Cet extrait de *Stances à la rivière Sorgue* montre comme il utilise bien la forme qu'il a choisie :

> Là, sans jamais tarir, tu t'amasses, formée
>   De cent ruisseaux épars
> Qui viennent par surcroît ta nappe accoutumée
>   Grossir de toutes parts.
>
> Puis, à toi seule enfin convertie et rendue,
>   Tu montres jusqu'au fond
> Leur confuse affluence égale et répandue
>   Sur ton bassin profond.

Son aspect gnomique, celui des épigrammes au sens ancien du terme, favorise moins la poésie qui se fait raisonneuse :

> Que sert de te forger ce qui n'est pas encore ?
> Demain, dis-tu. Tandis que, pensant à demain,
> Tu nourris de ton cœur l'instant qui te dévore,
> Le meilleur de tes jours te glisse dans la main.

On préfère au fond son classicisme non moralisant, lorsqu'il prend pour thèmes l'amour et la mort et donne un chant païen sans faiblesse. On peut entendre ce *Rythme* :

> Un vaste azur, enflé de rames et de voiles,
> Quel prophétique espoir à d'obscures étoiles,
> Quel firmament splendide et toujours indulgent
> Le jeu de son mirage éternel et changeant
> Fait-il à l'unisson chanter dans ta poitrine
> Sur le hème assoupi de la fureur marine ?

D'un recueil à l'autre, on sent une progression dans le sens de l'exactitude et de la concision du vers qu'il durcit pour donner l'essentiel de sa pensée. Il a aussi le sens de ces sûrs balancements qui rappellent les grands classiques. On ne saurait étudier la permanence de cette poésie dans la première moitié du XXᵉ siècle sans se référer à ce François-Paul Alibert, arrivé peut-être trop tard, mais qui montre ce que pouvait devenir un classicisme à la Chénier après le passage d'un Mallarmé.

Son voisin de Béziers, Pierre Jalabert (1884-1968) fit de ses poèmes une célébration incessante de la terre natale, du soleil, de la mer, de la joie d'exister. Sans inquiétude, il ne cherche qu'à exprimer sa gratitude et sa foi. « Il célèbre, dit Maurice Allem, la beauté comme si elle était inaltérable, l'amour comme s'il était toujours heureux, la jeunesse comme si elle était éternelle. » Il n'a certes pas le souffle et l'ampleur d'Alibert, mais ses petites pièces sans prétention savent mêler « au suc des mots la moelle des pensées ». Auprès de romans et de pièces en vers, nous retiendrons *la Chambre close,* 1914, *la Vie enthousiaste,* 1921, *Parmi les roses des légendes,* 1925, *la Coupe d'Ambroisie,* 1930, *la Couronne de lumières,* 1938, *la Divine Psyché,* 1945, *Musiques de la douce France,* 1952, *Musiques des mondes,* 1954. Ils sont rares en notre siècle difficile, les poètes que rien ne trouble et qui ne songent qu'à ouvrir les mains aux présents du ciel qu'ils trouvent tous adorables. Un extrait de *la Divine Psyché* :

> Pareille à ces lampes d'argile
> Notre Ame est une humble lueur
> Qui lentement décline et meurt
> Si Dieu n'y met sa goutte d'huile...
>
> Mais que l'Amour triomphateur
> La ravive de son coup d'aile,
> Il en fait l'Étoile immortelle
> De notre ciel intérieur !

A cette quiétude, le Perpignanais Frédéric Saisset (1873-1953) semble répondre :

> Seul celui qui sait vivre avec inquiétude
> Et d'un œil vigilant épier, d'un poing rude
> Dompter les passions dont son cœur retentit,
> Peut comparaître en paix devant sa conscience,
> Écouter sa rumeur intime et son silence :
> Il n'y trouvera rien d'obscur ou de petit.

Aspirant à un bonheur difficile à atteindre, songeur, il offre des poèmes intimistes, des imageries graves et méditatives, et Henri de Régnier l'a justement fait fils de Lamartine tandis que Georges Rodenbach, poussant plus loin le propos, le salue comme le poète « d'un curieux mélange, fougueux et tendre, un lion dans des roses, un rocher au clair de lune » en ajoutant : « Il y a toujours de la douceur et des cris, de la lumière et du sang, comme une noce dans le mistral ». Le poète de *Bruges-la-Morte* trouva chez son ami du Midi quelque chose qui dépassait sa terre régionale, un penchant au mystère, un amour de l'Amour qui sont, comme le remarqua Auguste Rouquet les « deux grandes inquiétudes modernes ». Auteur de pièces, souvent en collaboration (avec C. Lanquine, A. Bansil, Pierre Rameil, J. Badin), d'une étude sur les mœurs du Roussillon avec

Henri Dupuy-Mazuel et d'un essai sur *le Courage quotidien*, 1933, Frédéric Saisset est le poète de *Au fil du rêve*, 1897, *les Soirs d'ombre et d'or*, 1898, *les Moissons de la solitude*, 1907, *Paysages de l'âme*, 1912, *le Miroir des songes*, 1928. Comme ses confrères néo-classiques bien oubliés aujourd'hui il fut apprécié en son temps.

Le Marseillais Émile Sicard (1878-1921) chante essentiellement une Provence qui est univers dans *les Voix qui chantent et les voix qui pleurent*, 1904, *l'Allée silencieuse*, 1906, *l'Ardente Chevauchée*, 1908, *le Jardin du silence et la Ville du Roy*, 1913, *le Laurier noir*, 1917, et *le Vieux-Port*, 1934, que publièrent *les Cahiers du Sud*. Il fit partie du groupe de Marseille, puis d'Aix, réuni autour d'Edmond Jaloux, et qui, auprès d'universitaires et d'artistes, réunissait Gilbert de Voisins, Albert Erlande, Joachim Gasquet, Léo Larguier, Paul Souchon, Emmanuel Signoret qui faisait figure de maître. Rien d'abstrait chez Sicard. Il aime faire revivre les lieux et les personnages, écrire un *Tombeau de Mistral*, nommer Cézanne et Van Loo, Nicolas Froment et René d'Anjou, Vauvenargues et Mirabeau, chanter dans l'arbre généalogique de sa Provence riche de civilisation. Poésie très imagée, lumineuse et émerveillée :

> La halle aux grains est toute blonde
> Entre deux places qui lui font
> Une corbeille. Les maisons
> Ont des remises si profondes
>
> Qu'on y cacherait un pays.
> Le matin me charge d'offrandes ;
> Les yeux des trieuses d'amandes
> Se jouent de mon cœur ébloui.

Né à La Ciotat, Émile Ripert (1882-1943) fut professeur de langue provençale à l'université d'Aix-en-Provence (il écrivit en langue d'oc et en français). Il a, comme Émile Sicard, glorifié Mistral dans ses poèmes et aussi dans des études approfondies. Majoral du Félibrige, il a donné des ouvrages sur *la Renaissance provençale*, 1918, *le Félibrige*, 1924, *la Versification de Mistral*, sur Roumanille, Ovide, Homère, Lamartine, Rostand, publié des romans, des pièces de théâtre en vers, des livres de voyage. Ses recueils de vers : *le Chemin blanc, la Terre des lauriers*, 1912, *la Sirène blessée*, 1920, *le Poème d'Assise*, 1926, *Poèmes d'Amérique*, 1926, *Poèmes choisis*, 1928, *le Train bleu*, 1929, *Dans ses quinze ans était Mireille*, 1931.

Il dit, comme Sicard, les paysages, les hommes, les héros et les légendes de Provence de l'époque phocéenne à nos jours, en étendant son propos à la Méditerranée. Le moulin d'Alphonse Daudet « qui moud le froment des cigales », saint François d'Assise qui se marie avec la Pauvreté, Verlaine et Tolstoï, les gueux et les déshérités, sa petite fille morte, un café, un boulevard, tout le fait chanter, et aussi l'Amérique éveilleuse de nostalgies. Il sait prendre le ton de la confidence quand il compose une épître à sa mère, il sait être joyeux et mélancolique, toujours très vivant. Voici un extrait du *Poème d'Assise* :

> Les poètes très purs sont venus de très loin ;
> Dante conduit leur chœur qui sent bon l'ambroisie ;
> Chacun apporte une petite poésie ;
> Voici Verlaine tout ébloui dans un coin,
> Voici le vieux Tolstoï qui retrousse ses manches,
>
> Mistral chantant son vieux patois déshérité ;
> Ah ! le beau jour !... Les cieux vers la terre se penchent...
> Les cloches sonnent comme au matin des dimanches ;
> Ah ! les gueux, ah ! les meurt-de-froid... Voici l'Été !...
> Agitez des bouquets, des palmes et des branches...
>
> Saint François se marie avec la Pauvreté...

Sully-André Peyre (1890-1964), né au Cailar dans le Gard, est connu comme le fondateur d'une feuille de poésie très dense, *Marsyas*, 1921, qui, groupant des poètes de langue occitane, marquait une nouvelle phase de la Renaissance provençale. Trilingue, il écrivit en français, en anglais, en langue d'oc (traduisant lui-même ses poèmes dans notre langue). Il fit des études sur Mistral, sur Hugo, sur Proust et suivit les divers mouvements littéraires dans sa revuette. D'esprit cévenol, il étend sa poésie à la Méditerranée en se référant à Homère et Virgile comme à Mistral. Sa poésie est sobre, sans ornements, et elle garde quelque chose de la fluidité des poètes anglais. Ses thèmes sont l'amour, la vie, la mort, la précarité humaine, les mystères de la destinée. Il a publié *Choix de poèmes*, 1929, *Saint-Jean-d'été*, 1938, *Hercule*, 1948, *Poèmes français, provençaux, anglais*. De son épopée *Hercule*, Gaston Bachelard put dire : « Il n'est pas un mot qui ne soit tout-puissant de justesse, de sonorité étouffée, de rythme sourd, exactement celui qu'il fallait, le seul, pour écraser et pourrir l'atmosphère jusqu'au vers libérateur qui l'éclaire jusqu'aux étoiles. » Parmi ses poèmes français, *les Derniers Biens, les Derniers Songes, Lambeaux pour Lémuel, Poèmes de Reine Hermengarde* surprennent par la simplicité des moyens, la pureté, le dépouillement :

> L'été nous ramène
> La même rumeur
> De besogne humaine,
> De vent écumeur.
>
> Un bruit d'attelages,
> De marteaux lointains,
> Au fond des villages,
> Échos incertains.
>
> Mais toi, solitaire,
> Tu n'as entendu
> Se plaindre et se taire
> Qu'un enfant perdu.

Une école toulousaine groupe autour de Marc Lafargue des poètes comme Emmanuel Delbousquet, Touny-Lérys, Muchat, J.-R. de Brousse, Alex Comtet, Jean Fabre, Pierre Fons, Georges Gaudion, Hélène Picard,

Armand Praviel, Paul Sentenac, François Tresserre. Marc Lafargue (1876-1926), après *le Jardin d'où l'on voit la vie,* 1897, fit ses véritables débuts avec *l'Age d'or,* 1903, que Charles Maurras salua comme le signe annonciateur d'une renaissance classique. On trouvait là les souvenirs d'une enfance toulousaine dans des paysages familiers. Il se distinguait de nombreux poètes de terroir par une souplesse, une coloration et une harmonie de paysagiste. On voyait couler là une source fraîche et lumineuse, des airs de flûte qui ne devaient rien au Symbolisme :

> Les enfants dans les prés, avec leur voix limpide,
> Chantent un air ancien qui s'éloigne et se perd.
> Les cigognes, au ciel, annoncent que l'hiver
> Va venir. Puis la nuit enveloppe la terre.
> Les coteaux vendangés restent dans un mystère.
> Les brebis, dans le soir, broutent les champs de thym.
> Un air de flûte naît, charme l'ombre et s'éteint.

Cet art de coloriste devait se retrouver dans *les Plaisirs et les regrets,* 1928, posthume, avec une sensualité qui rapprochait ses poèmes de l'art d'un Renoir, comme le signala son ami Philippe Chabaneix; il n'était guère éloigné de l'art de l'École fantaisiste où il comptait de nombreux amis.

Les poètes du début du siècle, surtout dans les provinces du sud de la Loire, se vouaient à une sorte de renaissance latine. Ainsi, parallèlement à l'école toulousaine, non loin du Jammisme et du Naturisme, s'amorçait un retour à l'art antique, celui d'un Virgile. Il ne s'agissait pas de chercher la beauté dans la vie moderne, mais de retrouver des permanences traditionnelles dans une terre natale pleine de nostalgie en jouant sur la sensibilité, la délicatesse, en laissant parler la nature. Sous cette bannière se réunirent Léo Larguier, Pierre Camo, Louis Payen, Charles Derennes, Émile Despax, Ernest Gaubert, Louis Mercier, Alphonse Retté. Ces tendances latines devaient se poursuivre jusqu'à la fin de la Seconde Guerre mondiale et ont encore quelques adeptes.

Parmi les poètes du midi de la France, nous citons encore Albert Erlande (1878-1934) pour *Odes et poèmes,* 1899, *le Poème royal,* 1910-1922, *Niobé,* 1920; Louis Thomas (né en 1885) pour ses *Flûtes vaines,* 1906, ou *D'un autre continent,* 1924; André Tudescq (1885-1925) pour *la Vie,* 1905. Nous trouverons Paul Souchon (1874-1951), chantre de la Provence, sous des signes sportifs, Henri Bosco (1888-1976) qu'aima tant Bachelard en un autre lieu de ce livre. Cet univers de la poésie du Sud de tendance néo-classique a connu des poètes de haute valeur comme les Signoret et les Alibert.

La Pléiade gallicane.

Dans cet univers classique à la recherche de son renouvellement, un groupe, petit par le nombre puisqu'il ne compte que cinq membres, André Mary le chef de file, André Berry, François Pradelle, Henri Courmont, Edgar Valès, à qui se joignirent Xavier de Magallon et Emmanuel de Thubert pour former une pléiade, a eu le mérite d'ouvrir des voies originales, d'apporter un sang neuf et joyeux, de rechercher dans l'histoire poétique du moyen âge et de la Renaissance une régénération. Si cette École gallicane fut fondée en 1928, c'est-à-dire trente-trois ans après l'École romane, si elle s'épanouit en temps de surréalisme, nous nous devons de l'inscrire sans attendre dans ce chapitre consacré aux tentatives de renouveau classique.

Un texte est indispensable à la connaissance des idées de ces gallicans (qui n'ont rien à voir avec l'église gallicane) : il s'agit du manifeste contenu dans la préface d'André Mary à ses *Poèmes (1903-1928)* publiés en 1928. Après avoir pris ses distances avec l'École romane dont il juge la doctrine restrictive, il cherche un plus ample programme. Pour cela, il se réfère à l'érudition qui « a singulièrement élargi les horizons de l'histoire littéraire » et ne s'arrête pas au langage, à la grammaire historique qui « rend compte du mécanisme de la morphologie et de la syntaxe là où échouait le dogmatisme conjectural », de l'accroissement du dictionnaire de l'ancien et du moyen français, ces mines de régénération du langage et de la poésie, en précisant bien qu'il ne suffit pas de s'inspirer « d'un moyen âge de fantaisie, non plus que d'une Renaissance prise en bloc avec ses erreurs et ses déchets, et séparée de ce qui la précède et la suit ». Il faudra que le poète explore les antiquités nationales, les légendes épiques et romanesques, la tradition orale avec ses contes, chansons, blasons, proverbes, formules, énigmes, les fastes et les coutumes, en bref, sur ces fondements, trouver un nouvel idiome comme il l'indique dans ces lignes :

> ... Il faut bien le préciser, cet idiome à naître, ce haut-français en formation dont je parle, ne sera pas le pastiche d'une époque déterminée, non plus qu'une marqueterie d'éléments de hasard et assortis sans critique. De même qu'on renchérira sur toutes les élégances des siècles passés en fait de tropes, de figures et de constructions grammaticales, on fera appel à tous les mots nécessaires qu'on amènera à l'exacte forme, en accord avec la *koïnè* nouvelle : sous le nom de bas-français, les néologismes inutiles, les barbarismes, les mots mal venus, les locutions absurdes seront abandonnés à l'usage courant du commerce et de la politique.

André Mary va plus loin et traite de ce sujet sans cesse repris et qui fait aujourd'hui l'objet de bien des débats : la réforme orthographique :

> ... Des progrès équivalents seront obtenus en ce qui concerne l'écriture. On sait qu'un des vices du français moderne est cette « orthographe » héritée des empiriques de l'étymologie : elle a, en beaucoup de cas, altéré la prononciation et contrarié le langage dans sa marche naturelle. La réforme tentée au XVIIe et au XVIIIe siècle n'a pas été assez radicale. Je ne puis rester indifférent à la simplification logique proposée par Paul Meyer et Léon Clédat. Je mesure bien les difficultés pratiques de cette innovation; mais si j'ai jusqu'ici hésité à l'adopter pour mon compte, je n'y ai nullement renoncé. Entreprise avec tact et progressivement, la réforme de l'orthographe aura des conséquences très heureuses pour la versification et redonnera à la langue un merveilleux air de jeunesse. Elle est le complément indispensable du renouveau que je préconise dans la poétique.

Il fallait pour une telle entreprise tout le savoir philologique d'André Mary et de ses amis qui donnèrent la plus parfaite illustration du Gallicanisme dans un ouvrage collectif. Prenant modèle sur les enfants de Georges Pradelle (1865-1934) qui avaient lors d'une réunion familiale composé une modeste plaquette en l'honneur d'un grand pin du parc du castel de Macé, près de Blois, le jeune André Berry eut l'idée de poursuivre l'expérience et c'est ainsi que sept poètes reçus à Macé (dont François Pradelle, fils du maître de céans) composèrent pour le « Sire de Macé » un monument littéraire qui ne devait paraître, à leur regret, qu'après sa mort : *la Guirlande du grand pin de Macé,* 1938, par les poètes gallicans. La préface reprenait le manifeste d'André Mary et la développait. On lisait : « Le Gallican, en somme, se recommande résolument des exemples du moyen âge; sans renier la tradition classique, il s'insurge contre certains excès de la renaissance gréco-latine; il est en réaction violente contre toute l'avant-garde, la garde et l'arrière-garde du romantisme, dont il juge à peine nécessaire de poursuivre, en quelques pâles extravagants, les derniers fuyards. Mais, marquons-le bien, rien ne lui répugne davantage que les fabrications livresques, les stériles pastiches, les recompositions disparates d'un certain mauvais troubadourisme ! »

Ces Manifestes intéressèrent surtout les tenants des doctrines prosodiques classiques et c'est généralement du côté des poètes de la droite littéraire qu'on leur fit bon accueil, encore que certains, comme André Fontainas et Yves-Gérard Le Dantec, les discutèrent. Marcel Raymond dit qu'« il ne pouvait être question que de réussites isolées, de fantaisies de poètes lettrés » tout en reconnaissant qu'à cette veine (et à celle parallèle de Fernand Fleuret) se rattache « une partie de l'œuvre de Vincent Muselli, de Léon Vérane, de Charles-Théophile Féret ».

Les critiques ont vu en André Mary le Ronsard des gallicans, tandis qu'André Berry en était le Du Bellay, François Pradelle le Baïf, Henri Courmont le Belleau. Voilà bien des intertitres tout trouvés pour présenter ces poètes...

André Mary, le Ronsard du Gallicanisme.

Jean Monniot, dit André Mary (1879-1962) est né à Châtillon-sur-Seine en Côte-d'Or et l'univers bourguignon, celui d'un Aloysius Bertrand, n'est pas étranger à ses goûts. Il publia très tôt ses *Symphonies pastorales,* 1903, et *les Sentiers du paradis,* 1905, qu'il devait refondre sous le titre de *Forêteries (1903-1904)* en 1952. Dès 1903, Stuart Merrill disait la joie de sa découverte. Ses chants de nature, il est vrai, sont proches d'un Symbolisme réaliste. Après la publication d'un nouveau volume, *le Cantique de la Seine,* 1911, André Mary se consacrera, de 1912 à 1928 surtout, à l'étude de la philologie romane et à des translations de poètes médiévaux qui, comme celles de Joseph Bédier, feront date : œuvres de Chrestien de Troyes et romans de *la Table Ronde, Roman de Renart,* Jean Renart, Béroul et *la Chanson de Roland,* sans oublier maints poèmes médiévaux qui figureront dans son *Anthologie poétique française.* Sa doctrine, nous la connaissons, et il a emprunté son vocabulaire original au vieux fonds national, sans aller aussi loin dans l'application de ses principes que son ami François Pradelle. Il est plus proches des poètes du XVIe siècle et du premier XVIIe siècle que de ses modèles du moyen âge.

Il puise donc dans le passé des termes que l'usage n'a pas érodés et que les réformes ont abandonnés bien à tort : souvenons-nous de la richesse de vocabulaire d'un Ronsard. Mary chante la coudraie ensoleillée, le val boisé, la froide ormoie, l'aube dans la forêt, le grapillot, le rossignol, l'étang, les midis aveuglants, la belle automne, le soir, les mois de l'année, dès ses *Forêteries*. Il a écrit : « la nature nous aide à connaître notre nature » et il cherche des rapports, des équivalences entre les sensations humaines et le parfum de la fleur, le chant de l'oiseau, un certain moment de la lumière; c'est une quête d'équivalences dans une langue très douce, avec ce doux-coulant cher aux poètes renaissants :

> Ce matin, le soleil était un boulet sombre
> Suspendu dans le ciel voilé de brouillard gris.
> Les hirondelles, vols en coups de bistouris,
> Frisaient les prés, griffant l'eau qui coule dans l'ombre.
>
> Et maintenant, après la chaude matinée,
> Le fleuve où des pêcheurs vont tendre leurs verveux
> Se ride en cent endroits calmes des sauts nerveux
> Des truites déchirant l'eau plate et satinée.

Il écoute le « bruit magique de l'eau qui gouttèle et grelotte », parle de Février qui « va grand erre », de « maint couple qui s'accole », des sylvains, des sylphes et des fées, et son vocabulaire de nature, faisant appel aux termes du bestiaire, du volucraire, de la botanique, du vieux parler campagnard et des métiers, est d'une grande richesse. Miracle ! là où l'on pourrait craindre un facile recours à l'archaïsme, tout paraît clair et s'inscrivant sans heurter dans le poème. Comme dit Marcel Raymond, « la nature parle – une nature rustique et sylvestre de très ancienne Bourgogne – pénétrée par un esprit pieusement attaché à tout ce qui atteste la permanence des choses et le mystère de leur existence ». Il sait aussi alléger son propos et l'imager :

> Pour moi songeur, sous tes faux sycomores,
> Mes tendresses d'enfant mon cœur se remémore,
> Et m'apparaît le visage rieur
>
> Des belles de jadis, Elvire, Éléonore,
> Laure, Cassandre, Olive, et la blond et la more,
> Doette aussi, Gayette et Orieur.

Il publiera *les Profondeurs de la forêt*, 1907, un roman descriptif mêlé de vers qu'il reprendra dans *le Cantique de la Seine*, 1911, où ruissellent harmonieusement des fontaines. Une partie de cet ouvrage paraîtra en 1922 sous le titre *le Livre des idylles et des passe-temps*. Dans ces ouvrages transparaît le ton de l'élégie bucolique. Il y passe aussi des souvenirs médiévaux qui semblent remémorés par un poète du XVIe siècle. Son vocabulaire, sans cesse renouvelé, paraît inépuisable. La phrase est longue et s'étend souvent sur de nombreux vers. En cinq livres, il exprime le fleuve de Seine, les regrets, les discours et sentences, les idylles et passe-temps, la fantaisie. Partout ce ton qu'on trouvait dans *les Forêteries* avec une amplification dans un sens historique et légendaire.

Deux petits recueils, *le Doctrinal des preux* et *Douce Mémoire*. Dans le premier qui paraîtra avec *les Rondeaux*, de courts poèmes, en majorité des quatrains, font défiler les personnages historiques du moyen âge, rois, chevaliers, maréchaux, connétables : il y a là comme un exercice didactique de lettré moins intéressant que *Douce Mémoire*, élégie héroïque assez proche de l'École romane où les ombres mythologiques s'éclairent de soleil arcadien.

C'est dans *les Rondeaux*, 1924, « renouvelés des chroniqueurs du temps des Valois » (et où apparaît aussi la ballade) qu'il affirme, dans un moule qui lui convient bien, à la fois sa culture livresque et la souplesse de son art. Il joue sur des modes surannés, un peu trop voulus, avec une parfaite sûreté de ton. Il dit la mélancolie et la tristesse, les amants malheureux, la pucelle, les vendangeurs, les corbeaux, la mort, tout ce qui est prétexte à imagerie dans le goût de la fin du XVe siècle et du XVIe d'avant la Pléiade. Il s'en prend volontiers aux Trissotin, Tartufe, Picrocole et autres Mirliflore. Il peint en quelques mots un caractère humain, et cette poésie de lettré prend un charme suranné même si l'on a besoin parfois d'un glossaire pour mieux comprendre. Voici *la Mort et le Passant* : qui est digne des anciennes danses macabres dont nous avons parlé dans le premier tome de cet ouvrage : avec des rimes riches comme les rhétoriqueurs et Marot :

> Passant ! Tu vois celui qui, l'an passé,
> Portait d'azur au lion lampassé :
> Comme je prends l'alouette ou la passe
> Tout d'une tire et le milan rapace,
> De ce seigneur j'ai fait un trépassé.
>
> Nul si somptueux, tant eût-il amassé,
> Nul si matois, tant eût-il cabassé,
> Ne fut, qu'au bon moment ne le happasse,
> Passant !

Dans les recueils qui suivront le recours aux termes anciens sera moins appuyé et les mots rares deviendront musique fluide. Les œuvres seront rééditées : les *Poésies* en 1928, *les Forêteries* en 1952. Puis ce seront *le Livre nocturne*, 1935 et 1943, *Rimes et bacchanales*, 1942, et la délicieuse *Arcadie*, 1954, un de ses meilleurs livres avec *les Forêteries* et *le Cantique de la Seine*. Là la verdeur s'efface devant un chant de sagesse riche de résonances profondes où il suit avec lyrisme les destinées humaines.

Il retrouve le chant de ses débuts en le conduisant toujours vers plus de musicalité :

> Quel calme dans ces lieux ! A peine une pleureuse
> En longs voiles de deuil, la mère ou l'amoureuse,
> Silencieusement, l'arrosoir à la main,
> A travers les tombeaux va frayant son chemin.
> Rien n'offense les yeux ni ne blesse l'ouïe,
> Car ce ne sont sous la lumière épanouie
> Que feuillages légers et parterres de fleurs.

On a pu le voir : André Mary n'a pas répondu entièrement au propos de son manifeste, ainsi pas de réforme de l'orthographe, mais son désir de renouvellement du vocabulaire a été pleinement assumé, parfois lassant quand l'archaïsme livresque est trop voulu, mais le plus souvent agréable à l'oreille quand il coule avec le poème le plus naturellement du monde.

André Berry, le Du Bellay du groupe.

Tout aussi à contre-courant, sautant allégrement par-dessus le Romantisme et les écoles qui ont suivi pour revenir à un passé plein de verdeur qui convient à son tempérament, le Bordelais André Berry (né en 1902) sera, comme son ami André Mary, un amoureux de nos anciens poètes. Comme lui érudit, connaissant à fond son moyen âge, parcourant les livres d'ancienne poésie comme il parcourra à pied l'Europe, une partie de l'Afrique et de l'Asie en faisant tous les métiers, lui qui était promis à l'austère professorat, publiant les *Eglogues* du Gascon Pey de Garros, un *Florilège des troubadours*, une *Anthologie de la poésie amoureuse*, traduisant Théocrite, Virgile et Catulle, le joyeux et charmant André Berry écrira des vers par milliers, s'adonnant à la poésie autobiographique que lui permet une vie aventureuse et romanesque, à l'épopée champêtre, au roman picaresque, côtoyant le surréel sans être surréaliste, étonnant brusquement par quelque vers innocemment moderne, inaugurant sa propre statue à Quinsac, bachique comme un Saint-Amant, amoureux comme le duc de Richelieu, aimant la table, l'amitié et les plaisirs, jetant des défis à toute autre poésie que la sienne, prenant Pic de La Mirandole pour ancêtre, donnant l'image d'un poète pittoresque, mais derrière lequel se cache un créateur authentique.

Cet archéologue de la poésie à la veine crue, à la faconde gourmande, nourri des sèves du terroir et du haut savoir ancien, à la démarche ardente et rapide, devait publier un grand nombre de copieux recueils et nous citerons les principaux : *Lais de Gascogne et d'Artois*, 1925, *Chantefable de Murielle et d'Alain*, 1930, *la Rose de Macé*, 1931, *Romance de la dame interdite*, 1936, *les Esprits de Garonne*, 1941-1943, les cinq volumes du *Pot-Pourri*, 1930-1943, les huit livres du *Trésor des lais*, 1933 à 1965, la *Rime de la Ville d'Ys*, 1948, *Poèmes involontaires*, 1949, *Songe d'un païen moderne*, 1951, *Sonnets surréels*, 1957, le *Légendier bordelais*, 1965, *Pervigilium mortis*, 1976, etc.

Rénovateur du lai sans le calquer sur celui du moyen âge, il procède par des suites de strophes narratives alternant avec des ballades sur un thème identique en usant de l'octosyllabe et du décasyllabe, mètres chers aux auteurs de gestes et aux dits des trouvères. Ses thèmes sont ceux des âges de la vie, l'enfance et le sein maternel, l'adolescence amoureuse, le mariage (*la Corbeille de Ghislaine*, 1932), les souvenirs et les regrets, la mort, la consolation. Voici l'amoureux en mal d'attente :

> Comme brame aux aguets la biche grelottante
> Sur les confins des bois où son faon s'est perdu,
> Ainsi, triste amoureux pleurant en mal d'attente,
> Sur un lit de désirs je me suis morfondu.
> Cette nuit m'a semblé de si noire teinture
> Que je suis par trois fois sorti de la maison,
> Trois fois j'ai soulevé la pesante tenture,
> Soupçonnant à bon droit ma vue ou ma raison...
> Toujours Aldébaran dardait son rayon rose !

Comme les anciens poètes d'Arras, il écrit son « Congé » qui ici est un *Congé de jeunesse* où l'on retrouve le ton des rhétoriqueurs du début du XVIe siècle :

> Ô Vie, ô laiteuse, ô vineuse,
> Vie en fruit, Vie en resplendeur,
> Sonore Vie et lumineuse,
> De goût, de toucher et d'odeur,
> Ô bien-fleurante et rougissante
> Rose-Vie, ô Vie étalon,
> Ruant dans l'herbe grandissante,
> Vie en rut, Vie en réveillon...

De tels départs étant pris, on comprend que les poèmes peuvent être abondants. Il transportera souvent la mort médiévale dans notre siècle en maints lais, en maints tombeaux, en maintes plaintes comme ce *Plaint funèbre sur la mort de Georges Pradelle* d'où l'on extrait cette strophe timidement orthographiée selon la démarche gallicane et qui confine au pastiche médiéval :

> Mort est l'ami des humbles et des riches,
> le Conseiller des pâtres et des rois,
> Samaritain des pauvres et des chiches,
> égal Simon de tous les porte-crois.
> Des mal-pourvus mort le génereus hôte,
> qui dans Paris, dans Blois, dans Felletin,
> à tout hucheur soulait donner sans faute
> couche moëleuse et plantureus festin ;
> mort est celui qui dans son lent carrosse
> ne dépassa jamais pauvre honteus
> sans baisser marche ; et ses piés au boiteus
> fit oublier, comme au bossu sa bosse...

Nous préférons souvent que Berry oublie un trop-plein d'archaïsmes et de parler médiéval pour nous compter de gentilles amourettes et prenne un ton naïvement suranné pour faire dialoguer Murielle et Alain dans des strophes qui ont des airs de complaintes où seul coule l'amour juvénile. De ces poèmes, Henri Clouard dira : « Tous affermissent d'un art modérément gallican leur modernité résolue. Mais on se plaint que l'auteur n'évite pas toujours le ton de la complainte et aussi que, sous prétexte de belle humeur et de robustesse gaillarde, il se réduise à l'expression de sentiments sommaires et d'émotions fondamentales. »

Lorsque nous traitions du moyen âge, nous disions comme il est difficile d'extraire des citations de trop longs poèmes. *Les Esprits de Garonne,* 1942, avec leurs seize mille vers, n'essoufflent pas le poète, mais sa performance nous essouffle quelque peu. Là, il a recours aux us et coutumes, aux mœurs et aux traditions, aux caractères de son terroir en montrant l'activité humaine en même temps que la présence des esprits fantastiques, menant à bien un programme ambitieux conduisant son poème localisé vers l'universel. Mais on peut se demander si le lecteur d'aujourd'hui est préparé à recevoir d'aussi longues lectures qui s'accordent plus volontiers à l'heureux temps médiéval qu'à notre temps mécanisé.

Mais l'œuvre de Berry, qu'ont analysée Pierre Labracherie, Edgar Valès, Roger Rabinaux, peut répondre à tous les désirs jusqu'aux *Sonnets surréels,* 1957, et aux *Sonnets du sommeil,* 1960, avec leur onirisme modéré. On aime dans la poésie de Berry ce qui y transparaît de son propre personnage et aussi quand une fantaisie chantante et douce hante ses demeures. Écoutons-le parler de lui-même :

> Les Vins, les Blés, les Brègues, les Mélives
> Je conte et chante, et le Ru jaunissant
> Qui vient d'Espagne en écartant ses rives
> Devant Bordeaux s'étendre en fier croissant,
> Et les amours je trace dans ma Geste
> Du plus chétif et de la plus modeste
> Que la Bénange ait réunis jamais
> Dans ses champs verts et sur ses noirs sommets.

Par-delà d'autres séductions, plus proches des goûts contemporains, on peut toujours prendre plaisir à Berry qui sait nous surprendre, nous étonner, et souvent nous charmer.

Les Guirlandes de François Pradelle.

Si l'on en juge par sa contribution à *la Guirlande* pour son père, de tous, François Pradelle (né en 1909) semble le plus proche des doctrines exposées par André Mary. Son *Dit du grand pin* précédé d'un « Omage en trois rondeaus », par André Mary, 1936, 1937, avec leurs archaïsmes qui semblent sortis tout neufs non pas de l'obscur mais du clair moyen âge, leur orthographe simplifiée ou renouvelée, leur savante rhétorique, sont bien conformes aux idées du groupe. Ce sont des strophes de 12, 13, 14, 15 vers sur un rythme savant, avec une excellente utilisation du décasyllabe bien césuré quatre plus six, ce mètre qui court à travers la poésie française de la geste à Paul Valéry avec une musique plus subtile que celle de l'alexandrin. Tout en étant nouveaux, ces poèmes évoquent des souvenirs : on pense à des rhétoriqueurs comme Jean Meschinot, le « Banni de liesse », comme Molinet, comme Jehan Régnier, comme tous ceux-là qui sont à la charnière du moyen âge et de la Renaissance française. On serait tenté de dire : à tous ceux-là que lut Rabelais s'ils avaient lu Rabelais, au mariage du *Roman de la Rose* et de *la Délie*, mais foin de trop de références, il y a surtout Pradelle, le gallican de choc, maître d'une culture oubliée durant des siècles, re-créateur et non pas parodiste, car rien à voir avec les redécouvertes de *la Bibliothèque bleue*, le genre troubadour ou le moyen âge revu par Viollet-le-Duc. Le poète a retenu du moyen âge sa liesse imagière, ses vocables qui, si on les avait gardés, feraient de notre langue une des plus riches qui soient au monde, cet appétit naïf, énorme de la culture et du monde, et ce qu'il y a de plus savant dans la forme, de plus ingénieux dans la rhétorique.

Autour du pin, comme jadis autour du laurier ou de l'olivier, le poète déploie ses guirlandes et, après neuf strophes serrées, donne parole aux deux héros, aux deux porte-emblèmes de l'école, saint André et Ogmios l'Hercule gallique qui introduiront comme dans les anciennes allégories les poètes de « huit siècles d'or » : Turoldus, Chrestien de Troyes, Guillaume de Lorris et Jean de Meun, Eustache Deschamps, Arnoul Gréban, Ronsard, La Fontaine, Delille et Maurice Du Plessys, le poète de l'École romane favori des gallicans. On ajoute : maints autres, car à cette troupe se joignent de simples personnages comme le père du poète qui complètent le dit par l'histoire poétique d'une famille et le roman d'une formation. Il faudrait beaucoup citer, mais ce que dit « Chrétien de Troyes » ou plutôt ce qu'il « parole » donne une idée de cette poésie :

> « Brocélïande, ô forêt de dors-veille,
> ta greigneur cime à la flèche est pareille
> qui va séant sur croisie et sur nef.
> Je me remembre : amoureus d'émerveille
> Calogrenant verse au perron la seille ;
> quatorze éclairs se précipitent bref
> et grêle et pluie ensemble sur ton chef,
> arbre enchanté, sans te porter méchef.
> Mais tout soudain le ciel se renmerveille
> et tant d'oiseaus surpeuplent ta rameille
> que l'on pensât, tant leur chant fut souëf,
> ouïr des Chœurs la céleste merveille
> au lieu d'Amour que le Christ ensoleille. »

Pourquoi ce tréma sur l'i de Brocéliande ? se demandera le lecteur. Chaque fois que Pradelle trouve une diérèse il la marque ainsi. Pourquoi ce langage ? demanderont certains qui accuseront le poète de charabia. Qu'ils pensent alors au charme qu'il dégage dès que l'on veut oublier les habitudes et les routines ; et pourquoi refuser à Pradelle ce que l'on accepte des avant-gardes ?

Il publiera des poèmes de circonstance pour naissances et baptêmes, mariages et décès, comme le faisaient les poètes de jadis sans le moindre embarras, avant de donner son œuvre importante, *les Naïves Amours*, 1973,

1974. Nous trouvons 300 dizains en décasyllabes, au carré, comme chez le Maurice Scève de *la Délie*, chacun étant bien fermé sur lui-même et plusieurs étant groupés en guirlande autour de thèmes tantôt concrets tantôt abstraits. Après un prélude où l'on salue les maîtres, on trouve des blasons du corps fort voluptueux, des baisers comme au temps de Jean Second, des descriptions de parures, de jeux, de passe-temps, des pastourelles, des poèmes anacréontiques, des poèmes rustiques, et encore des guirlandes dites mystiques, de l'absence, de la mort, des souvenirs d'enfance, des songes, de féerie, d'ironie, de grevance, de Paris, des accordailles, des épousailles, de la nuit d'amour suivies d'un quintette de clôture.

Bien que prenant le ton le plus xve siècle qui soit, Pradelle ne s'interdit pas les mots d'usage moderne, la télévision, le métro, la radio, le cinéma... qui entrent dans ses vers aussi bien que la bergère Niquette ou Nicotte. Malgré son érudition, les tours savants de son art, le recueil *les Naïves Amours*, par son imagerie et ses enluminures, par cette manière de s'attacher à de menus faits amoureux, garde de la fraîcheur et aussi un rien de fragilité mignardelette que le langage garde de la mièvrerie. Il est vrai qu'il y a de tout dans ce livre et qu'on y peut picorer selon ses appétits, ce qui rend la citation arbitraire. Piquons au hasard, et c'est *le Corps d'étoiles*, dizain n° 137 :

> Lait lumineux roulant vers Compostelle
> ton Amazone aux géants tourbillons,
> nocturne azur que l'infini constelle
> soudain rayé de clair-filants sillons,
> je vous contemple au cricri des grillons,
> et je compose en assemblant maint signe,
> par point, triangle, et cercle, et courbe, et ligne
> Nicole immense aux membres scintillants
> où la Grande Ourse et la Lyre et le Cygne
> lui font colliers de fabuleux brillants.

Gallicans, archaïsants et burlesques.

Henri Courmont (né en 1899) fait la liaison entre ses amis gallicans et ces joyeux, ces burlesques que furent Raoul Ponchon *(voir préc. vol.)*, Fernand Fleuret et Pierre Labracherie. Quand il dédie *Quinze Sonnets Saint-Martin*, 1924, « aux ivrognes de ce temps » il devient le descendant direct de l'Olivier Basselin des Vaux-de-Vire et du glouton Saint-Amant. Après *la Guirlande à Margot*, 1928, sa contribution à la guirlande de Macé répond bien à la doctrine d'André Mary :

> Dessus la mousse, lèz Berry
> de son vieus lut André Mary
> tire chanson de fée
> mieus que ne fit Orfée.
>
> Et maint disciple quand et quand
> notre bon maître gallican
> dit à vois délitable
> pastoure et chantefable.

Amateur de gaillardises médiévalisées, Courmont partira à la recherche d'un chant plus pur où l'archaïsme de ce pur gallican s'atténuera au profit du doux-coulant des vers. On le voit dans *Bourrées pour la Saint-Jean,* 1947, où, auprès des sonnets de 1924, apparaissent des *Gaietés* pleines de verdeur, des rondeaux, des huitains, un bestiaire au baroquisme scintillant, un beau diurnal lyrique. Il est rare que la poésie ait cet air de bonne santé, cette clarté puisée dans ce qu'on appelle injustement « les temps obscurs », ce moyen âge dont l'érudit Courmont a une connaissance approfondie, comme en témoigne cette strophe d'une dédicace à un *Bestiaire divin* :

> Maîtres de rhétorique et de théologie,
> Clercs ou rendus, régents, enseigneurs des sept arts,
> ô gardiens attentifs des cités de clergie
> dressant contre l'erreur bretèches et remparts,
> latiniers bien-disants, abeilles de Lutèce
> au miel trop plus souëf que de Rome ou de Grèce
> divin Guillaume et vous, renclus de Saint-Victor,
> abbesse de Rupert, beau lys de sapïence,
> rose d'humilité au courtil de scïence,
> graves fisicïens penchés sur l'athanor...

Edgar Valès (né en 1889) ami d'André Berry à qui il dédie maints poèmes de circonstance, défenseur du vers français, gallican, moins archaïsant que ses compagnons, est un poète éloquent, ouvert à l'amitié, bon observateur de la nature, et qui publia peu : *les Tours de Chartres,* 1931, *Poèmes,* 1949, *Nouveaux Poèmes,* 1976. On aime qu'il mêle les vers de six, huit, douze syllabes en suivant la rhétorique, l'orthographe, les tentatives de régénération du vocabulaire d'André Mary pour dire la beauté tourangelle ou évoquer l'amitié des poètes.

Comme Xavier de Magallon, Emmanuel de Thubert (1880-1945) fut l'invité non gallican (il usait volontiers du vers libre) de *la Guirlande.* Auteur de plaquettes comme *le Prophète,* 1907, *la Pêche miraculeuse,* 1942, *Alain,* 1945, il parodia Moréas dans *le VIIIe livre des « Stances » de Jean Moréas,* 1922, pour ridiculiser l'orgueil du poète, ce qui lui valut d'être appelé « Monsieur le Singe » par le critique de *l'Action française.*

Ce groupe des gallicans représente un phénomène isolé et curieux de retour au moyen âge en plein XXe siècle. Les habitants de cette île ont en commun une étonnante érudition médiévale et une manière de s'exprimer dans une langue autre, pleine de verdeur et de grâce. Nostalgie? Refus de notre époque? Il y a de cela, mais peut-être aussi pouvons-nous voir dans leur isolement, plus qu'un échec, un regret. Reviendra-t-on un jour à la source gallicane? Les disciples ne sont pas présents. Le poète le plus proche d'eux est sans doute Roger Bellion, dit Roger Rabiniaux (né en 1914) : il a retenu leur truculence, mais s'apparente plus volontiers à Raymond Queneau ou Alfred Jarry, on le voit dans ses épopées burlesques à l'aspect de soties comme *l'Honneur de Pédonzigue* ou *la Fin de Pédonzigue,* 1978, où prose et vers se mêlent joyeusement.

L'ami et biographe d'André Berry, Pierre Labracherie (1896-1977) n'est pas éloigné du groupe, mais il préfère le ton des « grotesques » du XVIIe siècle au ton moyenâgeux ou renaissant. Il appartient à une bohème bien sympathique, nous en témoignons pour avoir suivi dans les tavernes, cet homme émerveillé de tout, bon et désintéressé, prompt à saisir les aspects de la vie urbaine. Haut fonctionnaire, après avoir fondé avec René Jolivet les soirées des « Gilets rouges » en 1923, il fut en 1930 le rédacteur en chef de *la Nouvelle Revue critique,* participa au mouvement populiste d'André Thérive, publia des poèmes et un roman *le Carcan,* sous le pseudonyme de Pierre Bathille qu'il utilisa encore pour signer *A l'ombre des cartons verts,* 1931, *les Évasions burlesques,* 1937. Il collabora au *Crapouillot* de Jean Galtier-Boissière, écrivit des essais sur Gustave Flaubert, Henri Bernstein et Maurice Donnay, Guillaume Apollinaire et André Berry.

Il devait attendre 1956 pour publier sous son nom de Pierre Labracherie *Grande Complainte de l'an XL,* faisant découvrir un burlesque dans la lignée des Claude Le Petit, Scarron, François Colletet ou Boileau qui décrivaient un Paris ridicule et burlesque, de Mathurin Régnier et de Saint-Amant, habiles à montrer les aspects des rues et des personnages satirisés. Il n'y a là d'ancien que la forme qu'il choisit, strictement classique et descriptive, car ce dont il parle, c'est bien du Paris du XXe siècle avec ses tracas et ses fracas, son métro et ses embouteillages. Sans doute fallait-il une grande résolution et un certain courage pour se référer à un art si lointain alors que Labracherie n'ignorait rien du mouvement poétique contemporain. Il montre les géhennes quotidiennes de la rue, le piéton bousculé, la troupe épouvantable des autos mieux qu'aucun romancier n'a su le faire. Il dit en élégiaque ses regrets du Paris d'autrefois, mais aussi de naguère, un Montmartre, un Montparnasse, un Saint-Germain-des-Prés humanisés et bohèmes avec des accents villonesques, lui qui écrivit « Le vent de guerre a taraudé / Les amis comme feuille morte. » C'est encore un adieu, un regret qui suit ses descriptions où « l'insolent qui circule à pied dedans Paris » devient un personnage anachronique et méprisé. Le populisme ici, régénéré, par une poésie aux accents réalistes et forts, trouve son chantre le plus efficace :

> Adieu Montmartre et Montparnasse,
> Aux nuits plus belles que le jour,
> Où j'allais, traînant ma carcasse,
> Musant au moindre carrefour.
> Adieu, Jardin du Luxembourg,
> Docte Sorbonne et quai du Louvre,
> Grands boulevards et vieux faubourg,
> Que maintenant la nuit recouvre.

Fort proche de ces archaïsants, Marcel Pic, dans *Glanures au gisant,* 1979, pousse l'allitération à son comble : « Mésange, quel message aux méninges des neiges » ou s'adresse, dans une ballade, aux « vrais trouvères du subconscient » et aux princes de « pétrie ». Il est bien vrai qu'il est un lieu du poème ou le nouveau et l'ancien peuvent trouver leur point d'incidence.

Fernand Fleuret galant et satirique.

Qui se souvient du délicieux, du malicieux, du macaronique, du précieux Fernand Fleuret (1884-1945)? Les lecteurs de ce roman *Histoire de la bienheureuse Raton, fille de joie,* 1926, peut-être? car c'est une fête de la reconstitution érudite et savoureuse d'un passé vert et galant. Érudit, Fleuret connaît parfaitement la littérature érotique des petits-maîtres, le libertinage du temps de Théophile de Viau, les satiriques du XVIIe siècle d'avant les classiques, et c'est lui qui guidera Guillaume Apollinaire dans l'« Enfer » de la Bibliothèque nationale dont il sait tous les détours. Nul ne connaît mieux que lui ce sel de la poésie contenu dans les œuvres trop ignorées des poètes de la satire qu'il étudie à grand renfort de notes et de renseignements essentiels avec Louis Perceau. Il dit de lui-même : « Je fus toujours une sorte de néo-classique, vêtu par dandysme d'habits neufs. » et Apollinaire le salue comme « notre dernier poète satirique ». Dans ses poèmes, *Friperies,* 1907, *le Carquois du sieur Louvigné du Désert,* 1912, *Falourdin « macaronée satirique »,* 1926, *Épîtres plaisantes,* 1924, il mêle la truculence au raffinement, le macaronique au classique, le goût à la culture livresque. Ses contemporains le disent très beau, insouciant, plein de verve et de verdeur gauloise et sa poésie est à cette image.

Parfois des influences apparaissent, il a trop bouquiné pour qu'il en soit autrement. Dans cette *Épinalerie,* ne peut-on penser à Rimbaud?

> Bricks carrés, assis sur une mer crépue...
> Fantassins, venus d'Épinal à Alger,
> Dont les pieds, fouleurs de sables étrangers,
> N'ont plus les ronds de bois des jours de revue.
>
> Les bombes font des nuages ronds et délicats,
> Comme en a vu le graveur sur les monts de Lorraine;
> Et, cerfs-volants au bout du pointillé qu'ils entraînent,
> Les boulets vont tomber sur la tour qui est là-bas.
>
> Un clairon – pas toi, cabotin de Crimée! –
> Sonne le feu à pleines joues, on dirait
> Qu'il veut surpasser rouges et violets
> Qui hurlent aux yeux leurs notes diaprées.

Après ces vers de onze syllabes, nous montrons, avec cet extrait de *Vieilles Photos,* son aspect précieux :

> Vous avez la candeur du livre à double titre,
> Où s'appuient les fuseaux graciles de vos doigts;
> La grâce aussi de son bénin premier chapitre
> Qu'adorna le burin d'un calligraphe adroit.
>
> Le Temps au carton roux son hâle veut étendre,
> Et chaque jour un peu de soir tombe sur vous :
> Oh! ce n'était pas trop, vraiment! de vos yeux tendres
> Pour éclairer cette ombre, et pas trop, vos bijoux!

Ses romans sont pleins de poésie et l'on peut donner une idée de sa prose en choisissant un extrait du poème en prose *Boiseries de jadis* pris dans son recueil *Friperies* réédité à la N.R.F. en 1923 :

> Refuges de l'Insecte inquiet et rouillé, Sépulcres où le Temps fait son nid et revient secouer la poussière du jour, j'ai écouté le vent promener sa grande âme impie dans votre silence, —Boiseries de Jadis !
> J'ai bu l'ennui qu'infuse la Province paralytique et grand'maman, et j'ai jonglé avec vos osselets engravés par le ver ;
> J'ai entendu les petites filles d'autrefois, qui ont les yeux remplis de terre séculaire, rêver tout haut leurs rondes enfantines ;
> J'ai fait tomber des roses du temps des Giroflées qui ballaient en musique, quand j'ai hoché la main de la Mort apprivoisée ;
> Et vos échos exténués m'ont renvoyé ma voix d'un Pays si lointain que j'ai cru converser avec mon âme en voyage, — ô discrètes ! ô secrètes ! ô silencieuses !

Il correspondait à ses goûts de faire revivre au théâtre *la Célestine* en collaboration avec Roger Allard, de publier les satires de Sigogne et de Berthelot, de donner des gazettes rimées dans *les Marges,* de circuler hors des sentiers battus dans la poésie française. Son amour de la bouquinerie fécondante s'inscrit dans un *Somptuaire :*

> — Mes livres, vous serez de petites armoires
> Où, soigneux, je plierai mes robes de pensée
> Afin d'en préserver les susceptibles moires
> Et la couleur du temps où les aurai tissées.

> — Si tout passe, la mode et les Ostentatrices,
> Le ver, sournoisement, prélibe le grimoire ;
> Des papillons, traînant leurs petites pelisses,
> Vont se poudrer de gris aux cendres de Mémoire...

Louis de Gonzague Frick, dandy, burlesque et mystificateur.

Ami de Jean Royère et de Guillaume Apollinaire, personnage pittoresque et poète étrange, Louis de Gonzague Frick (1883-1961) fut ainsi salué par Jean Cocteau : « Votre nom singulier orne l'héraldisme de toute une noblesse des Lettres Françaises. Il n'est pas un jour sans qu'Apollinaire ou Max Jacob ne le prononçassent en ma présence, avec une sorte de respect tendre et mystérieux. Pierre Reverdy, plus jeune, vous tenait en haute estime et cette triple auréole amicale vous couronne alors que les uns sont partis dans la mort et l'autre dans la solitude de Solesmes. » Il est vrai que ces grands poètes se référaient plus à l'homme et à l'ami qu'à une œuvre déconcertante et quelque peu mystificatrice.

Dandy, Frick (Louis de Gonzague est son prénom) fit la guerre de 1914 en gants blancs et monocle à l'œil ; s'il pleurait parmi les décombres des tranchées, c'est parce que *les Marges* avaient cessé de paraître. Chaque matin, il se rendait au domicile de Guillaume Apollinaire, en habit, pour lui présenter solennellement une pomme sur un plateau. Ses poèmes, sa prose, ses lettres sont farcis de néologismes construits sur des fondements grecs ou latins souvent de cuisine. Macaronique, cocasse, utilisant des vocables obscurs qu'il charge de significations secrètes, de raffinements de langage sur le ton le plus sérieux et le plus sentencieux qu'il soit, il signe volontiers « le Préconsul », crée l'école du Lunain (nom de sa rue) et fonde le Druidisme dont il est le prêtre et le fidèle. Il adore emprunter l'art des poètes de son temps, symbolistes, musicistes ou décadents pour le pousser jusqu'à la caricature. Hurluberlu, ne condescendant qu'en de brefs instants à employer un langage clair, il parle du « centoripin des morphologies isorrhopiques », de la « merveille élémosinaire » et autres trouvailles en précisant que « Quand Mahomet pensait un mot, il songeait également aux soixante-et-dix-sept sens qu'il contient ». Un exemple :

> Je suis un franc galactopote,
> L'opposé d'un acratopote.
> J'estime à son prix l'ivoirin,
> Je bois du lait avec entrain
> Et j'en sers beaucoup à mes hôtes.

et le poème s'intitule : *Sur le vierge papier que sa blancheur défend!* Il est en quelque sorte notre dernier macaronique. Quelques titres : *l'Enchiridion de Jaldabaoth*, 1911, *Girandes*, 1919, *le Calamiste alizé*, 1921, *Vibrones*, 1932, *Attente de Thrasybule*, 1954, *Statures lyriques*, 1955, *Oddiaphanies*, 1956, dont nous extrayons quatre vers adressés à un jeune poète inconnu avec qui il correspondit durant plusieurs années et qui en eut une fierté non exempte de coquetterie :

> Sur le psaltérion de Robert Sabatier
> Je tire des accords, mon puîné chèvre-pied,
> Dans la sylve où la voix de mes tendres elfines
> Me proclame vainqueur de toutes sabbatines.

Apollinaire goûtait de tels personnages qui entraient dans sa mythologie personnelle par le sel qu'ils apportaient à la vie littéraire. Il reste d'ailleurs quelque chose de la fantaisie du bon Guillaume chez Frick (et vice versa) et peut-être redécouvrira-t-on un jour, à la faveur de quelque mode, ce cuisinier de la linguistique et son byzantinisme pince-sans-rire.

Poètes de franc-parler.

Apparemment proches de certains archaïsants, mais qui le plus souvent écrivent pour une élite érudite, certains poètes, poussant leur recherche langagière à leur manière, tentent, eux, de retrouver une veine populaire. Nous revenons à Jehan Rictus et à Raoul Ponchon *(voir préc. vol.)*.

Gabriel Randon de Saint-Amand, dit Jehan Rictus (1867-1933) a vécu trente-trois ans de notre siècle. *Les Soliloques du pauvre*, 1895, *les Doléances*, 1899, ont été prolongés par *le Cœur populaire*, 1914, *la Pipe cassée*, 1926, ces quatre œuvres réunies en un volume en 1955. Le poète populaire influença les chansonniers du début du siècle, connut une période de purgatoire avant qu'on ne le redécouvrît : Théophile Briant par des numéros spéciaux du *Goéland* et surtout par un des « Poètes d'aujourd'hui » chez Pierre Seghers. Il put montrer la place de Rictus dans le patrimoine poétique et mettre en lumière son actualité. Il rappelle ce que disait Rictus : « La couleur du Verbe, voilà la force musicale du poète! La couleur du Verbe, mais c'est la seule correspondance à chercher pour parfaire la présentation d'une pensée, d'une évocation humaine! » Briant dit de cette poésie : « Elle cheminera toujours dans le cœur des souffrants qui refusent d'accepter la condition humaine » et en dit le « langage elliptique, fulgurant et précis » qui a ses prolongements dans la nouvelle littérature. Sa langue argotique, même si elle correspond à une époque donnée, est savoureuse et vraie avec ses élisions, son lyrisme, cette manière de faire parler les humiliés, les offensés, les miséreux, pour dire leurs détresses et exprimer leurs révoltes. Comme nous disions dans le précédent volume : si le langage de Rictus, quelque peu promis au vieillissement, nous paraît venu de lointains faubourgs, du moins en exprime-t-il encore de sublimes beautés recueillies dans les ruisseaux citadins.

Le poète de cent cinquante mille vers, Raoul Ponchon (1847-1947) publia, nous l'avons dit *(voir préc. vol.),* ses « gazettes rimées » dans les journaux de 1886 à 1920. Celui qui sera enterré dans le même tombeau que Jean Richepin fut admiré par Verlaine à qui il ressemble parfois, physiquement et dans ses vers, dans son goût aussi du cabaret, par Apollinaire, Moréas, Maurras, son collègue de l'académie Goncourt Roland Dorgelès. Ce fantaisiste avant l'école fantaisiste, ce poète-biberon à la manière de Saint-Amant, joyeux, bachique, prêt à la satire, rassembla le meilleur de son œuvre dans *la Muse au cabaret,* 1920, *la Muse gaillarde,* 1939, *la Muse vagabonde,* 1947, avant que Daniel Mouret publie *la Muse frondeuse,* 1971. Il y a plaisir à le voir suivre les événements petits ou grands qui en font l'historien et le caricaturiste d'une époque. Il a ses colères :

> Le sale aujourd'hui! Quelle époque indigne!
> On te fiche Paul Verlaine au rencart
> Et l'on chauffe Casimir Delavigne.
> Tenons-nous, ma Muse, un peu à l'écart.

Il fustige, il conspue édiles et gens en place, il pastiche une déclaration ministérielle, il fait parler un pochard, écrit comme Béranger sur des airs connus, s'amuse, veut amuser, ne s'attendrit que lorsqu'il parle des poètes, se moque un peu de cet Edmond de Goncourt dont il mettra un jour le nom sur sa carte de visite. C'est sans prétention, ce n'est pas de la haute poésie, mais c'est de la poésie familière, railleuse, pittoresque, jamais méchante. Comme dit Apollinaire « il faudrait remonter à quelques siècles pour trouver à le comparer »; en effet, il faut remonter au gazetier Jean Loret au siècle classique pour trouver son correspondant.

Figurant aussi dans le volume consacré au XIXe siècle, rappelons que Maurice Legrand, dit Franc-Nohain (1872-1934) a publié *Flûtes,* 1898, *Chansons des trains et des gares,* 1900, *Dimanches en famille,* 1903, *Fables,* 1923, *Nouvelles Fables,* 1927, sans oublier *le Kiosque à musique,* 1922, son théâtre, ses proses de *Jaboune,* 1910, et l'édition des *Poèmes amorphes,* 1969, posthume, par les soins de François Caradec. Depuis La Fontaine et Florian, aucun des innombrables fabulistes n'avait renouvelé le genre aussi bien que ce Franc-Nohain qui est à la poésie ce qu'Alphonse Allais est à la prose et qu'on peut situer non loin d'un Prévert ou d'un Queneau. Que de verve, que de trouvailles, que de diversité! Il sait extraire du quotidien, celui qui tente Courteline et que métamorphose Cami, des réjouissances subtiles. Il est bien, comme dit Alphonse Allais, « l'homme de France le mieux doué d'aperçus toujours nouveaux et inépuisables sur la pluie et le beau temps ». D'aucuns diront qu'il s'agit là de trait, d'humour, de cocasserie et non de poésie, or Franc-Nohain tire une réelle poésie de ce qui justement en semble, apparemment seulement, le plus éloigné.

Disons, par parenthèse, que la poésie des chansonniers est souvent méconnue. Il faut parfois chercher fortune autour du *Chat Noir (voir préc. vol.)* et redécouvrir tous ceux-là qui, avec une pointe de Laforgue, de Corbière ou de Richepin, se font les poètes des humbles ou les chanteurs des rues. On rappelle, puisqu'ils vécurent en notre siècle la fin de leur vie, Aristide Bruant (1851-1925), Émile Goudeau (1850-1906), Xavier Privas (1863-1927), Léon Xanrof (1867-1953), l'admirable Gaston Couté (1880-1911), Maurice Pottecher (1867-1960) le fondateur du *Théâtre du Peuple,* poète de la vie quotidienne.

L'irrévérencieux Georges Fourest.

Au XVIIe siècle, le Burlesque est né de rapprochements incongrus : on ramène les grands sentiments à de vulgaires passions, on applique un style trivial à de graves situations; ou, à l'inverse, on pare d'un ton noble des sujets de petite importance. Celà sous-entend, sous des signes parodiques, une sorte de critique : le burlesque est un précieux se riant de la préciosité en la poussant à ses limites extrêmes.

On peut mettre en parallèle ce qui caractérise Fourest (1867-1945) : au Parnasse de Leconte de Lisle et de Heredia, il emprunte une forme et des sujets pour les conduire vers la dérision par des rapprochements saugrenus ou des épilogues triviaux. Irrévérencieux, clown, burlesque, ce fantaisiste, ce mystificateur, ce funambule rabelaisien ou marotique pastiche les grandes écoles dans leurs défauts : grandiloquence romantique, froideur parnassienne, préciosité symboliste. C'est facile, souvent vulgaire, parfois efficace dans la critique : dans la poésie, il ne voit « qu'un passe-temps, un jeu moins assommant que le bridge, moins dangereux que le poker, moins abrutissant que le loto... » Fourest fréquenta les cafés littéraires s'asseyant près de Verlaine ou de Moréas et ses amis. Flâneur et pince-sans-rire, il ne songe qu'au divertissement, aux croquis qu'il saisit avec l'acuité d'un Jules Renard, mais sans son art achevé. Comme Roussel invente les rails en mou de veau, il invente les trains-éperons pour éviter les catastrophes de chemin de fer. Comme Charles Cros inspiré par le hareng saur, il chante les sardines à l'huile.

Qui ne connaît *la Négresse blonde,* 1909, *le Géranium ovipare,* 1935, plus lus et plus réédités que nos meilleurs poètes ? Qui ne connaît ce *Repas de famille* où le potentat savoure « un bras de son grand-père et le juge trop cuit ? » Qui ne connaît le sonnet du *Cid* aussi riche de rimes riches qu'un sonnet de Heredia, avec ce soupir de la plaintive Chimène au derniers vers : « Qu'il est joli garçon l'assassin de papa ! » ? C'est de nature à faire rire ceux pour qui la poésie est chose vague et étrangère. Enfin ! il a des trouvailles comme ce sonnet composé de lignes de points, avec ce renvoi : « Si j'ose m'exprimer ainsi. » Voici un *Souvenir ou autre repas de famille,* moins connu, où il semble se souvenir des poètes intimistes à la François Coppée et qui aurait pu prendre place dans l'*Album zutique* :

> Quand j'étais tout petit, nous dînions chez ma tante,
> le jeudi soir ; papa la jugeait dégoûtante
> à cause d'un lupus qui lui mangeait le nez :
> ce m'est un souvenir si doux que ces dîners !
> Après le pot-au-feu, la bonne Marguerite,
> apportait le gigot avec la pomme frite
> classique et c'était bon ! je ne vous dis que ça !
> Chacun jetait son os à la chienne Aïssa.
> Moi, ce que j'aimais bien, c'est l'andouille de Vire ;
> je contemplais (ainsi que Lamartine Elvire)
> sur mon assiette à fleurs les gros morceaux de lard,
> et je roulais des yeux béats de papelard
> et ma tante disait : « Mange donc, niguedouille... »
> Ô Seigneur, bénissez ma tante et son andouille !

Nous ne raffolons pas de ce genre « poétique », mais laissons à la poésie cet humour de savoir se moquer d'elle-même.

Encore quelques poètes satiriques ou populaires.

Si Albert du Bois manie la critique versifiée dans *Paris-la-Prostituée,* il trouve le ton des satiristes d'antan et semble pasticher Mathurin Régnier. Il va du panégyrique à la malédiction, mais il y a un côté « Paris n'est plus ce qu'il était » bien facile. S'il s'indigne contre la ville-putain, c'est par des attaques contre les étrangers qui y résident et qu'il insulte de manière intolérable et qui nous fait répugner à le citer. C'est un incessant cocorico marqué de bêtise raciste. Et dire qu'Alphonse Séché, dans *les Accents de la satire,* le dit « homme de Bien » ! La prétendue Belle Époque eut ses misères.

Cependant, un Alphonse Séché (1876-1964) est loin d'être dénué d'intérêt. Certes, plus que poète, il est un essayiste, fondateur de *la Critique indépendante,* 1901, historien de petite histoire littéraire fort érudit. Fils de Léon Séché, historien du Romantisme, il marche sur les traces paternelles, écrivant sur Musset, Stendhal, Byron, Balzac, Goethe, sur Diderot et Baudelaire aussi. On lui doit *la Passion romantique, les Caractères de la poésie contemporaine,* l'anthologie des *Muses françaises.* Ses poèmes se situent non loin de Laforgue avec des tournures de Paul Fort. Il rime ou ne rime pas et prend le ton de la conversation de manière parfois trop appuyée. Il a écrit notamment : *le Miroir des ténèbres,* 1914, *Dans toute cage il y a deux oiseaux,* 1922, *le Jardin de consolation,* 1926, *Mon cœur qui chante,* 1939, *le Bruit du monde,* 1952. Un exemple de sa manière :

> Ils étaient trois sur un camion
> Ils étaient trois jolis garçons
> Ils étaient trois jolis p'tits gars
> Qui bourlinguaient sur un camion.
>
> Où allaient-ils, où couraient-ils,
> Où le camion les menait-il ?
>
> Ils étaient trois jolis p'tits gars,
> Ell's étaient trois joli's p'tit's filles
> Ils étaient trois, ils étaient mille
> Qui bourlinguaient à tour de bras.

Plus attachant est le Breton Albert Cloüart (né en 1865) dans *la Légende de saint Guirec,* 1909, ou *la Sainte aux maisons,* 1910. Il libère la versification pour des évocations naïves qui font penser aux chansons de toile du moyen âge. C'est le petit peuple, les petits travaux vus sous de douces couleurs avec un regard compréhensif.

Dans la tradition de Fourest qui préface ses *Poèmes actinimorphes,* 1934, par un « pseudo-sonnet truculent et liminaire », Robert Guy d'Helle (né en 1907) quand il ne célèbre pas *l'Andouille ficelée,* sous le pseudonyme de Guy de la Meulayère, jette des joyeusetés comme « Mes pensers sont plus sombres qu'une poêle à frire » ou fait signer un poème à D'Artagnan. C'est l'esprit de Cami pris dans les rêts de la mystification versifiée. On y peut sourire. Fernand Lot dans ses recueils manie à la perfection le détail imprévu, l'image qui frappe, l'humour joyeux. Il a consacré un essai à Jarry. Le doux Jean-Louis Vallas (né en 1900) est essentiellement le poète d'un Paris dont il chante les ponts ou les jardins, les rues et les personnages, avec malice et sur le ton de la chanson tendre.

Sports et voyages.

Du manifeste antiphilosophique, anticulturel et sportif de Marinetti aux célébrations du corps et du muscle de Montherlant, nous le verrons plus loin, une sorte de morale de l'héroïsme physique fait son entrée dans la poésie. Tous les sports trouvent leurs chantres, et l'on ne saurait oublier la petite auto d'Apollinaire, les bolides de Cendrars, l'amour de la vitesse de Paul Morand, les célébrations unanimistes de Luc Durtain, les irruptions sportives en maints lieux de la modernité, tandis que des poètes traditionnels vouent la musculature de leurs poèmes formels à des célébrations pindariques. Il faut parler de Pascal-Bonetti et de Jacques Prado, chantres de l'aviation, de Robert de Souza célébrant les gloires du ring, d'André Spire militant pour le sport, de tant d'autres célébrant en quelque lieu de leur œuvre l'instrument du corps souvent trop oublié des fêtes de l'esprit. N'existe-t-il pas entre le chantre olympique et le gymnaste de la pensée cette préoccupation commune traduite par l'épigraphe du *Cimetière marin* extraite de la *IIIe Pythique* de Pindare : « Ô mon âme, n'aspire pas à la vie éternelle, mais épuise le chant du possible. »

Jean Ott (1878-1935), du groupe « Les Loups » chante dans *l'Effort des races* les cavaliers tartares ou des « sabreurs ardents et chamarrés·», mais aussi célèbre dans *les Volontés* tel coureur porteur de flamme dans sa « fuite par la mort poursuivie » :

> Il court, la torche au poing, le fier et beau coureur.
> Le scorpion, en vain, le pique en sa fureur ;
> En vain, le vent l'use et l'affame ;
> Il ne faiblira point qu'il n'ait, dans son effort,
> Rencontré le coureur plus vaillant et plus fort
> A qui remettre l'humble flamme.

Cette flamme sera plus vive chez son successeur Paul Souchon (1874-1951), cet élégiaque méditerranéen proche de Samain et de Régnier en maintes œuvres comme *Élévations poétiques,* 1898, ou *Élégies parisiennes,* 1902, et qui, de manière inattendue, inaugure un thème nouveau avec ses *Chants du stade,* 1923, unissant brusquement l'antique et le moderne en célébrant « l'éloquence du corps » où « l'instinct guérit la pensée » par de riches invocations :

> La splendeur de son corps, puisée aux temps antiques,
> S'élève vers le ciel comme un clair monument
> Et l'on suit du regard ses formes athlétiques
> Ainsi qu'une ode pindarique en mouvement.

Charles Guyot, dit Géo-Charles (1898-1964) sera un chantre épico-lyrique dans *Sports,* 1923, *Jeux Olympiques,* 1924-1928, et *Poèmes choisis,* 1962. Avec lui, dans le courant de l'Unanimisme, les prouesses du stade prennent une dimension cosmique.

Henri Chabrol (1897-1981), poète et athlète, sera lui aussi un des premiers à chanter les exploits physiques et le *Lyrisme du corps,* 1928, avant des recueils divers : *Calanques,* 1935, *Au bord de la nuit,* 1952, *Jeux du voyage,* 1954, *Chants ininterrompus* et des œuvres poétiques en langue d'oc. Comme Souchon, il aime l'intimisme tendre et élégiaque nourri de soleil, les jeux de l'école fantaisiste et chanter le corps procède chez lui de l'humanisme puisé aux sources de la Grèce.

Gilbert Prouteau (né en 1918) dans *Rythmes du stade,* célébrera lyriquement les fêtes de la piste, du terrain ou de la piscine, tandis que la chanson apollinarienne enchantera son amoureux *Passage des reines,* 1949. L'inspiration sportive apparaît aussi dans d'excellents romans. Il est l'auteur d'une *Anthologie de la littérature sportive* et ses films originaux illustrent ses goûts et ses tendances avec intelligence et goût. A signaler : *Couleur de Vendée,* 1981.

Contrairement au sport, le voyage est un vieil inspirateur qui a trouvé son rajeunissement au XIXe siècle non seulement avec l'exotisme ampoulé de maints parnassiens, mais surtout à partir des invitations au voyage de Baudelaire et de Rimbaud, puis de tous ceux-là, Claudel, Toulet, Bataille, Levet, Cendrars, Saint-John Perse, Ségalen, maints surréalistes, qui en ont renouvelé les thèmes. On ne fait donc que rappeler ici quelques poètes mineurs à qui un chapitre entier n'est pas dévolu. Parmi les plus classiques, il y a Alfred Droin (1878-1967) qu'on appellera « le Tennyson de l'empire colonial » ou celui qui annexe « l'Indochine à la poésie française ». Des œuvres comme *la Jonque victorieuse,* 1906, *le Collier d'émeraudes,* 1908, *Du sang sur la mosquée,* 1914, etc., furent, en un temps où l'on voyageait moins, appréciées, car on y trouvait des documentaires et des peintures descriptives où rôdait, en même temps qu'un souvenir du Parnasse, une musique nourrie de Lamartine et des poètes lakistes, des notations colorées qui plaisaient aux disciples de Heredia comme à un Claude Farrère par exemple :

> Magicienne ou fée, en le rouge décor
> Des panneaux rutilants et des lourdes étoffes,
> Elle orne ses cheveux d'une hirondelle d'or.
> Son éventail d'ivoire anime le décor.
> Et, pareille aux pensers qu'embellissent les strophes,
> Sur le papier de soie où court le pinceau d'or,
> Elle accroît sa beauté du faste des étoffes.

Ils furent légion ceux-là qui, fonctionnaires coloniaux, au contact de nouveaux paysages ou parce qu'ils étaient le lieu de leur naissance, reçurent un message exotique où courait quelque frisson cosmogonique au contact des religions et des mœurs qui les fascinaient. Ainsi, Raphaël Barquissau (1888-1961) avec ses *Poèmes des îles,* 1930, *Outre-mer,* 1948, ou *Haï-kaï de France,* 1958, ainsi Léo Loups, Robert Randau, Edmond Gojon, Pierre Camo, Julien Ochsé, Daniel Thaly et d'autres, avant que, la décolonisation étant faite, les poètes de la francophonie ou de la francité, se dégageant d'influences métropolitaines, n'apportent des chants puisés à des sources nationales dans leur généalogie profonde. Retenons Edmond Gojon (1886-1935), poète élégiaque des *Cendres de l'urne,* 1907, du *Visage penché,* 1910, de *la Grenade,* 1912, du *Jardin des dieux,* 1920, etc., et que les symbolistes apprécièrent. S'il chante un *Saloon-bar,* c'est à la manière de l'école fantaisiste. Comme il veut « l'azur immense et l'espace sans borne », il chérit les images de *l'Orient :*

> L'Orient, c'est la fleur de jasmin à la bouche,
> C'est le piment qui saigne et l'odeur de café,
> C'est derrière un grillage un appel étouffé
> Et sur un marbre frais le bruit d'une babouche.

On s'arrêtera plus volontiers à René Guilleré (1878-1931) que tout le monde oublie car il n'écrit pas en vers mesurés, à l'exception de Maurice

Chapelan qui cherche la poésie sur les lieux de la prose, et il est vrai que maintes relations de voyage portent plus de vraie poésie que bien des alexandrins fatigués. Dans *Funiculaire,* 1933, de Guilleré, on trouve des images japonaises qui ne sont pas des japonaiseries, mais des observations prises sur le vif comme : « Le Japonais est si petitement logé qu'il lui faut bien une vie intérieure » ou bien : « Rien ne le presse. Il sait bien qu'il a quatre cents milliards d'années à vivre. Nous, nous n'avons que l'éternité » ou encore : « Au Japon il n'y a pas de femmes. Il n'y a que des petites filles et des vieilles dames ». Lisons cela qui est délicieux :

> Et après qu'il a contemplé les choses, le Japonais contemple encore l'absence des choses. L'artiste ne peint pas l'oiseau, il peint l'aile, il ne peint pas l'aile, le vol, pas le vol, mais le vide laissé dans le ciel par l'oiseau qui s'est envolé.

De même, « Le chien imite le crabe, le crabe le rocher, le rocher l'arbre, l'arbre le bouquet, le bouquet le poisson, le poisson la vague, la vague le nuage, et le nuage a le corps des déesses couchées. Au Japon, on plie un papier en quatre, il devient un papillon. »

Les Destins tragiques.

La moisson de la Première Guerre mondiale a tranché des destins de poètes. Des noms glorieux sont venus jusqu'à nous et nous pensons à Charles Péguy, Jean-Marc Bernard, Paul Drouot, Émile Despax, Louis Pergaud, Lionel Des Rieux, André Lafon, René Dalize et son ami Guillaume Apollinaire sur qui la guerre semble se refermer tandis que Joaquim Gasquet, Jean Pellerin, Victor Ségalen, ne survivront que peu d'années au drame qui les a marqués.

En 1926, Edgar Malfère, éditeur et bon poète, avec les cinq gros volumes d'une *Anthologie des écrivains morts à la guerre,* 1926, édifiera un martyrologe où se trouvent des centaines de poètes. Sans avoir le goût de la nécrologie, ces créateurs, nous voulons tenter de les rejoindre sur les lieux non de la mort, mais de la vie et ces jeunes hommes, jeunes à jamais, n'ont pu proposer que leurs promesses. Il faut qu'ici au moins les poètes assassinés aient leur place.

C'est souvent l'événement qui a fait d'eux des poètes, comme ce sera le cas au temps des poètes prisonniers et des poètes de la Résistance d'une autre guerre. La guerre, la tranchée, les regrets, les pressentiments, la pluie de sang sont leurs thèmes. Jean Arbousset (1895-1918) dans le *Livre de quinze grammes,* 1917, Maurice Bouignol (1891-1918) dans *Sans gestes,* 1918, que préface Anna de Noailles, Auguste Compagnon (1879-1915), Sylvain Royé (1891-1916), Antoine Dujardin (1887-1915) apportent leur témoignage ardent en décrivant la vie des tranchées. Il règne un pressentiment de mort proche chez François Baron (1898-1918) tendre, alangui, mort à vingt ans. François Lafond (1899-1918) écrit : « Quand la mort me prendra, la recevrai-je en face ? » et meurt à dix-neuf ans victime de l'ypérite. Gérard Mallet (1877-1918) dans ses *Poèmes de guerre,* 1921, compare une « guerre morne » aux clairons de Magenta, aux fanfares d'Iéna ou aux tambours d'Austerlitz, et Pierre Amar (1892-1914) ne verra pas son livre de vers héroïques, *la Marie-Louise*, 1916. Marcel Drouet (1888-1915) s'était affirmé comme un disciple de Maurras et de Barrès dans *l'Ombre qui tourne*, 1912. Gabriel Pierre-Martin (1882-1918) inventa un saint nouveau : Saint-Poilu. Lorsque paraîtront ses œuvres, *Jeunesse ardente*, 1918, *Fleurs printanières*, 1919, Jean Fontaine-Vive (1895-1917) ne sera plus là pour les voir. Dans ses *Poésies de guerre*, 1915, Jacques de Coudens (1887-1915) a chanté « les balles noires », ou « les balles rouges » ou « Mon sabre » :

> Pose sur l'acier nu ta belle bouche nue,
> Cruelle comme lui, comme lui sans pitié
> Afin que ton baiser, dans la charge éperdue,
> Mette une pointe rose à la lame d'acier.
>
> Baise la lame froide au-dessus de la garde,
> Mire tes yeux si bleus dans son acier plus bleu,
> Pour que ton souvenir, pendant l'assaut, me garde,
> Comme un rayon d'amour entre la mort et Dieu.

D'autres poètes se rattachent à la tradition romantique comme l'éloquent André Dufner (1898-1918), comme Gabriel-Tristan Franconi (1887-1918) qui dans ses *Poèmes* posthumes, 1922, a les défauts du barde héroïque victime de sa propre fougue, comme Oswald de Léché (1893-1915), auteur d'*Hymnes français*, 1916, préfacés par Jean Aicard, comme Charles Perrot (1876-1914) qui, dans *les Efforts et le destin*, que salue Alexandre Arnoux, lutte contre ses doutes sous le signe de Vigny, comme Charles Troufleau (1878-1916) qui brode sur un vers de Lamartine, comme Raymond Sambor (1894-1917) qui aime les vers sonores et superbes dans le goût d'Auguste Barbier.

Jean Masset (1887-1918) archaïse dans le goût renaissant, Anatole Méplain (1891-1917) donne un tour médiéval à ses sonnets, tandis qu'Edmond Adam (1889-1918) offre des *Joyeulx propos et guallanz ramaiges*, de forme fixe ou en vers libres en introduisant les bruits et cris de la bataille dans le poème. Il y a aussi des tours archaïques, parfois renaissants dans *Recueil pour Ariane* de Jacques Baguenier-Desormeaux (1888-1914). Les ombres de l'Antiquité sont encore présentes chez Adrien Bertrand (1888-1917) qui obtint le prix Goncourt 1916 pour *l'Appel du sol*, 1916. *Des Jardins de Priape*, 1915, au posthume *Verger de Cypris*, il relie la Renaissance au Parnasse. Des vers chantants, des épigrammes à l'ancienne se trouvent parmi les pièces délicieuses de *l'Herbier de Jeannette* d'Elie Gevin (1884-1917). Robert Thiriet (1895-1915) célèbre Dionysos ou Cythère avec une joie païenne. L'helléniste Léon Guillot (1882-1915), dans *les Victoires*, 1910, est proche de Maurice de Guérin, parfois de Louis Le Cardonnel.

L'amour de la terre natale et du terroir fait partie de la tradition. On le voit chez Georges Battanchon (1879-1914) dans *Brumes et reflets*, 1920, où passe un souvenir de Péguy. Maurice Foulon (1893-1915) est un paysagiste en quête de nuances, un harmoniste à la recherche du silence. Un intimiste campagnard, Henri-Émile Genêt (1889-1916), auteur de *Rêveries bretonnes,* 1909, sera salué par Charles Le Goffic. Dominique La Bonnardière (1873-1915) fait entrer la chanson douce dans le poème avec sa *Fenêtre ensoleillée,* 1913, qu'aime Louis Pize. Charles Mokel (1891-1914), poète de Vannes, écrit : « L'idée que je pourrais tuer un homme me fait horreur ! » Musical et mélancolique, il préférait chanter les moissons plutôt que la bataille. Pierre Fourier de Rozières (1887-1915) dans *Glas et carillons,* 1908, *les Pavots gris,* 1910, était proche de Jammes. Marius Touron (1882-1915) est le chantre paysan de *Glanes et copeaux,* 1917. Léon Boyer (1883-1916) dans *Genêts et rocailles,* posthume, 1920, décrit faune et flore. Philippe Gonnard dit Claude Lefilleul (1878-1916) chante *Mon pays,* 1916, comme Auguste Gien dit Jean Millery (1884-1916) chante son village, comme Louis Lautreu (1864-1915) chante le Jura, comme l'ami de Henri Pourrat, Jean-François Angeli dit Jean l'Olagne (1886-1915) est le poète de l'Auvergne, comme Georges Thellier de Poncheville (1877-1915) exprime dans *le Chapelet de souvenirs,* 1904, « le vaillant peuple du Nord », comme Raymond Gaucher (1887-1915) dans *les Enthousiasmes,* 1913, est un paysagiste normand, lyrique et tendre, comme René Audigier (1894-1917) exprime ses *Vacances en Auvergne,* 1913, comme le Breton Yves de Guerdavid (1892-1917) chante *le Menhir,* comme Louis Barbet dit Louis Dulhom-Noguès (1889-1914) est le puissant poète de la nature gasconne. Parmi les bucoliques égarés dans le combat citons encore Georges-Ambroise Latapie (1889-1914) et sa prosaïque *Une hirondelle ne fait pas le printemps,* 1914, Jean-François Marichal (1889-1914) aux grâces ronsardisantes, le poète d'oc Francis Pouzol (1891-1918), Guy Lassaussaie (1891-1915) dont *les Musiques d'âme,* 1914, allègres et tendres, ont enchanté Mistral, Gabriel Suchet (1894-1916), auteur de *Feuilles mortes,* poèmes et rondels bucoliques, Maurice Colin (1891-1914), poète comtois descriptif, Georges Maurice (1882-1916), poète de *la Vie laborieuse,* 1907. Nous dirons le charme des élégiaques : André Bréval (1890-1916), douloureux dans *Poèmes,* 1923, Olivier Hourcade (1892-1914) qui avait publié à dix-sept ans des *Ombres tremblantes,* 1909, Raoul de Pighetti de Rivasso (1873-1914) apprécié par Barrès, Paul Rioux (1888-1914) chantre des « fous émerveillés du monde » dans la tradition de Charles Guérin, Roger Eng (1892-1916) et ses *Amies oubliées,* 1913, René Lançon (1892-1915), auteur de *les Fleurs qui s'ouvrent,* 1912, et qui écrivait un an avant sa fin : « Je vous envie, ô morts tombés pour la patrie ! », Robert de Saint-Just (1892-1914), auteur de chants pleins de douceur : *l'Amphore du rêve,* 1920, René Devred (1887-1915), musicien et poète d'élégies, l'intimiste Fernand Moncaut-Larroudé (1890-1918), Paul-Marie Thomas (1896-1914) enfant mort à dix-huit ans dont *les Gerbes,* 1914, expriment toute la tendresse, Robert Ibels (1895-1917) qui exprime les espoirs de jeunesse et de bonheur détruits par la guerre, Joannis-Pagan (1885-1914) dont *les Sons graves et doux,* 1918, sont lucides, deux poètes enfin pleins de noirs pressentiments Albert Dumange (1894-1915) et Marcel Etévé (1891-1916).

Les idéalistes, les penseurs, les poètes chrétiens sont nombreux : Stanislas Fumet dira de Georges Audibert (1885-1915) : « Sa sensibilité nerveuse était incroyable : mais son cœur étouffait dans les frontières de l'homme. » Charles Bourcier (1882-1914) voyait les poètes comme « la conscience vivante de leur nation ». Raymond Cottineau dit Jean l'Hiver (1893-1915) dans *le Beau Sacrifice,* 1915, priait pour le don total de soi. Le religieux Jules Dupin (1890-1915) disait *les Ascensions du cœur,* 1913. Un ami de Mauriac, Joseph Gravier (1890-1916) maria l'intimisme au chant chrétien. Jean Maspero (1885-1915), historien de Byzance, fut un poète de hautes aspirations. Robert d'Humières (1868-1915), traducteur de Kipling et de Conrad, était un penseur vigoureux que nous avons cité dans le précédent volume. Et nous citons encore pour la hauteur de leur inspiration Jacques Nayral (1876-1914), Pierre de Lestang (1896-1917), Pierre Corbin (1882-1917), Lucien Lécureux (1880-1918), Roger Péroux (1882-1914).

Des écoles sont représentées par des parnassiens comme Fernand Hoff (1895-1917) peintre comme Leconte de Lisle, Robert Marchal (1890-1914), écho de Baudelaire, Henri Chassin (1890-1917) aux rimes sonores, Henri Cocardas (1881-1915) qui, lorsqu'il oublie le sonnet parnassien, donne des poèmes de bonne santé campagnarde comme en écrira Maurice Fombeure, Léon Gauthier-Ferrières (1880-1915) qui fut l'ami de Coppée et de Heredia, Roger Vincent (1886-1915) apprécié par Catulle Mendès, Florimond Wagon (1895-1916), André Morize-Delarue (1894-1915) et ses fresques antiques. Et il est bien des poètes symbolistes comme André Biguet (1893-1918) qui se souvient de Mallarmé, Henri de Corbie (1895-1917), verlainien, Louis Darmet (1890-1918) proche de Samain, Charles Dumas (1881-1914) aux harmonies verlainiennes, Jules Leroux (1880-1915) poète de *la Muse noire,* 1912, du « pays noir » entre Rodenbach et Verhaeren :

> L'usine noire attaqua le soleil
> Dressant, formidables batteries
> Verticales, vers le ciel,
> Dressant, canons debout dans leurs tourelles,
> Braquant vers l'azur, noire artillerie
> D'une imprenable citadelle,
> Ses cheminées,
> L'usine noire attaqua le soleil
> Faisant de ses fours à fondre l'acier
> De monstrueux obusiers...

Symbolistes encore Michel Della Torre (1890-1915) avec *le Bouquet de Floréal,* 1906, que salue Saint-Georges de Bouhélier, et Paul-A. Arnold (1896-1917) poète du Nord. Et Georges David dit Jacques Balder (1885-1914), collaborateur de *la Phalange* de Jean Royère, dont les vers libres sont habités de musique : *la Petite Fille sous l'averse,* 1907, *le Chant des Sirènes,* 1908. Et Robert Drouin (1893-1914), verlainien. tout comme Marcel Toussaint (1882-1916) dans *Vers écrits sur l'eau,* 1909, ou *les Cils baissés,* 1921. Jean de Thomas de Saint-Laurent dit René Loysel (1886-1916), dans *l'Aube mystique,* 1914, est sensible comme Samain.

L'influence de Baudelaire, son climat spleenétique se reflètent dans *la Ville heureuse*, 1913, de Pierre Boutet (1884-1914). Ary-Henri Chardon (1889-1918) dans *la Voix de la forêt*, 1910, prône le stoïcisme. Joseph Cahn (1897-1917) se souvient de Victor Hugo dans *Au souffle des mois*, 1912, ou *Et puis voici des vers*, 1921. Il arrive aussi que les parentés soient proches : ainsi Léon Gignoux (1891-1914), poète de la banlieue, fait penser à Laforgue en même temps qu'à Carco; Lucien Gumpel (1880-1915), dans *le Circuit du Parnasse*, plein de fantaisie, sans façons, ne dédaigne pas de faire entrer l'automobile, les midinettes, les grooms, les feuilletons, dans ses vers; Georges More (1891-1915) dont A.-M. Gossez publiera *les Reliques*, 1922, fait penser à Laforgue :

> La neige tombe lentement.
> Pleurez Pierrots mirlitonnesques,
> C'est l'heure des hymnes burlesques :
> La neige épouse le printemps.
>
> Le ciel a fait blanche sa pluie.
> Enfants de Callot, de Villon,
> Tressaillez sous vos penaillons,
> Chemineaux, séchez vos roupies.

Clovis Grimbert (1887-1918), poète artésien, dit les « gueux de la guerre ». Léon Israël (1882-1916) écrit un poème satirique contre la guillotine. Elysée Lanoue (1883-1915) renoue avec la tradition des poètes ouvriers. Georges Letervanic dit Jules Garçon (1888-1918) crée *les Chansons de Jacques-le-Poilu*, posthume, 1922. Amédée Guiard (1872-1915) est le poète social de l'enfance. Maurice Desclers (1882-1915) avait été mis en musique par Claude Debussy.

Il est des victimes que tentait une muse plus moderne comme Jean Le Roy (1894-1918), ami d'Apollinaire, que Cocteau salue, et qui écrivit *le Cavalier de Frise* :

> Prince, au dernier des soirs de garde,
> Brisant le mors et l'étrier;
> Jusqu'au paradis des guerriers
> Tu bondiras sous l'œil du dieu qui nous regarde.
>
> Et tu te perdras dans l'éther,
> Pavoisé de gloire électrique,
> Caracolant le Haut Portique
> Des soldats bleus qui firent guerre!

Ce « soldat bleu » mort à vingt-quatre ans portait des promesses, comme en témoigne cet autre début de poème :

> Je sens comme un fantôme,
> derrière moi,
> un homme
> plus grand que moi
> et qui pèse sur mes épaules;
> et puis derrière, un autre;

> et puis, derrière celui-là
> d'autres hommes échelonnés ;
> et puis, toujours plus grands, des géants en sommeil
> qui, de moins en moins éclairés
> par le soleil,
> se reculent dans l'ombre :
> Mes ancêtres depuis les premiers temps du monde.

Jean Le Roy servit sous les ordres de cet autre ami de Guillaume, celui dont on trouve le nom dans *Zone*, René Dalize (1879-1917) dont le vrai nom était René Dupuy et dont Salmon salua la *Ballade du pauvre macchabée mal enterré*, complainte burlesque et tendre où l'on dit : « Plaignez mon triste sort ! » et où passent des souvenirs :

> Un gai matin d'avril, Monsieur Jean-Louis Forain
> Escorté d'un cubiste, m'a camouflé en vert.
> Le vert a tourné à l'airain
> Puis au gris et, dessert,
> J'ai moi-même tourné comme une crème à la pistache.
> Où donc es-tu, grand Caran d'Ache ?

Pierre Corrard (1877-1914), quant à lui, utilise le vers classique pour y faire entrer des usines, des trains ou un combat de boxe. Il avait publié *les Glanes*, 1900, *les Opalines*, 1908, *A volets clos*, 1910, et surtout de nombreux romans chez Albin Michel. Albert-Paul Granier (1888-1917) dans *les Coqs et les vautours*, 1917, affirma son goût du pittoresque, des chocs de mots et d'idées, des harmonies imitatives comme dans ce *Nocturne* :

> La nuit calme adoucit l'espace désolé.
> Les projecteurs, étirant leur long bras livide,
> palpent l'espace vague, énumèrent le vide,
> détaillent l'Étendue à gestes calculés.

Parmi ces jeunes morts, certains avaient d'illustres parentés, comme Aristide-Louis-Armand Bruant (1883-1917) fils du grand Bruant et qui chantait les fleurs, comme Charles Ajalbert (1896-1915) fils de Jean Ajalbert, l'académicien Goncourt, lequel ignorait que son fils faisait des vers chantant le Cantal, comme Primice Catulle-Mendès (1896-1917). Deux frères sont tombés la même année : Charles de Fontenay (1889-1916) et Étienne de Fontenay (1893-1916); Charles chantait la guerre, l'espoir de la victoire et les sinistres pluies de sang.

Des écrivains ont présenté ces poètes. Pour Claude Farrère, c'est André Puget (1882-1915); pour Francis de Miomandre, c'est Jean Reutlinger (1891-1914); pour Jean Paulhan, c'est Georges Sabiron (1882-1918), auteur du *Fragment d'un grand dessein*, 1920; pour Henry Céart, c'est Antoine Yvan (1880-1914); pour Denis Saurat, c'est Albert Hombek (1890-1914); pour Darius Milhaud, c'est ce poète que le musicien a édité à Rio de Janeiro : Léo Latil (1890-1915); pour Jean Richepin, c'est Jean Allard-Méeus (1892-1914); pour André Warnod, c'est Charles Carrau (1885-1916); pour Thierry Sandre, c'est Christophe Colombe (1886-1915); pour François de Curel, c'est Henri Gounelle (1894-1915); pour Louis Pize et

Charles Forot, c'est Louis Granier (1891-1914); pour Georges Normandy, c'est Charles Miquignon (1882-1916); pour Paul-Jean Toulet, c'est Louis de La Salle (1872-1915); pour Jean Paulhan encore, c'est F. Doncker dit Ker-Frank-Houx (1885-1922) mort des suites de la guerre. Amitié, fraternité des poètes. La liste serait longue de ces disparus dans la tourmente : nous avons dénombré une centaine de poètes encore ayant publié des livres...

Des poètes encore. En 1912, on lira dans la N.R.F. la *Suite pathétique* de Lucien Marié (1883-1915) dont l'exil, la maladie, la solitude forment l'inspiration :

> Moi qui n'ai su que me pencher sur des sources de rencontre,
> Me voilà seul avec ma lampe, qui se contente et qui m'ignore,
>   toute droite de vertu.
> (Devant l'enfant, qui a fauté, la mère passe, sans le voir.)

Dans la N.R.F. aussi, des *Poèmes et chansons* du romancier et poète Lucien Codet (1876-1914) comme cette *Chanson du chat gris* :

> Heure très belle et très fine
> Où le soleil non pareil
>   Qui décline
> Promène sur le mur de longues tresses d'or!
> Oh! Regarde... Sur le gazon
> Devant la maison...
>
> Le chat gris à la queue rayée,
> Qui, charmant tigre domestique,
>   Lève une patte
>   Délicate
> Et joue avec un moustique.

A cette liste tragique qui n'est pas exhaustive, il convient d'ajouter Gustave Valmont (1881-1914), chartiste, poète élégiaque de *l'Aile de l'amour* dont Henri Clouard fit grand cas : « Sa pensée avait élu, raffinée, quelques cités de modernité durable — Stendhal, Baudelaire, la première Noailles — ses capitales restant Sainte-Beuve et Renan. Dans l'époque angoissante de 1913-1914, on attendait de lui, en vers comme en prose, une œuvre de méditation conciliatrice. »

4

L'Essor créateur des femmes

POURQUOI un chapitre consacré à la poésie des créatrices ? Ce n'est pas par une absurde différenciation qualitative entre les sexes (la femme poète ne représente plus, comme au XVIe siècle par exemple, un phénomène isolé); ce n'est ni pour ouvrir un ghetto ni pour édifier un palais; ce n'est pas non plus par une absurde galanterie protectionniste. Non, simplement la poésie écrite par les femmes, au début du siècle notamment, représente une région bien particulière de la géographie poétique : amazones et prêtresses saphiques ou poètes reflétant les aspects de la sensibilité et de la condition féminines ont apporté des témoignages bien particuliers. Les Noailles, les Vivien, les Delarue-Mardrus entre autres, en un temps où le Romantisme paraissait effacé, l'ont ressuscité en lui ajoutant des conquêtes nouvelles comme celles du Symbolisme. Certains émois, certains cris, certaines exaltations du corps féminin sont ressentis par le dedans et l'apport est original à ce point qu'il pourrait y avoir une école féminine comme il y a eu des écoles fantaisiste ou unanimiste, mais les femmes y répugnent. Elles sont poètes tout court. Comme chez les créateurs de l'autre sexe, tout n'est pas admirable, tout n'est pas sans défauts, mais les réussites, les défrichements sont tout aussi fréquents et les reliefs tout aussi accusés.

A la fin du XIXe siècle, bien après Marceline Desbordes-Valmore, Élisa Mercœur, Louise Ackermann ou Anaïs Ségalat, Louise Michel a représenté l'engagement, Marie Krysinska a inventé le vers libre, les Louisa Siefert, Lydie de Ricard et quelques dizaines d'autres ont montré que la femme ne se complaisait plus à être la muse. Judith Gautier (1850-1917), Hélène Vacaresco (1866-1947), Marie Dauguet (1865-1942), Rosemonde Gérard (1871-1953) ont vécu assez longtemps dans notre siècle pour poursuivre heureusement leur œuvre : voir notre précédent volume.

Au début du XXe siècle, les prestiges de la poésie attirent la femme et les créatrices sont innombrables. Ainsi, annuellement, la revue *Fémina* ouvre des concours de poésie. Dans le numéro du 15 septembre 1903 sont donnés des résultats : on a reçu 1 180 poèmes lyriques (Juliette David triomphe), 3 467 sonnets (lauréate : Mme Bach-Sisley), 2 721 « vers à chanter » (triomphatrice : la comtesse de Magallon). On trouve bien des noms connus : Cécile Périn, Amélie Murat, Jane Marvig, Mme Sébastien-Charles Leconte, Hélène Séguin, Hélène Picard, auprès de beaucoup d'oubliées dont les contributions pourraient figurer sans peine dans des œuvres plus volontiers mises en valeur. Il y a des romantiques, des parnassiennes, des symbolistes; la plupart des poèmes traduisent des sentiments, des confessions, des passions contenues, un lyrisme oppressé, une difficulté d'être, un émoi devant la beauté des choses. Les premiers vers du long poème de la lauréate Juliette David donnent une idée de ce qui plaît alors, *l'Ame enclose* :

> Au parc désert, mon âme vierge fut la vasque
> Où les songes venaient mirer leur vol moqueur...
> Mais j'ai rompu l'anneau de leur trajet fantasque;
> Ils se sont dispersés dans la nuit, en bourrasque :
> Nul, depuis, ne s'abreuve aux urnes de mon cœur!

Les anthologies annuelles de l'époque, comme celle d'Alphonse Séché auteur des *Muses françaises,* s'ouvrent aux plus connues : Lucie Delarue-Mardrus, Renée Vivien, Anna de Noailles, Hélène Vacaresco, Hélène Picard, Marie Dauguet, Cécile Périn, Jane Perdriel-Vaissière, Harlette Fernand-Gregh, Jane Catulle-Mendès, mais aussi à bien des auteurs de recueils oubliés non par le souci du choix mais par la paresse et l'indifférence : Paule Lysaine, Blanche Sahuqué, Marie de Sormiou, comtesse Kapnist, Madeleine Paul, Jeanne Dortzal, Lya Berger, Marguerite Gillot, Anie Perrey, Edmée Delebecque, Jehanne d'Orliac, Jeannine Vade, Nicolette Hennique... Avant d'en venir aux plus prestigieuses, pour rendre hommage à toutes, nous parlerons de quelques-unes d'entre elles.

Oubliées et dédaignées.

Qui se souvient de l'énigmatique Sybil O'Santry (née en 1881), cette Strasbourgeoise qui publia *la Guirlande des jours,* 1902, *les Accords,* 1904, au *Mercure de France*? Elle chante une nature mystérieuse, ombrée, des paysages de montagne, des sapins, des vignes, des villages :

> Sur l'eau morte, où les pieds de la forêt baignaient,
> Sur ce pays d'étangs, de vergers, de hêtraies,
> La brume du printemps flottait comme une écharpe.
>
> Tout était morne et doux. Vers la lisière bleue
> Des bois, un vieux pêcheur relevait ses verveux,
> Et dans l'ombre luisait le bond preste des carpes.
>
> Ô villages! blottis au creux des vallons roux!
> Je songe à Fiesole, située comme vous,
> Mais qui est un bouquet entre des seins de femme...

Valentine de Saint-Point (1875-1953), petite-nièce de Lamartine, fut danseuse, peintre, poète, romancière. Avant de tenter une synthèse d'art total dans *la Métachorie,* 1913, elle avait publié *Poèmes de la mer et du soleil,* 1905, où sont évoqués les paysages solaires des pays bordant la Méditerranée, *Poèmes d'orgueil,* 1908, à « l'Abbaye », exaltation harmonieuse de sa Bourgogne originaire :

> Toute rouge, tu te dresses devant la foule :
> Flamme de la Pensée et sol trempé de sang
> Sur lequel a jailli comme une avide goule,
> La vigne, mère des fruits lourds, au suc puissant.
>
> Bourgogne, Terre forte et centre d'énergie,
> Si tu n'es pas le sol que mon instinct élut,
> Au sang de tes héros j'aime devoir ma vie.
> A toi, pourpre du sang de Dionysos, salut!

Prêtresse aussi de la nature, Anne Osmont (née en 1872), auteur de *Nocturnes,* 1907, semble lui répondre :

> Le sang du soir ruisselle en l'or sanglant des vignes,
> Dans les pins violets pleure le vent du soir :
> Voici l'heure câline où l'on aime s'asseoir
> A deux, près de l'étang qu'attriste un vol de cygnes.

Après ses premiers recueils : *Comme on pleure à vingt ans,* 1896, *l'Ame et la mort,* 1898, *le Cœur nostalgique,* 1903, Marguerite Comert (1873-1965), née en Guadeloupe, femme du poète Henri Malteste (1870-1920), attendit plus de trente années pour publier *Poèmes du retour éternel,* 1936, *l'Ile des morts,* 1938. A la petite fille poète succédèrent une prosatrice de qualité et une lyrique confidentielle :

> Toi dont le cœur palpite au vent du souvenir
> comme une voile errante au souffle du ciel vaste,
> voudrais-tu tout revoir, voudrais-tu revenir
> au frémissant jardin paré d'orangers chastes?

Anna de Noailles célèbre et désespérée.

Anna-Élisabeth, princesse Brancovan, comtesse Mathieu de Noailles (1876-1933) est l'héritière des sangs grec et moldave des Mavrocordato et des Brancovan; par sa mère, Raoulka Musurus, elle appartenait à une famille grecque d'origine crétoise riche en poètes et en lettrés. Après Chénier et Moréas, elle devait apporter à la poésie française un peu du génie grec. Particulièrement douée, dès l'âge de treize ans, elle composait de la musique et, sur le modèle d'Alfred de Musset, écrivait des poèmes. Une enfance itinérante lui fit connaître Paris, le Bosphore, Ferney, Monte-Carlo, le lac Léman, Pau. Elle sera le creuset où maintes influences se sont succédé puis mêlées : les parnassiens, Musset, Jean-Jacques Rousseau et Henri Heine, Paul Verlaine et Francis Jammes, et, les dominant toutes, Victor Hugo. Dès 1898, Robert de Montesquiou apportait ses *Litanies* à la sévère *Revue de Paris* qui les publiait en même temps d'ailleurs qu'une autre jeune femme signant d'un prénom masculin : Gérard d'Houville, autrement dit Marie de Heredia, épouse d'Henri de Régnier; en 1900 paraissent *Bittô* dans *la Revue de Paris* et *Exaltation* dans *la Revue des Deux-Mondes*.

En 1901, paraît le premier recueil, *le Cœur innombrable* et l'accueil est enthousiaste, délirant. Une société trouve une poésie répondant à ses goûts et l'auteur est une femme, une femme du monde, riche, intelligente, comblée de tous les dons. Ce pathétique amour de la nature, ce panthéisme en un temps où les jardins et les serres sont à la mode enchantent. L'entourage littéraire d'Anna de Noailles l'exalte, la choie, la porte au sommet; avait-on vu quelque chose de tel depuis Marceline Desbordes-Valmore? et cet entourage est de la meilleure qualité : à part Maurras qui n'aime pas son romantisme et Gide qui l'écartera de son anthologie, c'est un concert de louanges où l'on entend les instruments de Maurice Barrès, Marcel Proust, Robert de Montesquiou, Edmond Rostand, Paul Valéry, Frédéric Mistral, Anatole France, Jean Cocteau, Charles Péguy (de livre en livre ils marquent de nouveaux étonnements, de nouvelles admirations, de nouvelles louanges), et il y a aussi ceux qu'elle révère plus que tout, les savants, comme Jean Rostand qu'elle rencontra chez son père Edmond, admirateur lui aussi, les philosophes comme Bergson, les hommes politiques comme Léon Blum, Louis Barthou, Albert Sarraut, Aristide Briand et Édouard Herriot, les critiques comme Charles Du Bos et Edmond Jaloux, les hellénistes comme Mario Meunier, les romanciers comme François Mauriac, Henry de Montherlant, Colette, les grands étrangers comme Rilke, Hélène Vacaresco, Gabriele d'Annunzio, et l'on ajoute l'abbé Brémond, Georges Bernanos, Francis Jammes, Léon-Paul Fargue, ses biographes comme René Benjamin, Jean Larnac, Marthe Borely, Louis Perche, Charles Fournet, Edmée de La Rochefoucauld, que sais-je encore! Qui oserait après cela émettre des réserves? Quelques années de purgatoire où le feu des admirateurs couve sous la cendre et voilà que de nos jours elle resurgit. La gloire intégrale.

Après *le Cœur innombrable*, des romans : *la Nouvelle Espérance*, 1903, mais John-Antoine Nau lui souffle le premier prix Goncourt, *le Visage émerveillé*, 1904, journal d'amour d'une religieuse qui fait scandale (Barrès le soutient, Proust l'admire), *la Domination*, 1905, qui est un échec que suivra un silence de deux ans et un retour à la poésie. En 1906, Barrès lui dédie son *Voyage de Sparte*. Elle affirme bientôt une place prépondérante avec *les Éblouissements*, 1907, où figure une *Prière devant le soleil* (« la plus belle chose écrite depuis *Antigone!* » dit Marcel Proust), *les Vivants et les morts*, 1913, *les Forces éternelles*, 1920, *le Poème de l'amour*, 1924, *les Climats*, poèmes choisis, 1924, *l'Honneur de souffrir*, 1927, *Poèmes d'enfance*, 1928, *Derniers Vers et poèmes d'enfance*, 1934, posthume, *Choix de poésies*, avec préface de Jean Rostand, 1976. Et l'on ajoute des œuvres diverses, *De la rive d'Europe à la rive d'Asie*, 1913, *Conte triste avec une moralité*, 1921, *les Innocentes ou la sagesse des femmes*, nouvelles, 1923, *Passions et vanités*, 1926, *le Livre de ma vie*, 1932 (ses souvenirs).

Cette reine du Tout-Paris se livre à mille activités : elle inaugure la statue de Mistral, fonde une pléiade provençale, fait de son appartement de la rue Scheffer un lieu de pèlerinage où les hôtes attendent parfois, ne dit pas une phrase qui ne soit chargée de poésie, siège au jury Fémina, appartient à l'Académie royale de Belgique, est fêtée dans le monde entier et jusqu'à Pékin, conférencie aux *Annales,* assiste aux réunions de la Société des Nations, peint des portraits illustres, communie avant de mourir (François Mauriac l'appelle : « première communiante assassinée ») et le prêtre la bénit avec une rose. A son enterrement, il y a dix mille personnes qui murmurent son nom. Sacrée grand poète et personnage officiel, il semble que rien jamais ne lui ait été refusé, et pourtant son œuvre traduit la souffrance intérieure : même dans le tumulte, les louanges et tout cela qui peut détruire un poète, elle garde sa part secrète, la poésie, et, par le poème, est sauvée.

Anna de Noailles, la nymphe au cœur innombrable.

Le Cœur innombrable est expliqué par ces vers : « Toi, vis; sois innombrable à force de désirs / de frissons et d'extases ». Domine l'amour panthéistique inspirateur du Romantisme, depuis Rousseau, Sénancour, Maurice de Guérin, André Chénier, et l'on n'est point trop éloigné de l'art d'Henri de Régnier et de Jean Moréas. On reconnaît les musiques adoucies, automnales de Verlaine et un langage savoureux et concret qui fait penser à Francis Jammes. Beaucoup de références, certes, un art prosodique tout à fait romantique, mais il n'empêche que ce livre, par ses inflexions particulières, en son temps parut nouveau. Il l'était par maints aspects : une sensibilité toute féminine, un émerveillement quasi emphatique trahissant des origines orientales, une rhétorique digne des poètes renaissants, un enthousiasme oratoire maîtrisé et modulé, une parfaite limpidité, un lyrisme aérien, du sentiment, de la fraîcheur, une foule de sensations. Anna de Noailles exprime un amour passionné des arbres, des plantes, du soleil d'une nature bien française, celle des « pays de l'Aisne et de l'Oise ». Elle exalte « le goût de l'héroïque et du passionnel », elle a sans doute « le corps d'Iphigénie et le cœur de Virgile ». On aime sa sensualité potagère :

> Dans le jardin, sucré d'œillets et d'aromates,
> Lorsque l'aube a mouillé le serpolet touffu,
> Et que les lourds frelons, suspendus aux tomates,
> Chancellent, de rosée et de sève pourvus.

Là où un poète descriptif du temps de Delille aurait énuméré, et elle ne se prive pas de dire salades, cosses, brugnons, melons ou groseilles, elle trouve des accords avec ses sentiments :

> Je n'aurai pas d'orgueil, et je serai pareille,
> Dans ma candeur nouvelle et ma simplicité,
> A mon frère le pampre et ma sœur la groseille
> Qui sont la jouissance aimable de l'été;

> Je serai si sensible et si jointe à la terre
> Que je pourrai penser avoir connu la mort,
> Et me mêler, vivante, au reposant mystère
> Qui nourrit et fleurit les plantes par les corps.

Quelque critique pourra sourire devant certains excès comme : « Mon cœur indifférent et doux aura la pente / Du feuillage flexible et plat des haricots ». C'est qu'Anna de Noailles court sans cesse le risque poétique des rapprochements imagés, comme l'a finement remarqué Jean Rostand : « Célèbre est le mot d'André Breton à propos de Paul Éluard : " des yeux de pétrole fou ". Mais, bien avant les surréalistes, Anna de Noailles connaissait le secret des bizarres accouplements verbaux. » Il est permis de l'aimer davantage lorsqu'elle s'épanche avec vérité :

> Il fera longtemps clair ce soir, les jours allongent.
> La rumeur du jour vif se disperse et s'enfuit,
> Et les arbres surpris de ne pas voir la nuit
> Demeurent éveillés dans le soir blanc et songent.
>
> Les marronniers, sur l'air plein d'or et de lourdeur,
> Répandent leurs parfums et semblent les étendre ;
> On n'ose pas marcher ni remuer l'air tendre,
> De peur de déranger le sommeil des odeurs.
>
> De lointains roulements arrivent de la ville...
> La poussière, qu'un peu de brise soulevait,
> Quittant l'arbre mouvant et las qu'elle revêt,
> Redescend doucement sur les chemins tranquilles ;
>
> Nous avons tous les jours l'habitude de voir
> Cette route si simple et si souvent suivie,
> Et pourtant quelque chose est changé dans la vie :
> Nous n'aurons plus jamais notre âme de ce soir...

Un des plus frais poèmes de ce premier recueil est celui de « la petite Bittô, la danseuse aux crotales » car toute l'ardeur et toute la volupté s'y répandent :

> Le bourdonnant été, doré comme du miel,
> Parfumé de citrons, de résine et de menthe,
> Balance au vent sucré son rêve sensuel
> Et baigne son visage au clair de l'eau dormante.
>
> Les pesants papillons ont alangui les fleurs,
> Le cytise odorant et la belle mélisse
> Infusent doucement dans la grande chaleur,
> Le soleil joue et luit sur les écorces lisses ;
>
> Les branches des sureaux et des figuiers mûris
> S'emplissent du remous des abeilles fidèles...
> Comme le jour est gai, comme la plaine rit !
> Les prés chauds et roussis crépitent d'un bruit d'ailes.

Ce préambule est planté comme un décor vivant auquel s'incorporera la danseuse, amante de l'été, devenue elle aussi, comme les fruits et les fleurs, un élément de la nature. Que sera l'amant alors qu'il est un universel baiser plus vrai, plus doux que ceux qu'il peut donner? Anna de Noailles se situe entre le Romantisme et le Naturalisme : tout est ardent et passionné en même temps que sain, réel, sincère, imagé. Elle est déjà la prêtresse de l'Amour et de la *Jeunesse,* titre d'un des poèmes mélancoliques de *l'Ombre des jours* :

> Pourtant tu t'en iras un jour de moi, Jeunesse,
> Tu t'en iras, tenant l'Amour entre tes bras.
> Je souffrirai, je pleurerai, tu t'en iras,
> Jusqu'à ce que plus rien de toi ne m'apparaisse.

Cette jeune femme qui dira un jour : « Je ne peux plus m'entendre qu'avec ceux qui sont en amitié avec la mort » écrit sa *Tristesse d'Olympio.* Le titre n'est pas gratuit. On entend la *Voix de l'ombre* :

> Mes livres, je les fis pour vous, ô jeunes hommes,
> Et j'ai laissé dedans,
> Comme font les enfants qui mordent dans les pommes,
> La trace de mes dents.

On voit passer d'autres *Ombres,* des voix chères qui se sont tues :

> — Chère ombre de François Villon
> Qui, comme un grillon au sillon,
> Te fis entendre,
> Que n'ai-je pu presser tes mains
> Quand on voulait sur les chemins
> Te faire pendre!

> Verlaine qui vas titubant,
> Chantant et semblable au dieu Pan
> Aux pieds de laine,
> Es-tu toujours simple et divin,
> Ivre de ferveur et de vin,
> Bon saint Verlaine?

Çà et là quelques épithètes font-elles remplissage? Pas plus que chez les romantiques ou Baudelaire. Dans un *Apaisement,* comme jadis les rhétoriqueurs, elle en prend le parti et les arrange en petites fêtes :

> C'est vrai que le jour fut intolérablement
> Inquiet, désolant, aigu, luisant, aride;
> Mais le soir vient, un soir si tendre et si clément,
> Un peu tremblant, un peu glissant, un peu aride.

Si *les Éblouissements* offrent encore ces descriptions sensuelles qui sont le meilleur d'Anna de Noailles, comme *Soir d'Espagne, Constantinople, Commencements, le Jardin-qui-séduit-le-cœur* (où le croisement d'alexandrins et de vers de six pieds allège le poème), comme *Matin lyrique, la Course de l'azur, la Ville de Stendhal* (en octosyllabes), on distingue en maints endroits, et ce sera le cas pour *les Vivants et les Morts* et *les Forces éternelles,* une volubilité, une éloquence nées du besoin de dire qui noient des beautés évidentes dans le discours en vers, un lyrisme romantique que l'on voudrait plus économe. Certes, on retrouve la fraîcheur et la spontanéité des débuts mais moins affirmées, moins réalistes. *La Prière devant le soleil* est la pièce la plus célèbre des *Éblouissements*. Ne pourrait-on pas la réciter au pied de l'Acropole ? On se plaît à en isoler une fervente litanie :

> — Pourtant, Soleil, ayant oublié tout cela,
> Tout ce qu'au beau plaisir la science mêla,
> Je reviens devant vous, ignorante, priante,
> Soleil des verts tilleuls, Soleil de l'amarante !
> Soleil de la fougère et des reines-des-prés,
> De la bardane d'or et des mûriers pourprés,
> Soleil des clairs cailloux où pleuvent des pétales,
> Soleil du romarin, Soleil de la cigale !

Anna de Noailles s'éloignera de Francis Jammes pour se rapprocher de plus en plus des thèmes de Maurice Barrès : à la volupté d'être, à l'insouciance a bientôt succédé la fascination de la mort, autre volupté. L'enfance est perdue, la jeunesse s'éloigne, il faut cueillir les roses de la vie et les désirs charnels sont une réponse à l'angoisse. Certains poèmes de cette prêtresse païenne ressemblent à des prières et les titres des poèmes sont parlants : *la Douleur, Ô mon ami, souffrez..., la Messe de l'aurore à Venise, Si vous parliez, Seigneur..., les Morts, l'Abîme, le Printemps des morts...* Le poète ne se soucie nullement de renouveler une forme qui lui convient et une lecture suivie devient vite monotone.

Les Forces éternelles où sont évoqués les champs de bataille de la Marne, offrent de nouveaux exemples d'un pessimisme qui tente de se surpasser. Ce sont des poèmes recueillis, anxieux, d'un calme trompeur ; elle cherche la consolation dans la méditation et la solitude, dit la précarité du plaisir « le plus profond et plus triste mot du monde » et la tristesse de l'amour. Elle cherche des âmes sœurs chez les poètes romantiques qui peuvent être ceux de l'antiquité grecque ou ceux qui l'inspirent directement :

> — Lamartine, Rousseau, Byron, Chateaubriand,
> Écouteurs des forêts, des astres, des tempêtes,
> Grands oiseaux encagés, et qui heurtiez vos têtes
> Aux soleilleux barreaux du suave Orient,
>
> Vous qui, évaluant à l'infini la somme
> De ce que nul ne peut étreindre et concevoir,
> Ressentiez cependant l'immensité d'être homme
> Sous le dôme distrait et fascinant du soir...

En maints endroits, quand elle se souvient d'une maladie d'adolescence, quand elle médite devant un orage, elle a le mérite d'apporter les échos réels d'une douleur physique et il n'est pas un poème, fût-il trop envahi par l'éloquence, où Anna de Noailles ne se donne tout entière avec une sincérité constante.

Il est vrai qu'il faut prendre Anna de Noailles telle qu'elle est, dans cet état d'accueil que chaque poème semble requérir, mais nous marquons une nette préférence pour les premiers livres de l'œuvre et pour ceux de la fin, *Poème de l'amour, l'Honneur de souffrir, Derniers Vers,* où la souffrance apporte des chants plus denses, plus ramassés, plus maîtrisés. Là nous trouvons un poète romantique débarrassé des excès du romantisme. Elle écoute et transmet ce qui chante en elle avec cette heureuse déraison qui est la raison poétique. Le *Poème d'amour* contient des poèmes courts, le plus souvent des octosyllabes, qui témoignent dans une heureuse contention d'une psychologie amoureuse, d'un mariage de la passion et de la mort et sont souvent de petits chefs-d'œuvre du lyrisme amoureux et confidentiel. Il arrive qu'on pense à Marceline Desbordes-Valmore :

> S'il te plaît de savoir jusqu'où
> Irait mon amour triste et fort,
> Jusqu'où, dans son terrible essor,
> S'avanceraient, à pas de loup,
> Le long de ton destin retors,
> Mon besoin, mon désir, mon goût
> De ta pensée et de ton corps :
>
> Je t'aimerais même fou,
> Je t'aimerais même mort.

Cet autre poème du couple se termine par un cri :

> Impérieux mais indolent,
> Tu parcours durement la vie,
> Ayant jadis connu l'envie
> De rêver, d'un cœur triste et lent.
> Mais, comme un lutteur qu'on offense,
> Tu repousses d'un brusque élan
> Ces noblesses de ton enfance;
> Ton œil est froid et vigilant.
>
> – Puissé-je mourir en brûlant!

Quatre ans après la mort, en 1923, de Maurice Barrès et celle de quelques amis chers, Anna de Noailles dédie *l'Honneur de souffrir* « à mes Amis qui m'ont quittée, que je ne quitte point », avec cette citation extraite de l'*Antigone* de Sophocle : « J'aurai plus longtemps à plaire à ceux qui sont sous terre qu'à ceux qui sont ici. » En cent treize poèmes, alexandrins et octosyllabes, dont le plus long ne dépasse pas trente vers, elle se consacre au thème exclusif de la mort qu'elle regarde en face dans l'esprit qui est celui de toute son œuvre, celui d'un paganisme sensuel, d'un attachement à la vie sensible dont la fleur est la volupté, sans qu'apparaisse aucune référence à un illusoire au-delà. Devant l'inévitable et l'irréparable, elle trouve ses chants les plus douloureux : ils vont vers ceux qu'elle a perdus et dont elle partage le tombeau, vers elle-même qui veut s'anéantir à ce point qu'on croirait entendre une voix d'outre-tombe. Livre désespéré où la seule lumière est celle de la poésie inspirée par la disparition d'un monde qui provoqua les éblouissements de son cœur innombrable. On ne peut lire cet ouvrage sans ressentir un singulier vertige devant l'abîme, et ses méditations sont dignes de tous ceux qui, au cours des siècles, se sont penchés sur nos fins dernières.

Sappho désespérée, elle court vers « l'allégresse de la mort » en chantant le corps dans un credo inversé :

> Ils ont inventé l'âme afin que l'on abaisse
> Le corps, unique lieu de rêve et de raison,
> Asile du désir, de l'image et des sons,
> Et par qui tout est mort dès le moment qu'il cesse.

Au goût de l'éternel a succédé le sens de l'éphémère. Mais la mort est injure, elle suscite la révolte, elle est l'effroi glacé :

> Nul lit, nulle chambre, nul toit
> N'affaibliront mon épouvante
> Que tu sois mort et moi vivante.
>
> Dans le sol noir, étroit et froid,
> J'ai un rendez-vous avec toi !

Les idées les plus diverses se succèdent et s'opposent : l'identification au monde, la terre faite de morts, l'impossible négation, l'indifférence des cieux, l'offensante nature, l'irréversibilité du temps, l'abandon qui rejette vers le dénuement de l'enfance, la solitude, et l'on pourrait compter les vers mémorables : « J'habite la ténèbre où sont ceux que j'aimais », « C'est un soir d'automne, en mourant, / Que vous m'avez assassinée », « Mais, ayant plus vécu, je me meurs davantage... », « Et je succombe autour de moi. »... Après de funèbres variations, tout pourrait se résumer dans un vers célèbre de Leconte de Lisle qu'elle inclut dans son poème :

> Je reprends dans tes mains, je reprends dans ton âme
> Ces mots aussi puissants que le pain et le sel,
> Et que la mort autant que le plaisir réclame :
> *Qu'est-ce que tout cela qui n'est pas éternel ?*

Les *Derniers vers* sont encore ceux de la mort et la plupart disent encore l'honneur de souffrir et la condition mortelle qui s'accompagnent d'hommages comme un dernier salut à ce qu'elle aimait, surtout *la Musique*, titre d'un poème, ou *Remerciement à Schubert*. Elle dédie un poème à Jaurès sur cette pensée : « Ah ! que les morts sont morts ! », elle montre un *Bonaparte* romantique ou dit *le Souvenir des aïeux*. Elle sait qu'elle est restée belle jusqu'au bout de sa vie et s'écrie : « Que crains-tu de quitter, moribonde enfantine ? »

Anna de Noailles : quelques esquisses.

Une idée vague, rapide, se référant à la condition mondaine d'Anna de Noailles, reine parisienne, pourrait l'assimiler à quelque esthétique décadente. Ce serait une grave erreur : que certains épanchements se situent dans un climat d'époque n'empêche qu'il serait faux de la réduire à un dilettantisme quel qu'il soit. De son lyrisme juvénile qui la poussait à embrasser, à posséder l'univers dans ses richesses naturelles et spirituelles aux méditations de la souffrance et de la mort, elle ne cesse d'être instinctivement poète à l'écoute de sa nature et de son corps, disant à travers tout, simplement ou avec quelque emphase, son besoin d'être aimée et de déverser son trop-plein d'amour. A sa génération, elle apporta une aide à vivre. Son paganisme s'accompagna d'une croyance au destin de l'humanité. Fréquentant les hommes politiques de la Troisième République, elle brilla certes par sa beauté qui inspira Forain, Helleu, Antonio de La Gandara ou Rodin, mais plus encore par son intelligence, pour sa participation à la vie contemporaine et son exaltation des choses de l'esprit, car cette patricienne était ouverte, libérale, comme en témoigne son attachement à Jaurès.

Parmi les femmes-poètes, elle eut des légions de suiveuses qui ne l'égalèrent pas, mais, occupant une place à part, celle de la dernière des romantiques, ne créant pas une esthétique nouvelle et jouant sur un instrument éprouvé, il n'est pas étonnant que son influence sur le mouvement poétique contemporain fût restreinte. Pour Léon-Paul Fargue, elle « fut notre dernier poète inspiré » et Colette en a tracé un portrait : « Éloquente, grandiloquente, volubile, Mme de Noailles ne livrait pourtant que peu d'elle-même, en agitant autour d'elle des paroles nombreuses, comme autant de voiles qu'exigeait sa pudeur. » On pourrait ajouter que si en certains endroits cette éloquence apparaît dans ses poèmes, elle leur a réservé le meilleur de ses confidences. Robert Brasillach fut sévère : « Elle avait poussé à leurs extrêmes conséquences, en particulier toutes les libres théories sur la libre inspiration, et il nous faut bien dire que de là viennent les graves manques de son œuvre. » Il rejoint en cela Maurras. Kléber Haedens fera lui aussi des réserves : « Elle sait parler d'elle-même avec une sorte d'ivresse magnificente et sensuelle, et des fruits, des couleurs, des arbres, des jardins. Mais la plupart de ses images témoignent d'un mauvais goût splendide qui eût laissé Victor Hugo tout penaud. »

Les louanges, nous l'avons vu, ont primé sur les critiques. D'autres réserves furent qu'on la nomma « poète de l'adjectif et de l'adverbe », mais si certaines analyses du style sont justes, elles n'effacent pas une manière toute particulière de dire une émotion personnelle devant le monde sensible, d'avoir le don du rythme et des images, d'exprimer avec force et sincérité ses bouleversements intérieurs. Il arrive qu'on aime l'exubérance qu'on lui reproche, car ses défauts portent des qualités. Elle sait allier le rêve et la réalité, faire prédominer le sentiment sur la raison et fusionner le matériel et une spiritualité qui n'a jamais rien de vague ou de fade. Ile privilégiée, elle sut être, dans un milieu parfois artificiel, elle-même sans jamais le moindre mensonge, la moindre concession, et l'on peut parler de sa claire vision, de sa sagacité psychologique, de sa netteté descriptive et d'une impétuosité attachante. Des saveurs et des senteurs du *Cœur innombrable* aux délices cruelles de *l'Honneur de souffrir,* le lecteur d'aujourd'hui, dans cette résurgence de l'art romantique du XIXe siècle, trouvera des réponses à des questions intemporelles.

Une Sappho française, Renée Vivien.

Pauline-Mary Tarn, dite Renée Vivien (1877-1909) naquit vraisemblablement à Londres d'une famille anglo-américaine, mais elle se disait « franco-irlandaise ». Morte à trente-deux ans, elle a laissé une œuvre relativement importante qui s'étend de 1901 à 1909, date de sa mort : *Études et préludes*, 1901, *Cendres et poussières*, 1902, 1903, 1977, *Évocations*, 1903, 1905, *Sapho*, traduction nouvelle, 1903, *Vers l'amour*, 1903, *la Vénus des aveugles*, 1904, *les Kitharèdes*, traduction nouvelle, 1904, *A l'heure des mains jointes*, 1906, *Chansons pour mon ombre*, 1907, *Flambeaux éteints*, 1907, 1908, *Sillages*, 1908, *Pour ma sœur*, 1909, *Poèmes*, choix, 1909, à quoi s'ajoutent les livres posthumes : *Dans un coin de violettes*, 1909, 1910, *le Vent des vaisseaux*, 1909, 1910, 1920, *Haillons*, 1909, 1910, des poèmes posthumes dans des revues et les deux tomes de l'édition des *Poèmes de Renée Vivien*, 1923-1924. Durant ces quelques années, elle publia des *Poèmes en prose*, et diverses proses comme son roman *Une femme m'apparut*, 1904, 1906, réédité de nos jours par Régine Deforges, des nouvelles, des contes, des traductions.

Elle connut la Grèce, l'Inde, mais, à l'exception de son enfance anglaise elle vécut toujours en France. Comme l'indique Paul Lorenz dans *Sapho 1900 Renée Vivien*, 1977, un ouvrage indispensable pour une bonne connaissance de la femme et du poète, elle est « La première femme qui ait osé — depuis vingt-cinq siècles — chanter ouvertement l'amour auquel Sappho a donné son nom ». Renée Vivien rencontra Natalie Barney et succéda dans ses amours à Liane de Pougy. L'Amazone devait confier : « Son chant me plaisait plus que le mien. » Le saphisme, après le temps d'Augusta Holmès au XIXe siècle, par quelques femmes exceptionnelles, se montra au jour dans un univers intellectuel et mondain où Sarah Bernhardt et Louise Abbema, Colette et Polaire, Natalie Barney et Liane de Pougy, Émilienne d'Alençon, Romaine Brooks triomphaient, mais si certaines ne négligeaient pas tout à fait les hommes, Renée Vivien les repoussait de tout son être pour élever des chants d'amour dédiés à son sexe : « Ô femmes, j'ai chanté dans l'espoir de vous plaire... » Elle représente donc un phénomène nouveau qui fait l'originalité de sa poésie. Traductrice de Sappho et des poétesses de Lesbos, elle en porte la marque comme elle porte celle des poètes qui ont chanté l'amour des femmes comme Baudelaire ou Swinburne, comme les écrivains les plus artistes, Oscar Wilde, Samain, Lorrain, les préraphaélites Burne-Jones ou Rossetti : on peut dire qu'elle est par excellence une préraphaélite française.

De ces artistes, elle eut la langueur et la morbidité, le goût des fleurs aussi : Camille Lemercier d'Herm l'appelait « la Muse aux violettes » et la discrète fleurette qui revient dans ses poèmes correspond à un aspect sensible de sa personnalité. Cherchait-on à la rencontrer, elle disait : « L'écrivain, s'il a quelque valeur réelle, est et doit être au-dessous de son œuvre. » semblable en cette réserve à la poétesse américaine Emily

Dickinson. Elle eut une vie élégante, organisant des dîners de femmes choisies, comme Colette. Elle aimait s'entourer d'avalanches de fleurs aux parfums lourds. Elle se retira à Nice et resta dans le souvenir d'une amie morte, se laissant, il semble, mourir de faim par désespoir sentimental. Ses poèmes posthumes apportent l'écho d'une mélancolie qui la conduisait vers la religion. Elle fut pour Yves-Gérard Le Dantec qui lui consacra un essai « femme damnée, femme sauvée » et le poète-critique nous dit : « La foi chrétienne ne s'installa en elle que pour réchauffer d'une lueur ultime un foyer déjà veuf de son feu sacré. » Ses grandes amies ont tracé son portrait. Natalie Barney : « Son sourire contrastait avec ses yeux sombres, aux regards lointains, nostalgiques. Ses paupières, plus belles que toutes les paupières vivantes, semblaient être – chose étrange – l'ultime expression de ses yeux. » Colette : « Il n'est pas un trait de ce jeune visage qui ne me soit présent. Tout y disait l'enfance, la malice, la propension au rire. Où chercher, entre la chevelure blonde et la tendre fossette du menton effacé et faible, un pli qui ne fût point riant, l'indice, le gîte de la tragique tristesse qui rythme les vers de Renée Vivien? » Lucie Delarue-Mardrus : « Nous vîmes une personne blonde, aux yeux bruns, habillée sans aucune recherche, très anglaise d'allure. » Myriam Harry : « Longue, mince, presque aérienne, toujours vêtue de noir, son principal attrait consistait en de pâles cheveux angéliques et de longues, lourdes paupières presque toujours abaissées, semblables à celles des saintes femmes au pied de la Croix. » Marcelle Tinayre : « Mais quelle grâce! Quelle distinction souveraine! Quelle simplicité chez cette femme qui n'a rien de l'esthète haïssable, rien du monstre littéraire. Elle n'a pas créé ce décor pour les autres, par vanité d'artiste, mais pour elle-même, parce qu'il est le prolongement sensible de son rêve. » Nous ajoutons : et le prolongement de sa poésie tant il est vrai que sa lecture ne la peut faire imaginer autrement. N'apparaît-elle pas comme une image préraphaélite, désincarnée. « Je ne crois pas, disait Charles Maurras, à la luxure de cet ange... » Nous croyons à la passion de sa poésie.

Renée Vivien : les offrandes à Lesbos.

Rêvant d'être Sappho, ou Psappha comme elle la nomme, Renée Vivien alla jusqu'à faire construire une demeure à Mytilène. A ses débuts, elle est proche d'un art qui lui vient de Baudelaire et l'on peut retrouver dans ses poèmes les thèmes des *Fleurs du Mal,* ce que Paul Lorenz a fort bien montré : « Elle tient de Baudelaire son répertoire presque complet. Après lui, elle n'hésite pas à chanter les chevelures, les parfums, les bijoux, le serpent, la mer, la lune et ses bienfaits, le vin et ses méfaits. Elle partage avec lui l'horreur de vieillir et le goût de l'horreur, l'attrait de la mort poussé jusqu'à la nécrophilie, la haine de la fécondité, la cruauté exercée et subie, l'amertume du vice, le mépris du réel, le domaine de la nuit, le départ vers l'inconnu, le rachat par l'art. Cela dit, rarement son inflexion est baudelairienne, même quand elle emploie les procédés du maître, allitérations, vers répétés, refrains, litanies... » Entre Baudelaire et Renée

Vivien, il y a le Symbolisme et l'art décadent et elle a su en reprendre tout cela qui put charmer Des Esseintes : couleurs, sons, senteurs qui se correspondent en de secrètes analogies. Cela ne va pas sans quelques artifices littéraires bien d'époque, celle d'un esthétisme de haut goût et de recherches subtiles. On trouve chez Renée Vivien une moiteur voluptueuse, des caresses et des baisers alanguis, des orgies florales de cytises, lotus, asphodèles, hyacinthes, iris, violettes aux parfums épanouis proches de la décomposition. Elle construit ainsi des décors de serre qui conviennent aux corps en folie. Plus que de mode 1900, on peut parler de rites quasi sacrés venus de la Grèce païenne qui s'allie chez le poète à un tempérament nordique. Ces vers extraits des *Études et préludes* sont significatifs :

> Le reflet des saphirs assombrit tes yeux bleus.
> Le rythmique remous de ton corps onduleux
> Fait un sillage d'or au milieu des lumières.
>
> Quand tu passes, gardant un sourire ténu,
> Blond pastel surchargé de parfums et de pierres,
> Je songe à la splendeur de ton corps libre et nu.

Autre poème significatif, *Lucidité,* qui, écrit par un homme, n'aurait pu apporter telle sensualité :

> L'art délicat du vice occupe tes loisirs,
> Et tu sais réveiller la chaleur des désirs
> Auxquels ton corps perfide et souple se dérobe.
> L'odeur du lit se mêle aux parfums de ta robe.
> Ton charme blond ressemble à la fadeur du miel.
> Tu n'aimes que le faux et l'artificiel,
> La musique des mots et des murmures mièvres.
> . . . .
> Tu mens comme l'on aime, et, sous ta douceur feinte,
> On sent le rampement du reptile attentif.
> Au fond de l'ombre, telle une mer sans récif,
> Les tombeaux sont encor moins impurs que ta couche...
> Ô Femme! je le sais, mais j'ai soif de ta bouche!

Des influences baudelairiennes, elle tentera de s'affranchir pour exprimer plus librement les émois et les amours, pour ressusciter des rites païens par-delà les siècles de cette civilisation chrétienne dont elle est marquée, mais ce qui lui est bien personnel, c'est une sensibilité tactile, une sensualité féminine lui permettant de chanter mieux que nul autre poète le corps de la femme. Elle est fille ou sœur de Baudelaire, elle en est même personnage, et, par son œuvre, ne cesse de lui rendre hommage. On le verra non seulement dans les premiers recueils, mais jusque dans *les Mains jointes,* avec *En débarquant à Mytilène :*

> Du fond de mon passé, je retourne vers toi,
> Mytilène, à travers les siècles disparates,
> T'apportant ma ferveur, ma jeunesse et ma foi,
> Et mon amour, ainsi qu'un présent d'aromates...
> Mytilène, à travers les siècles disparates,
> Du fond de mon passé, je retourne vers toi.

Auprès de quelques conventions, de poèmes trop attendus, peu originaux, on en revient toujours à ce que Renée Vivien a de meilleur : le plus personnel et le plus intime, le moins entâché par des attitudes conventionnelles. On l'aime sensuelle et aérienne, enivrée par les souffles de sa passion ou se livrant à des charmes maladifs, écoutant les battements de son cœur et les palpitations de sa chair, mêlant musiques et parfums, disant « le murmure de l'haleine et l'âme de la mer ». Écoutons *la Conque* :

> Passant, je me souviens du crépuscule vert
> Où glissent lentement les ombres sous-marines,
> Où les algues, offrant leur calice entr'ouvert,
> Étreignent de leurs bras fluides les ruines
> Des vaisseaux autrefois pesants d'ivoire et d'or.
> Je me souviens de l'ombre où la nacre s'irise,
> Où dorment les anneaux, étincelants encor,
> Que donnaient à la mer ses époux de Venise.
> Passant, je me souviens du patient travail
> De ces vivants parfums aux plantes animales,
> Et, parmi tant de fleurs, du vivace corail,
> Dont l'heure et le courant disposent les pétales
> Rose animale et rouge éclose dans la nuit...

Des paysages marins qui peuvent être ceux du corps intime, des caresses autres que celles de l'homme brutal, celles des filles de Sappho, « de ce brûlant Lesbos » où l'on trouve « le sororal amour fait de blancheurs légères », celles qui la font vibrer tout entière, parfums, fleurs ou même étoffes comme dans *le Faste des tissus* qu'on trouve dans *la Vénus aux aveugles* :

> Estompe ta beauté sous le poids des étoffes,
> Plus souples que les flots, plus graves que les strophes.
>
> Elles ont la caresse et le rythme des mers
> Et leur frisson s'accorde au blanc frisson des chairs.

D'un livre à l'autre, Renée Vivien parcourt un cycle sentimental. Le renouvellement n'est pas dans la forme qui déroule des poèmes dont la lecture suivie ne va pas sans monotonie. Il y a des faiblesses, des baisses de ton et de parfaites réussites. A la chaleur grecque répondent des paysages idylliques et irréels, ceux de ces verts paysages anglais où évoluent des vierges spleenétiques, celles de Rossetti ou Burne-Jones. Nous sommes dans une imagerie préraphaélite comme dans le début de ce *Paysage mystique* :

> Là-bas, la rose même a d'étranges pâleurs,
> Les oiseaux n'ont qu'un chant égal et monotone,
> Les terrestres parfums ont délaissé les fleurs,
> Le soleil a toujours un sourire d'automne.
>
> Elles passent, les yeux vaguement azurés,
> Dans l'azur virginal de leur beauté première,
> Effleurant de leurs pas harmonieux les prés
> Que leurs blancs vêtements parsèment de lumière.

Alanguissement un peu mièvre, chastetés irréelles se succèdent mais c'est le monde païen qui la fait brûler. Dans la Grèce elle cherche la couleur locale et son antiquité n'est différente de celle des parnassiens et des poètes de l'École romane que par les éclats de sensualité particulière dont elle l'anime. Grecque, elle retient Sappho et les Kitharèdes et oublie Homère. Le moindre fragment de Sappho qu'elle mit dans le texte lui permet des développements personnels et souvent la prêtresse lesbienne est naturalisée en poétesse d'origine anglaise. L'imitation est parfois lointaine mais, paradoxalement, nous devient proche dès que Renée Vivien se substitue à ses modèles. On aime ses délicatesses cristallines :

> Elle errait en riant auprès
> Des aloès et des cyprès
> Et des roches aux bleus de grès,
>   Myrtis l'ionienne.
>
> Elle évoquait les bords du Styx,
>   Les asphodèles jaunes
> Où les sphinx aux ongles d'onyx
>   S'étirent près des faunes,
> Et dans la strophe comme un choc
> De boucliers d'or contre un roc
> Où le marbre sommeille en bloc
>   Luttaient les Amazones.

Certains critiques se sont opposés à ces décors 1900, brûle-parfum et tentures, étoffes et fleurs lourdes, et ont trouvé là du mauvais goût comme le remarque Jacques de Lacretelle : « Renée Vivien n'est plus pour nous que le reflet d'un art quelque peu factice et l'image d'une époque où régna le mauvais goût. » Et aussi Kléber Haedens : « Le romantisme féminin porte sa date et appartient au pire bric-à-brac littéraire de l'époque 1900. » Chaque époque apporte son bric-à-brac et celui de ce début de siècle n'est pas le pire, bien au contraire. De plus on ne saurait réduire Renée Vivien à cela. Lorsqu'elle écrit : « Je songe à la splendeur de ton corps libre et nu » ou « Je me mis à chanter sans témoins, pour la joie / De chanter... » elle montre qu'elle peut se passer de références à son temps pour atteindre la plus pure poésie. Sa douleur s'exprime sans cesse et ses amours sans concessions. Nous ne lui reprocherons pas les splendeurs esthétiques de son entourage car elles font partie d'elle-même par-delà les idées de mode ou de décoration. Dandysme et raffinement n'ont rien de surajoutés : ils sont sa personne même, sa différence. Les palais baudelairiens avec leur exotisme magique, mystique lui conviennent pour y placer les corps blancs des amoureuses, les regrets et les nostalgies. Même limités, ses rythmes portent des intonations prenantes, des appels fervents qui nous touchent même si quelques fadeurs nous arrêtent au passage. Elle anime le moule parnassien pour exaspérer sa passion. Intellectuelle, savante, elle a su avant tout donner libre cours à ses sensations avec un charme constant, un art flexible et pur qui marie le marbre grec aux brumes symbolistes. Charles Maurras écrivit : « Le style a pu vieillir ; les cris et les pleurs d'une enfant lui ont restitué l'intérêt pathétique et le charme invaincu du vrai. » Charles-Brun : « ...les plus beaux cris de sensualité se sont échappés de ses lèvres et il court, si j'ose dire, dans toute son œuvre un frisson de chasteté blanche. » Jean Héritier : « La trame de sa poésie est l'antinomie de la chair trop satisfaite et de l'âme méconnue ou trahie. » Est-elle la « jeune fille de la société future » dont parle Natalie Barney dans une dédicace à Pierre Louÿs ? Malgré toutes réserves permises, on peut tenir, au moins par quelques dizaines de poèmes sur une œuvre de plus de huit mille vers, « la Bacchante triste » Renée Vivien pour une exploratrice de zones d'ombres que seul un Baudelaire sut génialement explorer. L'éros parallèle de Renée Vivien est entré par elle dans sa vraie demeure, la poésie.

Amazones : Lucie Delarue-Mardrus et Gérard d'Houville.

Sous le titre de « Romantisme féminin » quelque peu limitatif, Charles Maurras a réuni en 1903 « quatre doux monstres à têtes de femmes » : après Anna de Noailles et Renée Vivien apparaissent ici Lucie Delarue-Mardrus et Gérard d'Houville. « Doux monstres », cette appellation peut faire sourire : ni douces ni monstrueuses, elles ne scandaliseront que ceux qui le veulent bien. Il en est d'autres que ces quatre créatrices parmi cette chevauchée d'Amazones qui aborda le siècle, apportant, certes, des ferveurs paniques, des défis et des audaces, des impétuosités lyriques, mais aussi une autre manière de montrer l'amour et le corps, d'exprimer par analogie des sensations et des sensualités, de livrer les émois de la chair et la fugacité du désir, les unions de la nature et de l'être, les effrois de la condition humaine. Prêtresses de rites ou de célébrations, confieuses de secrets, présentes en tous lieux les Amazones témoignent d'un vif appétit de conquête et marquent, à des degrés divers et selon différents niveaux de qualité, les nuances et les étapes d'un attachement au sort commun des êtres humains. Égéries de Lesbos ou éblouies par l'amour de l'homme, elles peuvent encore au début du siècle représenter une sorte de phénomène par leur franchise entière, leur donjuanisme à l'envers, leur sensualité créatrice, or ce « phénomène » n'est rien que de plus naturel et témoigne d'une singularité enrichissante.

Pas plus que ses amies, Lucie Delarue-Mardrus (1880-1945) n'apporte un renouvellement de la forme. Par rapport à l'hardie Marie Krysinska, il y a même un recul, mais tel qu'il existe l'instrument classique lui convient et la ravit. Elle en jouera fort bien et son vers est solidement charpenté et musclé tout en donnant une impression de bonne santé et de parfait naturel. Née à Honfleur, elle épousa l'orientaliste J. C. Mardrus, traducteur des *Mille et Une Nuits* et le suivra dans ses voyages en gardant le culte de sa « Normandie herbagère, éclatante et mouillée » disant en un vers : « Ah ! je ne guérirai jamais de mon pays ! » Son style a-t-il quelques bizarreries, quelques préciosités ? Charles Maurras rapporta qu'elle affirmait : « Moi, je parle bizarre comme d'autres parlent français ! » Aussi comblée de dons qu'Anna de Noailles, en même temps que peintre, sculpteur, musicienne. Pour la poésie, retenons : *Occident*, 1900, *Ferveur*, 1902,

Horizons, 1904, *la Figure de proue,* 1908, *Par vents et marées,* 1910, *Souffles de tempête,* 1918, *A maman,* 1920.

Les meilleurs de ses poèmes sont ceux que traverse la fureur dionysiaque ou ceux qui chantent le pays natal et les vastes horizons. Ainsi, *Occident* et *Horizons,* à ses débuts, sont supérieurs à *Ferveur* où les chants d'amour sont plus apaisés. L'exotisme oriental pare nombre de poèmes comme ces précieux *Paons d'Alger* :

> Avec les lointains bleus de mer et de platanes
> D'un parc enchevêtré comme dans les albums,
> Sur ce mur de géraniums,
> Je vois deux paons mener leurs robes de sultanes.
>
> Je songe à des récits de jeune prince ailé,
> De dame enchantée et fatale.
> Que j'aime, de verre filé,
> Ces oiseaux surmontés d'une aigrette royale!

Elle a « un grand oiseau de mer enfermé dans le cœur ». Elle sait être un peintre marin comme elle est un peintre d'images venues d'Orient. Un de ses plus beaux poèmes, dans une œuvre inégale où souvent le verbalisme et la déclamation prennent le pas, est *la Figure de proue* :

> La figure de proue allongée à l'étrave,
> Vers les quatre infinis, le visage en avant
> S'élance; et, magnifique, enorgueilli de vent,
> Le bateau tout entier la suit comme un esclave.
>
> Ses yeux ont la couleur du large doux-amer,
> Mille relents salins ont gonflé ses narines,
> Sa poitrine a humé mille brises marines,
> Et sa bouche entr'ouverte a bu toute la mer.
> . . . .
> ... J'ai voulu le destin des figures de proue
> Qui tôt quittent le port et qui reviennent tard.
> Je suis jalouse du retour et du départ
> Et des coraux mouillés dont leur gorge se noue.

On l'appelait « la Duchesse de Normandie » et la célébration de la petite patrie est constante dans son œuvre. Ses accents sont convaincants, beaucoup plus que lorsqu'elle voyage dans les pays du rêve et on trouve un vigoureux réalisme de terroir :

> L'odeur de mon pays tenait dans une pomme.
> Je l'ai mordue avec les yeux fermés du somme,
> Pour me croire debout dans un herbage vert.
> L'herbe haute sentait le soleil et la mer,
> L'ombre des peupliers y allongeait des raies,
> Et j'entendais le bruit des oiseaux, plein les haies,
> Se mêler au retour des vagues de midi.

Elle chantera ainsi *Honfleur, Ma maison, le Poème du lait normand,* élèvera une *Oraison* où passent les personnages des ports, matelots, mousses, débardeurs, ivrognes, mais qui fait regretter Corbière, écrira un *Chant de la Passion* d'une curieuse sensualité. Femme libre, il n'est point étonnant qu'elle soit le dramaturge d'une *Sapho désespérée*. Allant du chant panique à la froideur suprême de *la Sphinge* pétrifiée, Lucie Delarue-Mardrus, grave, stoïque s'inquiète sans cesse du problème de l'existence, recherchant la vérité qui pour elle est synonyme de liberté. Elle désire une vie d'idéal, de plénitude harmonieuse et lutte contre l'artificiel et le factice. On aime qu'elle s'émeuve devant les spectacles de nature qu'elle décrit fort bien. En maints articles, elle parla de la condition féminine, mais toujours à demi-mot. Un poème des plus significatifs est *Femmes* :

> Complexe chair offerte à la virilité,
> Femme, amphore profonde et douce où dort la joie,
> Toi que l'amour renverse et meurtrit, blanche proie,
> Œuf douloureux où gît notre pérennité,
>
> Femme qui perds la vie au soir où ta jeunesse
> Trépasse, et qui survis pour des jours superflus,
> Te débattant, passé qu'on ne regarde plus,
> Dans le noir du destin où ton être se blesse,

En 1907, dans son discours de réception à l'Académie française, Maurice Barrès disait : « José-Maria de Heredia nous laisse un chef-d'œuvre immortel, et toute une famille d'artistes, où, sous les traits d'une jeune vivante, chacun croit voir la Poésie. » Il parlait de la fille puînée de l'auteur des *Trophées,* Marie, épouse d'Henri de Régnier, belle-sœur de Pierre Louÿs, romancière, critique littéraire et poète sous le pseudonyme masculin de Gérard d'Houville (1875-1963). Elle ne réunit des œuvres éparses dans les revues depuis 1894, et qui avaient assuré sa renommée, qu'en 1931, dans un recueil, *Poèmes*.

L'univers poétique de Gérard d'Houville est fort différent de celui de ses consœurs : il se situe loin des exaltations de la comtesse de Noailles, des climats particuliers de Renée Vivien, de la santé rustique de Lucie Delarue-Mardrus. Gérard d'Houville apporte une poésie d'intelligence des choses, de méditation sensible et mesurée qui paraît savamment mûrie dans un climat de raffinement aristocratique et d'émotion délicate, apaisée. « Prenons garde cependant, dit Henri Clouard. Sa sensibilité a des trous de sauvagerie, sa grâce espiègle cache d'inquiétants jeux de chatte. Et elle représente la vie comme des fleurs sur les dalles tragiques. Il s'agit de la tragédie de notre destinée, éprouvée en profondeur. Les fleurs : plaisirs, voyages, amours, jeunesse et beauté. Elle a chanté en effet, avec le charme d'un Musset femme, les villes, les terres classiques, l'épreuve des saisons changeantes et celle de la douleur. Elle a chanté aussi avec l'autorité d'une Ackermann plus psychologue et attendrie, sur un ton de gravité tantôt résignée, tantôt consolatrice, les grands mythes féminins, d'Ariane à Psyché. Avec eux, elle prend sa part à la trahison de la féminité, mais en plaignant profondément son sexe et en donnant à son mystère une certaine grandeur qu'on dirait inspirée de Lucrèce. » Le critique a raison de parler de Musset à son propos : dans une comédieproverbe, *On ne saurait penser à tout,* elle est proche de lui. Certes, elle se réclamait de son père, mais elle fait souvent penser à André Chénier et à son mari Henri de Régnier en ce qu'il a de plus artiste. Elle célèbre « le charme douloureux de ce qui doit mourir », sait avoir des notations qui ont « le goût et la saveur succulente d'un fruit » ou parler de « Quelque lys inconnu qu'on n'a pas respiré » si ce n'est évoquer « les iris noirs éclos aux stygiennes rives », car, plus que toute autre, elle a le don du beau vers bien travaillé et expressif. Il y a dans ses poèmes d'exquis balancements comme dans les *Stances aux dames créoles* :

> Lorsqu'il fait chaud, et que je suis songeuse et seule,
>   Je pense à vous,
> Vous dont je ne sais rien, je rêve, ô mes aïeules,
>   A vos yeux doux.
>
> Grand'mères mortes, et jadis des ingénues
>   Aux bras si frais,
> Jeunes et tendres, et que je n'ai pas connues
>   Même en portraits,
>
> Qui vivaient autrefois, toutes petites filles
>   Aux longs cheveux
> Dans une sucrerie, en un coin des Antilles
>   Voluptueux.

Entremêlant l'alexandrin et des vers de quatre syllabes qui viennent comme des échos, elle témoigne d'un art musical parfait. Ainsi *les Eaux douces du songe* :

> Aux Eaux douces d'Asie, en un vert paysage
>   D'arbres et d'eau,
> J'ai deviné souvent plus d'un tendre visage
>   Sous le réseau
>
> Des voiles transparents qui recouvrent la joue
>   Et les cheveux,
> Mais laissent voir le rêve éternel qui se joue
>   Au fond des yeux.

Des poèmes s'intitulent *Consolation, le Regret, Offrande funéraire, le Jardin de la nuit,* titres significatifs de poèmes que parfume « l'arôme fraternel des fleurs consolatrices ». On se répéta ces vers de *l'Ombre* :

> Le rameur qui m'a pris l'obole du passage
> Et qui jamais ne parle aux ombres qu'il conduit,
> Me laissa ce miroir aimé de mon visage;
> Je ne suis pas entrée entière dans la nuit.

Des images antiques apparaissent dans *le Potier, Psyché* ou *Thallo* :

> Lorsque vous m'étendrez au bûcher de santal,
> Avant que je devienne une cendre légère,
> Éloignez de mes doigts l'obole de métal.

> Je veux que ce qui fut ma grâce passagère
> Charme encor d'un baiser le passeur infernal
> Quand vous, de ces baisers, n'aurez que la poussière.
>
> Puisque l'ennui de vivre et l'effroi, tour à tour,
> De la mort, ont toujours tourmenté mes pensées
> Et que triste et divin fut mon terrestre amour,
>
> Que je rentre à jamais dans les choses passées
> Et que de ma beauté l'on parle quelque jour
> Quand je serai lointaine aux mémoires lassées.

Elle aime « le beau rythme secret de deux strophes égales » et joue bien de l'alexandrin. Une *Lune sur la mer* nous montre sa souplesse et sa délicatesse :

> Au fond du crépuscule vert
> Le croissant de la lune a l'air
>   D'un coquillage,
> Et nacré, courbe, lisse et clair
> Polit les conques de la mer
>   A son image.
>
> A quelle oreille dans la nuit,
> Lune triste! se plaint et luit
>   Mystérieuse,
> Votre voix pareille à ce bruit
> Houleux qui s'enfle, et qui remplit
>   La conque creuse?

Gérard d'Houville, de toutes, est la plus attachante et la plus purement artiste : elle sait la beauté des mots et de leurs unions dans la phrase rythmée. Qu'elle se mire en son enfance ou qu'elle se révolte contre le vieillissement : « Ainsi je vais mourir tout au long de ma vie », ses poèmes sont riches de substance, de rêves, d'évocations. Chaque promenade dans Paris ou ailleurs s'accompagne de fraîcheur méditative et des sourires discrets d'une sagesse sans illusions, d'une sérénité conquise et fleurie, d'une ferveur inaliénable. Imaginative, elle n'improvise pas mais travaille ses vers en artisan consciencieux qui a l'instinct de la qualité. L'expression, l'ondulation de la phrase, l'enchâssement de vers parfaits dans un ensemble harmonieux, la parfaite distribution des temps forts et des temps faibles raviront le connaisseur.

La Forêt des Amazones.

L'Amazone des Amazones fut l'Américaine Natalie Clifford-Barney (1877-1972) à qui Jean Chalon a élevé un tombeau dans *Portrait d'une séductrice,* 1977, qui apporte une contribution indispensable à la connaissance de la prêtresse de Sappho, de la femme, du poète, de son entourage et de son époque. Séductrice, oui, et par cela inspiratrice : Liane de Pougy écrit pour elle *Idylle saphique,* 1901, Renée Vivien *Études et préludes,*

Remy de Gourmont *Lettres à l'Amazone,* et elle a inspiré des personnages à Colette, Lucie Delarue-Mardrus, Radcliffe Hall, Djuna Barnes, elle a été l'amie de Romaine Brooks, de Marguerite Yourcenar, des personnages les plus raffinés rencontrés au cours d'une longue existence. Remy de Gourmont avait remarqué ses vers pour Renée Vivien et il lui adressa sous forme de lettres des dissertations profondes sur le mysticisme, le souvenir, la chasteté, etc., en même temps que les échos d'une amitié amoureuse. En elle il avait trouvé une femme qui choisissait ses plaisirs et voulait que l'amour s'accompagnât d'intelligence, une sorte d'idéal féminin ayant « cœur païen de guerrière », « appétit de bonheur », « élan vers la beauté ». Son recueil *Poems et Poèmes,* 1920, témoigne d'une sensibilité bien particulière, acide et brutale, pleine d'étrangetés, de mouvements de marées, de surprises brusques :

> Amants des grands chemins, usons nos bons cerveaux,
>   Nos bras qui ne savent qu'étreindre.
> — Étreindre ? Mieux vaudrait étrangler — et sans geindre
> Se tuer dans l'égoût pour l'amour vieux-nouveau,
> La face bien marquée de tous leurs crocs, (répliques
> Que nous aurons données ces chiennes dites nos sœurs)
> Mais la face levée vers le ciel, extatiques,
>   D'un dernier coup de poing, au cœur !

Un sonnet, *Méduses,* de construction régulière, apporte quelques images étranges encore, et même des effrois :

> Dans la forêt de mort, sans saisons, sans feuillages,
> — Où la sève des pins, de leurs troncs mutilés,
> Coule en lente agonie — il est un exilé
> De la vie, attendant de vains appareillages.
>
> Il regarde la vague apporter sur la plage
> Les masques transparents, aux traits annihilés,
> Des méduses. — Semblable aux ruines de Philae,
> A ces visages d'eau s'oppose son visage.
>
> Masques faits et défaits du mouvement des flots,
> La mer toujours les roule à même ses sanglots,
> Des soleils de minuit jusqu'à l'aube des lunes.
>
> Les immolés ont tous la face de Jésus,
> Qui, des sables passifs, rejetés par le flux,
> Comptent le temps sans fin au sablier des dunes.

Il y a encore de la poésie en maints lieux de son œuvre comme dans les *Pensées d'une Amazone,* 1921, et Jeanine Moulin l'a vu qui en a retenu dans ses *Huit Siècles de poésie féminine,* 1975. L'ingénieuse construction verbale de ses maximes fait parfois penser à des vers libres qu'on aurait isolés : « Et tout le jour je regarderai les yeux que je t'aurais faits la nuit », « La survivance gaie de sa voix parmi les petites catastrophes », « Parce que son sang bat, je vis » ou encore :

> Sa voix, comme certains baromètres, s'est arrêtée au « beau fixe ».
> Sa voix ne trahit rien, ses paroles non plus, seul son contact n'échappe pas aux véridiques éloquences.
> J'ai reçu ses paroles comme une masse d'herbes et de fleurs fraîches au visage.
> Sa voix, c'est du beau temps à demeure.

Des poèmes à la sensualité acide aux broderies des maximes, Natalie Clifford-Barney a livré les reflets de sa personnalité, mais peut-être une bonne part de sa poésie se situait-elle dans sa vie en elle-même.

Si, dans l'entourage de Natalie Barney, Liane de Pougy, princesse Ghyka (1869-1950) écrivit en prose, une belle courtisane aux goûts saphiques, Émilienne d'Alençon publiera *Sous le masque*, 1918 (Jean Bouscatel l'aurait aidée), un recueil de poèmes en alexandrins ou en vers de quatre ou huit syllabes de qualité moyenne qui portent des titres comme *Méconnue, Courtisane, Désespérance, Idéal, les Pipes, les Colombes, le Lys, Venise, le Loup de velours noir,* certains étant dédiés à Pierre Louÿs ou Claude Farrère, et une partie de l'ouvrage ayant pour titre *les Poèmes pour Elle.* Dans *Courtisane,* elle confie : « Je n'ai rien désiré que d'être caressée. » Et aussi :

> De l'amour prodigué le long des jours passés,
> Des baisers pénétrants, sur les lèvres que j'aime,
> De ces morceaux de fleurs, entre mes doigts froissés,
> J'ai fait un pur collier de perles et de gemmes.
>
> Je porte fièrement ce mystique joyau,
> Dont l'éternel éclat me brûle jusqu'à l'âme :
> Moi, que l'amour aura marquée à mon berceau,
> J'entraîne vers sa loi, le cortège des femmes.

Un poète nommé Colette.

Ce n'est pas par effraction que Sidonie-Gabrielle Colette, dite Colette (1873-1954) entre dans ce livre : par-delà les étiquetages, la romancière des *Claudine,* celle des salons parisiens et des intimités amoureuses, celle des tièdes confidences riches d'instinct, d'intuition et d'intelligence féminins trouve dans sa prose des rythmes lyriques, apporte des méditations et des descriptions poétiques, des tournures originales qui sont création. Avec elle, la prose prend de l'altitude non seulement dans les décors, lieux parisiens, jardins, nature bourguignonne, marines, mais aussi dans sa quête de paysages intérieurs, d'avidités savoureuses et sensuelles. Poète, elle l'est partout et jusque dans le réalisme du frelaté qui accompagne son réalisme robuste de provinciale. On peut extraire la matière d'amples recueils de poèmes en prose dans des œuvres comme *la Retraite sentimentale,* 1907, *les Vrilles de ma vigne,* 1949, ou *le Fanal bleu,* 1949. *L'Enfant et les sortilèges,* 1925, apporte des dialogues qui sont autant de poèmes en vers libres :

> Toi, le cœur de la rose,
> Toi, le parfum du lys blanc,
> Toi, tes mains et ta couronne,
> Tes yeux bleus et tes joyaux...
> Tu ne m'as laissé, comme un rayon de lune,
> Qu'un cheveu d'or sur mon épaule,
> Un cheveu d'or... et les débris d'un rêve...

Mais, poète, elle l'est avec plus d'originalité lorsqu'elle emploie une prose imagée comme cette *Chanson de la Danseuse* qu'on trouve dans *les Vrilles de ma vigne*. Là, elle rejoint l'inspiration de ses sœurs amazones :

> Ô toi qui me nommes danseuse, sache, aujourd'hui, que je n'ai pas appris à danser. Tu m'as rencontrée petite et joueuse, dansant sur la route et chassant devant moi mon ombre bleue. Je virais comme une abeille, et le pollen d'une poussière blonde poudrait mes pieds et mes cheveux couleur de chemin...
> Tu m'as vue revenir de la fontaine, berçant l'amphore au creux de ma hanche tandis que l'eau, au rythme de mon pas, sautait sur ma tunique en larmes rondes, en serpents d'argent, en courtes fusées frisées qui montaient, glacées, jusqu'à ma joue... Je marchais lente, sérieuse, mais tu nommais mon pas une danse. Tu ne regardais pas mon visage, mais tu suivais le mouvement de mes genoux, le balancement de ma taille, tu lisais sur le sable la forme de mes talons nus, l'empreinte de mes doigts écartés, que tu comparais à celle de cinq perles inégales...

Il en est de même dans des œuvres comme *la Retraite sentimentale*, et ce n'est point par quelque tour de force ou par quelque vague assimilation qu'on peut parler de poésie à part entière :

> La nuit descend, prompte à se fermer sur ce jardin dont la grasse verdure demeure sombre au soleil. L'humidité de la terre monte à mes narines : odeur de champignon et de vanille et d'oranger... on croirait qu'un invisible gardénia, fiévreux et blanc, écarte dans l'obscurité ses pétales, c'est l'arôme même de cette nuit ruisselante de rosée... C'est l'haleine, par-delà la grille et la ruelle moussue, des bois où je suis née, des bois qui m'ont recueillie.

Non point « muses » mais poètes...

Tandis que les critiques et les auteurs de florilèges continuent à les nommer « muses », les créatrices désormais offrent un flot ininterrompu qui vient caresser les plages les plus diverses de la géographie poétique. Hélène Picard (1878-1945), avec son mélange de passion ardente et d'ingénuité, fait couler un lyrisme chaud, chante la vie mélancolique de la province, apporte de douloureuses confessions sentimentales ou se met à écrire avec gouaille dans le voisinage des mauvais garçons de Carco. Dix recueils, tous de qualité : *la Feuille morte*, 1903, *Petite Ville, beau pays*, 1907, *l'Instant éternel*, 1907, *les Fresques*, 1908, *Nous n'irons plus au bois*, 1911, *les Lauriers sont coupés*, 1913, *Rameaux*, 1919, *Province et capucines*, 1920, *Sabbat*, 1923, *Pour un mauvais garçon*, 1927. Elle élève une *Hymne au Bien-Aimé* :

> Ô jeune fleur de vie, ô chair pure et sacrée,
> Ô corps du bien-aimé, je te louerai un jour,
> Lorsque la terre boit la lumière dorée,
> Quand le soleil est beau comme un rire d'amour.
>
> Je te retrouverai dans les vignes ardentes,
> Dans la mûre si lourde aux doigts de la chaleur,
> Dans le parfum du foin et des roses brûlantes,
> Et dans le tiède sol et dans les fruits en fleur.
>
> Je te désirerai dans les plantes de l'ombre,
> Je te savourerai dans le pain du matin,
> Je boirai ta douceur au cœur de la nuit sombre,
> Et dans le fleuve beau, je verrai ton destin.

C'est l'homme qui ici devient muse, un homme qu'elle chante de toute son ardeur méridionale, avec fièvre et ivresse, dans son corps, mais il arrive que naisse la désolation des amours non partagées :

> Jamais il ne m'a dit : « Je suis ton bien-aimé,
>   Je suis ton cœur, ta joie éclose,
> Penchons-nous l'un vers l'autre, en un souffle embaumé,
>   Moi le silence, toi la rose... »
>
> Jamais il n'est venu à ma porte s'asseoir,
>   Si beau d'avoir vu la vallée...
> Et d'avoir regardé flotter l'ombre du soir
>   Et ma chevelure étoilée.
>
> Jamais il ne m'a dit : « Je suis ton bien-aimé,
>   Ton heure entre toutes choisie,
> Mon âme est près de toi comme un livre fermé
>   Où bourdonne la poésie. »

Hélène Picard, comme Louise Labé, vit et meurt, brûle et se noie, jette des confidences hardies, ses purs sanglots. On la voit s'exalter avec une abondance colorée et vivante, donner des effusions vibrantes du cœur et de la chair magnifiée, et cherchant d'un livre à l'autre un renouvellement qui s'affirme dans le curieux *Pour un mauvais garçon* où elle s'acoquine et projette au sein de son classicisme des airs de goualante. Elle dit *Toi* :

> Comme la Pègre, en toi, est subtile et fatale,
> Je n'eus qu'à t'approcher quelques heures pour voir
> L'homme soumis aux fleurs d'un corset de percale,
> La femme dévouée à quelque tricot noir.

Dans le même poème, elle entre dans l'univers de son homme et l'alexandrin s'assouplit, se brise, la langue prend une couleur de lampions de bastringue :

> Comme, multiple vent, tu me fais frémir toute
> Ainsi que la feuillée et la Dame de cœur,
> Comme tu es ma plus fragile banqueroute,
> Ô bar où j'ai joué mon dernier pot de fleur !...

> Comme... — Ben quoi, encor?... Oh! comme tu rachètes
> Trop de bravade avec ton cri si inquiet,
> Et comme tous les deux... — ... On crèvera poètes
> Entre cinq sous d'amour et un petit bouquet...
>
> — Comme tes yeux sont durs de légère lumière,
> Comme, jamais, nous n'avons pu nous dire : « Vous »,
> Comme tu pourrais être, avec ta mine altière
> Et ton rire un peu bas, le Roi de tes voyous...
>
> — Mieux ça. Bravo!... Alors?... — Eh! bien, alors... — On s'aime.

Il est curieux de voir ce poète classique dans un autre poème, *Sous le bosquet*, quitter la lyre pour l'accordéon :

> Verse... Verse... Dis tout : la ruche du moka
> Aux tendres cabarets mouillés d'un peu de vigne,
> Ses bouges séquestrant un air de mazurka,
> Son étrange génie : il arbora le Signe
> De la lanterne rouge au chapeau de lilas.
>
> ... Un conseil : Aimons-le. Mais, écoute : A ce gas,
> Faut lui... (verse!...) la paix... Très fragile... — Fleur bleue?
> — T'as pas idée : un Rêve... Et si vite détruit!...
> L'amour... (n'en parlons plus...) c'est la grêle pour lui.
> ... Et si long à refaire, un jardin de banlieue!...

Elle pourrait figurer parmi les poètes fantaisistes, cette Hélène Picard si surprenante qui va de Lamartine au faubourg avec tant de facilité comme en témoigne encore cette *Chanson* :

> Le léger do ré mi fa sol
> De la pluie à mon cœur de verre,
> Le phonographe, rossignol
> Des pauvres jungles de barrière,
>
> L'hivernal accompagnement
> Au triste accordéon du bouge,
> Le pizzicato nonchalant,
> A ton gilet, de l'œillet rouge,
>
> Cette valse où tu convias
> Avec ta guitare en détresse,
> La lune, et fleuris de lilas,
> Le dernier soir de ta jeunesse...

Marguerite Burnat-Provins (1872-1952) s'exclame : « Je ne suis pas la sœur de ces femmes aux yeux glacés qui se taisent! » Française, installée dans le Valais, des *Tableaux valaisans*, 1903, aux *Chansons rustiques*, 1905, elle s'en inspire, mais le meilleur d'elle-même est dans *le Livre pour Toi*, 1908, *Cantique d'été*, 1910, ou *Poèmes troubles*, 1920. Citons encore *Poèmes de la boule de verre*, 1917, *Poèmes du scorpion*, 1921, *Choix de poèmes*, 1933, *la Cordalca*, 1943. Alfred Berchtold écrit : « Avec elle, pour la première fois en Suisse romande, le corps parle au corps, dans la vive clarté du jour. » Il est vrai que ses cris d'amour jaillis de la chair, sa vérité, ses appels sensuels sont de feu et ses préfaciers, Henry Bataille ou Camille Lemonnier l'ont bien vu. Son originalité, en un temps où l'on versifie beaucoup, est d'être un poète en prose. Elle construit le corps amoureux comme Arcimboldo ses portraits, avec des fleurs et des fruits couleur de chair :

> Je dis : Voici les cerises gaies, les cassis noirs comme mes yeux, les mûres qui saignent et les voluptés plus rouges que les tomates insolentes.
> Tout mon corps parfumé pour toi : prends!
> Ton souffle évapore mon âme, elle vole à travers des jardins de délices et puis, sur ta bouche fraîche, elle vient se poser.
> Mon corps ondule au gré de tes caresses, il se courbe et se relève, ainsi fait l'épi chargé sous le vent du sud, et puis, sur ta poitrine, il retombe apaisé.
> Que ton oreille s'appuie à ma lèvre alors muette, si tu veux l'entendre encore l'hymne qui continue pour Toi.

Avec elle, le sexe entre en poésie, un sexe sans honte dans la splendeur des caresses de l'amour partagé, chaque poème, chaque paragraphe étant une célébration d'un mystère païen auquel est conviée toute la nature :

> Je dirai la lumière de tes yeux, la volupté de ta bouche, la force de tes bras, l'ardeur de tes reins puissants et la douceur tiède de ta peau, blanche et dorée comme la clarté du soleil.
> Je dirai l'emprise de tes mains longues qui font à ma taille une ceinture frémissante; je dirai ton regard volontaire qui anéantit ma pensée, ta poitrine battante soudée à ma poitrine, et tes jambes aussi fermes que le tronc de l'érable, où les miennes s'enroulent comme les jets onduleux des houblons.
> Telle qu'une idole, mon adoration couvrira ta nudité superbe des lys odorants et des phlox cueillis dans mon jardin.

Ce sont des blasons du corps masculin pénétrés d'une force envoûtante, des compositions baroques où la flore apporte ses images plus charnelles que végétales. L'homme ici est véritablement le correspondant de la muse.

De tels cris de passion sont cependant rares et nombre de poètes au féminin se contentent de jouer sur des thèmes traditionnels, jeunesse, sentiment, maternité, sans rien apporter de nouveau ou d'original. Ainsi Jane Catulle-Mendès (1867-1965) dans *les Charmes,* 1904, montre les facettes de l'amour : attente, ravissement, bonheur, doute, désespérance... de poème en poème comme dans les chapitres successifs d'un roman. Même ton dans *le Cœur magnifique,* 1909, avant qu'elle ne pleure un fils mort dans *France, bien-aimée* en 1925. Non point bacchante comme Marguerite Burnat-Provins, mais femme qui, pour l'homme, veut se revêtir d'*Apparats :*

> Je veux, pour dès l'instant qu'il me verra, lui plaire,
> Savoir tout le secret des parfums et des fards,
> Tout l'art harmonieux du geste involontaire,
> Et le subtil attrait des plus tendres regards.

On trouvera les mêmes préoccupations chez Marie-Louise Dromart (1890-1937) dès son premier recueil *le Front voilé,* 1911 :

> Je saurai pour te plaire, aviver mon regard,
> Et je saurai mettre à ma joue un peu de fard!...
> Pour lui ressembler mieux, sur le coin de ma bouche,
> Comme elle, j'appuierai le velours d'une mouche,
> Et j'oxygénerai, comme elle, si tu veux,
> Le flot soyeux et blond, pourtant, de mes cheveux.
> Je me parfumerai de verveine et de rose
> Et te vouerai – comme elle, éblouissante et rose –
> Ce que son rire même a d'artificiel!...

Troubles sentimentaux, maternité, tendresses apparaissent encore dans *les Feuilles tombent,* 1912, *le Bel Été,* 1925, *Sur mes pipeaux fleuris,* 1928, *Dans le sillage de l'Oiseau blanc,* 1929, *l'Allée aux fantômes,* 1931, avec des ingénuités touchantes et une certaine qualité de chant. « Donne-moi si tu veux mille croix à porter! » dit-elle à l'être aimé, cette quêteuse d'amour apaisante.

Il reste quelque chose de l'Humanisme de son mari chez Harlette Fernand-Gregh (1873-1958) dans *Jeunesse,* 1907, ou *Vertige de New York,* 1935. Le premier recueil est comme le journal intime et poétique de la jeune fille, de la jeune femme et de la jeune mère. Et l'on ira dans un univers tranquille vers une *Foi* et une sagesse :

> Car chaque heure de vie infime ou solennelle
> Va dans l'ombre ériger la forme du tombeau,
> Selon que nous vivons un destin triste ou beau,
> Se fixe obscurément notre forme éternelle.

Était-ce une mode au début du siècle qu'il y eût ainsi des ménages de poètes? On trouva Alphonse Daudet et sa femme, Xavier et Lydie de Ricard, puis ce furent les Fernand Gregh, les Catulle Mendès, Jacques et Marie Nervat, Georges et Cécile Périn, Edmond Rostand et Rosemonde Gérard, Henri de Régnier et Gérard d'Houville. Jacques Richepin qui tentait vainement de rejoindre son père Jean Richepin dans son art eut pour épouse la comédienne Cora Laparcerie (1875-1951) qui ajouta à une riche personnalité un livre de poèmes, *J'aime,* 1924, inspiré par la Bretagne et le lyrisme sentimental, improvisations sans autre prétention que de traduire des pensées intimes et des intimités sages.

Poésie et maternité.

Injustement oubliée, la très remarquable Cécile Sauvage (1883-1927) en un temps fut la rivale en gloire d'Anna de Noailles ou de Lucie Delarue-Mardrus. Épouse de Pierre Messiaen, universitaire et critique catholique, mère du poète Alain Messiaen et du compositeur Olivier Messiaen, elle est surtout le chantre de l'amour maternel qu'elle éprouve dans sa chair créatrice. Elle était la fille d'un félibre d'Orange et, adolescente, elle connaissait par cœur les œuvres des maîtres du Félibrige. C'est en français cependant qu'elle écrivit, un français classique et pur nourri de Ronsard, de Racine et de Chénier non loin de Marceline Desbordes-Valmore. « Poète unique, écrivait Léon Daudet, diamant de chair, elle saisit et concentre les concordances : la femme et l'arbre, la compréhension et la maternité, la douleur et l'âme, l'amour et le bref, l'horizon et la mort, la couleur et l'inquiétude, la lumière et l'apaisement, l'impossible et le rêve. » Elle a publié *Tant que la terre tourne,* 1910, *le Vallon,* 1917, puis ce furent *Œuvres,* 1929, *l'Ame en bourgeon,* 1955, posthumes.

Chez Cécile Sauvage, c'est l'enfant qui devient l'inspirateur, qui crée les émois de l'attente, qui est le compagnon dans le corps, l'amant véritable. D'un poème à l'autre se crée un véritable roman de la naissance. Elle dit *la Tête* :

> Ô mon fils, je tiendrai ta tête dans ma main,
> Je dirai : j'ai pétri ce petit monde humain ;
> Sous ce front dont la courbe est une aurore étroite,
> J'ai logé l'univers rajeuni qui miroite
> Et qui lave d'azur les chagrins pluvieux.
> Je dirai : j'ai donné cette flamme à ces yeux,
> J'ai tiré du sourire ambigu de la lune,
> Des reflets de la mer, du velours de la prune
> Ces deux astres naïfs ouverts sur l'infini.
> Je dirai : j'ai formé cette joue et ce nid
> De la bouche où l'oiseau de la voix se démène ;
> C'est mon œuvre, ce monde avec sa face humaine.

La naissance, chant de joie, s'accompagne d'un regret quasi métaphysique de ne plus porter en soi, comme la fleur, la graine de vie. Elle s'extasie : *Il est né* :

> Il est né, j'ai perdu mon jeune bien-aimé,
> Je le tenais si bien dans mon âme enfermé,
> Il habitait mon sein, il buvait mes tendresses,
> Je le laissais jouer et tirailler mes tresses.
> A qui vais-je parler dans mon cœur à présent ?

Des hommes comme Maurice Barrès, Eugène Marsan, Francis Jammes, Remy de Gourmont, Jean Tenant, Henri Pourrat ont bien compris que seule une femme pouvait écrire cela. Nous sommes à l'opposé des Amazones et de leur horreur de la fécondité. Elles n'auraient pu écrire :

> Enfant, pâle embryon, toi qui dors dans les eaux
> Comme un petit dieu mort dans un cercueil de verre,
> Tu goûtes maintenant l'existence légère
> Du poisson qui somnole au-dessous des roseaux.

Ou encore :

> Je savais que ce serait toi
> Avec cette petite bouche,
> Avec ce front et cette voix,
> Ce regard indécis qui louche.

Elle dira encore : « Te voilà, mon petit amant... » et aussi : « Je suis toi. » Aucune n'a autant qu'elle le sens de la vie. Avec une exquise délicatesse, elle traduit en images de nature les sentiments abstraits, solitude, souvenir ou *Mélancolie* :

> Mélancolie, ô ma colombe
> A l'œil tendre, à la plume grise,
> Toi qui me suis quand le jour tombe
> Vers l'étang que la lune irise ;
> Toi qui becquettes mon bras frêle
> Comme une sœur encor mutine
> Et dont le baiser me rappelle
> L'ongle pointu d'une main fine...

Ayant le don de percevoir, ressentir et exprimer les choses de l'existence profonde, sans vaine rhétorique, avec une présence physique dans le poème, Cécile Sauvage, en femme à part entière, apporte des réponses poétiques infiniment troublantes et touchantes.

C'est aussi le double amour de la nature et de la maternité qui nourrit l'œuvre de l'Auvergnate du Puy-de-Dôme Amélie Murat (1885-1940) qui a publié *D'un cœur fervent*, 1909, *le Livre de poésie*, 1912, *Humblement sur l'autel*, 1919, *Bucolique d'été*, 1920, *le Sanglot d'Ève*, 1923, *Chants de minuit*, 1926, *Passion*, 1929, *Solitude*, 1930, *le Rosaire de Jeanne*, 1933, *le Chant de la vie*, 1935, *Vivre encore*, 1937, et le posthume *Poésie, c'est délivrance*, 1946. Elle est fort proche de Cécile Sauvage par des qualités d'âme dont a parlé Frédéric Plessis : « L'élévation d'une pensée toujours nourrie de foi n'empêche pas que le poète ait le sentiment de la nature, le goût des tendresses humaines, et n'accepte l'apport de l'âme païenne qu'en ce qu'elle a de beau et d'éternel... » Ferveur et sensualité, intelligence et goût s'accompagnent de spiritualité et de passion qui embrasent tout. Les plus beaux poèmes du *Sanglot d'Ève* la rapprochent de Charles Guérin. Dans ses *Chants de minuit* elle chante l'enfant dans son absence : *Berceuse pour l'enfant qui n'existe pas* :

> Mon enfant adoré que je n'ai jamais eu,
> Ma rose, mon bourgeon, ma perle, mon Jésus,
> Dans l'ombre insomnieuse et craintive où la femme,
> D'un geste égalisé comme un rythme de rame,
> Berce la barque blanche où son fils est blotti,
> Moi, je te serre au creux le plus chaud de mon âme :
> Mon enfant... ma beauté... mon souffle... mon petit !

Le même thème lui dictera d'autres chants de maternité vierge en des poèmes chaleureux et tendres :

> Mon petit enfant mien, qui jamais n'existas
> Hors de l'insaisissable et fugitif état
>   Des êtres que le Songe invente ;
> S'il est pour moi cruel, qu'il est heureux pour toi
> Que jamais un berceau n'ait reçu sous mon toit
>   Ta forme sensible et vivante !

Toujours, Amélie Murat recherche la musicalité, apporte « le souffle déchiré d'un sanglot féminin », chante « pour les bonheurs humains que nous n'aurons pas eus », dit « le voyage, avec sa candide exubérance » ou *l'Amour des bêtes :*

> Quelque moine bouddhiste en moi revit peut-être,
> Qui, gardant le respect ou l'amour de tout être,
> Évite en son chemin d'écraser la fourmi,
> Sauve du jardinier le bourdon endormi
> Dans la rose, permet à l'obscure araignée
> De parfiler sa toile, au plafond, rencognée,
> (Mais délivre pourtant la mouche), et voudrait voir,
> Si, d'abolir la Faim, il avait le pouvoir,
> L'aigle aider l'alouette... et l'agneau qui se trouve
> Perdu dans la forêt téter la mère louve.

Elle se fera célébrante dans une *Prière au bord du gouffre* pour dire :

> Les Noces de l'Agneau Mystique. Un paradis
> Qui serait un jardin d'arbres, de fleurs, grandis
>
> A la taille des saints, des martyrs, des prophètes,
> Une Kermesse avec d'archangéliques fêtes.

Comme elle, Marie-Louise Vignon (née en 1888) célébrera les « clairs ciels de France » et les tendresses inemployées dans *A l'enfant que je n'aurai pas eu :*

> Fils ou fille, qu'importe? — Enfant
> Dont je rêvais d'être la mère,
> Avec quel geste triomphant
> J'aurais étreint ta forme chère!

Chantre de la douleur solitaire, à l'écoute des misères humaines pour en être la consolatrice, dans ses livres, *Chants de jeunesse,* 1911, *la Douleur solitaire,* 1920, *Ciels clairs de France,* 1922-1933, *le Cœur ardent et grave,* 1924, *Élégies secrètes,* 1928, avec allégresse, elle dit sans cesse « Un cœur jeune au bonheur est promis tôt ou tard ». Elle édifie un chœur de « musiques champêtres » où les souris, les grillons ou *le Taret* chantent :

> La maison trop ancienne et rustique a son bruit
> Secret et qu'on entend mieux encore la nuit,
> Comme un tic-tac d'horloge en la chambre sonore,
> La vrille d'un taret obstinément perfore
> La poutre de sapin, sous le toit : l'on croirait
> Ouïr le Temps menu travailler sans arrêt.

Sabine Sicaud, l'enfant-poète.

On a pu parler du « cas » Sabine Sicaud (1913-1928) puisque ces dates nous disent la brièveté de sa vie : morte à quinze ans, elle laisse une œuvre poétique riche d'images originales et de rythmes savants où la spontanéité s'allie à la maturité de pensée et force l'étonnement. Mais nous ne nous arrêterons pas à l'image de l'enfant prodige, du phénomène, car elle mérite mieux, ce vrai poète, que d'être réduite à cela. Elle écrivait avant sa dizième année sans que personne ne lui tienne la main. Anna de Noailles présenta ses *Poèmes d'enfant,* 1926, disant ses ruses charmantes, ses poèmes heureux, son espiègle vision de l'univers. On retrouva ses cahiers et l'on publia les posthumes *Poèmes de Sabine Sicaud,* 1958. Elle aurait pu apprendre à bien des poètes enfermés dans le joug des vers trop bien alignés ce qu'est la vraie poésie. On écoute ce poème de l'amitié :

> La main des dieux, tu peux refuser de la prendre.
> La main du mendiant, tu peux aussi.
> Toutes les mains qui frôleront la tienne
> Tu peux les oublier.
> La main de ton ami, ferme les doigts sur elle
> Et serre-la si fort que le sang de ton cœur
> Y batte avec le sien au même rythme.

Aux écoutes de la nature, elle est une virtuose de la description attentive. Voici *la Châtaigne* :

> Peut-être un hérisson qui vient de naître ?
> Dans la mer, ce serait un oursin, pas bien gros...
> Ici, la boule d'un chardon — peut-être —
> Ou le pompon sournois d'une bardane
> Ou d'un cactus ? Mais non, dans le bois qui se fane,
> Dans le bois sans piquants, moussu, discret et clos,
> Cette chose a roulé subitement, d'en haut,
> Comme un défi... parmi les feuilles qui se fanent.

Du fruit à la fleur, elle est une Alice au pays des Merveilles qui fixe des images attentivement dans « la joie ardente du printemps » ou chante « la fête rustique du Cytise » :

> Non, pas une glycine. Au lieu de grappes mauves,
>   Ce sont des grappes d'or...
> On dirait des pendants d'oreille de jadis, en bel or fauve...
> Ou des pastilles d'ambre, ou les confettis d'or
> Qui joncheraient, pour un grand mariage,
> Le tout petit sentier... C'est le décor
> Où des torches s'allument. Vois flamber le paysage !

Une *Vigne vierge d'automne* lui inspire des images de sang, des images tragiques :

> Vous laissez tomber vos mains rouges,
>   Vigne vierge, vous les laissez tomber,
> Comme si tout le sang du monde était sur elles.
> A leur frisson, toute la balustrade bouge,
>   Tout le mur saigne,
> Ô vigne vierge... Tout le ciel est imbibé
>   D'une même lumière rouge.
>   . . . .

(Lady Macbeth n'eut-elle pas ce geste
Après avoir frotté la tache, si longtemps?)
　　Mains qui se crispent, mains qui restent
　En lambeaux rouges sur octobre palpitant,
　　　Dites, oh! dites, chaque année
　Êtes-vous les mains meurtrières de l'automne?
　　　　Ou, chaque année,
　　Sans rien qui s'en émeuve, ni personne,
　　　　Des mains assassinées
　　Qui flottent au fil rouge de l'Automne?

N'écrira-t-elle pas « pour un vieux Monsieur qui ne comprend pas le cinéma » un des premiers poèmes consacrés au septième art! C'est *le Cinéma* :

Trou d'ombre. Grotte obscure, où l'on sent, vaguement,
Bouger des êtres. La pâleur de l'écran nu
Comme une baie ouverte, au fond, sur l'inconnu...
Musique en sourdine — tiédeur — chuchotements —
　　　Odeur de mandarine,
　De sucre d'orge et d'amandes grillées,
Attente — carillon d'un timbre qui s'obstine —
Petite danse de lueurs éparpillées.
. . . .
Puis, coup de soleil brusque. Le mystère
De ce carré de neige s'animant.
Floraison de jardins, pics, fleuves, coins charmants,
Coins tragiques, villes, forêts, la vaste terre...
La vaste terre, et le ciel vaste, et la magie
De visages parlant des yeux, des lèvres,
　　　Sans la voix.

Tout amoureux du cinéma porte en lui un enfant et ici c'est l'enfant qui parle de l'enfant du cinéma, ce miracle :

Art muet, soit... N'ajoute rien. Tu l'aimes,
Tu l'aimeras, quoi que tu dises, l'art vivant
Qui t'offre son visage neuf et son langage,
Ses ralentis, ses raccourcis, tous ses mirages,
　　Tous ses décors mouvants...

Elle écrit un poème sur *la Paix* révélant un art de visionnaire, de peintre extasié d'une ampleur cosmique. Pour en tracer le portrait, elle procède par approches successives, corrigeant sans cesse son tableau, l'interrogeant, cherchant des approximations chez Corot, Puvis de Chavannes, Carrière ou Henri Martin, s'exclamant au passage : « Ah! tant de verbes, d'adjectifs, de parenthèses! » et faisant ainsi, sans qu'il y paraisse, une critique : « Et pourquoi tant de mots pour te décrire? Vois... »

Comment je l'imagine?
Eh bien, je ne sais pas...
Peut-être enfant, très blonde, et tenant dans ses bras
Des branches de glycine?

> Peut-être plus petite encore, ne sachant
> Que sourire et jaser dans un berceau penchant
> Sous les doigts d'une vieille femme qui fredonne...
> Parfois, je la crois vieille aussi... Belle, pourtant,
> De la beauté de ces Madones
> Qu'on voit dans les vitraux anciens. Longtemps —
> Bien avant les vitraux — elle fut ce visage
> Incliné sur la source, en un bleu paysage
> Où les dieux grecs jouaient de la lyre, le soir.

Nous avons lu son écriture appliquée de petite fille studieuse, sa signature gentiment soulignée avec émotion. Elle traçait les lignes de *la Chanson du petit caillou* :

On le croit silencieux : moi je sais qu'il chante.
Il chante, au bord du chemin, sa chanson de petit caillou.
Mais comme il chante à voix basse, les hommes, d'ordinaire,
N'en savent rien.
A-t-il appris dans la rivière, ou sur le barrage du ruisseau,
Les secrets de l'eau qui court ? A-t-il appris le long de la route, les secrets des êtres qui passent ?

Née près de Villeneuve-sur-Lot, il passe dans ses poèmes que couronnaient les Jeux Floraux des frissons méridionaux, tel *Oustalet,* telle « Chevrette de Monsieur Seguin » ou l'admirable *Heure du platane* :

> Sentez-vous cette odeur, cette odeur fauve et rousse
> de beau cuir neuf, chauffé par l'automne qui flambe ?
>
> Tous les cuirs du Levant sont là, venus ensemble
> de souks lointains saturés d'ambre et de santal.
> Des huiles et des gommes d'or les éclaboussent.
>
> En de jaunes parfums d'essences et de gousses,
> tous les cuirs précieux d'un faste oriental,
> cuirs gaufrés et gravés, pointillés de métal,
> peints et damasquinés, sont là. Ceux de Cordoue
> s'allongent en panneaux où la lumière joue
> comme dans l'escalier d'un palacio ducal ;
> ceux de Russie ont des reflets de pourpre ardente ;
> ceux de Venise la douceur d'épais velours,
> et ceux des Flandres aux blonds rares, aux bruns sourds,
> semblent chez le bourgmestre attendre une kermesse.

On l'appelait « le petit elfe » et elle en avait la fragilité. Elle écrira les plus beaux poèmes qui soient de la souffrance et de la mort. Aux peurs enfantines comme celle du *Fafou* aux « yeux d'un autre monde » succédera *la Maladie* bien réelle :

> Ah, laissez-moi crier, crier, crier...
> Crier à m'arracher la gorge,
> Crier comme une bête qu'on égorge,
> Comme le fer martyrisé dans une forge,
> Comme l'arbre mordu par les dents de la scie,
> Comme un carreau sous le ciseau du vitrier,

> Grincer, hurler, râler. Peu me soucie
> Que des gens s'en effarent, j'ai besoin
> De crier jusqu'au bout ce qu'on peut crier.
> Les gens? Vous ne savez donc pas comme ils sont loin,
> Comme ils existent peu, lorsque vous supplicie
> Cette douleur qui vous fait seul au monde.

Elle dit : *Souffrance, je vous hais...* Elle a crié « Comme un damné, toute la nuit et tout le jour... » Elle se révolte :

> Je vous hais...
> Vous êtes lâche, injuste, criminelle, prête
>   Aux pires trahisons ! Je sais
> Que vous serez mon ennemie infatigable
> Désormais... Désormais, puisqu'il ne se peut pas
> Que le plus tendre parc embaumé de lilas,
> Le plus secret chemin d'herbe folle ou de sable
> Permette de vous fuir et de vous oublier.

Elle s'adresse *Aux médecins qui viennent me voir* et elle finit par appeler une mort secourable :

> Je ne peux plus, je ne peux plus, vous voyez bien...
> C'est tout ce que je puis.
> Et vous me regardez et vous ne faites rien.
> Vous dites que je peux, vous dites — aujourd'hui
> Comme il y a des jours et des jours — que l'on doit
> Lutter quand même et vous ne savez pas
> Que j'ai donné toute ma pauvre force, moi,
> Tout mon pauvre courage et que j'ai dans les bras
> Tous mes efforts cassés, tous mes espoirs trompés,
> Qui pèsent tant — si vous saviez!

Enfin, nous citons cette autre œuvre de la souffrance, *Vous parler?*

> Vous parler ? Non. Je ne peux pas.
> Je préfère souffrir comme une plante,
> Comme l'oiseau qui ne dit rien sur le tilleul.
> Ils attendent. C'est bien. Puisqu'ils ne sont pas las
> D'attendre, j'attendrai de cette même attente...
>
> On ne sait pas. On ne sait pas. Qui se ressemble?
> Et se ressemblât-on, qu'importe. Il me convient
> De n'entendre ce soir nulle parole vaine.
> J'attends — comme le font derrière la fenêtre
> Le vieil arbre sans geste et le pinson muet...
> Une goutte d'eau pure, un peu de vent, qui sait?
> Qu'attendent-ils? Nous l'attendrons ensemble.
> Le soleil leur a dit qu'il reviendrait, peut-être...

Chansons fraîches, rythmes allègres, chansons des fleurs et du petit caillou, puis plaintes et supplications, quel chemin parcouru en peu de mois! Que serait devenu le petit poète, le grand poète Sabine Sicaud s'il avait vécu? Qui sait si les leçons, la « littérature » ne l'auraient pas contaminée? Telle quelle, elle donne une leçon de poésie, et de poésie nouvelle, à ses aînés et à ses aînées. Ce n'est pas la frêle invention dont bien des enfants sont capables, mais une poésie réelle et mûre comme un jeune fruit. De l'étonnement à l'émotion et au bouleversement, Sabine nous apporte tout et tout propre, neuf et vrai. Et des historiens de la poésie l'oublient! On l'aime avec sa propre vie, on l'apprécie avec ses propres larmes, cette petite sœur des poètes...

Vers le très haut amour, Catherine Pozzi et d'autres.

Auprès de bien des épanchements lyriques, il arrive que le poète serre sa pensée comme une olive jusqu'à ce que la goutte d'huile écrite en coule. A l'écoute des leçons de Mallarmé, de l'art contenu de Paul Valéry, des femmes poètes ont su donner des chants de haute valeur intellectuelle, de mesure et de qualité. Une des meilleures est Catherine Pozzi (1882-1934) qui, avec peu de poèmes, et malgré la fuite du temps, garde des adeptes fervents.

D'origine italienne par son père, lyonnaise comme Louise Labé par sa mère, elle fut l'épouse d'Édouard Bourdet et la mère de Claude Bourdet. Sa mère était la cousine de Jean Lahor et elle fréquenta dès son enfance les maîtres du Parnasse comme Leconte de Lisle et Heredia, Montesquiou, les écrivains Paul Bourget, Paul Hervieu, Maurice Barrès, la société intellectuelle de l'époque. Elle fut l'amie de Rainer-Maria Rilke et d'Ernst-Robert Curtius, Paul Valéry et Pierre-Jean Jouve, Jean Paulhan et Julien Benda, Jacques et Raïssa Maritain, Louis Massignon, etc. Savante, elle étudia dans un essai posthume, *Peau d'âme,* 1935, sous la forme d'un conte, la doctrine catholique qu'elle n'acceptait pas dans son entier. On la voit, comme dans ses poèmes, influencée par les gnostiques, les livres de la sagesse indienne, et aussi par la biologie et la physique, en particulier par les connaissances modernes sur la cellule et l'hérédité et par la notion d'entropie. A son œuvre s'ajoute une nouvelle, *Agnès,* 1927, mais l'essentiel est *Poèmes,* 1935 et 1959, où s'ajoutent à ses propres œuvres les traductions de *Trois Poèmes* de Stefan George. En tête, Julien Benda a écrit : « On y trouve, comme dans tous les écrits de cette jeune femme, le sens de la perfection linéaire, par lequel l'âme d'Euclide rejoint celle de Phidias, et qui faisait que, dans le terrestre, elle semblait déjà hors du temps et des caducités de la vie. » En lisant son *Ave* on reconnaît une grande voix :

> Très haut amour, s'il se peut que je meure
> Sans avoir su d'où je vous possédais,
> En quel soleil était votre demeure
> En quel passé votre temps, en quelle heure
> Je vous aimais.
>
> Très haut amour qui passez la mémoire,
> Feu sans foyer dont j'ai fait tout mon jour,
> En quel destin vous traciez mon histoire,
> En quel sommeil se voyait votre gloire,
> Ô mon séjour...

Au début du XXe siècle, c'est un écho à la voix de Louise Labé à qui elle dédie le poème *Nyx,* en utilisant le décasyllabe, celui du *Cimetière marin,* qu'elle aime tant :

> Ô vous mes nuits, ô noires attendues
> Ô pays fier, ô secrets obstinés
> Ô longs regards, ô foudroyantes nues
> Ô vol permis entre les cieux fermés.
>
> Ô grand désir, ô surprise épandue
> Ô beau parcours de l'esprit enchanté
> Ô pire mal, ô grâce descendue
> Ô porte ouverte où nul n'avait passé
>
> Je ne sais pas pourquoi je meurs et noie
> Avant d'entrer à l'éternel séjour.
> Je ne sais pas de qui je suis la proie.
> Je ne sais pas de qui je suis l'amour.

Elle répond à la Renaissance, mais l'on pense aussi à ce qui restait de l'art médiéval d'une Catherine d'Amboise par exemple. Comme ses consœurs du temps jadis, Catherine Pozzi connaissait plusieurs langues et avait cette culture qui répond à celle des poètes scientifiques du XVIe siècle. Dans sa simplicité noble, sa poésie offre la distillation de son savoir. Ainsi dans *Vale :*

> La grande amour que vous m'aviez donnée
> Le vent des jours a rompu ses rayons —
> Où fut la flamme, où fut la destinée
> Où nous étions, où par la main serrée
>   Nous nous tenions.
>
> Notre soleil, dont l'ardeur fut pensée
> L'orbe pour nous de l'être sans second
> Le second ciel d'une âme divisée
> Le double exil où le double se fond
>
> Son lieu pour vous apparaît cendre et crainte,
> Vos yeux vers lui ne l'ont pas reconnu
> L'astre enchanté qui portait hors d'atteinte
> L'extrême instant de notre seule étreinte
>   Vers l'inconnu.

Elle écrivait la nuit et ses poèmes douloureux ont des intonations nocturnes. On a pu parler d'une Louise Labé ascétique, mais il n'y a rien de froid dans cette intelligence des choses. Lisons *Maya :*

> Je descends les degrés de siècles et de sable
> Qui retournent à vous l'instant désespéré
> Terre des temples d'or, j'entre dans votre fable
>   Atlantique adoré.
>
> D'un corps qui ne m'est plus que fuie enfin la flamme
> L'Ame est un nom chéri détesté du destin —
> Que s'arrête le temps, que s'affaisse la trame,
> Je reviens sur mes pas vers l'abîme enfantin.

> Les oiseaux sur le vent dans l'ouest marin s'engagent,
> Il faut voler, bonheur, à l'ancien été
> Tout endormi profond où cesse le rivage
>
> Rochers, le chant, le roi, l'arbre longtemps bercé,
> Astres longtemps liés à mon premier visage,
> Singulier soleil de calme couronné.

Auprès des chants paniques des Amazones, quel contraste, et, soudain, malgré les qualités de ces dernières, quel apaisement et quelle hauteur ! Amie elle aussi de Paul Valéry et chérissant les disciplines philosophiques et scientifiques, Edmée de La Rochefoucauld, dite Gilbert Mauge (née en 1895) est poète, essayiste, conférencière. Fondatrice de l'Union nationale pour le vote des femmes, elle a participé à la bataille féministe. Elle a écrit des essais sur *Anna de Noailles,* 1952, *Paul Valéry,* 1954, *Léon-Paul Fargue,* 1959, trois poètes, dit Jean Rousselot, dont le triangle définit assez bien le contour de sa vocation personnelle. Elle est l'auteur de divers ouvrages de méditation philosophique dont un essai sur la *Poésie politique,* 1966. Ses principaux recueils sont *Nombre,* 1926, *le Même et l'Autre,* 1932, *Concert,* 1937, *Chasse cette vivante,* 1948, *Plus loin que Bételgeuse,* 1952, *Choix de poèmes,* 1955, à la N.R.F. Elle a choisi d'utiliser les ressources musicales de la prosodie traditionnelle dont la contrainte de forme convient à la rigueur d'une pensée proche de celle de Valéry. Il s'en dégage une impression de mystère et de solitude, de douleur et de calme, et Edmond Jaloux a pu parler de « lucidité triste et parfois cruelle ». Les états de pensée qu'elle fixe dans le poème naissent souvent de faits observés au cours de promenades, dans un zoo, sur un marché, dans un jardin ou dans la rue où l'on rencontre ce *Promeneur :*

> Il marche devant moi, ce passant, et je crains
> D'apercevoir des traits qui ne seraient les tiens
> Je veux suivre de loin, sans la perdre, cette ombre
> Jusqu'à ce que le parc devienne froid et sombre
> Et derrière un vivant que je ne connais pas
> Ralentir ou presser, en sanglotant, mes pas.

A partir d'un art finement descriptif, celui par exemple d'un *Marché,* elle apporte une méditation intimiste et élégiaque :

> Un vent haut pousse au ciel mille blancs simulacres
> De terrestres objets qui fuient et se défont,
> Tandis que fleure ici pastèque ou giraumont,
> Sous l'ombre du platane et dans le bruit des fiacres
> Je vais et je t'entends et je n'observe point
> Ton regard où le monde à toi-même se joint.
> Ta voix seule est à moi. Tu m'expliques Descartes...
> Midi.
>   Ces gens.
>   L'odeur.
>   J'ai peur que tu ne partes.

Décrit-elle un *Opéra* « mêlant musique et gens dans une nuit rougeâtre » ou un *Zoo,* elle y met des accents philosophiques dont l'abstraction s'unit à la couleur :

> Les bleus singes sauteurs de travée en travée,
> Suspendus aux barreaux de leur cage élevée,
> Plissent, quand nous passons, la peau cernant les yeux.
> Tandis qu'un chimpanzé pensif et le flanc creux
> Compose en grelottant son système et qu'un dogue
> Vêtu de cuir aboie à notre dialogue.

Elle interroge aussi celui qui croit que « les morts goûtent l'air caresseur » et considère « les forêts et les eaux comme choses divines » :

> Toi qui crois que les morts ne sont pas morts, mais vivent
> Dans l'air, le ciel, les vents qui passent et dérivent,
> Diras-tu, cher vivant, les derniers mots pour moi?
> Pâle, sur le grand lit, déjà jetant l'effroi
> Me verras-tu souffrir, — et sans la reconnaître
> Cette voix qui me fut trop flatteuse peut-être
> L'entendrai-je — un peu grave, étouffant pleurs et cris,
> Commencer la prière entre les hauts murs gris?

Membre de l'Institut, de l'Académie royale de Belgique, ouvrant un salon mondain aux écrivains et aux poètes, peintre dans la manière de Lévy-Dhurmer, membre du jury Femina, ses multiples activités ont souvent masqué ce qu'il y a de plus pur en elle, ce Gilbert Mauge ouvert aux résonances profondes du poème.

Il y a chez la moins connue Jeanne Marvig (1872-1955) des intonations de Paul Valéry qui lui écrivait : « Je n'avais de longtemps rencontré dans un recueil de poèmes des vers d'une pureté et d'une harmonie si entières. » Cette Toulousaine, poète de la vie multiple, cherche le mot juste pour l'enserrer le plus souvent dans le moule de stances définitives proches de celles de Moréas. Elle tente de se mêler aux forces éternelles, aux saisons, aux lois de la nature où elle trouve l'ordre et la paix.

Elle a publié *Au cœur des Pyrénées,* 1910, *Des riens... tout l'infini,* 1913, *les Tisserands de gloire,* 1919, *Ô lyre d'Apollon,* 1920, *Marie-Madeleine,* 1927, *Mon cœur passionné,* 1927, *Avec les dieux et les héros,* 1928, *la Dryade,* 1932, *le Livre du poète,* 1933. Elle chantera son Languedoc, sa « plaine aux blés d'or, nature fortunée » et s'apparentera sans cesse à la nature comme ici :

> Je suis l'Arbre : un tronc étroit, substantiel et dur,
> La lente ascension d'un assemblage pur
> De fibres, de rayons, de silence et de sève!
> Je suis l'Arbre, une force invincible qui rêve :
> La colonne du temple où, sans faste et sans bruit,
> Le firmament s'unit aux mousses de la nuit...

Yvonne Ferrand-Weyher (1873-1963) attirera aussi l'attention de Paul Valéry, préfacier de ses *Fontaines de mémoire,* 1935, venues après des *Stances pour Laure,* 1926, et Huit Poèmes en forme de chant royal qui disent son souci de la forme, et avant *Chants et pleurs dans le vent,* 1961. Le chant royal, développement de la ballade, dans la règle classique, est composé de 59 à 62 vers répartis en cinq strophes de onze vers et un envoi de quatre, cinq ou sept vers. Dans sa préface, Paul Valéry a dit la plénitude singulière du genre « dont les caractères formels feraient songer, si on les figurait par une sorte de diagramme, à certaines pages d'algèbre ou de musique savamment et sévèrement construite ».

Celle qui réussit le mieux dans ce domaine du chant royal est Yanette Delétang-Tardif (1902-1976) qui, instruite plus que toute autre des conquêtes de la poésie moderne, en composa une partie de son œuvre. D'elle, Edmond Jaloux disait : « A la fois repliée et transparente, pure et dense, grave et féminine, elle tend à exprimer l'inexprimable dans une langue dépouillée, vibrante, nostalgique, où les rapports les plus secrets de l'esprit et du corps avec le monde cherchent à se définir. » A la recherche d'une poésie pure et non sans préciosité, elle a un goût de la lumière méditerranéenne qui la rapproche de Paul Valéry en même temps qu'elle reçoit l'influence des romantiques allemands en ce qu'ils ont de plus onirique. Par sa rigueur, on songe souvent au Nerval des *Chimères* qui aurait quitté le moule du sonnet pour le chant royal auprès de quoi le poème de quatorze vers paraît, pour Paul Valéry encore, un jeu d'enfant. Elle traduisit les *Poésies de Goethe* avec Maurice Betz et les *Poésies complètes de Nietzsche* avec Paul Arnold. Fréquentant le monde littéraire, appartenant aux jurys, donnant des conférences, elle apportait une présence amicale et rayonnante d'intelligence jusqu'à ce que la mort de son mari la plongeât dans la solitude et le retrait du monde et des livres, rejoignant ainsi le silence et le mystère qui sont pressentis dans son œuvre poétique. Elle a publié *Éclats,* 1929, *Générer,* 1930, *Vol des oiseaux,* 1931, *Confidences des îles,* 1934, *Briser n'est rien,* 1934, *la Colline,* 1935, *Morte en songe,* 1937, *Pressentiment de la rose,* 1941, *Poèmes du vitrier,* 1941, *Tenter de vivre,* 1943, *Sept Chants royaux,* 1945, *l'Éclair et le Temps,* 1951, *la Nuit des Temps,* 1952, *Chants royaux,* 1956, *les Emblèmes,* 1957, *les Éléments perdus,* 1963, etc. Voici la première strophe du *Huitième Chant royal* :

> Les monuments qu'on élève à l'amour
> Ont le destin des villes englouties :
> Seul un noyé peut en faire le tour,
> S'y retrancher, s'accrocher aux orties,
> Trouver l'éther de la menthe sauvage.
> Ces monuments s'arrachent d'un naufrage
> Dont nul ne sut quelle fut la clameur.
> Dahut la Blonde, une main sur le cœur,
> Ouvre l'écluse au gré de son amant
> Et les châteaux s'enfoncent dans la peur
> Où nous vivons, seuls éternellement.

Cette plénitude se retrouve dans tous ses poèmes. Elle écrivit des *Sonnets d'amour* qui sont aussi sonnets de mort :

> Lorsque la mort et moi nous nous rencontrerons
> Extrêmes ennemies qu'un seul hasard accole
> Elle, non lasse de m'attendre et sans affront,
> Moi, dans ce corps à corps, profondément frivole,
>
> On ne saura laquelle est descendue au fond
> De la terrasse bleue où les oiseaux s'envolent
> Laquelle en ce linceul ne pleure ni ne rompt
> Qui sera la racine, et qui sera corolle.
>
> De l'absence cruelle, un croisement fleuri
> Sans calvaire et sans dieu, mon univers chéri !
> J'ai peu pensé, vraiment, à cette simple ornière
>
> Et vouée à l'amour, ce tombeau résumé
> Pour te savoir déjà, mon amour sur la terre
> De la morte ou la vive également aimé.

Entre les poètes de la Renaissance lyonnaise et Paul Valéry, elle unit musique et travail du vers, gravité et transparence dans un langage maîtrisé :

> Pour unir à ton sort ma chair de fugitive
> Ce charme d'ici-bas nous apprenait son chant ;
> Tu le rejoins en lui quand tu veux que je vive
> Et pour l'approfondir, je te veux survivant !

Dans des vers libres, elle mêlera différents mètres impairs et pairs avec cet art de la liberté que peuvent acquérir les maîtres de rigueur :

> Un triste oiseau chantait, l'arbre d'or abordait
> une nuit outremer.
> C'était cet amer voyage
> qu'elle essayait de murmurer
> à ton oreille ;
> la vieille mélodie indécise et sacrée
> le fléchissement et sa meule de fleurs
> dans ta chair et ton âme.
> C'étaient toutes les choses indicibles
> et indéfiniment mortelles.

L'architecture classique de la plupart des poèmes à forme fixe est animée d'un frémissement romantique. Les présences ombreuses du passé, les vertiges du rêve ou les interrogations de l'avenir sont traversés de mouvements et de vagues d'inquiétude toujours de façon imagée, humaine et harmonieuse. C'est un chant infini où l'amour s'oppose à la mort avec le secours de l'écriture poétique.

Mathilde Pomès (née en 1886), présence discrète, s'effaça derrière ses traductions de l'espagnol et son *Anthologie de la poésie espagnole*. Paul Valéry préfaça son premier recueil *Ferveur,* 1928, que suivirent à de lointaines distances *Altitude,* 1938, *Au bord de la nuit,* 1956, *Orée,* 1958. Comme chez ses consœurs qui ont reçu les messages de Mallarmé et de Valéry, elle resserre sa pensée en des vers contenus et purs :

> Face à face avec vous et votre unique proie,
> sur cette lice unie et toute de candeur,
> ah ! je veux consumer du moins avec ardeur
> ce précaire répit que votre arrêt m'octroie.
>
> Car je pressens enfin que va m'être donnée
> avec un renouveau d'étonnement tout frais,
> cette heure de vacance et de suspens parfait
> pour laquelle j'aurai tant rêvé d'être née.

Le Miracle de Marie Noël.

Elle s'appelait Marie Rouget et choisit le pseudonyme qui lui allait si bien de Marie Noël (1883-1967), cette nouvelle Marie de France qui, à l'ombre de son clocher d'Auxerre, se dévouait aux œuvres catholiques en faisant de la musique et des vers. En 1910, *la Revue des Deux-Mondes* publia ses *Premiers Poèmes*. En 1920, ce furent *les Chansons et les Heures* qui lui assurèrent un accueil fervent qui ne se démentit jamais tout au long de son œuvre : *les Chants de la merci*, 1930, *le Rosaire des joies*, 1930, *Chants et psaumes d'automne*, 1956, *l'Œuvre poétique*, 1956, qui réunit les quatre précédents recueils et qui rééditée en 1971 comprendra encore des *Chants* dits d'arrière-saison, des temps irréels, de mortes, légendaires, du temps passé, des temps en feu, du dernier temps, et *Dernière Messe*, sans oublier ses *Notes intimes*, 1959, qui sont souvent de véritables poèmes en prose. Ajoutons qu'elle mit elle-même de nombreuses de ses œuvres en musique, qu'elle écrivit des œuvres en prose de qualité et que son œuvre a été étudiée par nombre de critiques comme Michel Manoll, André Blanchet, Sœur Marie-Tharcissius, Georges Hermans, Henri Gouhier, Raymond Escholier, etc.

Lorsque parurent *les Chansons et les Heures*, il apparut que ressuscitait une poésie venue du passé riche des présences d'une spontanéité première, à la fois dans le temps et hors du temps, comme si le chant s'était poursuivi à travers les siècles jusqu'à sa présence intemporelle. C'était la naissance d'un saint François d'Assise au féminin avec des « Chansons » naïves et pures comme écrites par une héroïne des « chansons de toile » du moyen âge, des « Heures » pieuses au parfum provincial, et l'ensemble écrit dans une langue claire, abordable, une prosodie savante et populaire, un sens de la mélodie berceuse, de la chanson douce, de la confidence quotidienne. A l'inspiration religieuse se mêlait un chant d'amour humain plein d'émotion, de pudeur, de crainte même avec un amour de la nature et des élans du cœur tournés vers l'espérance et la joie sereine. Nous sommes loin des Amazones, loin des pionnières d'une nouvelle poésie, loin des bacchantes lyriques, et pourtant nul n'a jamais repoussé Marie Noël et chacun, chacune a reconnu sa valeur. Elle chante vraiment :

> Quand il est entré dans mon logis clos,
> J'ourlais un drap lourd près de la fenêtre,
> L'hiver dans les doigts, l'ombre sur le dos...
> Sais-je depuis quand j'étais là sans être ?

> Et je cousais, je cousais, je cousais...
> — Mon cœur, qu'est-ce que tu faisais?
>
> Il m'a demandé des outils à nous.
> Mes pieds ont couru, si vifs dans la salle,
> Qu'ils semblaient, — si gais, si légers, si doux, —
> Deux petits oiseaux caressant la dalle.
>
> De-ci, de-là, j'allais, j'allais, j'allais...
> — Mon cœur, qu'est-ce que tu voulais?

Les chansons d'autrefois renaissaient avec leur charme imagé, leurs broderies de mots populaires, leur malice villageoise, comme dans cette *Ronde* :

> Mon père me veut marier,
> Sauvons-nous, sauvons-nous par les bois et la plaine,
> Mon père me veut marier
> Petit oiseau, tout vif te laisseras-tu lier?
>
> L'affaire est sûre : il a du bien,
> Sauvons-nous, sauvons-nous, bouchons-nous les oreilles —
> L'affaire est sûre : il a du bien...
> C'est un mari... courons, le meilleur ne vaut rien!

Et, parallèlement, apparaissait le chant pieux à la fois dans ses notes graves, mais aussi avec des accords de flûte et de joyeux tintements comme dans *A Laudes* :

> L'aube a touché mes cils et je me suis levée;
> J'ai trempé mon cœur lourd dans la brume divine,
> J'ai bu dans la fontaine et je m'y suis lavée;
> J'ai parfumé mes doigts aux buissons d'aubépine...
> Les longs troupeaux sonnants vont en file argentine.
>
> Tinte clair! Tinte gai! Sonne le beau matin!
> Je m'en vais dire une grand'messe en la campagne.
> Un coquelicot neuf sera mon sacristain,
> L'enfant de chœur mal défripé qui m'accompagne,
> Et j'aurai pour calice un lis de la montagne.

Elle retrouve la voix d'or des comptines, la saveur du langage des temps où l'homme se savait jeune, la sagesse populaire. D'aucuns, comme André Rousseaux, pourront parler de « facilité complaisante » ou, comme Pierre de Boisdeffre, de « poésie trop sage » et les apparences semblent parfois leur donner raison, mais qu'importe après tout, ne boudons pas notre plaisir, n'effaçons pas au nom de l'immédiat toute une province ravissante de la poésie! Sans faire de Marie Noël, comme André Blanchet, une sœur spirituelle de Baudelaire, d'Artaud et de Michaux, reconnaissons qu'en maints endroits elle quitte une image apaisée, un paradis tranquille pour ascendre une route plus haute, celle de l'âme solitaire, dans des bondissements de feu, des fustigations d'être en proie au péché, fût-il imaginaire. Alors, auprès de la frêle chanteuse, de la demoiselle paisible à l'existence quotidienne apparaît une passionnée quittant pour un temps son évangélisme naïf :

> Alarme! éveille-toi, pauvre moine engourdi!
> C'est le vieux guet-apens du démon de Midi.
> Fuis sans rouvrir les yeux, fuis, piétine la vie
> Qui voudrait être et ne doit pas être assouvie.
>
> Fuir! Mais où fuir? Où donc? Où? J'ai les pieds trop las.
> Où donc?... La mauvaise herbe est haute sous mes pas,
> Derrière et devant moi partout la Bête rôde
> Sous les fleurs, sur le ciel, dans la broussaille chaude,
>
> Et je sens comme un fruit où chemine le ver,
> Un serpent doux et chaud qui me suce la chair
> Et chaque battement de mon cœur me torture...
> Par où t'échapperai-je, ô maudite Nature?

Les puristes pourront trouver des gaucheries, des répétitions, des banalités, voire des clichés, mais, échappant à toute sophistication intellectuelle, elle triomphe par une ingéniosité convaincante et une spiritualité intimiste. Passé les premiers chants spontanés, a-t-elle cultivé sa naïveté? Ce n'est point impossible mais dans ses recours aux cantilènes, villanelles, complaintes ou cantiques, elle retrouve d'instinct de jolis chants de mélodiste à l'écoute des êtres. Sans elle une prairie du paysage poétique serait restée ignorée dans notre siècle. Sans elle la poésie catholique n'aurait pas été parsemée des fleurettes de la foi.

D'autres poètes d'inspiration chrétienne.

Comme Marie Noël, Cécile Périn (1877-1959) épouse du poète Georges Périn, a célébré les joies simples de la vie, confié son « ivresse d'être une âme ardente dans la cendre ». Elle a chanté « les routes de Champagne éclatantes et blanches », la mer de Bretagne et les émerveillements provençaux dans des poèmes de structure classique d'une honnête qualité. Ce sont des œuvres bien façonnées que ces livres : *Vivre*, 1906, *les Pas légers*, 1907, *Variations du cœur pensif*, 1911, *la Pelouse*, 1914, *les Ombres heureuses*, 1922, *Océan*, 1926, *la Féerie provençale*, 1932, *la Coupe*, 1937, *Pénélope*, 1953, *Paroles à l'enfant*, 1954, *Regards vers l'ombre*, 1956, etc. Il y a une inspiration familière comme dans *le Fil* :

> Je refais humblement les gestes que tu fis
> Jadis autour de moi dans la maison, ma mère,
> Je touche chaque chose avec amour, sans bruit,
> Et j'ouvre les volets pour qu'entre la lumière.

Il y a un émerveillement devant la nature qu'elle ne se lasse pas d'évoquer :

> Les mille traits d'argent du Printemps ont blessé
> Mon cœur qui t'oubliait, Nature, au fond des villes.

> Ah ! tu ris, tu sens bon, car tes doigts ont pressé
> Les senteurs du matin dans tes coupes d'argile.

Les âges de la vie, l'attente, l'enfant, la cuisine provençale, tout est matière à des poèmes simples et vrais, et aussi la *Louange* à Dieu qu'elle remercie de ce « court délice » qu'est la vie :

> Vous m'avez pris la joie ineffable de vivre
> Dans un monde si beau que mes yeux étonnés
> Ne se lassaient jamais d'épeler un tel livre
> Sur la cime sublime où vous m'abandonnez.

Encouragée par Heredia, membre féminin du groupe « les Loups », Hélène Séguin (1885-1972), du *Réseau fragile,* 1909, jusqu'à *Au clavier de mon cœur,* 1951, en une demi-douzaine d'œuvres, montre qu'on peut durant une longue vie écrire de bons alexandrins bien faits sans trop se soucier de renouvellement, au hasard des sujets d'inspiration. Les uns y verront fidélité, les autres paresse. Elle élève son *Credo :*

> Je crois en Vous, mon Dieu, parce que Votre cœur
> Est venu se poser près de mon cœur infime,
> L'inondant à jamais de votre amour sublime
> Qui tombe sur ma vie en gouttes de douceur...

Les sujets d'inspiration, quand ils ne sont pas religieux sont intimistes ; elle dit ce qui n'est plus, parle du *Vieux Moulin* « dont les bras se tendaient en geste qui supplie », *la Dentelle de Chantilly* « dans la verte campagne où se promène l'Oise » avec une certaine grâce rêveuse, ou encore elle murmure un aveu :

> Comme le lotus pâle aime le lac dormant,
> Comme aux fleurs du cytise est fidèle la chèvre,
> Le miel plaît à l'abeille, au baiser plaît la lèvre ;
> Et mon cœur, qui chérit son infernal tourment,
> Mon cœur lâche à ton cœur revient obstinément.

Le poème bien fait ronronne en maintes œuvres et la foi chrétienne se dégage souvent mieux dans la maladresse ou la gaucherie qu'en ces répétitions de choses attendues. L'épouse de Jacques Maritain, Raïssa Maritain (1883-1960) d'origine russe, auteur avec son mari de *Situation de la poésie,* dans ses poèmes, qu'ils soient en vers ou en versets : *la Vie donnée,* 1935, *Lettre de nuit,* 1939, peut-être parce qu'elle ne fut pas vouée dès l'enfance à la prosodie classique, exprime une foi mystique dans un éclairage de vitrail. « Une telle pureté, dit Henri Clouard, est celle même d'une bénédictine médiévale, à qui la modernité est une macération. » Elle est bercée *Au chant des psaumes :*

> Je t'apporte les chants de la terre, ses soupirs,
>   l'humble déploration
> De l'humaine détresse et misère, ses vœux,
>   ses supplications.

Ses versets lui permettent un développement du lyrisme sincère mais pas toujours bien original :

— Contemple le Bois et l'Arbre de la Croix, portant sa Fleur et son Fruit éternel !
Plus que l'arbre le cœur est fécond, il mûrit son fruit dans le silence; grappe sanglante promise au pressoir.
Vaisseau fragile et charnel, univers secret et ouvert, où la douceur du monde afflue avec le sang...

Dans le même registre du verset, il y a plus d'art chez une Henriette Charasson (1884-1972), essentiellement catholique dans tous ses recueils : *Attente,* 1914-1917, *les Heures du foyer,* 1926, *Mon Seigneur et mon Dieu,* 1934, *Sur la plus haute branche,* 1938, *Attente de la délivrance,* 1945, *Sacrifice du soir,* 1952. Elle a, comme Marie Noël, la foi du charbonnier et joue fort bien de l'instrument du verset emprunté à Paul Claudel, en variant les mètres, en donnant des rythmes particuliers, en utilisant au besoin la rime ou l'assonance. Ses thèmes sont la maternité, les joies du foyer, l'enfance, les deux guerres, et surtout la foi. C'est une incessante prière, une oraison confiante sans la moindre inquiétude, avec quelque chose de franciscain :

Quand je mourrai, ô mon Dieu, quand je me présenterai devant vous avec mon âme nue,
Quand je serai suivie par tous ces actes et ces pensées et ces omissions qui pèseront si lourd,
Je n'aurai presque rien à vous offrir pour ma défense, seulement un petit bouquet de pauvres fleurs d'amour,
Et vous me demanderez comment j'ose être venue.

Même ton parfois proche de Francis Jammes lorsque l'enfant la fait méditer sur la fuite du temps :

Mon enfant, je contemple avec admiration ta belle petite joue lisse,
Cette fine soie rosée, si fraîche qu'on ne croirait jamais que le Temps posera aussi sur elle sa main profanatrice,
Ta belle petite joue pleine et tendue qui est à la fois et le fruit et la fleur
Et devant cette beauté intacte, je pleure de tendre bonheur.

Aux écoutes de la vie, la voix d'Henriette Charasson sonne toujours juste. Elle multiplie les interrogations : « Que serait l'amour sans la durée? » ou « Faut-il tant de mystère et d'âpreté pour que notre âme se déclare comblée? » Elle chante la *Pieta,* « Mère de pierre qui tenez votre enfant de pierre tout raide sur vos genoux ». Elle élève des chants de reconnaissance : « Soyez béni, mon Dieu, parce que Vous avez inventé les arbres! » Pour elle, « le bonheur est un songe intérieur, le bonheur est un calme et brûlant rêve... ». Une œuvre simple, coulante, d'une grande lisibilité, sans fulgurances, mais aussi sans baisses de ton.

Féminité et francophonie.

Les pays de langue française font le don à la poésie de quelques grandes voix dès le début du siècle avant que le vaste mouvement de la francité ou de la francophonie ne prenne un essor inouï qui fait que le poète français ne sera plus jamais seul, écoutant dans sa propre langue des créations nouvelles dictées par d'autres climats, d'autres conditions de vie, d'autres particularismes individuels ou nationaux.

La Belgique avec ses grands symbolistes a donné le départ. Le phénomène sera irréversible. Une des meilleures femmes poètes est Marie Closset, dite Jean Dominique (1875-1952) qui, dès les alentours de 1900, s'affirme avec *Un goût de sel et d'amertume,* 1899, *l'Ombre des roses,* 1901, *la Gaule blanche,* 1903, *l'Anémone des mers,* 1906, *l'Aile mouillée,* 1908, que suivront *le Puits d'azur,* 1912, *le Vent du soir,* 1922, *Sable sans fleurs,* poèmes en prose, 1925, puis les posthumes *Poèmes choisis* avec un hommage de Francis de Miomandre et un avant-propos de Marie Delcourt, 1955. Jean Dominique, femme d'action, occupa de hautes fonctions, fondant en 1912 l'Institut belge de culture française qu'elle dirigera jusqu'à sa mort. Deux opinions définissent bien son art, celle de Francis de Miomandre : « Une espèce de sérénité sacrée, bercée aux sons d'une musique sourde et ravissante »; Edmond Jaloux : « Elle ne s'est jamais exprimée qu'à voix basse et pour quelques amis, elle a toujours craint les lumières trop vives et les expressions trop éclatantes. » Ses sujets d'inspiration sont la mort de Gilles, le jeune homme qu'elle aimait, la nature qui écoute ses confidences, la mélancolie. Des critiques comme Robert Frick et Michel Joiret la situent « parmi les plus purs, aux côtés de Van Lerberghe, d'Odilon-Jean Périer et d'Auguste Marin ». Classique avec quelques libertés, elle dit sa reconnaissance :

> Poésie ! Je t'ai portée à mes lèvres
> Comme un caillou frais pour la soif,
> Je t'ai gardée dans ma bouche obscure et sèche
> Comme une petite pierre qu'on ramasse
> Et que l'on mâche avec du sang sur les lèvres !

Elle s'exprime souvent au masculin. Ainsi dans ce poème *les Enfants que j'instruis :*

> Quand ce sera l'été et que je serai mort,
> Et qu'il fera plus doux et parfumé dehors
> Que dans l'obscur salon sentant la violette,
> Ils iront quelquefois jusqu'à me faire fête
> De quelques vers perdus comme des sons de cor.
>
> Ils seront forts et grands, et moi, je serai mort
> Et peut-être effacé, presque, de leur mémoire
> Où cependant j'ai mis une si longue histoire...
> Ils seront beaux, mais moi je coucherai dehors,
> Pour jamais, sur un lit de violettes noires.

Ses poèmes sont parfumés de fleurs, pleins d'envolées de colombes, elle dit encore :

> Mon doux Amour tremblant qui ne fut pas heureux,
> Je t'offre mon silence et mes heures pensives,
> Et ces blanches tulipes au bord d'un vase bleu,
> Et la paix de la chambre où rien n'entre et n'arrive
> Que le mystère en fleur des saisons fugitives.

Ses élégies sont douces, tranquilles, pudiques, monotones, baignées d'un symbolisme intimiste sans que la voix s'élève jamais et sans que rien ne détonne, car la peine est réelle, le chagrin profond. Son chant ne se pare pas d'habits de deuil, mais reste dans des teintes grises : « Car je t'aime, Mélancolie, – Jusqu'à défaillir et mourir... »

L'autre grand poète belge est Marie Gevers (1883-1975) qui est aussi une romancière des jours heureux avec un goût de la poésie de nature et de famille. Cette Anversoise a publié *Missembourg,* 1918, *les Arbres et le vent,* 1923, *Antoinette,* 1925, *Brabançonne à travers les arbres,* 1931, *Plaisir des météores,* 1938, *Vie et mort d'un étang,* 1961. Elle est proche, elle aussi, de Van Lerberghe par la délicatesse de son art aérien, mais elle se souvient aussi de l'imagerie d'un Max Elskamp :

> Le grand coq était blanc, avec un chapeau rouge,
> Et l'enfant tout en rouge avec un bonnet blanc :
> Le vent léger bougeait sur l'herbe des pelouses
> Et les cris des pinsons traversaient le printemps.

Elle joue admirablement des mètres courts, comme dans ce musical *Vent d'est :*

> Les parfums de perce-neige,
>   Et des sucs verts
> Qu'il disjoint, se désagrègent
>   Dans l'air ouvert.
>
> Le merle se tait soudain
>   Mais le chat vibre
> Et rampe sous les sapins,
>   Pliant l'échine.
>
> Tandis que la Nuit se dresse
>   A l'Orient,
> Tenant en main le vent d'Est
>   Coupant et bleu.

Comme Jean Dominique, elle remplace souvent la rime par l'assonance, ou même surprend par un vers blanc. Poète en prose comme dans *Plaisirs des météores,* ou *Vie et mort d'un étang,* elle conduit cet art avec une douceur mélodique :

Animées par cette lumière inattendue, les fleurs deviennent fées, et bientôt, les plantes sans fleurs se couvrent de corolles de lune... nos doigts aussi, nos mains, nos bras, nos visages – ton visage, jeune fille – fleurissent soudain de lune. Peut-être des lichens de lune naissent-ils aux places où le sol nu a pu être fécondé par les rayons lunaires. Les lichens de lune vivent d'une vie éphémère ; ils s'évanouissent aux premières lueurs d'aube, et disparaissent au toucher humain... c'est d'eux qu'émanent les arômes, les philtres d'amour, que l'on respire avec l'air imprégné de lune.

Si Jean Dominique et Marie Gevers dominent leurs contemporaines, parmi une infinité de voix, il en est quelques-unes à retenir. Élise Champagne (née en 1897) fut appréciée pour les saveurs réalistes de *Chansons sur le toit,* 1926, *Mont de Piété,* 1932 ou *Cité des ombres,* 1935. Marie Van Elegem, qui, dès 1902, publie *Nids et fleuves,* suivit une voie parnassienne sur le mode élégiaque et spiritualiste, en peintre des ciels de Flandre, du tisserand, des fleurs et de l'amour, avec parfois des trouvailles précieuses, comparant la vie à un éventail qui se balance dans les doigts du Temps ou montrant le soleil « en bonnet d'étincelles ». Marie Philippe, elle, peint à l'aquarelle en alexandrins sincères sans plus et il faut bien chercher pour trouver quelque notation originale. Hélène Goffin-Canivet apporte quelque surprise : cette biographe de Jean Dominique utilise des vers courts, laisse l'assonance prendre la place de la coupante rime, et on trouve couleur et vie en des poèmes non point parfaits, mais qui vivent, avec un rien de nostalgie proche de Rodenbach et des ciels flamands gris et noirs où souffle un vent de mort et de folie. Et l'on peut citer encore Gabrielle Rémy pour sa musicalité, Maria Biermé qui se meut plus aisément dans le vers libre et la fantaisie que dans le classique, Emma Lambotte, cette gentille amoureuse aux vers libres chaotiques où perce une vive spontanéité, Germaine de Smet qui, bonne mystique symboliste, fait fort bien les vers dans un univers proche de celui d'un Albert Samain, Yvonne Herman-Gilson qui est meilleure lorsqu'elle se libère d'un carcan pompeux pour faire vibrer une lyre plus moderne. Non loin de Marie Gevers, et dans les mêmes régions, il faudrait citer Claude Halbrand, Claude Bernières, Jeanne Gosselin ou Mme Tony Hermant, une vingtaine de femmes-poètes encore parmi lesquelles Tina Louant, Alice Colin, Louise Rodenbach, Élise Tichon, car nous ne pouvons les citer toutes. Nous nous sommes cependant arrêtés avec intérêt à une langue de la poésie belge bien particulière qui n'est ni française ni flamande mais patoisane. Malgré la difficulté de lecture, on trouve plus de vie réaliste que dans bien des œuvres toujours quelque peu évanescentes. Ainsi Felixa Blondiau dans son *Histoire den' Gaiette* extraite du recueil *Bouquet d'Pensées* où l'on a enfin l'impression de respirer, de trouver la vie et c'est bien la vie qui est contée :

> N'miette pu tard, dins l' t'cherbonnière,
> Après on m'clit'che co dins in bat'che,
> Adon dins l'estuve où l'feuvière
> On m'rue, pour les soins dou minnâd'ge
> Où bié d'fais ronfyie les machines
> Pou les battias et pou les trains,
> Pour les ford'ges et co les usines
> On n'froue rie sans mi, c'est certain !

Ce sont là quelques-unes des poètes belges de cette première période du siècle, avant que l'on assiste à un véritable renouveau et à une amplification s'accordant à l'accélération de l'histoire de la poésie.

En Suisse, la poésie se réclame de Marguerite Burnat-Provins la Française et surtout d'Émilia Cuchet-Albaret (1881-1962), cette disciple d'Édouard Tavan. Elle a publié *les Fuseaux d'ivoire*, 1909, *la Flamme sous la cendre*, 1914, *le Collier d'étoiles, Heureux qui voit les dieux, le Messager de la cité*, 1933, *Au pays des petites joies*, et, entre 1941 et 1955, nombre de recueils aux titres évocateurs comme *le Jardin aux pivoines, le Verger derrière la porte, la Route qui s'en va, la Route qui revient*, etc. Elle adore parsemer ses poèmes de noms de villes lointaines, chanter la vieille demeure, le jardin, la vie simple et ses travaux domestiques, et on la voit sans cesse hésiter entre le panthéisme et la sage foi. L'enfance inspire ses meilleurs recueils et elle sait aussi recueillir, ce qui est mission de poète, les chants et les comptines du pays genevois, découvrir un univers dans le jardin potager, unir les élévations spirituelles et la quotidienneté, ajouter des zestes d'imaginaire au concret. Comme Marie Noël, elle aime la chanson simple et la parole spontanée :

> Dans le jardin plein de secrets,
> le vent jase, le vent s'élance,
> dans le jardin il y avait
> treize pivoines qui dansaient.
>
> C'était voilà longtemps, je pense,
> Mais seul le vent qui joue le sait.
>
> Aujourd'hui, le jardin dépense
> sans compter parfums et couleurs
> et vingt-sept pivoines en fleur,
> d'un rouge sombre, dansent, dansent.

A ces fêtes légères répondent des paysages et des impressions dictées par exemple par le crépuscule :

> Le crépuscule gris s'éteint dans un brouillard.
> Tu te sépares de mon cœur, vieille Genève,
> Avec ta traîne d'eau, ta robe de remparts.
> Un court moment encor, je te retiens, je rêve.

Tous les poèmes ne sont pas excellents, mais il y a dans l'ensemble matière à un bon choix surtout si l'on regarde du côté des œuvres les plus fraîches et spontanées, celles par exemple qu'elle écrivit alors qu'à la fin de sa vie elle fut atteinte de cécité.

Une poésie plus chaude, plus passionnée, plus proche des bacchantes de la poésie française, apparaîtra chez Marcelle Eyris (née en 1886) auteur de *la Merveilleuse Tristesse,* 1911, et plus tard chez Évelyne Laurence en attendant Pierrette Micheloud.

Avant la maturation de la poésie québécoise, on trouve en Amérique du Nord Simone Routier (née en 1900) dont l'accent confidentiel touche.

Tôt libérée des entraves de la poésie traditionnelle, elle a le sens du rythme et du chant vrai. Quelques opinions, Alain Bosquet : « A mi-chemin entre la tradition et la poésie moderne, elle est peut-être la première poétesse canadienne à s'être confiée sans réticence dans ses vers. » Laure Riese : « En notes mineures, elle révèle sa douleur, très sentie, imprégnée de tons mélancoliques et berceurs. » Sœur Hélène de la Providence : « Toute son œuvre est l'expression d'un chant intérieur bien à elle; en la lisant on a l'impression de respirer de son âme. » Quelques recueils : *l'Immortel Adolescent*, 1928, *Ceux qui seront aimés*, 1931, *les Tentations*, 1934, *les Psaumes du jardin clos*, 1947, *le Long Voyage*, 1947. Voici un extrait du poème *la Mer* :

Ah cette extravagante prise de possession de la plage franche, rêche et altérée; de cette plage où il faut courir pour ne faire que marcher!
Ce n'est que sur la dernière dune, aux confins de la tentation, à l'orée de la grâce, qu'il faut t'y étendre.
Là que la fraîcheur de quelque lame plus hardie te secouant les épaules, te baisant au visage, du rire blanc de sa mousse,
Tandis que son ressac vivement ramène à la raison le sable sous toi, te gagne au jeu viril du pardon et du repentir.

Parmi des auteurs plus classiques, nous citerons Marie Lefranc (1879-1964), née en Bretagne, mais qui vécut quarante ans au Canada, écrivant romans, récits, poèmes comme dans ces recueils : *les Voix du cœur et de l'âme*, 1920, *les Voix de misère et d'allégresse*, 1923; Reine Malouin (1898-1976), elle aussi poète et romancière. Citons *les Murmures*, 1939, *Mes racines sont là*, 1967. Elle dit : « Toujours je reviens vers mon origine, vers la luminance de mon pays. Mes pieds de sable ne sont pas faits pour l'incommensurable splendeur de la route astrale. » Il y a encore Alice Lemieux-Lévesque (née en 1910), épouse du poète Rosaire Dion-Lévesque; elle est l'auteur des *Heures effeuillées*, 1926, *Silences*, 1962, etc. recueils imagés aux symboles savamment amenés. Et nous citerons encore celles qui, dans les années 30, représenteront la poésie canadienne-française, Eva Senécal, Medjé Végina, Josette Bernier, Emma-Adèle Lacerte, Gaëtane de Montreuil, etc., mais les plus grandes arriveront bientôt, Rita Lasnier ou Anne Hébert, nous le verrons dans un autre volume.

En attendant que jaillisse une intense floraison poétique, que des nations francophones ne nous étonnent, les créatrices sont encore peu nombreuses en maints pays et il faut des recherches bien minutieuses pour trouver dans le premier tiers du siècle des femmes poètes. En Haïti, il y avait cependant assez tôt Virginie Sampeur (1839-1919), poète classique de *Confidences et mélancolies*, 1901, qui fut l'épouse du poète Oswald Durand, et dont les chants sont romantiques, et Ida Faubert (née en 1880), proche parfois d'Anna de Noailles : deux femmes seulement parmi une marée de poètes de qualité.

D'autres chemins de la poésie féminine.

Nous rencontrerons encore ici des poètes dont la naissance se situe le plus souvent avant 1900 et les principales publications au début de ce siècle. Elles participent de toutes les voies poétiques et si elles n'en ouvrent guère de nouvelles du moins triomphent-elles parfois par l'apport de leur chant individuel. Amazones et bacchantes, intimistes et religieuses, féminines ou oubliant leur féminité pour être simplement des poètes, parlons d'elles.

Cependant, Louisa Paulin (1888-1944) publia fort tard. Profitant d'une retraite anticipée par la maladie, après sa quarantième année, elle commença une œuvre en langue d'oc et en français, publiant *Airs villageois,* 1938, aux éditions du Goéland, avec une préface de Théophile Briant, puis *Sorgas,* 1940, *la Ronda dels morts,* 1941, *Fresca,* 1942, *Variations,* 1942, *Cour d'amour,* 1943, *Rythmes et cadences,* 1947, posthume comme son *Florilège poétique* en 1947, présenté par Théophile Briant, Georges Bouquet et Pierre Menanteau. Son œuvre poétique est mélodieuse, sans heurts, elle dit son émerveillement devant le monde comme dans *le Pays perdu* :

> Quand vous baisez ces mains que la vie a froissées,
> quand vous abandonnez vos plus chères pensées
> entre ces lentes mains, sœurs des ailes blessées,
> sur l'eau morte des temps affleure un souvenir.
> Je retrouve un moment une vie abolie,
> je revois deux bouleaux au bord d'une eau polie
> tendrement curieux de leur double reflet...

Ou bien, devant la douleur et l'irrémédiable, elle parle de la mort avec une quiétude voulue, une acceptation religieuse. Il y a un beau dépouillement dans un *Chant de la vieille dame* :

> Triste roi, qu'as-tu fait de tous ces jeunes hommes
> que notre amour t'avait donnés?
> Cette pourpre de vie
> de tous abandonnée
> la voici chaude ensevelie.
> – que ferons-nous de nos remords ? –
> dans la vaine pourpre des morts.

Elle fait penser à une Marceline Desbordes-Valmore dont la poésie moderne aurait atténué le lyrisme. Elle a un sens très poussé de l'harmonie :

> Pleureuse, qui convoies obstinément ton mort
>   Loin des rives de la lumière,
> Renonce à t'émouvoir au secret du suaire,
> Qu'une paix sans défaut le mène à l'autre bord.

> Laisse-le dériver aux brises inconnues,
> Ne l'importune pas de souvenir glacé,
> Laisse le bon soleil détruire le passé
> Et le conduire au seuil de neuves avenues.

Le nom d'Adrienne Monnier (1892-1955) est inséparable de l'histoire littéraire. Au salon littéraire, elle substitua la librairie « les Amis des livres », rue de l'Odéon, qui fut le lieu de rencontre, à partir de 1915, de l'élite de la littérature internationale : André Gide et Paul Valéry, les surréalistes, Paul Claudel et Léon-Paul Fargue, Valery Larbaud et Colette, Rainer-Maria Rilke et Ernest Hemingway, etc. Cette femme de qualité, pleine de compréhension et de bonté, fut une figure attachante. Elle écrivit des « gazettes » et des poèmes : *la Figure*, 1923, *les Vertus*, 1926, *Fableaux* sous la signature J.-M. Sollier, 1960, et l'on publia au Mercure de France *les Poésies d'Adrienne Monnier*, 1962. Ses vers sont en accord avec sa vie :

> Comme la religieuse ancienne
> Qui trouvait en elle sa règle
> Et qui, aidée par ses compagnes,
> Établissait une maison
> Moitié ferme et moitié couvent,
> J'ai fait ainsi ma Librairie.
> Mais moi, je n'ai pas de Dieu !

Les poèmes de Doëtte Angliviel (1898-1948) ont parfois quelque chose d'aussi étrange que son prénom venu d'une chanson de toile du moyen âge. Cette Toulousaine a publié *la Lune des chats*, 1923, *le Voyage enchanté*, 1935, *Volonté de l'ombre*, 1939, *le Cheval fou*, 1947, et ses amis ont publié la posthume *Dame sans nom*, 1960. Sensuelle, ardente, elle accueille des images de feu qui semblent parfois brûler le cadre traditionnel dans lequel elle les enclôt. Voici deux strophes d'une suite intitulée *Ô Désert du désir, amour, terre d'exil* :

> Ô pathétique chair de la Mélancolie,
> Chair d'automne, chair d'amertume, chair qui meurt,
> Vous êtes dans le vent désolé qui vous plie
> Un corps de volupté que baignèrent des pleurs,
>
> Je remonte les sources mauves de vos veines
> Qui vont vers des exils et vers des jamais plus ;
> En vous jaillit tout un tumulte de fontaines
> Où s'éplore un regret de paradis perdus.

Elle sera l'amazone de son fameux *Cheval fou* :

> Où avez-vous conduit votre Amazone nue,
> Pour que, sur elle, encor, tremble ce chèvrefeuille
> De baisers qui vêtit ses hanches et ses seins ?
> Car vous aviez brouté le trèfle à quatre feuilles !
> Où avez-vous conduit votre Amazone folle,
> Cheval, pour que ses yeux soient encore éblouis

> De ces éclairs zébrant ses nuages de rêve ?
> Où ?
> Vers quel Cavalier qui savait le secret
> De ces aurores boréales de l'étreinte,
> Avez-vous donc conduit l'Amazone tremblante,
> Ivre de déchiffrer le livre en fleurs, où l'Ange
> Du plaisir vient signer les grâces de l'échange ?

Souvent imprécise, il arrive que la poésie naisse de la spontanéité de ses maladresses mêmes. Et toujours une sorte de mouvance, une idée de voyage, de passage dominent ses poèmes comme si elle allait vers un lieu inconnu qui dépasse les apparences :

> Du vaisseau remontant le cours de l'avenir,
> Es-tu la passagère, ô ma raison de vivre,
> Et le visage dont ma bouche en feu s'enivre
> Brille-t-il à sa proue afin de m'éblouir ?

Comme Louisa Paulin, Alliette Audra (1897-1962) publia assez tard dans sa vie l'essentiel de son œuvre, car, après *Sainte Rose de Viterbe*, 1924, le silence s'étendra jusqu'à de nombreux livres dont *la Chambre de bois*, 1938, *Du côté de la neige*, 1939, *Rêvé à l'aube*, 1945, puis les posthumes *Poèmes choisis*, 1966. Traductrice de Yeats et d'Elizabeth Browning, son œuvre, pour Jean Rousselot, tient de Marceline Desbordes-Valmore et de Francis Jammes. Elle libère la forme et participe à une sorte d'allégresse lucide du monde. De cette œuvre à voix basse, pleine de chaleur tendre, Edmond Jaloux a dit : « Si quelqu'un a offert de ce monde fluide, où tout est ordonné et où tout s'échappe, une image conforme à sa substance et à sa signification, je crois bien que ce quelqu'un est Alliette Audra. »

Si Claire Goll (1891-1977) et Céline Arnauld (1892-1955) appartiennent à la même génération que nombre de poétesses classiques, elles participent de l'aventure moderne et nous les retrouverons. Delphine Marti est née en Corse et elle s'exprime volontiers dans la langue de son île natale, ce qui en fait une félibréenne, la première sans doute de l'Ile de Beauté. En français, elle a publié *Mon pays natal*, 1927, *Dans le domaine du silence*, 1935, *Sources de nostalgie*, 1948, *Des bêtes ensorcelées*, 1957. Ses poèmes, d'un classicisme harmonieux, disent « le silence de midi, plein de nombres obscurs » ou « l'homme des champs, fourbu par un jour de labeur ». Elle ne dédaigne pas mettre, au cœur de son univers solaire, des touches précieuses aux confins du baroquisme le plus délicat :

> Mais c'est le coquillage aux élégantes formes,
> Minutieusement fouillé dans ses replis,
> (De la cérithe grêle aux tridacnes énormes)
> Qui me fit soupçonner l'art des contours polis :
>
> Les « Vénus » que le sel blanchit comme un acide ;
> Les littorines d'or, les escargots « citron »
> Tournés dans un grain d'ambre infime et translucide,
> Les « peignes » délicats, les moules à godron,

> Coquillages laiteux d'opales et d'agates !
> « Casques », « harpes », « cornets » — bizarres attributs —
> Coupes de jade clair, minuscules frégates,
> Je vous ai conservés par amour et sans but.

Administratrice de la Société des gens de lettres, Yvonne Debeauvais, dite George-Day (1890-1971) a chéri la méditation philosophique tournée vers le recueillement mystique, la quête intime de soi, avec un désir de sérénité et d'éternité et un rien moralisante. Résolument classique, elle a publié *De l'aube à la nuit*, 1922, *Rhapsodies en mauve*, 1928, *Clavier de cristal*, 1935, *Au miroir de Narcisse*, 1931, *Grappes*, 1938, *l'Arche d'amour*, 1952, *Spirales*, 1946, *Visite de l'ombre*, 1949, *la Lampe d'Héro*, 1951, *Suite à moi-même*, 1953, *l'Oiseau d'Hermès*, 1956. Ce poème exprime assez bien sa manière :

> D'un nostalgique appel mon âme torturée
> en vain cherche son dieu parmi les dieux du jour,
> tâtonnant au hasard, quêteuse, aventurée
> dans cet indéfini que l'on nomme toujours.
> Rien. L'encens répandu n'est qu'instable auréole.
> Rien, car la vérité n'est pas dans la parole,
> la gloire est un duvet que disperse le vent,
> et l'âme hésite, au gré de fantasques hantises,
> cependant que la Parque austère, la suivant,
> mesure sa durée aux sagesses conquises.

Marguerite Henry-Rosier (1877-1962) aime les pâtres de Virgile et « la lyre humaine au toucher ineffable du vent » dans le voisinage d'Orphée et de Dionysos. Elle a publié *Poésie : celle qui passe*, 1911, *la Ronde des jours*, 1923, *le Monde est à toi*, 1930, *Mesure de la joie*, 1951, ainsi que du théâtre en vers. Si certains épanchements la conduisent à trop d'éloquence, la sensibilité de ses perceptions reste naturelle. Elle s'émerveille des images de joie, et, disant « Je ne suis plus qu'un être en toi, pays sauvage » tente de se mêler aux forces de la nature. Elle s'exclame *Tu vis!* :

> Tu vis ! le vent s'appuie au contour de ta joue ;
> Tu marches : l'ombre bouge et le destin t'attend.
> Le feuillage frémit et la lumière joue :
> Sur la route où tu vas, sonne ton pas content.
>
> Tu vis : tu sens monter, affluer dans tes veines,
> La force de ton âge et l'ardeur de ton sang ;
> Et l'on voit, pour la soif et pour la faim humaines,
> Luire sur tes dents ton rire éblouissant.

Romancières et poètes.

Les romans de Germaine Beaumont (née en 1890) portent, avec leurs atmosphères lourdes, leur mystère raffiné, leurs notations discrètes, leur parfaite écriture, la marque d'un poète de la bonne école tout comme son amie Colette. Qu'elle écrive ses poèmes en prose rythmée ou en vers, elle sait leur donner des tons contrastés sans le moindre laisser-aller au bavardage de qui manque d'imagination. Durant des années, elle donna aux *Nouvelles littéraires* chaque semaine un « poème-chronique » non point dans la manière d'un Ponchon par exemple, mais comme une petite bulle de poésie dédiée à la fuite des jours. Elle en publia sous le titre de *Disques,* 1930. Voici un extrait :

> La supériorité des ballons rouges sur les avions, c'est qu'ils ne vont nulle part. Grappes de Chanaan dont la pointe est tournée vers le ciel, ils voyagent lestés du marchand qui les égrène dans de petites mains. Chaque enfant qui tient un ballon rouge est un enfant perdu. Il est perdu pour la vie réelle, pour les tartines et pour un avenir administratif. Il ne suit plus sa mère, il suit son ballon. Il ignore les gifles et regarde ses pieds avec dédain. Il sait désormais que les plus beaux fruits ne sont pas ceux que l'on met dans du coton hydrophile comme de grands malades ni ceux qui, par-dessus les murs, tentent les maraudeurs et dégoûtent les renards.

Ces « disques » dans leur spontanéité et dans leur humour souvent acide contiennent bien des tableaux ravissants. Et l'on retrouve le même ton imaginatif lorsque, loin de tout cliché et de tout lyrisme, elle s'exprime en vers comme dans ce *Nocturne :*

> Des Irlandaises vendaient sous les portes
> des pommes de terre qui me brûlaient les doigts.
> Quel vent désolé vous apporte
> Londres, mon Londres d'autrefois ?
>
> Les chats cousaient les maisons l'une à l'autre
> d'un fil noir, d'un fil roux, d'un fil blanc.
> Ils faufilaient le jour et la nuit l'un à l'autre.
> Des « derelicts » dormaient, distingués, sur les bancs.
>
> La Tamise montait, mais en nappes légères
> d'odeurs et de brouillards ténus.
> Que de songes ainsi, dans l'ombre, sont venus
> se prendre à vos chapeaux, nocturnes passagères !

Parmi les romancières qui ont publié des poèmes en marge de leur prose, nommons Jeanne Galzy (1883-1977), André Corthis (1885-1952) pour *Gemmes et moires,* 1906, Germaine Emmanuel-Delbousquet (1874-1972) pour *l'Heure fuit,* 1917, ou *l'Heure trouble,* 1928, Antonine Coulet-Tessier (née en 1892) pour ses *Poésies d'une enfant,* Geneviève Duhamelet (née en 1890) et *Pour l'amour de l'amour,* Luce Amy pour *l'Hymne à la poésie.*

Il y a tant de femmes poètes que nous en oublierons, mais ce chapitre ne touche qu'aux productions du premier tiers du siècle. Il y a encore Mme Charles Auvrey, une des rares didactiques scientifiques, auteur des *Météores,* titre cher à Rémi Belleau comme à Michel Tournier, qui ne craint pas d'écrire, deux siècles après l'abbé Delille :

> Deux amibes, soudain, jaillissaient plus petites,
> Désagrégation scissipare,
> Et dans la nuit où le ciel s'égare
> Lourdes, flottaient, chacune avec son acolyte.

Des poètes dignes de considération sont Anne-Marie Goulinat (née en 1908) pour *les Gammes intérieures* ou *Faux Départs;* Violette Rieder, proche d'Anna de Noailles dans *les Rythmes du silence,* 1926, auteur du *Secret des vergers, Départs, Ciel,* etc. Alice Roux-Champion (1880-1956) a chanté la lumière, les couleurs changeantes de son Midi natal ou des pays de Langres et de Gray. Citons *A travers les nuits et les jours,* 1922. Nous commettons un péché en ne faisant que citer ces poètes : Hélène Hardant *(Cailloux blancs),* Nicolette Hennique *(Du vent dans la plaine),* Edmée Delebecque *(Je meurs de soif auprès de la fontaine),* Elsa Koeberlé *(Des jours),* Mme Laurent Evrard *(Cadences et rythmes),* Mme Alphonse Daudet *(les Archipels lumineux),* Lucie Félix-Faure Goyau *(la Vie nuancée),* Anne Osmont *(Nocturnes),* Claire Virenque *(l'Enclos du rêve),* Jehanne d'Orliac *(les Chants, les cris),* Émilie Arnal *(la Maison de granit),* Berthe Reynolds *(les Rais prestigieux),* Mme Pierre Handrey *(la Moisson rouge),* Marie-Louise Vignon *(la Douleur solitaire),* Anne Armandy *(le Livre des symphonies),* Mme Roger de Nereÿs *(l'Herbier de mon amour),* Berthe de Nyse *(Des jardins d'amour aux jardins funéraires),* Marie Allo *(les Fontaines),* Katia Granoff *(les Amants maudits).*

Voudrions-nous donner une idée même approximative de l'abondance des poètes femmes entre 1900 et 1933 qu'il suffirait de citer les noms d'une partie de celles qui ont publié des livres de poèmes durant cette période. La plupart sont des poètes traditionnels et les meilleures ont été reconnues, mais qui sait si quelque poème de qualité dans un recueil secret n'a pu échapper aux recherches ?

Au cours de nos investigations, nous avons trouvé plus de trois cents de ces créatrices ayant publié régulièrement durant cette période, et sans doute sommes-nous bien loin du compte.

Anticipation.

Il y a quelque gêne à anticiper, mais pour la facilité de la consultation, nous parlerons encore de poètes qui appartiennent à une nouvelle génération, qui ont pour la plupart reçu de nouveaux messages, et qui se rattachent aux traditions classiques. Des anthologies comme celle des *Poètes français contemporains* de Pascal-Bonetti ou celle de *Points et contrepoints* de René Héner leur ont fait place, du moins pour la plupart d'entre elles. Commençons par Marthe-Claire Fleury, fille du poète parnassien Ernest Fleury, qui publia dans son jeune âge en 1937, *Du côté de l'aurore,* recueil qui sera suivi des titres suivants : *Recueillements,* 1949, *les Heures silencieuses,* 1950, *les Jours alcyoniens,* 1952, *Gris Trianon,* 1953, *les Chemins de prière,* 1955, *Variations du miroir,* 1958, puis jusqu'à nos jours, *Océanes, les Pas dans les pas, les Vêpres de tournoi, le Bouclier votif, la Vérité de marbre,* un *Choix de poèmes* préfacé par Henri Clouard. Marthe-Claire Fleury manie le vers classique avec originalité et souplesse, ne dédaignant pas l'image insolite et frôlant souvent le mystère de l'invisible. Pour elle, « les objets familiers ont besoin de tendresse » et elle peut aussi bien chanter sur un air de musette qu'atteindre les hauteurs d'un scherzo, se confier sensiblement et amoureusement que faire montre d'un stoïcisme proche de Vigny, aller de la chanson douce qui ne pleure que pour vous plaire au sonnet parnassien, prendre pour sujet un sport comme le tennis ou vous entraîner vers la mer au large de l'île de Groix, aller ainsi de Bretagne en Grèce avec le même attachement. On a pu parler à son propos de Renée Vivien ou de Verlaine et l'on aurait pu évoquer en maints endroits une musique valéryenne. N'est-elle pas ici aussi la sœur de Marceline Desbordes-Valmore? :

> Parle : j'écouterai. J'obéirai : commande.
> S'il te plaît qu'entre nous le silence répande
> L'onde et l'ombre de ses regards et de ses pas,
> Je me tairai. Ce que je veux? Je ne sais pas,
> Mais ce que tu prétends obtenir en offrande,
> Je le devinerai, tant ma ferveur est grande.

Au contraire de beaucoup de poètes classiques, elle ne farcit pas sa poésie d'épithètes et le vers est à la fois nerveux et viril. Pascal-Bonetti peut parler justement d'un art fait avec « des nuances et des musicalités toutes modernes, savant et sensible, avec des pudeurs de sentiment mais aussi de belles audaces de pensée ». Couverte de classiques lauriers, Marthe-Claire Fleury a mené un incessant combat pour défendre son art.

Combattante aussi, tout en étant ouverte à la jeune poésie, Simone Chevallier (morte en 1980) a publié une revue *la Voix des poètes* dont son amie Claudine Ducaté prend le relais où l'on peut trouver par exemple un numéro spécial sur Pierre Oster. Animatrice enthousiaste, elle a publié notamment *Délivrez-nous du mal,* 1941, *le Temps s'en va,* 1948, *Combien de temps encore,* 1970, ainsi que des romans. Cette chercheuse d'absolu et de lumière, sereine et éprise de spiritualité qu'elle trouve en côtoyant les régions de la douleur et de la mort, a cité en épigraphe à son ultime livre des auteurs comme Jouve, Emmanuel, Mauriac, Thibon, Simone Weil, ce qui indique une direction de sa pensée comme les noms d'Andrée Chédid, Jacques Dupin, Pierrette Micheloud montrent son ouverture aux voix les plus neuves. Éprise d'ordre classique, elle garde une architecture et une harmonie jusque dans ses vers libres. Poésie grave à la recherche du présent éternel et de l'amour intemporel, poésie de survivance et de trancendance, recherche de la présence divine, abandon sensuel et lutte armée, toujours ouverture :

> Un jour l'espoir aigu de notre conscience
> Inventera l'outil qui force l'Éternel...

Plus traditionnelle est l'épouse de Sully-André Peyre, Amy Sylvel, cette Provençale si excellente dans ses *Chansons,* 1939, qu'elle donnait dans la revue *Marsyas* et qui a encore publié : *Versets, Poèmes surannés, Chansons pour Miranda, Dicté par l'elfe,* etc. Elle va des joliesses de la complainte à la gravité du lied, à moins qu'elle ne tente le grand poème sur un air connu : « J'irai, j'irai là-bas chercher la clé perdue... » comme Marceline allait chercher sa couronne effeuillée. On préfère : « Qui a filé le long fil d'or / Pareil à vos cheveux, ma belle ? » ou cette délicatesse :

> Tu m'as appelée et cherchée en vain,
> Je ne suis que l'air que tu respires,
> Et cette feuille hésitante...

La Corse Anne-Marie Oddo (morte en 1975), de *Poèmes de la lumière et de la mort*, 1939, à *Stèle pour Anna de Noailles*, 1958, donne une poésie prosodiquement parfaite, grave, profonde, mélancolique, chrétienne, comme on en écrivait cinquante ans avant elle, avec çà et là quelque touche didactique comme chez Moréas, quelque passion comme chez Anna de Noailles, mais sans échapper aux images attendues et aux rimes qui s'imposent. C'est d'une facture impeccable et cela donne une impression de déjà cent fois lu. On pourrait dire cela pour Raymonde Lefèvre qui a publié sous le nom de Christiane Perle *le Cœur penché*, 1931, avant de signer de son nom *Aux cimes du cœur*, 1943, *la Vie dépassée*, 1944, *Poèmes pour une ombre*, 1952, *Romarin pour le souvenir*, 1954, *le Plus Secret Tombeau*, 1956, mais en corrigeant cette première impression : il lui arrive, lorsqu'elle quitte les mots nobles et les exclamations faciles, d'émouvoir lorsque, comme les poètes de la Renaissance, elle rit en pleurs, ou lorsque, dans un poème intitulé *Fruits*, elle chante les merveilles de la nature et les dons princiers : « Topazes et rubis sur un lit de velours, / Voici, dans leur écrin, les plus beaux fruits du monde. »

Élisabeth Borione a intitulé ses livres : *Titania*, 1935, *Silences*, 1937, *Poèmes sans dédicace*, 1943, *Couleurs des jours*, 1952, *Ombre et lumière*, 1964. Ce qu'elle chante ? Son Vivarais natal et tout ce que chantent les poètes qu'a touchés l'aile de la grâce verlainienne : ainsi dans telle *Flûte* où apparaît un berger Philinte sorti du XVIIIe siècle revu par de galantes fêtes, ou bien la chanson mélancolique et douce, ou encore telles arabesques nervaliennes, mais qu'on aime ce parfum de terroir : « Quand je montais vers Loubaresse / J'ai rencontré deux agneaux noirs. »! Il y a aussi des notations fines et sensuelles, des correspondances pleines d'heureuse ingénuité. Cela sent bon le Midi.

On place volontiers auprès d'elle ses sœurs rhodaniennes : Louise Chassagne, Jeanne Gérard, Aline Henry (1887-1943), Renée Maiger-Kauffmann, Marie-Rose Michaud-Lapeyre, Alice Rolland (1887-1930), Mathilde Trombert, Liseron Vincent-Doucet-Bon, par ailleurs auteur de remarquables travaux historiques, et enfin cette inspiratrice de Montherlant, Jeanne Sandelion dont les poèmes ont bonne odeur de glycine et ce parfum d'encens des vieilles églises.

Autre rhodanienne, Alice Cluchier l'Avignonnaise nous plaît parce qu'elle est passionnée, solaire, ardente, portant toutes les ardeurs du Rhône en même temps que le mysticisme provençal. Apprivoisant, comme dit Jean Malrieu, « le vécu, le vital, le surnaturel », elle atteint « à travers une inépuisable quête de l'âme humaine, l'absolu d'un immense amour » car il s'agit bien d'une amoureuse frémissante et puissante qui a « l'innocence des crues, des incendies et des orages » (Jean Rousselot). On se trouve dans une garrigue parfumée, colorée, enivrante qui, soudain, brûlerait de toutes ses flammes. Brusquement tout est rouge comme un cœur, comme une oriflamme et le moule classique semble craquer sous nos yeux, jeter des gerbes d'étincelles. Le défaut pourrait être l'excès de lyrisme impétueux, mais c'est de cela que naissent justement les plus fortes images. On la préfère lorsqu'elle oublie d'être sage et qu'on la sent clouée « dans la chair du poème ». Plus proche de Louise Labé que d'Anna de Noailles, elle évoque en maints endroits ces deux poètes, cela en nombre de recueils, depuis *Cris et tourments* que préfaça Léo Larguier jusqu'à *l'Ancolie du silence*, 1978, en passant par une quinzaine de livres dont *le Cœur et la croix*, *Du vitrail à la lumière*, *l'Ivresse de la source*, *Ce feu qui me dévore*, *Un envol d'étincelles*, 1981... Une poésie qui porte cet « éclat de la groseille, acidulant l'été » dont elle parle, mais qui, au cœur de la maturité, n'oublie pas la face douloureuse et sera « gerbe fanée, offerte à Notre-Dame ». De l'amante passionnée à la mère douloureuse, de la païenne à la croyante, de l'excessive à la douce et mélodieuse, on trouve un chant direct et franc jailli du cœur enflammé.

L'anthologie *Points et contrepoints* nous propose Hélène Desmaroux, auteur du *Verger sous la neige*, 1964, et des *Aubes grises*, 1966, que l'on aime quand elle fait danser les étoiles ou chante la colombe fascinée si ce n'est l'oiseau ou « l'éclair d'une lame nue »; Marie-Madeleine Séguin qui a de l'originalité et de la fantaisie, le ton léger et aérien de la fable ou de l'événement imaginaire, avec quelque Margot qui a failli trébucher dans les anémones ou quelque chanson de rat des villes, mais elle est moins personnelle lorsqu'elle tente le grand poème classique un peu trop fleuri d'épithètes (quelques œuvres : *les Jours heureux*, 1943, *la Sainte Face*, 1949, *le Roi m'a donné sa grand'ville*, 1953, *Rimes pour ce temps*, 1962), Blanche Messis, élégiaque et religieuse, avec *Évasion*, 1929, *Pétales*, 1930, *la Rosée des étoiles*, 1935, *Brumes d'or*, 1958, *les Chemins de l'absence*, 1964, *Chants pour l'horizon*, 1965, aux « métaphores heureuses » selon Jean Rousselot. Cette poésie a en effet de la luminosité et de la couleur, de la gravité et une certaine grâce surtout lorsque l'éloquence veut bien ne pas trop se montrer.

Des noms encore : Geneviève de Louvencourt, auteur de *Traverses*, 1976, courts poèmes bien chantants; Marie-Aimée de Kermorvan, de *Soleil de France*, 1929, à *Euridyce aux rives du jour*, 1964, et à un *Choix de poésies*, 1978, dont la source est romane et fort aristocratique, sage et hautaine, résolument hors des conquêtes nouvelles taxées par l'auteur de « barbarie montante »; Claude Maubernard qui est proche d'elle avec ses *Farandoles de poèmes*, 1971, que préfaça Maurras alors qu'il était en prison, poésie humaniste, poésie du Parnasse; Claude de Lonlaye avec *Vas ardens* qui a le mérite du vers court et de la chanson douce et sentimentale, poèmes qui chantent librement comme l'oiseau dans la nature et font oublier la forme; Madeleine Merens-Melmer qui cherche à faire chanter le bon vieil alexandrin dans *Sous l'auvent*, *A la fontaine de Narcisse* ou *Sous le signe de la musique*.

On s'arrête volontiers à Claude Fourcade, poète discret et authentique, avec *les Fugitives*, 1929, et, après un silence dix livres : *De flamme et d'ombre; Jardins secrets*, *De lumière et de nuit*, *Florilège*, etc., jusqu'aux *Jeux illusoires*, 1979. Ce poète des plus classiques a de la mesure et de l'harmonie et, au bord du surnaturel, des attraits mélancoliques et un sens musical du vers. Nous sommes fort proches des poètes de l'école fantaisiste épris de souriante tristesse avec, de temps en temps, un rien de ce mystère apprivoisé qu'aimait Supervielle. Il suffit souvent d'un rien, d'une notation qui a le poids d'une plume, pour rendre Claude Fourcade fort attachante. Maryse Choisy (1903-1979) qui dirigea la revue *Psyché* et fut connue dans l'avant-guerre par des reportages et des romans à sensation, a tenté du poème dans ses *Fugues*, 1942, où il y a un peu de tout : du vers libre où l'on va du swing à l'Amour-Lumière, des vers classiques en forme de prières, des dialogues entre Confucius et l'Ame, tout cela sur un air de flûte, sans trop se prendre au sérieux.

Harmonieuses présences.

Marie-Jeanne Durry (1901-1980), première femme qui eut une chaire de littérature à la Sorbonne, directrice de l'École normale supérieure de jeunes filles, auteur d'études remarquées fut touchée par l'aile de la poésie et commença à publier assez tard. Citons : *le Huitième Jour*, 1949, *la Cloison courbe*, 1950, *Effacé*, 1954, *Soleils de sable*, 1958, quatre autres recueils dont *Orphée*, 1976. Ainsi l'auteur de livres sur Chateaubriand, Stendhal, Flaubert, Marivaux, Mme de La Fayette, Giraudoux, Nerval, Laforgue... a sans cesse eu le désir d'un autre approfondissement, d'une recherche des sources de la création et d'un mystère non démontrable. Elle reste consciente de la destinée, maîtresse attentive de son art, mais l'exigence de lucidité n'empêche nullement les vibrations d'une musique valéryenne. Entre le dire net et l'évocation, elle trouve une région où le chant accompagne une méditation spirituelle dans laquelle nous préférons ce qui est intuitif à ce qui est simplement de bonne philosophie. Nous ne croyons pas, comme Pierre Seghers, qu'il s'agisse d'un « Taj-Mahal de la poésie », le monument est un peu trop élevé, mais qu'une « musique de pensée nous entraîne alors jusqu'au plus secret de notre existence » est indéniable. Il est heureux que le poète n'élude aucune interrogation, ne se détourne d'aucune problématique et explore des régions réservées au penseur. On revient à la création du monde, on écoute Ève parler à son terrestre époux dont elle se dit la descendance, et toujours on se situe devant les portes de la nuit qu'il faut rendre claire. Cela ne va pas toujours sans quelque pesanteur et l'on souhaiterait souvent plus de spontanéité et d'innocence, un peu moins de pensée noble qui se regarde, mais en revanche l'harmonie est constante et traduit les tremblements et les vacillements de l'âme. On situe Marie-Jeanne Durry comme une chercheuse de secrets qui se doivent résoudre dans la musique du vers, comme une penseuse, une philosophe chaleureuse dont le discours épris de rigueur étreint de mystérieuses voix :

> Je n'étais pas l'oiseau couvert d'ailes, j'étais
> Un homme au corps géant qui passait dans le vide,
> Sur ton corps entr'ouvert où je versais la vie,

> Ton cœur battait trop fort, j'ai desserré l'étreinte,
> Je n'ai pas vu tomber l'ombre qui s'était peinte
> Une heure dans mes yeux que n'entame nul songe.

Peut-être avons-nous une préférence pour les poèmes en prose de *Soleils de sable* où la poésie est plus directe, moins en majesté souffrante, stoïque et digne, avec parfois l'air pur de l'humour :

> Sur la boule transparente, la plus fine pointe avait gravé le poème, et dans le vide elle roulait. Il n'y avait pas même un oiseau pour cueillir ce soleil de chant et de verre et l'emporter dans son bec! Mais au milieu de la nuit deux centenaires sortirent du sommeil. Je suis belle, dit la femme. Je suis jeune, dit l'homme. Ils se levaient nus. Les infirmiers firent taire ces vieux fous et les remirent au lit, très couverts.

Marie-Jeanne Durry, à qui Jacques Madaule a consacré un des « Poètes d'aujourd'hui », a participé à l'aventure poétique en fondant une revue, *Création*. On lui rend cette justice d'avoir envisagé le sort de l'homme au plus près de la douleur d'exister, de l'avoir situé au cœur des choses et d'avoir extrait la joie d'être du pathétique, l'exaltation de la tragédie, d'avoir trouvé dans l'union des mots une sorte d'exorcisme cosmique, ne refusant aucun problème même s'il y avait quelque risque de poncif.

Plus subconsciente que consciente est la poésie d'Anne-Marie de Backer. On pourrait dire avec Jehan Despert qu'elle appartient « à cette cohorte de poètes *voyants* qui débordent leurs propres natures, et franchissent, à l'instar de Cocteau, les miroirs aux cadres baroques, afin de découvrir ce qu'ils recèlent, et de partager – qui sait ? – leurs enchantements. Elle resurgit ainsi de ses incursions dans le domaine extra-sensoriel, chargée d'un potentiel poétique énorme, de " trouvailles d'images et de mots dont elle est à la fois l'inventeur et le médium "... » L'étonnant est que ses sources d'inspiration, la direction de sa pensée, loin de cette libération du vers qu'elles supposent, trouvent naturellement leur place au sein d'une prosodie parfaite qui montre ainsi qu'elle n'a pas usé tous ses pouvoirs. Il y a là un mélange de sensibilité poétique et de force, de cette vigueur enracinée des êtres de nature. On a pu la situer dans des régions mystérieuses, celles des *Chimères* de Nerval, comme l'a fait Jean Rousselot qui a aussi cité Joë Bousquet et Louis Émié, parler, comme Jehan Despert, de Baudelaire ou d'Emily Brontë, sans la situer vraiment. Et puis, la diversité est grande tant ce poète est aux écoutes du monde avec une réceptivité de médium. L'éclat de son classicisme (à peine çà et là quelque rare licence) a pu prêter à confusion et dissimuler un contenu plus moderne qu'on ne le croit au premier abord. Souvent couronnée, et dans les contextes les plus divers puisque cela va du prix Antonin Artaud au classique prix Desbordes-Valmore en passant par quelques autres, elle reste celle qui s'est « déguisée avec tant de lumière » pour échapper à la classification. Pierre Seghers peut donc écrire : « Que ce poète ait collectionné les prix poétiques, qu'importe! » et l'on voudrait ajouter qu'elle mérite mieux que cela, quelque prix du Silence ou de la Métamorphose qu'on décernerait « contre les arbres lourds et les guêpes d'automne » dont elle parle. Il est vrai qu'elle se meut dans le langage avec une aisance rare, maniant l'impair comme Verlaine, jouant de l'assonance, utilisant tous les trésors mis à jour par les rhétoriqueurs et cela sans rhétorique, avec un sens du mystère, de la lumière noire qui surgit où on l'attendrait le moins. Elle apprivoise le secret, va du paganisme au mysticisme pour les marier et les rendre comparables comme elle marie le réalisme terrien et le chant visionnaire. Une poésie où passent pêle-mêle des fantômes, des étoiles, des cygnes, des herbes, des flammes noires, où vibrent les orgues et tremblent les guitares, où s'édifient des lieux baroques, des châteaux de mémoire, des voyages dans le temps et l'espace de l'histoire, avec des préciosités exquises ou du baroquisme, des vers à isoler comme : « Je me fiançais aux contours d'une ville » ou « Nous appartenons à ce qui nous contemple » ou encore « Mon fantôme au visage de rose-thé » et tout cela dans un seul poème ! car chacune de ces pièces poétiques est un étonnant réservoir d'images. Nous voudrions citer et il y a tant à citer que nous ouvrons un livre au hasard :

> Où vais-je me réincarner ? Tu effaces
> Les palmiers, les ibis, les lis du décor,
> Et la musicienne y perdra ma trace
> En voile de lin bleu et sandales d'or.

Traductrice du hongrois, cette langue rare, elle est sans doute fort proche des hérauts de cette belle poésie où la rêverie est en flammes. On reconnaîtra peut-être quelque jour d'ailleurs que cette femme, tourangelle et auvergnate, française et espagnole, semble recueillir les trésors d'une Europe poétique, mais citons quelques-uns de ses titres : *Petite Suite,* 1950, *Poèmes,* 1951, *le Vent des rues,* 1952, *Danse du cygne noir,* 1954, *les Étoiles de novembre,* 1956, *l'Herbe et le feu,* 1958, *la Dame d'Elche,* 1963, *l'Étoile Lucifer,* 1967, *Orties aux flammes bleues,* 1975, illustré par Michel Degenne et Laslo Csejdy. Nous ne connaissons pas de lieux où soient réunies autant de merveilles glanées dans quelque Chine, quelque Byzance, quelque Espagne, à la fois pays réels et pays réimaginés dans les secrets du cœur ardent quand « Un rosier noir brûle aux grilles des fenêtres. L'espace est libre entre la Vie et la Mort. » Mais nous n'avons pas parlé de cela qui est essentiel : la grâce constante d'un sourire à peine esquissé, celui des eaux dormantes en pays de fées et de magiciennes.

Pierrette Sartin est plus connue pour ses ouvrages de sociologie que pour une poésie aussi riche que discrète. Elle a pourtant publié une quinzaine de livres où se poursuit une méditation élégiaque sur la vie et la mort, la solitude et le temps, l'amour humain et l'amour divin. Citons : *Poursuites,* 1939, *Visages de l'absence,* 1948, *Visages de l'amour,* 1949, *l'Ombre et le dieu,* 1949, *Visages de l'étranger,* 1952, *la Vraie Demeure,* 1953, *Si l'âme n'est qu'un piège,* 1956, *Falaises de la solitude,* 1960, *l'Anneau de vie,* 1965, *Ce destin accepté,* 1973, etc. C'est une poésie grave, contenue, serrée dans un parfait moule classique, sans rien qui cherche à plaire, où les images sont discrètes, où il règne sans cesse un dépouillement de terre aride, quelque chose de malherbien et un mépris de la séduction facile. C'est un chant incessant de l'interrogation : « Comment me reconnaître à travers l'apparence ? » semble dire chaque vers et c'est une quête incessante des fins humaines, un désir de s'extraire de la prison, de trouver le chemin vrai, le moi profond, l'apaisement d'une soif sans fin, sous le signe d'une conscience douloureuse qui se cherche dans les secrets du cœur et vagabonde parmi l'histoire et la légende pour glaner des réponses qui se refusent. On se meut dans un grand pays d'ombre à la recherche de « rois captifs dans les arènes », de seigneurs sauvages rêvant à la guerre, d'hôtes défunts, de passagers mystérieux du navire de la vie, de confidents qui se refusent :

> Ô Miroir inconnu ! Quel est le messager
> Qui chante par ma voix une autre solitude ?
> Quels ancêtres captifs au fil des longitudes
> M'apportent le tourment des siècles naufragés ?

Comme Anne-Marie de Backer, Pierrette Sartin parcourt le monde intérieur pour glaner des secrets et la poésie devient sans cesse instrument de médiumnité, luttant avec son ombre « pour conjurer le mauvais sort ».

Fondatrice de la revue *Ariane,* Marguerite Grépon (morte en 1980) a écrit des vers libres dont on pourrait dire qu'ils contiennent un message classique, au sens du XVIIe siècle, mais plus proche de celui des penseurs que de celui des poètes. Elle écrit : « La poésie ne m'atteint pas en état de transe mais en ce point précis de l'extrême attention, l'accrochage a lieu entre les deux mondes, le visible et l'invisible. » Ce n'est point là une voie facile : « Mon goût de l'impossible, mélanger la matière chaude de la sensibilité et la matière froide de la raison m'a fait engager dans cent pistes abandonnées. » Elle écrira aussi cette phrase qui la situe fort bien poétiquement : « Je suis la lessiveuse chantée par Francis Ponge chaque jour nettoyant les misères de la veille. » Cette recherche poétique s'affirme comme une leçon, un appel à la rigueur, et une méditation incessante autour de la poésie, de la création s'affirme comme acte poétique, d'autant que l'on trouve dans son œuvre multiple (romans, poèmes, essai et un remarquable *Journal*) beaucoup de phrases longuement mûries qui ont une singulière puissance éclairante. Yves Masselot a fort bien défini son art : « Le langage est souple, sinueux, avec mille détours qui seraient précieux si l'on ne sentait la tension qui les guide, la lucidité presque obsessionnelle, volontaire, inquiète, presque souffrante, à les conduire comme à les reconduire ; l'écriture est dense mais comme une forêt nordique, sans l'épaisseur aveugle, les moiteurs d'une jungle... » et l'on peut parler de passages d'un souffle romantique « mais vite traqué, ramené à la taille du lapidaire classique même si alors un rien de baroque peut réapparaître mais dont les entrelacs se noient très vite dans le lisse des pudeurs et les givres de l'ascèse ». On peut bien parler du mariage de l'intelligence et de la sensibilité, d'une recherche incessante d'associations, de liaisons entre le concret et les voix intérieures. Non seulement dans sa prose, mais dans ses livres de poèmes, on est tenté d'extraire des phrases qui sont de purs aphorismes poétiques. Ainsi dans *Mediumnité-Fardeau,* ces images :

> L'œil est une couleur qui pense...
> Les parfums activent la mort...
> Tu incrustais ta précision dans le mystère...
> N'interromps pas ce dialogue de nuit
> Entre colère et poésie...
> On n'écoute pas ce que dit le thé...
> Je lis mon heure à ton visage...

De semblables moissons peuvent être faites dans des livres comme *les Toits sans chats,* 1947, *Dialogues de la nuit,* 1957, *les Insomniaques,* 1962, *Double Itinéraire,* 1971, *Anti-Poèmes et paraboles,* 1972, *Poème l'Être,* etc. C'est une voix personnelle qui se fait entendre et parle à notre entendement sensible. Que d'images pures, dépouillées, que d'extractions sans fausse noblesse, avec ce qu'il faut d'humour et d'humanité, de merveilleux puisé aux sources les plus quotidiennes ! Et même si passe un frisson d'absurde, ce sont toujours les forces de vie qui sont les plus apparentes, et cela par la puissance de l'incantation et l'originalité du discours. Il est remarquable aussi que sans cesse, d'une page à l'autre, de nouveaux niveaux de pensée ascendante se manifestent. C'est comme l'a écrit Paul Fort, des « éclairs constants » et des « raccourcis foudroyants », c'est aussi une acceptation de la complexité des choses qu'on prospecte consciemment, mais non sans une innocence préservée et réalimentée à la source onirique. Avec Marguerite Grépon, on va de lumière en lumière, lumières non pas éblouissantes comme la poudre aux yeux, mais éclairant les choses du dedans.

Huguette Chevallard-Filippi, avec *la Mer intérieure,* 1953, *Renaissance,* 1954, entre autres, se rattache au courant classique, traitant de thèmes antiques, Cassandre, Cérès, Daphné ou Pénélope, comme les parnassiens de jadis et tendant comme eux vers la pensée philosophique. L'Afrique, la Corse, la mer, la vie intime de la femme l'inspirent aussi dans les mêmes tonalités, le tout étant sinon nouveau, du moins de parfaite exécution.

Marie Laurencin (1883-1956), l'amie de Guillaume Apollinaire, a transposé son élégance et ses couleurs douces dans des poèmes aussi délicieux que peu connus. Mary Marquet (1895-1980) fut tentée par le lyrisme dans *A l'ombre de tes ailes* ou *la Course aventureuse :* à force de dire des poèmes, une comédienne peut être tentée d'en écrire.

Plus originale est la romancière Louise de Vilmorin (1902-1969) car non seulement elle s'inscrit dans la tradition apollinarienne et cocteenne, mais encore elle a recours aux prodiges de l'ancienne poésie, ne craignant pas de se livrer avec malice à ses travaux d'atelier et à ses jeux : vers holorimes, calligrammes, palindromes, rébus. C'est une merveilleuse agenceuse du langage qui, comme les trouvères et troubadours, multiplie les difficultés pour mieux s'en jouer, mais on ne saurait la limiter à cela car elle est le plus souvent la petite sœur de Louise Labé. Pierre Seghers a écrit : « Ce n'est pas une fée qui habite le salon bleu de Verrières, ni une femme de lettres à faire frémir. Non. Mais le rire, l'esprit, la vivacité, l'amitié, une présence aux yeux d'or vert qui est la poésie même, l'invention, le goût des mots, la gourmandise... » Elle extrait le poème du mot problème, elle fait pirouettes et sourires avant de nous convaincre par une soudaine gravité qu'elle est poète à part entière. Certes les jeux comportent quelque danger et si André Malraux dans une préface à ses *Poèmes,* 1970, s'arrête à ce « Je méditerai – Tu m'éditeras... », c'est qu'il n'a pas trouvé cela auparavant dans le noble almanach Vermot. Qu'importe, elle apporte ses lettres de noblesse au genre et pourquoi ne pas lire ces tours de force olorimes :

> Étonnamment monotone et lasse
> Est ton âme en mon automne, hélas !

> L'âme est moirée par mille émois sans torts
> La mémoire est parmi les mois, Centaure.

> Elle sort là-bas des menthes,
> La belle Ève à l'âme hantée
> Et le sort l'abat démente.
> L'abbé laid va lamenter.

Ne méprisons point ces jeux qui assouplissent la langue et lui offrent sa musique. Et Louise de Vilmorin est musicienne, elle sait faire chanter « car, écrit André Malraux, l'importance de cette poésie, c'est qu'elle est, à contre-courant de la poésie contemporaine, une poésie orale. Quelqu'un parle ». Un ouvrage lui a été consacré dans la collection « Poètes d'aujourd'hui » par André de Vilmorin avec un avant-propos de Jean Cocteau. Où l'on pourrait ne voir que congratulations mondaines ou fraternelles, on trouve une réelle attention, une admiration qui apporte ses preuves. Il n'est que de lire pour s'en persuader cette œuvre où, entre deux films ou deux romans, entre une chanson pour Van Parys et une pour Guy Béart, on trouve ces livres : *Fiançailles pour rire, le Sable du sablier,* 1945, *l'Alphabet des aveux,* 1954. Nous lirons ces strophes de *Fiançailles pour rire* afin de retrouver un chant qui rattache son poète aux beaux moments du passé :

> Amants et séducteurs de belles imprudentes,
> Dans les chambres perdues passagers d'une nuit,
> Le sort aux mille doigts vous indique la plante
> Qui grimpe son conseil des jardins jusqu'aux lits...

> Volants volant, belles robes sans pieds ni têtes,
> Cortège de dentelle aux lisières des bois,
> J'ai beaucoup de ces robes pour un soir de fête,
> Beaucoup de rêves à déshabiller en moi...

Certes, un puriste irait voir du côté des muettes et de la césure, mais la grâce supplée et dans les vers courts elle fait merveille :

> Ma peur bleue, ma groseille,
> L'amour est une abeille
> Qui me mange le cœur
> Et bourdonne à ma bouche
> Que tu nourris et touches
> Des baisers du malheur.

Jean Cocteau n'est pas loin, mais ne fut-il pas l'ami? Dans la plupart des cas, il semble que le poème appelle son compositeur de musique et il peut être aussi bien l'auteur d'une mélodie savante que d'une chanson à la mode. On lira le posthume *Solitude ô mon éléphant,* 1972, ou des œuvres comme *le Violon,* 1960, *l'Heure maliciöse,* 1967, ainsi que les célèbres romans pour voir que la poésie trouve naturellement sa place en tous lieux. On l'aime joueuse, on l'aime grave et chacun peut y trouver selon ses goûts, mais ce qu'il faut préciser c'est que ce n'est jamais extérieur et que l'on va très loin dans le tragique apprivoisé :

> Mon cadavre est doux comme un gant
> Doux comme un gant de peau glacée
> Et mes prunelles effacées
> Font de mes yeux des cailloux blancs.

C'est une poésie qui nous répète « Nevermore » : « Plus jamais de chambre pour nous, Ni de baisers à perdre haleine... » Un des plus beaux poèmes est sans doute *le Voyageur en noir* dédié à ce frère qui sera son meilleur exégète. Il se déroule sur un rythme proche d'Apollinaire le Mal-Aimé :

> Enfants, beaux oiseaux demoiselles,
> Citadelles d'enlacements,
> Dites, la parole peut-elle
> Peut-elle égarer le tourment?
> Enfants, beaux oiseaux demoiselles.

Parfois la prière affleure la confidence grave et l'on n'est pas gêné qu'elle soit la voisine de quelque poème phonétique ou du tour de force d'un palindrome (vers à lire dans les deux sens) : « Lune de ma dame d'été / Été de ma dame de nul. » Oui, on peut jouer et écrire aussi :

> Seigneur, venez à mon secours,
> Tendez-moi votre main si grande
> Qu'elle est le dôme des amours,
> Des océans, des monts, des landes,
> De l'éternel et de nos jours.

Louise de Vilmorin aborde le poème avec simplicité, en sachant qu'il est plusieurs pièces dans sa demeure et qu'aucune d'elles n'est négligeable ou inférieure. Mélancolique et insolite, gracieuse et tendre, captant la poésie en ce qu'elle a de plus fugitif, tout semble « élégie éphémère » (qu'elle peut traduire LEJFMR) et tout est chant vivace, chant de liberté.

Dans un domaine classique et moins marqué de fantaisie, les noms sont nombreux : Michèle Comte et *la Vitrine aux songes* ou *le Missel fan-*

tastique; Marcelle Filliatre et ses *Lumignons,* 1950, qui rendent un son authentique ; Rosa Bailly chantre des Alpes, des jardins ou du parc de Versailles ; Anne-Marie Fabry, avec *Résonances* et *Comté, terre féconde;* et aussi Chanteperle (Mme Legrand), Juliette Mange, ou Mireïo Doryan.

Germaine Gillet-Renaud, dans *Krishna, mon lotus bleu,* et dans *Jusqu'au silence,* 1959, que ce soit en vers d'un classicisme adouci ou en versets, montre une réelle sensibilité aux vibrations exquises et chante l'amour humain ou le plus haut amour avec une grâce qui fait penser à Marie Noël bien que le ton reste fort différent : ici confidence feutrée, ton parfois biblique, moments de joie et moments de Joie, interrogations, fraîcheur d'eau vive, découverte émerveillée.

Les grands architectes

I

D'un siècle à l'autre siècle

Permanence de Saint-Pol Roux.

Dans la deuxième partie de *la Poésie du dix-neuvième siècle* intitulée *Naissance de la poésie moderne*, nous avons présenté « quelques hautes figures » et parlé des « débuts de grands poètes du XXe siècle ». Il semble nécessaire de se reporter à ces pages pour éviter toute rupture. Les poètes réunis dans ce chapitre sont issus du siècle passé tout en appartenant au nôtre par la chronologie et par l'influence d'une œuvre tournée vers l'avenir.

Paul Roux, dit Saint-Pol Roux (1861-1940) n'a jamais cessé jusqu'à sa fin tragique de projeter sur la poésie ses magnificences même s'il observa quelques silences. Déjà, de *Lazare*, 1886, à *la Dame à la faulx*, 1899, où « Bretagne est univers » il avait donné des œuvres essentielles. Nous avons anticipé en parlant de *la Rose et les épines du chemin*, 1901, *De la colombe au corbeau par le paon*, 1904, *les Féeries intérieures*, 1907, de ses drames *la Dame en or* et *les Pêcheurs de sardine*, des poèmes d'après 1930 : *Randonnée*, 1932, *la Supplique du Christ*, 1933. Son écriture d'orfèvre, ses somptuosités, ses féeries, ses mariages de la poésie et de la métaphysique, ses enluminures alchimiques, son don incessant d'inventeur d'images, son pouvoir de transfiguration de l'univers ne l'empêchent pas de préserver une fraîcheur d'âme, une ingénuité émerveillée d'artisan inspiré qui font passer ce que la recherche a d'élaboré. Saint-Pol Roux fait appel au subconscient et l'on comprend que ses chapelets de métaphores et de catachrèses, son goût de l'énigme n'aient pas toujours été du goût de critiques raisonneurs, mais André Breton fera de lui « le seul authentique précurseur du mouvement dit moderne ». Rappelons que dès 1893 il avait annoncé l'avènement de l'Idéoréalisme ou Magnificisme. La seule réserve que l'on puisse faire, et encore à condition de bouder contre son plaisir, c'est que, lorsqu'il va trop loin dans l'adresse du tour, il apparaîtrait presque comme trop ingénieux et d'une préciosité digne du premier XVIIe siècle :

> Romance pour narine = le parfum des fleurs
> Coquelicot sonore = le chant du coq
> Cognac du père Adam = le grand air pur
> Cimetière qui a des ailes = une pie
> Guêpe au dard de fouet = la diligence

De telles images se suivent dans *les Reposoirs de la procession,* mais le poète ne se prive ni d'humour ni de sourire et sait mêler la gravité à la trouvaille. Écoutons *les Cigales* :

Le Temps récite le rosaire du Soleil.
En ces heures couleur de trésor d'église, des joues d'ange que l'on mangera souriront sur les bras verts des candélabres dont les bobèches d'herbes sèches vocalisent. Par les rubans blancs du vallon blond, dont un coteau semble une idylle de Théocrite et l'autre une bucolique de Virgile, viennent et vont des pèlerins en blouse, ceints d'un diadème qui repousse, tenace, malgré la boule de toile moyennant quoi la main tous les vingt pas l'efface, péremptoire. Dans un verger, messire Épouvantail bat la mesure au-dessus d'un pupitre aux notes de cerises exécutées sur le fifre par un berger d'ouailles qui bêlent sous un vol vivace d'hirondelles tricotant l'espace. Cependant, devant son seuil enjolivé de chèvre-feuilles, un vieillard d'avant-garde aiguise l'annuelle faulx, comme s'il lustrait avecque de la bise une lame de fond.
Le Temps récite le rosaire du Soleil.

Ce « vieillard d'avant-garde » faisait aussi bien étinceler l'art classique du sonnet comme dans ce *Message aux poètes adolescents* :

> Pèlerin magnifique en palmes de mémoire
> (Ô tes pieds nus sur le blasphème des rouliers!)
> Néglige les crachats épars dans le grimoire
> Injuste des crapauds qui te sont des souliers.
>
> Enlinceulant ta rose horloge d'existence,
> Évoque ton fantôme à la table des fols
> Et partage son aigle aux ailes de distance
> Afin d'apprivoiser la foi des tournesols.
>
> De là, miséricorde aux bons plis de chaumière
> Avec un front de treille et la bouche trémière,
> Adopte les vieux loups qui bêlent par les champs.
>
> Et régénère leur prunelle douloureuse
> Au diamant qui rit dans la houille des temps
> Comme l'agate en fleur d'une chatte amoureuse.

Saint-Pol Roux affirme : « L'homme me paraît n'habiter qu'une féerie d'indices vagues, de légers prétextes, de provocations timides, d'affinités lointaines, d'énigmes. » Comme le remarque Marcel Raymond, « il macérait ainsi longuement les sèves naturelles de Rabelais, de Hugo, de Rimbaud, puis les décantait, les filtrait, comme eût fait Mallarmé ». C'est non pas un cimetière de vocables comme dit injustement Henri Clouard, mais une moisson incessante d'images et de métaphores flamboyantes qui illuminent le jour du poème, une forêt de symboles où le grand Poucet part de caillou blanc en caillou blanc à la recherche de son moi profond. Distillateur à la recherche de la pierre philosophale, expert en précipités linguistiques, en imagerie déroutante, Saint-Pol Roux part à la recherche du monde réel qui est le monde surréel. Avec lui la poésie se réfère à la magie primitive. Paul Éluard dit : « Il s'est appelé le Magnifique, ce poète pétri d'amour et de clarté, de tendresse et de flammes, mais nous, quand nous le lisons, tout tremblants, enchantés et les yeux pleins de larmes devant cette beauté si nouvelle et candide, cette Beauté qui sourit si irrésistiblement à l'homme et aux quatre éléments, un nom nous vient aux lèvres : Saint-Pol Roux le Divin. » Victime de la Seconde Guerre mondiale il le fut dans sa chair brutalisée à mort par les brutes et dans son œuvre puisque *le Tragique dans l'homme, Sa Majesté la Vie,* et d'autres manuscrits furent détruits avec lui par les soldats d'Hitler. Une demeure pillée, une servante tuée, sa fille Divine violée, son chant du cygne détruit, voilà ce qu'il advint de cet être voué aux délices de l'émotion suprême, mais par lui, toujours et à jamais les ténèbres s'enluminent.

Francis Jammes.

Si le mot « jammisme » ne connut pas une fortune littéraire en tant qu'école, c'est qu'il désignait pour Francis Jammes (1868-1938) une école buissonnière, celle que chériront Alain-Fournier et, plus tard René Guy Cadou. Il a revendiqué la fraîcheur et le naturel, la sensibilité et l'émotion; il a voulu parler dans la simple langue naturelle de ses parents, tout cela avec une ingénuité parfois trop voulue, une naïveté de composition qui, heureusement, n'ont pu masquer une ingénuité réelle. Ses premières œuvres parurent à Orthez : *Six Sonnets,* 1891, *Vers,* 1891, 1892, 1893, trois plaquettes, puis ce sera *Un jour,* 1897, qui lui ouvrira les portes du *Mercure de France.* Avant 1900, les grandes œuvres se succéderont : *De l'angélus de l'aube à l'angélus du soir,* 1898, *Quatorze Prières,* 1898, *la Naissance du poète,* 1898, *Clara d'Ellébeuse,* 1899, *la Jeune Fille nue,* 1899, *le Poète et l'oiseau,* 1899. Il est déjà reconnu comme un des grands de la fin du XIXe siècle et tous le saluent avec admiration. Certes Louis Dumur juge bizarres des vers comme :

> Le pauvre pion doux si sale m'a dit : J'ai
> bien mal aux yeux et le bras droit paralysé.
> Bien sûr que le pauvre diable n'a pas de mère
> pour le consoler doucement de sa misère.
> Il vit comme cela, pion dans une boîte,
> et passe sur son front sa main moite...

mais il s'y attache cependant, tandis qu'Henri de Régnier, si loin de lui, découvre le charme d'un langage à la fois maladroit et exquis, que Remy de Gourmont affirme : « Il est d'une sincérité presque déconcertante; mais non par naïveté, plutôt par orgueil. Il sait que, vus par lui, les paysages où il a vécu tressaillent sous son regard et que les chênes tout secoués parlent et que les rochers resplendissent comme des topazes. Alors il dit toute cette vie surnaturelle et toute l'autre, celle des heures où il ferme les yeux; et la nature et le rêve s'enlacent si discrètement, dans une ombre si bleue et avec des gestes si harmoniques, que les deux natures ne font qu'une seule ligne, une seule grâce. » André Gide écrit : « Francis Jammes est un grand poète; il a l'audace la plus noble : celle de la simplicité. Il existe assez réellement lui-même pour se passer d'adjuvants, des communes ressources littéraires. » Et Paul Léautaud : « A écouter les poèmes contenus dans le volume : *De l'angélus de l'aube à l'angélus du soir,* poèmes dont la sincérité touche à la naïveté et d'une notation directe souvent jusqu'au mot choquant, on respire un sentiment d'immense humilité devant la nature et de foi ingénue en Dieu. De tels vers semblent bien avoir été écrits, comme nous le confie çà et là, au cours du livre, M. Francis Jammes, dans une petite chambre ancienne, par des soirs de septembre lent et pur, devant un horizon de métairies et de campagnes, en compagnie du silence et de son seul cœur. » On comprend que François Coppée, et c'est le côtoiement le plus dangereux pour Jammes, s'enchante lorsqu'il lit :

> Dans la salle à manger où sentent bon les fruits,
> Elle coud le linge blanc près des capucines.
> C'est la mère douce aux cheveux gris dont tu es né.
> Il y a un grand calme qui tombe de la vigne.

Il y a déjà chez Francis Jammes du primitivisme en même temps que du raffinement, une naïveté d'auteur de première plaquette qu'il faudra maintenir avec parfois de la coquetterie et des facilités. Finalement son art sera savant et raffiné, réaliste et aérien. Il découvrira la poésie des noms propres jusqu'à s'en griser :

> Clara d'Ellébeuse, Éléonore Derval,
> Victoire d'Etremont, Laure de la Vallée,
> Lia Fauchereuse, Blanche de Percival,
> Rose de Liméreuil et Sylvie Laboulaye.

Il parsème ses poèmes de jeunes filles aux noms fleuris, de jeunes filles qu'il rêve nues dans une nature tendre et purifiée :

> J'aime dans les temps Clara d'Ellébeuse,
> l'écolière des anciens pensionnats,
> qui allait, les soirs chauds, sous les tilleuls
> lire les *magazines* d'autrefois.

Nous avons cité bien d'autres extraits dans le précédent volume *(voir pages 591 à 597)* et notamment l'admirable *Prière pour aller au paradis avec les ânes,* un des rares exemples de franciscanisme dans la poésie française :

> Lorsqu'il faudra aller vers vous, ô mon Dieu, faites
> que ce soit par un jour où la campagne en fête
> poudroiera. Je désire, ainsi que je fis ici-bas,
> choisir un chemin pour aller, comme il me plaira,
> au Paradis, où sont en plein jour les étoiles.
> Je prendrai mon bâton et sur la grande route
> j'irai, et je dirai aux ânes, mes amis :

> Je suis Francis Jammes et je vais au paradis,
> car il n'y a pas d'enfer au pays du Bon-Dieu.
> Je leur dirai : Venez, doux amis, du ciel bleu,
> pauvres bêtes chéries qui, d'un brusque mouvement d'oreille,
> chassez les mouches plates, les coups et les abeilles...

On trouve ce poème dans *le Deuil des primevères,* 1901, où il reprend des poèmes déjà parus, et, dans les nouveaux, tente un approfondissement et un agrandissement, son mérite étant encore de rendre lyrique un prosaïsme voulu, avec un renchérissement de naïveté, en soi naïf, mais avec aussi des étincelles et des bonheurs de plume. Il étend sa vision au temps et à l'espace, rejoint *Madame de Warens* et Jean-Jacques Rousseau ou découvre *Amsterdam* :

> Les maisons pointues ont l'air de pencher. On dirait
> qu'elles tombent. Les mâts des vaisseaux qui s'embrouillent
> dans le ciel sont penchés comme des branches sèches
> au milieu de verdure, de rouge, de rouille,
> de harengs saurs, de peaux de moutons et de houille.

Et ce sera *le Triomphe de la vie,* 1902, où apparaît un *Jean de Noarrieu* dont le nom répond à celui des héroïnes de Jammes, poème narratif où il met de l'éloquence à célébrer la nature, avec un mélange d'esprit religieux et de paganisme sensuel. On le voit bien « fils de Virgile » comme le définit Charles Guérin. On lira encore bien des livres comme *Pensée des jardins,* 1906, prose et vers, où ses amis les ânes reviennent, moins naturels, *l'Église habillée de feuilles,* 1906, et surtout, la même année, *Clairières dans le ciel.* Là, faune et flore familières composent la symphonie pastorale d'un paradis à la fois franciscain et voluptueux, avec un art qui tend à s'affirmer aux dépens de la première fraîcheur. Qu'il se répète, qu'il ressasse, qu'il ne renouvelle guère ses sujets et sa manière, qu'il montre ses limites, son incapacité à se dépasser lui-même et à rejoindre plus de mystère n'empêchent qu'en ses jardins fleurissent les plus jolies roses qui soient. Et ce seront ses *Géorgiques chrétiennes,* 1912, qui affirmeront sa gloire de poète déjà mage, quasi officiel pour la catholicité. Or ce qu'il y a de mieux, ce n'est pas le chant attendu et quelque peu didactique de la foi, mais l'intimisme, la communion avec la nature, le sourire de la terre, et aussi une préciosité poétique qui orne heureusement sa simplicité et l'éloigne de la banalité :

> Des anges moissonnaient à l'heure où bout la ruche.
> On voyait sous un arbre et dans l'herbe leur cruche.
>
> On eût dit que le ciel aspirait de l'amour
> au-dessus des épis débordant du labour.
>
> De temps en temps l'un de ces anges touchait terre
> et buvait à la cruche une gorgée d'eau claire.
>
> Sa joue était pareille à la rouge moitié
> de la pomme qui est l'honneur du compotier.

> Il reprenait son vol, et d'abord sa faucille.
> Quelque autre alors foulait l'ombre qui fait des grilles.
>
> Ou tous ils descendaient ensemble, ou bien encor
> ensemble reprenaient avec calme l'essor.

Il y a en lui du Douanier Rousseau et du Marc Chagall, car ce peintre naïf est, comme eux, savant. Il écrira jusqu'à sa mort à la veille de la guerre : *le Livre des quatrains*, 1923-1925, *Ma France poétique*, 1926, et cette bergerie aquarellée qu'est *Alouette*, 1935, nouvelle tentative narrative, puis *De tout temps à jamais*, élégies au lyrisme dense avant les merveilleux décasyllabes de *Sources*, 1936, et le posthume *Sources et feux*.

Francis Jammes a exprimé au fond la foi simple d'un charbonnier ébloui, d'un cultivateur ingénu. Un prolongement de sa poésie se trouve dans ses proses *Clara d'Ellébeuse*, *Almaïde d'Entremont*, *Pomme d'Anis*, *le Roman du lièvre*, ses *Mémoires* ou ses volumes de *Correspondance* avec André Gide et Paul Claudel. S'il finira comme une sorte de mage recevant ses pèlerins avec peut-être quelque pose, qu'importe! puisqu'il reste de lui, comme dit Robert Mallet « le verre d'eau fraîche, encore voilé des buées de la source montagnarde ». En un temps où les fleurs étaient issues des serres précieuses, Francis Jammes a su rappeler que les fleurettes de la campagne sont les fleurettes de la foi, que la santé de la poésie est la santé par les plantes et non par les pilules de ces pharmaciens dont il faisait curieusement ses ennemis personnels. Entre La Fontaine et Supervielle un délicieux relais floral et imagé.

Paul Fort.

De Paul Fort (1872-1960) dont les sources d'inspiration sont celles de Jammes, nous avons dit les combats *(voir préc. vol. pages 611 à 614)* : manifeste en faveur du théâtre symboliste, *Théâtre d'Art* qui devint *Théâtre de l'Œuvre*, une dizaine de livres avant 1900 qui le contiennent déjà et fixent un art qui, en marge des grands courants de notre siècle, se poursuivra immuable durant soixante années. L'opinion de Remy de Gourmont, exprimée au XIXe siècle, est prémonitoire : « Celui-ci fait des ballades. Il ne faut rien lui demander de plus ou, du moins, présentement. » Léon-Paul Fargue, tout jeune homme, fut un des premiers à le saluer, et aussi Tristan Klingsor, Francis Vielé-Griffin, Pierre Louÿs, François Coppée, Henri de Régnier, René Boylesve. Pour Pierre Drieu La Rochelle, Guillaume Apollinaire a trouvé chez lui sa fraîcheur et Pierre Béarn a rappelé cette opinion du poème d'*Alcools* : « L'art poétique de Paul Fort n'a pas eu de précurseurs... » Arnold Van Bever le définit ainsi : « Empruntant, sous les contours fallacieux de la prose, la plastique et la rythmique des vers, mêlant aux images les plus transparentes le coloris violent des réalités, l'art de ce poète s'affirme en petits tableaux parfaitement achevés, où l'habileté du peintre ne le cède en rien au lyrisme de l'évocateur. » Pour Pierre Louÿs, c'était bien la naissance d'un style nouveau : « Les *Ballades françaises* sont de petits poèmes en vers polymorphes ou en alexandrins familiers, mais qui se plient à la forme normale de la prose rythmée. Le seul retour, parfois, de la rime et de l'assonance distingue ce style de la prose lyrique. » Tristan Klingsor a noté ses affinités intellectuelles avec Jules Laforgue qui, comme lui, « regarde la vie dans quelque miroir légendaire » et dit qu'il se rapproche de Gustave Kahn par les images où « la phrase chatoie, multicolore et changeante » et il est vrai que « le style des *Ballades* a les tons merveilleux d'un tableau de Van Eyck ou bien d'un conte de Chaucer ». Plus que rechercher des sources à cet art, on pourrait faire des rapprochements : avec le Péladan de *la Queste du Graal,* le Catulle Mendès de *Lieder* ou encore Aloysius Bertrand.

Aujourd'hui, le lecteur qui entre dans cette somme, ces innombrables volumes de ballades est quelque peu désorienté par tant de mots, tant de lignes de celui que Mistral appelait « la cigale du Nord », mais en même temps il est surpris d'être sans cesse intéressé par un art qui, s'il ne renouvelle pas la forme, est un immense silo d'images. Comme dit Luc Bérimont « le vieux chêne est rempli d'oiseaux ». Il reste que cette poésie qui a trouvé des inspirations allemandes, hongroises, espagnoles, bretonnes, qui a puisé dans le trésor des romances et pastourelles, des ballades et des complaintes, dans l'histoire et dans la géographie, est typiquement française à ce point que Georges Duhamel, dans ses conférences, pour mieux faire comprendre la France récitait un poème de Paul Fort. Il aère les mots comme le lui a conseillé Jean Moréas, il tord le cou de l'éloquence comme Verlaine le lui a dit. Sous la même métrique, on trouve des œuvres panthéistes, cosmiques, lyriques et du pittoresque, de l'ironie, de la malice, de l'émotion. Il dit de lui-même : « Je suis un arbre à poèmes : un poémier... » et il donne ses fruits de l'aube au soir de sa vie avec allégresse sans se soucier de ce qui se fait dans les laboratoires où s'élabore une poésie nouvelle. Il y a en lui de l'artisan, de l'enlumineur et du tailleur de pierres. Dans les dix-sept tomes de *Ballades françaises,* on peut puiser au hasard et l'on ne trouve rien d'inférieur. Au hasard nous citons cette *Chanson du bon ordre :*

> Dieu commença par une pomme, fit l'arbre ensuite et enfin l'homme. Toujours le fruit va précédant. On dit toujours pomme d'Adam.
> Dieu fit, en se grattant la tête, avant les cœurs, les sentiments : « J'aurais dû commencer peut-être ainsi : cœur d'Ève et puis serment. »
> Dieu créa plus d'un bon bateau, puis la tempête, ensuite l'eau, mais tout d'abord le vin d'Amboise, Noé, fallait bien qu'il en boive,
> puisque les Saintes Écritures l'ont dit même avant l'écriture. — Mais Dieu fit la belle que j'aime avant de se créer lui-même.

Moins connus sont les poèmes en vers de Paul Fort comme ce poème *Philomèle* dont voici le début :

> Chante au cœur du silence, ô rossignol caché !
> Tout le jardin de roses écoute et s'est penché.
>
> L'aile du clair de lune à peine glisse-t-elle.
> Pas un souffle en ces roses où chante Philomèle ?

> Pas un souffle en ces roses dont le parfum s'accroît
> de ne pouvoir jeter leur âme à cette voix !
>
> Le chant du rossignol est dans la nuit sereine
> comme un appel aux dieux de l'Ombre souterraine,
>
> mais non, hélas ! aux roses dont le parfum s'accroît
> de ne pouvoir mourir, d'un souffle, à cette voix !

Bernard-Paul Robert publiera en 1974 ses *Ballades en faveur de la fantaisie,* en fait chansonnettes bucoliques qui s'ajoutent à cette œuvre. Mais revenons aux ballades, comme *la Fille morte dans ses amours* :

> Cette fille, elle est morte, est morte dans ses amours.
> Ils l'ont portée en terre, en terre au point du jour.
> Ils l'ont couchée toute seule, toute seule en ses atours.
> Ils l'ont couchée toute seule, toute seule en son cercueil.
> Ils sont rev'nus gaîment, gaîment avec le jour.
> Ils l'ont chantée gaîment, gaîment : « Chacun son tour.
> « Cette fille est morte, est morte dans ses amours. »
> Ils sont allés aux champs, aux champs comme tous les jours...

Dans la préface du *Roman de Louis XI,* dès 1898, il donnait en peu de mots son art poétique : « Quant à la forme, j'ai tenté de marquer la supériorité du rythme sur l'artifice de la poésie. Exactement j'ai cherché un style pouvant passer, au gré de l'émotion, de la prose au vers et du vers à la prose; la prose rythmée fournit la transition. Le vers suit les élisions naturelles du langage. Il se présente comme prose, toute gêne d'élision disparaissant sous cette forme. La prose, la prose rythmée, le vers ne sont plus qu'un seul instrument gradué. » Glaneur d'étoiles, il pourrait bien être, comme le dit René Lalou, « une sorte d'Homère où maints rhapsodes auraient collaboré : manière ingénieuse de souligner sa prodigieuse mobilité ». La réserve que l'on pourrait faire, c'est que sa vision de l'histoire poétisée est d'un romantisme archaïque quelque peu mélodramatique, même s'il sait animer vigoureusement ses personnages. On peut le préférer lorsque, avec plus d'art, il exprime un intense sentiment de la nature dans ses paysages français ou quand il témoigne des délicatesses de l'amour ou de la joie de vivre, ou encore de la pensée généreuse qui naît du recours au chant populaire. Il a chanté avec gravité et avec charme et l'on peut rappeler ce titre qui définit assez bien l'essence de sa poésie : *Chansons pour me consoler d'être heureux.*

Henry Bataille, sensible et sensitif.

Henry Bataille (1872-1922), voilà un poète qui connut le succès avec son théâtre, fut chéri par quelques-uns, et non des moindres, de Jean Lorrain à Valery Larbaud, de Remy de Gourmont à Louis Aragon, de Marcel Schwob à Hubert Juin; or, on l'oublie et si l'on se souvient vaguement de lui, c'est avec un vague regret et un brin de nostalgie. On y revient pourtant : Hubert Juin préface cet écrivain fin de siècle qui lui est cher en choisissant avec Régine Deforges son recueil essentiel *le Beau Voyage*, 1978 ; Alain Bosquet le salue ; fin de siècle ? certes, et nous en avons déjà traité, mais nous voulons y revenir : *le Beau Voyage* est de 1905 et il connut une période de gloire théâtrale jusqu'à la Première Guerre mondiale. *Maman Colibri, la Marche nuptiale, Poliche, la Femme nue, le Scandale, la Vierge folle et autres pièces,* avec leurs grands thèmes, passion plus forte que les contraintes sociales, exaltation des valeurs morales, purent être à la mode auprès du public bourgeois durant deux lustres. On voyait en lui un grand auteur dramatique, on parlait de révolution au théâtre, et puis l'intérêt tomba bien vite malgré la reprise au cinéma, entre 1917 et 1934, de la plupart de ses œuvres dans tous les pays du monde où régnait le septième art. Le langage artificiel et verbeux de ses personnages n'était plus de mode. Sa poésie, elle, marquée par l'époque décadente, mais sensible et pleine de pouvoir évocateur, résiste mieux à la fuite du temps.

Il débuta avec la collaboration de Robert d'Humières par *la Belle au Bois dormant,* féerie lyrique en trois actes, selon Rachilde « pièce mondaine par excellence » et « très étoffe de chez Liberty », et Rachilde ajoute : « On connaît la formule dite décadente, cette fumisterie inventée par Tailhade et perfectionnée par M. de Montesquiou ; on se sert sans aucune vergogne du *néant aromal,* de la *lampe des rêves* que l'on accroche à l'*urne des désespoirs...;* l'on abuse avec une candeur égale des *abîmes insondables* de Richebourg et du *vague à l'âme* de Bourget... » Voilà, il est vrai, quelques défauts qui subsisteront chez Bataille, et l'on peut encore parler d'une sensibilité trop éloquente, d'attendrissements faciles, d'émotions attendues, de style relâché, cela à propos du premier recueil, *la Chambre blanche,* 1895. Mais peut-on refuser d'emblée la tendresse ? Marcel Schwob : « Doux petit livre qui s'attarde ! Ses paroles sont murmurées ou minaudées, ses phrases emmaillotées par d'anciennes mains tendres de nourrices, ses poèmes étendus dans des lits frais et bordés où ils sommeillent à demi, rêvant de pastilles, de princesses, de nattes blondes et de tartines au miel. » Et Remy de Gourmont : « Il y a, dans ce livre de l'enfance, toute une philosophie de la vie : un regret mélancolique du passé, une peur fière de l'avenir... » Et Georges Eekoud : « Les vers de M. Bataille caressent comme des berceuses de nourrices, des ronronnements de rouets, des romances de bouilloire et des cricris de grillon, durant les veillées d'hiver. Ce sont les impressions, que l'enfant garde, d'une heure vague pendant laquelle il n'était ni endormi ni éveillé, cette heure au bout de laquelle sa mère l'emportait pour le mettre dans son petit lit. *La Chambre blanche* fait songer au *Kinderscenen* de Schumann... » Il existe une parenté entre Francis Jammes et Henry Bataille, mais le premier est plus profondément rustique, terrien, il a plus de relief, tandis que le second apporte une tristesse de village endormi, une morbidité décadente en même temps que cette « forcerie de tendresse » comme il définit lui-même sa poésie. Côtoyant le trop sensible, le trop fragile, la sensiblerie, Henry Bataille n'y sombre cependant pas : rien de Jean Aicard ou de François Coppée car un frissonnement intérieur, un sens de la tristesse profonde, une impression de mystère qui rôde, une attente frissonnante, une approche de l'incommunicable lui donnent force et originalité. Voici *le Mois mouillé* :

> Par les vitres grises de la lavanderie,
> J'ai vu tomber la nuit d'automne que voilà...
> Quelqu'un marche le long des fossés pleins de pluie...
> Voyageur, voyageur de jadis, qui t'en vas,
> A l'heure où les bergers descendent des montagnes,
> Hâte-toi. — Les foyers sont éteints où tu vas,
> Closes les portes au pays que tu regagnes...
> La grande route est vide et le bruit des luzernes
> Vient de si loin qu'il ferait peur... Dépêche-toi :
> Les vieilles carrioles ont soufflé leurs lanternes...

Il réunira *Ton Sang* et *la Lépreuse*, tragédie légendaire empruntant ses rythmes au folklore breton en 1897, et Jean Viollis écrira : « Je n'ai jamais lu de livre aussi frissonnant, aussi pénétrant, ni qui nous donne un contact plus direct avec la vie. » C'est bien là, comme remarque Gourmont, « le développement naturel d'un chant populaire ». Henry Bataille emploie un vers libre et bien rythmé pour traduire un monde breton infiniment mélancolique. « Cela a l'air, dit encore Gourmont, d'être né, ainsi, tout fait, un soir, sur des lèvres près du cimetière et de l'église d'un village de Bretagne, parmi l'odeur âcre des ajoncs écrasés, au son des cloches tristes, sous les yeux surpris des filles aux coiffes blanches. » Cet univers ressemble à Bataille dont ses contemporains ont dépeint la physionomie alanguie, la pâleur et la maigreur, la tendance à la neurasthénie, un air de sensibilité inquiète, quelque chose d'un poète romantique à deux doigts de la mort.

Le Beau Voyage, 1905, est en trois parties : on y retrouve *la Chambre blanche* que suivent *le Beau Voyage* et *Voici le jardin...* On a donc le plaisir de retrouver des poèmes comme *les Souvenirs :* « Les souvenirs ce sont des chambres sans serrures... » Mais surgit une poésie plus moderne, plus en accord avec le nouveau siècle, avec des images nouvelles : auprès de titres comme *l'Éveil, la Douleur moderne* baignés de tristesse :

> La Douleur! Nous l'avons tous heurtée sans le savoir...
> On disait qu'elle était dans la foule vaguement...
> C'est une femme comme les autres, en noir,
> Très difficile à distinguer... et l'on sait seulement
> Qu'elle porte à la main un grand sac de voyage...

on trouve « la vie suit avec les bagages », une randonnée bouleversante, angoissée, déchirante parmi des paysages nouveaux comme en témoignent certains titres : *les Trains, les Poteaux télégraphiques* ou ces *Villes d'eaux* chères à Jean Lorrain qui pleure en le lisant et le place à côté d'Henri Heine et Baudelaire. C'est en fait une vision nouvelle du monde nouveau avec un regard embué de tristesse et de nostalgie :

> La dame veuve, l'enfant poitrinaire et le poète anglais
> Chaque année se rencontrent sur la terrasse de l'hôtel.
> Ils se balancent dans leurs fauteuils paillassons, et leurs plaids

> Foncés. — Tous les jours ils font le tour habituel
> Sur le chemin du Belvédère à l'église protestante.
> Ils marchent dans la lumière pâle des ombrelles.

Dans *Quelques Silences,* il rencontre Raphaël, Rembrandt, Botticelli, Patinir ou Chardin qu'il illustre de ses poèmes. Dans *Pays* sont évoquées la Suisse et l'Italie et l'on retrouve le chant symboliste : avec un ton bien à lui :

> Dans les jardins les camélias luxueux,
> Les pivoines rondes comme les pigeons rebroussés
> Tête sous l'aile, les mille étoiles des azalées
> Par constellations éparses dans l'allée,
> Avec leur air penché de choses caressées,
> Transparentes comme des temps délicates
> Auxquelles un vieux parfum inflige son tourment...

C'est une poésie chuchotée, confidente triste qui cherche le regard de compréhension, le baume. On retiendra plus particulièrement l'idée du « grand sommeil inconsolable des voyages » et de l'appel : « Douleur n'étais-tu pas dans le train qui s'en va ? » Apparaît le monde des trains et des gares et l'on comprend que certain Barnabooth place Henry Bataille parmi ses poètes favoris.

> Les trains rêvent dans la rosée, au fond des gares...
> Ils rêvent des heures, puis grincent et démarrent...
> J'aime ces trains mouillés qui passent dans les champs,
> Ces longs convois de marchandises bruissant,
> Qui pour la pluie ont mis leurs lourds manteaux de bâches,
> Ou qui dorment des nuits entières dans les garages...
> Et les trains de bestiaux où beuglent mornement
> Des bêtes qui se plaignent au village natal...

Ainsi les trains ou les poteaux télégraphiques « porteurs d'un fil de ciel et d'intimes murmures » deviennent des présences vivantes, la poésie étant aussi l'art d'animer les choses muettes.

La troisième partie du *Beau Voyage,* intitulée *Et voici le jardin* s'ouvre sur un ton allègre, se termine sur une berceuse exotique qui vient comme un post-scriptum après un *Épilogue* qui a la grandeur de la plus haute poésie, de la plus grave, de la plus belle qu'admira tant Aragon. Il commence par le poème qui donne son titre à cet ensemble :

> Et voici le jardin charmant... Ombre, parais !
> Tremble, amour ! Chantez, nuits ! Éveille-toi, forêt !
> Le voici l'ineffable, odorant, portes closes,
> Bleu de feuillées et lourd de ciel, bourré de roses...
> Jardin, jardin, voici ton pâle jardinier !

Et ce sont des vers musicaux comme *Phrase de valse, Nocturne* ou *Presque heureux,* des paysages comme *Six heures du soir :* « C'est l'heure sur la route où le soleil est bleu », une épître, *la Lettre au jardinier :* « Je prends la plume pour vous donner des nouvelles / Du jardin. Il est joli en ce moment... », *le Poème :* « Un vers c'est un lointain rideau de peupliers. » Tout est exquis, vrai et sensible, mais la présence de la mort apparaît, une sorte de mort familière, provinciale, dans *l'Agonie.* Le poète le dit : « Je sens monter en moi le silence mon maître » et l'*Épilogue* est empreint de noble sérénité :

> Ah! quand je serai près de la porte de plâtre,
> Lorsque viendra mon tour, tranquille et de moi-même
> Je me dévêtirai pour le sommeil suprême,
> Et je déposerai comme un bâton dans l'âtre
> Ce fardeau de beauté, de science et d'amour
> Dont vous aviez chargé mon épaule et mes yeux,
> Et que, par un soin tendre et miséricordieux,
> Vous me retirerez, Seigneur, avec le jour.
> Je me dévêtirai de toutes vos parures;
> D'un seul geste et d'un coup, elles s'écrouleront,
> A cet instant subit où, dans l'éclipse obscure,
> Tout un vaste univers désertera mon front.

Le finale est aussi admirable :

> Pour que rien ne subsiste en ces derniers miroirs,
> Même jusqu'au dernier point lumineux des cierges,
> On me revoilera mes yeux tentés de voir
> Malgré le long labeur de leur fidélité,
> Pour que rien, rien, pas même une tache ne souille
> D'un souvenir humain, encombrant, détesté,
> L'orgueilleuse candeur que revêt ma dépouille,
> Et que, nu, simple et seul, je descende et repose
> Comme en un flanc nouveau qui s'enfle et me recrée,
> Que je descende enfin dans le destin des choses,
> Et dans ma pureté intangible et sacrée.

Ses succès passagers au théâtre n'empêcheront jamais Henry Bataille d'être poète. La guerre lui inspirera *la Divine Tragédie,* 1920, puis paraîtra *la Quadrature de l'amour,* 1920, où il y a des facilités, de plates mélancolies, un ton déclamatoire peu supportable :

> Cet égorgeur qui tint cent peuples dans sa poigne
> Et s'acharna sur tous les soleils tour à tour,
> J'atteste qu'il avait les mains moites d'amour...

Henry Bataille reste avant tout le poète d'un livre, *le Beau Voyage,* car, là, l'émotion a su être spontanée et trouver sa correspondance dans une pensée délicatement imprécise. De sa nostalgie maladive, de son angoisse, il a su exprimer le mystère secret en des paysages d'âme auxquels s'accordait son flou symboliste. En cela il a su s'éloigner du danger qui le guettait, le faux art et le sentimentalisme, pour rejoindre une sensibilité et une modernité où le poète d'aujourd'hui peut, aux meilleurs moments, se reconnaître.

Pierre Louÿs, le parnassien sensuel.

Pierre Louÿs (1870-1925) au début du siècle avait déjà accompli la majeure partie de son œuvre en prose et en vers *(voir préc. vol.)* et nous avons entrevu les poèmes d'*Astarté,* 1891, comme *les Poésies de Méléagre,* 1893 et *les Chansons de Bilitis,* 1894, et aussi *Aphrodite,* 1896, *la Femme et le pantin,* 1898, *les Aventures du roi Pausole,* 1901.

Petit-neveu du général Junot, duc d'Abrantès, et arrière-petit-fils du Dr Sabatier, médecin de Napoléon, Pierre Louis qui serait Pierre Louÿs est né à Gand de parents français réfugiés en Belgique durant l'invasion allemande. Pierre Louÿs fit de bonnes études à l'École alsacienne, à Janson de Sailly, à la Sorbonne. Il fréquenta dès son plus jeune âge Leconte de Lisle et les parnassiens. A vingt et un ans, il fonda la revue *la Conque* où publièrent Henri de Régnier, Paul Valéry, André Gide, puis, au cours de onze numéros, Stéphane Mallarmé et Paul Verlaine, Leconte de Lisle et José-Maria de Heredia (dont Pierre Louÿs devait épouser la fille cadette, Louise), Léon Dierx et Jean Moréas, Swinburne et Judith Gautier. Enfin le jeune poète réunit ses vers sous le titre d'*Astarté,* 1891, recueil précédé d'un sonnet *A Paul-Ambroise Valéry,* son ami. Un sang neuf rajeunissait le vieux Parnasse et la rigueur de Heredia ou de Leconte de Lisle était tempérée par une sensualité tendre, un talent artistique unissant la perfection à la finesse, avec un certain alexandrinisme. On put lire *Glaucé,* ce poème d'eau coulante :

> Elle se baigne
> Au marais des iris et des grands lys d'eau
> Elle se baigne comme un nénufar blanc
> Comme un nénufar rouge qui saigne
> Elle est tout en or avec des taches de sang
> Comme un soleil du soir qui baigne dans l'eau
> Miroitante et merveilleuse.

Les poèmes les plus formels avaient la même grâce. Ainsi, un sonnet dédié à Oscar Wilde, *la Danseuse* :

> Elle tourne, elle est nue, elle est grave; ses flancs
> Ondulent d'ombre bleue et de sueur farouche.
> Dans les cheveux mouillés s'ouvre rouge la bouche
> Et le regard se meurt entre les cils tremblants.
>
> Ses doigts caressent vers des lèvres ignorées
> La peau douce, la chaleur molle de ses seins.
> Ses coudes étendus comme sur des coussins
> Ouvrent le baiser creux des aisselles dorées.
>
> Mais la taille, ployée à la renverse, tend
> Le pur ventre, gonflé d'un souffle intermittent, —
> Et sous l'arachnéen tissu noir de sa robe
>
> Ses bras tendres, avec des gestes assouplis,
> Ses pieds froids sur les arabesques des tapis
> Cherche l'imaginaire amant qui se dérobe...

Pierre Louÿs, celui des œuvres finement érotiques, est déjà présent. De la poésie, il dira : « La poésie est une fleur d'Orient qui ne vit pas dans nos serres chaudes. La Grèce elle-même l'a reçue d'Ionie, et c'est de là aussi qu'André Chénier ou Keats l'ont transplantée parmi nous, dans le désert poétique de leur époque; mais elle meurt avec chaque poète qui nous la rapporte d'Asie. Il faut toujours aller la chercher à la source du soleil. » Mais le jour est aussi composé de nuit : « Poètes, évangélistes d'une déesse intime, transfigurez-vous par la nuit. » Il cherche ses thèmes vers la Grèce, vers l'Orient; comme les parnassiens, il dépayse, mais il est marqué par le Symbolisme, par son maître, Stéphane Mallarmé : on trouve dans la suite *Isis* un sonnet pour les cinquante ans de celui qu'il admire :

> Cinquante heures de nuit préparatoire, ô Maître !
> Demain s'éblouiront l'aurore, et nous saurons
> A l'ombre magistrale errante sur nos fronts
> Qu'on a vu sourdre l'or et la lumière naître.

Pierre Louÿs adore le sonnet. Il le compose à la perfection dans *Aquarelles passionnées,* 1894, *Hivernales,* 1895, *la Forêt des nymphes,* 1894, poèmes épris de danseuses, de sirènes, d'hamadryades, de nymphes qu'on retrouve dans ses *Stances* comme *Aphrodite :* « Ô Déesse entre nos bras si tendre et si petite. » Il chérit la femme en la déesse et la fait fragile, frissonnante, car « La Beauté lui fit croire à la douceur de vivre. »

Ses poèmes se suivront toujours harmonieux et bien faits. Pierre Louÿs a bien appris la leçon de ses maîtres et il y ajoute la subtilité et la délicatesse d'un artiste, d'un modeleur parnassien qui n'oublie pas que le marbre peut chanter. Il n'est pas éloigné de la qualité de son ami Paul Valéry avec qui il échange une correspondance révélatrice de son caractère d'esthète et de moraliste. Il a l'intelligence de la création, sait parler à voix basse, s'alanguir parce que c'est la mode du temps, dire « Ta voix, c'est le soupir d'une enfance perdue. » Sa *Psyché* est révélatrice de son talent :

> Psyché, ma sœur, écoute immobile, et frissonne...
> Le bonheur vient, nous touche et nous parle à genoux.
> Pressons nos mains. Sois grave. Écoute encor... Personne
> N'est plus heureux, ce soir, n'est plus divin que nous.

Il œuvre dans des régions qui ne sont pas si éloignées d'Anna de Noailles ou de Jean Moréas, on le voit encore dans *Pervigilium Mortis, Autres Stances, Derniers Vers,* 1924, les *Vers de circonstance* montrant qu'il ne dédaigne pas le jeu des mots et cet humour qu'il dispensera dans les œuvres sous le manteau comme *Pybrac* et d'autres qui font la joie des amateurs de cabinets secrets et d'anthologies érotiques, voire égrillardes, où la place de Pierre Louÿs est toute trouvée auprès des Verlaine, Rimbaud, Jarry, Fleuret, Perceau, Lorrain, Apollinaire, etc. D'ailleurs si on le lit bien, en dehors des poèmes qu'on ne donne pas aux enfants, il sait faire aussi naître des fleurs précieuses :

> Et l'andryade lascive
> Fixée au tronc toute vive
> Hurle en rut dans la forêt,
> Tandis que sa vulve rouge,
> Béante, frissonne et bouge
> Comme une fleur qui vivrait.

En son temps, si l'on apprécia les vers de Pierre Louÿs, son triomphe viendra, et c'est justice, d'une prose qui est la mieux menée, la plus sensuelle et la plus poétique qui soit. C'est là que son originalité s'affirme, qu'on peut le distinguer entre tous. Le traducteur des *Poésies de Méléagre*, 1893, des *Scènes de la vie des courtisanes* de Lucien, 1894, leur offre un écho nouveau avec *les Chansons de Bilitis*, 1894, chef-d'œuvre du poème en prose et de la littérature érotique qui permettra une neuve inspiration à Claude Debussy comme *les Aventures du Roi Pausole*, 1901, divertissement galant qui tentera Jacques Ibert et Arthur Honegger, tandis que les romans *Aphrodite*, 1896, *la Femme et le pantin*, 1898, qui sera porté sans cesse à l'écran par Reginald Barker, Jacques de Baroncelli, Joseph von Sternberg, Julien Duvivier, Luis Buñuel, comme l'inachevée *Psyché*, portent sous l'apparence antique une marque de modernité.

Pierre Louÿs imagine une poétesse contemporaine de Sappho qui connaît l'art du chant et de la musique. La première partie évoque les amours pastorales de Bilitis avec le jeune Lykas; la deuxième contient des élégies de Mnasidika, nom trouvé dans un fragment de Sappho, la troisième est épigrammatique. Des descriptions de nature finement ciselées alternent avec des scènes érotiques. Ces petites coupes de fraîche et sensuelle poésie, on les accueille bien comme des instants musicaux. Nous avons cité dans le précédent volume *la Bague symbolique* et *la Lune aux yeux bleus*. Voici *les Seins de Mnasidika* :

Avec soin, elle ouvrit d'une main sa tunique et me tendit ses seins tièdes et doux, ainsi qu'on offre à la déesse une paire de tourterelles vivantes.

« Aime-les bien, me dit-elle; je les aime tant! Ce sont des chéris, de petits enfants. Je m'occupe d'eux quand je suis seule. Je joue avec eux, je leur fais plaisir.

« Je les lave avec du lait. Je les poudre avec des fleurs. Mes cheveux fins qui les essuient sont chers à leurs petits bouts. Je les caresse en frissonnant. Je les couche dans de la laine.

« Puisque je n'aurai jamais d'enfants, sois leur nourrisson, mon amour; et puisqu'ils sont si loin de ma bouche, donne-leur des baisers de ma part. »

Comme le bon François Coppée s'exclamait : « Vous n'avez pas lu *Aphrodite!* Alors qu'est-ce que vous faites entre vos repas? », Camille Mauclair, s'enthousiasmant pour *Bilitis*, en a fort bien parlé : « C'est avec une netteté de composition absolue, dans la langue la plus savoureuse, la plus concise, la plus transparente sur les sensations aiguës que se déroule la vie, apparue par aspects familiers ou passionnels, de la petite courtisane grecque. Tout le séjour à Mytilène est plein de perversité et de la poésie saphique la plus étrange et la plus pleine de justesse dans l'observation anormale que j'aie lue. Toute une psychologie troublante de l'inversion sexuelle se dessine là. Il faudrait citer toute cette période. M. Pierre Louÿs est tout à fait un poète : sa forme savante qui gênait l'émotion a soudain pu l'enserrer... » C'était à ce point parfait que Paul Léautaud rapporta qu'un savant professeur, ancien élève de l'école d'Athènes affirma avoir lu l'œuvre de Bilitis bien avant de recevoir le livre de Pierre Louÿs...

Il fallait pour cela toute la culture du poète. Parmi d'autres œuvres citons son exégèse tendant à prouver que les vers de Molière ont été écrits par Corneille. On y reviendra périodiquement.

Dans *Bilitis,* le poète, des *Bucoliques en Pamphylie,* des *Élégies à Mytilène* aux *Épigrammes dans l'île de Chypre,* comme les renaissants, comme Chénier, comme Moréas et tant d'autres, renoue avec un art lointain et émerveille ses contemporains. Lisons encore cette épigramme, *l'Hôtellerie* :

> Hôtelier, nous sommes quatre. Donne-nous une chambre et deux lits. Il est trop tard maintenant pour rentrer à la ville et la pluie a crevé la route.
> Apporte une corbeille de figues, du fromage et du vin noir ; mais ôte d'abord mes sandales et lave-moi les pieds, car la boue me chatouille.
> Tu feras porter dans la chambre deux bassins avec de l'eau, une lampe pleine, un cratère et des kylix. Tu secoueras les couvertures et tu battras les coussins.
> Mais que les lits soient de bon érable et que les planches soient muettes ! Demain tu ne nous réveilleras pas.

Pierre Louÿs est un poète de plaisir, un artiste qui semble apporter au Parnasse et aux symbolistes une nouvelle dimension née d'une culture discrètement épanouie : là où d'autres offraient des statues sévères et sentant la poussière du musée, il a apporté de la grâce et de la gracilité. Nul n'est plus réaliste que lui et nul n'est plus aérien. Ne devrait-on lire que deux livres que ce seraient *Bilitis* pour la poésie et *la Femme et le pantin* pour le roman car ce sont des chefs-d'œuvre, mais il faut en lire au moins trois en ajoutant les poèmes en vers.

On se souvient du romancier grâce au cinéma, du poète en prose grâce aux publications de cabinets précieux, mais ne mériterait-il pas une meilleure place, comme Valéry le pensait déjà : « La plupart ne lisaient dans ces beaux livres que des apologies de la chair et de ses plaisirs. Ni les peines que demande un langage si admirable, ni les connaissances que supposent ces peintures, ni l'amertume et la désespérance qui s'y mêlent, n'éclairaient à leurs yeux le vrai visage de l'auteur... Quand on a mis tant d'énergie et de désir, tant de patience et tant de réflexions dans la préparation de son œuvre, on peut exiger après soi d'être longuement et studieusement regardé. L'heure viendra de ce regard pieux. » Comme le dit si bien René Lalou et l'on ne peut mieux conclure : « Louÿs a, dans toute son œuvre, dépassé l'alexandrinisme érotique par le sourire d'une intelligence lucide et un culte ému de la beauté. »

2
Paul Valéry

Les Jeunes Années.

A l'aube de notre siècle, Paul Valéry (1871-1945), homme de vingt-neuf ans, va entrer dans un silence de plusieurs années, se plongeant dans cette onde pour en rejaillir plus vivant que jamais. Deux années après la mort de Stéphane Mallarmé qu'il a profondément ressentie, en 1900, il entre à l'agence Havas pour un emploi, un gagne-pain certes mais dont l'ouverture sur l'économie et la politique internationales le passionne. Enclin depuis cette enfance où il apprenait par cœur *le Bateau ivre* à « jouir sans fin de son propre cerveau », il a déjà parcouru bien des chemins avec une singulière intelligence des disciplines et des arts : il a fait son droit et tout lui est sujet d'intérêt et de méditation, mathématique, musique, dessin, danse, architecture, philosophie, histoire, et bien sûr, poésie. C'est à ce jeune homme que Mallarmé, rue de Rome, a montré les épreuves du *Coup de dés* en lui demandant : « Est-ce que je ne suis pas fou ? »

Le Paul Valéry de la fin de siècle a publié dans les revues : *la Conque, Revue indépendante, Entretiens politiques et littéraires, l'Ermitage, Chimère, Syrinx, la Wallonie, le Centaure,* et une demi-douzaine d'autres. On y trouve tout cela qui contribuera à sa gloire quelques lustres plus tard comme son *Paradoxe sur l'architecte, la Soirée avec M. Teste,* et même, dans une revue d'outre-Manche, une étude sur *la Conquête allemande*. Par son intelligence, sa puissance de travail, il semble qu'il désire tout englober, tout comprendre, tout clarifier. Il analyse aussi bien le conflit sino-japonais que les œuvres de Stendhal, Nietzsche ou ce Wells qui s'ouvre au monde futur. Il rêve d'une *arithmetica universalis,* pense à son *Introduction à la méthode de Léonard de Vinci*. Durant des années, il étudie ainsi qu'il ne cessera jamais de le faire. A l'univers du poète il ajoute de nouvelles dimensions et nulle poésie ne sera plus nourrie d'authentique savoir que la sienne.

Écolier, chez les dominicains, puis au collège de Sète qui s'écrit encore Cette, et qui portera son nom, il écrit des poèmes. Ses jeux ne sont pas ceux des autres enfants, ils sont dans son intellect. Ses fêtes enfantines ?

Ce sont celles de l'esprit. Il dit déjà « un éloignement marqué pour les amusements violents et les exercices de force » et encore : « J'ai dû commencer vers l'âge de neuf ou dix ans à me faire une sorte d'île de mon esprit, et quoique d'un naturel assez sociable et communicatif, je me réservais de plus en plus un jardin très secret où je cultivais les images qui me semblaient tout à fait miennes, ne pouvaient être que les miennes. » Prodige ? Surdoué ? Éloignons-nous des clichés : l'enfant Valéry, comme l'homme Valéry, n'est pas un monstre ; un homme joyeux cohabitera avec l'intellectuel. Que lit-il alors ? Théophile Gautier, Baudelaire, Hugo, mais aussi le *Dictionnaire d'architecture* de Viollet-le-Duc, la *Grammaire de l'ornement* d'Owen Jones. Fort en thème ? Non, élève moyen sauf en composition française. Il « poursuit sans éclat ses études, n'emportant des leçons données que l'horreur des choses prescrites et l'amour de sa fantaisie ». Il étudie hors les programmes, il dessine, peint, herborise, étudie « les arts savants du moyen âge, de Byzance, et quelque peu de la Grèce ». En 1887, il est reçu au baccalauréat. Sa composition française avait pour sujet la lettre d'un seigneur de province félicitant Boileau de son *Art poétique,* tout en critiquant ses vues sur Ronsard. Il écrit aussi deux pièces de théâtre, *le Rêve de Morgan* et *les Esclaves* et des sonnets, ses premiers poèmes, un essai : *Conte de nuit.*

Étudiant en droit, il donne à la Faculté une conférence sur le Polyptique d'Irminion. La mathématique, la physique, la musique le passionnent. Il lit Huysmans, et, par lui, Verlaine, Mallarmé, les frères Goncourt. A l'auteur d'*A Rebours,* il envoie un poème en prose, *les Vieilles Ruelles.* La *Revue maritime* publie son poème *Rêve,* le *Courrier libre,* une *Élévation de la lune.* D'année en année, que de découvertes ! Stuart Merrill, Leconte de Lisle et Heredia, Edgar Poe, Villiers de L'Isle-Adam. Il entreprend une correspondance avec Pierre Louÿs, envoie des pages d'*Hérodiade* à Mallarmé, puis *le Jeune Prêtre* et *la Suave Agonie.* Mallarmé répond : « Le don de subtile analogie, avec la musique adéquate, vous possédez cela qui est tout... » Il envoie à Pierre Louÿs *Narcisse parle.* Il rencontre André Gide, s'associe aux Félibres de la Sainte-Estelle pour un hommage à Mistral. C'est pour Gide qu'il écrit *le Bois amical :*

> Nous avons pensé des choses pures
> Côte à côte, le long des chemins,
> Nous nous sommes tenus par les mains
> Sans dire... parmi les fleurs obscures ;
>
> Nous marchions comme des fiancés
> Seuls, dans la nuit verte des prairies ;
> Nous partagions ce fruit de féeries
> La lune amicale aux insensés
>
> Et puis, nous sommes morts sur la mousse,
> Très loin tout seuls parmi l'ombre douce
> De ce bois intime et murmurant ;
>
> Et là-haut, dans la lumière immense,
> Nous nous sommes trouvés en pleurant
> Ô mon cher compagnon de silence !

Paul Valéry appartient bientôt au monde littéraire et partage cette vie riche de création, d'enthousiasmes et de projets de la fin du siècle en un temps où les arts, peinture, musique, poésie donnaient lieu à d'intenses échanges. Multiples rencontres : Aubanel, Eugène Rouart, Léon Blum, Henri de Régnier, Juliette Adam, Fontainas, Manet et Berthe Morisot, Edmond de Goncourt, Paul Verlaine, Degas, Colette, Fargue, Vielé-Griffin, les symbolistes, sans oublier celles de lectures multiples. On voit dans les poèmes dont il honore les revues l'influence essentielle, celle de son maître Stéphane Mallarmé, mais ses poèmes écrits avant 1900 ont déjà toute l'harmonie qui lui est propre. Ils seront plus connus en 1920 quand paraîtra son *Album de vers anciens,* mais déjà les connaisseurs se répètent *la Fileuse, Naissance de Vénus, Féerie, Narcisse parle, Air de Sémiramis* entre autres, poèmes qu'il améliorera au cours des années dans un incessant travail. Déjà, au cours d'un rêve, un vers lui sera « donné par les dieux » et ce sera le premier d'un célèbre poème : *Assise, la fileuse au bleu de la croisée...* Il est aérien dans *les Vaines Danseuses : Celles qui sont des fleurs légères sont venues...,* préraphaélite dans *Narcisse parle : Ô frères! tristes lys, je languis de beauté...,* baudelairien dans *Profusion du soir : Ce vin bu, l'homme bâille, et brise le flacon...,* panthéiste dans *Air de Sémiramis : Soleil, soleil, regarde en moi rire mes ruches!,* sensuel dans *Anne :*

> Anne qui se mélange au drap pâle et délaisse
> Des cheveux endormis sur les yeux mal ouverts
> Mire ses bras lointains tournés avec mollesse
> Sur la peau sans couleur du ventre découvert.

Ou encore dans *Épisode :*

> Un soir favorisé de colombes sublimes,
> La pucelle doucement se peigne au soleil.
> Aux nénuphars de l'onde elle donne un orteil
> Ultime, et pour tiédir ses froides mains errantes
> Parfois trempe au couchant leurs roses transparentes.

Il aime les féeries, les orphismes, les baigneuses : *Un fruit de chair se baigne en quelque jeune vasque...* Un symbolisme vaporeux s'étend au-dessus des eaux de *Narcisse* ou dans un palais *Au bois dormant :*

> La princesse, dans un palais de rose pure,
> Sous les murmures, sous la mobile ombre dort,
> Et de corail ébauche une parole obscure
> Quand les oiseaux perdus mordent ses bagues d'or.

Nous le disions dans le précédent volume *(page 600),* le poème *Été* laisse augurer le futur *Cimetière marin :*

> Été, roche d'air pur, et toi, ardente ruche,
> Ô mer! Éparpillée en mille mouches sur
> Les touffes d'une chair fraîche comme une cruche,
> Et jusque dans la bouche où bourdonne l'azur;

> Et toi, maison brûlante, Espace, cher Espace
> Tranquille, où l'arbre fume et perd quelques oiseaux,
> Où crève infiniment la rumeur de la masse
> De la mer, de la marche et des troupes des eaux,

A la fin de l'*Album de vers anciens,* on trouvera *l'Amateur de poèmes,* tranquille manifeste que suivront plus tard bien des approfondissements, mais où déjà s'ébauche sa thèse essentielle que la création poétique n'est pas affaire d'inspiration au sens habituel, mais de calculs souterrains, d'alchimie verbale :

> ... Je m'abandonne à l'adorable allure : lire, vivre où mènent les mots. Leur apparition est écrite. Leurs sonorités concertées. Leur ébranlement se compose, d'après une méditation antérieure, et ils se précipiteront en groupes magnifiques ou purs, dans la résonance. Mêmes mes étonnements sont assurés : ils sont cachés d'avance, et font partie du nombre... Nul hasard, mais une chance extraordinaire se fortifie. Je trouve sans effort le langage de ce bonheur; et je pense par artifice, une pensée toute certaine, merveilleusement prévoyante, — aux lacunes calculées, sans ténèbres involontaires, dont le mouvement me commande et la quantité me comble : une pensée singulièrement achevée.

Paul Valéry introduit donc la clairvoyance intellectuelle dans la création poétique. Il n'exclut cependant pas les surprises et les rencontres miraculeuses à condition qu'elles soient contrôlées et se situent sur le lieu de la poésie. Le poète devra dominer tout ce qui est spontané et instinctif, immédiat et désordonné. Soucieux avant tout d'affirmer sa pleine possession de soi, il ira jusqu'à dire sa préférence d'écrire « dans une entière lucidité quelque chose de faible » plutôt que « d'enfanter à la faveur d'une transe et hors de lui-même un chef-d'œuvre d'entre les plus beaux ». Mais il dira aussi : « Il n'y a pas de doctrine vraie en art. » Veut-il dire que tout ce qui naît spontanément dans l'esprit du poète doit être repoussé ? Non, le bon peut être donné aussi bien que le mauvais. Plutôt qu'une discrimination arbitraire, il faudra donner aux éléments leur nouvelle valeur d'après les combinaisons qu'on saura établir en fonction d'un ensemble. Durant quarante ans, Paul Valéry approfondira cette recherche ébauchée dans son jeune âge.

Tandis que la nouvelle génération admire ses œuvres publiées, et surtout *Monsieur Teste,* Paul Valéry se fait silencieux, il intrigue, devient le personnage d'une légende secrète. Valery Larbaud écrit : « Des adolescents, des lycéens, des étudiants qui étaient nés dix ans après lui et qui découvraient à leur tour, dix ans après lui, la littérature contemporaine — et je peux bien revendiquer ici l'honneur d'avoir été de leur nombre — se récitaient, en pâlissant d'enthousiasme, des strophes et des poèmes de ce qui devrait être un jour l'*Album de vers anciens,* alors copiés sur les petites revues où ils avaient paru. Ils prononçaient le nom de Paul Valéry d'un air de vénération et de mystère. »

Du silence à la parole retrouvée.

Il faut lire l'introduction biographique année par année que la fille du poète, Agathe Rouart-Valéry, a donnée en tête des *Œuvres* dans l'édition de la Pléiade de Jean Hytier pour suivre Paul Valéry durant quinze années silencieuses. Son travail à l'agence Havas lui laisse des loisirs. Il lit surtout des études théoriques et scientifiques. Il est bouleversé par l'*Orphée* de Glück, il assiste à la première controversée de *Pelléas* et, au fil des années, à tous les concerts de son ami Debussy. Le 31 mai 1900, il a épousé Jeannie Gobillard, nièce de Berthe Morisot et cela l'a introduit dans un milieu de grands bourgeois cultivés. Il voit beaucoup ses amis, Gide, Louÿs, les musiciens, les peintres comme Odilon Redon, Degas, Manet, Renoir. Sa vie semble rangée. Il écrit cependant, il écrit comme on fait de la culture physique : « Un cheval de course entraîné tous les matins, poussé à fond, retenu à temps, pesé, nourri savamment, est une bien belle chose. » Gymnastique intellectuelle jusqu'au bout de sa vie, comme en témoigneront les œuvres en prose, les *Cahiers*. Il a donné un *Mémoire sur l'attention*. On réimprime sa *Soirée avec M. Teste*. Des crises intellectuelles se succèdent, il se sent « brisé de toutes parts ». Il ébauche une *Agathe*, « manuscrit trouvé dans une cervelle ». Il s'ingénie à tirer une méthode de son « délire de lucidité ». Les ennemis le jugent perdus pour la littérature. Les amis respectent son retrait, mais veillent. Gaston Gallimard et André Gide, Pierre Louÿs et Jacques Rivière, l'incitent à publier. Il hésite : « Quant à moi, c'est-à-dire au recueil ou herbier de choses séchées, j'y songe, gratte les tiroirs, me dégoûte – et c'est tant mieux car si je me regrettais, quel surcroît, Seigneur!... Jusqu'ici, je ne vois pas ce volume : ni sa forme, ni sa substance, ni sa nécessité... Puis paraître à deux minutes du Mallarmé, c'est de trois ou quatre façons épouvantant. Faut-il monter sur un théâtre qui, après tout et en vérité, n'est pas le mien. » Sa probité intellectuelle est sans faille. Il promettra enfin à Gallimard ses manuscrits : « Je crois, hélas! que ça y est... » Il retouche d'anciens vers, en esquisse de nouveaux comme *la Jeune Parque* dont les premiers essais sont de 1912, sans renoncer à sa chimère de « construire la gamme et le système d'accords dont la pensée en général serait la Musique ». Puis, enfin achevée, *la Jeune Parque,* « rêverie dont le personnage en même temps que l'objet est la conscience consciente » est soumise au jugement d'André Gide qui s'émerveille. Le livre paraît au printemps de 1917. Ce que Valéry pense être son adieu à la poésie sera au contraire le ferment d'une grande part de son œuvre. Ce poème qu'il appelle « exercice » (ce qui par-delà la modestie apparente du terme est juste et n'enlève rien à la valeur du poème), même en temps de guerre, ne passe pas inaperçu. Paul Valéry est sacré grand poète à son insu et sa faculté créatrice, prise au piège de la renommée avec ce qu'elle peut comporter de dynamisme latent, va, durant cinq années, produire des poèmes que se disputeront les revues, qu'on lira dans les salons littéraires. Ainsi, ce Paul Valéry que les surréalistes appréciaient parce qu'il s'était enfermé dans le silence renaît de ses cendres : ils oublièrent leur admiration première. Quatre ans plus tard, la revue *la Connaissance,* à partir d'un référendum, le sacrera « plus grand poète vivant ». Ce sera le début de querelles littéraires qu'allait suivre le débat sur « la poésie pure ». Les commentaires de *la Jeune Parque* affluèrent, notamment celui du philosophe Alain, tant ce poème riche pouvait susciter d'interprétations.

La Jeune Parque est un poème singulièrement achevé, une de ces œuvres nées du travail qui portent en elles-mêmes une mine à ciel ouvert de thèmes et d'idées fécondants, un réservoir multiple permettant d'autres créations. Poème à la fois concret et abstrait, qui semble clos et permet toutes les ouvertures, idée de la perfection et source de surprises, et comme dit Jean Levaillant, « Un décentrement incessant, des surimpressions plastiques, phoniques, des métaphores qui se renforcent de nouveaux éléments à cent vers de distance, des durées multiples qui s'organisent à l'intérieur du poème, comme l'histoire ou le corps ont des durées différentes, le cœur, la vue, la marche, et l'ensemble c'est la vie du corps; des substitutions d'une durée à l'autre (c'était le rythme de la durée de la marche, et cela *devient,* oui, le rythme de la durée d'un cœur, qui s'arrête, qui bat encore). » Il est vrai qu'il n'y a « pas de poésie plus mobile, comme le sang » et le critique ajoute : « Et puis, un échange entre le passé, le futur, le présent, qui rend heureusement impossible toute chronologie interne; un temps plein, et paradoxal : une achronie généralisée, le temps du rêve. L'espace est saturé davantage encore; un espace topologique; topologie : étude des positions relatives dans l'espace, et de leurs tensions. » Poème savant, mais aussi poème charnel, sensuel, d'une exquise et haute harmonie :

> Qui pleure là, sinon le vent simple, à cette heure
> Seule, avec diamants extrêmes?... Mais qui pleure,
> Si proche de moi-même au moment de pleurer?

Les intentions de Paul Valéry ont été affirmées à plusieurs reprises, comme dans *Variété :* « Lorsque j'ai voulu me remettre à la poésie, j'ai voulu faire œuvre de volonté... combiner dans une œuvre, tout d'abord les idées que je m'étais faites sur l'être vivant et le fonctionnement même de son être en tant qu'il pense et qu'il sent; ensuite... ne pas verser dans l'abstraction, mais au contraire, verser dans une langue aussi imagée que possible et aussi musicale que possible, le personnage fictif que je créais. » Sa jeune femme est non une morte mais un être de chair et de sang qui, dans la nuit qui l'enveloppe, s'interroge au sujet d'un viol qu'elle vient de vivre ou de rêver. Et des interrogations concrètes en naissent d'autres abstraites nées dans le drame de la chair qui se souvient. La conscience est aux prises avec elle-même et le poème est « la peinture d'une suite de substitutions psychologiques, et, en somme, le changement d'une conscience pendant la durée d'une nuit ». Mais ce que le commentaire ne peut exprimer, c'est le secret d'un art poétique qui piège l'insaisissable et les transitions secrètes de la vie mentale, c'est la musique exquise des mots :

> Harmonieuse MOI, différente d'un songe,
> Femme flexible et ferme aux silences suivis
> D'actes purs!... Front limpide, et par ondes ravis,
> Si loin que le vent vague et velu les achève,
> Longs brins légers qu'au large un vol mêle et soulève,

> Dites !... J'étais l'égale et l'épouse du jour,
> Seul support souriant que je formais d'amour
> A la toute-puissance altitude adorée...

L'ivresse lyrique de la lucidité succède au jeu de la pensée se fécondant elle-même, se créant et s'effaçant, aux surprises et aux interrogations et il en naît une liesse, une fête du poème, même si elle est fugitive et bientôt tragique :

> Salut ! Divinités par la rose et le sel,
> Et les premiers jouets de la jeune lumière,
> Iles !... Ruches bientôt, quand la flamme première
> Fera de votre roche, îles que je prédis,
> Ressente en rougissant de puissants paradis ;
> Cimes qu'un feu féconde à peine intimidées,
> Bois qui bourdonnerez de bêtes et d'idées,
> D'hymnes d'hommes comblées des dons du juste éther...

La musique de nuit apportera ses apaisements, diluera les pensées et il en restera comme un goût de cendre :

> Ce corps, je lui pardonne, et je goûte à la cendre.
> Je me remets entière au bonheur de descendre,
> Ouverte aux noirs témoins, les bras suppliciés,
> Entre des mots sans fin, sans moi, balbutiés.
> Dors, ma sagesse, dors. Forme-toi cette absence ;
> Retourne dans le germe et la sombre innocence,
> Abandonne-toi vive aux serpents, aux trésors.
> Dors toujours ! Descends, dors toujours ! Descends, dors, dors !

Mais « le noir n'est pas si noir ». Au nocturne succédera l'aurore, comme dans *le Cimetière marin* où « il faut tenter de vivre », et le jour éclate, le soleil, la mer, l'azur permettent des invocations à la vie qui recommence :

> Si l'âme intense souffle, et renfle furibonde
> L'onde abrupte sur l'onde abattue, et si l'onde
> Au cap tonne, immolant un monstre de candeur,
> Et vient des hautes mers vomir la profondeur
> Sur ce roc, d'où jaillit jusque vers mes pensées
> Un éblouissement d'étincelles glacées,
> Et sur toute ma peau que morde l'âpre éveil,
> Alors, malgré moi-même, il le faut, ô Soleil,
> Que j'adore mon cœur où tu te viens connaître,
> Doux et puissant retour du délice de naître,
> Feu vers qui se soulève une vierge de sang
> Sous les espèces d'or d'un sein reconnaissant !

Ce poème incantatoire fait la liaison entre l'*Album de vers anciens* et les poèmes qui vont suivre. La leçon de Mallarmé est présente et l'on saisit de subtiles correspondances entre *la Jeune Parque* et *Hérodiade*. « Exercice », certes, celui des tentatives, des difficultés soulevées pour être vaincues, de la recherche d'effets qui confinent à la gageure. Il y a bien une part de jeu, celui du « je », du moi qui se cherche. En même temps, Valéry, par son harmonie, rejoint les sommets de la poésie classique, de Racine à Vigny, ceux du symbolisme mallarméen, mais ce qui lui est propre, c'est la cristallisation poétique de la pensée, l'effacement du didactisme qui serait insupportable sans l'incantation. Comme Teste, *la Jeune Parque* est cet « être absorbé dans sa variation ». Il faut insister aussi sur cette inquiétude, cet effroi vaporeux, des luttes tragiques de la pensée qui font frémir le poème, cette approche fragile de déchiffrer les énigmes de l'univers dans les états subtils de la veille lucide et du rêve éveillé.

Charmes.

De 1918 à 1922, Paul Valéry écrivit les admirables poèmes qui composent *Charmes,* 1922. Le mot « charmes » ne doit pas être pris à son sens habituel, avec ce qu'il inclut de fascination, d'enchantement ou de grâce (encore qu'ils ne soient pas absents des poèmes), mais selon son étymologie latine : *carmen, carmina,* chant, poème. Paul Valéry considéra que son œuvre poétique s'arrêterait là ; en fait, il ne publia plus après cette plaquette qu'un nombre restreint de poèmes, mais leur contention extrême, l'extrême tension du langage apportent plus que bien de vastes œuvres. Chaque poème est en soi un des chefs-d'œuvre de la poésie française, il n'est que de citer les titres : *Aurore, Au platane, Cantique des colonnes, l'Abeille, Poésie, les Pas, la Ceinture, la Dormeuse, Fragments du Narcisse, la Pythie, le Sylphe, l'Insinuant, la Fausse Morte, Ébauche d'un serpent, les Grenades, le Vin perdu, Intérieur, Ode secrète, le Rameur,* et enfin cet apogée de la poésie qu'est *le Cimetière marin,* pour que le lecteur cultivé voie affluer dans sa mémoire les vers classiques les plus admirables qui aient été écrits.

Le héros de ces poèmes, pour les précédents, est le « moi », le « moi pur » qui « habite éternellement notre sens », le Moi de *Teste,* de *Psyché,* de *la Jeune Parque,* du *Serpent,* c'est le *Narcisse* déjà entrevu dans l'*Album de vers anciens* et qu'on retrouvera en 1938 quand la musicienne Germaine Tailleferre demandera au poète d'écrire *la Cantate du Narcisse.* Dans les poèmes de *Charmes,* Paul Valéry élimine l'entourage social pour se livrer à une réflexion sur sa propre existence, à l'extraction des richesses de pensée que recèle son moi poétique, à sa contemplation de l'esprit d'un narcissisme qui transcende l'égoïsme, à une étude minutieuse de la progression de l'esprit à travers ses méandres, parmi les inquiétudes et les drames de l'inspiration, les anxiétés de sa volonté d'absolu.

La Jeune Parque se terminait sur une aurore. *Charmes* s'ouvre sur un poème qui porte ce titre, *Aurore :*

> La confusion morose
> Qui me servait de sommeil,
> Se dissipe dès la rose
> Apparence du soleil.
> Dans mon âme je m'avance,
> Tout ailé de confiance :

> C'est la première oraison!
> A peine sorti des sables,
> Je fais des pas admirables
> Dans les pas de ma raison.

D'un poème à l'autre, Paul Valéry, comme dans *Aurore,* le poète tisse des « trames ténues » et fait errer des araignées mystérieuses dans les zones d'ombre qui entourent le halo de la pensée consciente. Poète à la recherche de la connaissance, il ne la codifie pas comme un poète didactique; l'intéresse l'idée à l'état embryonnaire jusqu'au mystère de la naissance à travers tous ses états, du nocturne au lumineux. Cherchant à traduire formellement des puissances irrationnelles, il court le risque de la froideur. Sa naissance méditerranéenne peut alors l'en préserver, car ce disciple d'Apollon, ce rival de Dionysos n'est pas pour autant éloigné de voluptés qui, si spirituelles qu'elles soient, sont aussi celles du corps. Son *Platane* est le poème de tous les arbres et de l'arbre humain; il témoigne de ferveur tout en étant moins parfait que les autres poèmes, plus embarrassé dans sa forme, il flagelle son imagination, cherche à montrer l'élévation, le pur de l'âme, mais il arrive que des tics mallarméens ne soient pas du meilleur effet :

> Ô qu'amoureusement des Dryades rival,
> Le seul poète puisse
> Flatter ton corps poli comme il fait du cheval
> L'ambitieuse cuisse!...

Il est permis de préférer des poèmes plus courts, plus ramassés, moins apparemment ambitieux, mais dont la perfection menue sait plus discrètement ravir et échapper aux modes, comme *l'Abeille* :

> Quelle, et si fine, et si mortelle,
> Que soit ta pointe, blonde abeille,
> Je n'ai, sur ma tendre corbeille,
> Jeté qu'un songe de dentelle.

L'acte tendre, la « douceur d'être et de n'être pas », une tendresse d'attente et « la nourriture d'un baiser », parfois l'on voudrait oublier le penseur pour ne retenir que la sensualité qui n'est pas que l'esprit, et la beauté :

> Tes pas, enfants de mon silence,
> Saintement, lentement placés,
> Vers le lit de ma vigilance
> Procèdent muets et glacés.

Le poème *Poésie* commence comme une fable pour laisser percer les délices et les angoisses de la « source suspendue », du « silence au vol de cygne », des trésors refusés au poète :

> Par la surprise saisie,
> Une bouche qui buvait
> Au sein de la Poésie
> En sépare son duvet :

> — Ô ma mère Intelligence,
> De qui la douceur coulait,
> Quelle est cette négligence
> Qui laisse tarir son lait !

Le *Cantique des colonnes* est le poème du créateur qui va sans les dieux à la divinité par les hymnes candides qu'élève l'architecture.

> Si froides et dorées
> Nous fûmes de nos lits
> Par le ciseau tirées
> Pour devenir ces lys !

Il dit sans cesse, les « filles des nombres d'or », la splendeur des « incorruptibles sœurs », la danse, le défi au temps. Il évoque, il invoque, incantatoire, avec un lyrisme qui développe l'exclamation atténuée. Il tente, comme dans *la Ceinture,* de faire « Frémir le suprême lien / De mon silence avec le monde... » Comme il se penchait sur la jeune Parque, il surprend *la Dormeuse,* « âme par le doux masque aspirant une fleur » :

> Souffle, songes, silence, invincible accalmie,
> Tu triomphes, ô paix plus puissante qu'un pleur,
> Quand de ce plein sommeil l'onde grave et l'ampleur
> Conspirent sur le sein d'une telle ennemie.

Parfaitement composé, le recueil *Charmes* offre, au cœur des grands poèmes comme les *Fragments du Narcisse, la Pythie, Ébauche d'un serpent, le Cimetière marin,* des poèmes plus courts, non moins porteurs de pensée, et parfois plus directement suggestifs, caressants, insinuants, avec une musique d'allitérations, des densités suaves, des raccourcis, des instantanés saisis, comme dans *le Sylphe* :

> Le temps d'un sein nu
> Entre deux chemises !

Ce sont encore *l'Insinuant* où il dit les délices de la lenteur, l'art des courbes, des méandres, *le Vin perdu* qui enivre les ondes, *Intérieur* qui rappelle combien, comme Mallarmé, il chérit Baudelaire :

> Une esclave aux longs yeux chargés de molles chaînes
> Change l'eau de mes fleurs, plonge aux glaces prochaines,
> Au lit mystérieux prodigue ses doigts purs ;
> Elle met une femme au milieu de ces murs
> Qui, dans ma rêverie errant avec décence,
> Passe entre mes regards sans briser leur absence,
> Comme passe le verre au travers du soleil,
> Et de la raison pure épargne l'appareil.

C'est *le Rameur,* poème de l'eau, de la source paisible et du fleuve au bruit secret, du calme abolissant la mémoire, du « bruit de fuite égale » :

> Penché contre un grand fleuve, infiniment mes rames
> M'arrachent à regret aux riants environs ;
> Ame aux pesantes mains, pleines des avirons,
> Il faut que le ciel cède au glas des lentes rames.

« Entre le sable et le ciel », la *Palme* est une incantation, un chant pur de gratitude envers les germinations de l'ombre et la montée vers la lumière, envers les offrandes de la nature, cette créatrice spontanée. On peut y voir une berceuse de la pensée apaisée, un recours à l'éternelle espérance, une musique née de « l'adorable rigueur », une transposition de la nature sur le plan de l'esprit, une sorte d'extase naturelle, un poème de vie. La forme en est classique et son tour fait penser aux poètes sensuels et précieux qui ornèrent les grandes époques :

> De sa grâce redoutable
> Voilant à peine l'éclat,
> Un ange met sur ma table,
> Le pain tendre, le lait plat ;
> Il me fait de la paupière
> Le signe d'une prière
> Qui parle à ma vision :
> — Calme, calme, reste calme !
> Connais le poids d'une palme !
> Portant sa profusion !

Ici Paul Valéry s'apparente à Jean-Baptiste Rousseau, à Malherbe, au Racine des *Cantiques spirituels,* en maniant la strophe de dix vers (comme dans *Aurore, la Pythie* et *le Serpent*) où les vers semblent couler naturellement, comme de la prose et sans prosaïsme, avec ses allitérations harmonieuses :

> Ce bel arbitre mobile
> Entre l'ombre et le soleil,
> Simule d'une sibbyle
> La sagesse et le sommeil.

Et l'on pourrait dire de sa poésie ce qu'il dit de sa palme : « L'or léger qu'elle murmure / Sonne au simple doigt de l'air... » et ce chant ténu, aérien, berceur, est en même temps chargé de pensée lentement mûrie, « Dans un suc où s'accumule / Tout l'arôme des amours. » La palme est bien « Pareille à celui qui pense / Et dont l'âme se dépense / A s'accroître de ses dons ». Une telle harmonie, simple et riche, est rare. Celui qui lira une fois ces vers ne les oubliera plus :

> Patience, patience,
> Patience dans l'azur !
> Chaque atome de silence
> Est la chance d'un fruit mûr !
> Viendra l'heureuse surprise :
> Une colombe, la brise,
> L'ébranlement le plus doux,
> Une femme qui s'appuie,

> Feront tomber cette pluie
> Où l'on se jette à genoux.

Et quoi de plus évocateur que *les Grenades,* de plus directement suggestif dans une forme simple, descriptif merveilleusement et allant tellement plus loin que la description?

> Dures grenades entrouvertes
> Cédant à l'excès de vos grains,
> Je crois voir des fronts souverains
> Éclatés de leurs découvertes!

Dans ses poèmes courts, Paul Valéry atteint à la perfection en apportant une communication directe. Sans détours, sans longueurs, il capte les hauts moments de l'esprit et les fixe dans un marbre sans pesanteur. C'est sans doute par là, et par des pièces de l'*Album de vers anciens* qu'il faudrait que le néophyte l'aborde, avant d'en venir à *la Jeune Parque* et aux longs poèmes de *Charmes* dont il est plus difficile de suivre les subtils méandres.

Charmes : les grands poèmes.

Au lecteur attentif, quatre poèmes en particulier apporteront un trésor qui se renouvelle à chaque lecture : *Fragments du Narcisse, la Pythie, Ébauche d'un serpent, le Cimetière marin.*

Narcisse qui contemple son moi profond dans la fontaine, qui se regarde être, penser, curieux de son essence, du temple de son corps dans une « eau froidement présente », comme M. Teste, apporte le poème de l'interrogation essentielle et active. Chaque instant de l'évocation est un instant de beauté aux prolongements infinis, à la fois une musique de la philosophie et une danse de la pensée devenue poésie. Il coule dans ces alexandrins, mêlés en maints endroits d'octosyllabes, un mystère, une suavité, d'incessants bonheurs d'expression, et, à foison, non pas seulement le premier vers, mais tant de vers détachables qui sont donnés par les dieux ou qui semblent l'être. Paul Valéry atteint à la perfection racinienne qu'il marie à la densité mallarméenne dès le début du poème :

> Que tu brilles enfin, terme pur de ma course!

> Ce soir, comme d'un cerf, la fuite vers la source
> Ne cesse qu'il ne tombe au milieu des roseaux,
> Ma soif me vient abattre au bord même des eaux.
> Mais pour désaltérer cette amour curieuse,
> Je ne troublerai pas l'onde mystérieuse :
> Nymphes! si vous m'aimez, il faut toujours dormir!
> La moindre âme dans l'air vous fait toutes frémir;
> Même, dans sa faiblesse, aux ombres échappée,
> Si la feuille éperdue effleure la nappée,
> Elle suffit à rompre un univers dormant...

La solitude, le silence, la nuit, la « douceur de survivre à la force du jour », « l'opaque délice où dort cette clarté », tout dit « des eaux la paix vertigineuse » favorable à la confrontation de l'être et de la connaissance avec une complexe simplicité :

> Profondeur, profondeur, songes qui me voyez,
>   Comme ils verraient une autre vie,
> Dites, ne suis-je pas celui que vous croyez,
>   Votre corps vous fait-il envie?

Ici Paul Valéry allie le symbolisme au classicisme le plus pur. Nous saurons que « tout autre n'est qu'absence ». Invocation et contemplation :

> Ô semblable!... Et pourtant plus parfait que moi-même,
> Éphémère immortel, si clair devant mes yeux,
> Pâles membres de perle, et ces cheveux soyeux,
> Faut-il qu'à peine aimés, l'ombre les obscurcisse,
> Et que la nuit déjà nous divise, ô Narcisse,
> Et glisse entre nous deux le fer qui coupe un fruit!

Adonis fait penser à M. Teste : « Je suis étant, et me voyant; me voyant me voir, et ainsi de suite », mais il y a pour l'évoquer la magie du poète, le génie qui permet à Paul Valéry d'aller au-delà de ce « désir insensé de comprendre » si peu propice à la création de tant de poètes. En écrivant *Narcisse* il s'écrit. Est-il vraiment comme le définit Henri Brémond « poète malgré lui »? Il repousse toutes les preuves et toutes les expériences. Mais le *Narcisse* ne s'achève pas comme *le Cimetière marin* ou *la Jeune Parque* sur le triomphe de la vie, il semble se diluer dans son reflet stérile :

> Hélas! corps misérable, il est temps de s'unir...
> Penche-toi... Baisse-toi. Tremble de tout ton être!
> L'insaisissable amour que tu me vins promettre
> Passe, et dans un frisson, brise Narcisse, et fuit...

Comme *la Fausse Morte,* Narcisse pourrait dire « Je meurs, je meurs sur toi, je tombe et je m'abats ». Sur le modèle encore classique des dizains, Paul Valéry, dans les trente et une strophes de l'*Ébauche d'un serpent,* reprend le récit biblique en le modifiant et en portant ses données vers une plus intense tragédie. Il n'y a ici ni calme ni apaisement, c'est un poème de malheur où tout bascule dans le désespoir, malgré quelques illuminations. Le Serpent fatal invite le soleil à tendre ses pièges :

> Soleil, soleil!... Faute éclatante!
> Toi qui masques la mort, Soleil,
> Sous l'azur et l'or d'une tente
> Où les fleurs tiennent leur conseil;
> Par d'impénétrables délices,
> Toi, le plus fier de mes complices,
> Et de mes pièges le plus haut,
> Tu gardes les cœurs de connaître
> Que l'univers n'est qu'un défaut
> Dans la pureté du Non-Être!

Il multiplie les invocations avec parfois un peu trop d'éloquence mais les passages sont beaux comme des grands moments de la tragédie classique. Le premier mot du verbe de Dieu, rappelle le poète, est MOI. Il y a dans tout le cours du poème un chant noir, une voix désespérée et blasphématrice, avec des touches baudelairiennes :

> A la ressemblance exécrée,
> Vous fûtes faits, et je vous hais !
> Comme je hais le Nom qui crée
> Tant de prodiges imparfaits !

Tragique aventure humaine, épopée en réduction où les mots se pressent, où le chant est moins contenu qu'en d'autres endroits, mais dont il faut retenir ce lieu de la poésie où « Jusqu'à l'Être exalte l'étrange / Toute-Puissance du Néant ». Et passe une Ève suave qui ne fait pas oublier cependant ce que l'œuvre contient de désespéré lorsque le Serpent règne :

> Tu peux repousser l'infini
> Qui n'est fait que de ta croissance
> Et de la tombe jusqu'au nid
> Te sentir toute connaissance !
> Mais ce vieil amateur d'échecs,
> Dans l'or oisif des soleils secs,
> Sur ton branchage vient se tordre ;
> Ses yeux font frémir ton trésor.
> Il en cherra des fruits de mort,
> De désespoir et de désordre !

Autre présence d'effroi et de pensée, « la Pythie exhalant la flamme » et qui, dans les spasmes du « martyre en sueurs froides » s'écrie comme une héroïne racinienne :

> Dieu ! Je ne me connais de crime
> Que d'avoir à peine vécu !...

Cette suite de vingt-trois dizains octosyllabiques constitue un poème philosophique traversé d'images physiques et mentales, d'invocations, de scansions douloureuses. Interrogations et exclamations se succèdent, avec parfois quelques souvenirs comme ici celui de Baudelaire :

> Entends, mon âme, entends ces fleuves !
> Quelles cavernes sont ici ?
> Est-ce mon sang ?... Sont-ce les neuves
> Rumeurs des ondes sans merci ?
> Mes secrets sonnent leurs aurores !

Aux désordres violents de l'inspiration, la Pythie apporte la sagesse lointaine et impersonnelle de l'oracle qui clôt le poème :

> Honneur des Hommes, Saint LANGAGE,
> Discours prophétique et paré,
> Belles chaînes en qui s'engage

> Le dieu dans la chair égaré,
> Illumination, largesse !
> Voici parler une Sagesse
> Et sonner cette auguste Voix
> Qui se connaît quand elle sonne
> N'être plus la voix de personne
> Tant que des ondes et des bois !

Charmes : le Cimetière marin.

Le Cimetière marin est le plus caractéristique de l'œuvre de Paul Valéry. Il a déclaré qu'il était « à peu près le seul de ses poèmes où il ait mis quelque chose de sa propre vie ; il est fait de souvenirs de sa ville natale (Sète), et ce cimetière qui domine la mer existe en réalité ». Il a écrit encore à son propos : « *Le Cimetière marin* ne fut d'abord qu'une figure rythmique vide, ou remplie de syllabes vaines, qui me vint obséder quelque temps... Le poème possible fut un monologue de *moi,* dans lequel les thèmes les plus simples et les plus constants de ma vie affective et intellectuelle, tels qu'ils s'étaient imposés à mon adolescence et associés à la mer et à la lumière d'un certain lieu de la Méditerranée, fussent appelés, tramés, opposés. » Le poète n'est plus impersonnel, il parle en son nom propre, déroulant, comme il l'a confié à Frédéric Lefèvre dans de célèbres *Entretiens,* sa méditation philosophique « dans ce coin de terre familier, plein de souvenirs ».

Paul Valéry a expliqué la naissance de cette méditation. Elle est née, « comme la plupart de mes poèmes, de la présence inattendue en mon esprit d'un certain rythme. Je me suis étonné un matin de trouver dans ma tête des vers décasyllabiques. Ce type a été assez peu cultivé par les poètes du XIXe siècle ». Paul Valéry aurait pu ajouter que Leconte de Lisle et Paul Verlaine avaient su en tirer de bons effets. Ce vers de dix syllabes avait été celui de la geste héroïque qui est au départ de la poésie française comme dans *la Chanson de Roland*. Né du décasyllabe latin avec césure après la quatrième syllabe, la même césure sera observée dans le rythme français (mais il arriva qu'on lui substituât le 6 + 4 ou le 5 + 5). C'est bien le rythme 4 + 6 qui est le plus fréquemment utilisé, notamment par les rhétoriqueurs, Clément Marot, les poètes de la Pléiade et par Maurice Scève dans *la Délie :* « Plus tost seront / Rhosne et Saone desjointz » car, moins lourd que l'alexandrin, son rythme au doux balancement convient bien à l'expression lyrique. Maurice Scève utilisa la strophe de dix vers chère à Pétrarque. Paul Valéry retiendra le mètre : « Ce toit tranquille / où marchent des colombes » mais choisira la strophe chantante de six vers infiniment harmonieuse et chantante :

> Ce toit tranquille, où marchent des colombes,
> Entre les pins palpite, entre les tombes ;
> Midi le juste y compose de feux
> La mer, la mer, toujours recommencée !
> Ô récompense après une pensée
> Qu'un long regard sur le calme des dieux !

L'opposition entre l'Être immuable et la vie fugitive des apparences fait l'objet de la méditation valéryenne. *Le Cimetière marin* est proche de *la Jeune Parque,* elle aussi au bord de la mer, se débattant entre l'absolu et le relatif, la volonté de solitude et l'appel de la vie. L'être vivant qui change et qui a conscience de sa lente métamorphose s'interroge encore sur son *moi* profond, sur sa pensée pure devant la mer, image de la mouvance universelle, face au cimetière, image de l'immobile et éternel repos. Le poète s'identifie à la mer « toujours recommencée » qui lui suggère l'appel de l'action et, par contraste avec « l'absence épaisse », l'intense regard sur les fins dernières. « Midi le juste », le soleil au méridien, celui de l'égalité, apporte par sa lumière une fugitive immobilité, la mer par lui calmée suggérant des frissonnements de pensée consciente. Les premières strophes suggéreront cette immobilité solaire avec cette « admirable justice / De la lumière aux armes sans pitié ».

Aux rythmes apaisés de la mer, les rythmes du poème répondent avec des harmonies savantes et des allitérations harmonieuses dont on suit sans cesse les glissements, les rappels musicaux :

> Stable trésor, temple simple à Minerve,
> Masse de calme, et visible réserve,
> Eau sourcilleuse, Œil qui garde en toi
> Tant de sommeil sous un voile de flamme,
> Ô mon silence !... Édifice dans l'âme,
> Mais comble d'or aux mille tuiles, Toit !

Paul Valéry répond à l'épigraphe du poème, ces deux vers de la *IIIe Pythique* de Pindare qu'on traduit ainsi : « Ô mon âme, n'aspire pas à la vie immortelle, mais épuise le champ du possible » et, insensiblement, comme si la mer s'animait avec la méditation, l'être vivant, éphémère et conscient, contemple le flux perpétuel, « le changement des rives en rumeur » :

> Beau ciel, vrai ciel, regarde-moi qui change !
> Après tant d'orgueil, après tant d'étrange
> Oisiveté, mais pleine de pouvoir,
> Je m'abandonne à ce brillant espace,
> Sur les maisons des morts mon ombre passe
> Qui m'apprivoise à son frêle mouvoir.

Le poète, « l'âme exposée aux torches du solstice », exprime son attente et sa volonté d'absolu :

> Ô pour moi seul, à moi seul, en moi-même,
> Auprès d'un cœur, aux sources du poème,
> Entre le vide et l'événement pur,
> J'attends l'écho de ma grandeur interne,
> Amère, sombre et sonore citerne,
> Sonnant dans l'âme un creux toujours futur !

Le double thème de la mer mobile et de la mort immobile qu'on trouvait au début du siècle précédent chez le poète Pierre-Antoine Lebrun dans *le Cimetière au bord de la mer,* Paul Valéry le traite sans rien de déclamatoire, en dépassant les idées immédiatement suggérées par le sujet. Après quatre strophes suggérant l'immobilité, quatre autres montrant l'éveil à la vie mouvante, nous serons durant neuf strophes, ainsi que l'a suggéré Gustave Cohen dans une *Explication* un peu trop logique du poème, dans ce lieu « Où tant de marbre est tremblant sur tant d'ombres » tandis que « La mer fidèle y dort sur mes tombeaux ». Ici les morts apportent leur écrasant silence, leur immuable repos, leur longue paresse, avec toute la mélancolie des présences dissoutes quand « l'argile rouge a bu la blanche espèce », quand « le don de vivre a passé dans les fleurs ! ». Il y a dans le recueillement une fête des mots :

> Chienne splendide, écarte l'idolâtre !
> Quand solitaire au sourire de pâtre,
> Je pais longtemps, moutons mystérieux,
> Le blanc troupeau de mes tranquilles tombes,
> Éloignes-en les prudentes colombes,
> Les songes vains, les anges curieux.

Sa méditation dès lors n'est pas si éloignée de la morale des poèmes de danses macabres et des vers de la mort du moyen âge où tout allait aussi sous terre et rentrait dans le jeu. Paul Valéry atteint au fantastique lorsque ses fantômes se lèvent dans le souvenir avec des évocations sensuelles :

> Les cris aigus des filles chatouillées,
> Les yeux, les dents, les paupières mouillées,
> Le sein charmant qui joue avec le feu,
> Le sang qui brille aux lèvres qui se rendent
> Les derniers dons, les doigts qui les défendent,
> Tout va sous terre et rentre dans le jeu.

Tout meurt, « la sainte impatience meurt aussi », mais il faut refuser « le beau mensonge et la pieuse ruse » :

> Qui ne connaît, et qui ne les refuse,
> Ce crâne vide et ce rire éternel !

Une strophe surgit, comme une sorte de parenthèse philosophique comme un repos peut-être avant qu'un nouveau souffle réanime le poème en proie aux séductions de la mort :

> Zénon ! Cruel Zénon ! Zénon d'Élée !
> M'as-tu percé de cette flèche ailée
> Qui vibre, vole, et qui ne vole pas !
> Le son m'enfante et la flèche me tue !
> Ah ! le soleil... Quelle ombre de tortue
> Pour l'âme, Achille immobile à grands pas !

Le temps de craindre que la poésie ne s'y dilue, le temps peut-être aussi de reprendre souffle. Aux interrogations exclamatives vont succéder les exclamations pures des décisions vigoureuses. La naissance du vent, la fraîcheur qui monte d'une mer animée d'image, présente et charnelle comme celle du *Bateau ivre,* le mouvement qui extrait l'être des périodes de méditation morne et morose, qui l'entraîne dans le flux universel, cela exprime la force de la vie. Face à l'éternité, face au néant, après l'abandon au « ver irréfutable », le poète dit, sans renier l'interrogation et le doute, l'être ou n'être pas, la force d'exister malgré tout dans la conquête des joies présentes, dans la soumission à la loi humaine. Après la strophe philosophique, extraordinaire reprise du rythme et de l'élévation :

> Le vent se lève!... Il faut tenter de vivre!
> L'air immense ouvre et referme mon livre,
> La vague en poudre ose jaillir des rocs!
> Envolez-vous, pages tout éblouies!
> Rompez, vagues! Rompez d'eaux réjouies
> Ce toit tranquille où picoraient des focs!

Les « pages tout éblouies », image de la création du poète répondant à l'appel du vent et de la mer, expriment le livre futur qui est la vie même, le poème essentiel. *Le Cimetière marin* offre au lecteur une gamme infinie d'idées et de sensations. Sensuel et spirituel à la fois, éveilleur de pensée, il nécessite non pas une écoute rapide, mais une lecture soutenue, une attention de tous instants, une imagination en éveil. A son seuil, il arrive que l'esprit du lecteur peu préparé trouve un mur d'obscurité, mais cette dernière n'est qu'apparente et il suffit de petites clés pour pénétrer dans le poème. Qui ne comprend vite que « ce toit tranquille », c'est la surface de la mer, que les colombes qui y marchent (ou les focs qui y picorent), ce sont les voiles, ces « oiseaux de la mer » comme les appelait Victor Hugo. Par-delà les esthétiques divergentes, nul ne niera que nous sommes en présence d'un des plus beaux textes de la poésie universelle. Il sera traduit dans toutes les langues y compris les plus rares, et parfois plusieurs fois dans la même langue; les plus grands s'y attacheront : Rainer-Maria Rilke, Ernst-Robert Curtius, Lionello Fiumi, J.-F. Mathews, Nestor Ibarra, des dizaines d'autres. Un Borgès dira : « Proposer aux hommes la lucidité dans une ère bassement romantique... telle est la mission méritoire qu'a accomplie Valéry. »

Paul Valéry, penseur et poète.

Auprès des poèmes que nous avons parcourus, les pièces diverses comme *Insinuant II, Heure, l'Oiseau cruel, A l'aurore, Équinoxe, Pour votre hêtre « suprême », la Caresse, Chanson à part, le Philosophe et « la Jeune Parque »,* n'apparaissent que comme des reprises, mais si l'on cherche du côté de ce qu'il appelle *Poésie brute,* sortes d'ébauches de poèmes, comme un *Chant de l'idée-maîtresse,* on trouve des éclairs de poésie. Rappelons encore un très beau poème en prose, *l'Ange,* 1945, né sur le tard d'idées anciennes, la traduction des *Bucoliques* de Virgile, la *Cantate du Narcisse,* mais rien qui fasse oublier *l'Album de vers anciens, la Jeune Parque* et *Charmes,* poèmes essentiels.

Parmi les milliers de pages de l'œuvre valéryenne, les poèmes risqueraient de n'apparaître que comme un îlot, mais ils sont le meilleur de lui-même, la liqueur, le philtre, le suc sans lesquels l'ensemble perdrait beaucoup de sa signification. Pris par le succès, Paul Valéry a aimé se livrer, comme l'a remarqué Georges Perros, au « vice délicieux de la conversation », à l'éblouissement, au charme d'une parole, d'un monologue qui se poursuit dans maints livres souvent de commande. Car Paul Valéry, par son intelligence, par aussi une sorte d'auto-humour, peut traiter de tout et de rien, répondre à la commande sans faillir, sans s'abaisser. Il y a en lui deux hommes : celui qui crée le poème et poursuit en gymnaste intellectuel sa méditation dans sa prose; celui, homme de lettres, qui participe au « second métier » de l'écriture. Nous n'étendrons pas notre présentation aux œuvres en prose, mais signalerons les endroits par lesquels elle touche à la poésie. Rappelons cependant *Note et digression,* 1919, texte qui juge l'*Introduction à la Méthode, Eupalinos,* 1923, qui répond à une commande de 115.800 lettres sur l'architecture, *l'Ame et la danse,* 1923, sur une idée centrale de Mallarmé, les recueils de *Variété* dès 1924 dont on lira en particulier ses *Mémoires de poète, Léonard et les philosophes,* 1929, *Amphion, Regards sur le monde actuel, Pièces sur l'art,* 1931, *l'Idée fixe,* 1932, *Degas, Danse, Dessin,* 1938, *Mélange, Tel Quel* (lire en particulier *Littérature, Rhumbs), Mon Faust,* 1941, *Mauvaises Pensées et autres,* 1942. Après sa mort, on publiera *Vues,* 1948, *Histoires brisées,* variations sur le thème de Robinson, 1950, *Lettres à quelques-uns,* 1952, ainsi que des volumes de correspondance et ses célèbres *Cahiers* dans la Pléiade qui réunit ainsi quatre volumes formant ses œuvres. Il n'en est point, de commande ou non, qui ne soient rigoureuses et profondément pensées même s'il était prêt à écrire sur tout ce qu'on lui demandait, du suffrage des femmes au cinéma, de l'acier aux parfums, etc.

La littérature demeure cependant sa préoccupation essentielle, son domaine privilégié. Ses études sur les poètes, Villon, La Fontaine, Racine, Goethe, Baudelaire, Verlaine, Mallarmé, sur les grands écrivains, Descartes, Pascal, Montesquieu, Voltaire, Stendhal, Proust ont renouvelé la critique psychologique par une analyse serrée et approfondie des formes du langage et des mécanismes de l'invention littéraire. Il dit dans sa *Lettre sur Mallarmé,* « Écrire, c'est refuser », dans *Rhumbs,* « Écrire, c'est prévoir », dans *Variété V :* « Tout véritable poète est nécessairement un critique de premier ordre. » Dans son *Cours de poétique* au Collège de France, il a rappelé ses vérités avec précision et rigueur et redonné à la poésie toute sa dignité. Là, prenant le mot « poésie » à son sens étymologique, *poiein,* faire, il s'attacha à la nature intime de l'acte créateur en ayant soin de « séparer très soigneusement notre recherche de la génération d'une œuvre, de notre étude de la production de sa valeur, c'est-à-dire des effets qu'elle peut engendrer ». Le poème, pour Valéry, c'est l'acte, il préfère donc le « comment » au « pourquoi », il considère donc la relation des moyens aux fins. La mesure de son pouvoir requiert tout son intérêt : « Mon exigence est ma ressource. Je vaux ce que je veux. » Personnage officiel de la République, Paul Valéry sera élu à l'Académie française en 1927 et commettra le scandale de ne pas prononcer le nom de son prédécesseur, Anatole France, coupable de paroles bien sottes sur Mallarmé. En 1936, à la Société des Nations, il préside à la Coopération intellectuelle. Il fut donc une haute autorité intellectuelle internationale. Il le devait à son intelligence du monde, il le devait avant tout à la poésie dont sa beauté lui permit d'avancer des théories admises par avance en raison de la qualité de leur application. Il rejoignait au fond Malherbe quand il assignait à son art un but à la fois grandiose et limité : « La poésie a pour devoir de faire du langage d'une nation quelques applications parfaites. »

L'aventure intellectuelle et poétique de Paul Valéry reste un phénomène dans son temps. Voilà que dans la révolution poétique qui suivit la Première Guerre mondiale et dont nous suivrons plus loin les convulsions, un homme ayant été connu et apprécié au XIXe siècle sort de son cocon de pensée pour parler de discipline et de règles en dépassant les banalités du néo-classicisme. Voilà qu'en un temps où semble triompher l'irrationnel, il affirme, bien que voilé et aménagé, une sorte de nouveau rationalisme. Voilà que dans une époque tournée vers les sciences politiques, économiques, techniques, sociales, il a la compréhension de tout cela, propose même des idées nouvelles, des vues clairvoyantes, tout en affirmant hautement la primauté de l'art. Voilà que, comme Malherbe dont les idées furent contestables, il apporte la preuve par la qualité de la création. Voilà qu'il entraîne les poètes vers des régions qui leur sont peu familières et provoque ainsi une sorte d'émulation de l'intelligence : le poète pourra-t-il encore se réclamer de quelque « sainte ignorance »? Voilà qu'au délire, à l'ébriété des mots, aux torrents de poésie automatique, aux précipités du Surréalisme, Valéry répond par une alchimie poétique, un classicisme initiatique qui prend ses sources chez ces présocratiques chers à un René Char par exemple. Ce n'est pas sacrifier à la petite histoire que de le rappeler : à leurs débuts, les surréalistes entretinrent des rapports amicaux avec Paul Valéry, il y eut même un projet avorté de collaboration dont on imagine quelle aurait été la fécondité (après les années 50, de jeunes poètes en participeront sans cependant s'en réclamer, un Alain Bosquet par exemple, semblera jouer en maints endroits à marier Valéry aux surréalistes), mais Paul Valéry, homme d'ordre, de politesse et de raison, épris d'officialité, restait aux antipodes de la révolte et de la révolution des turbulents surréalistes. Ajoutons que c'est bien miracle que, dans une époque donnée, de telles forces revigorent la poésie.

« Ce qu'a fait Valéry devait être tenté », dit Henri Bergson. Esprit universel, le poète exerce sur les savants et les philosophes les plus exigeants une sorte de fascination par sa clairvoyance et son esprit de géométrie. Un poète connaissant les disciplines scientifiques, maître d'une méthode précise, d'un art quasi mathématique, traçant le geste de l'intellect, libérant la conscience en affirmant sa primauté, de quoi en vérité ravir les chercheurs et les hommes de savoir, exalter les salons littéraires et mondains, plaire, ce qui est plus facile, à la gent politique.

La volonté valéryenne de contrôle sur l'émotion, de se garder du pathétique, sa tension vers la lucidité, son hyperconscience l'éloignent de la froideur. Les « gênes exquises » de la prosodie lui apportent de subtiles architectures, des réseaux destinés à retenir des impressions fugitives, vivaces et changeantes. Il sait être présent là où se rencontrent l'esprit et le corps, l'intelligence et les choses, le conscient et l'inconscient, et domine par sa rationalité jusqu'au point où convergent le rationnel et l'irrationnel. Et puis, il y a d'heureux abandons, des lieux de sensualité où mûrissent les fruits les plus poétiques, des paradoxes dominés, une prise de possession d'un art qui atteint l'être entier par-delà le souci de la compréhension immédiate. Le penseur et le poète en lui sont-ils toujours étroitement unis ? Il y a d'heureuses dissociations et l'on peut se demander parfois si Valéry, comblé des dons les plus mystérieux de la poésie, n'est pas souvent un étonnant poète malgré lui.

Si les rapports de Paul Valéry avec le Symbolisme sont étroits, il faut les chercher du côté de Mallarmé et non vers les doux rêveurs ou les esthètes décadents quels que soient leurs mérites, car s'il emprunte volontiers leurs thèmes ce n'est pas pour les conduire vers l'amollissement et l'alanguissement. Il témoigne d'une incessante solidité et virilité de la pensée en éveil. De ses images de nymphes ou de femmes endormies se dégagent des significations non seulement philosophiques et psychologiques, métaphysiques et évolutives, mais aussi une sensualité, un érotisme qui illuminent le poème et lui apportent une chaleur humaine. Sa densité l'éloigne de tout ce qui ne se réclame pas du chant, de tout ce qui pourrait être dit en prose, et qu'il exprime dans une prose préservatrice. Par la musique et l'architecture, par la forme et les combinaisons sonores, par la souplesse de sa syntaxe, par la suggestion des cadences, il cherche la netteté d'un métal pur, part à la conquête de la netteté, d'une pierre philosophale qui serait le poème idéal, et c'est là ce qu'il retient d'essentiel dans la leçon mallarméenne. Il a su tracer des frontières nettes entre la prose et la poésie.

Son art conduit-il à une impasse ? Non point, car il n'est pas l'homme d'un simple « renouveau classique » comme on en trouve à maints carrefours de l'histoire de la poésie. Il indique la direction d'une recherche constante, d'une activité intellectuelle incessante : on ne saurait cesser d'approfondir la conscience et la destinée humaine. Ouvrira-t-il cependant les voies d'une poésie nouvelle ? Rien n'est moins sûr. S'il compte des disciples, écrasés par l'avance et la qualité d'un homme venu pour accomplir, ou bien ils retiendront la leçon de style, la vertu de la méditation, le sens particulier du langage sans faire avancer la pensée, ou bien, froids théoriciens, ils oublieront le sensualisme poétique et la chaleur qui le distinguent, car, par-delà les théories et le monde de la conscience où il ne faut pas s'enfermer, Paul Valéry avait reçu des dieux le simple don d'être poète. Marcel Raymond a écrit fort justement : « Impossible d'avancer plus loin qu'il n'a fait; vouloir purifier davantage l'esprit c'est le stériliser. Voilà sans doute pourquoi de plus jeunes que lui, dont plusieurs furent ses familiers, ont cherché, sinon à faire précisément le contraire de ce qu'il fit, du moins à adopter des moyens en tout point opposés aux siens. L'influence de Valéry sur la poésie d'aujourd'hui est surtout, peut-être, une influence par réaction. » Ajoutons que Paul Valéry, dans un temps de « crise de l'esprit » s'est attaché aux valeurs les plus hautes et les plus fondamentales de la civilisation. On ne saurait dire aujourd'hui quel est l'avenir d'une œuvre qui marqua profondément un demi-siècle de la pensée et de la poésie et sans doute ses chances de survie et d'influence sont-elles conditionnées par l'avenir même des valeurs de la civilisation. Paul Valéry peut devenir un précieux recours. Il reste au moins que son expérience, par son authenticité réelle, force le respect, et que son exemple reste un modèle. M. Teste, à la fois Tête et Texte, en plus de « la froide et parfaite clarté, la lucidité meurtrière et inexorable », en plus de son désir de voir « les choses comme elles sont » et de s'efforcer de découvrir les lois qui les régissent en posant la question « Qui es-tu et comment connais-tu ? » avait reçu cela qui dépasse toute méthode : l'intuition poétique.

Le Débat sur la « Poésie pure ».

La bibliographie critique de l'œuvre de Paul Valéry est à ce point riche que la simple mention des éléments de ce corpus couvrirait un nombre infini de pages. Les ouvrages généraux, les essais, les thèses, les études particulières, les articles, la documentation sont innombrables. Signalons *les Critiques de notre temps et Paul Valéry* aux éditions Garnier. Jean Bellemin-Noël y a réuni des textes essentiels dus à Marcel Raymond, Jean Hytier, Judith Robinson, Walter Ince, P.-O. Walzer, Charles Du Bos, Jean Levaillant, Ned Bastet, Georges Poulet, Gilberte Aigrisse, Charles Mauron, Pierre Laurette, Albert Thibaudet, Alain, Octave Nadal et Gérard Genette. Y figurent d'autres mentions bibliographiques et rappelons les essais de Jacques Charpier, André Berne-Joffroy, Maurice Bémol, Émilie Noulet et une foule d'éditions critiques. Un domaine inépuisable.
Nous choisissons ce chapitre pour y inclure un fameux débat qui dura de nombreuses semaines entre 1925 et 1926, celui de « la poésie pure ». L'abbé Henri Brémond (1865-1933), en 1925, était connu pour sa monumentale *Histoire littéraire du sentiment religieux en France* dont les premiers volumes étaient parus dès 1916 (cette publication de onze volumes s'étendra jusqu'à la date de sa mort), ainsi que par un essai défendant contre le baron Ernest Seillières (1866-1955) l'inspiration mystique des romantiques, essai intitulé *Pour le Romantisme,* 1924. Avec Thibaudet, il était considéré comme un des meilleurs descendants de Sainte-Beuve. Originaire d'Aix-en-Provence, condisciple de Charles Maurras, il avait débuté par des essais, *le Charme d'Athènes,* 1905, *l'Inquiétude religieuse,* 1901, une hagiographie de *Sainte Chantal,* une *Apologie pour Fénelon.* Ses opinions tranchées, son hostilité au rationalisme lui valaient des rivaux et des ennemis, ce qui ne l'empêcha pas d'entrer à l'Académie française. C'est en 1925 et en 1926 qu'il atteignit une grande renommée en aidant, tout comme Paul Valéry, les poètes à une prise de conscience de leur art en un temps de crise intel-

lectuelle. Son ouvrage *Prière et poésie,* 1926, montra la fraternité liant les deux parties de son titre. A Walter Pater annonçant que « tous les arts aspirent à rejoindre la musique », il répondait : « Non, ils aspirent tous, mais chacun par les magiques intermédiaires qui lui sont propres – les mots, les notes, les couleurs, les lignes –, ils aspirent tous à rejoindre la prière. » On peut penser que les poètes des générations qui suivirent, Pierre Emmanuel, Patrice de La Tour du Pin, Jean Cayrol, Jean-Claude Renard, Louis Émié, participèrent plus ou moins de cette idée. Imaginait-on qu'une lecture académique de l'abbé Brémond sur l'idée de « poésie pure » ferait tant de bruit? Cette notion fut débattue par les critiques et les poètes. Chaque semaine, dans *les Nouvelles littéraires,* Brémond ajoutait de nouveaux éclaircissements et développait son sujet, luttant pied à pied contre ses opposants classiques. L'année suivante, en 1926, Robert de Souza, esthéticien et poète *(voir préc. vol.),* spécialiste au Laboratoire de phonétique expérimentale de l'abbé Rousselot des questions touchant l'acoustique, se chargea de réunir tous les éléments du débat dans un volume, *la Poésie pure* que suivait sa glose, *Un débat sur la poésie.* Cette controverse fit grand bruit, elle venait à son heure alors que les milieux intellectuels s'ouvraient aux manifestations les plus diverses de la poésie venue après le Symbolisme, les uns, comme Paul Valéry, reliant l'ascèse héritée de Mallarmé au Classicisme, les autres se réclamant du dynamisme révolutionnaire de Rimbaud ou de Lautréamont comme les surréalistes dont le *Premier Manifeste* est de 1924, et d'autres encore, comme Charles Maurras apportant une réaction néo-classique. Cette confrontation enrichissante délimita les doctrines poétiques tout en attestant de l'exigence spirituelle des parties, de leur désir d'explorer toutes les ressources du langage. Il s'agit donc non d'une péripétie limitée historiquement, mais d'un relais permettant une prise de conscience entière et durable de la création poétique, et qui ira sans cesse s'approfondissant.

Montrant que la poésie pure est la poésie dépouillée de tout ce dont peut se satisfaire la prose, Henri Brémond codifie ce que tout véritable poète reconnaissait instinctivement ou lucidement. Il définit la poésie comme un « état confus, inaccessible à la conscience claire », irréductible « aux démarches de la connaissance rationnelle du discours », et dont l'action « transformante et unifiante » nous fait accéder à une réalité supérieure. Se référant au lointain père Rapin qui écrivait : « Il y a encore dans la poésie certaines choses ineffables et qu'on ne peut expliquer. Ces choses en sont comme les mystères. Il n'y a point de préceptes pour expliquer ces grâces secrètes, ces charmes imperceptibles, et tous ces agréments cachés de la poésie, qui vont au cœur. » Henri Brémond écrit : « Aujourd'hui, nous ne disons plus : dans un poème, il y a de vives peintures, des pensées ou des sentiments sublimes, il y a ceci, il y a cela, puis de l'ineffable; nous disons : il y a d'abord et surtout de l'ineffable étroitement uni, d'ailleurs, à ceci et à cela. Tout poème doit son caractère proprement poétique à la présence, au rayonnement, à l'action transformante et unifiante d'une réalité mystérieuse que nous appelons poésie pure. »

Différenciant les rites différents de la prose et de la poésie, tout en reconnaissant que de hautes proses par endroits ne se distinguent plus de la poésie, l'abbé Brémond poursuit sa démonstration : « Quoi qu'il en soit, pour lire un poème comme il faut, je veux dire poétiquement, il ne suffit pas, et, d'ailleurs, il n'est pas toujours nécessaire d'en saisir le sens. Une paysanne bien née s'épanouit sans effort à la poésie des psaumes latins, même non chantés, et plus d'un enfant a goûté la première églogue avant de l'avoir comprise. » Il rappelle : « Mes sonnets, confesse gaiement Gérard de Nerval, ne sont guère plus obscurs que la métaphysique de Hegel... et perdraient de leur charme à être expliqués, si la chose était possible. » Il prend ses exemples dans la poésie populaire. Lorsque l'on veut prolonger la strophe cristalline « Orléans, Beaugency... Vendôme, Vendôme » par « Villeroy, Villeroy / A fort bien servi le roi / Guillaume, Guillaume » la poésie disparaît. Il montre que le vers de Malherbe : « Et les fruits passeront la promesse des fleurs » perdrait sa magie par la plus simple des transformations, le poids d'un flocon de neige qui suffit à briser le vase : « Et les fruits passeront les promesses des fleurs. » A travers toute la grande poésie, on peut multiplier les exemples. Ainsi ce vers royal autour duquel s'instaurera la polémique :

> La fille de Minos et de Pasiphaé

dont Marcel Proust, dans *Du côté de chez Swann,* disait : « Ces vers d'autant plus beaux qu'ils ne signifiaient rien du tout. » Nul ne saurait nier en effet que la poésie pure entre dans la matière des beaux poèmes, mais les poètes classiques, les critiques amis de la raison pouvaient répondre qu'il ne faut pas exclure chez Racine les éléments venus de la sensibilité et de l'intelligence, que le poète ne saurait être réduit à un seul vers. C'est surtout un critique écouté, le critique du *Temps,* Paul Souday (1869-1929) qui avait, en rationaliste intransigeant, aidé à situer Proust et Valéry, qui prit feu contre les thèses de l'abbé Brémond. A propos du vers de Racine plus haut cité, il indiqua que, si l'on ne savait pas qui sont le père et la mère de Phèdre, les magiques syllabes laisseraient froid. Il s'étonnait que pour l'abbé Brémond la raison ne soit pas la seule lumière de l'homme. Et Brémond répondait : « Je veux savoir si, d'aventure, le rationalisme blindé où se complaît M. Souday, et avec lui, ceux qui l'applaudissent, ne serait pas une mutilation et mortelle, une atrophie, si vous préférez. » Le débat se perdit quelque peu dans le ton polémique, dans des chocs d'ironie, amenant chacun à clarifier ses idées, à les diluer parfois dans le détail, mais aussi à aller jusqu'au bout des démonstrations. Des poètes, des critiques, de simples lecteurs y participèrent auprès des Fagus, Thibaudet, Jean Hytier, Derême, Jacques Boulenger, et aussi des philosophes, des critiques d'art, des savants. Paul Valéry, bien qu'il fût mis en cause avec beaucoup de révérence par chaque partie, s'intéressa mais resta en retrait tandis que Jean Royère le musiciste participait plus directement à la controverse. Leur contribution, comme celle de Robert de Souza, s'efforçait de maintenir le débat dans le domaine de l'esthétique. Aujourd'hui, cette lecture reste passionnante et peut constituer en quelque sorte une initiation nouvelle à la poésie de toutes les époques, une nouvelle manière de lire.

Paul Valéry avait écrit : « Ce qui fut baptisé *le Symbolisme* se résume très simplement dans l'intention commune à plusieurs familles de poètes... de reprendre à la Musique leur bien. » Henri Brémond refuse que poésie et musique soient la même chose. Il se demande si la musique pure étant aussi mystérieuse que la poésie pure, ce n'est pas là « définir l'inconnu par l'inconnu », et puis, « toute musique verbale n'est pas poésie ». L'assimilation de la poésie à la musique lui paraît paresseuse. Il préfère l'assimiler à l'expérience mystique et indique que ni l'une ni l'autre n'offrent de prise à l'examen critique. Mais cette parenté de prière et de poésie reste confuse et n'est pas très bien démontrée. L'abbé Brémond humilie-t-il la poésie devant la mystique chrétienne comme le pense Marcel Raymond ? Jean Royère rappellera que « les poètes qui ont formé la génération symboliste ont tous considéré leur art comme un *absolu* ». Si réservé que l'on puisse être sur certaines thèses de l'abbé Brémond, on reconnaît qu'il a parfaitement posé le problème essentiel, celui de la poésie pure, et qu'il fit en cela œuvre de création critique dynamique. La conclusion de Robert de Souza à sa glose sera : « Mystique esthétique, mystique religieuse, mystique scientifique, la civilisation entière dépend de cette trinité en une personne sans épithète : LA POÉSIE. »

3
Paul Claudel

L'Itinéraire claudélien.

Nous avons donné dans le précédent volume un avant-goût de Paul Claudel (1868-1955) puisque, comme Paul Valéry, il commença à publier en pleine période symboliste. Au seuil de notre siècle il est déjà l'auteur d'une œuvre poétique : *Vers d'exil*, 1895, *les Muses*, ode à laquelle il ajoutera un finale en 1905, d'une œuvre de théâtre lyrique : *l'Endormie*, 1882-1883, publication en 1925, *Une mort prématurée*, 1888, publication anonyme en 1892, puis signée en 1931, *Tête d'or*, 1890, *la Ville*, 1890, *la Jeune Fille Violaine*, 1892, qui deviendra *l'Annonce faite à Marie*, 1912, *le Repos du septième jour*, 1896..., œuvres sans cesse remaniées, republiées, rejouées jusqu'à nos jours, et auxquelles s'ajouteront *Partage de Midi*, 1905, *l'Otage*, 1908, *Protée*, 1913, *le Soulier de satin ou le Pire n'est pas sûr*, 1919-1924, publication en 1930, version pour la scène en 1943, et d'autres œuvres moins importantes : *la Nuit de Noël 1914*, 1915, *l'Ours et la lune*, farce pour marionnettes, 1919, *l'Homme et son désir*, scénario de ballet, 1917, *la Femme et son ombre*, mimodrame d'inspiration japonaise, 1922. Et encore les dialogues de *Sous le rempart d'Athènes*, le *Livre de Christophe Colomb*, 1933, *la Parabole du Festin*, 1926, *Jeanne au bûcher*, 1933-1935, *l'Histoire de Tobie et de Sarah*, 1939, etc. Cette œuvre dramatique est celle d'un poète lyrique d'inspiration catholique qui se caractérise par l'invention verbale et rythmique. Dans le domaine du poème, sa production sera tout aussi riche. Après 1900, il publiera *Cinq Grandes Odes*, 1910, après *Connaissance de l'Est*, 1900, et *les Muses*, 1905, puis ce seront les nombreux recueils de poèmes : *Cinq Grandes Odes* suivies d'un *Processionnal pour saluer le siècle nouveau*, 1910, *le Chemin de la croix*, 1911, traduction des *Poèmes* de Coventry Patmore, 1912, *Cette heure qui est entre le printemps et l'été*, 1913, *Trois Poèmes de guerre*, 1915, *Corona benignitatis anni dei*, 1915, *Autres Poèmes durant la guerre*, 1916, *Sainte Thérèse*, 1916, *l'Homme et son désir*, poème plastique, 1917, *Sainte Cécile*, 1918, *la Messe là-bas* suivie de *l'Offrande du temps*, 1919, *Ode jubilaire pour le six centième anniversaire de la mort de Dante*, 1921, *Verlaine*, 1922, *Poèmes de guerre*, 1922, *Sainte Geneviève*, 1923, *Feuilles de saints*, 1925, *Souffle des quatre souffles*, 1926, *Poèmes du Pont des Faisans*, 1926, *Cent Phrases pour éventail*, 1927, *le Vieillard sur le Mont Omi*, 1927, *la Légende de Prakriti*, 1934, *Toi, qui es-tu?*, 1936, *Paroles au Maréchal*, 1945, *Poèmes et paroles durant la Guerre de Trente Ans*, 1945, *Dodoitzu*, 1945, *le Livre de Job*, 1946, *Visages radieux*, 1947. Et n'oublions pas son *Art poétique* dès 1916, son *Introduction à quelques œuvres*, 1920, *Figures et paraboles*, 1926, ses *Positions et Propositions*, 1928 et 1934, *Religion et poésie*, 1932, et tant d'autres livres, essais, correspondance, etc. Ce travailleur infatigable a sans cesse revu, repris ses œuvres dont l'ensemble forme six épais volumes dans la bibliothèque de la Pléiade.

Dès sa jeunesse, Paul Claudel sera l'homme d'un sillon tout droit tracé. On peut dire que, vers 1890, inconnu, alors que cependant les plus importants ont parlé de génie à son propos, il porte en germe l'ensemble de tout ce qu'il écrira au cours d'une longue existence. Né à Villeneuve-la-Fère, dans l'Aisne, il passa son enfance aux confins des Ardennes et de la Champagne. En 1882, à Paris, il est externe à Louis-le-Grand. Son éducation a été laïque, ce qui ne l'empêche nullement d'être choqué par le kantisme universitaire et déçu par Ernest Renan qui lui a remis un prix : c'est le « bagne matérialiste », dont il parlera plus tard. Après le baccalauréat, il suit les cours de la Faculté de droit et de l'École des sciences politiques. En juin 1886, il découvre les œuvres de Rimbaud et c'est pour lui une révélation, « une action que j'appellerai séminale et paternelle » écrira-t-il, et qui le préparera à une illumination la nuit de Noël de la même année : près d'un pilier de Notre-Dame il trouve la foi. Durant quatre années, il luttera contre ses passions pour aller vers l'Église. Tandis qu'il prépare le concours du Quai d'Orsay, il fréquente les « mardis » de Mallarmé, noue des relations avec Marcel Schwob et Jules Renard ; il se choisit des maîtres et non des moindres : Eschyle qu'il traduira, Dostoïevski, Shakespeare, Dante, qui seront, avec les grands dramaturges espagnols, Lope de Vega et Calderon, ses modèles. Et ce sont ses premières pièces, *Tête d'or, la Ville* qui suivent les tentatives premières. Reçu premier au concours des Affaires étrangères, il sera nommé consul suppléant à New York, puis vice-consul à Boston où il écrit *l'Échange*. Dès lors sa vie sera celle d'un diplomate et cela durant quarante ans, en Chine, en Tchécoslovaquie, en Allemagne d'où il sera expulsé en 1914, en Italie, au Brésil, au Japon, en Belgique où il terminera sa carrière diplomatique en 1935. Dès le Brésil il avait été nommé ambassadeur. Cette existence partagée en plusieurs continents n'est pas étrangère aux grandes phases de son œuvre. Pierre Lasserre en 1919 pourra déplorer les influences étrangères, anti-françaises dit-il, qui ont dominé sa jeunesse et décidé l'orientation de son goût. Paul Claudel, poète cosmique, apportera comme le dit Albert Thibaudet « le plus gros paquet de mer poétique que nous ayons reçu depuis Victor Hugo ». Il est vrai que, tributaire à ses débuts du Symbolisme, Claudel échappe à tout classement dans la tradition d'ordre de la littérature française. Quelle vérité dans le propos de Gaëtan Bernoville! : « Il y a du barbare chez Claudel mais, comme la littérature française est en train de se tromper, en grande partie du moins, sur le sens de la civilisation, il est salutaire de se renouveler par cette barbarie-là. » Sa vie d'exilé perpétuel a été singulièrement pleine. Chaque étape marque une création. Si *l'Échange* a vu le jour en Amérique, *l'Otage* viendra de Chine, *le Soulier de Satin* de Tchécoslovaquie, l'Extrême-Orient inspirera *Connaissance de l'Est* et maintes autres œuvres poétiques. Au cours d'une carrière fertile en occupations, dans cet univers des affaires françaises, parallèlement, Paul Claudel a poursuivi sa quête d'éternel comme le dit si bien Jacques Madaule : « Toute la vie de Claudel n'a été qu'un long, patient et douloureux effort pour se rendre lui-même praticable au souffle. Chaque drame porte la trace d'un obstacle vaincu et dépassé. Successivement, la volonté de puissance, le désir d'une liberté sans frein, le refus de la loi, l'amour de la femme, les liens du sang et de la race, la passion même de l'univers ont été laissés derrière nous, car la route nous invitait à continuer. » Ce lutteur, consacré « génie » avant le siècle, dut cependant longtemps attendre avant que la gloire lui fût accordée. L'originalité de son style poétique, la hauteur de son inspiration, son refus de la facilité et de l'imitation ont longtemps écarté les lecteurs trop surpris, tandis que sa thématique catholique bien particulière écartait à la fois une grande partie des non-croyants comme un public catholique ne prisant pas son indépendance devant la hiérarchie de cette religion.

Puissante personnalité, Paul Claudel montra bien des défauts qui sont souvent la partie faible de son œuvre. Entièrement voué à sa foi, indifférent à la marche de la poésie française, ignorant ses grands mouvements, il ne laisse pas d'étonner par un certain manque de générosité, de psychologie, son insensibilité aux faiblesses de ceux qu'il voulait convertir dans une sorte d'assaut comme ses relations avec André Gide l'ont démontré. Ses jugements littéraires sont abrupts, intransigeants : il traite Corneille comme un médiocre, Goethe et Renan comme des malfaiteurs, Michelet et Hugo comme des « infâmes »; il manifeste souvent une incompréhension butée devant les tentatives des jeunes poètes. Il apparaît comme un rocher inébranlable, un homme d'un autre âge, surgi du moyen âge ou du siècle d'Or espagnol. Il ne force jamais la sympathie et c'est sans doute une des causes d'un certain retrait des nouvelles écoles à son égard. Rustaud, robuste, massif, ce terrien aura parfois de singulières délicatesses. Touffu, inégal, il sait être grandiose. A l'aise dans l'universel, il pétrit la masse humaine avec une sorte de totalitarisme du divin. Son lyrisme coulera partout et en toutes directions disant la supériorité de la cité de Dieu, donnant à la foi une habitation cosmique sans oublier les troubles et les angoisses de la créature qu'il asservit au créateur.

En 1943, *le Soulier de Satin* apparaîtra comme le sommet de son œuvre théâtrale et lui ralliera un vaste public. D'aucuns, comme Marcel Jouhandeau auront une préférence pour *l'Otage* et *Tête d'Or* : « Dès les premiers versets, j'étais bouleversé comme à l'approche d'une tempête sublime. Plus tard, j'ai réagi contre l'emphase et l'affectation d'un langage qui me semblait aussi éloigné du naturel que l'argot inventé du distingué Rictus. » Paul Claudel est l'homme d'un théâtre où Dieu omniprésent jette ses exigences, les thèmes du sacrifice et de la grâce souveraine revenant sans cesse au détriment de la liberté des personnages guidés d'une main ferme par le poète dont ils sont les porte-parole. Jacques Rivière : « Claudel est redoutable et cruel; il se jette sur nous avec la même impétuosité que son Dieu... Ce n'est pas l'assentiment de notre goût qu'il désire; mais il exige notre âme, afin de l'offrir à Dieu. » Et André Gide : « Je l'aime et le veux ainsi, faisant la leçon aux catholiques transigeants, tièdes, et qui cherchent à pactiser. Nous pouvons l'admettre, l'admirer; il se doit de nous vomir. Quant à moi, je préfère être vomi que vomir. » Auprès des grandes orgues claudéliennes, il est, dans cette œuvre multiforme, des lieux plus hospitaliers et Henri de Lubac peut écrire : « Poète de l'affirmation lumineuse, chantre triomphal de la gloire de Dieu, Claudel se fait plus proche de notre âme, plus secourable à notre situation présente, sans s'écarter de la logique de son affirmation et de son chant, lorsque sa voix devient murmure, pour célébrer la nuit et le silence. »

Un autre homme d'Église, Mgr Calvet fera des réserves sur la dureté de son catholicisme tourmenté et ténébreux. Il écrit « catholicisme de crypte » et accuse l'influence de Rimbaud et de son esthétique qu'il qualifie d'ardue et obscure. Comme dit Clouard, « Il a le christianisme offensif, qui fonce sur le monde moderne à travers le respect humain de plusieurs générations : il livre à Dieu les hommes et les choses, il a fait de la mort sa compagne. » On préfère heureusement le Claudel envahi de poésie au Claudel envahi de philosophie et dans son œuvre poétique et théâtrale ces lieux allègres où le poète se montre mélangé à Dieu « comme la vigne à l'olivier ».

Ce don total à Dieu ne peut être compris par les hommes de peu ou de pas de foi, mais ce qui reste de religiosité en chacun peut être ému par le déploiement lyrique dans l'espace et le temps, par l'immensité d'un concert pathétique, dantesque. De sa foi terrible, Paul Claudel fait une œuvre dramatique. Ce ne sont pas fines analyses de passion et de sentiment, mais confrontation de l'homme en proie à ses contradictions avec le divin rédempteur. C'est là le partage des eaux entre les êtres. Mais quelle complexité, quelle violence, quel bouillonnement quasi monstrueux, quel raz de marée d'une scène à l'autre! Que de péripéties, que de tableaux grandioses, quelle manière baroque de faire grouiller les êtres, les faits, les événements, que de lourdeurs et que de délicatesses mêlées, le tout emporté par une orchestration comme on n'en avait jamais entendu depuis Shakespeare, avec l'éclat cuivré des trompettes du Jugement qui annoncent la Résurrection. Claudel est bien l'homme de Dieu investi à défendre le christianisme. Il l'est en violent et non en guérisseur. On peut parler de génie en maints endroits, de génialité un peu partout, mais non point de perfection car, notamment dans ses poèmes, il y a parfois de singulières baisses de ton. Ayant dit ou tenté de dire ses ambitions poétiques dans le théâtre, nous viendrons aux sources de son rythme qu'on trouve dans les poèmes. Ils traduisent son ascension vers la Joie à travers ses déchirements jusqu'à sa robuste certitude. Terrien, il aurait pu célébrer le panthéisme si la foi ne l'avait mis en présence d'un Dieu transcendant. La nature, l'humanité, la divinité sont les trois pôles de son inspiration, les deux premiers étant mis au service du troisième. « Ouvrier qui a conscience d'avoir bien fait sa tâche », il ne se mêle pas aux forces de la nature, mais il la chante car la chanter c'est chanter la gloire de Dieu. « Il n'est pas besoin, je pense, écrit Pierre-Henri Simon, d'adhérer au credo d'une religion pour accorder l'estime et l'admiration au geste salutaire de ce poète extasié. » C'est là une bonne introduction à sa lecture. Devenu d'emblée, comme un Montherlant, un classique sans purgatoire, on ne cesse de le découvrir, de le commenter et son œuvre est le lieu où la critique trouve sa meilleure inspiration : les Maurice Merleau-Ponty et les Maurice Blanchot, les Guy Michaud et les Georges Poulet, et encore Claude Roy, Pierre Emmanuel, Jacques Petit, Jean Rousset, Jean Starobinski, cent autres ont écrit des textes lucides, d'immenses arbres poussant sur le terreau claudélien. « On n'en a pas fini de saucissonner dans la grande forêt claudélienne », disait Claudel lui-même avec orgueil, et, s'il fallait exprimer sa richesse, nous la trouverions dans cet intérêt même de la critique.

L'Œuvre poétique de Paul Claudel.

Le jeune Paul Claudel, avant sa vingtième année, pouvait passer pour un bon poète classique :

> Mes yeux sont pleins de nuit et mon cœur est plein d'eau!
> Toujours le bruit, les voix diverses, le fardeau
> A charrier la mesure d'ivraie à moudre,
> Et le piétinement infini dans la poudre,
> L'étouffement parmi le poussement de tout
> Le peuple épais des corps qui se tiennent debout!

Déjà, on pouvait distinguer un souffle qu'il retenait encore n'ayant pu trouver la forme qui lui convenait. Sa déférence envers Mallarmé, le maître, s'exprimait dans un sonnet répondant à son objet :

> Celui-là seul saura sourire, s'il a plu
> A la Muse elle-même, institutrice et Mère,
> De former, lui ouvrant la Lettre et la Grammaire,
> Sa lèvre au vers exact et au Mot absolu.
>
> La sécurité de l'office qui l'élut
> Rit que rien d'éternel comme rien d'éphémère
> N'échappe à la mesure adéquate et sommaire
> De la voix qui finit où le verbe conclut.
>
> Gardien pur d'un or fixe où l'aboi vague insulte!
> Si, hommage rustique et témoignage occulte,
> Ma main cherche quoi prendre au sol pour s'en armer,
>
> Je choisis de casser la branche militaire
> Dont la feuille à ton front honore, Mallarmé,
> Amère, le triomphe, et verte, le mystère.

Ce jeune homme pastichant Mallarmé assez médiocrement commencera à devenir lui-même lorsque la nostalgie lui dictera ses *Vers d'exil,* lui-même pour le naturel, mais n'ayant pas encore trouvé sa mesure et son souffle. On peut lire :

> La rougeur de l'amour et celle de la honte
> Couvrent ma face d'où j'ai retiré mes mains
> Je me tiendrai debout, bravant les yeux humains,
> Comme un homme marqué de qui nul ne prend compte.

Paul Claudel n'est encore qu'un poète élégiaque peu original, mais l'on distingue déjà chez cet aiglon ce que pourra être le vol de l'aigle :

> Bruit de l'homme, pas, cris, rires, appels, devant,
> Derrière, chants, amours, rixes, marchés, paroles!
> Je te veux aveugler, ô peuple en moi mouvant!
> Tais-toi, sonore esprit! Étouffez-vous, voix folles!

Déjà, une pièce écrite en 1887, *le Sombre Mai* qu'il insérera plus tard dans *Corona benignitatis anni dei,* en mètres différents, peut représenter, dans son symbolisme proche de Maeterlinck, un pas vers la forme du verset claudélien :

> Les princesses aux yeux de chevreuil passaient
> A cheval sur le chemin entre les bois,
> Dans les forêts sombres chassaient
> Les meutes aux lourds abois.

Avant qu'il ne trouve sa forme personnelle dans le poème, il se révèle poète par la prose. Son premier livre, grand livre, est *Connaissance de l'Est* dont une première partie comprenant les textes écrits entre 1895 et 1900 paraît en 1900, et une seconde rédigée entre 1900 et 1905 paraît en 1907. Le jeune consul de France à Shangaï, puis Fou-Tchéou, Pékin, Tien-Tsin, lieux où il est « comme un poisson dans l'eau », a ouvert les yeux sur un vieux monde nouveau pour lui. Les pagodes, les paysages, les fêtes, les saisons et les jours, les jardins, les cités, les rêves, les tombes, les arbres, les sources, l'écriture... suscitent en lui mille impressions qu'il note avec une rare acuité, un sens nouveau du « donner à voir » car il perçoit la Chine en ce qu'elle a de plus intérieur. Il procède par touches successives comme un peintre de l'Extrême-Orient armé d'un pinceau habile. L'homme chinois, l'âme chinoise sont fixés en passé, en présent et en destinée. Rejoignant une pensée cosmique, Paul Claudel s'exprime dans une langue racée, précieuse, musicale. Les descriptions sont exquises, sans rien de lourd ou de platement didactique. C'est une fête des sens devant les choses, une création incessante, ce sont les poèmes en prose de la plus parfaite qualité. Le regard claudélien est émerveillé-émerveillant. L'objet du poème semble naître avec le poème. On ne sait que choisir, car tout est beau. Voici *Peinture :*

> Que l'on me fixe par les quatre coins cette pièce de soie, et je n'y mettrai point de ciel; la mer et ses rivages, ni la forêt, ni les monts, n'y tenteront mon art.

Mais du haut en bas et d'un bord jusqu'à l'autre, comme entre de nouveaux horizons, j'y peindrai la terre. Les limites des communes, les divisions des champs y seront exactement dessinées, ceux qui sont déjà au labour, ceux où demeure debout le bataillon des gerbes encore. Aucun arbre ne manquera au compte, la plus petite maison y sera représentée avec une naïve industrie...

Paysages calmes, apaisés apparemment mais où semble sourdre parfois la menace mortelle. Paul Claudel ne cesse d'envisager le pays des morts jusqu'au cœur de la joie rustique. « Moi! que je ne périsse pas avant l'heure la plus jaune. » s'écrie-t-il. Après tant d'images de la contemplation, tant de beauté, de spiritualité et de réalisme comme dans *le Porc (voir préc. vol.)*, le dernier poème, *Dissolution,* est assez significatif :

Et je suis de nouveau reporté sur la mer indifférente et liquide. Quand je serai mort, on ne me fera plus souffrir. Quand je serai enterré entre mon père et ma mère, on ne me fera plus souffrir. On ne se rira plus de ce cœur trop aimant. Dans l'intérieur de la terre se dissoudra le sacrement de mon corps, mais mon âme, pareille au cri le plus perçant, reposera dans le sein d'Abraham. Maintenant tout est dissous, et d'un œil appesanti je chercherais en vain autour de moi trait ou forme. Rien, pour l'horizon, que la cessation de la couleur la plus foncée. La matière de tout est rassemblée en une seule eau, pareille à celle de ces larmes que je sens qui coulent sur ma joue. Sa voix, pareille à celle du sommeil quand il souffle de ce qu'il y a de plus sourd à l'espoir en nous. J'aurais beau chercher, je ne trouve plus rien hors de moi, ni ce pays qui fut mon séjour, ni ce visage beaucoup aimé.

Le monde asiatique, il le retrouvera avec *l'Oiseau noir dans le soleil levant,* essais écrits au Japon entre 1923 et 1925, dont il dira « qu'il forme dyptique avec *Connaissance de l'Est* ». Aucun autre pays ne lui apportera cette fascination de l'Orient dont il apporte non point une image fidèle, comme un reporter, mais une re-création aux confins du paysage et de son propre exil de l'âme.

En 1900, il a établi un *Art poétique*. Et la poésie claudélienne naît avec ses *Cinq Grandes Odes,* 1911, qui sont le sommet de son œuvre poétique par une plénitude qu'on ne retrouvera que dans certains passages de *Corona benignitatis anni Dei* ou dans de grands moments de son théâtre comme *le Partage de midi*. Le livre est distribué ainsi : *les Muses* (poème commencé à Paris en 1900 et achevé à Fou-Tchéou en 1904), *l'Esprit et l'Eau* (écrit à Pékin en 1904), *Magnificat* (à Tien-Tsin en 1907) *La Muse qui est la Grâce* (Tien-Tsin, 1907), *la Maison fermée* (Tien-Tsin, 1908). A cette œuvre s'ajoute le *Processionnal pour saluer le siècle nouveau* (Shanhaïkwan, 1907). Ces poèmes sont composés en versets dans une totale liberté puisque certains ont plusieurs lignes, d'autres seulement quelques syllabes :

Ni
Le marin, ni
Le poisson qu'un autre poisson à manger
Entraîne, mais la chose même et tout le tonneau et la veine vive,
Et l'eau même, et l'élément même, je joue, je resplendis! Je partage la liberté de la mer omniprésente!

Ces poèmes, à l'exception de la première *Ode,* sont précédés d'arguments, comme il l'avait fait pour son *Art poétique,* arguments ouvrant à la compréhension de poèmes difficiles, coup de diapason avant le vaste concert. L'ode *les Muses* fut inspirée par un sarcophage trouvé sur la route d'Ostie et qui est au Louvre. Il représente les neuf Muses. « Les Neuf Muses! aucune n'est de trop pour moi! » dit le poète. Chacune exprime une étape de la création poétique, Erato, symbolisant l'enthousiasme et la passion occupant la meilleure place. La citation ne peut donner qu'une mince idée du souffle qui anime l'œuvre :

> Je vous ai reconnu, ô conseil complet des neuf Nymphes intérieures!
> Phrase mère! engin profond du langage et peloton des femmes vivantes!
> Présence créatrice! Rien ne naîtrait si vous n'étiez neuf!
> Voici soudain, quand le poète nouveau comblé de l'explosion intelligible,
> La clameur noire de toute la vie nouée par le nombril dans la composition de la base,
> S'ouvre l'accès
> Faisant sauter la clôture, le souffle de lui-même
> Violentant les mâchoires coupantes,
> Le frémissement Novénaire avec un cri!
> Maintenant, il ne peut plus se taire! L'interrogation sortie de lui-même, comme du chanvre
> Aux femmes de la journée, il a confié pour toujours
> Au savant chœur de l'inextinguible Écho!

A la double source biblique et rimbaldienne, Paul Claudel a trouvé son instrument, l'a constitué à son rythme propre, mobile, tout en souplesse, prêt à répondre à son désir de plasticité et de lyrisme. Il en usera en toute liberté, permettant au dramaturge par l'emploi d'exclamations détachées, de mots isolés, de guider l'acteur, permettant au poète religieux une démarche solennelle en utilisant au besoin l'assonance ou la rime, pouvant construire des strophes aux rimes enlacées. On pourra lire dans l'ode *la Muse qui est la Grâce* :

> Les mots que j'emploie,
> Ce sont les mots de tous les jours, et ce ne sont point les mêmes!
> Vous ne trouverez point de rimes dans mes vers ni aucun sortilège. Ce sont vos phrases mêmes. Pas aucune de vos phrases que je ne sache reprendre!
> Ces fleurs sont vos fleurs et vous dites que vous ne les reconnaissez pas.
> Et ces pieds sont vos pieds, mais voici que je marche sur la mer et que je foule les eaux de la mer en triomphe!

On peut parler sans cesse de réalisme transfiguré. Il inclut dans les poèmes tous les rythmes du monde. On peut penser à Pindare, à Eschyle, à Shakespeare dont il épouse la mobilité. Son verset, il l'a défini dans *la Ville* :

> J'inventai ce vers qui n'avait ni rime ni mètre,
> Et je le définissais dans le secret de mon cœur cette fonction double et réciproque
> Par laquelle l'homme absorbe la vie, et restitue, dans l'acte suprême de l'expiration
> Une parole intelligible.

Ses rythmes peuvent tout traduire, tout charrier, y compris des scories, volontairement ou non. Dans ses œuvres dramatiques, il se servira de cet outil qui peut répondre à toutes les situations : lyriques et religieuses, terriennes, populaires, de terroir, les dialogues ainsi menés lui permettront d'individualiser ses personnages, d'apporter, de la gravité au rire, de la grandeur à la trivialité, toutes les inflexions voulues.

La deuxième ode, *l'Esprit et l'Eau,* fait entendre « La voix qui est à la fois l'esprit et l'eau, l'élément plastique et la volonté qui s'impose à elle, est l'expression de cette union bienheureuse. L'esprit en toute chose dégage l'eau, illumine et clarifie... » :

Mon Dieu, qui au commencement avez séparé les eaux supérieures des eaux inférieures,
Et qui de nouveau avez séparé de ces eaux humides que je dis,
L'aride, comme un enfant divisé de l'abondant corps maternel,
La terre bien chauffante, tendre-feuillante et nourrie du lait de la pluie,
Et qui dans le temps de la douleur comme au jour de la création saisissez dans votre main toute-puissante
L'argile humaine et l'esprit de tous côtés vous gicle entre les doigts
De nouveau après les longues routes terrestres,
Voici l'Ode, voici que cette grande Ode nouvelle vous est présente...

Dans l'argument de *Magnificat* s'élève un cantique de reconnaissance vers Dieu qui a délivré le poète des idoles : « Soyez béni, mon Dieu, qui m'avez délivré de moi-même et qui vous êtes vous-même placé entre mes bras sous la figure de ce petit enfant nouveau-né. » Paul Claudel vient en effet d'être père. Tout revient : la grâce du jour de Noël et l'enfant qui est le Verbe incarné. Il écrit :

Soyez béni, mon Dieu, qui m'avez délivré des idoles,
Et qui faites que je n'adore que Vous seul, et non point Isis et Osiris,
Ou la Justice, ou le Progrès, ou la Vérité, ou la Divinité, ou l'Humanité, ou les Lois de la Nature, ou l'Art, ou la Beauté,
Et qui m'avez permis d'exister à toutes ces choses qui ne sont pas, ou : le Vide laissé par votre absence.

Il y a de la beauté dans cette simple phrase : « Maintenant entre moi et les hommes il y a ceci de changé que je suis le père de l'un d'entre eux. » Mais on trouve dans ce chant pur l'éclat d'un brusque orgueil et d'une colère satirique assez lourde lorsqu'il jette l'anathème :

Ne me perdez point avec les Voltaire, et les Renan, et les Michelet, et les Hugo, et tous les autres infâmes !
Leur âme est avec les chiens morts, leurs livres sont joints au fumier.
Ils sont morts, et leur nom même après leur mort est un poison et une pourriture.

La quatrième ode, *la Muse qui est la Grâce,* est architecturée sur le modèle grec de la strophe, de l'antistrophe et de l'épode. C'est l'invasion de l'ivresse poétique, un dialogue du poète avec la Muse qui devient peu à peu la Grâce. « Il essaye de la refouler, il lui demande de le laisser à son devoir humain, à la place de son âme il lui offre l'univers entier qu'il va recréer par l'intelligence et la parole. » La Grâce cherche à l'entraîner vers les sommets de la joie divine, vers sa sanctification personnelle. Mais le poète, au cours du dialogue pathétique, se détourne : la terre, l'amour charnel et humain le retiennent à eux :

> — Va-t'en ! Je me retourne désespérément vers la terre !
> Va-t'en ! tu ne m'ôteras point ce froid goût de la terre,
> Cette obstination avec la terre qu'il y a dans la moelle de mes os et dans le caillou de ma substance et dans le noir noyau de mes viscères !
> Vainement, tu ne me consumeras point !

Le verset devient le support du précepte avec une puissance biblique :

> Qui a mordu à la terre, il en conserve le goût entre les dents.
> Qui a goûté le sang, il ne se nourrira plus d'eau brillante et de miel ardent !
> Qui a aimé l'âme humaine, qui une fois a été compact avec l'autre âme vivante, il y reste pris pour toujours.

Et le poème sans cesse hautement lyrique, d'une rare richesse d'inspiration, un des plus beaux, des plus humains aussi, se termine dans la grandeur :

> Qui a crié ? J'entends un cri dans la nuit profonde !
> J'entends mon antique sœur des ténèbres qui remonte une autre fois vers moi.
> L'épouse nocturne qui revient une autre fois vers moi sans mot dire,
> Une autre fois vers moi avec son cœur, comme un repas qu'on se partage dans les ténèbres,
> Son cœur comme un pain de douleur et comme un vase plein de larmes,
> Une autre fois du Ténare ! une autre fois de l'autre côté de ce bas canal que n'éclaire pas même
> Le rai d'un astre de plomb et la corne lugubre d'Hécate !

La cinquième ode, *la Maison fermée,* en même temps qu'elle dit le souvenir de cette église fermée où naguère le poète rencontra Dieu, exprime ses noces avec l'Église, le lieu où « la lumière est à l'intérieur et les ténèbres sont au-dehors ». L'âme fermée est gardée par les quatre vertus cardinales assimilées aux quatre points cardinaux, Prudence au Nord, Force au Midi, Tempérance à l'Orient, Justice à l'Occident. Déjà le poète salue le siècle nouveau, il salue les morts qui nous sont voisins : « Salut, aurore de ce siècle qui commence ! » et « Je me retournerai vers les Morts, je n'omettrai pas le plus vieux devoir humain. » Cette longue incantation coule comme un fleuve de beauté et de spiritualité et l'homme Claudel est sans cesse présent :

> Mon Dieu qui m'avez conduit à cette extrémité du monde où la terre n'est plus qu'un peu de sable et où le ciel que vous avez fait n'est jamais dérobé à mes yeux,
> Ne permettez point que parmi ce peuple barbare dont je n'entends point la langue,
> Je perde mémoire de mes frères qui sont tous les hommes, pareils à ma femme et à mon enfant.

Au début du xxe siècle il est donc un poète au lyrisme bouillonnant qui est digne de poursuivre la chaîne qui va de l'inspiration antique à celle de la chrétienté. Le *Processionnal pour saluer le siècle nouveau* est un prolongement digne et apaisé à ces *Cinq Grandes Odes*, un finale digne de la Bible dont il a le ton, une action de grâce, un credo : « Je crois sans y changer un seul point ce que mes pères ont cru avant moi... » Ces œuvres, par la vigueur et la personnalité du style, la puissance de l'expression, atteignent un sommet et font de Claudel un des grands poètes de l'humanité.

Parenthèse sur un Ars poetica mundi.

L'*Art poétique* de Paul Claudel est un triptyque de traités intitulés *Connaissance du Temps, Traité de la connaissance du monde et de soi-même, Développement de l'Église*, écrits entre 1900 et 1904, publiés en 1907. Il ne s'agit pas d'un « art poétique » comme ceux d'Horace ou de Boileau. Il note en marge : « *Poiein :* faire » bien avant que Paul Valéry s'y réfère. Lorsque Robert Grosche traduira l'ouvrage en allemand, il lui donnera le titre qui lui convient le mieux : *Ars poetica mundi*. « Au sens claudélien, écrit Louis Perche, *L'Art poétique* est avant tout l'art que manient les doigts de l'artisan : l'aspect extérieur, physique de la chose existe d'abord, et des choses, et l'artisan n'est pas seulement celui qui possède un outil, mais celui par qui l'outil s'exprime : marteau, hache ou plume; de sorte que l'artisan de la poétique comme de la forge, de la forêt, révèle un élément qui existe en soi, et un autre, qui existe comme parcelle infinie d'un monde infini. Ainsi, loin d'être un ensemble de recettes particulières traduisant une façon de se manifester, l'art poétique claudélien vise-t-il à déterminer les raisons fondamentales en fonction desquelles peut être élaborée l'œuvre que le poète doit réaliser. Car l'œuvre est déjà dans les mots, ou, si l'on veut, dans le langage; celui-ci, même oral, représente entre les espaces de silence, " une certaine intensité, qualité et proportion de tension spirituelle ". L'art poétique, ce sera la mise en chair des principes qui présideront à l'édification d'une activité, et, puisque la pensée précède l'acte, il est normal qu'elle appelle ce qui en nous est plus que nous-mêmes, cette vie antérieure et future... » L'ensemble forme un traité de la connaissance poétique qui diffère radicalement de la connaissance scientifique ou de la connaissance métaphysique. Les leçons de Mallarmé, les créations de Rimbaud, la recherche poétique depuis Baudelaire semblent aboutir à cette vision cosmique née d'une longue méditation de saint Thomas d'Aquin. Le livre se présente comme une introduction indispensable à l'œuvre poétique et dramatique de Claudel, mais s'étend à la connaissance générale de la création.

Pour rendre compte de la composition de l'univers, de ses rapports à l'homme et de leurs rapports à Dieu, Paul Claudel utilise tantôt un style d'une sécheresse didactique, tantôt se livre à des élans poétiques au cœur même du développement, avec le ton d'un philosophe idéaliste issu du Symbolisme et celui d'un démiurge peu soucieux d'induction et de déduction. Henri Clouard pourra écrire : « Mauvaise philosophie, vision puissante et magnifique. Là où sa pensée systématique jetait Claudel dans l'absurde, la finesse de l'intuition, le génie imaginatif, le prestige des incarnations, la libre marge laissée aux lecteurs pour interpréter, l'accordent au contraire avec de hautes et riches vérités. » Claudel conduit « ses arguments comme Cacus faisait des bêtes volées qu'il entraînait vers sa caverne ». Il se place « devant l'ensemble des créatures, comme un critique devant le produit d'un poète ». N'oublions pas qu'il veut « rassembler les images », être le « rassembleur de la terre de Dieu ».

Il faut donc accéder à toutes les formes de l'univers qui « n'est qu'une machine à marquer le temps », où tout est continu et nouveau à la fois. La « connaissance du temps », c'est d'abord la connaissance de la simultanéité des actes : tandis que Napoléon perd la bataille de Waterloo, un pêcheur de perles dans l'océan Indien émerge de sa plongée. On doit donc reconnaître la durée concrétisée par l'heure et percevoir une heure totale, unique, qui est toutes les heures à la fois et qu'on ne reverra plus jamais. Le temps est le moyen offert à tout ce qui sera d'être afin de n'être plus. Il est, pour Claudel, « l'*invitation à mourir,* à toute phrase de se décomposer dans l'accord explicatif et total, de consommer la parole d'adoration à l'oreille de *Sigé* l'Abîme. » Il écrit : « Il ne me reste à tirer sous ces lignes aucune barre : que ce discours débouche dans le silence et le blanc ! » La connaissance du temps est, plus qu'une étude, une participation. Il achève son idée du premier traité dans l'étude de la co-naissance du monde et de soi-même, faisant dès les préludes ressortir la parenté de naître et connaître : « Nous ne naissons pas seuls. Naître pour tout, c'est co-naître. Toute naissance est une connaissance. » Suivent cinq articles portant sur la connaissance brute, sur la connaissance des êtres vivants, sur la connaissance intellectuelle, sur la connaissance que l'homme a de lui-même, sur la connaissance de l'homme après sa mort qui implique une idée d'éternité.

Quant au troisième traité, il sera une application des principes posés au développement de l'église, c'est-à-dire de la maison où se réunissent les croyants avec « un Dieu toujours visible, un peuple toujours présent » alors que le temple païen « n'était, au vrai, que la prison et le contenant du dieu ».

Pour trouver l'art poétique de Paul Claudel au sens le plus habituel, il faudra lire d'autres œuvres, surtout les deux volumes de *Positions et propositions,* 1928 et 1934, et notamment ses « Réflexions et propositions pour le vers français ». Remontant aux origines du langage, il définit le vers mesuré et le vers rimé et s'appuie sur des considérations de caractérologie ethnique : « S'il y a un trait du tempérament français particulièrement frappant..., c'est ce que j'appellerai le besoin de nécessité. » Il dit que le Français « a besoin de justifier devant lui-même chacun de ses actes », qu'il « s'est toujours senti actionnaire d'une société dont chaque membre doit des comptes à tous les autres ». Paul Claudel examine la versification classique et la progressive désintégration du vers jusqu'à Mallarmé, ces vues originales l'amenant à la quasi-condamnation du vers régulier. Il affirme : « Tout ce qu'il y a en français d'invention, de force, de passion, d'éloquence, de rêve, de verve, de couleur, de musique spontanée, de sentiment des grands ensembles, tout ce qui répond le mieux en un mot à l'idée que depuis Homère on se fait généralement de la poésie, chez nous ne se trouve pas dans la poésie, mais dans la prose... » et il dit que les véritables grands poètes français se nomment Rabelais, Pascal, Bossuet, Saint-Simon, Chateaubriand, Honoré de Balzac, Michelet. Pour Claudel, le vers français ne fut durant des siècles que « la stylisation du langage et l'étalon de notre attitude sonore », c'est-à-dire l'expression d'une logique tenant la poésie pour le constat mélodieux, plus ou moins ouvragé, quasi définitif d'un monde définitivement créé. Condamnation ? Pas entièrement. N'a-t-il pas confié à André Suarès son regret « de n'avoir pas le talent nécessaire pour se servir de l'ancien vers ». Boutade sans doute, mais il montre aussi une ironique révérence : « Je n'ai nullement pour cela la prétention de détruire le vers régulier, qui après tout est un moyen d'expression parmi d'autres et il n'y a aucune raison de nous appauvrir d'aucun d'eux. J'ai voulu simplement montrer qu'il y avait autre chose de possible. Mais je ne fais pas difficulté de reconnaître que le vers régulier est celui qui répond le mieux à notre instinct de goût, d'élégance et d'économie, qu'il figurerait en bonne place dans une Exposition parmi les industries qui font le plus honneur à notre production parisienne. »

Il faut lire aussi la *Lettre à l'abbé Brémond sur l'inspiration poétique :* « Sur le fond du débat vous avez mille fois raison et je ne comprends même pas qu'il puisse y avoir discussion. » Il dit en même temps que la poésie rejoint la prière : « Mais c'est en ce sens aussi qu'elle est infiniment inférieure à la prière parce que l'homme est fait pour Dieu seul et non pas pour les choses, et que, s'il est excellent d'aller à Dieu par toutes les voies, la meilleure est cependant la plus directe. » Il nous dira encore que *la Poésie est un art,* concluant ainsi : « Hélas, l'enchanteur a emporté avec lui (il s'agit d'Orphée) son secret et c'est en vain que cent apprentis ont essayé une formule entre leurs mains inopérantes. Puis la rime est venue qui a mis à notre disposition de nouveaux prestiges. Il y a eu des poètes comme Racine, comme Chénier, comme Verlaine. Et puis les cordes sur la lyre ne sont plus devenues que des ficelles. Ne te décourage pas, jeune poète ! Prête l'oreille ! Écoute ! » A lire encore son étude *Idéogrammes occidentaux* étude physiologique des lettres et des mots dans la direction rimbaldienne : « J'ai réglé la forme et le mouvement de chaque consonne » et encore ses études : *les Mots ont une âme, l'Harmonie imitative* toujours dans *Positions et Propositions,* et, dans *Accompagnements,* les textes sur Boileau, Racine, Hugo, Verlaine, Mallarmé, Rimbaud, Coventry Patmore, Péguy, Jammes, Duhamel, Aragon, Fargue, etc., sans oublier *Un poème de Saint-John Perse* « successeur de Colomb », puis dans *Conversations, le Poète et le Shamisen* ou *le Poète et le vase d'encens,* mais d'autres textes du volume des *Œuvres en prose,* dans la bibliothèque de la Pléiade, retiendront le lecteur, tout étant écrit sous le signe du *poiein,* du faire. Il écrit dans la préface au *Soulier de Satin :*

> Mais cette espèce de point vital autour de quoi tout se compose.
> Tâchez de l'attraper vous-mêmes, chers lecteurs, tant pis s'il fuit entre vos doigts comme une puce !
> L'auteur qui a lâché ce grain vivant de sel noir sourit...

Avec les *Cinq Grandes Odes,* Paul Claudel a choisi le verset comme s'accordant à lui-même, à son écriture et à son souffle, et qui lui permet toutes les cadences de la vie multiforme en accord avec sa physiologie, aux aventures spirituelles comme aux aventures terrestres. En versets, il écrit ses plus belles œuvres, mais il ne s'interdira pas de revenir au poème plus court, car il ne repousse pas toujours l'arbitraire prosodie, y revenant comme à de vieilles délices qu'il renouvelle. Sa langue, comme dit Claude Roy, « pleine de sang, de souplesse et de poids » a besoin de tous les registres qui affirment sa liberté.

Paul Claudel, poète lyrique.

On comprend que les cadences rompues, les richesses de rythmes d'un poète anglais, comme lui catholique, chanteur d'épousailles spiritualisées, Coventry Patmore (1823-1896) aient plu à Paul Claudel au point qu'il le traduise et soit son exégète. En 1911, il écrit *la Cantate à trois voix* sur le thème de « la connaissance du temps » rencontré dans son *Art poétique.* Trois femmes représentant trois âges de la vie mêlent et séparent leurs voix, disant l'attente, le présent, la mort et la sérénité en un chant lyrique, chacune d'elles élevant trois cantiques d'une coulée fluide et féminine, la rose, le Rhône, la vigne, le peuple divisé, la chambre intérieure, les chars errants, l'or, le cœur dur, les parfums, l'ombre, étant les thèmes suivants des échanges de voix laconiques qui forment une sorte d'antithèse au chant qui se déploie avec grâce :

Offrande de la mort qui commence!
Tout ce qui a fait son fruit penche vers la terre, mais l'esprit envoyé par Dieu revient vers lui dans l'odeur de ce qu'il a consumé!
Car il faut que le mot passe afin que la phrase existe; il faut que le son s'éteigne afin que le sens demeure.
Il fallait que celui que j'aime mourût
Afin que notre amour ne fût plus soumis à la mort,
Et que son âme devînt respirable à la mienne,
Et lui servît de guide obscur et de parole au fond d'elle-même,
Comme cette fleur, la même! qu'on reconnaît, chaque fois que le cœur a battu dix fois.

Les plus anciens poèmes de *Corona benignitatis anni Dei,* 1915, sont de 1897, les plus récents de 1913. C'est une illustration poétique de l'année liturgique, de l'Épiphanie à Noël, dans une riche variété de formes : auprès de nouveaux rythmes, plus simples que ceux des précédents poèmes, le plus souvent binaires, avec rimes et assonances, comme plus tard dans *la Messe là-bas,* on retrouve notamment dans les hymnes la manière des grandes odes; d'autres poèmes sont plus directement narratifs, descriptifs, ou bien, comme dans *Images et signets entre les feuilles,* écrits à la chaleur de souvenirs personnels; enfin, des poèmes comme *le Sombre Mai* déjà cité ou *Chanson d'automne* ramènent à cette période qui précéda *Tête d'or,* alors que le poète subissait encore l'influence symboliste. Des exercices savants de la poésie à la nudité du poème qui est prière, ce recueil affirme l'appartenement de Claudel à l'Église, lui valant la fraternité des âmes pieuses et ouvrant le croyant à la méditation et à l'oraison. Dans la première des cinq parties, *la Première Partie de l'année*, prières, chants, hymnes, psaumes sont donc écrits dans ce rythme binaire avec rimes, comme dans cette *Sainte Scolastique* :

> L'abbesse, seule éveillée parmi le peuple de ses brebis,
> Écoute son frère qui parle et qui ne sait pas qu'il est minuit.
> Son frère, c'est saint Benoît, patriarche des moines d'Occident.
> Scolastique le regarde et tremble et loue Dieu qui l'a rendu si grand.

Dans d'autres poèmes, il fera encore succéder les rimes deux par deux, les croisera ou les embrassera, retenant ainsi quelques prestiges de la prosodie classique. La deuxième partie, *le Groupe des Apôtres*, se présente comme une suite de poèmes hagiographiques correspondant aux groupes de statues qui ornent les porches des cathédrales avec les saints Pierre, Paul, Jacques-le Majeur, Philippe, Jude, etc. Ce sont des poèmes descriptifs mettant en lumière la personnalité de chaque saint avec simplicité. Succédera la troisième partie, *Images et signets entre les feuilles* où l'on trouve des poèmes de tous ordres, semblables aux précédents ou d'une esthétique plus ancienne, cette partie formant une sorte de pivot composite. On peut aussi bien lire :

> Plus une plainte!
> Plus un souffle
> Plus une crainte
> Que n'étouffe
> Le port
> Dors dors
> — Le port d'or
> Dors dors

que ce poème plus traditionnel :

> Dans la lumière éclatante d'automne
> Nous partîmes le matin.
> La magnificence de l'automne
> Tonne dans le ciel lointain.

Cela peut être pris comme un catalogue des diverses manières de Paul Claudel au long de sa vie. On trouve encore des poèmes de saints, des poèmes symbolistes, des prières, des ballades en versets sur le modèle de la ballade classique avec envoi ou bien une description de cathédrale :

> La cathédrale, toute rose entre les feuilles d'avril, comme un être que le sang anime, à demi humain,
> Le grand Ange rose de Strasbourg qui est debout entre les Vosges et le Rhin,
> Contient bien des mystères dans son livre et des choses qui ne sont pas racontées
> Pour l'enfant qui vers ce frère géant lève les yeux avec bonne volonté.

Beaucoup de diversité encore dans le quatrième volet, intitulé *la Deuxième Partie de l'année*, avec des œuvres en versets comme *la Visitation*, la *Transfiguration ou Chant de la Saint Louis,* des poèmes en vers classiques comme l'*Hymne des saints anges,* en octosyllabes où le poète quand cela l'arrange glisse un vers de sept syllabes :

> Lorsque le soleil se lève,
> L'œuvre de la terre commence,
> Le champ propose, l'homme achève.
> Et quand il a fait son labour
> Le soleil reprend à son tour
> La moisson qui gagne accroissance
> De la nouvelle semence.

Cela n'est pas du meilleur Claudel, mais ce poème passé, on revient à la haute poésie où, notamment dans le dernier poème, *Mémento pour le samedi soir,* après une énumération des grands psaumes, cantiques, élévations, il n'hésite pas à se placer à hauteur biblique :

> Séquence de Nottker, prose d'Adam de Saint-Victor,
> Introït de la Grand-Messe de Pâques, entonné par le Præcantor
>
> Chant perçant de l'orphelin, sanglot dans le cœur du sourd,
> Et latin de Paul Claudel aux derniers jours !

En quatorze poèmes, *le Chemin de la Croix* clôt l'ensemble de *Corona.* On a pu dire qu'en suivant la révolution de l'année liturgique, de, selon Charles Du Bos, « l'année dont la bénignité de Dieu tresse la couronne », Paul Claudel avait mis un cilice à la poésie. Si, après une lecture approfondie de ces cinq panneaux disparates on marque une préférence pour les *Cinq Grandes Odes,* il n'en reste pas moins que cet ensemble propose une sorte d'échantillonnage de la poésie de Paul Claudel tellement plus à l'aise dans le verset rimé ou non que dans le poème traditionnel, et il y a, surtout dans les premières parties de grands moments qui sont pure poésie.

Avec plus de souplesse, *la Messe là-bas* (c'est-à-dire au Brésil) est du même ton. Cette œuvre fut écrite à Rio de Janeiro en 1917 et publiée en même temps qu'une œuvre écrite à Hambourg en 1914, *Offrande du temps,* en 1936. Il s'agit d'un commentaire poétique de la Messe. Les titres : *Introït, Kyrie eleison, Gloria, Lectures, Credo, Offertoire, Préface, Consécration, Pater Noster, Communion, Ite missa est, le Pain bénit, In Principio erat verbum* dont voici un court extrait :

> L'Océan, comme la Vallée en mouvement de la Mort parcouru par les suçoirs des trombes ;
>   A vu jadis cet homme qui portait le Christ et qui avait le nom de la Colombe,
>   Quand il tirait à coups de canon sur les noires colonnes d'eau qui le pressaient comme des géants,
>   Et pacifiait la Création déchaînée en lui faisant du haut de la poupe lecture de l'Évangile de saint Jean.
>   Et plus tard pour les navigateurs qui revenaient de Mozambique et de Timor,
>   Le fait, au-dessus des vapeurs de la cuisine, et des armes qu'on astique, et des faibles conversations du bord,
>   Était le craquement d'une poulie ou de l'autre là-haut, toutes voiles travaillantes dans le grand souffle régulier...

La Messe là-bas apparaît comme un acte cosmique, une offrande à Dieu de la nature et des travaux de l'homme. On trouve un Claudel fidèle à sa manière, fidèle à sa foi, accordant son chant aux grandeurs de la foi dans son acte essentiel. Ici la plénitude de la parole divine apporte sa paix. Le poète est humble, respectueux des lois de notre être et de la consécration de Dieu, et portant les trésors d'un amoureux de la terre et de la voix qui les chante. « Je vois, écrit-il, à la fin de mes yeux que la suprême possession est possible / Possible non seulement à notre âme, mais à notre corps ! / Possible à l'homme tout entier dès cette vie qui sait qu'il est plus puissant que la mort ! » Un des sommets de la poésie au service de la foi. On retrouve ce ton dans l'*Offrande du Temps* où « Tout est devenu *religion*, tout est ensemble solidaire ».

C'est encore là le meilleur Paul Claudel et il n'en est pas ainsi des *Poèmes de guerre* et des *Poèmes... durant la Guerre de Trente Ans* sur lesquels on est tenté de passer bien vite, car des poèmes comme *Tant que vous voudrez mon général* ne sont guère enthousiasmants :

> Dix fois qu'on attaque là-dedans, « avec résultat purement local ».
> Il faut y aller une fois de plus? Tant que vous voudrez, mon général !

Certes il y a bien de bons poèmes comme *le Précieux Sang* ou *Rome, le Crucifix* ou *Aux martyrs espagnols,* mais *Personnalité de la France* en vers régulier déçoit, le patriotisme l'inspirant moins bien que la foi. Il y a évidemment cette rencontre qui fit sourire de *Paroles au Maréchal* et de l'ode *Au général de Gaulle* ou à *la Croix de Lorraine* qui se termine par « Ainsi parlait le vieux poëte dans la simplicité de son cœur ». Et l'on est heureux de retrouver le bon Claudel dans *Feuilles de saints* où *Verlaine,* « l'enfant trop grand, l'enfant mal décidé à l'homme » rejoint les saints et les saintes de la Chrétienté : Cécile, Georges, Joseph, Colette... Dans ces œuvres écrites de 1915 à 1925, on retrouve les grands thèmes de la pensée claudélienne : l'univers, l'homme, l'accomplissement de la poésie dans la sainteté, la co-naissance, Dieu, la présence de la terre. C'est là qu'on trouve cette admirable *Ballade :*

> Les négociateurs de Tyr et ceux-là qui vont à leurs affaires aujourd'hui sur l'eau dans de grandes imaginations mécaniques,
> Ceux que le mouchoir par les ailes de cette mouette encore accompagne quand le bras qui l'agitait a disparu,
> Ceux à qui leur vigne et leur champ ne suffisaient pas, mais Monsieur avait son idée personnelle sur l'Amérique,
> Ceux qui sont partis pour toujours et qui n'arriveront pas non plus,
> Tous ces dévoreurs de la distance, c'est la mer elle-même à présent qu'on leur sert, penses-tu qu'ils en auront assez?...

C'est là qu'on trouve *l'Architecte* dédié à Sainte-Marie Perrin son beau-père, la splendide *Ode jubilaire pour le six centième anniversaire de la mort de Dante,* et l'on rencontre auprès des saints des présences amicales : Georges Dumesnil, l'abbé Jacques Fontaine ou Jacques Rivière. Dans ses poèmes de saints, il trouve une simplicité très grande et ne se fait pas faute d'exprimer les sentiments les plus divers comme de la gentillesse souriante : « Quand le célibataire déjà antique se marie, malheur aux toiles d'araignée parce qu'un balai est né dans la maison! » ou encore :

« Ce n'était qu'un sale dragon », dit saint Georges, « une espèce de grande limace dégoûtante, il n'y a qu'à le regarder, et ce que les savants ont bien raison d'appeler un reptile... »

Il écrit que dans la vie des Saints telle qu'elle est racontée « l'effet général est irritant » car « Tout cela est tellement exagéré, incompréhensible et parfaitement inimitable! » Sans doute préfère-t-il sa manière à lui plus simple et directe, moins moraliste : « Et certes nous aimons Jésus-Christ, mais rien au monde ne nous fera aimer la morale. » Il y a, un Eugène Ionesco l'a remarqué, du rire et de l'humour chez Claudel. Sa légende dorée à lui n'est point obscure et éloignée dans le temps. Ses saints apparaissent à hauteur d'humanité en même temps qu'à hauteur divine. L'ensemble, mineur auprès des *Cinq Grandes Odes* est comme un prolongement, une reprise, une illustration de ses grands thèmes et il en sera ainsi dans *Visages radieux,* 1947, avec encore des saints comme Jérôme, patron des hommes de lettres, Catherine qu'honorent « ces demoiselles de la couture », Claire, Saint-Louis sur qui il revient, Joseph qui commence par « L'homme qui vient de se convertir, et qui pense, je le compare à quelqu'un qui fume sa pipe », Jean-Bosco : « Il est un de ces saints, comme on dit, à qui l'on donnerait le Bon Dieu sans confession », Tarcisius, tandis que certains poèmes sont en vers réguliers comme *Sainte Rose de Lima :*

> Pur honneur d'un autre climat,
> Fleurit, que son visage est doux!
> Sainte Rose de Lima,
> A l'extrémité du mois d'août.

Il écrit des vers courts en trois syllabes ou bien il utilise des blancs typographiques :

> Pas tout à fait   à demi
> Pas tout à fait endormi
>
> Pas tout à fait   à moitié
> Enseveli   Ensommeillé

Car, parallèlement à ses grandes odes lyriques en versets, il existe un Paul Claudel influencé par la poésie orientale. Dans ses *Cent Phrases pour éventails,* comme un lettré asiatique, il substitue le pinceau au porte-plume pour se « mêler à l'essaim rituel des haïkaï » en délices calligraphiques. Auprès de l'idéogramme, « le poème lui-même s'inscrit sur deux colonnes parallèles, la marge étant réservée à ce qu'on peut appeler titre ou racine ou exclamation ». Il s'explique : « A l'attelage incliné des trois doigts et du style se substitue une attention verticale. A la vocalise continue une analyse lettre à lettre. Le mot, lentement dessiné et perpendiculaire à l'œil, dégage le sens total des diverses efficiences qu'il coagule (et dans le mot même que je viens d'écrire, est-ce que l'encre ne fait pas briller aux yeux du lecteur une triple goutte?) Le poète n'est plus seulement l'auteur, mais comme le peintre, le spectateur et le critique de son œuvre, au fur et à mesure qu'il se voit lui-même en train de la réaliser... Substituons à la ligne uniforme un libre ébat au sein de la deuxième dimension! » Il y a là une recherche dont se rapprocheront bien des poètes actuels.

Autres poèmes courts, ceux de *Dodoitzu,* 1945, né de la traduction par Georges Bonneau de vingt-six poèmes japonais. Certains n'ont que deux vers : « Connaissez-vous ma bien-aimée / Ce feu qui brûle sans fumée? ». Voici un *Poisson :*

> Le cerf parmi les mélèzes
> Le pinson dans le bouleau
> Et vous avec moi mêlée
> Comme un poisson dans l'eau.

Les *Poésies diverses* rassemblent des poèmes de tous ordres qui rappellent et ne font pas oublier ses autres œuvres, ceux en vers réguliers montrant sa faiblesse dans ce domaine. Il y aura encore des *Petits Poèmes d'après le chinois,* délicatement ciselés comme *la Gelée blanche* de Li Taï Pé :

> J'ai dormi toute la nuit dans les rayons de la lune
> Et mes cils au matin sont tout gelés de gelée blanche.

Ces lectures sont indispensables pour une bonne connaissance des préoccupations esthétiques de Paul Claudel, mais pour clore ce chapitre, on revient en arrière pour dire qu'au sein même d'ensembles moins significatifs que les *Cinq Grandes Odes* ou les grandes œuvres dramatiques, il y a toujours quelques merveilles, ainsi dans les *Poèmes de guerre,* le poème *la Vierge à midi :*

> Il est midi. Je vois l'église ouverte. Il faut entrer.
> Mère de Jésus-Christ, je ne viens pas prier.
>
> Je n'ai rien à offrir et rien à demander.
> Je viens seulement, Mère, pour vous regarder.
>
> Vous regarder, pleurer de bonheur, savoir cela
> Que je suis votre fils et que vous êtes là.

Un immense réservoir de poésie.

Chez Paul Claudel, tout étant poésie, l'amateur de poèmes ne saurait limiter sa lecture à l'œuvre proprement lyrique, car son théâtre est fait de grands poèmes dramatiques. Qu'on prenne *Tête d'or,* qu'on l'ouvre au hasard et voici qu'une princesse parle :

> J'écoute! Qu'est-ce que disent les arbres qui savent tout?
> Et ils argumentent sans fin, tels que des hommes attachés par la jambe.
> Et moi je gis par terre à vos pieds, dans cet abîme du monde!
> Je m'étais retirée dans ces lieux déserts, à cette extrémité

De la terre, couvrant mon corps de feuilles et de peaux de bêtes,
Fuyant les hommes comme un animal, de peur qu'ils ne me tuent ou me prennent.
Mais maintenant la montagne est pleine de bruits farouches et je ne sais plus où aller.

Dans le mouvement général, dans l'action, le poème n'intervient pas comme un repos ou une illustration, mais il est au cœur du théâtre sans cesse présent. Lisons dans *la Ville* :

De l'oiseau que l'on aperçoit sur la plus haute branche en même temps que l'étoile du matin, la voix est si douce que l'on ne sait s'il chante
Ou si l'on voit seulement l'astre éternel qui brille contre son cœur.

On écoute avec Anne Vercors dans *la Jeune Fille Violaine* la voix poétique :

Me voici assis et du haut de la montagne je vois tout le pays à mes pieds !
Et je compte les censes et les villages, et je reconnais les routes.
J'ai vécu ici, et c'est ici
Que j'achèverai de vivre, jusqu'à ce que je meure sur le dos ;
Au milieu de mon bien et de la terre qui est autour de ma maison si loin que s'écartent les pigeons.

Aux moments les plus cocasses comme aux moments les plus lyriques il se glisse toujours ce qui enlève la prose. Dans *l'Échange* :

Et en haut, c'est là que je suis,
Moi Thomas Pollock Nageoire *incorporated* et là est le service télégraphique
Tac, tac tac ! tac tac ! tactac !
Voilà Chicago ! Voilà Londres ! Voilà Hambourg !
Et je suis là comme au milieu de mains qui font des signes, comme quelqu'un qui écoute et comme quelqu'un qui demande et qui répond.

On lira *le Repos du septième jour*, *l'Agamemnon*, *les Choéphores*, *les Euménides* pour mieux comprendre la source de son inspiration, l'admirable *Partage de Midi* :

Maintenant la voilà qui s'est sauvée, et parce qu'elle s'est sauvée, la voilà qui se figure follement que c'est fini,
Comme s'il n'y avait pas ce million d'étoiles, il n'y a pas de murs, mais il y a ce million d'étoiles autour d'elle qui montent la garde.
C'est cela que j'ai tiré au sort, c'est cela que j'ai gagné à la loterie.
Il y en a qui ont gagné un monde à la loterie, une tranche à s'en fourrer jusque-là de la planète,
Mais moi, c'est cela que j'ai tiré au sort, cette âme inexplicablement, cette âme détestablement qui est la clef de la mienne.

Chaque œuvre dramatique de Paul Claudel, en même temps qu'elle suggère la vérité de la vie d'êtres venus de catégories humaines et sociales différentes dont ils sont les représentants, apporte un ensemble de significations exemplaires. La poésie de ce théâtre religieux et moral est non seulement celle des thèses et des idées, des rencontres frappantes et des conflits, des situations saisissantes, des attitudes face aux hommes, à la nature, à l'événement sous l'œil de Dieu, mais aussi elle naît à divers niveaux, dans le langage de chaque personnage, de chaque dialogue, dans la rythmique des échanges de la parole par la souple magie de la phrase ou du verset qui intervient dans les hauts moments et se moule à toutes les voix. C'est l'ensemble d'une pièce qui forme une masse scintillante de poésie en mouvement, et cela nos citations ne peuvent qu'en donner une idée approximative car elles sont à replacer dans le contexte qui les anime.

Rassembleur des éléments du drame universel, Paul Claudel, dans le désordre orchestral du monde en proie aux luttes, part à la recherche d'une harmonie. Dès lors chaque être est envisagé en fonction de l'universel. Le moi romantique est dépassé. Le poète, lors de ses années de conversion, voyait que « se faisait jour en moi cette idée que l'art et la poésie sont des choses divines ». A sa manière il est démiurge, voyant, créateur, non par défi luciférien mais pour trouver et offrir des raisons de croire, d'espérer, une ascension vers la joie comme il l'exprime : « Un grand désir, un grand mouvement vers la joie divine, et la tentation d'y rattacher le monde entier..., de rappeler l'univers entier à son rôle ancien de paradis. » C'est là l'essentiel de Claudel qui va jusqu'au fond de la réalité cueillir sa moisson de rythmes et d'analogies pour exprimer ce haut espoir. Il a sa philosophie, sa métaphysique, son système du monde et sa morale, il a surtout les intuitions fulgurantes, l'infini registre de sensations, l'imagination verbale, la musique d'un poète de génie qui vit en lui et dépasse sa carapace humaine et ses défauts humains, parfois déplaisants, mais sans doute essentiels à une création qui prend toutes les couleurs de l'existence. Ce créateur puissant sait être la faible créature. Ainsi, écoutons Don Léopold Auguste dans *le Soulier de Satin* :

— Vous l'avez dit, cavalier! Il devrait y avoir des lois pour protéger les connaissances acquises.
Prenez un de nos bons élèves par exemple, modeste, diligent, qui dès ses classes de grammaire a commencé à tenir un petit cahier d'expressions,
Qui pendant vingt années suspendu aux lèvres de ses professeurs a fini par se composer une espèce de petit pécule intellectuel : est-ce qu'il ne lui appartient pas comme si c'était une maison ou de l'argent?
Et au moment qu'il se prépare à jouir en paix des fruits de son travail, où il va monter en chaire à son tour,
Voilà un Borniche ou un Christoufle quelconque, un amateur, un ignorant, un tisserand qui fait le marin, un chanoine frotté de mathématiques, qui vient foutre tout en l'air,
Et qui vous dit que la terre est ronde, que ce qui ne bouge pas bouge et que ce qui bouge est ce qui ne bouge pas, que votre science n'est que paille et que vous n'avez qu'à retourner à l'école!
Et alors toutes les années que j'ai passées à apprendre le système de Ptolémée, à quoi est-ce qu'elles m'ont servi, s'il vous plaît?
Je dis que ces gens sont des malfaiteurs, des brigands, des ennemis de l'État, de véritables voleurs!

Si nous citons ce texte ironique qui rejoint Molière, c'est pour dire que, loin des idées reçues, le poète Paul Claudel, membre de l'Académie française, sait se moquer du confort intellectuel et faire œuvre contestatrice.

Il lui faut pour cela des vues assez hautes en même temps que le franc-parler de l'homme quotidien. Et que de moments intenses dans ce *Soulier de Satin,* poème de bout en bout. On ne résiste pas au plaisir d'écouter saint Jacques :

— Pèlerin de l'Occident, longtemps la mer plus profonde que mon bâton m'a arrêté sur ce donjon à quatre pans de terre massive,
Sur cette rose Atlantique qui à l'extrémité du continent primitif ferme le vase intérieur de l'Europe et chaque soir, suprême vestale, se baigne dans le sang du soleil immolé.
Et c'est là, sur ce mole à demi englouti, que j'ai dormi quatorze siècles avec le Christ,
Jusqu'au jour où je me suis remis en marche au-devant de la caravelle de Colomb.
C'est moi qui le tirais avec un fil de lumière pendant qu'un vent mystérieux soufflait jour et nuit dans ses voiles,
Jusqu'à ce que dans le flot noir il vît les longues tresses rubigineuses de ces nymphes cachées que le matelot appelle *raisin-des-tropiques*...

On ne cesserait pas de citer. Paul Claudel a créé dans son théâtre, comme dans ses poèmes, véritablement *créé* une nouvelle poésie, une nouvelle manière de voir et de sentir d'une infinie variété, un univers dépaysant et riche, une reconstitution de l'homme situé à son haut niveau en l'extrayant de sa solitude d'individu pour le faire entrer dans le concert universel, pour l'appeler à une rénovation de ses rapports avec le monde.

Dans *l'Œil écoute,* avec tout son orgueil de créateur conscient de sa valeur, il projette son triomphe comme nul n'oserait le faire avec une confiance en soi et une certitude telle que celui qui n'aurait pas reçu son message pourrait s'en étonner :

C'est vrai, j'ai réussi ! J'ai enfoncé l'horizon et il n'y avait personne à côté de moi pour m'aider ou m'accompagner. Et si l'on m'avait dit alors que personne jamais ne s'apercevrait de moi, rien ne m'aurait rendu plus heureux ! Tout ce que la grammaire et le bon usage autour de moi m'enseignaient, tout ce que les professeurs de force ont essayé de me bourrer dans l'estomac, c'est vrai, je l'ai rejeté avec enthousiasme ! J'ai préféré l'inconnu et le vierge, qui n'est autre que l'éternel.

Ce qui chez Claudel portera le plus d'influence en son temps, c'est moins sa pensée que son mode d'expression, ce verset claudélien en liberté dont useront maints poètes au service de la foi ou maints poètes laïques. Le groupe de l'Abbaye n'en sera pas éloigné, et de Valery Larbaud à Saint-John Perse, de Jean Giraudoux à Francis de Miomandre, de T'Serstevens à Paul Morand, de Montherlant à Drieu La Rochelle, sans oublier bien des prosateurs, on retrouvera une influence très générale de Paul Claudel, de son art formel et aussi de son symbolisme poétique enraciné dans le monde réel pour le transformer poétiquement et spirituellement.

4
Charles Péguy

Charles Péguy, fils du peuple.

Pierre Barbéris écrivant : « Pour parler du peuple, Péguy contrairement à Zola n'avait pas besoin de faire des dossiers ou de rassembler une documentation. Il n'avait, lui, qu'à se souvenir. Péguy est le seul grand écrivain français d'origine authentiquement populaire qui ait dépassé le niveau des tisserands-poètes de l'époque de George Sand » nous apporte la meilleure introduction à Charles Péguy (1873-1914) dont les enfances, la biographie revêtent une importance particulière.

Il naquit à Orléans, la ville du siège historique de Jeanne d'Arc, le 7 janvier 1873, d'un père menuisier, fils de jardinier, petit-fils de vigneron, qui mourut d'une maladie contractée à la guerre alors que le petit Charles avait dix mois, et d'une mère qui se fit rempailleuse de chaises pour subvenir aux besoins de sa famille. De cette mère, Charles Péguy dira qu'il lui doit tout. Il sera aussi dévot de sa grand-mère maternelle, « paysanne, qui ne savait pas lire, et qui première m'enseigna le langage français ». Il affirmera toujours avec fierté : « Je suis peuple. » De la petite école à l'école professionnelle et communale, élève particulièrement doué, il fut remarqué par un inspecteur de l'enseignement qui lui permit d'obtenir une bourse et l'orienta vers le lycée d'Orléans où, après de bonnes études, Charles Péguy passa à Lakanal et Louis-le-Grand pour entrer à l'École normale supérieure où il fut admis en 1894 après deux échecs les années précédentes. Il adhéra au parti socialiste, abandonna la carrière universitaire, se maria, fut bientôt père de famille. Ses premiers écrits furent une brochure, *De la cité socialiste,* 1897 (sous le nom de Pierre Deloire), la fresque dramatique *Jeanne d'Arc,* 1898, qui sera signée Marcel et Pierre Baudouin (Marcel Baudouin était son guide et conseiller littéraire), *Marcel, Premier Dialogue de la Cité harmonieuse,* 1898. Lorsqu'il était boursier d'état à Sainte-Barbe, il avait fait la connaissance de Marcel Baudouin, de Joseph Lotte et des frères Tharaud qui seront de l'équipe des *Cahiers de la Quinzaine.* Auparavant, Charles Péguy, ayant quitté l'Université sans agrégation, était retourné à Orléans avec un beau programme de travail : apprendre la typographie, fonder un groupe socialiste, rédiger sa *Jeanne d'Arc.* Au moment de l'affaire Dreyfus, il se jeta en compagnie de ses amis socialistes dans la croisade, donnant dans la *Revue blanche* une série d'articles. Combattant, Péguy n'acceptait aucun compromis; indépendant, il n'était pas homme de parti; il ne tarda pas à rompre avec l'univers qui lui semblait le plus proche tout en continuant à partager l'essentiel des idées de gauche d'hommes comme Lucien Herr, pontife du guesdisme, ou Léon Blum, mais avec qui il se brouilla.

L'épanouissement de Charles Péguy, théoricien social et poète, date de janvier 1900. Au seuil du nouveau siècle, il a, rue de la Sorbonne, sa petite librairie bien à lui, ses *Cahiers de la Quinzaine,* souple périodique, dont le programme est sous le signe de l'information scrupuleuse et de la vérité : « Nous nous sommes institués pour donner autant que nous le pourrons des notations exactes, scrupuleuses, patientes... » et aussi : dire la vérité « et au besoin la gueuler ». Les *Cahiers* publieront en quinze années deux cent trente-huit numéros inégaux d'épaisseur, rédigés chacun par un seul auteur, poète, romancier, essayiste, simple témoin ou collecteur de documents. On trouve là de nouveaux talents et l'on peut citer entre autres Romain Rolland, les frères Tharaud, Julien Benda, Daniel Halévy, Pierre Hamp, François Porché, André Suarès. Charles Péguy maintint contre vents et marées cette publication dont il était le maître d'œuvre et l'homme de peine, aux prises avec des difficultés financières, sauvant toujours la publication in extremis. Aux sept premières séries, il collabora par des « chroniques de la quinzaine », des catalogues analytiques, des préfaces qui comptent parmi ses écrits importants : *De Jean Coste* (sur la misère), *les Suppliants parallèles, Zangwill.* En 1905, *Notre Patrie* est le premier cahier entièrement de sa plume. Dans son rude combat se dessine l'évolution d'une pensée tournée vers la philosophie sociale et la critique politique. Il instruisit le procès du socialisme engagé dans le jeu parlementaire, le sectarisme anticlérical, l'internationalisme et l'antimilitarisme. Jusqu'alors pacifiste, le coup de tonnerre de Tanger lui fait entrevoir la menace allemande et découvrir la réalité charnelle de la patrie française, continuité vivante, comme Michelet l'a montré, peuple ayant sa vocation propre spirituelle et temporelle. Il lutte dès lors contre l'idéologie sans âme et toute son œuvre s'inscrira dans cette perspective : « Les Cahiers ont contre eux tous les menteurs et tous les salauds, c'est-à-dire l'immense majorité de tous les partis... » et aussi « Je plains tout homme qui n'en est pas resté à sa première philosophie, j'entends pour la nouveauté, la fraîcheur, la sincérité, le bienheureux appétit... ». Des essais capitaux seront réunis dans *Situations,* 1906-1907, avec un « tableau de la France », hymne à la patrie, à ses paysages, à ses villes, à ses monuments, à sa littérature, à son histoire, à son âme chrétienne. Pour lui, régénération spirituelle et salut temporel vont de pair, car Péguy a senti se réveiller en lui la foi de son enfance. Son évolution déconcerta ses amis et il y eut bien des différends comme celui qui l'opposa à Daniel Halévy. L'ère de rayonnement des *Cahiers* se déplaça de la gauche socialisante vers la droite catholique et il dut encore écrire pour préciser ses positions : *Notre Jeu-*

nesse, 1910, *Victor-Marie, comte Hugo,* 1911. Il n'a pas renié son socialisme en devenant chrétien, sa croisade dreyfusiste et son retour à la foi procèdent d'une même fidélité, il est resté de ce peuple que les autres, d'origine bourgeoise, ne peuvent comprendre que du dehors. Quand la *Revue hebdomadaire* attaque son *Mystère de la Charité de Jeanne d'Arc,* 1909, il riposte par une critique de la bourgeoisie bien-pensante responsable de la déchristianisation du peuple. D'autres écrits en prose seront *l'Argent,* 1913, *Note sur M. Bergson et la philosophie bergsonienne, Note conjointe sur M. Descartes et la philosophie cartésienne,* 1914. Sa *Clio* sera posthume, c'est un « dialogue de l'Histoire et de l'âme charnelle ». Les quatre dernières années de la vie de Péguy seront celles de publications poétiques intenses dans une grande fièvre de création. Tandis que l'homme d'action s'est épuisé en luttes difficiles, assistant impuissant à la montée des périls, voyant se dégrader sa mystique sociale, ne trouvant pas même le repos dans sa foi retrouvée, connaissant des difficultés familiales, l'homme Péguy, isolé, révolté, en crise, sera le poète-prophète Charles Péguy, édificateur d'une œuvre considérable, ordonnant dans une lumière spirituelle, un surnaturel charnel, ses combats et ses espérances. Et ce seront successivement ces ensembles : *le Mystère de la Charité de Jeanne d'Arc,* 1909, *le Porche du mystère de la deuxième Vertu,* 1911, *le Mystère des Saints-Innocents,* 1912, *la Tapisserie de Sainte Geneviève et de Jeanne d'Arc,* 1913, *Ève,* 1914, toutes œuvres inspirées par une foi religieuse où la grâce suprême est l'innocence, où l'espérance est la suprême vertu. Une âme de poète va palpiter dans cette œuvre étrange, à nulle autre pareille, reflet d'une personnalité bien particulière. André Rousseaux : « Le grand Péguy, de son pas de soldat, marche dès cette terre vers l'Éternité, marche déjà dans l'éternel, de son pas de terrien et de paysan. » Emmanuel Mounier : « Toute l'histoire de la vie de Péguy est l'histoire de la victoire de son ingénuité sur ses violences, l'histoire d'une victoire, pour employer ses propres termes, du saint sur le héros. » Alain-Fournier : « Je dis, sachant ce que je dis, qu'il n'y a pas eu sans doute, depuis Dostoïevski, un homme qui soit aussi clairement homme de Dieu. » Comme Alain-Fournier, Charles Péguy devait mourir à la guerre : engagé à quarante et un ans, il tombe le 5 septembre 1914, à la tête de sa compagnie, lors de la bataille de Villeroy. Il repose sur les lieux mêmes où l'on devait retrouver son corps deux mois plus tard, « là où commença le recul de l'armée allemande ». Cette fin, au seuil de la bataille de la Marne, devait tout conclure.

Les Mystères.

En tous lieux, en prose et en vers, le style de Charles Péguy a tout pour déconcerter la critique. Lisons sa prose : ce sont d'interminables répétitions, comme des litanies, sillons inlassablement tracés et repris, large fleuve, fleuve riche et profond au déroulement lent et monotone. Pour suivre une pensée dont le style rend l'accès difficile, il faut de l'attention et du courage. Il y a des répétitions, des lenteurs voulues, des étrangetés d'expression, des négligences et des beautés, un fatras que le courant emporte majestueusement, et ce côté « enfoncez-vous bien ça dans la tête », un étrange pouvoir incantatoire qui naît des défauts de la monotonie eux-mêmes. Son procédé le plus caractéristique est l'accumulation d'oppositions jetées comme autant de coups de bélier. Il mêle, avec ce qu'il faut bien appeler de l'art, de la précision raffinée et parfois du bégaiement et du bafouillage. Il jette des vérités concrètes et les répète, les ânonne pour que rien ne soit oublié, comme un orateur qui appuie sa pensée de gestes et de coups de poing. René Lalou dit de lui : « Son style est celui d'un scolaire qui a voulu redevenir ignorant; de là qu'il fait songer tantôt au bruit d'un moteur qui ne parvient pas à se mettre en route, tantôt, selon l'heureuse définition de Johannet, " au style que Bergson devrait avoir et qu'il n'a pas ". » Sa pensée ne s'ébranle qu'à coups de mots : « Telle est notre maigre situation. Nous sommes maigres. Nous sommes minces. Nous sommes une lamelle. Nous sommes comme écrasés, comme aplatis entre toutes les générations antécédentes, d'une part, et d'autre part une couche déjà épaisse des générations suivantes. » Lalou cite encore cela difficilement supportable : « Le même manquement, deux manquements mutuellement complémentaires, deux manquements mutuellement contraires, mutuellement inverses, mutuellement réciproques, deux manquements le même, un manquement conjugué. » Parfois, il est recherché et joue de la parenthèse : « C'est comme s'il (n'y) avait pas de dimanche... maintenant il faut travailler (dans) la semaine » ou « toute l'éternité est (comme) un instant dans le creux de la main divine ».

Ce procédé s'étendra à sa poésie avec plus ou moins de bonheur. Les mêmes mots, les mêmes vers seront ressassés dans l'uniformité de l'alexandrin avec une monotonie puissante. Il dépassera les faiblesses du détail par une sorte de volonté d'absolu, une immense palpitation. Si on le lit au microscope on est surpris par ce qui touche à l'improvisation, au tour de force du versificateur qui semble prendre à cœur d'épuiser toutes les rimes du dictionnaire. Il semble tout faire pour utiliser ce qui ordinairement détruit la poésie et, au contraire, ce diable d'homme, en tire des sons nouveaux, prouvant à sa manière qu'il n'y a pas de preuves en poésie dès lors que le poète est inspiré profondément et animé par l'enthousiasme et l'innocence, le désir de plénitude et de persuasion lyrique.

Son œuvre de jeunesse, *Jeanne d'Arc,* 1897, sous la signature de Marcel et Pierre Baudouin, est un drame en trois parties : *Domrémy, les Batailles, Rouen.* L'image de Jeanne d'Arc est l'incarnation des idées socialistes des auteurs (on ne sait quelle est la part de chacun) et de leur mystique sociale, l'ouvrage étant dédié « En particulier, A toutes celles et à tous ceux qui auront vécu leur vie humaine, A toutes celles et à tous ceux qui seront morts de leur mort humaine pour tâcher de porter remède au mal universel humain ». Fondée sur l'histoire, la pièce en suit les péripéties. C'est un robuste dialogue, à hauteur d'homme, où s'inscrivent des monologues en vers, méditations, prières et cris de Jeanne, alexandrins rimés, assonancés ou blancs, aux coupes souvent volontairement malhabiles qui annoncent les mouvements des grands poèmes futurs, on le voit notamment dans tels adieux à la Meuse que Péguy reprendra quinze ans plus tard :

> Adieu, Meuse endormeuse et douce à mon enfance,
> Qui demeures aux prés, où tu coules tout bas.
> Meuse, adieu : j'ai déjà commencé ma partance
> En des pays nouveaux où tu ne coules pas.

A travers ces vers, on devine déjà le futur Péguy, et sa Jeanne d'Arc socialisante qui refuse d'accepter la victoire du mal n'est pas si éloignée de la perspective chrétienne, de la vocation spirituelle qui s'affirmeront dans *le Mystère de la Charité de Jeanne d'Arc,* 1910.

Le texte de cette deuxième *Jeanne d'Arc* s'appuie sur celui de la première avec l'adjonction de textes qui viennent s'insérer dans les alinéas de façon toute naturelle comme si Péguy avait prévu cette reprise, mais l'on ne va pas plus loin que Domrémy : ce qui importe, c'est la vocation de Jeanne. A l'héroïne déchirée par la guerre et la défaite, prête au dévouement et à l'espérance s'ajoute ou se superpose l'image d'un Péguy revenu à la foi et déchiré par la déchristianisation de sa patrie qui prie et espère. Pas de progression, d'action dramatique, mais des poèmes comme autant de soliloques alternés sur le fond du malheur de la France. Les thèmes s'enchaînent sans dispersion et les personnages ont des caractères marqués : la chrétienne fervente et soumise Madame Gervaise, la petite amie de Jeanne, Hauviette, qui dresse l'éloge de la Révélation, et Jeanne, Jeannette, combative, inquiète, déchirée, prenant les armes. Elle est là pour souffrir, et, s'il le faut, se damner pour sauver tous les damnés. Dans cette possession d'une enfant par la foi vivante, Péguy fait passer la présence réelle du risque chrétien. Il y a un mélange de haute pensée et d'expressions nées de la naïveté du jeune âge, un charme anachronique, un ton de simplicité bonhomme. Louis Perche : « Il semble, en effet, que ce jaillissement de lyrisme soit une manifestation d'art au vrai sens du terme ; en tout cas, cet enthousiasme parfois désespéré qu'on y décèle n'a rien du morceau de bravoure que les bons auteurs, en gens de métier avertis, aiment à inclure peu ou prou dans leurs livres, et qui ne trompent que les naïfs. L'authenticité est tangible, le langage très simple a le sens de l'expression qui touche justement, sans recours à la sentimentalité. C'est direct et vrai. » L'œuvre est en prose entrecoupée de grands morceaux lyriques en vers blancs et d'alexandrins dont la rime est la reprise d'un même mot comme ici :

> Ô fils le plus aimé qui retrouvait son père ;
> Fils de dilection qui remontait aux cieux ;
> Fils entre tous les fils qui rentrait chez son père ;
> Enfant prodigue, fils prodigue de son sang ;
> Ô fils le plus aimé qui montait vers son père.

La grande affaire de Péguy, c'est l'espérance qui est une grâce :

> Ce qui m'étonne, dit Dieu, c'est l'espérance.
> Et je n'en reviens pas.
> Cette petite espérance qui n'a l'air de rien du tout.
> Cette petite fille espérance.
> Immortelle.

Ces lignes sont extraites du *Porche du Mystère de la deuxième Vertu*, 1911, qui se lie à l'œuvre précédente par le seul personnage de Madame Gervaise. Il a quitté la forme du drame et cela commence par un monologue de Dieu de deux cents pages où l'on dépeint sans cesse la petite espérance donnant la main à ses grandes sœurs, la foi et la charité. Il fait, selon Daniel Halévy, parler Dieu comme « un vieux patriarche assis devant sa ferme » et il en a le rude langage. Ce recueil est dominé aussi par une sorte de nationalisme mystique et naïf, celui de la douce France et de son peuple de « bons jardiniers » :

> Peuple de pépiniéristes, pays de roseraies, peuple scrupuleux.
> Peuple patient, qui as la patience (et le goût) de désherber.
> Peuple qui ne cesses point de désherber. Plus vite et plus constant et plus infatigable que la nature même.
> Plus penché sur la terre, plus courbé, plus penché à désherber, toi qui vas plus vite et qui es plus constant et plus infatigable à désherber...

La France où l'on désherbe devient pour lui source d'espérance et Dieu parle :

> Il faut, dit Dieu, qu'il y ait une accointance,
> Qu'il se soit passé quelque chose
> Entre ce royaume de France et cette petite Espérance.
> Il y a là un secret. Ils y réussissent trop bien...

Dans ce long poème, on retiendra la dernière partie, celle où toute la Création est bercée « dans un Sommeil réparateur ». Le thème de la Nuit est sans cesse repris dans un hymne fort beau :

> Ô Nuit, ô ma fille la Nuit, la plus religieuse de mes filles
> La plus pieuse.
> De mes filles, de mes créatures la plus dans mes mains, la plus abandonnée.

Romain Rolland écrira que *le Porche* est un « chef-d'œuvre unique dans la littérature de tous les temps ».

Le Mystère des Saints Innocents, 1912, fut publié à l'occasion du temps de Pâques et de l'anniversaire de la délivrance d'Orléans en prose musicale où s'inscrivent des vers latins et des passages de l'Écriture. Ce poème part d'une hymne latine du poète Prudence. Les victimes d'Hérode mortes dans l'ignorance du Nouveau Testament doivent être honorées à l'égal des plus grands saints, car ils furent l'Innocence, ce que Dieu exprime par la bouche de Madame Gervaise et de Jeannette, réincarnation de Jeanne d'Arc. C'est encore une fois un appel à l'Espérance et à la France, ces filles de l'Église, avec encore la Nuit comme dans *le Porche*, l'Enfance et son innocence, Dieu qui parle sur un ton bonhomme et inspiré, l'Ancien Testament qui est l'espérance du Nouveau, l'apparition de saint Louis et celle de Joinville qui n'est pas un saint mais a le cœur pur et sait prier. Il y a là des moments sensibles :

> Hélas mon fils, hélas mon fils, hélas mon fils;
> Mon fils qui sur la croix avait une peau sèche comme une sèche écorce;
> une peau flétrie, une peau ridée, une peau tannée;
> une peau qui se fendait sous les clous;
> mon fils avait été un tendre enfant laiteux...

Et toujours l'invocation à la Nuit, à la « Grande Charitable » :

> Ô jour, ô soir, ô nuit de l'ensevelissement.
> Tombée de cette nuit que je ne reverrai jamais.
> Ô nuit si douce au cœur par ce que tu accomplis.
> Et tu calmes comme un baume.
> Nuit sur cette montagne et dans cette vallée.
> Ô nuit j'avais tant dit que je ne te verrais plus.
> Ô nuit je te verrai dans mon éternité.

Péguy montre la prière allant vers Dieu comme une immense escadre avançant en bon ordre : la flotte des *Pater* en tête, celle des *Ave,* puis des autres prières traversant l'océan de la colère divine :

> C'est une flotte de charge, *classis oneraria.*
> Et c'est une flotte de ligne,
> Une flotte de combat.
> Comme une belle flotte antique, comme une flotte de trirèmes
> Qui s'avancerait à l'attaque du roi.

L'image du Paràdis sur laquelle se terminera le poème après bien des développements est finalement celle du langage de Charles Péguy :

> Tel est mon paradis, dit Dieu. Mon paradis est tout ce qu'il y a de plus simple.
> Rien n'est aussi dépouillé que mon paradis.
> *Aram sub ipsam* au pied de l'autel même
> Ces simples enfants *jouent* avec leur palme et avec leurs couronnes de martyrs.
> Voilà ce qui se passe dans mon paradis. A quoi peut-on bien jouer
> Avec une palme et des couronnes de martyrs...

Ces lignes donnent une idée de bonhomie souriante, d'innocence et d'espérance, mais il s'agit bien d'une science de la simplicité et de la naïveté spontanée, de la candeur sainte, avec un vocabulaire de catéchisme. Mais derrière cela, on sent un homme fervent brodant sans cesse de nouveaux motifs pour répéter, reprendre, ressasser tout cela que les abonnés des *Cahiers* ne recevaient guère. La poésie des *Mystères* est celle du poète et du chrétien en lutte. Louis Perche : « Pour Péguy, ainsi que pour le Claudel des *Cinq Grandes Odes,* il y avait là une sorte de surabondance de grâce, un état de soumission à une puissance extra-humaine. » Et chez Péguy, sans quitter l'humain.

Poèmes, sonnets, quatrains.

Comme des îlots auprès des grands mystères et des grandes tapisseries, des poèmes divers qui s'intitulent *Sonnets, les Sept contre Thèbes, les Sept contre Paris, Châteaux de Loire.* Il est intéressant de trouver dans deux groupes de deux sonnets cette reprise de mots chère au poète que l'on retrouvera dans les sonnets du début de *la Tapisserie de Sainte Geneviève*. Pour l'exemple, voici le premier quatrain de *l'Épave* :

> Un regret plus mouvant que la vague marine
> A roulé sur ce cœur envahi jusqu'au bord.
> Un jour plus solennel que le jour de la mort
> S'est levé sur le foc et sur la brigantine.

Et comme en écho le premier quatrain du sonnet qui le double, *l'Urne* :

> Un regret révéré comme une discipline
> Repose dans ce cœur ennobli jusqu'au bord.
> Un limon plus sacré que la cendre d'un mort
> Est scellé dans cette urne et dans cette poitrine.

Dans *les Sept contre Thèbes*, dès le début, on pense à un poète parnassien enivré des noms de l'Antiquité :

> Tydée allait foncer sur la porte Prœtide.
> Mais elle n'était pas laissée à l'abandon.
> Car la Ville opposait au roi de Calydon
> L'ardent Mélanippos, indomptable Astacide.

On croirait un exercice de disciple de Heredia. Comme Victor Hugo qu'il chérit, dans *les Sept contre Paris*, dans deux poèmes intitulés respectivement *Paris* et *la Banlieue*, le poète cherche sa poésie dans les noms propres :

> Elle a mis pour toujours Bernardin de Saint-Pierre,
> Palaiseau, Villebon, Berny, Massy, Lozère,
> Et Marie-Antoinette et Perrette laitière,
> Gometz, Orsay, Saclay, Villeras, Saint-Hilaire...

L'habitant de Lozère chérit ses banlieues, la presque totalité des quatrains commençant par « Elle a mis... »

> Elle a mis pour toujours les tréteaux et le drame,
> L'Opéra, les Français, et la rampe, et la scène,
> Saint-Mandé, Robinson, Plessis, Bondy, Varenne,
> Malakoff, Billancourt et la double Garenne ;
> Vanves, Sceaux, Châtillon, Fontenay, Bourg-la-Reine...

Et l'on pressent déjà l'art des tapisseries avec ses énumérations et ses reprises d'un rythme monotone et envoûtant :

> Elle a mis pour toujours le printemps et l'automne,
> Et le blé dans le sac et le vin dans la tonne
> Et le pain dans le four et toute autre patronne
> Et toute autre paroisse et toute autre madone
> Sous le commandement des tours de Notre-Dame.

On trouve le même art lancinant dans les six quatrains d'alexandrins des *Châteaux de Loire* :

> Cent vingt châteaux lui font une suite courtoise,
> Plus nombreux, plus nerveux, plus fins que des palais,
> Ils ont nom Valençay, Saint-Aignan et Langeais,
> Chenonceaux et Chambord, Azay, Le Lude, Amboise.

Les *Quatrains* sont au nombre de mille cent neuf. Ils furent composés à l'époque où Péguy rédigeait *le Porche,* mais publiés longtemps après sa mort dans le volume des *Œuvres poétiques complètes* dans la bibliothèque de la Pléiade par François Porché qui a relaté leur histoire : « On sait qu'il les notait d'abord sur des bandes de papier brun d'emballage glissées au préalable dans son dictionnaire de rimes de Martinon, et cela au hasard de l'inspiration, sitôt qu'il avait un instant de loisir, en quelque lieu qu'il se trouvât : tramways, wagons de troisième, arrière-boutique des *Cahiers,* appartements de ses amis. Ensuite, il les recopiait sur fiches, à l'encre de Chine, de sa belle écriture monastique, se réservant de les " organiser " plus tard... » Il ne les organisa pas et on les publia dans le désordre de leurs naissances successives.

Le rythme de ces courts poèmes : deux vers de six pieds et deux de quatre entrelacés, lui fut dicté par celui du choc des roues du chemin de fer alors qu'il voyageait entre Paris et Orléans : un temps long, un temps court, un temps long, un temps court... Là encore d'incessantes reprises :

> Les quatre Cardinales
> Vivent chrétiennes,
> Les trois Théologales
> Naissent chrétiennes.

> Les quatre Cardinales
> Sont les stoïques,
> Mais les Théologales
> Sont héroïques.

On peut penser comme François Porché que cela « présente son profond intérêt psychologique, voire psychiatrique et psychanalytique, en ce qui touche la connaissance de l'être intime, de sa vie familiale et secrète : travaux en cours, rêveries, soucis, obsessions, amours, haines, rancunes, lectures, rencontres, allées et venues, etc. » mais l'intérêt est plus documentaire que poétique. On sent par trop le dictionnaire de rimes.

Si, comme dit François Porché, « les *Quatrains* ont un caractère de confidence individuelle, d'abandon, d'aveu, de confession qu'on ne trouve nulle part ailleurs », on peut les prendre comme une sorte de complément à son œuvre poétique la plus considérable, un accompagnement quotidien révélant une dimension secrète de l'auteur et de ses préoccupations, avec d'heureuses surprises auprès de moments faibles. Comme d'autres accompagnent leur marche d'un sifflement joyeux, le voyageur Péguy rythme sa recherche par ces petites coupes de poésie vite écrites et souplement musicales.

Les Grandes Tapisseries.

En suivant chronologiquement l'œuvre poétique de Charles Péguy, on distingue ses recherches d'un art poétique en vers qui lui soit personnel. Ainsi *la Tapisserie de Sainte Geneviève et de Jeanne d'Arc,* 1912, préfigure-t-elle dans ses tâtonnements les œuvres qui suivront quelques mois plus tard. Péguy a lu Verlaine avec ravissement, il en a aimé la musique et il en restera chez lui quelque chose. Il s'agit d'une neuvaine sur le thème de la jeune bergère Geneviève gardienne de tout un peuple et de Jeanne d'Arc encore, « la fille la plus sainte après la Sainte Vierge », neuvaine suivie de *Sainte Geneviève patronne de Paris.* Les sept premiers jours sont exprimés par des sonnets réguliers, certains étant prolongés par un vers ou un tercet supplémentaires, à l'exception du « sixième jour » composé de quatre quatrains, un tercet et un vers seul, tout commençant par le mot « comme » et certains reprenant selon le goût de Péguy les mêmes thèmes, les mêmes vers. Ainsi le premier sonnet commence ainsi :

> Comme elle avait gardé les moutons à Nanterre,
> On la mit à garder un bien autre troupeau,
> La plus énorme horde où le loup et l'agneau
> Aient jamais confondu leur commune misère.

tandis que le suivant est une reprise :

> Comme elle avait gardé les moutons à Nanterre
> Et qu'on était content de son exactitude,
> On mit sous sa houlette et son inquiétude
> Le plus mouvant troupeau, mais le plus volontaire.

Le poème de chaque journée prend ainsi son essor à partir de celui qui l'a précédé et en développe les thèmes obsessionnellement.

Le premier vers de chaque poème est à peine modifié. A « Comme la vieille aïeule au plus fort de son âge » succédera dans le poème suivant : « Comme la vieille aïeule au fin fond de son âge » par exemple. Il en sera ainsi dans chaque quatrain, dans chaque verset construits sur une trame identique. Inlassablement les thèmes sont repris, comme dans les mystères, mais avec une ordonnance classique ample et grave, avec cette obsession des mêmes vers ou des vers à peine modifiés, des strophes à la fois monotones et pleines d'un singulier relief. Martèlement et fascination.

Il commence le poème du huitième jour comme un sonnet, avec deux quatrains, deux tercets, et l'on peut penser qu'au départ il voulait écrire un simple sonnet, mais pris par son inspiration, il complétera ses deux quatrains par trois cent vingt tercets et un vers isolé! pour décrire l'étendard de Jeanne d'Arc sur lequel sont gravées les armes de Jésus et les armes de Satan qui s'y opposent. Ce sont de longues litanies qui peuvent éprouver la patience du lecteur : il sera tenté de penser que c'est beaucoup trop. Ces tercets sont construits sur des rimes allant trois par trois et se retrouvant souvent de strophe à strophe, Charles Péguy épuisant véritablement son inséparable dictionnaire de rimes comme un gourmand qui ne peut s'assouvir. S'il écrit :

> Les armes de Jésus c'est la simplicité,

il reprendra interminablement la phrase et l'on verra défiler : docilité, charité, fidélité, fragilité, cité, efficacité, nécessité, sagacité, vivacité, mendicité, ténacité, etc. Il exagère ! Mais si l'on garde patience, on suivra ce vieux débat, on verra ce face-à-face de Jésus et de la foi catholique contre les armes de Satan, « l'humanitairerie » qui est le monde moderne, universitaire, parlementaire, bien-pensant. C'est la lutte entre la mystique et la politique, entre la simplicité et la complication, entre ce qui est vrai et ce qui est littérature.

Pour le neuvième jour qui se termine par deux tercets comme un sonnet, vingt-neuf quatrains. En voici le début :

> Comme Dieu ne fait rien que par compagnonnage,
> Il fallut qu'elle vît ces mauvais compagnons,
> Les Anglais (les Français), les traîtres Bourguignons
> Dépecer le royaume ainsi qu'un apanage ;
>
> Il fallut qu'elle vît ce monstrueux ménage,
> Et les gibets poussant comme des champignons,
> Et le mur et le toit et l'angle des pignons
> Tout dégoûtants du meurtre et du sang et du carnage ;
>
> Il fallut qu'elle vît tout ce maquignonnage,
> Les cadavres tout nus serrés en rangs d'oignons,
> Les blessés mutilés traînés sur leurs moignons,
> Les morts et les mourants dérivant à la nage...

Et le poème se poursuivra, chaque quatrain commençant par « Il fallut qu'elle vît... » jusqu'à épuisement des rimes en « age » et en « gnon ». Il fallait bien qu'une force intérieure immense animât Charles Péguy, artisan et poète, pour faire passer cela, et lorsque l'on quittera cette première *Tapisserie* pour en arriver à la plus belle, *la Tapisserie de Notre-Dame*, 1913, on pensera que, paradoxalement et singulièrement, Charles Péguy a bien fait de persévérer dans son défaut pour l'ériger en qualité, et l'on ne peut s'empêcher de penser qu'il y fallait quelque génie.

La Tapisserie de Notre-Dame, après les premiers poèmes : *Présentation de Paris à Notre-Dame* et les trois sonnets montrant *Paris vaisseau de charge, Paris double galère, Paris vaisseau de guerre,* présente un poème digne de la cathédrale de Chartres qui l'a inspiré. Ici le poète rejoint le bâtisseur de la foi à travers le temps et l'espace. C'est une musique d'orgue que l'on ne peut comparer qu'à *la Tristesse d'Olympio*, le chant du pèlerin de toujours en marche vers la cathédrale de la chrétienté française que reprendront, de génération en génération, des dizaines de milliers d'étudiants. C'est là le point où un poème touche à l'universel. Avant de lire, relatons cette confidence de Péguy : « J'ai fait un pèlerinage à Chartres.

Je suis beauceron. Chartres est ma cathédrale. Je n'avais aucun entraînement. J'ai fait 144 kilomètres à pied en trois jours. Ah! mon vieux, les Croisades, c'était facile! Il est évident que, nous autres, nous aurions été les premiers à partir pour Jérusalem et que nous serions morts sur la route. Mourir dans un fossé, ce n'est rien; vraiment, j'ai senti que ce n'était rien. Nous faisons quelque chose de plus difficile. On voit le clocher de Chartres à 17 kilomètres sur la plaine. De temps en temps, il disparaît derrière une ondulation, une ligne de bois. Dès que je l'ai vu, ça a été une extase. Je ne sentais plus rien, ni la fatigue ni mes pieds. Toutes mes impuretés sont tombées d'un coup... » *La Présentation de la Beauce à Notre-Dame de Chartres,* c'est l'esprit même de la vieille civilisation française. Grandes orgues dont les voix semblent monter du sol natal pour s'élever vers le ciel :

> Étoile de la mer voici la lourde nappe
> Et la profonde houle et l'océan des blés
> Et la mouvante écume et nos greniers comblés,
> Voici votre regard sur cette immense chape

> Et voici votre voix sur cette lourde plaine
> Et nos amis absents et nos cœurs dépeuplés,
> Voici le long de nous nos poings désassemblés
> Et notre lassitude et notre force pleine.

Célébrant la terre qu'il parcourt de son pas paysan, Péguy en parle de telle manière qu'on ne peut pas ne pas l'entendre. Il répète, il varie l'expression, il fait appel au langage ordinaire, quotidien, fraternel, mais plein d'énergie et d'intensité, il ébranle le langage pour mettre en mouvement l'univers et l'histoire :

> Deux mille ans de labeur ont fait de cette terre
> Un réservoir sans fin pour les âges nouveaux.
> Mille ans de votre grâce ont fait de ces travaux
> Un reposoir sans fin pour l'âme solitaire.

Toute la volonté, toute la ténacité du paysan sont là. Comme dit Jean Onimus, « La pesanteur s'oppose ici à la vanité, la pauvreté des inventions humaines. » Et le chant des siècles de labeur quotidien et de souffrance est là, dans ce christianisme charnel, à aucun autre semblable, et que Péguy puise dans sa généalogie, des générations paysannes parlant par sa voix :

> Vous nous voyez marcher, nous sommes la piétaille.
> Nous n'avançons jamais que d'un pas à la fois.
> Mais vingt siècles de peuple et vingt siècles de rois,
> Et toute leur séquelle et toute leur volaille

> Et leurs chapeaux à plume avec leur valetaille
> Ont appris ce que c'est que d'être familiers,
> Et comme on peut marcher, les pieds dans ses souliers,
> Vers un dernier carré le soir d'une bataille.

Et naît la fierté du lieu religieusement évoqué en des quatrains lourds comme des épis de blé mûr et disant tout le pathétique de la condition humaine :

> Nous sommes nés au bord de votre plate Beauce
> Et nous avons connu dès nos plus jeunes ans
> Le portail de la ferme et les durs paysans
> Et l'enclos dans le bourg et la bêche et la fosse.

Peu à peu, la symbolique du blé rejoint la mystique de la cathédrale dans une rencontre admirable :

> Un homme de chez nous, de la glèbe féconde
> A fait jaillir ici d'un seul enlèvement,
> Et d'une seule source et d'un seul portement,
> Vers votre assomption la flèche unique au monde.
>
> Tour de David voici votre tour beauceronne.
> C'est l'épi le plus dur qui soit jamais monté
> Vers un ciel de clémence et de sérénité,
> Et le plus beau fleuron dedans votre couronne.

Les pèlerins viendront de partout vers la cathédrale et Péguy, comme dans *les Sept contre Paris,* aimera nommer le noble Hurepoix et le noble Vermandois, l'Yvette et la Bièvre, et les Palaiseau, Orsay, Gometz-le-Châtel, Saint-Clair, Limours, Dourdan, là où « toute notre jeunesse était là solennelle »,

> Mais c'est toujours la France, ou petite ou plus grande,
> Le pays des beaux blés et des encadrements,
> Le pays de la grappe et des ruissellements,
> Le pays de genêts, de bruyère, de lande.

Comme dira Kléber Haedens : « Ici, les mots tombent d'aplomb, les images se relaient, une sève ardente gonfle les fruits de la terre. » Et aussi : « Les suites de vers carrés et charnus, poussés droit devant eux, par un fils infatigable et hautain des campagnes françaises, s'avancent au pas cadencé, sans se détourner de leur chemin, vers l'illumination finale couronnée par le sacrifice et la mort. » On suit Péguy dans sa longue marche vers « la flèche irréprochable et qui ne peut faillir », dans la traversée des paysages, « dans la maison amie, hôtesse et fraternelle » de la halte où « le pain nous fut coupé d'une main maternelle ». Et l'homme enfin devant le monument de la foi qui regarde « avec des yeux battus, presque avec des yeux ronds » et qui exprime son bonheur, sa joie par des litanies :

> Voici la nudité, le reste est vêtement.
> Voici le vêtement, tout le reste est parure.
> Voici la pureté, tout le reste est souillure,
> Voici la pauvreté, le reste est ornement.

Durant sept quatrains, il désigne et un vers pourrait résumer l'ensemble : « Voici le firmament, le reste est procédure. » Et dans le poème, il est fait mention d'un « pauvre garçon / Qui mourut comme un sot au cours de cette année » : dans une prière, Péguy le recommande à la « reine et mère ». C'était René Bichet, celui qu'Alain-Fournier appelait « le petit B... » mort d'une piqûre de morphine reçue par jeu, comme un sot... Mais Péguy fait contrition :

> *Et nunc et in hora,* nous vous prions pour nous
> Qui sommes plus grands sots que ce pauvre gamin,
> Et sans doute moins purs et moins dans votre main,
> Et moins acheminés vers vos sacrés genoux.

Le poème se termine par l'offrande rugueuse de la peine du pèlerinage dans la grandeur du renoncement :

> Quand nous aurons joué nos derniers personnages,
> Quand nous aurons posé la cape et le manteau,
> Quand nous aurons jeté le masque et le couteau,
> Veuillez nous rappeler nos longs pèlerinages...

Les Cinq Prières dans la cathédrale de Chartres complètent cette *Tapisserie de Notre-Dame.* Il y a la *Prière de résidence* pour saluer le haut lieu de l'édifice :

> Ô Reine voici donc après la longue route,
> Avant de repartir par ce même chemin,
> Le seul asile ouvert au creux de votre main,
> Et le jardin secret où l'âme s'ouvre toute.
>
> Voici le lourd pilier et la montante voûte ;
> Et l'oubli pour hier, et l'oubli pour demain ;
> Et l'inutilité de tout calcul humain ;
> Et plus que le péché, la sagesse en déroute...

Suit la *Prière de demande,* demande d'« une fidélité plus forte que la mort », puis la *Prière de confidence* où Péguy laisse deviner un motif de son pèlerinage, prière faite

> Et non point par vertu car nous n'en avons guère,
> Et non point par devoir car nous ne l'aimons pas,
> Mais comme un charpentier s'arme de son compas,
> Par besoin de nous mettre au centre de la misère,
>
> Et pour bien nous placer dans l'axe de détresse,
> Et par ce besoin sourd d'être plus malheureux,
> Et d'aller au plus dur et de souffrir plus creux,
> Et de prendre le mal dans sa pleine justesse.

Vient la *Prière de report,* couronnement des autres, attente de la grâce, et s'ajoute pour clore le recueil la *Prière de déférence* où il se confie plus encore, parlant de « Tant de coups de fortune et de coups de misère », prière « Pour l'amour le plus pur et le plus salutaire. » *La Tapisserie de Notre-Dame* reste un des plus beaux ensembles poétiques de Péguy, avec son ton de ferveur dans l'offrande et ce thème du renoncement où l'honneur de servir est préféré au bonheur humain dans une opposition cornélienne. Ici, Péguy justifie tout son art poétique avec ses répétitions, ses piétinements qui deviennent ceux de la marche du pèlerinage en même temps que de l'éternelle marche de l'homme vers « le lieu du monde où tout devient facile ».

Ève ou l'épopée chrétienne.

Avec *Ève,* 1913, Péguy renoue avec l'épopée chrétienne. En quelques mois, il aligne 1.911 quatrains formant un ensemble de 7.644 alexandrins qui se suivent sans subdivision. Il annonçait : « Ça aura 15.000 vers et ce sera plus fort que Dante. » Pressé de publier car il sentait la guerre proche, il écarta 4.000 autres vers qui ne seront ajoutés qu'en 1941 sous le titre de *Suite d'Ève,* titre d'ailleurs impropre. La vision de l'histoire que Péguy avait esquissée dans ses œuvres en prose s'épanouit dans cette fresque dont il ne craignait pas de dire qu'elle était « l'œuvre la plus considérable qui ait été produite en catholicité depuis le XIVe siècle ». Imaginons l'artisan inspiré calligraphiant ses feuillets, jour après jour, pour faire de la belle ouvrage selon une expression populaire qui lui convient bien. Gustave Lanson pourra se gausser, Tharaud être « saisi d'épouvante », la plupart de ses contemporains être eux indifférents ou sans compréhension, Péguy crée (« Moi je crée. Il faut créer. »), se mesure contre vents et marées, dans une géniale naïveté qui est pureté d'âme, avec l'œuvre la plus ambitieuse de son temps, sa vision s'étendant à l'univers entier, de l'Antiquité au monde moderne, « dans l'alignement de l'homme et face au jugement dernier ».

Toujours, pour Charles Péguy, « le Christ, c'est l'humanité ». *Ève* est le poème de l'incarnation, de « l'encharnement » selon le mot du poète. Ève, mère des hommes, s'apparente à la mère de Dieu. Le poème est à la gloire de la création temporelle et de la rédemption. Il se présente comme une sorte de longue déploration pétrie d'espérance et de tendresse humaine où poésie et prière ne font plus qu'une. De la Chute au Jugement, du Jugement à la Rédemption, s'établit le schéma théologique du poème. La suite des siècles, au contraire d'éloigner de l'Éden perdu, est une approche de la promesse du jugement. Mais le schéma n'est pas suivi de façon didactique : rien de linéaire, rien de logique, mais une symphonie pleine de surprises où les thèmes se succèdent, se répondent, se reprennent, s'entremêlent, s'enrichissent sans cesse de nouveaux rapports selon le jeu de la rhétorique, des images et des rimes. Le poète explore, découvre au fur et à mesure qu'il écrit, crée ce qu'il appelle des « climats » dans un ensemble mouvant. Le poème n'est cependant pas composite, mais composé avec rigueur, l'unité étant dans le sujet et le développement, dans la langue bien particulière de Péguy, dans l'emploi d'un vocabulaire simple mais faisant appel à une grande diversité de termes. Louis Perche a bien défini son travail : « Il avait dans l'esprit une ligne générale à suivre, d'où il établissait le thème, très charpenté, de l'œuvre à écrire. Il assurait, à tout ce qu'il pensait, à tout ce qu'il écrivait, une base très solide.

On pourrait comparer la méthode de travail de Péguy à celle d'un architecte qui serait en même temps entrepreneur et artisan. Des fondations épaisses, des murs droits, et, durant la réalisation de l'œuvre, une exécution qui venait compléter les premiers éléments mis en place, mais sans la rigueur d'un plan déterminé. »

Dès l'ouverture du poème, « Jésus parle », il s'exprime sur le ton de l'idylle pour montrer le paysage ravissant du premier jardin, dans l'émerveillement d'une vision bucolique :

> – Ô Mère ensevelie hors du premier jardin,
> Vous n'avez plus connu ce climat de la grâce,
> Et la vasque et la source et la haute terrasse,
> Et le premier soleil sur le premier matin.
>
> Et les bondissements de la biche et du daim
> Nouant et dénouant leur course fraternelle
> Et courant et sautant et s'arrêtant soudain
> Pour mieux commémorer leur vigueur éternelle,

Après ce premier jardin symbolisé non par la flore, mais par la réalité mouvante et joyeuse des animaux en liberté, dans une suite de quatrains commençant par « Vous n'avez plus connu... », il célèbre les fruits sauvages ou cultivés de la terre, avec le symbolisme du blé et de la vigne :

> Vous n'avez plus connu ni la glèbe facile,
> Ni le silence et l'ombre et cette lourde grappe,
> Ni l'océan des blés et cette lourde nappe,
> Et les jours de bonheur se suivant à la file.
>
> Vous n'avez plus connu ni cette plaine grasse,
> Ni l'avoine et le seigle et leurs débordements,
> Ni la vigne et la treille et leurs festonnements,
> Et les jours de bonheur se suivant à la trace.

Plus loin, il reprendra sans cesse une nouvelle suite suggestive : « Et Dieu lui-même... » avec encore l'incessante reprise de mots ou de groupes de mots dont la lecture trouble le regard mais dont l'audition donne une impression de renouvellement patiemment mené à partir d'un même essor, d'un même mouvement de la cognée et du rabot allant toujours un peu plus loin! Tout en étant concret, terrien, charnel, il fait sans cesse lever les yeux vers le ciel, là où « Sept clous articulés découpaient la Grande Ourse ». Dieu même est « Un Dieu cultivateur, économe et réel ». Une nouvelle suite de quatrains commencera par « Et Dieu lui-même... » jusqu'à une salutation d'Ève qui est la femme, qui est la mère de tous les hommes, et aussi la mère terrestre de Péguy, sa grand-mère réelle qu'il aimait tant : « Et je vous aime tant, aïeule roturière. »

> Et moi je vous salue ô la première femme
> Et la plus malheureuse et la plus décevante
> Et la plus immobile et la plus émouvante,
> Aïeule aux longs cheveux, mère de Notre-Dame.

Par opposition au jardin perdu vont surgir les temps sombres, et l'énumération de ce que connaît Ève dans la détresse du genre humain. Le tremplin « Vous n'avez plus connu... » devient « Vous n'avez plus connu que... » et ce sont les défectueux, les gagne-petit, l'impudente usure, le ton devenant peu à peu celui du polémiste Péguy :

> Vous n'avez plus connu que des blés vertueux,
> Et les fausses moissons et les imitateurs.
> Et les contrefaçons et les contrefacteurs.
> Et les fausses maisons chez les infructueux.

Charles Péguy ne récrit pas comme ses prédécesseurs l'épopée biblique en soi poétique; il invente en même temps qu'il découvre; il ne narre pas, il fait œuvre de poète-artisan avec une solide caisse à outils : les mots, les rimes, le vocabulaire comme autant de marteaux et de clous. Et, dans le souvenir du petit Charles de la banlieue d'Orléans, du fils de la rempailleuse, il envisage l'Ève éternelle comme « bonne ménagère », « vieille femme économe » car, le jardin perdu, il faut compter. « Et moi je vous salue ô femme entre les femmes » écrit-il. De nombreux quatrains seront consacrés au rangement : « Ô femme qui rangez les travaux et les jours. » Ève ne cesse de mettre de l'ordre dans la maison comme pour retrouver à force de travail l'harmonie du paradis perdu. La mère et la grand-mère de Péguy sont ici présentes avec des « Ô femme qui rangez... » et des « Que n'avez-vous rangé... » que suivront des « Vous savez aujourd'hui... »

> Femmes, je vous le dis, vous rangeriez Dieu même.
> S'il venait à passer devant votre maison.
> Vous rangeriez l'offense, et le pouvoir suprême,
> S'il venait à passer devant votre maison.

La femme est tour à tour dans l'épuisement des rimes « diligente lingère », « aïeule passagère », « vigilante bergère », « bonne ménagère », « savante boulangère », etc. Insensiblement, la voix qui parle redeviendra celle de Dieu qui fait revivre la Passion et ses instruments avant la résurrection de l'homme. Et le bataillon des « Seule vous le savez... » et des apostrophes, des salutations, des moments de tendresse et des moments de fureur sacrée jusqu'à ce centre du poème, *la Prière pour nous autres charnels,* avec son étrange allégresse car la mort n'est plus une tragédie, une condamnation, mais une ouverture sur l'espérance salvatrice que seuls les croyants ou les esprits ayant le sens du sacré peuvent vraiment comprendre;

> — Heureux ceux qui sont morts pour la terre charnelle,
> Mais pourvu que ce fût dans une juste guerre.
> Heureux ceux qui sont morts pour quatre coins de terre.
> Heureux ceux qui sont morts d'une mort solennelle.
>
> Heureux ceux qui sont morts dans les grandes batailles,
> Couchés dessus le sol à la face de Dieu
> Heureux ceux qui sont morts sur un dernier haut lieu,
> Parmi tout l'appareil des grandes funérailles.

Le poème se poursuit. Le flot ne tarit pas. De thème en thème, de motif en motif, les strophes s'alignent durant des pages et des pages, se répètent, se prolongent. Les quatrains se développent, l'idée avance lentement, s'inscrit, prend son relief. Les mots lèvent comme de la pâte. Le mouvement se poursuit, inépuisable, parfois pesant comme un pas de laboureur, parfois aérien comme un travail de dentelière. Il répète : « Mère voici vos fils... » Il intercède : « Qu'ils ne soient pas jugés comme des esprits purs. » La Nativité est peinte avec une lumineuse tendresse :

> Ses beaux cheveux tombaient en mouvante torsade
> Et faisaient sur sa nuque une ombre creuse et blonde.
> Les rois de l'Orient, venus en ambassade,
> Le regardaient dormir comme le roi du monde.
>
> Et sa tête portait dans le creux de son coude
> Comme un beau bâtiment porte dans son berceau.
> Il n'était pas froncé comme un enfant qui boude.
> Il était détendu comme un jeune roseau.

« Ainsi l'enfant dormait dans le règne herbivore... » et « Il allait nous sauver dans ce commun péril... » et « Il allait hériter des lourds légionnaires... » mais ces suites sont entrecoupées par des interrogations en forme de mea culpa :

> Avons-nous étendu le manteau de tendresse
> Sous les pieds les plus purs et sous les plus meurtris.

Il faut noter au passage que Péguy n'utilise pas les signes de ponctuation attendus, le point d'interrogation et le point d'exclamation, sans doute en faudrait-il trop, et le poète tient à un déroulement monotone comme une prière et sans trop de signes marquant une interruption tranchée. Il aurait pu même se passer de points et de virgules. Autre parenthèse : lire d'affilée ces milliers de vers n'est point chose aisée et l'on préfère prendre Péguy comme livre de chevet, lire de temps en temps la matière d'un de ses leitmotive, comme on peut parcourir une Bible.

Devant l'événement de la Naissance, l'homme procède donc à un examen de conscience : qu'avons-nous fait, nous autres mortels ? Avons-nous été dignes de « cet enfant venu pour notre sauvegarde » ? Ensuite, le poète abordera un des autres « climats » comme il dit du livre, le climat romain, et ce sont les suites de « Comme dormait Moïse... », des « Il allait hériter... » en cent quatrains. Quatorze fois, occidental rimera avec oriental :

> Il allait hériter du monde occidental,
> De celui qui commence où finissait le monde.
> Il allait hériter de la vague profonde
> Et des refoulements du monde oriental.

Durant huit cents vers, ce thème de l'héritage avec un parallèle entre la puissance de l'Empire et la fragilité de ses bâtisseurs. On n'avait pas vu cela depuis Victor Hugo : de l'histoire en marche. Puis, lorsque le poète écrit « Veuillez nous dépouiller de nos vieilles rancunes », on pourrait s'attendre, comme l'a remarqué Louis Perche, « à une fin du poème dans l'humilité ». Point du tout : « Une sainte fureur jaillit. Le poète jette l'anathème; le polémiste vitupère ce monde moderne, une fois de plus, qu'il juge incapable de sauver l'Esprit. » Et ce sont deux mille vers pour fustiger, stigmatiser, combattre, ridiculiser, avec les énumérations d'un dictionnaire complice qui offre des mots comme cloportes, mille-pieds, troupiers, chambellans épais, lèvres répugnantes, demi-criminels, faux passionnels, faux-frères, galantins, plaisantins, pantins... Péguy s'en donne à cœur joie, manie la cocasserie ou la vulgarité voulue pour écraser l'adversaire sous le rire vengeur :

> Et ce ne sera pas leurs faces abhorrées
> Qui viendront nous chercher sous les pommiers épais.
> Et ce ne sera pas leurs lèvres déflorées
> Qui viendront nous donner notre baiser de paix.
>
> Et ce ne sera pas ces fades galantins
> Qui viendront nous chercher dans notre pourriture.
> Et ce ne sera pas ces maussades pantins
> Qui nous retourneront dans l'outrage et l'ordure.

Trop, c'est trop et trop, c'est tout Péguy. Il n'en finit pas de tirer sur la cible, de cercle en cercle, se rapprochant du point central comme un tireur habile qui varie ses plaisirs, qui jette son inlassable énergie pour s'en prendre aux compromissions du monde moderne, mais après tant de vers de combat comme au temps d'Agrippa d'Aubigné puis de Mathurin Régnier, une lumière se lève avec le retour des bonnes bergères, Geneviève et Jeanne d'Arc :

> Et nous serons conduits par une autre houlette.
> Et nos bergers seront de bien autres bergères.
> Et nous nous délierons d'une autre bandelette.
> Et nous serons menés par des mains plus légères.

Ces bergères, nous assisterons à la fin du poème à leur double mort sous le signe de la confiance, de l'espérance, de la nouvelle naissance, l'immense suite d'alexandrins se terminant par un vers de six pieds pour clore l'épopée :

> La neige découpait un immense parvis.
> L'histoire préparait un immense destin.
> La gloire se levait dans un jeune matin.
> Et la jeune Lutèce était le vieux Paris...
>
> Et l'une est morte ainsi d'une mort solennelle
> Sur les quatre-vingt-dix ou quatre-vingt-douze ans
> Et les durs villageois et les durs paysans,
> La regardant vieillir, l'avaient crue éternelle.

> Et l'autre est morte ainsi d'une mort solennelle.
> Elle n'avait passé ses humbles dix-neuf ans
> Que de quatre ou cinq mois et sa cendre charnelle
> Fut dispersée aux vents.

Ève et la *Suite d'Ève* où sont repris les mêmes motifs, le monde romain ou l'héritage, sont mal connues. Péguy, poète obstiné, irréductible, date et reste incompris. Déjà ses amis les plus proches, Romain Rolland, Louis Gillet, Daniel Halévy, Julien Benda, les Tharaud, tenaient l'*Ève* pour une gageure. *Les Soirées de Paris* de Guillaume Apollinaire s'en gaussèrent. Certes, Charles Péguy a connu une gloire posthume, mais souvent secrète, et bien loin de celle d'un Claudel, d'un Gide, d'un Valéry. Il n'empêche que son nom est toujours prononcé avec respect. Il a suscité des pages ferventes (et l'on pourrait citer non seulement ses contemporains, mais des hommes comme Albert Béguin, André Rousseaux, Emmanuel Mounier, tant d'autres comme Bernard Guyon, Roger Secrétain, Monique Parent, Jean Onimus...) mais aussi les vives critiques de Bernard-Henri Lévy ou de Henri Guillemin.

Sa poésie? Des longueurs, des digressions (le reprocherait-on à la Bible?), mais des voyages et de la musique! Ne serait-il pas le Jean-Sébastien Bach de la poésie? Et reprocherait-on à Bach des longueurs? Il a cure du « ce qui ne se fait pas », il est à l'opposé de l'art artiste, du maniérisme, de la préciosité. On ne conseillerait à personne d'utiliser comme lui l'aide-mémoire du dictionnaire de rimes, mais lui, contre tous les dangers, y trouve une sorte d'assouvissement; la répétition des rimes, le retour des sons lui permettent de donner tout son poids à sa marche persuasive et insistante. Allant jusqu'au bout du défaut, il en fait sa qualité et son originalité. Aucune poésie ne donne à ce point une sensation physique (Claudel disait : « Il ne cesse pas continuité de l'âme au corps ») de pesanteur et d'imprégnation des mots. A pas lents, le poème avance irrésistiblement comme un cortège, une procession sur une terre grasse collant aux pas. Péguy est le poète de l'opiniâtreté paysanne, de la maladresse dominée et organisée. Il ne craint ni la trivialité, ni ce qui est fruste ou vulgaire; il érige ses observations personnelles, ses souvenirs en poésie; il sait faire ressentir les élans mystiques, les descriptions grandioses, la haute spiritualité sans qu'on sente le morceau de bravoure. Dans l'orgueil de son humilité, il piétine mais il avance à travers l'histoire humaine, il offre une ample respiration, de redite en redite il apporte la plénitude et l'accomplissement. Tragique et pathétique, ce mobilisateur de mots semble amasser par leur union, leurs appels, leurs échos, l'univers tout entier. Il faut lui aussi le prendre dans sa totalité, le poète des mystères et des tapisseries, le dramaturge, le polémiste sont le même homme d'un même langage de rassemblement.

Les planètes solitaires

I
Saint-John Perse

Le Jeune Homme au teint clair.

MARIE-RENÉ Alexis Léger, dit Saintléger Léger, puis Saint-John Perse (1887-1975) naquit en Guadeloupe et publia pour la première fois sous la signature de Saintléger Léger, nom de l'îlet Saint-Léger-les-Feuilles, aujourd'hui « Ilet à feuilles », attenant au domaine familial depuis le XVIIIe siècle, dans le numéro d'août 1909 de la *N.R.F.*, son poème *Images à Crusoé* écrit en 1904. Au temps qui nous semble lointain de Guillaume Apollinaire, un des créateurs les plus importants du siècle était déjà présent, et, s'il devait sans cesse l'approfondir, son art poétique était déjà posé, avec une originalité certaine. On peut reconnaître les germes de son sens de l'épopée, de sa luxuriance, de son hiératisme, de son imagerie splendide ; il n'y manquait que les vastes développements et une inquiétude perçant devant la crise des valeurs humanistes.

Valery Larbaud, dans une lettre à Léon-Paul Fargue datée du 6 avril 1911, a tracé de lui un portrait dans lequel nous le reconnaissons : « Saintléger Léger est un grand jeune homme au teint clair, à la figure grande. La moustache, les cheveux et les yeux sont très noirs et assez brillants. Rien ne fait penser à un créole, sauf l'r qui n'est qu'à demi prononcé. Il est d'abord assez froid et ne fait pas de gestes. C'est l'accueil que vous ferait un de ces jeunes Anglais de grande famille qu'on rencontre vers midi dans la boutique du chapelier Lock. » Fargue confie que le jeune homme refuse à parler d'art, qu'il aime Claudel, goûte Baudelaire et Bossuet « comme poète lyrique », que son maître est Pindare dont la strophe le satisfait parfaitement, qu'il aime lire les tragiques grecs et les Alexandrins (Plotin et Jamblique), mais ne retient que Lactance chez les Latins. Il confie qu'il a horreur de publier ce qu'il écrit, que publier des poèmes dans une revue, « c'est jouer du piano sur le pont d'un paquebot ». Il dit alors que ses poèmes sont du passé et qu'il ne veut plus écrire. Tout cela d'une voix calme.

Il vint en France en 1898 pour ses études, d'abord au lycée de Pau, puis à Bordeaux pour y faire son droit. Il entra aux Affaires étrangères en

1914, à la veille de la guerre, et ce fut le début d'une brillante carrière diplomatique. Il adopta le pseudonyme sous lequel il est connu pour couper tout lien entre le poète et le fonctionnaire du Quai d'Orsay. Secrétaire d'ambassade à Pékin, puis expert à la Conférence internationale de Washington en 1921, il rencontra là Aristide Briand qui lui donna la direction de son cabinet de 1925 à 1931. Il fut directeur politique aux Affaires étrangères, ambassadeur en 1933, secrétaire général du Quai pendant sept ans. En 1940, il refuse le poste d'ambassadeur à Washington et obtiendra bientôt sa mise en disponibilité. En juin de la même année, après avoir été attaqué par les milieux de droite et remplacé dans ses fonctions, il s'exile en Angleterre d'abord, puis aux États-Unis. Déchu de la nationalité française par Vichy, il sera réintégré dans ses droits à la Libération, remis en disponibilité par le service diplomatique et finalement admis à faire valoir ses droits à la retraite en 1950.

Il avait participé aux grandes conférences internationales : Locarno en 1925, La Haye en 1929, Londres en 1930, Stresa en 1935, négocié pour la France à Rome, Moscou et Londres, assisté aux principales sessions de la Société des Nations à Genève, exercé dans les commissions interministérielles, accédé au Conseil d'État. Il entre dans cette lignée des ambassadeurs-poètes comme Paul Claudel qui eurent accès aux grands problèmes du monde en une époque troublée.

Son action dans la Résistance fut solidaire de celle des gaullistes sans les rejoindre politiquement. Il vécut à New York, puis s'établit en 1941 à Washington où, sous son nom de Saint-John Perse, il exerça durant cinq ans des fonctions de conseiller à la « Library of Congress » et où il garda une résidence privée. Il reprit contact avec la vie tropicale en maints lieux dans le voisinage des Antilles, mais sans jamais revenir à son île natale. Il fut souvent hors de France pour fuir le parisianisme littéraire et mondain, tant étaient grands son goût de la liberté et son désir de « n'être personne ». En 1961, le prix Nobel attira l'attention du public sur une œuvre poétique d'un abord secret. Cela ne changea rien à sa vie, à son goût du retrait, à la poursuite patiente d'une œuvre reflétant l'expérience du voyageur, du diplomate, de l'homme de culture à l'écoute de sa planète.

Éloges ou louanges de la vie découverte.

Henri Thomas nous a fait connaître une anecdote due à un compagnon de jeux du poète, au collège de Pointe-à-Pitre : à la récréation, les enfants inventaient de petits refrains dans lesquels ils se définissaient. Celui d'Alexis Saint-Léger fut : « Alexis petit coup de bâton / Alexis grand mouvement. » Ce « grand mouvement », il ne faut guère attendre pour en trouver la transposition puisque les *Images à Crusoé* sont écrites à l'âge de dix-sept ans alors que suivent quelques années plus tard *Pour fêter une enfance*, 1907, *Récitation à l'éloge d'une reine*, 1907, *Écrit sur la porte*, 1908, *Histoire du Régent*, 1910, qu'on retrouvera dans le premier recueil, *Éloges*, 1911. Nous ne l'indiquons pas pour faire état de quelque précocité, mais parce qu'il est rare, et c'est peut-être même un fait exemplaire, qu'un créateur atteigne d'emblée à la maîtrise parfaite de son art et n'en dévie pas sa vie durant. Comme l'écrit si bien Alain Bosquet : « D'emblée, les " Images à Crusoé " fixent le ton et l'altitude d'une œuvre qui ne s'en départira plus : on y est à jamais au niveau du discours sacré, entouré d'images qui, malgré la précision du détail, demeurent en dehors de l'espace et du temps. Aucune carte n'en indique le lieu, aucun calendrier l'accomplissement. D'emblée aussi, le poète a pour souci majeur d'ordonner — quelque dévorante que soit la forêt qui le traque, quelque fallacieuses les lianes qui le tentent — son paysage, et d'y placer — êtres familiers, êtres disparus et êtres imaginaires — les personnages de son souvenir et de sa création. Souvenirs d'une enfance éblouie, hommage rendu aux accessoires d'un soi comblé, tels apparaissent ces instantanés du bonheur. » C'est là un poème de l'exil et de la solitude, non point mélancolique ou lamartinien, mais dominé par l'incantation et la joie :

Joie! ô joie déliée dans les hauteurs du ciel! Les toiles pures resplendissent, les parvis invisibles sont semés d'herbages et les vertes délices du sol se peignent au siècle d'un long jour...

C'est le poème d'un « exil lumineux », une quête d'images riches, puissantes, luxuriantes :

... C'est la sueur des sèves en exil, le suint amer des plantes à siliques, l'âcre insinuation des mangliers charnus et l'acide bonheur d'une substance noire dans les gousses.
C'est le miel fauve des fourmis dans les galeries de l'arbre mort.
C'est un goût de fruit vert, dont surit l'aube que tu bois ; l'air laiteux enrichi du seul des alizés...

Crusoé, c'est le « Vieil homme aux mains nues », celui déjà que le poète retrouvera dans le poème du grand âge, des lustres plus tard, le dépouillé quand « l'image pousse son cri » et Vendredi des « rires dans le soleil ». Il y a, en de courts poèmes, le perroquet, le parasol de chèvre, l'arc, la graine qui ne germe pas, louanges encore à ces accompagnateurs avec qui le dialogue est possible comme avec ce Vendredi, autre moi à qui parler de la Ville qui « ceint l'ordure » par l'image ennoblie :

Ô Ville sur le ciel!
Graisses! haleines reprises, et la fumée d'un peuple très suspect — car toute ville ceint l'ordure.
Sur la lucarne de l'échoppe — sur les poubelles de l'hospice — sur l'odeur de vin bleu du quartier des matelots — sur la fontaine qui sanglote dans les cours de police — sur les statues de pierre blette et sur les chiens errants — sur le petit enfant qui siffle, et le mendiant dont les joues tremblent au creux des mâchoires,
sur la chatte malade qui a trois plis au front,
le soir descend, dans la fumée des hommes...
— La Ville par le fleuve coule à la mer comme un abcès...

Autre compagnon, le Livre qui clôt le poème tout en l'ouvrant sur l'éblouissement des pages :

alors, ouvrant le Livre,
tu promenais un doigt usé entre les prophéties, puis le regard fixé au large, tu attendais l'instant du départ, le lever du grand vent qui te descellerait d'un coup, comme un typhon, divisant les nuées devant l'attente de tes yeux.

Pour fêter une enfance réunit six poèmes de même inspiration, empreints d'un recueillement serein devant un riche arbre généalogique qui comble « Une adolescence tropicale et seigneuriale » dans un univers patriarcal et terrien où l'homme s'éveille à la vie dans l'accord des plantes. C'est une suite magique où l'incantation et l'évocation ne font qu'une comme en témoignent quelques images extraites parmi tant d'autres aussi belles :

Palmes...!
Alors on te baignait dans l'eau-de-feuilles-vertes; et l'eau encore était du soleil vert; et les servantes de ta mère, grandes filles luisantes, remuaient leurs jambes chaudes près de toi qui tremblais...
(Je parle d'une haute condition, alors, entre les robes, au règne de troublantes clartés.)

A l'univers, il donne son consentement, et les images d'enfance sont magnifiées :

Alors, les hommes avaient
une bouche plus grave, les femmes avaient des bras plus lents;
alors, de se nourrir comme nous de racines, de grandes bêtes taciturnes s'ennoblissaient
et plus longues sur plus d'ombre se levaient les paupières...

Il reviendra aux servantes, « grandes filles luisantes », autour de qui tourneront des images admirables : les mouches, les eaux vives, le café, le manioc, les chevaux, les mulets, les bœufs, l'oiseau Annaô apparaissant dans un songe venu de loin tandis que l'enfant se nourrit d'âge, lève les yeux vers le ciel :

Et un nuage
violet et jaune, couleur d'icaque, s'il s'arrêtait soudain à couronner le volcan d'or,
appelait-par-leur-nom, du fond des cases,
les servantes!

Les dix-huit poèmes qui suivent, sous le titre propre d'*Éloges* qui s'applique à l'ensemble, apportent une tonalité peut-être moins hiératique, plus confidentielle, plaisir des sens où tout se hume, s'écoute, se palpe, se goûte, s'exprime dans une félicité discrète qu'accompagne un mystère, — et passent des réflexions parmi les extases, des pressentiments parmi le merveilleux, des révoltes enfantines au bord de l'humour et de l'humeur : « Quand vous aurez fini de me coiffer, j'aurai fini de vous haïr. » Il dit encore : « Je sortirai, car j'ai affaire : un insecte m'attend... » Ou : « J'ai aimé un cheval — qui était-ce ? — » ou bien « La tête de poisson ricane ».
L'enfant Alexis, dans un cadre familial, hors des clichés habituels, où la mère et les bonnes deviennent les égales des ornements de la nature,

trouve matière à merveilleux. Et voici un monde où « les eaux calmes sont de lait », où les mères sont parfumées « avec l'herbe-à-Madame-Lalie », où « va la sève et débouche aux rives minces de la feuille », où apparaissent « les guêpes dont le vol est pareil aux morsures du jour sur le dos de la mer », et l'enfant qui voit cela est dans les apparences semblable aux autres :

> Et l'enfant qui revient de l'école des Pères, affectueux longeant l'affection des Murs qui sentent le pain chaud, voit au bout de la rue où il tourne
> la mer déserte plus bruyante qu'une criée aux poissons. Et les boucauts de sucre coulent, aux Quais de marcassite peints, à grands ramages, de pétrole,
> et des nègres porteurs de bêtes écorchées s'agenouillent aux faïences des Boucheries Modèles, déchargeant un faix d'os et d'ahan...

Sans cesse il s'agit de communion avec les règnes de la nature dans un panthéisme mesuré, les dieux étant ceux du langage permettant de restituer et de réinventer le monde en plus personnel et en plus pur. Rien n'est dû au hasard, pas même l'apparence du hasard et tout est fruit d'un long travail de la phrase et du mot. Il faut parler de l'art poétique, de la qualité du balancement de la phrase, de la distribution savante de ses périodes, des accélérations et des ralentissements du rythme, de l'assouplissement de la syntaxe, du ravissement des ellipses, de l'utilisation heureuse de l'exclamation, des points de suspension, des tirets, des parenthèses, et, surtout l'utilisation dans le discours de l'allitération, véritables symphonies musicales. Les deux premiers vers du troisième poème d'*Éloges* en fournissent un exemple :

> Les rythmes de l'orgueil descendent les mornes rouges.
> Les tortues roulent aux détroits comme des astres bruns.

Le lecteur le moins prévenu verra dans le premier vers des unions vocales : *rythmes* et *mornes*, *orgueil* et *rouges*, musique des lettres r et m, dans le second, *tortues* et *détroits*, *roulent* et *astres bruns*, musique des lettres t et r, puis d avec *descendent* et *détroits*.

De même une instance dans la rime : « Et les *servantes* de ma mère, grandes filles *luisantes* » et des rappels musicaux d'une extrême complexité. En ce sens, les exemples pris dans *Éloges* foisonnent dans tout l'ensemble de l'œuvre. Citons quelques allitérations parmi tant d'autres :

> Un grésillement aux gouffres écarlates...
> Silencieusement va la sève et débouche aux rives minces de la feuille...
> Nos bonnes sont entrées aux corolles des robes...
> Végétales ferveurs, ô clartés, ô faveurs !...
> Des parfums plus affables, frayant aux cimes les plus fastes...

Ce n'est point nouveau dans la poésie et l'on se souvient des vieilles harmonies imitatives : « Sur la plage sonore où la mer de Sorrente... » Mais Saint-John Perse possède mieux que quiconque l'art de les métamorphoser en incantations, de les situer dans un ensemble d'une infinie variété, avec une patience de germination, une sérénité de fleuve, une majesté de mer.

La beauté du poème nous fait oublier heureusement l'artisanat et ses outils. Comme dit Bosquet : « Le merveilleux s'affirme avec aisance, de sorte que toute explication trop exclusive prend l'allure d'un blasphème et d'un sacrilège. » Nous laisserons aux spécialistes l'analyse rhétorique, ne donnant ici que quelques indications pour inviter le lecteur à découvrir avec sa sensibilité propre « et ces clameurs, et ces silences! et ces nouvelles en voyage, et ces messages par marées, ô libations du jour!... »

Éloges, imagerie patriarcale où les nourritures terrestres abondent, où une majesté quasi biblique ennoblit les êtres et les choses, où chaque instant de la vie quotidienne est transposé et magnifié, aurait pu aussi bien s'intituler « louanges », car tout est entrevu sous cet angle qui est, pour un Paul Claudel, « le plus grand moteur de la poésie, parce qu'elle est l'expression du besoin le plus profond de l'âme, la voix de la joie et de la vie ».

Primitivement, la suite réunie dans *L'Œuvre poétique* de 1953, sous le titre *La Gloire des rois,* faisait partie d'*Éloges.* Ces poèmes avaient été publiés dans la *N.R.F.* en 1910, dans *Commerce* en 1924, dans *Mesa,* aux États-Unis en 1945. La reine chantée dans *Récitation à l'éloge d'une reine* figure la majesté de la nature et l'ordre de son règne. Chacune des cinq parties du poème se termine par « — Mais qui saurait par où faire entrée dans Son cœur? » en lettres italiques, car « les désirs d'un peuple de guerriers muets avaleurs de salive » montent respectueusement vers cette reine aux « mains pacifiques et larges ». *Amitié du prince* présente un roi régnant et veillant au bon ordre des choses par la sagesse, par le sceau de son regard que portent les hommes. Le poète dit : « — C'est du Roi que je parle, ornement de nos veilles, honneur du sage sans honneur. » Chaque poème se présente comme une prose aux phrases ondulantes et marquant la ferveur :

« Tu es le Guérisseur et l'Assesseur et l'Enchanteur aux sources de l'esprit, homme aux narines minces parmi nous, ô Très-Maigre! ô Subtil! Prince vêtu de tes sentences ainsi qu'un arbre sous bandelettes,
aux soirs de grande sécheresse sur la terre, lorsque les hommes en voyage disputent des choses de l'esprit adossés en chemin à de très grandes jarres, j'ai entendu parler de toi de ce côté du monde, et la louange n'était point maigre...

Et des voix s'élèveront pour la louange point maigre envers ce sage qui semble sorti de la Bible. S'ajoutent à cet ensemble treize courts poèmes : *Histoire du Régent,* poème de victoire du temps où « les Rois couchaient nus dans l'odeur de la mort »; *Chanson du présomptif :* « J'honore les vivants, j'ai face parmi vous »; une *Berceuse* en strophes de cinq octosyllabes d'un ton légendaire et où le poète, dans un mètre auquel il n'est pas habitué, garde toute sa personnalité :

> Première Née — temps de l'oriole,
> Première Née — le mil en fleurs,
> Et tant de flûtes aux cuisines...
> Mais le chagrin au cœur des Grands
> Qui n'ont que filles à leur arc.

Anabase, l'élan et la conquête.

Une *Chanson* précède les dix chants qui composent *Anabase,* 1924; elle semble le coup de diapason avant le concert : « Ah! tant de souffles aux provinces! Qu'il est d'aisance dans nos voies! que la trompette m'est délice, et la plume savante au scandale de l'aile!... » Le poème, comme les précédents, comme ceux qui suivront, garde des aspects secrets, énigmatiques, et surtout porteurs de poésie : au lecteur de percer ces méandres, faut-il dire qu'on ne lit pas Saint-John Perse pour sa clarté immédiate, mais pour une clarté plus grande qui sourd, dès lors qu'on la reçoit, et s'épanouit en offrant un immense bonheur. Le poème est fortement architecturé et maints commentateurs, comme pour *le Cimetière marin* de Paul Valéry ont tenté des explications : ainsi Lucien Fabre, repris par T. S. Eliot (que Saint-John Perse traduisit savamment) qui, tout en tentant de donner des clés, n'ont fait qu'amenuiser le propos du poète. Pour eux, ces dix chants se répartissent à la manière d'un traité historique : arrivée du conquérant, élaboration du plan d'une ville, consultation des augures, fondation de la cité, désir de nouvelles conquêtes, projets de fondations, etc., jusqu'aux festivités finales. *Anabase* semble alors n'être que le récit d'une expédition militaire et civilisatrice, comme celle d'Alexandre, dans un pays qui pourrait être la Chine, et l'on pense à l'autre *Anabase,* celui de Xénophon, au récit d'Arrien ou aux conquêtes de Gengis khan l'Anabase de Saint-John Perse devenant à la fois Alexandre, Gengis khan en même temps que leurs historiens, tout en étant Achille et Homère réunis en un seul homme, poète, penseur, mystique et illuminé. Il n'est pas interdit de garder ces références, mais ne les laissons pas nous envahir. L'*Anabase* de Saint-John Perse se situe hors le temps, hors l'espace, en un lieu et dans une époque poétiques.

Le poème est épique certes, mais on en retient surtout, comme dit Marcel Raymond, « les mouvements sinueux, les douceurs vagabondes, les effusions lyriques ». L'ouverture du poème est admirable où la nature, l'humanité s'expriment dans un vaste mouvement orchestral élevant le discours à hauteur de musique :

> Sur trois grandes saisons m'établissant avec honneur, j'augure bien du sol où j'ai fondé ma loi.
> Les armes du matin sont belles et la mer. A nos chevaux livrée la terre sans amandes
> Nous vaut ce ciel incorruptible. Et le soleil n'est point nommé, mais sa puissance est parmi nous
> Et la mer au matin comme une présomption de l'esprit.

Calme majesté des puissances naturelles, symboles suggérés par une vie personnelle et se fondant dans l'humanité générale, dans « l'éternité qui bâille sur les sables », voilà que se pressent les héros anonymes :

> Hommes, gens de poussière et de toutes façons, gens de négoce et de loisir, gens des confins et gens d'ailleurs, ô gens de peu de poids dans la mémoire de ces

lieux; gens des vallées et des plateaux et des plus hautes pentes de ce monde à l'échéance de nos rives; flaireurs de signes, de semences, et confesseurs de souffles en l'Ouest; suiveurs de pistes, de saisons, leveurs de campements dans le petit vent de l'aube; ô chercheurs de points d'eau sur l'écorce du monde; ô chercheurs, ô trouveurs de raisons pour s'en aller ailleurs...

Une halte au chant II comme pour une reprise de souffle, une méditation quand « le vent se lève » comme chez Valéry, une incantation : « Rire savant des morts, qu'on nous pèle ces fruits!... Eh quoi! n'est-il plus grâce au monde sous la rose sauvage? » Et le chant III rassemble les éléments du dessein, appelle à d'autres songes préparatoires à l'action qui devient possible par l'appel aux forces naturelles, et le doute avant le passage à l'acte, l'invocation au soleil « fauteur de troubles, de discordes! nourri d'insultes et d'esclandres », aux feuillages, à l'eau de « la mer agile et forte sous la vocation de l'éloquence », aux morts « sous le sable et l'urine et le sel de la terre » dans l'incessant fascination du langage, la hauteur du ton, une manière nouvelle de dépayser les mots, de leur donner des sens autres que les sens usuels.

Au chant IV, l'action s'ordonne avec, dans l'ordre, chacun à sa place et à son œuvre : « C'est là le train du monde et je n'ai que du bien à en dire — Fondation de la ville. Pierre et bronze. Des feux de ronces à l'aurore... » Chacun participe à la fondation de la ville « placée au matin sous les labiales d'un chant pur » : forgerons, maçons, magistrats, et apparaissent bâtiments, bibliothèques, piscines, avec l'aide des cavaliers et des princes. Chant de réjouissances :

> Demain les fêtes, les clameurs, les avenues plantées d'arbres à gousses et les services de la voirie emportant à l'aurore de grands morceaux de palmes mortes, débris d'ailes géantes... Demain les fêtes,
> les élections de magistrats du port, les vocalises aux banlieues et, sous les tièdes couvaisons d'orage,
> la ville jaune, casquée d'ombre, avec ses caleçons de filles aux fenêtres.

Mais déjà, dans le chant V, la Solitude et quelque déception devant le monde insane, l'idée d'exil : « ...je m'élèverai dans mes pensées contre l'activité du songe; je m'en irai avec les oies sauvages, dans l'odeur fade du matin!... » Doute du conquérant qui existe par la seule conquête : « ...il n'y a plus en lui substance d'homme. Et la terre en ses graines ailées, comme un poète en ses propos, voyage... » Dès lors, au chant VI, un regard vertical mesure la tâche accomplie, voit ce qui est déjà de l'histoire :

> Certes! une histoire pour les hommes, un chant de force pour les hommes, comme un frémissement du large dans un arbre de fer!... lois données sur d'autres rives, et les alliances par les femmes au sein des peuples dissolus; de grands pays vendus à la criée sous l'inflation solaire, les hauts plateaux pacifiés et les provinces mises à prix dans l'odeur solennelle des roses...

Les pays sont « infestés de bien-être », mais les délices s'expriment en descriptions somptueuses, avant qu'au chant VII jaillisse d'emblée cette affirmation : « Nous n'habiterons pas toujours ces terres jaunes, notre délice... » et, avant la grande marche, on écoute encore, on perçoit des floraisons inouïes d'images :

> L'Été plus vaste que l'Empire suspend aux tables de l'espace plusieurs étages de climats...
> Chamelles douces sous la tonte, cousues de mauves cicatrices, que les collines s'acheminent sous les données du ciel agraire...
> A voix plus basse pour les morts, à voix plus basse dans le jour...
> Au bruit des grandes eaux en marche sur la terre, tout le sel de la terre tressaille dans les songes...
> Levez des pierres à ma gloire, levez des pierres au silence, et à la garde de ces lieux les cavaleries de bronze vert sur de vastes chaussées !...

Et la marche nomade, semblable à la marche de l'humanité, « non que l'étape fût stérile » se poursuit. L'homme doit peser son « poids calculé en froment ». Le poète dit : « Chemins du monde, l'un vous suit. Autorité sur tous les signes de la terre. » Et dit encore : « Un grand principe de violence commandait à nos mœurs. » Le chant IX est celui de l'annonciation : « Je t'annonce le temps d'une grande chaleur... Je t'annonce les temps d'une grande faveur... » sont au début des couplets et suivis d'images, celles d'un lieu de halte, mais non d'un lieu de repos, d'oubli de soi-même dans une perpétuelle insatisfaction, une révision des valeurs, l'exil devenant le haut lieu de l'aventure interminable qui est grandeur de l'homme conquérant :

> — et debout sur la tranche éclatante du jour, au seuil d'un grand pays plus chaste que la mort...

Chaque chant est apparu comme une apothéose du langage et une apothéose du poème va couronner le tout. Au chant X, plus long et plus ample encore que les précédents, le poète opère le grand rassemblement des siens, et c'est une fois encore poème de louanges, d'éloges, quand « l'œil recule d'un siècle aux provinces de l'âme », où l'univers offre d'amples moissons : « beaucoup de choses sur la terre à entendre et à voir, choses vivantes parmi nous ! » et aussi « bien d'autres choses encore à hauteur de nos temps... » Désormais, « le Conteur qui prend place au pied du térébinthe » est l'aède de la poussée civilisatrice, l'historien de tant de faits, de tant de gestes, tant de pensées, de passions, d'aventures, l'Homère de tels exploits qui trouvent leur existence réelle dans leur écriture. Et défilent des mouvements de foules actives, des activités de ruches humaines, avec des gens de toutes sortes : tondeurs, puisatiers, hongreurs, prêtres, capitaines, vétérinaires, commerçants, agriculteurs, péagers, forgerons... rassemblement d'encyclopédiste-poète rendant hommage par la nomination et l'imagerie, le rappel des actions des compagnons du conquérant, de leurs gestes les plus quotidiens qui prennent un goût d'éternel :

> ...ceux qui peignent en sifflant des coffrets en plein air, l'homme au bâton d'ivoire, l'homme à la chaise de rotin, l'ermite orné de mains de fille et le guerrier licencié qui a planté sa lance sur un seuil pour attacher un singe... ha ! toutes sortes d'hommes dans leurs voies et façons...

Le poète paraît ébloui par la diversité du monde et par son devenir :
« Ô généalogiste sur la place! combien d'histoires de familles et de filiations? » En quatre pages, c'est le foisonnement universel qui apparaît, là où pour un quelconque écrivain il faudrait tout un livre, et ce finale extasié :

> Mais par-dessus les actions des hommes sur la terre, beaucoup de signes en voyage, beaucoup de graines en voyage, et sous l'azyme du beau temps, dans un grand souffle de la terre, toute la plume des moissons!...
> jusqu'à l'heure du soir où l'étoile femelle, chose pure et gagée dans les hauteurs du ciel...
> Terre arable du songe! Qui parle de bâtir? – J'ai vu la terre distribuée en de vastes espaces et ma pensée n'est point distraite du navigateur.

Anabase est le poème essentiel de la conquête et de l'incessante création. Épopée civilisatrice, il figure le cheminement de l'homme à la poursuite de l'idéal, reculant sans cesse les voies du possible, allant d'une découverte à une autre découverte, d'une création à une autre création par elle suscitée. Sans fin. La phrase, avec ses arrêts brusques, ses coupures, ses reprises, la diversité de ses structures, est organisée de manière à répondre à son objet : faire ressentir les états de l'univers, la dure avancée de l'humanité, l'âpreté de ses conquêtes, sa hauteur de vues, l'envergure de chaque projet, la recherche de sa maîtrise, les vastes mouvements des foules, les éblouissements de l'aède. L'épopée est débarrassée de ses incidences inutiles, mise à nu, et son héros apparaît singulièrement dépouillé, ne vivant que par le haut fait, la conquête et l'édification, sans références historiques ou géographiques, même si l'on pense à Ulysse ou Alexandre, Énée ou Roland, Dante ou Faust, même si l'on pense à quelque paysage d'Orient, mais ici dans la nudité minérale, dans le sel, le sable, la pierre, où s'établira la luxuriance, tout étant à construire. *Anabase,* une des rares épopées françaises auprès de la geste médiévale, des *Tragiques* et de Hugo, apporte en plus la hauteur vertigineuse de la pensée et sait être, en même temps qu'épopée de la civilisation, épopée métaphysique. Sa traduction en toutes langues dit l'ampleur du propos et son universalité.

Exil, le poème de l'Étranger.

Exil suit un silence volontaire de dix-sept années. En terre étrangère, le poème naît de la solitude, ne serait sans doute pas né sans l'histoire, celle du drame de 1940. Saint-John Perse prend du recul, fuit toute référence, se mesure à la société humaine, à la tragédie des hommes déchirés. Les sept chants du poème ne se livrent pas aisément. Si pour les uns il se rattache aux événements du temps, pour les autres il serait vain de le rattacher à un climat particulier. En fait, Saint-John Perse trouve l'intemporel dans le temps. Comme jadis le troubadour Guillaume écrivait : « Je ferai un vers sur le pur néant », le poète établit son œuvre sur « un lieu flagrant et nul comme l'ossuaire des saisons », il assemble « aux syrtes de l'exil un grand poème de rien, un poème fait de rien », un rien qui se nomme « exil », la part de l'Étranger, pour Pierre-Jean Jouve thème constant du poème, car le poème est cette fois le poète, un Jean-sans-Terre, un Anabase sans conquête, recherchant la fraternité de la nature en prenant pour territoire la page blanche. Écoutons la fin du chant II :

> Comme le Cavalier, la corde au poing, à l'entrée du désert,
> J'épie au cirque le plus vaste l'élancement des signes les plus fastes.
> Et le matin pour nous mène son doigt d'augure parmi de saintes écritures.
> L'exil n'est point d'hier! l'exil n'est point d'hier! « Ô vestiges, ô prémisses »,
> Dit l'Étranger parmi les sables, « toute chose au monde m'est nouvelle!... »
> Et la naissance de son chant ne lui est pas moins étrangère.

L'exil est de tout temps, de tout lieu : « Toujours il y eut cette clameur, toujours il y eut cette fureur... » écrit-il au chant III et aussi : « Je vous connais, ô monstre! Nous voici de nouveau face à face. Nous reprenons ce long débat où nous l'avions laissé. » Il pose la question : « Que voulez-vous encore de moi, ô souffle originel ? » et soudain, la vanité des choses du monde n'enfreint pas le désir de création car :

> Le vent nous conte sa vieillesse, le vent nous conte sa jeunesse... Honore, ô prince, ton exil !
> Et soudain tout m'est force et présence, où fume encore le thème du néant.

La rumeur est une insurrection de l'âme et le poète à l'écoute des siècles se dépouille comme un Prométhée nourrisseur de l'aigle-poème :

> Et sur toutes grèves de ce monde, une ïambe plus farouche à nourrir de mon être!...
> Tant de hauteur n'épuisera pas la rive accore de ton seuil, ô Saisisseur de glaives à l'aurore,
> O Manieur d'aigles par leurs angles, et Nourrisseur des filles les plus aigres sous la plume de fer!
> Tout chose à naître s'horripile à l'orient du monde, toute chair naissante exulte aux premiers feux du jour!

Il n'est que Paul Valéry qui puisse atteindre à ces hauteurs. Le poème recueille dans son déchirement « de beaux fragments d'histoire en dérive », rassemble des images inscrites en lui, nature ou servantes, constellations et vocables, chair et cendre au seuil du désespoir, et le chant IV serait anéantissement si un dernier vers ne l'éclairait :

> Et de toute chose ailée dont vous n'avez usage, me composant un pur langage sans office,
> Voici que j'ai dessein encore d'un grand poème délébile...

Le voici au cinquième chant « les mains plus nues qu'à ma naissance » et « restitué à ma rive natale ». Il dit encore : « Il n'est d'histoire que de l'âme, il n'est d'aisance que de l'âme. » Le chant VI fait penser aux longues énumérations encyclopédiques d'*Anabase* avec ces débuts de strophes « Celui qui... » et il nomme les actes de chacun pour conclure : « Ceux-là sont princes de l'exil et n'ont que faire de mon chant. » Mais lui, le poète, l'Étranger, quel est son projet, que répondra-t-il aux questionnaires du port ? Au seuil des Lloyds, sa parole n'a point cours et son or est sans titre. Alors, celui-là, sans audience ni témoin, apporte le seul renseignement possible :

> « J'habiterai mon nom », fut ta réponse aux questionnaires du port. Et sur les tables du changeur, tu n'as rien que de trouble à produire,
> Comme ces grandes monnaies de fer exhumées par la foudre.

Le véritable débat est celui du Poète et de sa Solitude, avec, comme un chœur, la voix des éléments, des forces primitives de la nature, clameurs et rumeurs, incantations, confidences, images, musiques, se croisant, se complétant, se heurtant, s'exaspérant dans un ensemble où l'enchantement naît de la désespérance, où la beauté répond à l'énigme, où tout est sans cesse lumière dans l'obscurité, fascination incessante. On écoute : « Syntaxe de l'éclair ! ô pur langage de l'exil ! » Le poète reprendra sa « course de Numide, longeant la mer inaliénable » et l'éclair ouvrira le lit de plus vastes desseins. C'est en vain que l'orage déplace les bornes de l'absence. L'affirmation « J'habiterai mon nom » amène les derniers mots du poème qui viennent au terme de la méditation, au terme de la création, comme une ironie supérieurement contrastée : « Et c'est l'heure, ô Poète, de décliner ton nom, ta naissance, et ta race... »

Trois poèmes forment le complément d'*Exil* : *Pluies*, *Neiges* et *Poème à l'Étrangère*. La pluie exprime la purification et la promesse de germination. Quand « le banyan de la pluie prend ses assises sur la Ville » toute germination est permise et il y a promesse de poésie, de fête au seuil aride du poème. La pluie est la grande médiatrice, la grande régénératrice, elle lave les maux et les mots, dissout les colères. « Et l'Idée nue comme un rétiaire peigne aux jardins du peuple sa crinière de fille. » Le chant par elle est ouvert :

> Chante, poème, à la criée des eaux l'imminence du thème,
> Chante, poème, à la foulée des eaux l'évasion du thème :
> Une haute licence aux flancs des Vierges prophétiques,
>
> Une éclosion d'ovules d'or dans la nuit fauve des vasières
> Et mon lit fait, ô fraude ! à la lisière d'un tel songe,
> Là où s'avive et croît et se prend à tourner la rose obscène du poème.

L'idée de la pluie qui lave revient durant tous les chants du poème. « Lavez, ô Pluies... » dit Saint-John Perse au début de chaque strophe d'un chant :

> Lavez, ô Pluies ! un lieu de pierre pour les forts...
> Lavez le doute et la prudence au pas de l'action...
> Lavez, lavez la bienveillance au cœur des grands Intercesseurs, la bienséance au front des grands Éducateurs, et la souillure du langage sur les lèvres publiques...
> Lavez, lavez l'histoire des peuples aux hautes tables de mémoire : les grandes annales officielles, les grandes chroniques du Clergé et les bulletins académiques...

Rien d'énigmatique ici : tout se déchiffre aisément. Dans *Neiges* apparaît plus directement l'émotion de l'exilé qui ne veut élever sa plainte comme si la neige la feutrait de son silence. Elle apporte « le premier affleurement de cette heure soyeuse, le premier attouchement de cette chose fragile et très futile, comme un frôlement de cils ». Le poète joue sur des images antithétiques de légèreté et de lourdeur, de mouvement et d'immobilité :

> Il neige sur les dieux de fonte et sur les aciéries cinglées de brèves liturgies ; sur le mâchefer et sur l'ordure et sur l'herbage des remblais : il neige sur la fièvre et sur l'outil des hommes – neige plus fine qu'au désert la graine de coriandre, neige plus fraîche qu'en avril le premier lait des jeunes bêtes...

« Désormais cette page où plus rien ne s'inscrit. » Tel est le dernier vers de *Neiges* qui fait la page blanche. Toute création est possible. Les éléments se sont accordés à l'exil dont il reprend le thème sur un ton apaisé et lucide dans le *Poème à l'Étrangère*. La ville y apparaît avec ses observatoires, ses zoos, ses quartiers de Nègres et d'Asiates, avec le retour d'une antienne :

> « Rue Gît-le-cœur... Rue Gît-le-cœur... » chante tout bas l'Alienne sous ses lampes, et ce sont là méprises de sa langue d'Étrangère.

Le poème est situable dans l'histoire : « Et c'est déjà le troisième an que le fruit du mûrier fait aux chaussées de votre rue de si belles taches de vin mûr... » Ou bien : « Ô vous, jeune homme de France, ne ferez-vous pas encore que j'entende, sous l'humaine saison, parmi les cris de martinets et toutes cloches ursulines, monter dans l'or des pailles et dans la poudre de vos Rois / un rire de lavandière aux ruelles de pierre ? »

Dans cette suite formant la matière du livre *Exil*, les rythmes sont les mêmes que ceux des précédents grands poèmes. Il est aisé de découvrir, dans ce qui a l'apparence de la prose, des vers de six, huit, dix et douze syllabes savamment mêlés et produisant une harmonie sensible. Si l'on retrouve les mots de son vocabulaire comme « grand » ou « haut », d'autres épithètes, des vocables nouveaux les rejoignent souvent, très spécialisés et requérant le dictionnaire et vient sans cesse l'emploi de mots comme « chant », « poème », ainsi que de termes empruntés à la linguistique et à la grammaire. *Exil* est le poème d'un tourment profond et il est permis de parler d'émotion au cœur même de la remise en question de l'homme et de son langage. Le poète s'incarne dans son poème qui partage son exil comme celui des éléments de la nature, car pour Saint-John Perse, l'exil est intemporel, il fut celui de l'île natale comme celui des années noires, il est celui de l'homme sur sa planète et dans son temps. Le pays où fut composé *Exil* devient celui de sa souffrance solitaire et il devient, comme l'a écrit Arthur Knodel, « indifférencié, sans particularités locales. Tout se réduit à la grisaille de l'exil ». Poème de l'angoisse, de la solitude et de la création, il pose le problème de l'homme en se faisant le plus haut reflet de notre siècle. Comme dit Bosquet à propos de cette poésie : « La comprendre serait vain et insuffisant : il y a lieu, pour être en harmonie avec elle, de réinventer l'homme, de recréer le langage, en un mot de donner vie à ce qui est plus que poésie écrite. » Et en recueillant les délices de ce chant très pur.

Vents ou la Cosmogonie.

Vents, 1946, est l'épopée cosmogonique d'une force naturelle en quatre chants eux-mêmes divisés en plusieurs périodes. Plus que les pluies, plus que les neiges, les vents façonnent et animent l'univers. Le poète s'en fait le chroniqueur en même temps qu'il les reçoit, qu'il s'y abandonne, qu'il les transmet, qu'avec eux il se dispute la parole, connaissant un chaos reflété par le langage, langage créé par le poète, par le vent lui-même, par le poème. Le poème s'ouvre magnifiquement par une sorte de présentation qui est aussi salutation des vents à l'origine de la création poétique et de la création du monde :

> C'étaient de très grands vents sur toutes faces de ce monde,
> De très grands vents en liesse par le monde, qui n'avaient d'aire ni de gîte,
> Qui n'avaient garde ni mesure, et nous laissaient, hommes de paille,
> En l'an de paille sur leur terre... Ah ! oui, de très grands vents sur toutes faces de vivants !

Les vents éventent « l'usure et la sécheresse au cœur des hommes investis », font bruire la page et parfument la ville et reçoivent la louange : « Ha ! très grand arbre du langage peuplé d'oracles, de maximes et murmurant murmure d'aveugle-né dans les quinconces du savoir... » Avec le vent, le Narrateur peut monter au Rempart comme un prêtre ou un prédicateur, parler des rites, conter l'histoire, dire et redire dans un concert aux instruments divers, aux musiques sans cesse surprenantes, une ivresse au bord des abîmes et des tentations du doute. Le vent entraîne au voyage, il est l'eau d'une Jouvence : « Je fréquenterai le lit du vent comme un vivier de force et de croissance. » Il est force positive, il entraîne au-delà de l'immédiat, de l'identité, du temps, de l'espace et de la signifiance.

Il est (le poète le reprend dans le chant II) l'animateur de toutes choses, le mouvement, l'incitateur à une grande marche vers l'Ouest :

> Et c'est messages sur tous fils, et c'est merveille sur toutes ondes. Et c'est d'un même mouvement à tout ce que mouvement lié, que mon poème encore dans le vent, de ville en ville et fleuve en fleuve, court aux plus vastes houles de la terre, épouses elles-mêmes et filles d'autres houles...

C'est un voyage de l'esprit où le vent multiplié, divisé, peut déléguer ses pouvoirs à la nature. Paraît un « Hiver bouclé comme un traitant et comme un reître » en suite de versets imagés, tandis que le poète interroge la plénitude et reçoit le mutisme. Puis ce sont les eaux des fleuves, des mers, des hautes crues et des Déluges, les oiseaux, les présages, les migrations dans des envols vertigineux, avec ce rappel : « S'en aller ! s'en aller ! Parole du Prodigue. » Et encore : « Ainsi dans le foisonnement du dieu, l'homme lui-même foisonnant... » Et la pierre de la route dure. Et l'invocation :

« Un peuple encore se lèvera-t-il dans les vergers de cuivre rouge ? » Il y a tant et tant d'idées, d'images, de fluctuations qu'on ne peut que renvoyer le lecteur à ces « Textes reçus en langage clair ! versions données sur deux versants » quand le vent chante dans des minéralogies inouïes, tandis qu'est glorifiée l'incessante conquête dans la houle des continents en une Amérique de songe, une Babel à reconstruire sans cesse « à la coupée du Siècle ». Mais dans ce monde le poète rappelle : « Mais c'est de l'homme qu'il s'agit ! » car l'homme, le poète est celui qui voit, qui reçoit, il est le médiateur, le conciliateur par-delà les spécialisations des conquérants et des bâtisseurs. Il est grand temps qu'il sorte de ses « chambres millénaires » pour faire entendre sa voix.

Le chant III est ainsi la préfiguration du mariage de l'homme et du vent réconciliés, l'énumération de tous ceux-là qui, comme les compagnons du conquérant d'*Anabase,* sont les civilisateurs : hommes de fortune, hommes d'échange et de négoce, hommes de justice, de clergé, grands réformateurs, hommes de lubie et hommes de science, officiants :

... Et le Poète lui-même sort de ses chambres millénaires :
Avec la guêpe terrière et l'Hôte occulte de ses nuits,
Avec son peuple de servants, avec son peuple de suivants —
Le Puisatier et l'Astrologue, le Bûcheron et le Saunier,
Le Savetier, le Financier, les Animaux malades de la peste,
L'Alouette et ses petits et le Maître du champ, et le Lion amoureux, et le Singe montreur de lanterne magique.

Cette allusion à la fable au sein d'une Fable plus haute ramène à la simple humanité avant que ne défile encore comme dans une procession l'armada des métiers du monde, chacun d'eux donnant prétexte à imagerie, la place du Poète étant spécialement marquée puisqu'il témoigne à l'instance suprême, et qu'il est « parmi nous ».

Et le Poète aussi est avec nous, sur la chaussée des hommes de son temps.
Allant le train de notre temps, allant le train de ce grand vent.

La lecture de *Vents* produit chez le lecteur une sorte d'ivresse sacrée. Jamais il ne fut convié dans le passé poétique de la France à une telle fête, à un tel déploiement du poème, à une telle énergétique porteuse d'un optimisme vital à longue portée. Tandis que l'heure est au savoir, au témoignage et qu'au doute ils se peuvent heurter, l'alliance du vent provoque cette explosion qui se nomme poésie. Les vents ont balayé la place nette désormais pour l'ouverture à l'avenir. Le chant IV est celui du retour à l'Est mais aussi de la conquête de la planète, celui de l'accord où « l'homme, comme l'écrit Alain Bosquet, quelque misérable qu'il soit, participe à l'aventure du vent, conscient à la fois de sa précarité et de la grandeur de son inutilité ». Alors qu'il chevauchait vers l'Ouest, une voix mystérieuse a dérouté le cavalier :

... Et à celui qui chevauchait en Ouest, une invincible main renverse le col de sa monture, et lui remet la tête en Est. « Qu'allais-tu déserter là ?...

Mais le retour au Vieux Monde n'est pas abandon des anciennes révoltes et le poète, le conquérant ira « plus loin, plus loin » comme un Croisé. Le poème comme le vent s'apaise. Il a emporté tout regret, toute rancune, toute hésitation :

> ... Nous avions rendez-vous avec la fin d'un âge. Et nous voici, les lèvres closes, parmi vous. Et le Vent avec nous — ivre d'un principe amer et fort comme le vin de lierre ;
> Non pas appelé en conciliation, mais irritable et qui vous chante : j'irriterai la moelle dans vos os... (Qu'étroite encore fut la mesure de ce chant !)
> Et l'exigence en nous ne s'est point tue ; ni la créance n'a décru. Notre grief est sans accommodement, et l'échéance ne sera point rapportée.

Un recommencement s'amorce : « Ah ! quand les peuples périssaient par excès de sagesse, que vaine fut notre vision !... » Pourquoi ce retour ? Le poète, le guetteur, aidé par le vent, semonce la décadence :

> Nous en avions assez, prudence, de tes maximes à bout de fil à plomb, de ton épargne à bout d'usure et de reprise. Assez aussi de ces Hôtels de Ventes et de Transylvanie, de ces marchandes d'antiquailles au coin des places à balcons d'or et ferronneries d'Abbesses — bonheurs-du-jour et cabinets d'écaille, ou de guyane ; vitrines à babioles et verreries de Bohême, pour éventails de poétesses — assez de ces friperies d'autels et de boudoirs, de ces dentelles de famille reprises en compte au tabellion...

Libéré, lavé par les vents, le poète a tiré levain et force d'âme, « Et c'est le temps de bâtir sur la terre des hommes. Et c'est regain nouveau sur la terre des femmes... » Il faut ouvrir les porches à l'An neuf comme le Vent, maître du chant, y invite :

> Je hâterai la sève de vos actes. Je mènerai vos œuvres à maturation.
> Et vous aiguiserai l'acte lui-même comme l'éclat de quartz ou d'obsidienne.

Vents, poème cosmique, met en jeu la double épopée des forces naturelles et des forces spirituelles. Des énigmes la parcourent, des abstractions s'accordent au mouvement des masses géologiques soumises aux violences inexplicables de l'astronomie purificatrice, hors de toute logique et de tout cartésianisme. Ce que le poème porte d'obscur — obscur comme une lumière noire — ne répond nullement à la gratuité ou au jeu cérébral. Le poème, épris de magnificence, est produit par le choc de sentiments contraires qui fait naître l'émotion intense et un enthousiasme vital dépassant ses désespérances : honneur et horreur de vivre. Il fallait à Saint-John Perse le cadre d'un continent soumis aux bouleversements et aux conquêtes pour atteindre à la cosmogonie et à l'universalité, jouer de toutes les possibilités de la syntaxe, en inventer de nouvelles, forcer et violer une langue qui ne semblait pas préparée à un tel projet, et dès lors l'enrichir. Le poète a recours à une infinité de vocables renouvelés par l'image, par la connaissance étymologique, par des rappels, des allusions, des évocations de faits littéraires, philosophiques, culturels jamais directement référencés. C'est le poème de la hardiesse conquérante et de la remise en question. C'est l'épopée jaillie au cœur du Nouveau Monde d'un nouvel univers. En voici le finale :

> Quand la violence eut renouvelé le lit des hommes sur la terre,
> Un très vieil arbre, à sec de feuilles, reprit le fil de ses maximes...
> Et un autre arbre de haut rang montait déjà des grandes Indes souterraines,
> Avec sa feuille magnétique et son chargement de fruits nouveaux.

Aucun penseur, aucun philosophe, aucun écrivain, si fêté qu'il fût en notre temps, n'a su atteindre ces hauteurs vertigineuses de création et de pensée nouvelles.

Amers, hymne à l'immensité des mers.

Amers, 1957, vaste poème en troïs volets : *Invocation, Strophe* et *Chœur,* accompagnés d'une *Dédicace,* donne à l'épopée un nouvel essor. L'homme étant réconcilié avec ses désirs s'ouvre au souffle du large, et devant l'ampleur du mouvement – toute la poésie de Saint-John Perse est mouvement – comment ne pas penser encore à Pindare, à Eschyle, et, plus près de nous au Claudel des *Odes* ou de *Tête d'or* de quoi se rapprochait déjà *Anabase?* Par parenthèse, dès *Éloges* Valery Larbaud comparait son ami à Homère, Virgile, Whitman « dans leurs bons moments », et le poète connaîtra, venant de tous pays du monde en un temps où, à l'exception de quelques-uns, la France restait aveugle et muette, des hauts panégyriques se référant aux auteurs des plus grandes œuvres de l'humanité. Dans *Amers,* une fois encore, le vocabulaire va être sollicité au-delà même des limites du dictionnaire; toutes les ressources syntaxiques, toutes les rythmiques vont être à la source de nouvelles somptuosités. Le verset va s'accorder aux mouvements maritimes. La prosodie va traduire le ressac et la vague. La mer va devenir langage et auteur du langage. La rythmique, avec ses mètres pairs et impairs, va tenter des unions et des oppositions nouvelles en une musique d'une richesse et d'une invention constantes.

L'*Invocation* s'ouvre sur le titre « Et vous, Mers... » Le début du poème annonce le propos : salutation et « louange sans offense » car ne serait-ce pas offenser la Souveraine que prétendre la chanter ? C'est elle-même qui se chantera :

> Et c'est un chant de mer comme il n'en fut jamais chanté, et c'est la mer en nous qui le chantera :
> La Mer, en nous portée, jusqu'à la satiété du souffle et la péroraison du souffle;
> La Mer, en nous, portant son bruit soyeux du large et toute sa grande fraîcheur d'aubaine par le monde.

Le poète ajoute : « Et de la Mer elle-même il ne sera pas question, mais de son règne au cœur de l'homme » et nous confie : « ... Or il y avait un si long temps que j'avais goût de ce poème... » L'âge mûr le lui apporte, ce « grand poème hors de raison », cette récitation où paraît, comme dans de précédents poèmes, toute une procession majuscule :

Et c'est la Mer qui vint à nous sur les degrés de pierre du drame :
Avec ses Princes, ses Régents, ses Messagers vêtus d'emphase et de métal, ses grands Acteurs aux yeux crevés et ses Prophètes à la chaîne, ses Magiciennes trépignant sur leurs socques de bois, la bouche pleine de caillots noirs, et ses tribus de Vierges cheminant dans les labours de l'hymne,
Avec ses Pâtres, ses Pirates et ses Nourrices d'enfants-rois, ses vieux Nomades en exil et ses Princesses d'élégie, ses grandes Veuves silencieuses sous des cendres illustres, ses grands Usurpateurs de trônes et Fondateurs de colonies lointaines, ses Prébendiers et ses Marchands, ses grands Concessionnaires des provinces d'étain, et ses grands Sages voyageurs à dos de buffles de rizières...

Dans la *Strophe* sont les gens du port, ceux des Villes hautes éclairées sur tout leur front de mer, et le poète, pour rendre hommage, prêtera sa voix au « Maître d'astres et de navigations », puis aux Tragédiennes :

Les Tragédiennes sont venues, descendant des carrières. Elles ont levé les bras en l'honneur de la Mer : « Ah! nous avions mieux auguré du pas de l'homme sur la pierre!
« Incorruptible mer, et qui nous juge!... Ah! nous avions trop présumé de l'homme sous le masque! Et nous qui mimons l'homme parmi l'épice populaire, ne pouvions-nous garder mémoire de ce plus haut langage sur les grèves?

Ce sont elles qui invoquent la mer et qui, avec leur « cri d'Amantes » appellent un don : « Nous requérons faveur nouvelle pour la rénovation du drame et la grandeur de l'homme sur la pierre ». Elles souhaitent « qu'un grand style encore nous surprenne », que la mer enseigne le plus grand texte et le mode majeur, disent : « Au mouvement des eaux princières, qui renouera pour nous la grande phrase prise au peuple? » Tragédiennes sans autre emploi que de louer et de requérir, elles parlent :

« Dénuement! dénuement!... Nous implorons qu'en vue de mer il nous soit fait promesse d'œuvres nouvelles : d'œuvres vivaces et très belles, qui ne soient qu'œuvre vive et ne soient qu'œuvre belle – de grandes œuvres séditieuses, des grandes œuvres licencieuses, ouvertes à toutes prédations de l'homme, à son écart, au plus grand pas de l'homme sur la pierre... »

Les Patriciennes arrivent à leur tour « aux corniches blanches sur la mer » et se présentent, s'émerveillent aussi d'être « soudain de ce côté du soir et de la terre où l'on entend croître la mer à nos confins de mer... » et c'est l'hommage et la promesse :

« Honneur et Mer! schisme des Grands! déchirement radieux par le travers du Siècle... est-ce là ta griffe encore à notre flanc? Nous t'avons lu, chiffre des dieux! Nous te suivrons, piste royale! ô triple rang d'écume en fleur et cette fumée d'un sacre sur les eaux,
« Comme au terre-plein des Rois, sur les chaussées péninsulaires peintes, à grands traits blancs, des signes de magie, le triple rang d'aloès en fleur et l'explosion des hampes séculaires dans les solennités de l'avant-soir!... »

Autre présence féminine : la Poétesse qui est langage : « Notre naissance est de ce soir, et de ce soir notre croyance. » Invocations encore :

« Faites qu'un soir il nous souvienne de tout cela de fier et de réel qui se consumait là, et qui nous fut de mer, et qui nous fut d'ailleurs,
« Parmi toutes choses illicites et celles qui passent l'entendement... »

La *Strophe* se déploie par d'autres voix, la Fille chez les Prêtres, l'Étranger, les Amants, le poète lui-même en une longue suite épousant tous les thèmes. On ne peut paraphraser ici, expliquer chaque mouvement, chaque page d'amour et d'adoration, de spasmes et de vertige, mais dire avec Robert Kemp : « Nous voici possesseurs d'un des plus nobles chants triomphaux en l'honneur de l'amour charnel qui aient jamais été composés... Mais tout en est grandiose, frénétique, et créateur. Il s'agit de l'enfantement de tout ce qui émerveille, sur la planète, par l'ensemencement de la mr... » Oui, que l'on oublie l'étroit rationalisme pour assister à une naissance du poème que ne peut qu'évoquer le cheminement de la simple prose.

Nous, nous pensons, après *Invocation* et *Strophe*, à un sommet difficilement dépassable, or dans le *Chœur* la louange de la Mer est reprise avec encore plus de puissance et d'harmonie :

« Mer de Baal, Mer de Mammon — Mer de tout âge et de tout nom,
« Ô Mer sans âge ni raison, ô Mer sans hâte ni saison,
« Mer de Baal et de Dagon — face première de nos songes,
« Ô Mer promesse de toujours et Celle qui passe toute promesse,
« Mer antérieure à notre chant — Mer ignorance du futur,
« Ô Mer mémoire du plus long jour et comme douée d'insanité,
« Très haut regard porté sur l'étendue des choses et sur le cours de l'Être, sa mesure !...

Le poème dit l'accomplissement du projet comme il en avait fait l'annonce : « Innombrable l'image, et le mètre, prodigue. Mais l'heure vient aussi de ramener le Chœur au circuit de la strophe. » Le Récitant reprend ses mots, ses phrases et les amplifie. Revêtu de « la grande robe prosodique », l'amour l'a confondu à l'objet même de ses mots : « Ou mieux, te récitant, toi-même, le récit, voici que nous te devenons toi-même, le récit. » La merveille étant atteinte, voici la *Dédicace* finale, au plus haut sommet de la langue :

Midi, ses fauves, ses famines, et l'An de mer à son plus haut sur la table des Eaux...
— Quelles filles noires et sanglantes vont sur les sables violents longeant l'effacement des choses ?
Midi, son peuple, ses lois fortes...

Et c'est le suprême aboutissement, comme *Amers* est le suprême aboutissement de l'œuvre de Saint-John Perse : « Et l'homme au masque d'or se dévêt de son or en l'honneur de la Mer. »
Ainsi notre siècle tant décrié est celui où naît le poème de la mer, plus haut que les *Néréides*, l'*Oceano Nox*, Baudelaire ou Lautréamont. Le poète s'est dégagé des contingences terrestres du quotidien ou de l'histoire pour atteindre l'absolu et affirmer une complicité avec les forces

souveraines de la nature, pour harmoniser la culture avec les éléments, pour fraterniser avec la vie totale. Jamais le poète ne fut aussi lucide, aussi magique, aussi proche de la connaissance. Le poète est devenu son poème.

Chronique, Oiseaux, Équinoxe.

Avec *Chronique,* 1960, dans un chant plus intime, Saint-John Perse revient à l'homme lui-même, dans son honneur et sa précarité : « C'est assez d'engranger, il est temps d'éventer et d'honorer notre aire. » Le chant, plus intériorisé, plus concentré, apporte l'apaisement d'une pensée frémissante et ouverte. C'est le poème du « grand âge », expression déjà rencontrée chez lui, non pas un bilan ou un testament, mais un arrêt avant de parcourir « une route de braise et non de cendre ». Car le poète « avec cette heure de grand sens », depuis longtemps avait pris rendez-vous. Le poète répond :

« Grand âge, nous voici. Fraîcheur du soir sur les hauteurs, souffle du large sur tous les seuils, et nos fronts mis à nu pour de plus vastes cirques... »

La plupart des huit poèmes de *Chronique* commencent par cette invocation au « grand âge » :

« Grand âge, vous mentiez : route de braise et non de cendres... La face ardente et l'âme haute, à quelle outrance encore courons-nous là ? Le temps que l'an mesure n'est point mesure de nos jours. Nous n'avons point commerce avec le moindre ni le pire. Pour nous la turbulence divine à ce dernier remous... » (II).
« Grand âge, nous venons de toutes rives de la terre. Notre race est antique, notre face est sans nom. Et le temps en sait long sur tous les hommes que nous fûmes » (III).
« Grand âge, nous voici. Rendez-vous pris, et de longtemps, avec cette heure de grand sens » (V).
« Grand âge, nous voici. Prenez mesure du cœur d'homme. » (VIII).

Si le poème en appelle à la méditation, elle ne se résout pas en images attendues et la fin du poème est en fait départ comme une navigation, vers la plus haute mer :

« Demain, les grands orages maraudeurs, et l'éclair au travail... Le caducée du ciel descend marquer la terre de son chiffre. L'alliance est fondée.
« Ah ! qu'une élite aussi se lève, de très grands arbres sur la terre, comme une tribu de grandes âmes et qui nous tiennent en leur conseil... Et la sévérité du soir descende, avec l'aveu de sa douceur, sur les chemins de pierre brûlante éclairés de lavande... »

Sous le signe de la peinture : *l'Oiseau* de Braque, en 1963, Saint-John Perse publie un nouveau grand poème en treize chants sous le titre d'*Oiseaux*. Il va de l'à-propos à la méditation plus vaste dans un chant qui unit le mouvement de l'aile au génie de l'homme capable de fixer l'un et l'autre en un seul trait. Ces « Oiseaux, lances levées à toutes frontières de l'homme ! » vont inspirer à Saint-John Perse non pas un dépassement car le poème n'atteint pas les hauteurs vertigineuses des précédents mais une vision intelligente et en intelligence avec son objet. L'oiseau, il le considère dans l'ascétisme de son vol et à la lumière des « vieux naturalistes français, dans leur langue très sûre et très révérencieuse » et aussi « dans sa double allégeance, aérienne et terrestre » comme « un satellite infime de notre orbite planétaire ». Et ce sont là : « Toutes choses connues du peintre dans l'instant même de son rapt, mais dont il doit faire abstraction pour rapporter d'un trait, sur l'aplat de sa toile, la somme vraie d'une mince tache de couleur. » Dès lors, Saint-John Perse parle comme un fervent d'esthétique :

> La fulguration du peintre, ravisseur et ravi, n'est pas moins verticale à son premier assaut, avant qu'il n'établisse, de plain-pied, et comme latéralement, ou mieux circulairement, son insistante et longue sollicitation. Vivre en intelligence avec son hôte devient alors sa chance et sa rétribution. Conjonction du peintre et de l'oiseau...

C'est là, diront d'aucuns, simple prose et non poésie, et *Oiseaux* fait regretter d'autres vertiges, mais le poème est si riche d'observation qu'un poète seul aurait pu ainsi l'écrire. Il est heureux aussi de voir là un hommage au peintre qui saisit dans l'instant ce mouvement qui est le fond de l'œuvre de Perse. « Oiseaux de Braque, et de nul autre... », ils apparaissent comme « l'espace traversé d'une seule pensée ». Voici la dernière strophe :

> Laconisme de l'aile ! ô mutisme des forts... Muets sont-ils, et de haut vol, dans la grande nuit de l'homme. Mais à l'aube, étrangers, ils descendent vers nous : vêtus de ces couleurs de l'aube — entre bitume et givre — qui sont les couleurs mêmes du fond de l'homme... Et de cette aube de fraîcheur, comme d'un ondoiement très pur, ils gardent parmi nous quelque chose du songe de la création.

Fort mince est le recueil de 1975 qui, sous le titre de *Chant pour un équinoxe,* groupe, en plus du poème qui porte ce titre, *Sécheresse, Nocturne, Chanté par Celle qui fut là.* Ces poèmes portent plus d'économie, moins de magnificence, et plus de gravité, comme un ultime message.

La *Sécheresse* est ressentie physiquement et en esprit. Elle peut permettre, assises prises sur la terre, un « temps d'allégresse et d'insolence pour les grandes offensives de l'esprit », elle est faveur quand « Dieu s'use contre l'homme, l'homme s'use contre Dieu », elle est « maigreur et soif et faveur d'être », elle est passion, « délice et fête d'une élite ».

En peu de phrases, le *Chant pour un équinoxe* exprime la coulée de la vie parmi les éléments et les intempéries : « ô Terre, notre Mère, n'ayez souci de cette engeance : le siècle est prompt, le siècle est foule, et la vie va son cours. » *Nocturne* nous montre « mûrs, ces fruits d'un ombrageux destin » mais déjà « la lieuse de gerbes attend au bas du soir ».

Le dernier poème, *Chanté par Celle qui fut là* est une invocation à l'amour de la femme « dans les silences du cœur de l'homme », un poème de ferveur et d'émotion :

> Femme vous suis-je, ô mon amour, en toutes fêtes de mémoire. Écoute, écoute, ô mon amour.
> le bruit que fait un grand amour au reflux de la vie. Toutes choses courent à la vie comme courriers d'empire.

Le poème se clôt sur une méditation plus intense au seuil de la mort :

> La Mort au masque de céruse se montre aux fêtes chez les Noirs, la Mort en robe de griot changerait-elle de dialecte?... Ah! toutes choses de mémoire, ah! toutes choses que nous sûmes, et toutes choses que nous fûmes, tout ce qu'assemble hors du songe le temps d'une nuit d'homme, qu'il en soit fait avant le jour pillage et fête et feu de braise pour la cendre du soir! — mais le lait qu'au matin un cavalier tartare tire du flanc de sa bête, c'est à vos lèvres, ô mon amour, que j'en garde mémoire.

Ainsi se termine l'œuvre poétique de Saint-John Perse, cette cosmogonie humaniste, cette épopée encyclopédique à l'image des bouleversements du siècle et de la pensée, conduites sur un rythme, des rythmes envoûtants et magiques, un mouvement, des mouvements incantatoires, une somptuosité verbale éblouissante jusqu'à l'ivresse des sens. Poète cosmique en un temps où l'homme a pris la mesure de sa planète en même temps que la conscience entière de la poussière qu'il y représente, Saint-John Perse en offrant au monde son plus haut cérémonial, sa messe, a su, sans rien perdre de son humanité, bien au contraire! dépasser l'immédiat inerte par sa voix dans le temps et hors du temps, abstraite et concrète, claire et en même temps chargée de secrets que nous n'avons pas tous déchiffrés, solennelle, parce qu'on procède ainsi avec la grandeur, et aussi ce qu'on dit peu : violente et voluptueuse.

Prolongements du poème.

« Hors des légendes du sommeil toute cette immensité de l'être et ce foisonnement de l'être, toute cette passion d'être et ce pouvoir d'être, ah! tout ce très grand souffle voyageur... » Ces lignes extraites de *Chronique* expriment tout Saint-John Perse.

De riches prolongements de sa poésie se trouvent dans sa prose qu'il est indispensable de lire. Certains textes, par la beauté et la haute simplicité de la prose, rejoignent le poème et la lecture est indispensable de ce volume des *Œuvres complètes* dans la bibliothèque de la Pléiade où l'on trouve discours, hommages, témoignages littéraires et politiques, correspondance, ainsi qu'une masse de renseignements comme il sied à une bonne édition critique.

Les *Hommages* s'adressent entre autres à Paul Valéry, Jacques Rivière, André Gide, Georges Schéhadé, Paul Claudel, Adrienne Monnier, Valery Larbaud, Stravinski, Ungaretti, Tagore, Victoria Ocampo, Borges, Fargue, à « ceux des *Cahiers du Sud* », Marcel Arland, Jacqueline Kennedy, Braque, Madariaga, Nadia Boulanger, Alain Bosquet, T. S. Eliot avec la traduction de poèmes ou René Char. Certains textes comme celui adressé à Char ont la rythmique et l'apparence du poème :

Char, vous avez forcé l'éclair au nid, et sur l'éclair vous bâtissez.
Les dieux coiffent le masque à l'approche du poète, et leurs voies sont obscures. Mais vous, d'avoir un jour, sur votre face, senti passer le souffle de l'Insaisissable, vous n'avez jamais guéri.
Parmi la foule de besaciers, de chiffonniers et d'orpailleurs qui tiennent entre eux la cote des valeurs littéraires comme la cote mobilière, vous marchiez à grands pas vers vos lointains relais, sachant sur quelles pierres nues fut par instants posé le luth de l'Étranger...

De même dans le *Discours pour Dante* prononcé à Florence, on trouve le poème inspiré par le « Poète, suzerain de naissance, et qui n'a point à se forger une légitimité » et, par-delà l'hommage, la louange, l'éloge au créateur lointain, la révérence à son art :

... Poésie, heure des grands, route d'exil et d'alliance, levain des peuples forts et lever d'astres chez les humbles; poésie, grandeur vraie, puissance secrète chez les hommes, et, de tous les pouvoirs, le seul peut-être qui ne corrompe point le cœur de l'homme face aux hommes...

Lors de son allocution au banquet Nobel du 10 décembre 1960, il commence ainsi : « J'ai accepté pour la poésie l'hommage qui lui est ici rendu, et que j'ai hâte de restituer. » Toute cette prose serait à citer qui situe le Poème à son haut niveau sans le séparer d'un ensemble culturel humain. Il sait que « du savant comme du poète, c'est la pensée désintéressée que l'on entend honorer ici » et parle du « drame de la science moderne découvrant jusque dans l'absolu mathématique ses limites rationnelles ». Il dit encore : « Au vrai, toute création de l'esprit est d'abord " poétique " au sens propre du mot; et dans l'équivalence des formes sensibles et spirituelles, une même fonction s'exerce, initialement, pour l'entreprise du savant et pour celle du poète. » Il fallait que cela fût exprimé un jour et devant les plus hautes instances :

Par la pensée analogique et symbolique, par l'illumination lointaine de l'image médiatrice, et par le jeu de ses correspondances, sur mille chaînes de réactions et d'associations étrangères, par la grâce enfin d'un langage où se transmet le mouvement même de l'Être, le poète s'investit d'une surréalité qui ne peut être celle de la science. Est-il chez l'homme plus saisissante dialectique et qui de l'homme engage plus ? Lorsque les philosophes eux-mêmes désertent le seuil métaphysique, il advient au poète de relever là le métaphysicien; et c'est la poésie alors, non la philosophie, qui se révèle la vraie « fille de l'étonnement », selon l'expression du philosophe antique à qui elle fut la plus suspecte.

Saint-John Perse définit la poésie comme mode de vie intégrale plus que comme mode de connaissance. Il en dit la permanence et : « Quand les mythologies s'effondreront, c'est dans la poésie que trouve refuge le divin; peut-être même son relais. » N'attendant rien des avantages du siècle, elle est libre de toute idéologie, « embrasse au présent tout le passé et l'avenir, l'humain avec le surhumain, et tout l'espace planétaire avec l'espace universel ». Il s'élève contre le doute et la crainte marqués de stérilité et marque l'optimisme, mais : « Face à l'énergie nucléaire, la lampe d'argile du poète suffira-t-elle à son propos ? — Oui, si d'argile se souvient l'homme. » Et le discours se clôt par cette phrase haute : « Et c'est assez, pour le poète, d'être la mauvaise conscience de son temps. »

Saint-John Perse, prix Nobel, fêté et salué, admiré et porté au faîte de la poésie de tous les temps par les plus grands (Gide, Claudel, Eliot, Hoffmanstahl, Caillois, Morand, tous ses grands contemporains) et reconnu par les nouvelles générations de poètes comme un maître de haut vol, comme la voix la plus haute, en dépit des multiples hommages, des études si nombreuses, reste pour la plupart de nos compatriotes, et même parmi les plus lettrés, un inconnu, un poète taxé d'obscurité, une présence qu'on n'aborde pas. Pourtant :

Aux chroniqueurs de l'histoire, aux historiographes des règnes précaires répond Saint-John Perse, maître à parler des vents et des neiges, des mers et des pluies, l'historien du Règne, l'histoire qui dit sa propre histoire, le poète qui est son poème. Il sut la fable, il sut les lieux de la puissance, les sources vivifiantes, le chant des grandes marches, les récits cosmiques, encyclopédiques, légendaires. Toute l'harmonie, les passions, les colères. La nature par lui fut épique et l'homme, « litige entre toutes choses litigieuses », fut en commerce avant la grandeur. Dispensateur de l'élégie sans pleurs, du nombre d'or caché dans les feuilles, de tous les instruments mariés dans un concert inouï, acteur dans l'immensité, aède dans le désastre, érigeant la poésie en majesté, mystique et réaliste, île humaine au cœur des archipels, ordonnateur du poème comme rite, il est « le Guérisseur et l'Assesseur et l'Enchanteur aux sources de l'esprit !... » et l'on répète : « ... il veille. Et c'est là sa fonction... »

Aux éléments naturels, aux forces primitives, donner leur syntaxe. Habitant de son nom, il l'a construit lui-même comme une maison de l'Être et du Possible, « un grand pays plus chaste que la mort ». Parce qu'il résume des siècles de recherches, de navigation, de découverte et de conquête, il annonce toutes les transformations de la poésie. Qui l'entend, tout d'abord « emparé-désemparé » par une perfection difficile à atteindre, à rejoindre, écoute chanter et conjuguer le verbe inventer : *j'invente*, et aussi *je m'invente*.

Lorsque nous n'aurons plus la force ni le goût de vivre, lorsque les énergies seront épuisées, quel homme tournera son regard mourant vers la haute leçon du verbe à mesure d'univers? Les grands vents toniques des désespoirs vaincus feront jaillir la neuve étincelle. « L'été plus vaste que l'empire... » *Éloges, Anabase, Exil, Vents, Amers...* nous apprendront à lire le monde par la puissance de l'image, et, qui sait? peut-être « Lèverons-nous le fouet sur les mots hongres du bonheur »?

2

Victor Segalen

« C'est ici que nous l'avons pris vivant. »

Il faut bien parler de ses huit lustres de vie, lui dont le message a mis un demi-siècle à nous parvenir, à parvenir à quelques-uns seulement, mais dont les lumières se découvrent peu à peu, brillant, éclairant avec de plus en plus d'intensité. Qui est ce précurseur, ce découvreur qui soutient la comparaison avec un Paul Claudel et un Saint-John Perse, et que le Français connaît moins encore? Qui est cet homme secret, cet aristocrate de l'esprit, ce solitaire de la pensée, ce mandarin dont les livres rares et de minces tirages n'étaient connus que de rares lettrés? Quel est ce maître de beauté, ce découvreur, ce voyageur, cet inconnu?

Il se nomme Victor Segalen (1878-1919). Il naît à Brest, y fait ses études classiques chez les Jésuites. Sa mère est musicienne. Il fera beaucoup de musique : piano, violon, chant, harmonie, composition. Il adorera la bicyclette : comme Jarry ; il détestera la mer, mais sera reçu au concours d'entrée de l'École de Santé navale en 1898. Trois ans plus tôt, à la Faculté de Rennes, avec son maître, Louis Joubin, il avait fait des expériences sur la pénétration des corps opaques par les rayons X. Il étudie donc à Bordeaux. L'aumônier de l'école lui fait connaître Huysmans qui le reçoit à Ligugé et qui le marque profondément. Et voilà que, en 1900, il connaît une dépression nerveuse; il a aussi horreur de la médecine. Cela ne l'empêche pas d'étudier les névroses dans la littérature contemporaine et de soutenir une thèse sur *les Cliniciens ès-lettres,* encouragé en cela par Saint-Pol Roux, puis par Remy de Gourmont qui fait publier dans le *Mercure de France : les Synesthésies et l'École symboliste.* Sa thèse soutenue, il attend un poste à Toulon et doit rejoindre l'aviso *la Durance* à Tahiti. Parti du Havre, il est immobilisé à San Francisco par la fièvre typhoïde et finit par rejoindre son bateau qui met le cap sur les Tuamotou ravagées par un cyclone. Il étudie les Maoris dont la race se meurt et qui oublient leurs croyances et leurs coutumes ancestrales : ce drame sera le sujet des *Immémoriaux.* Il veut rejoindre Gauguin mais arrive à sa demeure après sa mort et trouve ses carnets de croquis, ses ébauches, ses textes. Il enverra au *Mercure* un article,

Gauguin dans son dernier décor. L'aviso *la Durance,* après une escale forcée à Colombo, rejoindra la France. Nous sommes en 1904 et l'année suivante, Segalen rencontre Claude Farrère à Toulon, puis à Brest il épouse la fille d'un médecin, Yvonne Hébert. Médecin de l'École des mousses, il travaille à ses *Immémoriaux,* rejoint souvent à Paris Georges-Daniel de Monfreid qui lui fait connaître les toiles de Gauguin, Pierre Louÿs qui le présente à Claude Debussy avec qui Ségalen voudrait collaborer (il projette un drame hindou : *Siddharta*), Jules de Gaultier dont l'œuvre a sur lui une grande influence. En 1907 paraissent *les Immémoriaux* sous le pseudonyme de Max Anély. Debussy a renoncé à mettre en musique *Siddharta* et lui a suggéré d'écrire un drame sur *Orphée.*

En 1908, pour obtenir un poste d'interprète en Chine, il passe un examen de chinois aux Langues orientales. Il fait alors la connaissance de Gilbert de Voisins, romancier et voyageur, qui lui propose un voyage en commun en Chine.

En avril 1909, Victor Segalen part pour la Chine. Gilbert de Voisins doit le retrouver à Pékin. Segalen écrit à sa femme qui doit le rejoindre après son voyage d'exploration et lui parle de Paul Claudel : « Claudel me prend... je me laisse faire. Il a vu Ceylan d'une vision impérissable. Quelle n'était pas la force des mots puisqu'en face même de la réalité splendide ils persistent et triomphent! » Est-il plus bel hommage? Il rend visite à Claudel qui se trouve en poste à Tien-tsin. Découverte de Pékin, attirance de la Chine ancienne, de l'Empereur qui le fascine. En août commence avec Gilbert de Voisins le voyage à cheval jusqu'à Tchen-Tou en longeant le plateau tibétain. Une jonque les conduira à la mer, puis au Japon. Et Segalen écrit des pages « strictement littéraires » qu'il se propose de reprendre plus tard.

Installé à Pékin avec sa femme et son fils Yvon, il se perfectionne dans la connaissance du chinois, effectue des recherches sur l'empereur Kouang-siu mort deux ans auparavant, découvre une autre civilisation avec son histoire, sa littérature, sa philosophie. Il aimerait pénétrer dans la Ville Interdite et c'est alors qu'il rencontre un jeune Français de dix-neuf ans, René Leys, qui serait l'amant de l'impératrice. A noter qu'âgé de trente-deux ans Ségalen n'a pas encore écrit de poèmes, mais à partir du 24 septembre 1910, durant dix-huit mois, il va composer ces « proses courtes et dures » dans lesquelles il met, comme il l'écrit à Jules de Gaultier, tout ce qu'il a à exprimer. Parallèlement, il effectue son métier de médecin à Chan-hai-kouan où il enraye une épidémie, puis à Tien-tsin où il est professeur à l'Imperial Medical College. Il travaille au *Fils du ciel* (l'empereur Kouang-siu), à *Stèles, Peintures* et *Odes.* En 1912, édition originale de *Stèles* à Pékin sur les presses des lazaristes. Tirage : environ 200 exemplaires dont 81 numérotés. Papier de Corée imprimé d'un seul côté et plié en accordéon. Couverture : plats de bois reliés par des cordonnets jaunes. Titre : quatre caractères chinois gravés en haut à droite. C'est une période d'intense activité : Segalen veut créer un musée à Pékin, il jette les bases d'une mission archéologique avec Gilbert de Voisins et Jean Lartigue, officier de marine, mais il devra préparer sa mission en

France. Il écrit de nouvelles *Stèles,* travaille à *Peintures,* et, après la lecture du *Repos du septième jour* de Paul Claudel, compose une version personnelle de ce drame : *le Combat pour le Sol.*

En 1913, à Paris, il propose à l'éditeur Crès de créer pour lui à Pékin une collection : « Coréenne » dont le premier volume sera une réédition de *Stèles* augmentée tandis que suivront *Connaissance de l'Est* de Claudel, puis un des contes des *Mille et Une Nuits.* Pour revenir à Tien-tsin, il emprunte le Transsibérien cher à Cendrars. Il est alors père de trois enfants. Comme il se souvient de l'histoire mystérieuse de René Leys, il commence à l'écrire. Il envisage de donner un prolongement littéraire à sa mission en confrontant « sur le terrain » l'imaginaire et le réel. Déjà se dessine *Équipée.* En 1914, tandis qu'en France on a d'autres soucis, les trois explorateurs vont à la découverte des vestiges anciens. Le soir Segalen rédige les *Feuilles de route* de la mission. C'est un temps d'aventures dangereuses, surprenantes. Et la plus grave : la guerre qui doit les ramener en France où Segalen est nommé à l'hôpital maritime de Brest. Durant ses heures libres, il reprend un à un ses manuscrits : *Peintures, René Leys, Équipée, Orphée-roi* que Debussy renoncera à mettre en musique.

En 1917, mission militaire en Chine qu'il gagne en passant par l'Angleterre, la Suède et la Russie. Étude des tombeaux de la dynastie des Hang et composition, comme il l'avait fait en 1914, de *Feuilles de route* pour décrire ces monuments. Avec ses précédentes études sur les dynasties Hang et T'ang, il écrit une histoire de la *Statuaire chinoise* et son poème *Thibet.* Après un séjour d'attente à Hanoi, il rejoint Marseille, puis Brest. Nous sommes en 1918 et la guerre n'est pas finie. La santé de Segalen est mauvaise, mais il travaille : « Je me venge de ma chair moins robuste en en faisant un poème lyrique d'escalade et d'effort. » (Il s'agit de son poème *Thibet.*) Il soigne des « centaines ou presque » de jeunes marins atteints de la grippe espagnole. Au lendemain de l'armistice, brisé, à bout de forces, il travaille encore, tente d'obtenir « un transfert à Paris pour poser les bases d'une centralisation française de l'Histoire des Arts en Extrême-Orient ». Début 1919, après une hospitalisation au Val-de-Grâce, il part en convalescence pour Alger sans que son état de santé s'améliore. Il écrit à Jean Lartigue : « ...je n'ai aucune maladie connue, reçue, décelable. Et cependant " tout se passe comme si " j'étais gravement atteint. Je ne me pèse plus. Je ne m'occupe plus de remèdes. Je constate simplement que la vie s'éloigne de moi ».

Retiré à Huelgoat, en Argoat, près de Brocéliande. Le 21 mai 1919, « pour fuir une bande tapageuse qui s'annonçait à l'hôtel, témoigne Jeanne Perdriel-Vaissière, il résolut de déjeuner dans les bois. A onze heures, il partait... On le retrouva trois jours après, allongé dans un creux moussu bien choisi pour la sieste, son veston ouvert, son vêtement plié sous lui, son Shakespeare à portée de la main, expliquaient qu'il s'était installé pour lire et se reposer. En escaladant la butte qui domine le Gouffre, son pied s'était blessé au biseau d'un rejet fraîchement coupé; il avait agencé un pansement avec son mouchoir; sans doute à cette minute la syncope était survenue... » D'aucuns parleraient de suicide, sans doute à tort.

Nombre de ses écrits sont posthumes : *René Leys, Odes, Équipée,* des *Stèles* inédites, ainsi que sa correspondance et deux ouvrages d'archéologie, publications dues à la piété filiale de sa fille Madame Joly-Segalen et au dévouement de son biographe Henry Bouillier. Parmi ceux qui étudieront son œuvre, citons Jean-Louis Bédouin, Victor P. Bol, Gabriel Germain, Pierre-Jean Jouve, Vadime Elisséeff, Eugène Roberto, Pierre-Jean Remy, liste point exhaustive. « C'est ici que nous l'avons pris vivant. » C'est là que nous allons parcourir son œuvre poétique.

Du Parler ancien à la Loi nouvelle.

Les Immémoriaux, 1907, se présente comme un récit en prose, mais il s'agit bien d'un poème inspiré par les anciens Maoris et par le drame d'une civilisation, par la beauté et la douceur sensuelle de Tahiti. Le héros, le jeune prêtre païen Terii le Récitant, est le prétexte à introduire le lecteur à la vie des indigènes; le drame est celui d'un peuple heureux condamné par l'envahisseur à la perte de sa joie par l'oubli et le reniement de ses racines. On peut penser que cette œuvre du siècle naissant porte un message toujours actuel. Terii est le dépositaire des anciens parlers, ceux du temps où les hommes et les dieux n'étaient pas morts, ceux qu'il a recueillis au cours de son apprentissage :

C'étaient des gestes rigoureux, des incantations cadencées, profondes et confuses, des en-allées délimitées autour de l'enceinte de corail poli. C'étaient des rires obligés ou des pleurs conventionnels, selon que le dieu brillant Oro venait planer haut sur l'île, ou semblait, au temps des sécheresses, s'enfuir vers le pays de l'abime et des morts. Docilement, le disciple répétait ces gestes, retenait ces dires, hurlait de joie, se lamentait. Il progressait dans l'art d'interpréter les signes, de discerner, dans le ventre ouvert des chiens propitiatoires, les frémissements d'entrailles qui présagent un combat heureux.

Le drame qui soutient ce récit est dans celui de l'oubli progressif du « dire » et des dits ancestraux. Parce que le verbe et l'être ne font qu'un, dès que l'homme ne peut plus énoncer les mots qui sont dieux, la mort est proche, mort des dieux et mort de l'homme sans le trésor vital des sources : les mots de la tribu. Ainsi, lorsque le dépositaire de la tradition orale oublie un nom, la menace se précise et les hommes meurent.

Dans *les Immémoriaux,* au récit se mêlent des légendes, des chants, des poèmes qui alternent avec la description des grandes fêtes en l'honneur du dieu Oro :

— Il était. Son nom Taàroa.
Il se tenait dans l'immensité.
Point de terre. Point de ciel.
Point de mer. Point d'hommes.
Il appelle. Rien ne répond.
Seul existant, Taàroa se change en Monde.

Sous le titre *le Parler ancien* sont énoncés dans une langue riche d'imagerie tout ce qui fait le fonds culturel des peuples, préceptes, morales, coutumes, sagesses, notions utiles comme pour la navigation : « Le dernier jour, un coup d'œil sur le corps onduleux du grand requin bleu mangeur de nuages. Suivant sa courbe et son contour, tu connaîtras la marche du vent qui vient. » Le parler ancien, c'est la joie profonde, rayonnante de l'homme :

> Un silence. On écoute; un crabe de terre, derrière les bambous. L'enfant racle les bols vides. Mais il tend l'oreille. Le maître, d'une voix ternie :
> — Haéré-po, n'oublie pas mes dires. Et puisses-tu comme moi les passer à d'autres hommes, avec ton souffle dernier...
> Un silence. On écoute : le récif, au large. Le haéré-po ne répond pas. Son haleine est lente. Il dort.
> — Tous! Tous ainsi, maintenant! Sans colère, le vieillard a fermé la bouche.

Des hommes austères, sans joie, débarquent sur le rivage, ceux de la loi nouvelle, du *Nouveau Parler*. Le récitant s'exile en quête de l'ancienne sagesse. A son retour tout est transformé : on invoque un nouveau Dieu, Iésu Kérito, les coutumes nouvelles sont sans signification, sans joie, on répète de nouveaux préceptes consignés dans les *Signes parleurs*. Térii le Récitant est d'un autre âge, l'âge païen dont les nouveaux évangélisés se moquent. Comment retrouver la joie? Térii recourt à la boisson donneuse d'oubli qu'ont apportée les hommes blafards. Son ancien maître, resté fidèle, essaie de le convaincre de réagir, mais Térii ne peut plus supporter les sarcasmes : il se laisse baptiser et devient prêtre de la nouvelle religion sous le nom de Iakoba.

Il s'agit, en même temps que du premier récit ethnographique, d'un poème épique narrant la double agonie des hommes et des dieux par la lente dégradation de la tradition orale et de ses richesses salvatrices ancestrales. Ici Segalen, clairvoyant, jette un cri d'alarme qui peut s'adresser à toute civilisation par-delà le temps et l'espace.

Toute prose chez Segalen sera poésie qu'il s'agisse d'un texte comme *le Double Rimbaud*, 1905, provoqué par une escale à Djibouti où il a retrouvé la trace de l'homme aux semelles de vent, ou *l'Hommage à Gauguin*, 1919, qui dépasse la critique picturale pour devenir création poétique comme en témoigne cet extrait :

> Enfin l'haleine. Nourrie de fruits mûrs et de poissons vifs, de peu de viandes, — ou bien légères et cuites selon les recettes naturelles, — la Maorie s'exhale toute proche des éléments qu'elle absorba. Mais ceci qui ne peut être peint n'a que faire en cet Hommage à la seule peinture. Le reste est œuvre d'amant, — qu'il soit lui-même Maori, — et son apport est symétrique, — ou bien étranger, accueilli comme un dominateur dont le vouloir est bon et le désir digne d'être reçu.

« La stèle, corps et âme, être au complet. »

Les Immémoriaux ne sauraient être pris comme la transcription de l'oralité maorienne, ni comme un pastiche, un texte teinté d'exotisme, on le verra mieux en découvrant *Stèles* où, l'éclairage chinois succédant à l'éclairage maori, se situera la vraie mesure du poète, car, comme l'écrit Pierre-Jean Rémy : « Il aura fallu les voyages en Chine, l'ambiguïté chinoise, pour que peu à peu *les Immémoriaux* se dégagent de leur gangue de littérature orale et se dressent comme un premier jalon dans l'utilisation d'un décor réel pour un voyage au pays de l'Imaginaire. » Lorsque Segalen envisage d'écrire ses *Stèles,* comme il l'écrira à Jules de Gaultier, il « cherche délibérément en Chine non pas des idées, non pas des sujets, mais des formes qui sont peu connues, variées et hautaines ». La forme est celle de la stèle, rectangle allongé, masse serrée, s'élevant dans la campagne, dans un temple, au seuil d'une ville, au bord d'un chemin, portant un dit lapidaire, une épigraphe au dur burin vantant les victoires d'un général ou la beauté d'une favorite. Certes, la Chine est présente avec ses paysages, ses moines et ses princesses, le grand caractère chinois qui précède chaque série de poèmes, ses archaïsmes, ses tours de phrases et ses translations, ses formulations, mais cela c'est la matière et le décor et si la forme est chinoise la pensée est bien celle de Segalen qui cherche à atteindre l'espace du dedans plus qu'à célébrer tel haut personnage. La liberté est infinie et l'inspiration est vaste. Et si Segalen se montre un fin lettré à la mode chinoise, c'est pour mieux chanter la beauté et la diversité, offrir une Sagesse non point orientale mais ségaléenne. Comme l'écrit Pierre-Jean Jouve : « La Chine a été pour lui la projection de sa vie psychique, de ses fantômes, de son ardeur érotique, avec l'appel profond, très profond d'une réalité spirituelle. »

Aux stèles qui jalonnent les routes de Chine vont donc répondre les stèles de Segalen qui indiquent des règnes et des splendeurs autres, bien personnelles : « Je consacre ma joie et ma vie et ma piété à dénoncer des règnes sans années, des dynasties sans événements, des noms sans personnes, des personnes sans noms. » Il nous entraînera donc vers la vie spirituelle et cette « ère que tout homme instaure en lui-même et salue ».

L'ouvrage est divisé en six parties : *Stèles face au midi, Stèles face au nord, Stèles orientées, Stèles occidentées, Stèles au bord du chemin, Stèles du milieu,* et précédé d'un texte où Segalen définit la stèle et sa graphie, explique l'importance des directions de la stèle chinoise et, ce faisant, la répartition des poèmes de son ouvrage :

> La direction n'est pas indécise. Face au midi si la Stèle porte les décrets; l'hommage du Souverain à un Sage; l'éloge d'une doctrine; un hymne de règne; une confession de l'Empereur à son peuple; tout ce que le Fils du Ciel siégeant face au midi a vertu de promulguer.

Quinze stèles se dresseront face au midi. Elles chantent une « ère unique, sans date et sans fin », élèvent des hymnes primitifs aux lacs, aux abîmes, aux nuées, flétrissent un hôte douteux, font l'éloge d'une vierge occidentale, d'une religion lumineuse, d'un sage solitaire, des gens de Mani ou s'intitulent encore *Vision pieuse, Aux dix mille années, Ordre de marche, Nominations, Départ, Hommage à la Raison, Édit funéraire, Décret.* Sous le signe de la Diversité chère à Segalen toutes seraient à citer. Notre choix de *Départ* est arbitraire mais peut fournir un exemple :

Ici, l'Empire au centre du monde. La terre ouverte au labeur des vivants. Le continent milieu des Quatre-Mers. La vie enclose, propice au juste, au bonheur, à la conformité.

Où les hommes se lèvent, se courbent, se saluent à la mesure de leurs rangs. Où les frères connaissent leurs catégories : et tout s'ordonne sous l'influx clarificateur du Ciel.

Là, l'Occident miraculeux, plein de montagnes au-dessus des nuages; avec ses palais volants, ses temples légers, ses tours que le vent promène.

Tout est prodige et tout inattendu : le confus s'agite : la Reine aux désirs changeants tient sa cour. Nul être de raison jamais ne s'y aventure.

Segalen dit : « Par déférence, on plantera droit au nord, pôle du noir vertueux, les Stèles amicales. » En ces huit *Stèles face au nord,* la forme ne varie guère : pièces brèves, concises, sobres d'images au style précis, parfois heurté. Le style en est fondé sur des propositions antithétiques dont quelque terme permet un rapprochement ou un choc, une étincelle qui fait jaillir l'énergie. Toute la finesse orientale se mêle à la finesse personnelle de Segalen. Poésie de lettré, finement ciselée, sans lyrisme oratoire. Il y aurait de la monotonie si nous lisions distraitement, or chaque poème enclôt tant d'écoute et d'attention profonde que nous avons en même temps l'impression d'une amitié avec les mots à laquelle s'ajoute l'amitié avec les hommes, non point facile, mais qui doit être conquise, gagnée par une incessante attention :

Tu ne réponds pas. Tu observes. Qu'ai-je déjà commis d'inopportun ? Sommes-nous bien réunis : est-ce bien toi, le plus cher ?

Nos yeux se sont manqués. Nos gestes n'ont plus de symétrie. Nous nous épions à la dérobée comme des inconnus ou des chiens qui vont mordre.

Quelque chose nous sépare. Notre vieille amitié se tient entre nous comme un mort étranglé par nous.

Nous la portons d'un commun fardeau, lourde et froide.

Et Segalen nous dira qu'il faut tuer cette amitié pour qu'elle renaisse vivace et nouvelle : « Le voulez-vous, ô mon nouvel ami, frère de mon âme future ? » Ces petites coupes de poésie et de pensée subtile se poursuivent dans douze *Stèles orientées :* « On orientera les amoureuses, afin que l'aube enjolive leurs plus doux traits et adoucisse les méchants. » Il dit là les relations essentielles entre les êtres en privilégiant l'amante : « Je lui dois par nature et destinée la stricte relation de distance, d'extrême et de diversité. » Il faudra consacrer sa vie à lui complaire, avoir son visage dans les yeux, ce qui veut dire noces, ce qui veut dire louange :

Mon amante a les vertus de l'eau : un sourire clair, des gestes coulants, une voix pure et chantant goutte à goutte.

Et quand parfois — malgré moi — du feu passe dans mon regard, elle sait comment on l'attise en frémissant : eau jetée sur les charbons rouges.

Poésie amoureuse, délicate, musicale comme cette pierre, cette stèle où vivent toutes les voix. Désir, respect, éloge, « Silence, le plus digne hommage ! » : d'une stèle à l'autre, parcours infiniment subtil, délices de lecture. Puis, « On lèvera vers l'ouest ensanglanté, palais du rouge, les guerrières et les héroïques ». Voici sept *Stèles occidentées* qui répondent à ce projet. Poèmes rouges, poème de sang, torture d'une libation mongole où le martyr reste fidèle, faim qu'on appelle aussi rage dans *Écrit avec du sang,* conquête sauvage « du bout du sabre », élévation d'un *Hymne au dragon couché, Sermon sauvage, Courtoisie* au cœur des combats, suite que clôt un *Ordre au soleil :*

Laisse-moi, ô joie qui déborde, commander à mon soleil et le ramener à mon aube : Que j'épuise ce bonheur d'aujourd'hui !

Las ! il échappe à mon doigt tremblant. Il a peur de toi, ô joie. Il s'enfuit, il se dérobe, un nuage l'étreint et l'avale,

Et dans tout mon cœur il fait nuit.

Dans neuf *Stèles du bord du chemin* s'accomplit le projet annoncé dans l'avant-propos : ces stèles « suivront le geste indifférent de la route. Les unes et les autres s'offrent sans réserve aux passants, aux muletiers, aux conducteurs de chars, aux eunuques, aux détrousseurs, aux moines mendiants, aux gens de poussière, aux marchands. Elles tournent vers ceux-là leurs faces illuminées de signes ; et ceux-là, pliés sous la charge ou affamés de riz et de piment, passent en les comptant parmi les bornes. Ainsi, accessibles à tous, elles réservent le meilleur à quelques-uns ». Cette dernière phrase peut être dédiée à la poésie même de Segalen. On suit ce voyage ouvert par des *Conseils au bon voyageur,* suite de préceptes pour le choix des lieux, la poursuite du chemin :

Garde bien d'élire un asile. Ne crois pas à la vertu d'une vertu durable : romps-la de quelque forte épice qui brûle et morde et donne un goût même à la fadeur.

Ainsi, sans arrêt ni faux pas, sans licol et sans étable, sans mérites ni peines, tu parviendras, non point, ami, au palais des joies immortelles,

Mais aux remous pleins d'ivresses du grand fleuve Diversité.

Ce fleuve Diversité est aussi celui des inspirations de toutes ces *Stèles* qui s'intitulent *Tempête solide, Éloge du jade, Table de Sagesse, Terre jaune, la Passe, Stèle des pleurs, les Mauvais Artisans* et se termine sur une *Stèle du chemin de l'âme.* Les titres sont accompagnés de caractères chinois, « insolite inscription » qu'il faut lire et déchiffrer, conquérir pour connaître, qui se refuse sans la clef, qu'on croit incompréhensible ou née d'une erreur alors que : « C'est, clairement, pour être lus au revers de l'espace, — lieu sans routes où cheminent fixement les yeux du mort. »

Les treize *Stèles du milieu* sont celles « qui ne regardent ni le sud ni le nord, ni l'est ni l'occident, ni aucun des points interlopes, désignent le lieu par excellence, le milieu. Comme les dalles renversées ou les voûtes gravées dans la face invisible, elles proposent leurs signes à la terre qu'elles pressent d'un sceau. Ce sont les décrets d'un autre empire, et singulier. On les subit ou on les récuse, sans commentaires ni gloses inutiles, – d'ailleurs sans confronter jamais le texte véritable : seulement les empreintes qu'on lui dérobe. » Dans ces dernières Stèles, Victor Segalen emploie encore le ton mesuré du précepte dans une langue épurée, dépouillée et fort belle :

Le peuple, sans perplexité, vénère. Il encense, invoque ou répudie. Il donne trois, ou six, ou neuf prosternements. Il mesure son respect à la compétence, aux attributs, aux grâces qu'il escompte juste.

Car il sait précisément les goûts du génie de l'âtre; les dix-huit noms du singe qui donne la pluie; la cuisson de l'or comestible et du bonheur.

Il emploie plus volontiers le « je » qui est un autre ou bien le « on » imprécis : « On souffre, on s'agite, on se plaint dans mon Empire. » Et lui qui fuit le ton oratoire, le lyrisme, ici le laisse percer en précipitant le poème :

Ha! les foulées doublent et la vitesse et le vent. L'espace fou siffle à ma rencontre; l'essieu brûle, le timon cabre, les rayons brûlent en feu d'étoiles;

Je franchis les Marches d'Empire : je touche aux confins, aux passes; je roule chez les tributaires inconnus.

Apparaissent les éléments de la Diversité : l'heure renversée qui est la douzième, le « joyau de Mémoire, perle magique où s'enferme le passé », la famine dans le cœur, les juges souterrains, les liens invisibles de l'espace, les joies défendues, les pouvoirs de l'absence, la Cité Violette interdite, la course, et le véritable nom, le *Nom caché* qui « n'est pas celui qui dore les portiques » et ce dernier appel : « Mais fondent les eaux dures, déborde la vie, vienne le torrent dévastateur plutôt que la Connaissance ! »

On ne peut ici qu'évoquer. Que le lecteur découvre ces *Stèles* dans la collection Poésie/Gallimard est notre vœu. Elles procurent des joies rares qu'il faut gagner par une attention vive. Dans sa dédicace à Claude Debussy, Segalen écrivait : « du fond de la Chine et de moi-même » : c'est là une bonne définition des lieux du poème. Ce ne sont pas là, répétons-le, traductions poétiques d'inscriptions rencontrées, mais réflexion et création originales comme l'a bien vu Kléber Haedens : « Pour Segalen, l'exotisme ne signifie nullement les menues bizarreries d'un dépaysement pittoresque. L'exotisme, c'est l'esthétique du divers, c'est la présence visible de tout ce qui est Autre, c'est le profond désir de tout ce qui n'est pas soi... » et s'il est vrai que Segalen n'est pas un poète populaire, que « son œuvre est rigoureuse, assez hautaine, totalement étrangère à l'anecdote, à la confidence, à l'effusion sentimentale », elle reste « très claire et très grisante cependant ».

Pour la forme, le lecteur fera un rapprochement avec Claudel dont

Segalen reconnaît l'influence, mais Claudel n'envisage l'Orient qu'en fonction d'une cosmogonie chrétienne alors que la foi de Ségalen, il le précise dans une lettre à Claudel, est « tout entière esthétique », son désir étant de « tendre partout à la beauté, d'en réaliser un reflet dans ses pensées, dans ses actes, surtout dans ses œuvres — et cela sans jamais prétendre embrasser, ni surtout fixer la beauté... » S'il recherche une unité intérieure, c'est par ses moyens propres, unissant le réel du voyageur à l'imaginaire du poète. Pierre de Boisdeffre dira que les textes de Segalen précèdent ceux de Saint-John Perse de près de dix ans, ce qui est oublier que les *Images à Crusoé* furent écrites en 1904. Non, il y a démarche parallèle avec, sans doute, le même regard vers la forme claudélienne. En fait Segalen est plus proche par l'esprit de Saint-John Perse, mais sans en avoir le ton oratoire et lyrique, en gardant toute son originalité; comme il l'écrit : « Seul existe le Mot pour lui-même; le contour du style, la forme enfin. Tout document livresque disparaît; et surtout l'anecdote. » C'est le refus de l'incantatoire, l'accueil de l'Imaginaire dans l'écrin de la sobriété.

Peintures, Odes, Thibet et autres œuvres.

En prose, mais combien poétique! les *Peintures,* 1916, se distribuent en « Peintures magiques, Cortèges et trophée des tributs des royaumes, Peintures dynastiques ». Ces textes dépassent la critique picturale habituelle pour atteindre à l'art des équivalences poétiques. Le poète donne à voir, décrit, dépeint, interroge, découvre en même temps qu'il trace une esthétique, mais nous sommes bien en présence d'un poème en prose en plusieurs parties. Il semble qu'il compose la peinture en même temps que le peintre, qu'il se fait à la fois l'œuvre et l'œil qui la regarde. Ce sont aussi des enseignements, un apprentissage du regard :

> N'essayez point ici de tout voir d'un seul coup. L'œil de l'homme ne peut percer d'un coup les étonnantes inventions d'une femme; et le Peintre, afin de ne rien omettre, a compartimenté la surface. Cet assemblage minutieux de petits tableaux représente les jeux de l'Ingénieuse, la fille aux délices nombreuses. D'autres aiguisent leurs doigts à enguirlander les étoffes, à dorloter les vers à soie dans la chambre tiède... Celle-ci préfère tramer sa vie en la chaîne des jours, et vêtir de ce tissu ardent le corps de son amant Impérial. Mieux que les Maîtres antiques, elle est ici Éducatrice, Inspiratrice, Poète de la Perdition de Chang-Yin.

D'après René Leys, 1921, son roman, tout en étant dépouillé de tout hermétisme, dégage cependant un charme énigmatique. C'est l'évocation encore de la Cour impériale et de cette Chine qu'il connaît parfaitement dans son histoire, dans ses traditions, dans sa langue. Son sens du détail lui permet de situer dans un cadre qui lui correspond une aventure romanesque si somptueuse qu'elle éclaire à son tour une Chine réelle, précise, avant que l'histoire s'estompe dans le mystère comme sous la baguette d'un héros qui serait magicien. Son livret *Orphée-roi,* 1921, plus hiératique et hermétique, comme l'écrit René Lalou, « séduit avant tout par sa réserve aristocratique et sa générosité chevaleresque » et, comme le dit le cri d'Orphée, « l'œuvre est accompli, l'œuvre est beau » car rien de ce que Ségalen a écrit n'est inférieur.

Ses *Odes,* 1926, méritent que nous nous y arrêtions non seulement pour leur valeur propre, mais parce qu'elles tentent un renouvellement prosodique français à partir de la métrique chinoise. Si les *Stèles* marquent incontestablement le point le plus avancé et le plus original de sa recherche, les *Odes* montrent une tentative de trouver de nouvelles formes. Il n'y a pas une rupture d'inspiration : certaines des composantes des deux œuvres furent écrites dans le même temps. Aucun commentaire ne porterait la justesse et la précision des textes de Ségalen lui-même sur ces *Odes*. Dans une lettre à Jules de Gaultier, nous prenons cet extrait : « Le mot Ode est classiquement chinois. La forme en sera un poème court, conçu sur les rythmes chinois : 5 + 7, rejoignant, après tout, pour la longueur du souffle, notre alexandrin... » Il s'agit bien en fait de l'introduction dans l'alexandrin d'une nouvelle césure selon un rythme binaire et l'on pourrait dire que, comme Verlaine, Ségalen aime l'impair en le situant à l'intérieur du vers pair de douze syllabes :

> Non point chargé d'eau, / tu n'as pas désaltéré
> Des gens au désert : / tu vas sans but, ignoré
> Du pôle, ignorant / le méridien doré
> Et ne passes point / sur les palmes et les baumes.

Cet impair, nous le retrouverons dans des vers de neuf syllabes entrecroisés avec des vers de six syllabes — en fait de cinq qu'allonge une exclamation :

> Maître et serviteur dans la même âme (9)
> S'en vient avec moi, — oh!... (5 + 1)
> L'ordre et la révolte en un dictame (9)
> Commun d'ennemis (5).

L'Ode est le fait de l'Offrant et chaque poème est complété par son Commentaire : « Comme l'ombre suit le corps en mouvement dans la lumière, — comme la roue crissante et jacassante poursuit le pas de l'animal qui traîne, le Commentaire, suivant obligé et bavard, accourt pour expliquer ce que le poème avait cru peu utile de développer. Du Commentaire il faut revenir à l'Ode. Le Commentaire est l'esclave : l'Ode est maîtresse. L'un ne peut marcher devant l'autre... » Ainsi chaque poème sera accompagné de son commentaire, l'ensemble étant précédé d'un texte éclairant encore dont voici un extrait :

Ce sont des chants. Non point affichés sur des pierres ; — et la peinture même est trop lourde pour les illustrer. Ce sont des élans temporaires et périssables. Des gonflements impétueux qui d'abord, suffisant, ne s'expriment point. Le cœur est ému et bat. La parole n'ose interrompre... et soudain, les mots d'eux-mêmes surgissent. C'est la Poésie. Un esprit juste s'y tient parfois, honorant le rythme sans excès. — Mais, que le vertige gagne, que l'ivresse s'aggrave, que la palpitation étouffe les pudeurs, — et, ni battements, ni tablatures, ni mètres officiels, ne contiennent l'indicible qui exige alors d'être dit : l'Ode naît.

Le recueil se divise en ces parties : *Vent des Royaumes* (un poème), *Élégie sur le royaume Tchong* (un poème), *Prière au ciel sur l'esplanade nue* (six poèmes), chaque partie étant accompagnée de son Commentaire. La dernière se divise donc en six poèmes de seize vers d'« alexandrins » 5 + 7 répartis en quatrains et portant des titres : *Doute, Résolution, Contemplation, Attisement, Extase, Médiation* exprimant les degrés de l'Ode. Voici le début de *Résolution* :

> Il le faut ainsi, ô Sans-Être, que tu sois.
> Ne détrompe pas. Ne te résous pas en boue.
> Ne disparais point. Ne transparais point. Ne joue
> Ni confonds jamais le seul à toi qui se voue.
>
> Sans doute et sans fin, évoquant ta certitude,
> Feignant de savoir, je frappe trois fois sur trois.
> Je ris de respect. Criant ma fièvre aux abois
> Je sonne bien fort l'espoir et les désarrois.

A ce mince ensemble, moins convaincant que *Stèles,* sera joint au Mercure de France, *Thibet* en 1963, extraits de l'ensemble portant ce titre. Ce sont ses derniers textes écrits deux ans avant sa mort. Là encore un texte nous renseigne : « Il y aura une cinquantaine de " laisses " ou " séquences ", chacune de 18 à 20 vers... J'appelle séquence ma page de 19 vers, ou mieux, 9 distiques, chaque distique composé d'un vers souple de 13 à 15 ou 18 syllabes (déjà esquissé dans *Stèles*) et d'un vers ennéasyllabique, c'est-à-dire de neuf pieds, celui-là très fortement charpenté sur le rythme qui est le mien depuis *Odes*... Ce vers a le double avantage d'être à moi et antérieur en moi à *Thibet,* puis de coïncider comme longueur avec l'ennéasyllabique tibétain lui-même. » Sa préfacière, Annie Joly-Segalen, a analysé *Thibet* de manière magistrale : « Dans le secret de son cœur Segalen dédiait *Thibet* " au dompteur des cimes de l'esprit : Frédéric Nietzsche ". La formule caractérise à merveille l'intention profonde du poème. D'une séquence à l'autre, en effet, règne une constante ambiguïté. Le Thibet, le plus haut des pays, n'est pas seulement cette levée de terre qu'il faut sans cesse escalader, c'est aussi le Poème qu'il faut gravir pas à pas, les hauteurs spirituelles qu'il faut péniblement atteindre, au prix des plus durs renoncements. Comme dans tous les poèmes de Segalen, chaque élément des tableaux qu'il recrée est le signe d'autre chose; et la montagne monstrueuse, dans son ensemble, n'est que le royaume de l'Être dont nous n'appréhendons que l'absence... Finalement, le Thibet du poème, c'est la projection matérielle d'une puissance spirituelle dont le nom reste à jamais caché, " la chambre que tout homme bâtit en lui-même ". » De ce Thibet qui ne fut pas achevé, Jean-Louis Bédouin pense, comme pour *Odes,* « que le poète cherche, sans parvenir vraiment à le trouver, son *second souffle* ». Il n'en reste pas moins que le poète Segalen élève avec *Thibet* un chant comme une montagne sacrée et l'on pourrait dire avec lui : « Et c'est ainsi, Thibet nombreux que se rythment et se dénombrent tes apothéoses... » Lisons un extrait :

>   Fille de la force, fille des monts, maîtresse d'un corps épuisé,
>   Fatigue – voici l'heure enivrée.
>   Que le chanteur hindou et noir distille son herbe poivrée,
>   Liquide pieux, brûlant, rusé,
>   Offert-offrant et poison-dieu et pétillante girandole...
>   – Je bois la fatigue, mon idole
>   Sur un rythme préparateur, j'incante : « Ô mortier ! ô pilon !
>   Instruments d'un ivre sacrifice,
>   Servants en marche balancés dans le quotidien supplice,
>   Ô Genoux, ô plantes, ô talons !
>   Broyez et tirez de ma chair oh ! le seul jus que j'invigore... »

Victor Segalen est le maître d'une poésie tournée vers l'intérieur, exploratrice de formes nouvelles, créateur d'une poésie qui ne doit qu'à lui-même. En cela il est un exemple et s'affirme comme un précurseur.

Un corps à corps tragique.

Aux titres que nous avons cités s'ajoutent les ouvrages d'archéologie : *Mission archéologique en Chine,* avec Gilbert de Voisins et Jean Lartigue, 1923-1924, et *l'Art funéraire à l'époque des Hans,* tome 1, seul paru, 1935. S'ajoutent la *Correspondance Segalen-Debussy,* dans *Segalen et Debussy,* 1962, *Lettres de Chine,* 1967, *Chine, la grande statuaire,* 1972, *Imaginaires,* 1972, et mentionnons encore *le Combat pour le Sol, Siddharta, Gauguin et Tahiti,* notre vœu étant celui d'une édition des œuvres complètes.

Un ouvrage revêt une importance particulière : *Équipée,* « Voyage au Pays du Réel », 1929. Victor Segalen s'y confronte avec deux questions : « L'imaginaire déchoit-il ou se renforce-t-il quand il se confronte au réel ? Le réel n'aurait-il point lui aussi sa grande saveur et sa joie ? » Pour Segalen : « Ils restent si étrangers l'un à l'autre, que les représentants humains, les disciples en la chair desquels ils s'incarnent s'efforcent de se fuir plutôt que de se chercher et de se combattre. Ce qui, supprimant tout conflit, permet aux deux partis de se croire vainqueurs. » Mais l'auteur d'*Équipée* ne se satisferait pas de ce renvoi dos à dos, il doit provoquer entre les deux partis, l'imaginaire et le réel, un « corps à corps rapide, brutal, impitoyable » pour trouver dans ce choc l'étincelle de la création, la plénitude du corps et de l'esprit. Il le dira dans le dernier chapitre de l'ouvrage : « Dans les centaines de rencontres quotidiennes entre l'Imagerie et le Réel, j'ai été moins retentissant à l'un d'entre eux, qu'attentif à leur opposition... J'avais à me prononcer entre le marteau et la cloche. J'avoue, maintenant, avoir surtout recueilli le son. » Comme le dit si bien Max-Pol Fouchet : « Voyageur, il connaissait le réel. Poète, il connaissait l'imaginaire. A la façon de Nerval, il voyageait " vur vérifier ses rêves ", ou plutôt son rêve, son désir d'en finir avec la division du réel et du rêve, du concret et de l'imaginaire – du divers et de l'Un. » Pierre Emmanuel dit : « La leçon de tout l'œuvre est là : cet œuvre unissant, d'une manière substantielle puisqu'il s'agit de la même matière humaine et du même travail de la pensée, la production littéraire de Segalen et son existence de savant, d'explorateur et d'archéologue... Segalen a joué sa vie dans l'aventure d'une confrontation, d'une contre-épreuve exhaustive et réciproque du Réel et de l'Imaginaire. Ce n'étaient pas pour lui des abstractions, mais les éléments nécessaires de sa propre personnalité, de la connaissance de l'être : son être propre, l'être de l'homme, l'être des choses. Une vie accomplie, qu'est-ce d'autre que l'aboutissement – fût-il désespéré – d'un tel effort, souvent prométhéen, d'unification ? » Écoutons *Stèles* encore : « Mais de cette ère unique, sans date et sans fin, aux caractères indicibles, et que tout homme instaure en lui-même et salue... » et inscrivons en hommage ces vers de l'*Édit funéraire* :

J'habite dans la mort et je m'y complais.

Cependant, laissez vivre, là, ce petit village paysan. Je veux humer la fumée qu'ils allument dans le soir.

Et j'écouterai des paroles.

3
Valery Larbaud

L'ŒUVRE poétique de Valery Larbaud (1881-1957) est peu étendue. Si nous prenons le volume des *Œuvres* dans la bibliothèque de la Pléiade, les *Poésies* n'occupent que 37 pages sur un ensemble de plus d'un millier, et cependant, l'auteur de *Fermina Marquez*, du *Journal intime*, des *Enfantines*, de *Beauté, mon beau souci* et de tant d'autres œuvres d'une prose limpide, originale et pure, est un des poètes marquants de son époque.

Le Voyage d'A.-O. Barnabooth.

Comme Raymond Roussel et quelques autres privilégiés de son temps, Valery Larbaud eut une naissance dorée, une enfance choyée et il put mener sa vie à sa guise, mais, alors que tant d'autres se seraient contentés de jouir d'un sort heureux, il sut mener une existence de créateur plein d'exigence intellectuelle. Fils unique de Nicolas Larbaud qui avait fait fortune en exploitant une célèbre source thermale, Larbaud-Saint-Yorre, et qui mourut huit ans après la naissance de l'enfant, et d'une mère née Bureau des Etivaux qui fréquentait l'aristocratie européenne, dès l'âge de cinq ans, il accompagna cette dernière à Genève et dans les villes d'eaux à la mode. De santé fragile, l'enfant fut soigné à Paris, passant trois mois à « l'hôtel des plus beaux souvenirs », l'hôtel du Louvre. A huit ans, sa préceptrice, par son influence intelligente, lui donnait déjà l'idée d'écrire un poème. Ses premiers ravissements sont les poèmes de Victor Hugo et il apprécie l'exotisme des *Japoneries d'automne* de Pierre Loti. Ses études se poursuivent à l'école Carnot où il reçoit un premier prix de style, puis dans ce « vieux collège, plus cosmopolite qu'une exposition universelle », Sainte-Barbe-des-Champs, cadre de *Fermina Marquez* où il rencontre de jeunes Sud-Américains. Il étudiera l'allemand, l'anglais, le latin, la poésie française, la géologie, la géographie, le dessin, aura des enthousiasmes successifs pour Jules Verne ou Verlaine. Sa santé précaire lui fait fréquenter des villes d'eaux comme La Bourboule et il se déplacera entre Vichy où des professeurs du collège de Cusset lui donnent des leçons particulières, Paris et Valbois, puis ce seront Nice, la Provence, l'Italie où il fera une fugue, et les études à Henri IV et à la Sorbonne, mais on n'en finirait pas de citer des noms de pays et de villes tant ses déplacements sont nombreux. En 1896, la mort tragique de l'extravagant Max Lebaudy, fils d'un richissime raffineur, avec l'image des jeunes empereurs de la décadence romaine et la lecture du *Secret de M. Synthèse* lui inspireront le personnage de Barnabooth. Cette année-là, aux dépens de sa mère, il publie *les Portiques,* un recueil parnassien. On ne cesserait de parler de ses fécondes découvertes européennes, Italie, Espagne, Suisse, Allemagne, Angleterre, Suède. Licencié ès-lettres en 1908, il a déjà collaboré à *la Plume,* donné une traduction remarquée de Coleridge, composé entre 1902 et 1907, ces *Poèmes pour un riche amateur,* parus sans nom d'auteur en 1908, et qui seront de nouveau publiés en 1923 sous le titre de *Poésies de A.-O. Barnabooth.* Là il rejette toute rhétorique, rompt avec la tradition du poète famélique et, usant du vers libre, il réduit les grands mouvements claudéliens au rythme berceur des grands express européens aux luxueux compartiments pour millionnaires. Il se rattache à un Levet ou un Bataille, mais en élargissant les registres connus, en annonçant un Paul Morand et en contribuant à ce renouvellement du lyrisme moderne que les Apollinaire, Cendrars et autres précipiteront. D'une culture étendue, d'une puissante pénétration d'esprit, se souciant avant tout des textes et s'écartant des traditions universitaires, il apparaît comme un étonnant découvreur, un parfait rassembleur, révélant à la France de grands écrivains dans le domaine étranger : James Joyce dont il a fait la connaissance en 1919 et dont le monologue intérieur l'a séduit comme on le voit dans le recueil de récits *Amants, heureux amants.* Il reverra la traduction française d'*Ulysse,* et, lisant toutes les langues, y compris le grec et le latin, la langue de l'ancienne littérature française, il ne cessera de découvrir comme en témoignent ses nombreux essais indispensables aujourd'hui aux lettrés : *Ce vice impuni, la lecture,* 1925-1941, *Jaune, Bleu, Blanc, Techniques,* ou *Aux couleurs de Rome.* On lui doit de nous avoir fait connaître Samuel Butler, Chesterton, Conrad, Coventry Patmore, James Joyce, Walter Savage Landor, Ramon Gomez de la Serna, Guiraldès. Il fut lié à de chers amis comme Marcel Ray, à de grands auteurs comme Charles-Louis Philippe, André Gide, Paul Claudel, Francis Jammes, Léon-Paul Fargue et les grands étrangers. Octave Mirbeau lui a donné sa voix au prix Goncourt. A la fin de sa vie, de jeunes présences l'entoureront comme Robert Mallet qui publiera son *Journal,* G. Jean-Aubry, admirateur et exégète, et il faudrait citer encore Henri Bosco, Robert Kemp, Claude Gallimard, Marcel Arland, mais la liste serait longue de tous ceux qui rendent hommage chaque année à Vichy dans la ferveur des « Amis de Valery Larbaud » où se retrouvent tant d'auteurs de qualité.

En octobre 1935, un accident cérébral le terrassera. C'est l'année où, malade, affaibli, il avait fait une causerie sur Maurice Scève, préparé la copie du *Domaine anglais* de *Ce vice impuni, la lecture,* songé à parachever ses *Notes sur quelques poètes français,* travaillé à *Sous l'invocation de saint Jérôme* et corrigé les épreuves de la traduction des *Carnets* de Samuel Butler. Il demeurera aphasique jusqu'à la fin de sa vie, le 2 février 1957 à Vichy qu'il n'avait pu quitter. En 1941 était paru son *Domaine français,* en 1946 *Sous l'invocation de saint Jérôme,* en 1955 son *Journal* (1912-1935). Chaque année, depuis 1950, il avait passé l'été à Valbois et le reste de l'année à Vichy. Cloué à son fauteuil, il pouvait lire et s'exprimait avec un vocabulaire restreint. Il est de ceux dont l'œuvre, l'influence ont élargi l'horizon de la littérature française.

Valery Larbaud, poète.

L'œuvre entier procède de la poésie et nous citons à ce propos Ernst Robert Curtius : « Larbaud n'admet pas de séparation entre la poésie et la prose. Il semble avoir fait sien le mot de Baudelaire : " Sois toujours poète, même en prose ". » Et nous pourrions ajouter avec Marcel Arland : « Un peu de prose française, c'est beaucoup, quand ce peu de prose est aussi scrupuleusement nourri par la qualité et le destin d'un homme. » Marcel Arland a bien défini d'ailleurs le rythme particulier de la prose de Larbaud, « moins complaisamment musicale que celle de Gide ». Lisons-le : « Elle n'est pas d'une forte structure; plutôt, en apparence, un peu éparse; peu de circonstancielles : l'enchaînement se fait surtout par les adjectifs et les participes. Une note, une touche succède à l'autre, la corrige ou la prolonge, on prend une direction nouvelle, que coupe une incise, puis qui repart : " et... et... alors... ". On dirait que l'auteur ne peut épuiser son propos et que, l'éloge qu'il fait du monde, il ne peut en arrêter le déroulement; il retarde sa jouissance, ou ne se pâme qu'à petites exclamations contenues, comme un homme qui veut ménager son souffle, mais ne s'arrête que pour aussitôt repartir – jusqu'à l'instant où une rupture, une ellipse déclenchent une issue rapide, par où la langue litanie se trouve soudain fixée. C'est une lente percée à travers le temps et le monde. Je n'y sens pas moins d'angoisse que de volupté. »

Si cet ouvrage privilégie le poème, nous convions le lecteur à célébrer en compagnie de Valery Larbaud d'autres fêtes, enfantines, adolescentes ou féminines, celles de *Fermina Marquez, Enfantines, Amants, heureux amants,* sans oublier *Beauté, mon beau souci, Mon plus secret conseil, Allen, Jaune Bleu Blanc, Aux couleurs de Rome,* les essais, les œuvres diverses. Quant aux *Poésies de Barnabooth,* ne les séparons pas du *Pauvre Chemisier* et du *Journal intime* qui les accompagnent. D'ailleurs, dans le *Journal intime* qui est de pure prose, comme l'a remarqué Jean Rousselot, souvent la phrase prend de l'altitude et devient poème proche de Saint-John Perse :

Ô grands Nourriciers, j'allais à vous et peu à peu je vous avais connus et compris. Et, de vous à moi, toute rectitude et toute pureté d'esprit...

Valery Larbaud s'est donc projeté dans ce personnage inventé de Barnabooth, lui attribuant ses propres itinéraires, ses méditations, ses pensées, sa création poétique. Ce faisant, il a rejoint des poètes qu'il admirait comme Henry-Jean-Marie Levet, l'auteur des *Cartes postales,* comme John-Antoine Nau, le lauréat du premier prix Goncourt *(voir préc. vol.),* et, au plus haut, ces grands étrangers comme Whitman, révélation capitale ainsi qu'il le dit lui-même : « Quels horizons n'ouvraient pas ces grands vers plus libres que tous ceux que nous avions vus jusqu'alors, et ce ton nouveau, ce ton d'effusion lyrique, quotidienne et prophétique... » Ne recherchait-il pas passionnément, lui, Larbaud, « le successeur de Laforgue, de Rimbaud et de Walt Whitman » sans oublier Hugo et Baudelaire, celui de *l'Invitation au Voyage*, celui de « Emportemoi, wagon! enlève-moi, frégate! » Nul plus que Larbaud ne se grisera des rythmes du monde moderne, de ses nouvelles couleurs, en même temps que du riche passé monumental et pictural de l'Europe foisonnante. Quêteur de beautés, envoûteur envoûté, aimant les villes, les ports, les illuminations, les trésors des vastes librairies, le luxe des grands hôtels cosmopolites, la rapidité des grands express, les visages entrevus, les aubes et les aurores sur la mer, le Voyage en soi si cher à ses contemporains. Ses *Poésies* constitueront « la somme, lyrique ou ironique, de dix ans de voyages à travers l'Europe ». Il n'en invente pas la tradition, mais il la régénère, la matérialise, comme ses compagnons et ses continuateurs, et la liste en est longue : Guillaume Apollinaire, Blaise Cendrars, Paul Morand, Philippe Soupault, Jules Romains, Pierre Reverdy, Jean Cocteau, Henri Michaux, Louis Aragon, Paul Eluard, Léon-Paul Fargue, Luc Durtain, Benjamin Péret. Comme écrira Henri Michaux : « Les poètes donnent éternellement *le départ*. » Larbaud le fait par la voix de l'*Ode :*

> Prête-moi ton grand bruit, ta grande allure si douce,
> Ton glissement nocturne à travers l'Europe illuminée,
> Ô train de luxe! et l'angoissante musique
> Qui bruit le long de tes couloirs de cuir doré,
> Tandis que derrière les portes laquées, aux loquets de cuivre lourd,
> Dorment les millionnaires.
> Je parcours en chantonnant tes couloirs
> Et je suis ta course vers Vienne et Budapest,
> Mêlant ma voix à tes cent mille voix,
> Ô Harmonika-Zug!

Il est un des premiers à concevoir le poème comme un film, recevant et faisant passer sous nos yeux de lecteurs, du pont d'un navire ou du couloir d'un train, des images, des décors réels ou surréels, des rythmes, des odeurs, des sons, des visions humaines et des paysages, s'enchantant aux noms étrangers, donnant à tout l'éclat du cosmopolitisme. En peu de vers, sur le verset emprunté en partie à Whitman, parfois prosaïque, se moquant volontiers de lui-même, il fait parcourir l'Europe du siècle vingt. Il veut faire pénétrer l'univers dans son poème, un poème qui fuit le sédentaire, le cabinet, la tour d'ivoire ou la serre symboliste, pour accueillir non seulement ses impressions, mais aussi son inquiétude, son ironie, sa fuite sans fin. Si le train lui prête sa musique et son bonheur :

> J'ai senti pour la première fois toute la douceur de vivre,
> Dans une cabine du Nord-Express, entre Wirballen et Pskow...

le voyage est aussi celui d'une âme perdue dans une fuite interminable qui n'interdit pas, bien au contraire, une quête incessante, une cargaison dont l'enfant Larbaud dut longuement rêver :

> Ah ! il faut que ces bruits et que ce mouvement
> Entrent dans mes poèmes et disent
> Pour moi ma vie indicible, ma vie
> D'enfant qui ne veut rien savoir, sinon
> Espérer éternellement des choses vagues.

Son art poétique, ses rythmes, il les puise dans la vie même et ils sont en un certain sens comparables à ces bruits venus de nos entrailles — comme à ceux venus des mouvements du monde — dont nous ne sommes pas les maîtres et qui jamais ne mentent, *les Borborygmes* du corps et de l'univers :

> Borborygmes ! borborygmes !
> Grognements sourds de l'estomac et des entrailles,
> Plaintes de la chair sans cesse modifiée,
> Voix, chuchotements irrépressibles des organes,
> Voix, la seule voix humaine qui ne mente pas...

Il parlera de la « chanson de l'œsophage », du bruit des corps qui se mêlent, de celui même du mort « qui se vide », avec un réalisme qu'on ne trouvait pas ailleurs et qu'on retrouvera chez un Gottfried Benn. Il se demande si dans l'épaisseur de la boîte crânienne les organes de la pensée font de tels bruits, et, surtout, il voudra « des poèmes à leur image ».

Son poème est le lieu où sa culture et sa vie coïncident. Il perçoit l'extérieur et l'intérieur, mais en reste le maître. S'il jette en des litanies poétiques impressions et impulsions, s'il semble rejeter toute rhétorique : « Ô vie réelle, sans art et sans métaphores, sois à moi », le poème reste cependant composé, à la fois réel et cérébral, d'une modernité très aiguë, et le poète reste au gouvernail, ne serait-ce que pour ouvrir un esprit savant, éduqué, civilisé, à la fraîcheur du réel. Ses sujets l'amènent à la diversité incessante et il arrive que le poème ne soit pas qu'une suite d'impressions juxtaposées, mais bien une description comme dans un journal de voyage. Ici le début de *Centomani* :

> Un détour de la route et ce Basento funèbre,
> Dans ce pays stérile, âpre, où, sur des collines,
> Au loin, s'étendent des noires forêts pourrissantes.
> Sur les interminables plateaux, pas un seul arbre.
> Des cirques, des vallées vastes, sans verdure,
> Où stagnent, avec des reflets de plomb, des eaux infernales...

C'est l'image prise par la caméra d'un cinéma encore muet, du simultanéisme, la possession de l'immédiat et des sensations qui se pressent comme s'il fallait faire vite, car telle *Nuit dans le port* passera vite et il ne faut pas attendre pour jeter sur le papier comme on fixe sur la plaque :

> Le visage *vaporisé* au Portugal
> (Oh, vivre dans cette odeur d'orange en brouillard frais !)
> A genoux sur le divan de la cabine obscure
> — J'ai tourné les boutons des branches électriques —

> A travers le hublot rond et clair, découpant la nuit,
> J'épie la ville.
> C'est bien cela; c'est bien cela. Je reconnais
> L'avenue des casinos et des cafés éblouissants,
> Avec la perspective de ses globes de lumière, blancs
> A travers les rideaux pendants des palmiers sombres.

Il est dans sa cabine comme dans celle d'un projectionniste de film, et il dira des hôtels, des restaurants, des jardins, des bureaux de poste ou des gares, tout en ouvrant son poème sur sa propre méditation émerveillée avec toujours cette idée du hublot, de l'ouverture sur les images du monde :

> En attendant je passerai cette nuit avec mon passé,
> Près de mon passé vu par un trou
> Comme dans les dioramas des foires.

Il peut aussi se regarder à travers les trous du *Masque,* son court poème qui est aussi un appel à l'inconnu qui serait le frère comme chez Baudelaire, et le lecteur, le semblable :

> J'écris toujours avec un masque sur le visage;
> Oui, un masque à l'ancienne mode de Venise
> . . . .
> Oh, qu'un lecteur, mon frère, à qui je parle
> A travers ce masque pâle et brillant,
> Y vienne déposer un baiser lourd et lent...

On lit des poèmes intitulés *Océan Indien, l'Eterna Voluttà, l'Ancienne Gare de Cahors, Mers-el-Kébir, Scheveningue, Morte-Saison...* et, d'un poème à l'autre, s'expriment à la fois « le sentiment géographique moderne », la soif inextinguible du renouveau de l'aventure, la quête des inépuisables richesses d'une Europe éblouie devenue le jardin personnel du poète. Ces images surprises, ces enregistrements sur le vif s'accompagnent des voix de la nostalgie, de la songerie amoureuse, du regret, d'une tendresse universelle qu'exaspèrent les angoisses d'un esprit vif dans un corps mortel, car le poète ne se contente pas de faire moisson, de nommer les choses et de faire part d'impressions immédiates : il ne cesse d'interroger et de s'interroger, d'apporter ses échos intérieurs.

Élégant, dilettante, sa poésie s'offre le luxe de la simplicité Prosaïque souvent, mais avec quel art! toujours discret jusque dans son éloquence, plein de douceur, il nous parle avec modestie, à voix basse, et, peu à peu, s'élève le plus bel hymne à l'Europe, s'élève la louange de reconnaissance, mais si l'on s'émerveille, si l'on apprécie, si une vaste culture permet de goûter les choses en passé, en présent et en avenir, le poète ne s'interdit pas un sourire, et les touches d'humour, d'auto-ironie sont nombreuses. Ainsi, dans *Nevermore,* où il brise la solennité mélancolique :

> Nevermore!... et puis, zut!
> Il y a des influences astrales autour de moi.
> Je suis immobile dans une chambre d'hôtel
> Pleine de lumière électrique immobile...

Il dira, dans *l'Eterna Voluttà* « la volupté éternelle de la douleur » dont aucun spectacle ne saurait le distraire, le sentiment de l'injustice sociale, et on pourra lire d'étonnants passages :

> J'ai si faim de mépris!
> J'ai si soif d'abjection!
> Et tant d'autres en sont repus; tant d'autres :
> Les Pauvres!
> Hélas, je suis trop riche; le Mal
> M'est à jamais interdit quoi que je fasse :
> Je suis un Riche, naturellement bon et vertueux;
> Si j'étais plus riche encore, peut-être
> Je pourrais acheter la Honte,
> Et la douleur et la bassesse toute nue du monde?

Quels que soient les sentiments qui l'inspirent, nous préférons qu'il nous parle de *l'Ancienne Gare de Cahors* « vieille et rose au milieu des miracles du matin » et l'humanise en des instants délicieux et bucoliques. Ou bien qu'il entende la *Voix des servantes* de son enfance qui nous font penser à celles chantées par Saint-John Perse, dans le souvenir de « la servante au grand cœur » de Baudelaire, avec le parfum de noms propres comme chez Francis Jammes, Lola ou Rose remplaçant les Clara d'Ellébeuse :

> Rose Auroy, te souviens-tu de ce petit garçon exotique
> Que la vieille Lola nommait « Milordito »?
> Ô Servantes, chantez! voix brûlantes, voix fières!
> Toutes les criadas de la maison, chantez!
> Amparo, Carmeta, Angustias, chantez!
> Et remplissez ce cœur qui vous dédie ces larmes...

Il nous dit « les collines dans le brouillard, sous le ciel de cendre bleue » d'un *Matin de novembre près d'Abingdon,* ou bien un « grand flot porphyréen / Tout chargé des livides fleurs d'edelweiss maritime » dans *Yaravi* et encore « la paloma meurtrie » et les orangers, les mandolines de *Mers-el-Kébir*. Il apparaît dans sa vive sensibilité exacerbée par la beauté et la fugacité des choses en tous lieux, cherche les vérités éternelles de la mer, celle qu'il voit de sa cabine, celle aussi d'Homère et de Virgile, et c'est, « dans une lumière glauque et froide », *Thalassa*. Mais il revient toujours à lui-même, et par le truchement, ne l'oublions pas, de Barnabooth, son double, il est à l'écoute de son corps : comme dans *Alma Perdida* :

> A vous, aspirations vagues; enthousiasmes;
> Pensers d'après déjeuner; élans du cœur;
> Attendrissement qui suit la satisfaction
> Des besoins naturels; éclairs du génie; agitation
> De la digestion qui se fait; apaisement
> De la digestion bien faite; joies sans causes;
> Troubles de la circulation du sang; souvenirs d'amour;
> Parfum de benjoin du tub matinal...

Il ne craint pas de chanter les « splendeurs de la vie commune et du train-train ordinaire ». Il est un de ces « enfants perdus parmi la foire aux vanités », il le sait, et dans ses *Vœux du poète* pour les années d'après sa mort il ne réclame que « l'ornement simple, à la Toussaint, d'un peu de mousse ». Il peut parler de son « chant entrecoupé de cris » dans *Musique après une lecture,* songer à la littérature en regardant « les hauts monuments noirs dans l'air épais et jaune » et dialoguer avec sa vie :

> Assez de mots, assez de phrases ! ô vie réelle,
> Sans art et sans métaphores, sois à moi.
> Viens dans mes bras, sur mes genoux,
> Viens dans mon cœur, viens dans mes vers, ma vie.
> . . . .
> Oh ! que j'aille dans les lieux inhabités, loin des livres,
> Et que j'y laisse rire et hurler
> La bête lyrique qui bondit dans mon sein !

Parmi ses versets, parfois se blottit un poème de structure plus classique, intimiste et exotique, comme chez ce Levet qu'il admirait :

> Dans le clair petit bar aux meubles bien cirés,
> Nous avons longuement bu des boissons anglaises ;
> C'était intime et chaud sous les rideaux tirés.
> Dehors le vent de mer faisait trembler les chaises.
>
> On eût dit un fumoir de navire ou de train :
> J'avais le cœur serré comme quand on voyage ;
> J'étais tout attendri, j'étais doux et lointain ;
> J'étais comme un enfant plein d'angoisse et très sage.

Ce Barnabooth ne craint pas le « je » qui est celui des romantiques. Dans *Ma Muse,* il rassemble ses biens en se disant « agi par les lois invincibles du rythme » :

> Je chante l'Europe, ses chemins de fer et ses théâtres
> Et ses constellations de cités, et cependant
> J'apporte dans mes vers les dépouilles d'un nouveau monde :
> Des boucliers de peaux peints de couleurs violentes,
> Des filles rouges, des canots de bois parfumés, des perroquets,
> Des flèches empennées de vert, de bleu, de jaune,
> Des colliers d'or vierge, des fruits étranges, des arcs sculptés...

Il en est ainsi dans *le Don de soi-même* où il se montre aux écoutes d'un « être ayant sa vie propre » devant le Vide et le Rien, le Bien et le Mal, des « bavardages » de sa conscience, poème où sourd le désespoir retenu, mais où fleurit l'offrande :

> Je m'offre à chacun comme une récompense ;
> Je vous la donne avant même que vous l'ayez méritée.

Il existe un Valery Larbaud, un Barnabooth élégiaque, celui de *Carpe Diem* en cinq strophes bien équilibrées dont voici la dernière :

> Cueille ce triste jour d'hiver sur la mer grise,
> Et laisse-moi cacher mes yeux dans tes mains fraîches ;

> J'ai besoin de douceur et de paix, ô ma sœur.
> Sois mon jeune héros, ma Pallas protectrice,
> Sois mon certain refuge et ma petite ville;
> Ce soir, mi Socorro, je suis une humble femme
> Qui ne sait plus qu'être inquiète et être aimée.

Il trouvera « toute la sagesse du monde » dans les yeux des « bonshommes en cire » de *Madame Tusseaud's*. Il trouve comme Baudelaire sa jeune mendiante dans *Trafalgar square la nuit*, et on retrouve çà et là dans ses poèmes des souvenirs de poètes aînés comme Verlaine ou Rimbaud. Quêtant la beauté invisible, l'extrayant de chaque prise de vue, se montrant marchant « dans le troupeau avec délices », il est un homme parmi les hommes envers qui il témoigne d'une profonde tendresse, se posant la question, dans *l'Innommable* de savoir ce qu'il restera après sa mort dans ses poèmes « de tant de pays, de tant de regards, et de tous ces visages / Entrevus brusquement dans la foule mouvante ».

Son regard sur l'Europe se fait plus panoramique dans *Images*, épître que suit un post-scriptum, carte postale où l'on rencontre « Un jour à Kharkow, dans un quartier populaire » une jeune femme revenant de la fontaine comme chez Ovide, « Un matin de Rotterdam, sur le quai de Boompjes » deux jeunes travailleuses se rendant à l'atelier, « Entre Cordoue et Séville » une troupe loqueteuse où fleurit une jeune danseuse. Barnabooth les voit, les aime, les réunit à travers l'espace dans son post-scriptum :

> Ô mon Dieu, ne sera-t-il jamais possible
> Que je connaisse cette douce femme, là-bas, en Petite-Russie,
> Et ces deux amies de Rotterdam,
> Et la jeune mendiante d'Andalousie
> Et que je me lie avec elles
> D'une indissoluble amitié ?
> . . . .
> Car je ne sais pourquoi, mon Dieu, il me semble qu'avec elles quatre,
> Je pourrais conquérir un monde !

En épigraphe au plus vaste poème, *Europe*, quatre mots d'Étienne Pasquier : « La douceur de l'Europe » et le poème qui va atteindre son plus haut sommet, réunir tous les prestiges cosmopolites de Larbaud-Barnabooth s'ouvre sur quatre strophes fantaisistes comme des vers désinvoltes pour album accueillant à l'impromptu :

> Encore un poème, cher Monsieur
> Xavier-Maxence pour les dames ;
> Un poème à la suite de ceux
> Esquels je distillai mes âmes,
> Car aussi bien j'en ai plusieurs.
>
> De Pompier j'imite le style :
> Cet auteur écrivait si bien !
> C'était coulant, c'était facile :
> Chacun y retrouvait du sien ;
> Je suis son disciple docile.

Un peu de Laforgue, un souvenir d'*Album Zutique,* des influences comme on en trouve ailleurs, de poètes déjà nommés comme Whitman, Nau, Levet, des paysages dignes, comme dit Marcel Raymond, d' « A.-O. Barnabooth, rejeton de Whitman, mais humanisé, francisé, ironique, affiné par un épicurisme de très ancienne culture, et milliardaire ». Et aussi : « Il est bien peu d'influences modernes, de Rimbaud aux *Nourritures terrestres,* qui ne soient ici assimilées, converties en sang frais. » Cependant, nous reconnaissons Valery Larbaud dans toutes ses œuvres qui ne sont qu'à lui.

Europe, passé l'ouverture blagueuse, est une ode splendide écrite en vers libres, allongés, d'une grande coulée lyrique, et recueillant des flots d'images. On entre dans « Un minuit en mer comme il y en a tant » et, dans « le Cunarder au bruit doux sur la mer sans lune », le poète se permet l'observation triviale : « Il ferait chaud, n'était ce vent », mais il regarde d'autres passagers, des femmes qui lui sont chères, le spectacle de la mer, des ports, et de tout cela qui vit, qui grouille sous la lumière électrique, capitales énormes, banlieues, réverbères, trains, magasins, et cela s'accompagne d'un enthousiasme pour les livres et le savoir :

> Oh! tout apprendre, oh! tout savoir, toutes les langues!
> Avoir lu tous les livres et tous les commentaires;
> Oh, le sanscrit, l'hébreu, le grec et le latin!
> Pouvoir se reconnaître dans un texte quelconque
> Qu'on voit pour la première fois! et dominer le monde
> Par la science...

A cette faim, l'Europe qui « est comme une seule grande ville » peut répondre :

> Europe! tu satisfais ces appétits sans bornes
> De savoir, et les appétits de la chair,
> Et ceux de l'estomac, et les appétits
> Indicibles et plus qu'impériaux des Poètes,
> Et tout l'orgueil de l'Enfer.

Tout ce long poème sera voyage incessant, recherche d'un autre lieu, poursuite et fuite. Larbaud dit : « A Colombo ou à Nagasaki je lis les Baedekers / De l'Espagne et du Portugal ou de l'Autriche-Hongrie. » Il va bondir de pays en pays, de ville en ville, glanant ses images et les noms propres fleurissent, ces derniers choisis parfois pour leurs belles sonorités : voici Kherso, Abbazzia, Fiume, Veglia, et Zara, Sebenico, Spalato, Raguse. Des parties du poème portent des sous-titres : *Stokholm, Londres, Berlin,* mais en Suède on peut rencontrer Amsterdam, Londres ou Corfou, comme en Allemagne Boston, New York, San Francisco et Chicago. Toujours des présences féminines :

> Fillettes qui vendez les journaux, court-vêtues,
> En bleu clair avec des cols marins blancs,
> Vous revoilà, toujours pour moi mystérieuses.
> . . . .

> Il y a quelques années, je fus amoureux de vous toutes
> Comme j'ai été amoureux des bouquetières romaines,
> Des jeunes filles de l'île de Marken, qu'on va voir d'Amsterdam,
> Des paysannes de Corfou, et même aussi
> D'une fausse bohémienne joueuse d'orgue de Barbarie à Londres.

Est-il à Stockholm buvant du caloric-punch que « Cela fait penser à Venise et à des soirs sur la Tamise ». Cette Tamise qu'il retrouve dans le poème *Londres* lui fait se rappeler qu'elle était pour Mme d'Aulnoy « un des plus beaux cours d'eau du monde » et Buckingham évoque pour lui les « beaux rythmes des vers royaux d'Albert Samain ». Il peut s'exclamer : « Des villes, et encore des villes » et elles sont pour lui comme des souvenirs d'amour, mais entre deux voyages, comme Mazarin s'exclamant devant ses collections : « Dire qu'il va falloir quitter tout cela », il écrit :

> Mon Dieu, faut-il mourir !
> Il faudra suivre à travers la maladie et dans la mort
> Ce corps que l'on n'avait connu que dans le péché et dans la joie ;
> Ô vitrines des magasins des grandes voies des capitales,
> Un jour vous ne refléterez plus le visage de ce passant.
> Tant de courses dans les paquebots, dans les trains de luxe,
> Aboutiront donc un jour au trou du tombeau ?
> On mettra la bête vagabonde dans une boîte,
> On fermera le couvercle, et tout sera dit.

Mais le poète revient vite à tout cela qu'il veut revoir et qu'il nomme éperdument évoquant toutes les richesses de la nature et ce qui vient de la main humaine :

> Ô mon Welschland béni ! Romania solaire !
> Glorieux fumiers, haillons divins, vous voilà ;
> Enfants nus, rouges vieillards fumeurs de pipes,
> Vieillardes aux mains noires, adolescentes aux fortes voix,
> Et toi, mer !
> Laissez-moi seul, laissez-moi seul avec la mer !

On retrouvera A.-O. Barnabooth dans des *Poésies diverses* lorsqu'il adresse un poème « A M. Valery Larbaud » qui commence par : « Tout ça, mon vieux Valerio, c'est très joli » et le poète élèvera un hymne aux « boulevards de brume rose » dans un poème intitulé *De l'impériale*. D'autres, *Weston-super-Mare, Marseille, Valence-du-Cid, Milan, la Neige* (en français et en espagnol) ajoutent à l'œuvre poétique proprement dite. Mais qu'on relise sa prose et l'on verra qu'elle est marquée par la poésie sans renoncer à d'autres prestiges.

En peu de poèmes au fond, Valery Larbaud a rassemblé une immense matière d'avenir. Nous souscrivons à maints propos comme celui de Marcel Raymond : « Le glissement du train de luxe, la sirène du paquebot, la rencontre d'une bouquetière, une certaine pluie tiède sur la mer de Marmara, rien de cela ne tourne au pittoresque facile, au document exotique, tout recèle une essence qui est le parfum même de la vie et devient matière à délectation poétique. Mais un tel livre — d'où est parti Paul Morand, au temps de la guerre, pour composer les poèmes qui ont préludé aux *Nuits* — a cet autre mérite de permettre l'approfondissement de ce qu'il faudrait appeler la conscience d'existence actuelle et planétaire de l'homme, conscience qui fait partie intégrante du " sentiment géographique moderne " et sans laquelle la poésie du " plein air " et des espaces apparaît décidément privée de pathétique et de résonance philosophique. » De Benjamin Crémieux : « A la source de l'humanisme et de l'européanisme de Larbaud, il y a une idée " impériale ", le sentiment d'une civilisation commune aux héritiers de l'empire romain. Larbaud concilie ainsi l'humanisme antique et les humanités modernes; il réussit à les relier, à les fondre. » De Jean Cocteau : « Comment ne pas dire le respect que j'éprouve pour un homme qui travaille *à part* et ne participe jamais au tumulte. Recul et noblesse donnent à son œuvre une qualité pareille à celle du silence. » De Roland Purnal : « Valery Larbaud est loin d'être un écrivain populaire. Il n'en a pas moins exercé la plus subtile influence sur la littérature française, tant dans le domaine de la critique que dans celui du roman et de la poésie. »

Comme il était dit dans l'anthologie Kra, « il a apporté à la poésie moderne un regard direct et puissant, un dépaysement nécessaire et la joie de la vitesse ». On ajoute que cette poésie aux timbres si puissamment originaux est louange et reconnaissance à la vie. Il sait, ce privilégié, ce que sont les vrais privilèges : ceux de la nuit et du soleil avec leurs douceurs et leurs forces lumineuses, il sait la saveur du fruit et l'odeur du feu de bois, l'essence des âmes et le secret des villes, la beauté des choses et la grandeur des êtres; il sait le contenu de vie profonde des textes passés dont il reçoit l'élan pour aller vers le nouveau; et s'il va de la ville à l'homme, c'est en tenant en main les Baedekers de la tendresse et de l'humanité.

4

Pierre-Jean Jouve

« Songe un peu au soleil de ta jeunesse. »

Né à Arras, Pierre-Jean Jouve (1887-1976) y passa ses premières années, mais il le dit lui-même : « Je ne *sens* pas ma poésie dépendre de mon enfance. Mais cela ne signifie pas que tous les mouvements de l'inspiration aient échappé à sa ténébreuse influence. Je ne puis me penser moi-même que comme adulte, ce qui représente des difficultés bien suffisantes. » A l'âge de douze ans, auprès de sa mère qui avait enseigné le piano, il découvre, en improvisant durant plusieurs heures par jour, les signes en lui du « démon artiste » et il est lié fortement à sa mère et à sa sœur. A seize ans, une opération le sauve d'une mort presque certaine et il connaît des années dépressives entre la musique et la méditation spleenétique, mais, « tel Saül écoutant la harpe de David, je me secourais moi-même ». Au cours de précieux entretiens avec Michel Manoll, en 1954, il parle de lui-même, de ses vingt ans de dandy, de sa passion pour la femme d'un officier qui deviendra un personnage de ses romans. C'est le moment où un « personnage exerçant sur lui l'ascendant » lui fait découvrir Rimbaud, Baudelaire, Mallarmé, plaçant la poésie auprès de la musique. Après un séjour aux bains d'Arve, en Suisse, pour tenter d'améliorer une santé déficiente, il s'installe à Paris en 1909. Il a fondé une petite revue, *les Bandeaux d'or* où l'on voit l'influence du mouvement symboliste à son déclin, avec les feux magnifiques de Verhaeren et Maeterlinck, Vielé-Griffin, Francis Jammes, René Ghil, et où l'on va même vers Max Jacob. Avant 1912, il est en liaison, nous en avons parlé, avec les poètes de l'Abbaye, de l'Effort libre, de l'Unanimisme. Pendant quelques années, il subit des influences qu'il jugera « assez fâcheuses » et un premier Pierre-Jean Jouve apparaîtra en des recueils plus tard reniés, comme un poète humanitaire à la manière tolstoïenne, proche de Whitman et de Verhaeren et se mêlant au groupe unanimiste. Il jugera plus tard que ses premiers livres, échos de son angoisse devant l'époque et la guerre, ne représentaient qu'une approche incertaine de son art. Son avènement au poème, de sa propre volonté, serait de 1928, date où il publiera *Noces,* après avoir refondu une suite lyrique de 1923 : *les Mystérieuses Noces.* Durant la guerre de 1914, infirmier volontaire, il contracte des maladies infectieuses, est menacé de tuberculose et doit partir en Suisse de nouveau où il rencontre Romain Rolland dont il partage bientôt la vie, d'hôtel en hôtel. L'auteur de *Jean-Christophe* parle de lui dans son *Journal,* le disant « hypersensible, irritable, affectueux » et aussi : « intelligent, cultivé et artiste : un jeune frère de même race, qui me comprend à demi-mot ». Il parle des articles qu'écrit Jouve : « âpres, cinglants, de la meilleure lignée française – de la haute satire morale et politique – dans les traditions de nos grands classiques du XVIe et du XVIIe siècle ». Jouve a lui-même salué Romain Rolland, mais extrayons un passage d'une lettre qu'il lui adressa fin 1915 et qui témoigne chez lui d'une singulière prescience : « Je ne suis pas tant esprit logique qu'esprit absolu. J'ai toujours été en entier quelque part, dans la vie déréglée comme dans la règle... Je crois que je vais vers une forme de pensée religieuse... »

Après la guerre, il voyage à Florence, à Salzbourg, avant de se fixer à Paris. Un long travail intérieur se poursuit. Il écrira : « J'étais orienté vers deux objectifs fixes : d'abord obtenir une langue de poésie qui se justifiât entièrement comme *chant* – pas un des vers que j'avais écrits ne répondait à cette exigence; et trouver dans l'acte poétique une perspective *religieuse* – seule réponse au néant du temps. » En 1922, il épouse la psychanalyste Blanche Reverchon. Il se voue à la méditation et à la prière, aux textes majeurs de la poésie (Nerval, Baudelaire, Mallarmé, Rimbaud) et de la religion (les saints : François d'Assise, Catherine de Sienne, Thérèse d'Avila). Sa conversion est de 1924, son accession à la « Vita Nuova », épigraphe de *Noces,* son rejet de l'œuvre antérieure que certains, comme Paul Éluard, vont défendre.

Désormais, la vie de Pierre-Jean Jouve sera celle de son œuvre distribuée entre poèmes, romans, études critiques et traductions, d'une parfaite unité d'inspiration. Pour lui, les grands mouvements littéraires et artistiques qui jalonnent l'époque apportent le meilleur et le pire et il a parlé du règne du tohu-bohu. Il restera un solitaire jaloux d'une indépendance totale, même s'il a des affinités avec le surréalisme, mais il sera plus proche du romantisme, des métaphysiciens anglais, de Nerval et de Baudelaire que de ses contemporains.

Avant d'en venir à sa poésie proprement dite, nous évoquerons et saluerons ses œuvres en prose que ce soient les pages de réflexion esthétique consacrées dans *Défense et illustration,* 1943, à Courbet, Méryon, Delacroix, Rimbaud, Baudelaire ou les analyses musicologiques comme *Lecture de Don Juan, Essai sur Alban Berg* parce que ces œuvres ouvrent un accès sur l'œuvre du poète comme *En miroir,* son « journal sans date » de 1954, autobiographie intérieure apporte un éclairage sur une œuvre qui, bien que ne se réclamant d'aucun ésotérisme, n'échappe pas à un certain hermétisme, celui qui accompagne toute recherche dans les profondeurs née de la rigueur et de l'intériorité, et il faut mentionner au passage que ce créateur à l'écoute de lui-même et de son temps sera un exemple pour les jeunes générations qui lui apporteront des émules plus que des disciples. Le romancier est considérable, unique en son genre et d'une grande singularité. On ne peut ignorer *Paulina 1880*, 1926, *le Monde désert*, 1927, le cycle de *Catherine Crachat* qui comprend *Hécate*, 1928, et *Vagabu*, 1939, puis ces autres essais de psychologie abyssale que sont les contes d'*Histoires sanglantes, la Victime, Dans les années profondes*, 1948 et 1961. Il a admirablement traduit Hölderlin (en collaboration avec Pierre Klossowski), Shakespeare (plusieurs œuvres), sainte Thérèse d'Avila, Tchékhov, et aussi le texte du drame d'Alban Berg, *Wozzeck* (un essai lui est consacré) et *Lulu* de Frank Wedekind. Mentionnons encore des écrits de 1945 sur les événements historiques.

De Noces à Kyrie, les conquêtes de l'inconscient créateur.

René Micha a écrit : « On remarque, vers 1925, un progrès constant vers l'objet choisi : la connaissance entière de l'homme transfiguré dans la beauté du verbe. *Noces, Sueur de sang, Matière céleste, Kyrie,* mettent aux prises l'érotisme coupable et l'âme spirituelle; cependant que la vie de l'éros produit la mort et la mort que souhaite l'âme est la véritable vie; l'homme se sauve en intégrant les forces contraires, en ranimant les graves instincts d'amour contre les séduisants instincts de mort. La conciliation a lieu aussi sur le plan de l'art : la violence se plie à la douceur des formes, l'imprécation se fige, l'effroi se change en fugitive paix. Cependant le poème, qui contraint la violence, ne la supprime pas : la mort avec son relief horrible demeure sous nos yeux. » Jamais, peut-on ajouter à ce propos précis, métaphysique et poésie ne seront plus ardemment mêlées que dans l'œuvre jouvienne.

Noces, 1931, révèle un poète dont l'âme est engagée dans la parole. Ces poèmes, écrits depuis 1924, marquent la première étape d'une odyssée dominée par l'exigence. Le poète a découvert la psychanalyse qui lui permettra d'aller au plus profond de la confession, au plus concret aussi, et d'appréhender l'être et le monde dans un mouvement total. Au cours des grandes parties de l'ensemble, on sent une évolution allant d'une parole translucide, émerveillée souvent, inquiète aussi, à une métamorphose en substance végétale et charnelle. Il y a la salutation des choses que parfois traverse un cri : « La vie est admirable la vie est admirable elle est vaine. » C'est un « Chant de reconnaissance au vaste Monde » en courts et intenses poèmes qui apportent la fraîcheur d'âme en même temps que la méditation. Un exemple en est ici donné par *l'Arbre mortel* :

Un homme était parvenu sous un arbre
Dont la fraîcheur profonde appelait le pays désert
Tandis qu'un Ange à tire-d'aile s'envolait.
L'homme sauvé du soleil
Écoutait murmurer les immenses familles de choses vertes
Et noires tellement serrées, qui répandaient de vastes odeurs de mémoire;
Mais comme il s'appuyait au tronc l'arbre se ferma.

Les livres de poèmes de Jouve ne sont pas des « recueils », ils forment un tout organisé et chaque poème apparaît comme la partie indispensable à un ensemble. Ils sont groupés par thèmes sans que cela interdise la liberté. Ainsi, on trouve le signe du feu (il écrit : « Ma nature est le Feu », de l'ardeur, de « Jésus qui est le soleil des poètes ») :

> Je suis le Feu.
> Tu es le Feu ?
> L'Ardeur
> Oui ma nature est feu et je te reconnais.
> A l'aube tu me fais me lever de mes songes brisés
> Détruis, détruis !
> Et moi je suis les étincelles.

Il y a des images claires qu'on lit dans l'apaisement, avec ce plaisir qui est celui d'une chaste rencontre avec la beauté des choses, de la vérité transposée lyriquement dans un dit économe, mais ce repos garde quelque chose d'une attente annonciatrice d'une plus haute dialectique, celle de la vie et de la mort. Passe une *Femme à l'église* :

> Portant sa misère à la main elle s'avance
> Il fait extraordinairement beau. Une lumière
> D'ascension entre Santa Maria et la vieille tour ;
> Elle s'assied prenant pitié du chemin
> Troublée parce qu'elle mourra dans cette lumière.

Il chante sur le même ton de simplicité quasi évangélique un ravissant *Jardin des âmes au printemps,* partie dont les poèmes s'intitulent *le Ciel dans la terre, le Jardinage, l'Amour ou plantation,* où les pommiers sont en fleurs, où la feuille est chantée : « Ô feuille ô verte feuille et belle et main religieuse », un *Glorieux Âge* avec « L'oiseau translucide au-dessus du temple ». S'élèvera alors une importante partie du livre sous le titre général *la Symphonie à Dieu* allant de l'*Incarnation au Père de la Terre* et au *Vrai Corps*. C'est là que perce le vrai Jouve avant sa descente aux Enfers. Les thèmes prennent de l'ampleur, s'épaississent :

> Crucifix, ne te couvre pas de feuilles
> Avec tant de zèle après l'horrible hiver !
> Douce chaleur
> N'emplis pas le sein presque lourd de la jeune fille :
> Derrière on voit passer la Mort.

On arrivera au portrait du *Père,* père guerrier, image du surmoi, père de fureur et de terreur, de *Tobie,* de personnages comme les *Géants, le Chef* ou un *Vieillard,* et des images nées de l'eau des déluges ou des larmes, des *Pastorales* de croyant comme celle du vent noir :

> Le vent devenu noir, se dresse le couteau
> Des lointains. Rugit le vent du ciel.
> La corde qui sépare les saisons franchie.

> Chemins de pierre, effroi du voyageur
> A l'hiver. Hécate fille pâle
> Au ciel fait prévoir l'heure et la manière de la mort.

La salutation au vrai corps de Dieu, « témoin des lieux insensés de mon cœur » ferme l'ensemble par cette dernière strophe :

> Lorsque couchés sur le lit tiède de la mort
> Tous les bijoux ôtés avec les œuvres
> Tous les paysages décomposés
> Tous les ciels noirs et les livres brûlés
> Enfin nous approcherons avec majesté de nous-même,
> Quand nous rejetterons les fleurs finales
> Et les étoiles seront expliquées parmi notre âme,
> Souris alors et donne un sourire de ton corps
> Permets que nous te goûtions d'abord le jour de la mort
> Qui est un grand jour de calme d'épousés,
> Le monde heureux, les fils réconciliés.

Le poète use d'images religieuses en même temps que d'images sexuelles, ainsi, lorsqu'il célèbre la femme, son sexe est « Resplendissant doux jardin de couvent », lorsqu'il décrit le Christ : « Sur le flanc s'ouvre en méditant / Lèvre de la plaie mâle, et c'est la lèvre aussi / De la fille commune... » Les scènes bibliques et liturgiques sont amenées dans une langue au doux couler où quelques mots parfois, une courte phrase brillent comme un rubis ou jettent un éclair de feu. Dès *Noces,* Jouve répond à cette définition de Marcel Raymond : « La poésie de Pierre-Jean Jouve, sous sa forme la plus haute, fait songer à ces puits artésiens qui percent les roches et les terres arides, et d'où jaillit l'eau délicieuse et chaste. Au reste, ces deux éléments de sécheresse volcanique, désirante, et de tendresse exaltée, parfumée d'une grâce angélique, se conditionnent l'un l'autre en elle comme les forces antagonistes du drame qui serre le cœur du poète de son poing inexorable. »

Sueur de sang, 1933-1935, est précédé par un avant-propos intitulé *Inconscient, spiritualité et catastrophe* dont il faut souligner l'importance car il constitue la meilleure introduction à l'œuvre entier de Jouve. Il connaissait bien Freud à qui il avait consacré divers essais et il se réfère entre autres à cette définition de l'homme qui veut que nous soyons des masses d'inconscient légèrement élucidées à la surface par la lumière du soleil, tout en sachant bien que « ceci, les poètes l'ont dit avant Freud : Lautréamont, Rimbaud, Mallarmé, enfin Baudelaire ». Voici le début de ce texte où apparaît l'homme « d'argile noire et de placenta rouge », dans sa réalité excrémentielle, dans ses pulsions animales et perverses, dans la sublimation de ces déterminations, situé dans le même abîme, entre deux morts, celle du haut et celle du bas, courant le risque de la catastrophe, de l'abandon de la spiritualité, notamment par le nazisme. Or le poète, avec son instinct de la mort, est le contraire de ce que la catastrophe veut faire. Lisons quelques extraits :

> ... Cet homme n'est pas un personnage en veston ou en uniforme comme nous l'avions cru ; il est plutôt un abîme douloureux, fermé, mais presque ouvert, une

colonie de forces insatiables, rarement heureuses, qui se remuent en rond comme des crabes avec lourdeur d'esprit et défense. Ou encore, on aperçoit dans le cœur de l'homme et dans la matrice de son intelligence tant de suçoirs, de bouches méchantes, de matières fécales aimées ou haïes, un tel appétit cannibale ou des inventions incestueuses si tenaces et si étranges, toute cette tendance obscène et cette magie, prodigieuse accumulation, enfin un tel monstre de Désir alternant avec un bourreau si implacable, que, à partir de ce point, le problème de l'homme semble se déplacer continuellement; car après avoir pensé : comment le fond terrible peut-il demeurer toujours voilé ? – et ensuite : comment l'homme a-t-il pu si longtemps ignorer le fond ? – nous arrivons à nous dire : comment se fait-il que l'homme soit parvenu à opposer la conscience raisonnable à des puissances aussi redoutables et déterminées ?

Les poètes qui depuis Rimbaud ont affranchi la poésie du rationnel savent qu'ils ont retrouvé dans l'inconscient universel et l'inconscient du moi les deux sources et qu'ils se sont approchés d'un but nouveau pour le monde :

... Dans son expérience actuelle, la poésie est en présence de multiples condensations à travers quoi elle arrive à toucher au *symbole* – non plus contrôlé par l'intellect, mais surgi, redoutable et réel. C'est une matière qui dégage ses puissances. Et par le mode de sensibilité qui procède de la phrase au vers et du mot utilitaire au mot magique, la recherche de la forme adéquate devient inséparable de la recherche du fond. Que la Poésie s'avance donc « dans l'absurde » comme ils disent !

Il nous est arrivé ici de parler de la Poésie comme éminemment salvatrice. Jouve sait, par des signes d'histoire, de politique et de société, que « la psychonévrose du monde est parvenue à un degré avancé qui peut faire craindre l'acte de suicide ». Il sait que « les instruments de la Destruction nous encombrent »; les iniquités pourrissantes des nations font de l'Europe « la grande prostituée... assise sur une bête écarlate couverte de noms de blasphème ayant sept têtes et dix cornes... » Nous sommes en 1933 lorsqu'il écrit cela et il fait montre d'une étonnante lucidité en écrivant : « Nous sentons bien que ce n'est pas tant de révolution qu'il s'agit que de destruction pure, de recherche d'un coupable objet de haine et de régression. » Et Jouve, avant de donner parole au poème, conclut ainsi :

La révolution comme l'acte religieux a besoin d'amour. La poésie est un véhicule intérieur de l'amour. Nous devons donc, poètes, produire cette « sueur de sang » qu'est l'élévation à des substances si profondes, ou si élevées, qui dérivent de la pauvre, de la belle puissance érotique humaine.

La première partie intitulée *Sueur de sang* s'ouvre sur un distique annonciateur intitulé *Crachats* :

Les crachats sur l'asphalte m'ont toujours fait penser
A la face imprimée au voile des saintes femmes.

Chaque poème est une recherche de la matière prise dans son sens douloureux et trivial et en même temps symbolique que ce soit dans une nappe d'huile verte qui lui fait songer au sang de sa mère, dans des paysages, des bêtes ou les parties du corps. Ainsi le cerf, nouvel éros, dans un univers de sang, de sécrétions, de larmes, de mort et d'abîme, mots qui reviennent souvent. Il dit que « l'amour est à réinventer » quand :

> L'amour de Psyché malheureux se mélange
> Automate sanglant
> Sur la voix des tombeaux, des matières fécales
> Auprès des tabous sombres...

L'objet mental et l'objet réel sont mêlés et il sait que sans horreur il n'y a pas d'amour. Si « la reine de Saba porte un vert diadème », le poète demande : « Est-il d'amour, de honte, ou de honte et d'amour ? » Le ton est nouveau. Ainsi lorsqu'il montre des *Arianes* :

> Vos fesses, mes chéries géantes ! vos argentées
> Toisons sur vos replis fermés graves et longs
> De poils élégamment tordus, et déroulées
> Vos peaux cuivrées prenant le jour aux horizons !
> Et le monstre endormi, tous vos atours fendus
> Vos étoffes chargées de sangs et d'endroits nus,
> Vos globes de vent mou que ne viole aucune aile,
> Vos parfums de marine et d'urine à l'aisselle.

La deuxième partie, *l'Aile du désespoir* poursuit le chant avec le retour du thème de la culpabilité, et le jugement, le scandale de l'amour apparaissent dans une méditation religieuse qui l'emporte sur l'image physique ou sexuelle. Écoutons :

> De scandale ! jamais je ne l'étais sinon
> Que tout mon cœur adorant était de scandale...
>
> Aimant d'être coupable et coupable en aimant
> Et d'être en aimant coupable ! Tant de détours
> Par le terrestre monde enfantin il en est tant
> Par l'abîme : aimer tuer meurtrir, baiser...

Pour lui, le linge du Christ devient linge véritable et *Langes* de l'homme aux deux bouts de sa vie :

> Le linge enferme le noyau de l'homme
> L'enfant et le mourant sont portés par le linge
> Sur le blanc linge est le babil obscène de la pensée
> Au linge sont remis les membres très anciens
> Las de brandir, mais cuirassée de linge
> Et ceinturée la femme recommence au linge
> Immobile pli muette destinée.

Le troisième volet, *Val étrange* apporte des couleurs plus nuancées, et l'on pense parfois aux poèmes de *Noces*. Il y a moins de matière intellectuelle et morale. La nature apporte des tonalités vertes, roses ou bleues, la sensualité perce à travers la sexualité :

> Guéris la lèvre nue que je meurs d'embrasser
> Restaure le temps des roses cavernes
> Épuise le château de haine dans les glaciers...
>
> Vos élancements sont brûlants comme des montagnes
> Entre elle et lui et quand les cheveux blonds
> Déferlent sur la grève au coquillage rose
> C'est comme un volcan se nourrissant aux mers.

Mais les idées de culpabilité, de honte demeurent là où « le paysage est transparent et décharné », où « le féroce donneur de larmes s'est retiré » et le poète s'abandonne à la contemplation : « Et de tes yeux tombait la perle rose de la beauté. »

Étrange poème, poème nouveau que *Sueur de sang*. D'aucuns y verront une confession audacieuse, seront surpris par l'absence d'effets poétiques, pourront parler de petits jets successifs sans montée du lyrisme, de discontinuité dans le discours. Or c'est cela qui répond au propos de Jouve tentant de rejoindre le principe d'une écriture en rapport avec le mental plutôt que d'atteindre à l'incantation. Des répétitions, des maladresses, certes, mais une rigueur dans une recherche en rapport avec le freudisme indéniable.

Dans *Matière céleste,* 1936-1937, au réalisme excrémentiel succédera le corps de la femme, Hélène, qui apparaît :

> Dans la matière céleste et mousse de rayons
> Dans le crépitement de l'espoir et la tension belle
> Des entrevues des yeux...

La voyant morte, il dira :

> Que tu es belle maintenant que tu n'es plus
> La poussière de la mort t'a déshabillée même de l'âme

On pense parfois aux amoureuses de Nerval, aux belles endormies, avec des vers comme : « C'est ici que vécut incomparable Hélène. » La femme, belle et figée dans le gel de la mémoire, redonne vie et parole au poète qui déroule ses images en l'associant au double feu terrestre et céleste et à l'or des églises, en la spiritualisant et en la faisant parler :

> Conduis-moi dans ce couloir de nuit
> Amant pur amant ténébreux
> Près des palais ensevelis par la nostalgie
> Sous les forêts de chair d'odeur et de suave
> Entrecoupées par le marbre des eaux...

Dans le deuxième volet, *Nada,* il cherche « une beauté confuse en laquelle rien n'est », décrit des lieux et des êtres, médite sur l'isolement de la vie et de la mort aux terreurs extraordinaires, parle des livres nus qu'il rêve d'accomplir, demande « Pitié pour le dieu nu qui meurt dans nos ténèbres », revient à la honte et à la culpabilité, réclame son don d'été, tandis que dans le troisième qui donne le titre de l'ensemble, *Matière céleste,* il amplifie ses thèmes en de nouvelles transcriptions musicales, mozartiennes et le son revêt une importance capitale

> Pour une musique ou langue universelle...
>
> Les fleurs énumérées dans un air de cristal
> Sont les dernières de ce monde que tu aimes
> Et les grands pans d'orchestre à l'âme intérieure...
>
> Une harpe ayant plusieurs cordes brisées
> Mais résistante de douleur et d'or sur le fond bleu...
>
> Ô joie de tant d'années! et toi flûte enchantée
> Résonne encore un jour sur le flot du mystère...

La présence d'Orphée, la dialectique du Tout et du Rien, la Joie, l'épreuve de violence du poème comme *1936,* le dessin mental de paysages allemands amplifient le propos de Jouve et déjà sont là les prémisses des œuvres futures.

Kyrie, 1938, revient à une forme incantatoire; il a la grandeur du chant funèbre et la méditation, avec ses arrêts, ses syncopes et ses allongements, prend de la hauteur. Bientôt, les poèmes rappellent la fin de l'avant-propos à *Sueur de sang,* car le poète aperçoit la catastrophe dont il a parlé sous la personnification du nazisme qu'il a vu de près à Salzbourg. C'est le temps venu de la tragédie, de l'érotisme imbécile, à son plus bas niveau, de la terreur, de la destruction et de la laideur. Après avoir élevé un lamento ou un sanctus, ou bien rencontré Psyché et Éros et poursuivi l'exploration de son paysage intérieur, le poète voit « le temps l'affreux temps le miroir du néant », Mozart dans la fosse commune, l'angoisse, les « crachats tournés contre l'Esprit ». Le deuxième morceau de *Kyrie* s'appelle *les Quatre Cavaliers* et se présente comme une allégorie descriptive fondée sur des thèmes apocalyptiques. Le recul poétique, l'intériorité, la distance sont là, mais aussi le temps du poème, l'événement, le désastre européen sous-jacents :

> L'ère du diable est ouverte aux tortionnaires
> L'organisation de bête en Anté-Christ...

L'homme a retrouvé les grandes souffrances, il pousse ses derniers cris dans le tragique, les quatre cavaliers préparent la moisson des âmes, et voici le cheval de force, le cheval de punition, le cheval d'extermination, le cheval pire, « celui que la parole humaine n'a pas dit ». Après un « dernier signe à Salzbourg », il les retrouve, ces chevaux de malheur, les « acteurs du sang ». Le troisième et dernier volet : *Nul n'en était témoin* prend de l'altitude, s'ouvre comme un largo, devient comme un chant de grâce :

> Des arbres verts de mon chagrin les sphères
> Sont touchées par le cristal de Pentecôte
> Les plus durs déchirements de boutons verts
> Sous les pattes aiguës des oiselets funèbres,
> Les plus anciennes plaies se sont magnifiées.

A la fin de ce chant nostalgique, passeront les ombres d'Hélène, la mystérieuse morte de *Matière céleste* :

> Adieu. Les troupes de cristal
> La matière céleste
> Se sont réunies en haut du dernier jour
> Les innombrables ombres d'Hélène voyagent
> Sur ce pays poussées par le souffle de Dieu
> Tout est profond tout est sans faute et cristallin
> Tout est vert bleu tout est joyeux et azurin.

La Vierge de Paris et l'Hymne.

La Vierge de Paris, 1939-1944, groupe les poèmes écrits durant la guerre à Paris, à Alger, puis en Suisse. Ainsi, la guerre, l'occupation, le désastre pressentis dès *Sueur de sang* et affirmés dans *Kyrie* sont arrivés. A quelques exceptions près, nous ne trouverons pas cependant le poète en prise directe avec l'événement, même s'il est le moteur secret des poèmes. Mais la mort, thème fondamental de l'œuvre de Jouve, est devenue la mort réelle, tangible. Et le poète reprend la dialectique du Tout et du Rien, du jour et de la nuit, s'interroge, ressent sa culpabilité, s'ouvre en même temps à la notion de liberté. Ses sujets, souvent fondés sur des thèmes musicaux, sont multiples, avec le retour fréquent du mot « mort » :

> Laissez les morts enterrer les morts, a-t-il dit
> Quand les vivants ne se séparaient pas des morts
> Quand la lumière manquait aux morts
> Et quand le canon cruel des vivants
> S'acharnait longtemps sur les pauvres morts.
> Laissez les morts enterrer les vivants
> Aujourd'hui que la terre est élévation
> Défunts charnels debout leur cœur triste et sanglant
> Ouvrant leur liberté de tous leurs membres blancs.

Le poète ne cherche pas à séduire par une harmonie attendue et ses vers ne sont guère faits pour habiter la mémoire. Il ne songe qu'à approfondir son interrogation, à traduire ses errements de voyageur « aux pieds ensanglantés », d'homme loin de sa patrie, la ville énorme, baudelairienne, lieu de prostitution et de crime aux singulières beautés. Exilé, à l'écoute de lui-même, il rassemble l'univers en proie à la catastrophe dans ses propres profondeurs et la douleur universelle se fond dans le drame de sa conscience. Les titres parlent : *Combat de Tancrède et Clorinde, Catacombes, Résurrection des morts, Porche, Nuit des saints...* Il atteint à la grandeur religieuse et à la dimension cosmique, à une ontologie de la terre et de l'âme. Il arrive, surprise! qu'apparaisse la rime comme dans *Ville atroce* :

> Ville atroce, ô capitale de mes journées
> Ô ville infortunée, livrée aux âmes basses!
>
> Et toi quand j'arrivais sur l'avenue de flamme
> Parmi juin miroitante des millions d'objets
> En marche et d'espérance verte et d'oriflammes
> De la dure Arche de Triomphe qui coulait

Le lecteur qui apprécie les prestiges de la parfaite prosodie sera déçu à juste titre : ici la précision dans la confession et dans l'exactitude du propos prend nettement le pas sur la perfection formelle. Des poèmes portent des noms de rues de Paris sans vraiment répondre à quelque particularité du lieu. Mais sourd le poète de la France malheureuse avec des incantations et des évocations discrètes, le flot poétique les intégrant dans l'immensité d'une très forte charge de pensée et de poésie. Ce long recueil se terminera par une interrogation :

> Combien de temps ô mère du Seigneur avant
> Que ne revive à ce vieux sol le fils en gloire
> Que de travaux de pleurs combien de bâtiments
> Pour que le rayon doux revienne à notre histoire
>
> Pour que nous retrouvions le bois sacré des ans
> Et le soleil du jour patient labyrinthe
> D'amour et de folie avec art caressant
> Ta robe de grandeur et ton regard sans plainte
>
> Ô Vierge de Paris c'est à présent que l'art
> Obscur emplit l'abîme alors que tous les plis
> Disparaissent, et que tu n'es plus la vierge mère,
>
> C'est à présent que nous voyons le vent du temps
> Mêlant nos murs cassés à nos tristes parvis
> Demander durement si nous sommes Lazare.

Jouve a élaboré durant les années de guerre un monument à sa foi, une riposte poétique de fond à la catastrophe, à coup sûr un témoignage de dignité humaine. Par le langage, entre les racines de l'homme, il tente sans cesse d'entrevoir le visage de Dieu.

Hymne, 1947, est le prolongement naturel de *la Vierge de Paris*. Plutôt que de célébrer la libération, la délivrance, l'avènement de la liberté, il reste imprégné par les horreurs de la guerre qu'il regarde et montre en spectateur désolé :

> Ô vous déserts d'horreur hommes épouvantables
> Et vous tombeaux d'amour épouvantés
> Viens se dit mon âme en un château fort
> Où les sources bruissent contre les pierres

Il se tourne dans *Larmes d'Arras* vers le lieu de sa naissance qui est aussi celui de Robespierre : « Ô jacobins portant vos têtes sur les cieux », vers tous les lieux de fer et d'échafaud, vers *le Peuple* : « Le tableau en fut découpé dans la terreur », vers *les Instruments de la Passion,* vers aussi l'espérance et la beauté spirituelle, vers la grâce et la liberté : « Va Liberté, remonte aux grandes eaux. » Il montre l'homme, le condamné à mort par destinée qui peut s'élever par les mystères de la sexualité, les beautés de l'art, de la musique, de la poésie :

> Le monde est continuelle image, création
> Le monde du néant s'éloigne à chaque souffle

> Le monde est inventé du Verbe rose et blond
> Beauté cachée que la sueur n'étouffe
>
> La liberté brise le creux de chaque histoire
> Perce le jour illumine le temps
> Et le corps de la femme est l'ardente patrie
> Où va s'affranchissant le péché de mémoire
>
> La beauté préparant l'éternel en un vase
> Où boire, le poème est la création
> Quand d'un acte de viol amoureux son extase
> Fait toucher l'invisible immédiatement.

C'est là, parmi les désarrois et les constats sanglants, que le poète met toute son espérance dans une *Hymne* d'une parfaite unité.

Diadème, Ode, Langue.

Diadème, 1949, montre un recul du poète par rapport à l'événement encore qu'il ne soit pas dupe de l'apparente paix. Il voit toujours les agitations, les rappels de bestialité, tout ce que le monde propose de faux. Il revoit les tourments, les « acrobates infâmes » d'un monde soumis à la fausseté, mais bientôt, il revient à lui-même, à son moi, à sa vie, à ses amours et à ses doutes comme à ses croyances, reprenant des thèmes habituels, philosophiques, religieux ou profanes, avec de plus en plus de gravité, n'évitant pas les redites et les reprises avec quelque inflexion nouvelle. La lecture suivie de son œuvre peut paraître lassante si l'on ne distinguait pas, au cœur de la monotonie, de l'absence de renouvellement formel, la concrétisation en lui de la pensée abstraite, un enracinement de l'idée en l'homme face à face avec sa solitude peuplée, son intensité de pensée fondatrice. La percée de l'inconscient ne correspond nullement, comme chez les surréalistes, au goût de libérer le stupéfiant-image ou d'enfanter le monstre et la merveille, mais de découvrir, de se découvrir et de sanctifier. Dans *Diadème,* le vers approximativement régulier apparaît de plus en plus, non pas classique, mais soumis à une syntaxe particulière faite de torsions, de reprises, de rebonds, puisant sa ligne mélodique chez Mozart ou chez Alban Berg, infiniment expressive. Ces rythmes heurtés, cette versification sans respect pour les règles, ignorant souvent quelques utiles ressources, produit une sorte de baroquisme, la rigueur se situant dans l'expression juste et la plénitude de la phrase. Jouve n'est tributaire que de lui-même, de sa mesure accordée à son langage. Il faut insister sur la forte charge poétique de chacun des poèmes. Lisons *Nada* choisi fort arbitrairement dans cet ensemble :

> Il faut encore croiser un sanglot de mes mains
> Envers ton vide sein rose au cœur violet
> Rose tranchée à mort et violette usée
> Foliole, abolie, vase sans lendemain
>
> Aimer que Tu ne sois : à tout rayon senti
> Nul! et de ton refus un chemin qui se répand

> Droit dans Ton cœur qui tout aime et reprend
> Tout par notre vouloir à tuer les aimés.
>
> Si j'annule ce cœur il brisera sa cage
> De faim! Mais c'est encore un décor de langage
> Que brise ton baiser ô Sang. Et sang tué,

Comme il sait être allusif et laconique, n'optant que pour une ponctuation qui paraît posée au hasard, prenant volontiers les quatorze vers du sonnet pour mesure, comme Baudelaire par exemple, il sait aussi allonger son vers sans aller jamais jusqu'au souffle du verset :

> Je regarde un village d'or et je pense un air sans un souffle
> Je devine les mers là-bas je recueille mon cœur ici
> Je songe un Christ en notre sang une plaie infinie et douce
> Je songe un tonnerre divin dont tout le calme retentit.

On le sent parfois tenté par le poème ciselé, par le recours aux splendeurs du baroquisme, mais s'arrêtant volontairement devant cette perfection des poètes du premier XVIIe siècle :

> Une étoile brûlante au milieu du ciel noir
> Porte le deuil avec une ardente finesse
> Le deuil de soi drapeau dans le cher soir
> Le deuil du soleil roux montré dans la jeunesse
>
> Si belle! avec les cils sur ses yeux d'améthyste
> Et grande la bouche longue avec une langue
> Comme sont longues ses deux hanches et ses jambes
> Et violente sa posture rouge et triste.

Nous marquons une préférence pour *Ode*, 1950, où, dans un chant plus vaste, un art nouveau se délivre de bien des chevilles, de retours trop fréquents de ses mots fondamentaux comme abîme ou sang, oublie ses lourdeurs prosodiques. Par la phrase allongée, plus lyrique, il se rapproche d'un Paul Claudel par exemple, mais sans la sûreté de soi de ce dernier : il cherche, il se recherche dans son chant, ne prend jamais le ton de la déclaration péremptoire ou de l'affirmation. De nouveaux thèmes apparaissent : il aborde le monde minéral comme il aborde le monde charnel à fin de sanctification et de spiritualisation de la matière, il interroge le Nombre, cherche des significations ou des sens à toute réalité, femme ou sable, interroge la Nuit ou la page blanche, flétrit « toutes Bêtes de ce monde », et toujours amplifie son souffle sans rien renier de la minutie de sa fouille de l'inconscient, développe son exclamation :

> Ah! je retrouverai ces désirs que les larmes n'ont pas changés en perles artistes
> et fausses
> J'aurai votre âge, ô jeune fauve, orné de guirlandes de forces;
> J'abandonne les biens gagnés! je vends les châteaux, les ouvrages,
> Je vends l'âme à votre sourire qui ne sait pas qu'il est sorcier,
> Je vends ma langue à votre voix, non tant pour jouir sur vos plages
> Mais pour revenir! à vos sangs! à vos sangs de vingtième année.

Le poète ne se satisfait pas de la seule beauté de son élocution ou de son harmonie, il exige plus même si l'apparence de liberté et de soumission au lyrisme de l'ode cache ses secrets et ses conquêtes. Les thèmes anciens ne sont pas abandonnés mais semblent enfanter les nouveaux thèmes. Au vert, au rouge, au bleu qui revenaient sans cesse s'ajoutent de nouvelles couleurs, le jaune, l'orange, l'ocre, le blanc de la page blanche ou du cygne qui signifie la femme, ou l'absence, ou le thème Nada qui lui est cher. On assiste à la naissance d'une image longtemps tenue en attente et qui va animer toute une suite de poèmes, ou bien qu'une image apparaissant précédemment à l'état d'esquisse se développe dans un sens nouveau.

Ce renouvellement se poursuit dans *Lange,* 1952, ensemble « dédié à l'esprit d'Alban Berg ». Les poèmes sont moins étendus, plus divers, plus libres. On retrouve la minéralité d'*Ode,* la femme aussi, Hélène ou Ariane, isolée, « enivrée de solitude aqueuse », présence d'alliance. Le poète est plus spontané, plus libre, plus vivace, plus reconnaissant à son langage, plus fourmillant et plus euphorique. Écrivant « des profondeurs du pays sans nom ». L'inattendu apparaît :

Hurrah !
Ton orchestre de lave, hurrah ! ta présence mortelle
Hurrah ! ta magnificence sans sexe et ta tendresse sans mamelles
Et ta bienveillance sans tête, mon Être, et bénie la blessure acide que tu m'as faite.

Il survole son passé poétique, mêle différents registres, se délivre et chante *Ariane Poésie* :

En ces temps l'art fut absolu conquérant comme est l'or
Dans l'écorce cristalline de la terre. Et par le dernier art on résista au monstre, au dieu, bavant l'écume froide :
La Science ! livide, et technique à savoir, à pénétrer l'espace avec le sang, le cerveau et l'amour, poser les règlements, toucher l'horrible atome !
Monstre froid défié par la sainte ignorance
Nombre-Mort ! Les poètes étaient dans les myrtes confus
Menés par une Ariane aimante sans refus
Poitrine dégagée pensée accoutumée.

Pour Jouve l'art fait reculer la mort. Jouve s'interroge sur les fins du poème, y recherche l'innocence salvatrice :

Poète ô terre blessée, reviens, ma douceur, à ton aire
Sans gloire et privée de jeux, aux plus hauts sommets de mémoire, aux irradiants cieux sur les cieux,
Voyage hors des séismes de papier peint, des misères paniques, sans les logarithmes profiteurs, loin des anges de paix tirailleurs,
Recouvre l'innocence bleue : une pierre nue sur un monde

Il sait que le poème est le dernier recours, l'ultime nécessité et il demande au Seigneur : « Donne au Poétique et au Vague accès dans la Parole vraie » et il sait aussi que « la parole de vie ne se lit qu'en absurde ou à l'intérieur de l'Absurde absolu et comme éclat d'amour aux formes infinies. » Le poète Jouve, dans *Langue,* conquiert ardemment, librement, de nouveaux empires. Il en appelle avec force à une « Espérance plus sacrée que n'est une épée dans le corps ». Avec *Ode* et *Langue,* il trouve toute son ampleur et témoigne d'une lente recherche sans cesse poursuivie, développée souvent dans l'incertitude et son odyssée intérieure force le respect.

Mélodrame, Moines.

La permanence des thèmes jouviens s'affirme dans *Mélodrame,* 1957, où le drame s'exprime en mélodie ; ce sont le Cygne, le Phénix, le Voyage, l'Adieu, le Secret, et toujours la Femme, la déesse masquée qui devient ici *Isis,* « plus belle que la nuit ». Il n'y a pas renouvellement, mais approfondissement. A celui qui tentait de découvrir un sens au rien terrestre et à l'absurde succèdent le sage, l'apaisé, l'attentif : « Le poète écoute le Temps qui inscrit très près de son cœur les traits d'une plume de fer. » Il sent s'approcher le terme de sa course et les thèmes du voyage et de l'ultime port sont plus fréquents. Musical, frais, il cherche de nouvelles tonalités, apporte de la grandeur dans une tristesse plus noble, une mélancolie plus souveraine, une sérénité et un recul. Sa poésie a gagné en force et en harmonie. Le ton est parfois aphoristique. Et pourtant apparaît encore la déchirure.

Le poète est revenu au vers libre, à la rime ou à l'assonance, avec le même recul devant la forme imposée, la même liberté, attentif à son seul chant profond, « le mystère engendrant la conscience de l'art » qui est « épaisse douleur » et « exquise formation » :

>   Le poète ne dit qu'un mot toute sa vie
>   Quand il parvient à le desceller des orages
>   A le sauver des hautes tentations
>   A l'éprouver plus loin que toutes trahisons.
>
>   Qu'il le dise au milieu d'un millier de naufrages !
>   Qu'il dise et qu'il périsse par le dire
>   Pour ce mot ce seul mot la gloire sans écho
>   De l'amour enfantin le plus chaud des amours.

Les beautés gagnent en nombre. La mort d'Alban Berg lui inspire des chants recueillis. Ou bien le chant du cygne qui est celui de la mort lui dicte des panneaux lyriques qui paraissent chargés de lourdes tentures, avec toujours le recours au baroquisme d'une église où résonne l'orgue :

>   Ta fleur noire identique au dur soleil couchant
>   Et ton sein plus poli que la pierre des rêves,
>   Tes aines de parfum bistré séparant bien
>   Les colonnes, du lieu de ta honte très rare
>   Comme rose étouffant tout un marbre veiné ;
>   Et ta forme en un deuil inconnu allongée
>   Telle un passage d'anges nus parmi l'éther
>   Qui tire nos regards par un effroi mystique :

> Tout cet être de toi semblait comme un surplus
> Au creux magicien d'une froide musique
> Aveugle dans sa plantation, sinon l'obscur
> Assentiment des yeux, esclavage futur.

Comme un sculpteur baroque, il apporte le mouvement dans l'immobilité. Et cette musique sobre, cette pensée exigeante sait s'accompagner par hauts moments de fraîcheur, d'admiration précieuse de la beauté. Ainsi le début du poème *Isis* :

> Tu es plus belle que la nuit et comme Isis
> Tu es debout sur les cornes bleues de la lune,
> Ta chair si blanche échappe au terme de beauté
> Par mystère de lait irrigué de sang rose...

Il faut insister ici sur l'orchestration de chaque livre de Pierre-Jean Jouve qui se divise toujours en grands mouvements musicaux, chaque poème étant à l'autre lié, et l'ensemble constituant un seul et vaste poème. Il est ici une fondation de l'Être par la Parole. Il parle en passé et en présent, unissant le mythe platonicien, la nostalgie d'anciens états androgynes, aux recherches freudiennes. Chaque partie en dit plus que tel long traité philosophique et l'on est ébloui par la profondeur de cette pensée poétique.

Moires, 1962-1966, l'ultime ensemble qui comprend *Moires* proprement dit, *Ténèbre* et *Ébauches,* montre un resserrement de la pensée et du langage : là où s'étendait la phrase, parfois jusqu'aux bords du prosaïsme, on trouve une vigueur et une rigueur d'aphorismes. Les pièces sont plus courtes, les rythmes plus variés, l'expression plus claire et souvent surprenante. Éros est plus fréquent que Jésus. L'érotisme sensuel prime sur les thèmes habituels de vie et de survie, de Tout et de Rien. Dans des images mêlées, des destins se jouent et des personnages comme « le grand cerf Jésus », ou « la déesse plus nue encore que la nue » et Isis, « mère des dieux » côtoient le Pierrot-démon de Wedekind, l'Inferno semblable à l'Inferno rimbaldien, *Lulu* :

> Une cuisse plus qu'élégante de dentelles
> Porte l'enseigne du trésor :
> Et qu'un homme un autre homme
>   et puis un troisième homme
> Ou meure ou soit tué ou se donne la mort
>
> Pour elle! et qu'un prodige de musique en elle
> D'orchestre sur un sein dont la pointe est de pleurs
> S'émerveille des yeux à l'or des jarretelles
> Des souliers, un orage aux funèbres splendeurs :
>
> La mort elle la sait ayant pitié de tout :
> Lulu pousse du pied la dépouille mortelle.
> Pourvu que tout le son la creuse du dessous
> Elle change de robe et sort. Toujours plus belle.

Comme Alban Berg, Gustav Mahler et Gérard de Nerval lui dictent :

> Ce contrepoint des douleurs et des chairs
> Des timbres des soubassements noirceur profonde
> Des féroces et lourds chevauchements des cors
> Aux trombones — la voix alors déchirante!

Ici, Jouve considère son œuvre laborieuse et solitaire : « Personne ne connut pareille solitude... » Il aura vécu comme Lulu sur le théâtre, comme Alban Berg dans la fosse d'orchestre. Il a conscience douloureuse de l'ignorance et du mépris en lesquels son œuvre est tenue : « Mes biens sont mis en séquestre dans les greniers d'éditeurs. Toutes mes positions se sentent fausses, et je ne puis regarder sans pleurer ces livres trahis... » Il ne verra jamais justice à lui rendue.

Ténèbre, 1965, fut la dernière œuvre publiée du vivant de Jouve. Elle suivait une cruelle maladie. L'œuvre est divisée en quatre « phrases » mélodiques exprimant successivement la prémonition de la mort et disant ce qu'il faut savoir pour pouvoir vivre, puis l'épreuve du sort, la quête, les orages, ensuite le meurtre prématuré d'un musicien de génie parmi la foule qui regarde, et enfin ce qu'il faut savoir pour mourir.

> Je ne sais si tu es, où tu es ma Ténèbre
> Mais dès l'obscur fondu à la forme du lit
> Dans la fin de journée étrangère et funèbre
> J'implore déjà mort le salut et l'appui.

Il y a là quelque chose de fatal et de bouleversant. C'est le bilan douloureux d'une vie et d'une œuvre en même temps qu'un regard sur la liberté de l'artiste. Guidé, inspiré, en proie au destin, le poète chante encore la beauté avant le désastre et la confusion et ce *Meurtre sur scène,* agonie vertigineuse parmi la foule et au son d'une valse de sang quand « la plus grande vertu s'attache à la musique ». Le poème se termine ainsi :

> Très peu comprendront. Que le feu de la chair
> Et la blancheur du ciel, le refus de la honte
> Et la tentation bienheureuse du plaisir
> Se sont toujours montrés en la même lumière,
>
> Se sont heurtés, se sont aimés
> Du même corps à travers cent angoisses,
> Mais aucun n'a cédé de ses forces sacrées
> A l'adversaire, ni le péché ni la folle espérance.
>
> Et le sel dans les larmes.

Ébauches, 1966, est un ultime ensemble qui clôt, en même temps que *Moires* où, avec *Ténèbre* il est inclus, l'œuvre poétique de Jouve. D'une *Promenade* « dans ces chemins de douceur rude » à ce *Dernier Soir,* il montre une vision, un paysage de merveilleuse vie « sur un fond de montagne de très belle neige » où « les rires cascadaient sur la beauté du rire », avec une belle et « brillante femme » devenue l'absence, avant un appel au « Dieu des tristes » quand l'homme porte le diadème d'un mouvement primitif dangereux.

Des poèmes capables d'affronter l'innommable...

Ces poèmes que souhaitait Gabriel Bounoure : « ... Des œuvres où le démesuré fût présent dans la mesure, le silence sans fond présent dans les mots... » Pierre-Jean Jouve les a patiemment édifiés, en passant par « une saison en enfer pour savoir enfin saluer la beauté ». La publication de cette œuvre en quatre tomes au Mercure de France permet un regard sur l'ensemble de sa création, et l'on n'oubliera point ses *Proses,* 1960, qui sont en grande partie du domaine poétique, et non plus ses romans, ses essais, ses traductions de Hölderlin, Gongora, Montale, Shakespeare, Wedekind. Il ne serait pas vain de redécouvrir l'œuvre d'avant 1925 malgré le rejet de Jouve pour y trouver des germes dont d'autres profiteront, mais l'essentiel est bien le temps où avec *Noces,* puis *Sueur de sang,* le poème exprime l'ambiguïté de la conscience humaine de l'homme de notre temps pris entre Dieu et Éros, entre les trois propositions de sa préface : Inconscient, Spiritualité, Catastrophe, et tente de pénétrer les énigmes de l'univers en leur trouvant un sens tout en assurant la liberté individuelle de l'artiste. Le poète, « seul au milieu des oiseaux de son âme » comme l'a écrit, à propos de Jouve, Bernard Groethuysen, trouve la Beauté que le poète a vue comme « un nombre infini de réalités possibles, parmi lesquelles les plus divines et les plus humaines, les plus hautes et les plus basses, la spiritualité et les besoins inconscients, l'exploration de l'invisible et le sens concret des objets – les correspondances universelles..., la résolution, la délivrance et l'apaisement, pour toutes ces mémoires qui se sont présentées... »

Jouve s'ajoute à ces quatre poètes qui l'ont précédé : Nerval, Baudelaire, Mallarmé, Rimbaud, ceux qui ont laissé apparaître le drame de l'Éros. René Micha a tracé en ce sens une utile mise en rapports : « Jouve ressemble à Nerval par la psyché, par le rêve, par la séparation d'avec les modes immédiats de l'existence. A Rimbaud par la vision de la catastrophe. A Mallarmé par la liberté de la langue. Son œuvre pourtant n'eût pas été écrite ou nous ne l'eussions point entendue sans celle de Baudelaire. Le poème, ici et là, est événement absolu. Il crée l'être des choses, du même coup l'être de l'homme. Il dénude le cœur humain et cet acte, le verbe, est beau. Il est création vive, essence parfaite, dans le temps et hors du temps. Baudelaire comprend Jouve; Jouve, l'avenir : l'un et l'autre inventent constamment toute l'étendue possible de la poésie. »

Ce qui reste particulier à Pierre-Jean Jouve, c'est cet arrière-tremblement de la plume, ces hésitations, ces reprises, cette humilité devant les mots – les mots de tous les jours – dont il faut éprouver la transparence, la capacité de transmission de la voix de l'âme. Ne sent-on pas aussi en maints endroits une maladresse de mots comme une maladresse de corps où l'homme Jouve exprime tel qu'en lui-même sa propre singularité? Il vit aussi en communion constante avec son désir de purification où la musique, la peinture sont des aides précieuses, des baumes, une seconde nature. Il sait qu'en lui cohabitent l'ange et la bête et il leur reconnaît le même droit d'existence, attentif à ce qui blesse, à ce qui pèse, à ce qui sauve, à ce qui peut arracher au désert, et c'est souvent un sentiment d'innocence inconsciente. Médecin des angoisses, conjurateur des sanglots, il se déchire et brûle, renaît des souffles mystiques qui l'habitent, fulgure ou apaise, prend en charge son monde intérieur et le monde dans son ensemble, s'enivre et se débat, joue du silence et de l'absence, s'ouvre, comme dit Marcel Raymond, « à l'abîme intérieur, à Dieu », ou à ce « Dieu à l'envers qu'est l'esprit du péché, la libido freudienne ». Son œuvre, lue dans son déroulement chronologique, montre tous les états de sa patiente recherche; il est l'homme en mutation, celui qui n'a pas assez du temps de sa vie pour découvrir tout son sens; il se fait l'exorciste et le prophète. Jamais en repos, il brise, comme il dit, « l'instinct logistique de la langue française », on le voit notamment dans ses traductions de l'allemand où il restitue ces forces qui ne sont pas les nôtres, il donne au verbe et à l'épithète des sens nouveaux, lave les mots et efface leur usure, s'invente un art poétique pour beaucoup surprenant, voire choquant, mais qui répond religieusement, ardemment, tragiquement, à sa recherche de l'expression du destin en rapport avec ses données inconscientes. On ne le reçoit sans doute pas du premier coup, à la première lecture; ses poèmes ne sont pas faits pour habiter la mémoire, mais de la mémoire du monde, il se fait l'extracteur et donne à la poésie cette fonction : forcer le plus réel à exister, donner aussi au monde spirituel son expression la plus concrète.

5

Jules Supervielle

Venu de loin.

Comme les *Images à Crusoé* de Saint-John Perse, la première œuvre de Jules Supervielle est antérieure à *Alcools* d'Apollinaire. Il est un des poètes les plus chers à notre cœur, celui qui répond le mieux à une idée *naturelle* que nous avons de la poésie. Il nous est venu de loin, ce Jules Supervielle (1884-1960) qui allait donner, non pas d'emblée, mais par une patiente recherche, à l'universel sa fable immense et à la poésie française une voix nouvelle aux intonations discrètes, chuchotantes, celle-là même qui convient au mystère inhérent à l'homme et à son art pour extraire du monde ses images les plus secrètes. Il naquit dans une ville lointaine, Montevideo, mais proche de nous par Lautréamont à qui Supervielle ne ressemble guère, par Jules Laforgue de qui il se rapproche. Ses parents étaient français du sud-ouest (mère basquaise, père béarnais) et s'étaient éloignés pour fonder la banque Supervielle. L'enfant avait huit mois quand ils revinrent à Oloron-Sainte-Marie pour y mourir, à une semaine d'intervalle, empoisonnés par de l'eau corrompue. Il sera élevé en Amérique du Sud par sa grand-mère, puis par un oncle et une tante lui assurant une enfance heureuse. A l'âge de dix ans, à son retour en France, il entre en sixième à Janson-de-Sailly et compose ses premiers poèmes à quinze ans, retournant chaque année outre-Atlantique pour ses vacances. Il devait voyager à travers l'Europe et dans les vastes étendues des pampas dont il gardera la nostalgie apparente dans les nuances mélancoliques et feutrées d'une poésie cependant souriante et fraternelle. Il a donné lui-même des indications sur ses origines et parlé de ses influences : « Les influences que j'ai subies ? Tout à fait banales! Hugo, Musset, Vigny, Leconte de Lisle furent les dieux de mon adolescence. J'oublie La Fontaine dont j'avais lu *les Fables* à Montevideo. J'ai passé une licence d'espagnol à la Sorbonne et commencé une thèse sur " le sentiment de la nature dans la poésie hispano-américaine "... J'étais terriblement seul; je ne voyais personne. A vingt-cinq ans c'est à peine si je connaissais le nom de Mallarmé. Chez moi, on s'est abonné à la N.R.F.

mais je ne la lisais même pas; je la trouvais trop difficile... » Il dit encore avec une sincérité entière : « Originellement, je me sens obscur, discontinu. Je m'efforce de classer mes idées, d'imposer au poème une logique – ce qui n'exclut pas la musique, car je suis avant tout un poète-musicien. Mais ma poésie n'est pas gratuite, le monde y tient une grande place. »

Comme Roussel, Larbaud, Gide, Proust, il naquit d'une famille fortunée et en reconnut le favoritisme. Claude Roy, passant sur cet aspect, écrit : « Il lui fallait être orphelin très tôt, et donc en quelque sorte délaissé; il lui fallait l'émigration et le goût des espaces, la mer et la pampa, il lui fallait un cœur fragile, malade, douloureusement et doucereusement intermittent; il lui fallait le mystère éclatant et vivace de l'enfance près de soi et de la paternité nombreuse; il lui fallait auparavant la rencontre d'un visage et d'un amour; il lui fallait la vie de Jules Supervielle, né en 1884, pour devenir Supervielle... » et suit un portrait où nous le reconnaissons, cet arbre long aux gestes maladroits et cependant précis, se posant sur une chaise comme un pardessus inhabité et ressemblant tellement à sa poésie que nous en fûmes frappé : « Il est grand, maigre, plissé, caverneux, mal déplié dans son corps, comme un cheval qui se souvient d'avoir été préhistorique et de n'avoir pas eu de nom encore dans les dictionnaires des hommes à venir... » Et encore : « ...semblable à une espèce de grand Minotaure distrait, ennuyé, malhabile, gentil, dans le creux de son labyrinthe d'idées pas fixes, de passages et de coups sourds frappés à la paroi ».

Avant d'en venir à l'essentiel quelques mots encore sur son parcours : en 1900, une première plaquette de vers, *Brumes du passé,* le montre en proie aux apprentissages difficiles. Le service militaire est pour lui une période mauvaise. Après sa licence de lettres, ses études du droit et des langues, son mariage en Uruguay (dont naîtront six enfants), sa vocation sera l'écriture. Durant la Première Guerre mondiale, il sera à l'Intendance puis au Deuxième Bureau. Entre les deux guerres, vie heureuse et sans histoire. Gide et Valéry ont remarqué ses poèmes, Jacques Rivière le publie à la N.R.F., il est lié avec les meilleurs : Paulhan, Arland, Etiemble, Michaux surtout. Il entretient des relations suivies avec de jeunes poètes. De 1939 à 1946, il sera en Uruguay, collaborant aux revues de la France libre. Après la guerre, honoré, il vivra à Paris le plus simplement du monde, sans que rien n'altère sa bonté, sa simplicité, son attention à autrui, et la source poétique coulera sans cesse, que ce soit dans ses poèmes, dans ses romans et ses contes ou dans un théâtre où toujours sa voix se retrouve.

Jules Supervielle se distingue de ses grands contemporains par la simplicité de son langage, l'absence de tout *a priori* avant-gardiste, l'insoumission à quelque appartenance que ce soit. Écrivant ses premiers vers en période symboliste, il en recherche en bon apprenti le langage insolite et en retient les tics : trop de cygnes post-crépusculaires qui voisinent avec de languides banalités, et il restera quelque chose des parnassiens dont il empruntera les « verts et rouges perroquets », le goût d'exotisme naturalisé : « Paroares, rolliers, calandres, ramphocèles » tout en paraissant bien sage, bien soumis à ce qui plaît à son préfacier Paul Fort : « L'influence des Classiques et celle des Parnassiens se fait sentir. » Et l'on pourrait penser qu'il est prêt à se joindre aux doux fantaisistes dont il a, à ses débuts, le sourire doux-amer, le goût de quelques jongleries, cela qui ne ferait que le limiter. Alors, comme le dit si bien Claude Roy : « Il y a en Supervielle la possibilité d'un manipulateur de comètes vaguement théosophe, la menace d'un François Coppée pataugeant dans le cosmique et se grisant du lait des astres au lieu de se rafraîchir d'un bock à la brasserie du coin. » Heureusement, sa personnalité profonde le préserve : « Or, Jules Supervielle n'est rien de tout cela. Il est un poète seulement. Dépassant la fantaisie; la transmuant en liberté. Se sauvant des effusions faussement mystiques par la précision, la politesse, la discrétion du temps, contournant l'écueil du prosaïsme pour conquérir cette poésie très nue qui couronne la très exacte simplicité. Poète malin comme un ange, malin comme un singe, gouvernant ses inclinations et ses dons, ses profits et ses pertes avec une habileté marine, donnant de la toile, en amenant. Juste dans ses excès, mesuré dans ses vertiges, adroit dans ses gaucheries. Très ressemblant, en définitive, à lui-même. » Dans un *Choix de poèmes,* 1947, ce n'est point hasard si sont exclus les recueils du débutant : *Brumes du passé,* 1900, *Comme des voiliers,* 1910, *les Poèmes de l'humour triste,* 1919, mais il n'est point interdit d'y regarder et d'y trouver auprès de qualités les facilités que le poète se devait d'exorciser. Paraîtra bientôt, par la gentillesse, le naturel, la dignité, un homme fait pour nous apprendre à saisir et à garder tout ce qui en ce monde est merveille et plaisir, perméabilité de l'être à l'univers et à sa communication sensible, poésie qui va plus loin que ses apparences immédiates.

Un paysage échappé de la terre et du soleil.

Après les errances et les doutes, viendra lentement le temps où Jules Supervielle se délivrera des influences fantaisistes, où il transcendera ses plus hauts patronages, Laforgue, Whitman ou Romains, Rimbaud, Rilke ou Claudel. Dès ses *Débarcadères,* 1922, une voie nouvelle s'ouvre. Il trouve les rythmes et les images lui permettant de traduire la nature sud-américaine, océanique, l'univers géographique, ses végétations terrestres et marines, sa faune et ses minéraux, en affirmant en vagues instinctives et conscientes, le mystère des vertes floraisons, avec des appels humains parmi les fraîcheurs et les houles pour trouver quelque complicité salvatrice. Les vents de la pampa, ceux de la mer entrent dans le poème en d'intenses méditations. Le vers classique ou semi-classique est remplacé en maints endroits par le vers libre et le poète se délivre non d'une inspiration déjà présente dans les premières tentatives, mais de ce qui empêchait sa floraison. Un *Retour à l'estancia* nous ouvre à de nouveaux espaces :

> Le petit trot des gauchos me façonne,
> les oreilles fixes de mon cheval m'aident à me situer.
> Je retrouve dans sa plénitude ce que je n'osais plus envisager,
> même par une petite lucarne,

toute la pampa étendue à mes pieds comme il y a sept ans.
Ô mort! me voici revenu...

Dans *Débarcadères,* déjà le poète interroge le monde, donne la parole à la montagne, demande conseil aux oiseaux, à la vache, au chien, au cheval, rêve d'escales et de ports, confère au voyage un don de perception d'images intérieures, chante comme un baladin épris de la planète, cherche une identité et une fraternité. Il cherche entre l'Europe et ses Patagonies la sérénité de l'espace et du temps, une réponse aussi aux murmures de son cœur :

> Serai-je un jour celui qui lui-même mena
> Ses scrupules mûrir aux tropicales plages ?
> Je sais une tristesse à l'odeur d'ananas
> Qui vaut mieux qu'un bonheur ignorant les voyages.

Il dit les escales et les regrets, dessine Marseille et Gênes ou tout autre lieu pour leur parler : « Marseille, écoute-moi, je t'en prie, sois attentive... » Une paillote au Paraguay, des colons sur le Haut-Parana, une vache dans la forêt, une métisse, ou bien une corrida, un abordage inspirent de lointains appels et de douces gratitudes. Et ce sont des messages secrets qu'il faut traduire dans l'hésitation et le recueillement, des signaux qui font jaillir des flots profonds de la mémoire des images enfouies, des bruissements, des confidences venues de tous lieux du globe pour se fixer sur le silence de la page blanche, une lanterne magique brillant dans l'obscurité.

Il apparaît déjà comme un traducteur de silence, offrant aux êtres et aux choses sa voix pour écouter ce qu'ils portent de plus intime, de plus muet, avec une délicatesse infinie comme lorsque l'on s'approche d'un animal craintif qu'il faut apprivoiser. Minutieux, complice, il sait sourire, être innocent sans être dupe, charmer, jouer, se montrer tendre, enjôleur, malicieux, ce qui n'interdit pas les déchirements brusques et les mélancolies. *Débarcadères* reste une ouverture, une tentative; le poète traduit de chers tâtonnements et séduit, mais il fera mieux quand, trouvant des formes correspondant à ses dons d'enchanteur et des rythmes accordés à sa nature, il pourra sans inutilités et sans prosaïsme faire ressentir ce qu'il porte en lui, y compris une hésitation qui devient une forme d'art.

Avec *Gravitations,* 1925, naît vraiment le Supervielle qui ne se quittera plus. Comme dit son ami Marcel Arland, là il a choisi « une voie plus étroite, mais plus rigoureuse, un mètre plus court et plus régulier, où le moindre accord a sa valeur, le moindre mot sa précision ». Il est vrai que « Le chant ainsi contenu devient plus fidèle et plus libre ». Ce livre est dédié à Valery Larbaud et des poèmes à Max Jacob, Henri Michaux, Paul Morand, Marcel Jouhandeau, Jean Cassou, Franz Hellens, Jorge Guillen, et même, comme les « Poèmes de Guanamiru », en majuscules, à Lautréamont. N'oublions pas cette épigraphe de Tristan L'Hermite : « Lorsque nous serons morts nous parlerons de vie », qui s'accorde à une idée dont le retour est fréquent dans tout l'œuvre du poète. Autour de lui « gravite » véritablement le monde qu'il invente ou qu'il transmet dans des poèmes soit réguliers, rimés ou rythmés, soit libres. Il faut insister ici sur le « doux-coulant » de la phrase comme on disait au XVIe siècle. Sans qu'il y ait prosaïsme, tout est lié et fluide, harmonieux, musical, comme cela se voit chez les classiques de la langue tels que La Fontaine, Musset ou Nerval, ou encore Apollinaire. Supervielle a le don d'utiliser des teintes en dégradés, de donner des nuances de rêve à ses pensées, à ses visions abstraites reposant sur le concret. Il sait guider son allure, être vif comme l'oiseau ou lent comme la plante. Sensible aux appels de l'espace et du temps, il fait amitié, il dit familiarité avec le cosmos qu'il humanise, à ce point qu'on n'ose le dire « poète cosmique » tant il se rattache à l'homme quotidien. On peut parler de pansympathie plus que de mystique panthéiste ou de mysticisme franciscain bien qu'il n'exclue pas la religiosité poétique. Il apprivoise le naturel comme un charmeur d'oiseaux et ce naturel porte son mystère plein de transparence :

> Qui est là ? Quel est cet homme qui s'assied à notre table
> Avec cet air de sortir comme un trois-mâts du brouillard,
> Ce front qui balance un feu, ces mains d'écume marine,
> Et couverts les vêtements par un morceau de ciel noir ?

Il est le messager des échanges incessants entre le monde réel et tangible d'une part, et, d'autre part, le monde spirituel, imaginaire de ses féeries intérieures. Passé et présent cohabitent, tout se rapproche, le monde stellaire ou l'animal d'aujourd'hui si ce n'est son ancêtre préhistorique. Il unifie un monde multiple et semble tout voir d'un regard en passé, en présent, en avenir. « Dans ce domaine, dit-il, tout voisine, rien n'est vraiment éloigné. » Abolis le temps et la distance et conquis tous les aspects de l'univers : cosmogonie, géographie, monde minéral, végétal, animal. S'il intitule un poème de son adresse : *47, boulevard Lannes* c'est pour « accrocher les portraits de mon père et de ma mère entre deux étoiles tremblantes ». Un noyé peut monter à cheval au fond des mers, un cheval s'entourer d'idéal, une biche garder un étang dans son œil. Il retourne souvent à sa naissance : « Je naissais et par la fenêtre / Passait une fraîche calèche. » Il y a en lui une sorte de papa-gâteau cosmique aux poches pleines d'oiseaux, de capteur de rêves qui sortent à volonté de son sac à malices. Il est le bonhomme Supervielle comme fut le bonhomme La Fontaine, mais il dédaigne d'ajouter à sa fable quelque moralité qui en réduirait le propos. Ami des fées, il peut contempler *la Belle au bois dormant* :

> Amphidontes, carinaires, coquillages
> Vous qui ne parlez qu'à l'oreille,
> Révélez-moi la jeune fille
> Qui se réveillera dans mille ans,
> Que je colore la naissance
> De ses lèvres et de ses yeux,

> Que je lui dévoile le son
> De sa jeunesse et de sa voix,
> Que je lui apprenne son nom,
> Que je la coiffe, la recoiffe
> Selon mes mains et leur plaisir,
> Et qu'enfin je la mesure avec mon âme flexible !

Comme chez Baudelaire, il parle avec le vent, le nuage. Il a « le cœur astrologue » et aussi devin, prophète, démiurge, porteur d'offrandes :

> Ô nuit frappée de cécité,
> Ô toi qui vas cherchant même à travers le jour,
> Les hommes de tes vieilles mains trouées de miracles,
> Voici les germes espacés, le pollen vaporeux des mondes,
> Voici les germes au long cours qui ont mesuré tout le ciel
> Et se posent sur l'herbe
> Sans plus de bruit
> Que le caprice d'une Ombre qui lui traverse l'esprit.

L'idée revient de la mort de la terre et d'une survie dans le ciel dans un souffle :

> On voit les morts de l'espace
> Se rassembler dans les airs
> Pour commenter à voix basse
> Le passage de la Terre.
>
> Rien ne consent à mourir
> De ce qui connut le vivre
> Et le plus faible soupir
> Rêve encore qu'il soupire.

Supervielle est cerné d'angoisses, de tourments, et s'il communique avec le monde extérieur, c'est pour se préserver, s'il est glouton d'univers, c'est pour nourrir sa solitude. Il y a en lui un veilleur nocturne, un frère souvent de Laforgue qui interroge son cœur :

> Suffit d'une bougie
> Pour éclairer le monde
> Autour duquel ta vie
> Fait sourdement sa ronde,
> Cœur lent qui t'accoutumes
> Et tu ne sais à quoi,
> Cœur grave qui résumes
> Dans le plus sûr de toi
> Des terres sans feuillage,
> Des routes sans chevaux,
> Un vaisseau sans visages
> Et des vagues sans eaux.

Homme malade, fragile, il sait le prix de la vie et sa précarité, aussi la mort dans *Gravitations* est voisine et apprivoisable. S'il interroge les ténèbres ou les étoiles aveugles, c'est pour y trouver nos compagnons sur la terre, ceux de la fable :

> Les poissons, les violettes,
> Les alouettes, les loups,
> Gardent leur volonté prête
> A redescendre vers nous;
> Des léopards, des pumas,
> Et des tigres qui se meuvent
> Dans leur brousse intérieure,
> Tournent comme en une cage;
> D'autres bêtes fabuleuses,
> L'âme pleine de périls,
> Au monde des nébuleuses,
> Mêlent leurs tremblants désirs.

En toute connaissance de cause, il ose jouer avec la petite musique des rimes, sans rechercher des effets, mais on sent que sa préférence va vers le rythme. Étiemble peut écrire : « Il ose écrire, *bien,* en choisissant ses mots sans la moindre méprise; il sait ou sent que, dans la poésie française, les sons formés par la langue et ceux que moulent les lèvres agissent plus vivement sur la sensibilité, comme su toujours en la beauté se retrouvait l'amour, comme si le vers devait être un baiser... » Avant que le lecteur qui l'ignorerait ne le découvre (voir Poésie/Gallimard), écoutons ce court extrait du même recueil :

> Quand le groseillier qui pousse au fond des mers
> Loin de tous les yeux regarde mûrir ses groseilles
> Et les compare dans son cœur,
> Quand l'eucalyptus des abîmes
> A cinq mille mètres liquides médite un parfum sans espoir,
> Des laboureurs phosphorescents glissent vers les moissons aquatiques,
> D'autres cherchent le bonheur avec leurs paumes mouillées
> Et la couleur de leurs enfants encore opaques
> Qui grandissent sans se découvrir
> Entre les algues et les perles.

On n'est pas démiurge ou possesseur d'univers sans voyance, même si, chez Supervielle, elle sait être à son image, simple et discrète. On peut, pour lui rendre hommage, écouter Julien Lanoé : « Admirable démarche d'un poète en quête de limites et d'obstacles, en mal de définition et de conclusion, avide d'appréhender, de retenir et de prendre appui. Mais il ne se heurte qu'à de l'infini, et il porte témoignage d'une plasticité, d'une transparence, d'un équilibre universel. » Et il est bien vrai qu'il « n'a jamais eu que son cœur pour boussole », son instinct, ses craintes et ses étonnements pour découvrir « que l'homme est la clef du monde et la figure de Dieu, en même temps que l'objet le plus digne de toute compassion ».

Les figures de ces gravitations, titre essentiel, vont s'inscrire, se développer, gagner encore en qualité dans les recueils qui suivront. C'est d'abord *Oloron-Sainte-Marie,* 1927, retour aux sources, « au temps de mes pères », ces « morts à la démarche dérobée » qu'on invoque pour retrouver leurs genoux. Puis viendra *Saisir,* 1928 :

> Saisir, saisir le soir, la pomme et la statue,
> Saisir l'ombre et le mur et le bout de la rue.
>
> Saisir le pied, le cou de la femme couchée
> Et puis ouvrir les mains. Combien d'oiseaux lâchés
>
> Combien d'oiseaux perdus qui deviennent la rue,
> L'ombre, le mur, le soir, la pomme et la statue.

Le Forçat innocent, 1930, groupe un ensemble de poèmes de plus en plus forts, émouvants, transparents. On y retrouve, avec les deux titres précédents, plusieurs parties : *le Forçat innocent, Intermittences de la terre, Ruptures, Peurs, Derrière le silence, les Amériques, Mes légendes, l'Enfant née depuis peu* (Anne-Marie Supervielle). Il est dédié à Jean Paulhan qui l'a conseillé. Gabriel Bounoure en écrit : « Saisir la merveille inconnue qui est sans doute l'être même derrière les apparences d'êtres, Supervielle l'espère par le moyen du sommeil et par le moyen de la mort, deux recours contre cette douloureuse plaisanterie, ce déchirant cache-cache, cette captivité. Ce n'est point le rêve d'échapper à la terre, mais, au contraire, celui de bien connaître et de cesser d'être sur elle comme un somnambule. » C'est le livre de la maturité, celui du créateur en pleine possession de tous ses moyens. L'expression est spontanée, l'émotion pure, la confidence feutrée. Il est homme de gratitude devant tant de dons généreux et de mystères à percer. Voici le début de *Supplique* :

> Ô morts, n'avez-vous pas encore appris à mourir
> Quand il suffit de fermer les yeux une fois pour toutes
> Jusqu'à ce que disparaisse ce picotement de paupières
> Et cette jalousie ?
> Laissez reprendre à l'amour le cours de sa rêverie
> Et que vos jours revendiquent la verdeur de la prairie.

On pourrait, pour tenter de mieux le définir, faire appel à un texte de 1933 dans la *N.R.F.*, où il s'exprime ainsi : « Le chant intérieur s'élève, il choisit des mots qui lui conviennent. Et j'assiste à tout cela en intervenant le moins possible, éprouvant en sourdine, dans un même temps, des impressions qui seraient opposées en temps ordinaire : je vais à ma rencontre et je me perds de vue, je m'effraie et me rassure, je me libère et m'embarrasse, je me fais vivre et je me tue. Je me donne l'illusion de seconder l'obscur dans son effort vers la lumière pendant qu'affleurent à la surface du papier les images qui bougeaient, réclamant dans les profondeurs. Après quoi je sais un peu mieux où j'en suis de moi-même, j'ai créé de dangereuses puissances et je les ai exorcisées, j'en ai fait des alliées de ma raison la plus intérieure. » Il faut tout apprivoiser, et aussi la pierre, « faux petit os de la terre » :

> Les pierres du chemin, ah ! comment se fait-il
> Qu'elles soient devenues
> Les yeux des cerfs errants, des biches et des loups ;
> Et les yeux du cheval qui s'en allait sans ruses
> Se peut-il que ce soient deux cailloux dans le fleuve ?

Les choses lui parlent, il parle aux choses; il cherche des analogies, des ressemblances, des correspondances, au besoin les provoque; il dit les métamorphoses, les avatars, les transpositions. En même temps, il s'affronte, se surprend comme il est surpris par le poème. S'il atteint au mystère, ce n'est pas, comme il l'a confié à Michel Manoll, par goût du rébus. Non, pour le poème : « Que le mystère en soit le parfum, la récompense. Je me suis toujours refusé, pour ma part, à écrire de la poésie pour spécialistes du mystère. » S'il hante les régions obscures de la mort, c'est pour faire renaître à la vie ou en appréhender le visage secret et fragile :

> Je suis si loin de vous dans cette solitude
> Qu'afin de vous atteindre
> Je rapproche la mort de la vie un moment
> Et vous saisis les mains, chers petits ossements.

Les frontières entre les deux états sont floues et, « devant l'universel miroir » ils se rejoignent :

> Ces visages sont-ils venus de ma mémoire
> Et ces gens ont-ils touché terre ou le ciel?
> Cet homme est-il vivant comme il semble le croire
> Avec sa voix, avec cette fumée aux lèvres?

Supervielle est le conciliateur comme le définit Alain Bosquet : « Vous êtes venu pour nous dire que tout est merveille, depuis ce bout de pain moisi jusqu'aux comètes que nous ne verrons pas. Vous avez changé notre peur en enchantement, notre existence en surprise perpétuelle, notre mort en énigme parfumée. » On pourrait dire des poèmes de ce forçat innocent ce que le poète dit de *l'Enfant née depuis peu,* cette naissance qui clôt le livre et l'ouvre à la fois :

> Faisant le geste vif d'écarter les nuages
> Elle touche enfin terre, au sortir de ses astres.

Des Amis inconnus à la Fable du Monde.

On verra que Jules Supervielle a le don des titres originaux et qui toujours le définissent. *Les Amis inconnus,* 1934, sont ceux de la fable, une fable franciscaine peuplée comme une jungle, comme tous les lieux secrets du ciel et de la terre, poèmes harmonieux qui habiteront bien des mémoires, à ce point que nous en citons ici des extraits connus « par cœur » :

> Il vous naît un poisson qui se met à tourner
> Tout de suite au plus noir d'une lampe profonde,
> Il vous naît une étoile au-dessus de la tête,
> Elle voudrait chanter mais ne peut faire mieux
> Que ses sœurs de la nuit les étoiles muettes.
>
> Il vous naît un oiseau dans la force de l'âge,
> En plein vol, et cachant votre histoire en son cœur
> Puisqu'il n'a que son cri d'oiseau pour le montrer.
> Il vole sur les bois, se choisit une branche
> Et s'y pose, on dirait qu'elle est comme les autres.

> Où courent-ils ainsi ces lièvres, ces belettes,
> Il n'est pas de chasseur encor dans la contrée,
> Et quelle peur les hante et les fait se hâter,
> L'écureuil qui devient feuille et bois dans sa fuite,
> La biche et le chevreuil soudain déconcertés?

Il n'y a pas que dans *les Amis inconnus* qu'on rencontre ces frères qui ont oublié d'être inférieurs, mais sont nous, sont en nous : on en trouve, on en trouvera dans tous ses livres, présences amicales qui font de Supervielle Orphée et saint François d'Assise, La Fontaine et le Docteur Doolittle. Ses animaux sont ceux de l'arche de Noé, ceux du Paradis, ceux aussi de la pampa et le cheval revient souvent comme un souvenir d'enfance quand il voyait chevaucher quelque gaucho solitaire. Les chevaux peuvent devenir *les Chevaux du Temps* qu'il lui faudra désaltérer de sa vie :

> Quand les chevaux du Temps s'arrêtent à ma porte
> J'hésite un peu toujours à les regarder boire
> Puisque c'est de mon sang qu'ils étanchent leur soif.

Il peut dialoguer avec l'oiseau : « Oiseau, que cherchez-vous, voletant sur mes livres... », inventer un ours cosmique qui roule une boule de neige qui est la réduction d'un soleil de minuit, faire au poète mort le don d'une fourmi ou du bec d'une hirondelle pour que quelque chose soit bien à lui, faire du loup le vent ou sentir un chien de jadis lui lécher la main à travers le temps, si ce n'est créer *le Pommier* :

> A force de mourir et de n'en dire rien
> Vous aviez fait un jour jaillir, sans y songer,
> Un grand pommier en fleurs au milieu de l'hiver.

Des bêtes se suivent, chèvre, chien, cheval, et même poète (n'est-il pas le plus doux des animaux), et même « deux ou trois animaux qui n'ont pas encore de nom ». Ou bien l'antilope « emporte du ciel à ses cornes ». Et voici *les Poissons* :

> Mémoire des poissons dans vos criques profondes,
> Que puis-je faire ici de vos lents souvenirs,
> Je ne sais rien de vous qu'un peu d'écume et d'ombre
> Et qu'un jour, comme moi, il vous faudra mourir.

Qu'on ne s'y trompe pas cependant : il ne s'agit pas d'un fablier ou d'un bestiaire. Il y a bien d'autres présences, souvent impalpables, imprécises, à peine esquissées qui s'approchent à pas feutrés, repartent vers l'inconnu du songe après avoir apporté leur amitié dans le poème. Il arrive même qu'on ne les voie pas : « On voyait le sillage et nullement la barque », ou bien que n'apparaisse qu'une partie du corps, une « main sur la neige » ou la couleur des yeux. Il demande : « Homme égaré dans les siècles / Ne trouveras-tu jamais un contemporain ? » On a souvent l'impression d'une solitude absolue comme d'un être perdu dans l'espace ou les grandes profondeurs. L'image de lui-même apparaît dans *un Poète* :

> Je ne vais pas toujours seul au fond de moi-même
> Et j'entraîne avec moi plus d'un être vivant.
> Ceux qui seront entrés dans mes froides cavernes
> Sont-ils sûrs d'en sortir même pour un moment ?
> J'entasse dans ma nuit, comme un vaisseau qui sombre,
> Pêle-mêle, les passagers et les marins,
> Et j'éteins la lumière aux yeux, dans les cabines,
> Je me fais des amis des grandes profondeurs.

Il apparaît, chez Supervielle, que chaque poème soit comme un récit, un tout en soi, une narration, une courte aventure. En cela, il se rapproche de La Fontaine, bon agenceur de la fable. Il existe d'ailleurs en Supervielle un poète classique, ou plutôt pré-classique, comme Théophile de Viau, comme Tristan L'Hermite, dont il a certaines de ces préciosités non point mineures comme à l'hôtel de Rambouillet, mais majeures, ainsi que les définit Claude Roy, toujours à propos de Supervielle, en une de ces remarquables proses dont il a le secret : « La préciosité majeure, c'est Shakespeare et Scève, Tristan et Éluard, Gongora et Mallarmé. Elle est un art d'élargissement, un procédé d'amplification lyrique. Par elle, l'homme se confronte aux astres et aux grands jaillissements cosmiques. Ses métaphores prennent au lasso des mots une épaisse gerbe de beautés concrètes entre lesquelles l'esprit décide une unité jusqu'alors invisible. La préciosité majeure, c'est le grand télescope poétique : dans son oculaire les étoiles et les molécules, la poussière du ciel et les gouttes de rosée avouent leur parenté secrète... » Souvent, dans *les Amis inconnus* et ailleurs, on rencontre des paysages, des formules, des images qui témoignent d'une fraternité du poète avec des confrères lointains de la Renaissance ou des premiers chants du siècle classique. La moisson que l'on pourrait faire serait riche car il n'est pas un seul poème qui ne recèle quelques-unes de ces beautés durables. Il peut dire :

> Tout m'est nuage et j'en meurs...
>
> La lampe rêvait tout haut qu'elle était l'obscurité...
>
> Et les objets se mirent à sourire...
>
> Il le connaît bien l'arbre à chevelure...
>
> Et je suis intimidé par les astres du ciel...
>
> Dans les sables de l'âme
> Qui nous brûlent les yeux...

Autre permanence, celle du toucher léger, amical, dangereux parfois :

> — Ne touchez pas l'épaule
> Du cavalier qui passe,
> Il se retournerait
> Et ce serait la nuit...

« Par le pouvoir de Supervielle, écrit Edmond Humeau, il existe désormais une parenté presque angélique, allant du minéral et des plantes aux " enfants de la haute mer " — univers à peine soulevé de son existence visible, créé avec une force de persuasion qui sollicite une grâce efficace. »

Le poète, avide de « saisir », fait corps avec sa possession, cerne la demeure du monde, comme dans *la Demeure entourée* qui commence ainsi :

> Le corps de la montagne hésite à ma fenêtre :
> « Comment peut-on entrer si l'on est la montagne,
> Si l'on est en hauteur, avec roches, cailloux,
> Un morceau de la Terre, altéré par le Ciel? »

Sa musique est souvent mozartienne : comme chez le musicien, il exprime à la fois la solitude et l'adhésion au monde, il rassemble l'harmonie universelle en perçant le secret des correspondances pour recréer quelque Paradis perdu proche de notre perception sensible. Il paraît dès lors naturel que le poète soit tenté par un élargissement de sa narration, qu'il touche à l'épopée de la création et sa *Fable du Monde*, 1938, semble naître si naturellement qu'on ne peut plus supposer qu'il ne l'eût pas tentée. Il s'agit pour lui de structurer, d'étayer une mythologie déjà élaborée dans les précédentes œuvres. Une première partie qui donne son titre à l'ensemble montre la genèse, le chaos de la création, et là, le poète fait appel à une vaste orchestration, quasi hugolienne :

> Je suis dans la noirceur et j'entends ma puissance
> Faire un bruit sourd, battant l'espace rapproché ;
> Alentour un épais va-et-vient de distances
> Me flaire, me redoute et demeure caché ;
> Je sens tout se creuser, ignorant de ses bornes,
> Et puis tout se hérisse en ses aspérités.
> Serais-je menacé par les flèches sans formes
> De fantômes durcis dans de longs cauchemars.
> Mais non, tout se précise en moi-même, je gagne !
> Je suis déjà la plaine au-delà du hasard...

Il existe donc un Supervielle auteur d'épopée, ce qu'on n'a jamais souligné, disant une « Ivresse de créer, de tout voir aboutir », mais il quittera les grandes orgues pour une musique plus familière, plus superviellienne, Fra Angelico se substituera à Michel-Ange. Ainsi lorsque *Dieu pense à l'homme* :

> Il faudra bien qu'il me ressemble,
> Je ne sais encore comment,
> Moi qui suis les mondes ensemble
> Avec chacun de leurs moments.
> Je le veux séparer du reste
> Et me l'isoler dans les bras,
> Je voudrais adopter ses gestes
> Avant qu'il soit ce qu'il sera,
> Je le devine à sa fenêtre
> Mais la maison n'existe pas.

Comme souvent Supervielle, Dieu tâtonne, perfectionne son œuvre, lui laisse ce qu'il faut de libre arbitre, et, pour créer la femme ou le premier arbre, le premier chien ou les premiers jours du monde, se compose un état perceptif, une situation d'inspiration. Ainsi pour la femme :

> Pense aux plages, pense à la mer,
> Au lisse du ciel, aux nuages,
> A tout cela devenant chair
> Et dans le meilleur de son âge,
> Pense aux tendres bêtes des bois,
> Pense à leur peur sur tes épaules,
> Aux sources que tu ne peux voir...

Et bientôt le poète parle au dieu des poètes par les mots de la prière, *Prière à l'Inconnu,* comme chez les auditeurs de saint Paul :

> Voilà que je me surprends à t'adresser la parole,
> Mon Dieu, moi qui ne sais encore si tu existes,
> Et ne comprends pas la langue de tes églises chuchotantes,
> Je regarde les autels, la voûte de ta maison
> Comme qui dit simplement : « Voilà du bois, de la pierre,
> Voilà des colonnes romanes, il manque le nez à ce saint
> Et au-dedans comme au-dehors il y a la détresse humaine. »

Le long poème prend de la hauteur, s'amplifie, parle d'abrupte simplicité, fait offrande : « Je ne vous offre qu'un brasier où vous retrouverez du feu. » Prière encore qui dit un « Dieu très atténué / Des bouts de bois et des feuilles ». Tout est tendresse, imagerie parfois naïve, richesse intérieure. Dans la deuxième partie, *Nocturne en plein jour,* la nuit viscérale s'étend en des poèmes très neufs et très beaux : « C'est le monde où l'espace est fait de notre sang... » Il n'est là inférieur à aucun des grands lyriques de son temps :

> Ici l'univers est à l'abri dans la profonde température de l'homme
> Et les étoiles délicates avancent de leurs pas célestes
> Dans l'obscurité qui fait loi dès que la peau est franchie,
> Ici tout s'accompagne des pas silencieux de notre sang
> Et de secrètes avalanches qui ne font aucun bruit dans nos parages...

Supervielle humanise tout ce que la création porte de fantastique en même temps qu'il fait sourdre le merveilleux quotidien, à hauteur humaine. Il n'existe plus de frontières entre l'homme et son Dieu, l'homme et son corps, l'homme et lui-même, plus de frontières entre les mondes extérieur et intérieur. Par magie, par miracle, par poésie, les voix se confondent, se mêlent, se répondent, et cela devient le plus naturel au monde et seul un poète de race a pu tenter cela. Le corps dans sa pelure de chair, « le corps plein de taches, de feux », la lutte, le noir de la mort, le « grand silence fédéré entre les étoiles et nous », le « cri différé qui perce sous le cœur », la solitude, les métamorphoses, l'enfance sont là de plain-pied et le poète traduit tout ce que nous portons en nous d'appréhensions et d'espérance. Le troisième volet unit d'*Autres Poèmes* qui pourraient venir comme un complément, une simple reprise des thèmes comme le retour à l'enfance, le corps, les métamorphoses, les animaux, antilopes, chat-tigre, poissons ou renard, paysages et aquarelles attendris, si l'on n'y regardait de plus près pour trouver le présage, comme chez Jouve, de la catastrophe, de ce qui fera la France malheureuse. Le poète dans *la Pluie et les Tyrans* est on ne peut plus explicite :

> Une petite pluie
> Qui tombe sur l'Europe
> Mettant tous les vivants
> Dans la même enveloppe
> Malgré l'infanterie
> Qui charge ses fusils
> Et malgré les journaux
> Qui nous font des signaux,
> Une petite pluie
> Qui mouille les drapeaux.

Et cette forêt qui questionne dans un autre poème est encore un écho de l'inquiétude, et aussi cette *Descente de géants* aux « Batailles rangées d'ombres, de lumières » et ces *Chevaux sans cavaliers* :

> Tout noirs et salués d'alarmes au passage
> Ils couraient à l'envi, ou tournaient sur eux-mêmes,
> Ne s'arrêtant que pour mourir
> Changer de pas dans la poussière et repartir.

La Fable du Monde contient sa part de pessimisme, apporte le témoignage de l'homme inquiet qui se reporte aux sources de la création alors que tout annonce destruction et mort. Qu'il y ait message religieux, mais peu orthodoxe, est certain et on trouve dans certaines hésitations au seuil de l'inconnu une tentative de médiation par la poésie en même temps que d'impuissance devant le désastre entrevu. Mais le poète trouve la joie chaque fois qu'il s'adresse aux animaux ou les écoute. Comme écrira Léon-Gabriel Gros : « Supervielle est un grand poète dans la mesure où il nous a révélé un monde mais il est plus grand encore par l'aveu de son impuissance à trouver un remède à l'isolement et à la détresse des hommes. » Mais, ce faisant, en dispensant la poésie, il apporte une voix fraternelle et un secours, celui d'un poète idéaliste et panthéiste qui rejette la solitude en la chantant.

De la France malheureuse au Corps tragique.

Les *Poèmes de la France malheureuse*, 1941, les *Poèmes 1939-1945*, publiés en 1947, sont ceux de la nuit d'exil, et ce thème unit des poèmes parfois disparates. L'événement est douloureusement perçu sans que Supervielle quitte sa ligne mélodique, sans qu'il fasse figure de poète national. Des guitares meurtries de l'Espagne aux arbres dépouillés de France, il interroge : « Europe, qu'as-tu fait de tes belles montagnes ? » et prend le ton du conte :

> Il était une fois des garçons et des filles
> Offrant leur confiance aux profondeurs du soir,
> Des bêtes douces se poussaient sentant l'Avril
> Dans l'air mouillé de la nuit, chemin de l'abreuvoir.

> Ah! l'on ne peut plus rien regarder sans rougir,
> Un temps tyrannisé pourrit l'herbe à nos pieds,
> On nous a tout changé, la campagne, la ville,
> Et nous sommes perdus parmi nos familiers.

C'est le temps, *1940,* où chacun referme ses bras sur la France pour la serrer avec gaucherie comme un bien précieux et personnel, où Paris ouvert comme sa blessure est regardé par des yeux ennemis. La nuit, le poète sent bouger en lui le mort qu'il sera et qui lui demande, après la défaite et le désastre, ce qui peut le retenir sur terre. Il cherche au loin la France avec des mains avides, il cherche les Français et se demande ce qu'ils sont devenus. Sans elle, sans eux, rien ne se ressemble plus :

> Les couleurs de ce jour sont tristes sans la France,
> Le bleu et le lilas, le vert, le violet
> Ne trouvent en ces lieux rien à leur convenance
> Demeurent suspendus, ne savent où se poser.

Le plus beau poème de cette inspiration sera *le Petit Bois* qui est comme un conte en vers :

> J'étais un petit bois de France
> Avec douze rouges furets
> Mais je n'ai jamais eu de chance
> Ah! que m'est-il donc arrivé?
>
> Je crains fort de n'être plus rien
> Qu'un souvenir, une peinture
> Ou le restant d'une aventure,
> Un parfum, je ne sais pas bien.
> . . . .
>
> Mon Dieu comme c'est difficile
> D'être un petit bois disparu
> Quand on avait tant de racines
> Comment faire pour n'être plus?

Les arbres inspirent plusieurs poèmes de ces années noires. A eux l'homme s'apparente :

> Candélabres de la noirceur,
> Hauts-commissaires des ténèbres,
> Malgré votre grandeur funèbre
> Arbres, mes frères et mes sœurs,
> Nous sommes de la même famille.

Les images abondent où s'affirme une parenté avec ces « princes de l'immobilité » et leur « haut mutisme » et qui savent si bien dire ce que le poète ne peut exprimer. Comme Saint-John Perse, il en appelle aux pluies, celle du ciel et celle des larmes. Il devient Atlas : « Comme la Terre est lourde à porter! » Partout, il tente de saisir, de rassembler les dons naturels et maints poèmes s'apparentent aux précédents recueils comme ce fragment du poème *l'Air* qui a sa place naturelle dans *la Fable du Monde*. Aux images secourables de l'arbre et de l'océan, de la nuit et du jour, s'ajoute celle de l'homme, « petit dieu, cent mille fois mortel » et « cherchant encore un sein pour quelque renaissance ». Dans ces *Poèmes 1939-1945*, Supervielle, fidèle à lui-même, offre toujours la même discrétion à cerner les ombres :

> Tu disparais, déjà te voilà plein de brume
> Et l'on rame vers toi comme au travers du soir.

Ou bien le souffle épique de *la Fable du Monde* le visite de nouveau dans des poèmes intitulés *le Ressuscité* ou *le Mort en peine* :

> Perdu parmi les pas et les ruines des astres
> Et porté sur l'abîme où s'engouffre le ciel,
> J'entends le souffle en moi des étoiles en marche
> Au fond d'un cœur, hélas, que je sais éternel.

Il existe chez Supervielle un Hugo qui sommeille, mais on dirait souvent que sa modestie, son naturel, sa simplicité le ramènent à l'intimisme, au ton feutré, et sans doute est-ce là ce qui lui est le plus personnel. Il est fils de la rêverie, démiurge tendre qui chante *les Jeunes Filles de Giraudoux* et leurs délices françaises, une *Captive* ou des *Visages*. Dans ces poèmes du temps de guerre, comme si, selon le mot de Tristan Bernard, l'espérance a remplacé la crainte, la hantise de la mort s'était atténuée pour faire place à *l'Hommage à la vie* :

> C'est beau d'avoir élu
> Domicile vivant
> Et de loger le temps
> Dans un cœur continu
> Et d'avoir vu ses mains
> Se poser sur le monde
> Comme sur une pomme
> Dans un petit jardin...

Après *A la Nuit*, 1947, qu'il reprendra dans *l'Escalier*, 1956, il publie *Oublieuse Mémoire*, 1949, livre offert à Marcel Arland. Ce recueil d'apparence composite porte cependant son unité secrète et le titre peut s'expliquer par ces paroles du poète : « On s'est parfois étonné de mon émerveillement devant le monde, il me vient autant de la permanence du rêve que de ma mauvaise mémoire. Tous deux me font aller de surprise en surprise, et me forcent à m'étonner de tout. » Chez lui l'étonnement devient moteur du poème, sujet à émerveillement. Il n'y a pas seulement le monde à saisir, mais les replis de la mémoire à fouiller et le poète se fait son propre mineur :

> Pâle soleil d'oubli, lune de la mémoire,
> Que draines-tu au fond de tes sourdes contrées?
> Est-ce donc là ce peu que tu donnes à boire,
> Ces gouttes d'eau, le vin que je te confiai?

Cette « sœur obscure » qu'il interroge lui permet de chercher dans l'impalpable ses métamorphoses et il est heureusement inspiré :

> Mais avec tant d'oubli comment faire une rose,
> Avec tant de départs comment faire un retour ?
> Mille oiseaux qui s'enfuient n'en font un qui se pose
> Et tant d'obscurité simule mal le jour.

Car la mémoire, si fragile et si oublieuse qu'elle soit, porte « le monde en nous » et notre « moi » en est l'expression. Le poète est le témoin profond de la continuité et il en délivre les envoûtements qu'il puise dans l'essence des choses, dans la familiarité amoureuse des objets ; il met sa confiance dans l'accord de l'homme avec la nature, du conscient avec l'inconscient. A ses projets, le poète offre la limpidité de la phrase musicale et la transmutation magique et féerique de chacun des mouvements qui lui permettent d'apprivoiser l'univers en échangeant avec lui sa confiance, sa confidence. Par lui, *la Terre chante,* comme le dit un poème qui a l'ampleur et la majesté noble de l'hymne du *Véda* dont il se rapproche. Dans les gouffres de l'inconscient, il se meut avec simplicité, sans conduire le mystère vers l'hermétisme car « nous allons vers une poésie moins ardue, plus proche de chacun de nous et qui nous prendra comme par la main pour nous mener dans les lointains et les abîmes ».

Après la reprise de ses thèmes favoris comme la genèse du monde, le corps humain, la mer, les présents du monde, il ajoute à *Naissances,* 1951, les éléments d'un art poétique. Dans cet ensemble, on retrouve sa voix de plus en plus maîtrisée, et la reprise de ce qui le hante : les ombres qui revivent pour nous aider à vivre et à mourir ou Guanamiru. Comme dans les recueils précédents, le vers libéré, de structure classique, remplace le vers libre. *En songeant à un art poétique* qui complète le recueil marque sa lucidité : « L'art poétique est pour chaque poète l'éloge plus ou moins indiscret de la poésie où il excelle. » Il propose une poétique de la maturité, du long effort, en somme du génie longue patience : « Parfois, ce qu'on nomme l'inspiration vient de ce que le poète bénéficie d'une opiniâtreté inconsciente et ancienne, qui finit par porter ses fruits. » Modeste Supervielle ! Supervielle, artisan probe qui se rapproche du chercheur : « Le poète ne peut compter sur les moments très rares où il écrit comme sous une dictée. Et il me semble qu'il doit imiter en cela l'homme de science, lequel n'attend pas d'être inspiré pour se mettre au travail. La science est en cela une excellente école de modestie, puisqu'elle fait confiance à la valeur consciente de l'homme, et non pas seulement à quelques moments privilégiés. » Le poète fera donc « plus de la moitié du chemin » à la rencontre des « instants ».

Les nouveaux poèmes de *l'Escalier,* 1956, seront suivis du poème *A la Nuit,* et des plus lointains *Débarcadères* et *Poèmes de l'humour triste.* En 1944, Supervielle disait : « Autrefois, j'avais beaucoup d'images dans mes poèmes, maintenant, il m'arrive de n'en avoir qu'une, qui sert d'épine dorsale à tout le poème. » C'est le cas pour *l'Escalier :*

> Nous descendons un escalier
> Pendant que d'autres le remontent
> Mais pour le redescendre après
> Sans désespoir et sans honte.

La vingtaine de pièces inédites de cet *Escalier* apporte une voix de plus en plus familière, sans toujours les bonheurs de plume des grands recueils et même parfois quelque prosaïsme, mais il y a toujours plaisir à suivre une métamorphose, à voir le poète caresser la mappemonde, élever un chant de maladie ou décrire le nez, « rocher obstiné » comme dans un blason de jadis. Il fera parler Schéhérazade ou la Seine en montrant une fois de plus qu'il n'est ni frontières ni barrières infranchissables et qu'il faut désaltérer le mystère essentiel. Il peut goûter une ironie qui le « retient en foi de Supervielle », s'adresser à Dieu ou à une interlocutrice incertaine ou en appeler aux métamorphoses :

> Laissez-moi devenir olivier de Provence
> Afin que familier de nouvelles nuances
> Je donne encor des fruits prenant de moi conseil
> Et mûris cette fois d'un visible soleil.

Il dit « croire sans croire », se penche sur le monde « devenu fragile » ou chante un ange des catacombes. Puis on retrouve *A la Nuit,* l'hymne offert à Henri Thomas, un de ses plus beaux poèmes :

> O nuit, nous espérons merveille de tes herbes,
> De tes simples obscurs, de ta fausse réserve;
> Le jour monte, toujours une côte à gravir,
> Toi, tu descends en nous, sans jamais en finir,
> Tu te laisses glisser, nous sommes sur ta pente,
> Par toi nous devenons étoiles consentantes.
> Tu nous gagnes, tu cultives nos profondeurs,
> Où le jour ne va point, tu pénètres sans heurts.
> Source de notre goût pour ce qui se délie
> Sous ton chuchotement notre âme cède et plie.

On trouve ici des échos de la pureté racinienne. Et cette « âme qui cède et plie » dialoguera avec le corps pour une réconciliation. Désormais, comme le suggèrent les autres parties du poème, l'homme est aussi réconcilié avec la mort et un poème s'intitule *Vivre encore,* et le poète se regarde, inclut son corps dans ces *Images* qu'il attire, qui constituent un trésor insolite qu'il interroge pour savoir ce qu'il attend de lui, fils tout nu d'un père inconnu et de la perplexité. Après *Débarcadères* dont nous avons parlé suivent ces *Poèmes de l'humour triste,* 1949, où le poète s'amuse de lui-même, et à quoi s'ajoutent des *Mélancolies militaires.* Le premier Supervielle est marqué par son compatriote de Montevideo Jules Laforgue. Ce n'est pas le meilleur de lui-même, mais c'est déjà lui-même, l'homme de la fable :

> Soyez bon pour le Poète,
> Le plus doux des animaux...

Le Corps tragique, 1959, est le dernier livre de Supervielle. Il semble que dans cette musique ultime apparaissent rassemblés les visages du poète, qu'il se situe dans ses paysages, qu'il soit inspiré par les pleurs, des statues à Venise, la durée de la vie : « Il vit toujours, il en fait ses excuses... », par la veille : « J'ai veillé si longtemps que j'en suis effrayant / Et je ne verrai plus le monde qu'en dormant. » Il parcourt Dieu, la ténèbre, tous les éléments, montre le visiteur nocturne, la femme planétaire ou la bombe qui détruit « même les anges du ciel ». Il retrouve l'humour et la fantaisie :

> Oreilles d'âne, trompe de bœuf et paturons,
> Fanons de bœuf, boyaux de chiens, accordéon,
> Poil, surpoil de seigneur, et les seins de Madame...

Il décrit une clocharde de manière humoristique pour dire ensuite son remords devant la misère et offrir le partage du pain, avant de faire dialoguer deux défunts sur le mode familier. Ce n'est pas le meilleur Supervielle et l'on est heureux d'en venir à des parties intitulées *A la fenêtre du monde* où entrent une belle *Prière à l'inconnu* et un poème *A ses filles* ou à une Anglaise, il s'adresse pour la défense de la liberté *A nos amis hongrois*. Puis ce seront des présences amicales de poètes, comme Patrice de La Tour du Pin à qui il dédie ses *Légendaires* où l'on retrouve le goût des métamorphoses comme dans *la Fable du Monde,* où il nous confie : « Un beau jour tout sera prodige », comme Paul Claudel et Saint-John Perse en des *Poèmes de circonstance*. Et voici *les Poissons rouges* en courts poèmes, *le Mirliton magique,* divertissement pour sa petite-fille Laurence, puis la traduction de poèmes de Federico Garcia Lorca et de Jorge Guillen.

Le Corps tragique se termine par de belles proses poétiques comme *la Dernière Métamorphose* qui fait de lui un rhinocéros manqué avec un clin d'œil vers Eugène Ionesco, comme *Rythmes célestes, Venise, les Passants, les Pleins Pouvoirs de Schéhérazade, Paysages* et enfin *Chercher sa pensée* où il s'explique en fin d'œuvre sur la création. Pour lui « le poète est celui qui cherche sa pensée et redoute de la trouver » car il risquerait de devenir « un logicien, un prosateur, quelqu'un qui use d'abstractions pour s'exprimer ». L'image lui paraît la seule autorité, celle que n'a pas l'abstraction. Elle rassure parce qu'elle est preuve d'existence et d'invention, elle satisfait pleinement le poète, « lui qui ne prétend rien démontrer, mais tient simplement à se situer, à se révéler ». Il dit encore : « Alors que la pensée abstraite vieillit ou se dissipe, voyez comme les images des poètes sont restées jeunes et inépuisables. A l'abri des menaces de l'abstraction, elles se sont barricadées dans l'éternelle fraîcheur de l'évidence... » Il a son escalier confidentiel, son escalier à poèmes. On lit encore :

> Le poète vit dans une grande forêt où le coucou sonne des heures insensées...

> Claudel disait que j'étais toujours là où l'on ne m'attendait pas. Le moyen de faire autrement quand on n'a renoncé à aucun de ses âges...

> Le poète fait de la solitude et du mystère même avec les visages les plus aimés, les plus quotidiens...

> C'est peut-être aussi que je ne puis jamais renoncer complètement à ma solitude congénitale et que j'aspire à rêver tous les instants de ma vie, à leur donner

un corps fabuleux de sirène grâce à quoi je puis accueillir le miracle de la poésie encore amorphe, et toujours menaçant, tant qu'on ne lui a pas donné l'hospitalité du poème.

Jules Supervielle, par son œuvre, par ses écrits sur son travail de créateur, a rendu à la poésie le plus bel hommage qui soit. Nous l'avons connu, nous avons relu ses lettres affectueuses et nous avons aimé sa grandiose humilité, sa bonté naturelle qui se font jour à travers chaque poème de son œuvre. Jamais poète ne s'est autant ressemblé, ne s'est autant rassemblé. Tout en lui est *Hommage à la vie*.

Le Même Jules Supervielle...

Le même Jules Supervielle se retrouve sur les autres versants de son œuvre. Il aurait pu, comme Cocteau, parler de « poésie de roman » ou de « poésie de théâtre » tant tout s'accorde à ce signe. Ses romans comme *l'Homme de la Pampa*, 1923, *le Voleur d'enfants*, 1926, que prolonge *le Survivant*, 1928, introduisent à la même fantaisie ou à la même magie étincelante que ses poèmes. Il aime y projeter sur des doubles fraternels ses propres apprentissages et ses aventuriers rêveurs ne sont promis qu'à l'échec de l'action, pas à celui de la poésie. On retrouve ses thèmes familiers dans ses contes et nouvelles comme *l'Arche de Noé*, 1938, *le Petit Bois et autres contes*, 1947, né du poème de ce titre, *Orphée et autres contes*, 1946, dans ses *Premiers Pas de l'univers*, 1950, ou dans ce livre de merveilleux et de métamorphoses qu'est *le Jeune Homme du Dimanche et des autres jours*, 1955.

On a comparé son théâtre à *la Flûte enchantée*. Épique, lyrique, féerique, il a donné *la Belle au bois*, 1932, *Bolivar* (dont Darius Milhaud tira en 1954 un opéra) suivi de *la Première Famille*, 1936, *Robinson, Schéhérazade, le Voleur d'enfants*, 1949, *les Suites d'une course* suivi de *l'Étoile de Séville*, 1959. Mais ne nous cachons pas que, quels que soient les qualités et le charme de Supervielle à la scène, ce qu'il y a de meilleur en lui passe surtout dans l'œuvre poétique.

Là, il nous a dit les métamorphoses, les miracles, les voyages intérieurs. Il a saisi l'animal dans sa course, la pensée et le rêve dans leurs éclairs sans jamais quitter le monde réel. Charmeur d'oiseaux, de sources et de brises, Jules Supervielle l'est par cette agilité intérieure qui lui permet de saisir au vol le plus léger caprice de la pensée perceptrice, de l'intuition aussi bien que de capter le temps et l'espace pour les offrir dans le sablier du poème. Le geste hérité et qui se perpétue dans le temps, il a su en découvrir les sources. Jules Supervielle chante dans l'immédiat en même temps que dans le souvenir, dans la genèse, dans l'enfance de l'homme et dans l'enfance de l'univers. C'est un capteur d'arcs-en-ciel, des gestes, d'ébauches de gestes, de rumeurs, de fluides, de toutes choses sur lesquelles la main humaine ne se peut refermer. Toutes ces voix de la nature qui se répondent, cette manière de donner une voix jusqu'à l'inanimé, les appels, les bruissements, les ramages, les cris, les chuchotements portent par lui témoignage de la vie, ce miracle permanent.

6

Oscar Vladislas de Lubicz-Milosz

« Ces mensonges du Temps qu'on nomme Souvenirs! »

Nous avons évoqué l'auteur du *Poème des Décadences,* 1899, dans notre précédent volume. Oscar Vladislas de Lubicz-Milosz (1877-1939) naquit à Czereïa en Lituanie historique le 18 mai 1877 d'une famille de vieille noblesse. Après une petite enfance douloureuse entre un père déséquilibré et une mère sans tendresse (Il écrira : « un monstre enfanté par une mère inconnue... ») où il trouvait refuge dans une envoûtante demeure et un grand parc abandonné, il fut très tôt à Paris, avec ses parents, qui habitaient Passy et fut inscrit en 1889 au lycée Janson-de-Sailly. De 1896 à 1899, il suivra les cours d'épigraphie orientale et plus particulièrement hébraïque (sa mère était d'origine juive et son grand-père maternel professeur d'hébreu) aux écoles du Louvre et des Langues orientales. 1899, c'est la date de son entrée en Poésie, par son *Poème des Décadences* et par l'accueil, du côté de la Closerie des Lilas, des poètes de la fin du siècle : Adrien Mithouard qui fait figure de guide, Francis de Miomandre qui le découvre et lui fera connaître Paul Claudel, puis Jean de Boschère, Jean Lorrain et Paul Fort qui saluent son talent, les symbolistes. Oscar Wilde, en 1898, voyant assis côte à côte aux Deux-Magots, Milosz et Jean Moréas peut dire : « Voilà Moréas-le-poète et voici Milosz-*la-poésie.* »

Plus tard, des témoins de marque fixeront le portrait physique de Milosz. Edmond Jaloux : « C'était alors un jeune homme maigre, de haute taille, de type " héronnien " – pour employer une de ses expressions familières – d'apparence étrange, sans qu'on pût savoir pourquoi. » Carlos Larronde : « Larges et voûtées, ses épaules exprimaient, irrésistiblement, son lourd destin de solitaire en même temps qu'elles dégageaient la force de son repliement intérieur. » Maurice Martin du Gard : « L'œil bleu, cruel et perdu, quelque chose d'un envoûteur infiniment distingué, sans âge... » Jean de Boschère : « Tous ses traits se modelaient sur le sens de sa pensée et s'animaient selon l'ardeur de son langage... Mime involontaire, mais prodigieux dans les nuances du geste le plus châtié. Mais l'aspect de son individu, le port de sa tête surtout, ne perdait pas un instant une expression très précise de tendresse pour la création, ses chutes, ses rencontres. » Francis de Miomandre : « Pour ma part, je n'ai jamais connu personne d'aussi gai, d'aussi exalté, d'aussi émotif. Fondant en larmes quand il pensait à des choses belles et pathétiques (elles lui étreignaient le plexus solaire), éclatant d'un rire inouï quand il voyait ou racontait des choses burlesques. Toujours prêt à s'attendrir, à se passionner. » D'autres parleront de « surprenante et admirable figure » (Renée de Brimont), de son amour pour Mozart, Wagner, Glück et Granados (Armand Godoy), d'un « éternel angoissé » faisant penser aux grands initiés de l'Inde et aux grands mystiques chrétiens (Pasteur Vallery-Radot) et le chanoine A. Petiot résumera en quelque sorte la profonde impression que provoquait le poète : « Au cours de ma vie, j'ai rencontré deux hommes qui, dès le premier abord, m'ont donné la certitude d'être en présence du Génie : Milosz et le père Teilhard de Chardin. »

Entre 1902 et 1906, il séjourne sur ses terres : « Ce pays, c'est la Lituanie dont le nom remplit ma tête et mon cœur. » Son séjour est entrecoupé de voyages d'études qui se poursuivront jusqu'après son installation à Paris en 1906 et que la guerre interrompra : il avait visité les pays d'Europe et l'Afrique du Nord. 1914 est pour lui l'année d'une illumination de visionnaire qui bouleverse sa vie spirituelle et le conduira vers un itinéraire spirituel, des intuitions qu'il s'efforcera d'étayer sur le terrain de l'analyse linguistique, ethnologique et scientifique. A cette date, il a déjà conduit son œuvre sur trois registres : lyrique (ses œuvres poétiques), romanesque *(L'Amoureuse Initiation)*, dramatique *(Scènes de Don Juan, Miguel Mañara, Mephiboseth)*. Ses terres étant situées dans une partie de la Lituanie annexée par la Russie, il sera mobilisé en 1916 dans les divisions russes de l'armée française et affecté au Bureau d'études diplomatiques du ministère des Affaires étrangères. En 1917, ses terres (trente mille hectares) seront confisquées par les bolchéviks. Lorsque, en 1918, la Lituanie sera indépendante, il adoptera cette nationalité et occupera, au service de sa patrie, différents postes diplomatiques en France jusqu'en 1938. Il achèvera ses jours à Marlotte, près de Fontainebleau, dans une demeure où, dans une solitude franciscaine, il vivra près de ses « Amis ailés », les oiseaux de la forêt. Catholique depuis 1927, citoyen français depuis 1931, ayant reçu en 1932 une nouvelle illumination lui faisant découvrir les origines ibériques du peuple juif, il ne composait plus que des ouvrages d'ethnologie et d'exégèse biblique, sa pensée gravitant entre la théorie de la relativité qu'il aurait conçue en même temps qu'Einstein et des thèmes doctrinaux inspirés des traditions pythagoriciennes et orphiques, de l'occultisme judéo-chrétien, de l'alchimie, de l'illumination pré-romantique et de l'hermétisme symbolique, inséparables de la création poétique. Il mourut en 1939 et on l'enterra au cimetière de Fontainebleau. Le père André Blanchet écrira qu'on portait à sa dernière demeure un inconnu, mais « un des poètes les plus vrais, un des plus hauts de notre langue et de toute langue » en ajoutant : « L'un des plus exigeants, l'un des plus complètement ratés. Mais raté comme Nerval et Baudelaire, comme Rimbaud et Verlaine. Comme Van Gogh. Pardon, Milosz ! Vous êtes de ceux que la France ignore jusqu'à leur dernier souffle, pour se parer ensuite de destinées d'autant plus touchantes que plus tragiquement méconnues ; de ceux qu'elle n'entend pas de leur vivant et qu'elle ne cesse plus d'écouter. » Justice lui a été rendue aujourd'hui, bien qu'incomplètement, et il faut saluer maints efforts comme ceux d'André Silvaire, de Jacques Buge, de Jean Cassou, de Jean Rousselot, d'André Lebois, de Jean Bellemin-Noël, d'Armand Guibert, de Rolland de Renéville, et de tant d'autres, sans oublier l'Association des « Amis de Milosz » qui publie régulièrement des Cahiers.

Des Décadences aux Solitudes.

On ne saurait prendre *le Poème des Décadences,* 1899, comme une simple œuvre de début ou des gammes d'apprenti : déjà perce le grand lyrique par une forme ample et souple, des inflexions particulières, des thèmes qui annoncent l'œuvre de maturité. Si le poète voile pudiquement les souvenirs précis du temps douloureux de l'enfance, il reste là les effets d'une irrémédiable nostalgie du pays perdu, d'une appréhension devant la fuite du temps. Le poète est en quête de l'amour, amour charnel qui le déçoit, amour dont il espère le don d'une nouvelle dimension à sa vie. La déception le rapproche d'un ennui profond, d'une recherche de l'oubli par le sommeil, l'alcool ou le suicide. Il adopte les thèmes et le ton du Symbolisme qui s'accordent à sa nature, ne sont pas éloignés des légendes et des brumes nordiques, traduisent aisément un climat de tristesse, de lassitude, de désuétude exprimé avec dignité et fierté. En un temps où le Symbolisme s'amenuisait, il n'a pas craint de se dire « décadent » et de pousser sa désolation au plus noir, aucune lueur mystique ne venant encore l'éclairer. Il a recours au murmure, à un choix de mots et d'images qui lui sont personnels et qu'on retrouvera et qui apparaissent à travers des langueurs symbolistes où l'on ressent des influences d'époque :

> Au parc voilé, non loin des eaux de solitude
> Chères aux cygnes blancs, anges des cieux tombés,
> Dans la tiédeur d'une très vieille quiétude,
> Rêve une fleur d'orgueil aux pétales cabrés.

On trouvera « le parc malade de lune », le retour de tous les mots pouvant exprimer des climats noirs et douloureux, des touches baudelairiennes. Certains poèmes sont en vers classiques, d'autres tentent un chant plus ample :

> Vidons les coupes, par trois fois, pour la naissance de Vesper,
> Car toute tristesse est préférable à l'Ennui.
> Déjà, la Nuit étend ses ailes sur la mer,
> Sur la mer couleur de carnage, et d'incendie, et de folie !

Le Poème des Décadences, s'il ne fit pas grand bruit, fut cependant mentionné dans des critiques. Début 1900, Paul Fort écrit : « Il y a là des tons de luxure à la Swinburne, d'étranges et mystérieuses mélancolies à la Edgar Poe, du Verlaine, du Régnier peut-être; mais c'est surtout du M. O.-W. Milosz... Le titre de son poème ne m'a guère plu; ses poèmes m'ont enchanté. » Quelques mois plus tard, Louis Payen affirme attendre beaucoup de ce nouveau poète et dit : « Avec un art très sûr, il manie le vers régulier comme le vers libre. Son verbe est sonore, précis, harmonieux, ses images rares et justes. Sa mélancolie hautaine et fière se teinte parfois d'ironie et de colères contenues. Il nous dit la tristesse d'amour avec un sourire infléchi d'amertume, les beautés et les hontes des décadences, en spectateur impassible. »

Déjà, malgré les influences, les évanescences symbolistes, Milosz apparaît en de larges mouvements comme dans *Salomé* :

> — Jette cet or de deuil où tes lèvres touchèrent,
> Dans le miroir du sang, le reflet de leur fleur
> Mélodieuse et douce à blesser !
> La vie d'un sage ne vaut pas, ma Salomé,
> Ta danse d'orient sauvage comme la chair,
> Et ta bouche couleur de meurtre, et tes seins couleur de désert !

La véritable nature poétique de Milosz, sa musique profonde, ses harmonies, son aspect pathétique sont encore masqués par une fidélité à des manières de faire d'époque, une phraséologie et un vocabulaire attendus, mais le poète est expert et les signes prometteurs sont nombreux. Ils vont se dégager et le poète accédera bientôt à ce qui est lui, lui uniquement, incomparablement.

Cela arrivera quand, dans *les Sept Solitudes*, 1906, le poète laissera s'exprimer librement sa nature profonde. Dès lors, comme l'écrit Jean Rousselot : « Milosz, délibérément, rompt l'enchaînement rationnel des perceptions, ne pratique plus désormais qu'une dialectique : celle de l'affectivité; il ne se soucie plus de construire des images, de tirer du clavier des correspondances des désinences ou des senteurs inédites; mais de mettre à jour, aussi abrupts et inattendus soient-ils, les talismans enfouis dans la nuit du cœur. » Les caractères apparents de sa première œuvre s'accentuent; les thèmes s'élargissent, gagnent en puissance en même temps qu'en intériorité. Qu'il emploie un alexandrin qui semble allongé ou le vers libre dont il tire des effets harmonieux, il sait leur donner un tour incantatoire et une force évocatrice singulière, à ce point qu'on ne saurait le confondre avec aucun autre poète. La tristesse profonde, la hantise de la mort et du néant sont conduites au paroxysme, au bord du cri avec cependant une retenue, un ton assourdi, voilé. De mystérieuses réminiscences, des presciences, des secrets, un avant-goût du monde surnaturel qui vit en lui laissent pressentir sa conversion et le sens de ses recherches et de ses approfondissements. Ajoutons à cela que *les Sept Solitudes*, recueil poignant qui aborde pour le poète à un chant original et nouveau, contiennent quelques-uns des plus beaux poèmes de la langue française, des poèmes qui habitent et hantent la mémoire à jamais une fois qu'on les a lus. Le poète impose sa présence et sa voix, une fois entendue, ne nous quitte plus.

Cet ensemble se compose de quatre parties : *les Sept Solitudes, Chants du crépuscule, Scènes de « Don Juan »* (qui seront publiées avec le Théâtre), *Chansons et danses d'autrefois*. Tous les poèmes sont à lire qui composent le portrait de leur auteur et la somme de ses préoccupations et de ses hantises : nostalgie d'une enfance solitaire et des souvenirs qui s'y rattachent, incapacité de vivre en homme parmi les hommes malgré un vif désir et un besoin d'aimer, lassitude « d'être et de n'être pas », méfiance à l'égard de la femme, incrédulité même devant le Néant, faim immense d'amour absolu. Les auteurs d'anthologies ne se sont pas trompés dans leur choix de poèmes non seulement les plus beaux, mais aussi les plus significatifs, bien qu'ils ne suffisent pas à faire connaître toutes les richesses du livre.

Milosz, par nature, aime les évocations antiques, mais non pas à la manière parnassienne. Ainsi, pour lui, la légendaire *Karomama*, dans son palais, couverte de bijoux comme une déesse de Gustave Moreau, représente avant tout son être intérieur, une image de la Féminité éternelle, idéale, énigmatique, une préfiguration peut-être de la Vierge qu'il rencontrera avec la foi.

> Mes pensées sont à toi, Reine Karomama du très vieux temps,
> Enfant dolente aux jambes trop longues, aux mains si faibles
> Karomama, fille de Thèbes,
> Qui buvais du blé rouge et mangeais du blé blanc
> Comme les justes, dans le soir des tamaris.
> Petite reine Karomama du temps jadis.

Pour les morts, il écrit une pathétique berceuse en employant une musique sourde et funèbre que nous nous répétions il y a quelques années au cimetière de Lofoten où ses vers nous avait conduit. Le retour de ce nom qui prend un air de légende, la simplicité du chant, un souvenir romantique rendent un son incomparable :

> Tous les morts sont ivres de pluie vieille et sale
> Au cimetière étrange de Lofoten.
> L'horloge du dégel tictaque lointaine
> Au cœur des cercueils pauvres de Lofoten.

Il retrouve des « musiques terriblement vieilles », une « solitude très vieille » (ces épithètes : vieux, vieille, reviennent souvent chez Milosz) pour se retrouver *Dans un pays d'enfance...*

> Dans un pays d'enfance retrouvée en larmes,
> Dans une ville de battements de cœurs morts,
> (De battements d'ailes des oiseaux de la mort,
> De clapotis d'ailes noires sur l'eau de la mort).
> Dans un passé hors du temps, malade de charme,
> Les chers yeux de deuil de l'amour brûlent encore
> D'un doux feu de minéral roux, d'un triste charme;
> Dans un pays d'enfance retrouvée en larmes...
> — Mais le jour pleut sur le vide de tout.

S'il abuse parfois de l'épithète, elle apporte toujours une musique obsédante. Trouvant des empreintes appartenant au légendaire populaire, on est touché par la sensibilité et la simplicité du chant :

> L'année était du temps des souvenirs,
> Le mois était de la lune des roses,
> Les cœurs étaient de ceux qu'un rien console.
>
> Près de la mer, des chants doux à mourir,
> Dans le crépuscule aux paupières closes;
> Et puis, que sais-je? Tambourins, paroles.

Il en est de même lorsqu'il énumère les dons possibles avec mélancolie avant de finir sur une sorte de ricanement sardonique :

> Une rose pour l'amante, un sonnet pour l'ami,
> Le battement de mon cœur pour guider le rythme des rondes;
> L'ennui pour moi, le vin des rois pour mon ennui,
> Mon orgueil pour la vanité de tout le monde...

Sa musique particulière, comme une musique d'eau ou de larmes, « coule comme du sable » d'une âme pluvieuse :

> Aux sons d'une musique endormie et molle
> Comme le glouglou des marais de la lune,
> Enfant au sang d'été, à la bouche de prune
> Mûre;
> Aux sons de miel de tes chevrotantes paroles
> Ici, dans l'ombre humide et chaude du vieux mur
> Que s'endorme la bête paresseuse Infortune.

On voit, notamment par ce dernier vers, que les mots à finale féminine apportent à sa musique ce qu'elle a de feutré, de coulant. Il arrive qu'on trouve de la fantaisie triste, du rire en larmes :

> Grincement doux et rouillé d'une berline...
> Le crépuscule pleure de vieille joie...
> — Il faudrait pourtant aller voir qui est là.
> — « Bonsoir, comment vous portez-vous, Mylord Spleen? »

A la fin du poème, ce sourire d'humour anglais qui se termine en amertume :

> — « Et puis vous savez, je suis si distrait ! — J'ai
> Oublié de jeter moi dans le Vésuve. »

Il n'oubliera pas dans ses chants quelques réjouissances comme si la vie se rappelait au poète parmi sa désolation :

> Il nous faut un aubergiste bien rond,
> Sautillant, au bonnet saluant preste,
> Aux boutons de métal doux sur sa veste.
> Il nous faut, il nous faut, mon cœur profond.

Auprès de certaines ballades shakespeariennes, on trouve de petites musiques verlainiennes et l'on pense à des fêtes galantes retrouvées aussi chez Théophile Gautier ou Victor Hugo. Milosz a souvent, même pour exprimer sa tristesse ou sa lassitude, le ton allègre de la seguédille. Ou bien il rejoint cette musique de romance qui plaisait tant aux romantiques, à Gérard de Nerval. Dans cette *Ballade,* nous sommes en plein romantisme :

> Les poules folles de la sorcière et le crapaud
>   — Sous le saule pleureur
> Si fier des vertes perles en poison de sa peau,
>   — Ma sœur, n'entends-tu pas le son du cor ? —

Il ressuscite l'enfant en lui amoureux de cartes et d'estampes, ajoute la peinture à la musique, chante le vin d'oubli, cherche des paroles pour une danse qui peut être une danse de singe « aux sons d'une petite musique narquoise, sautillante, essoufflée... », cherche des airs sur une guitare, élève un chant à l'Irréelle : « Laisse en mes mains dormir ta douce tête. » Il se rapproche souvent de Verlaine :

> Sganarelle, hi hi hi! voici tes gages :
> Treize queues de rats, trois yeux de chats sauvages.

Mais ce sont là comme des entractes à des poèmes plus graves comme *Et surtout que...* : « — Et surtout que Demain n'apprenne pas où je suis — » Ou bien comme *Quand elle viendra* :

> Quand elle viendra — fera-t-il gris ou vert dans ses yeux,
> Vert ou gris dans le fleuve ?
> L'heure sera nouvelle dans cet avenir si vieux,
> Nouvelle, mais si peu neuve...
> Vieilles heures où l'on a tout dit, tout vu, tout rêvé!
> Je vous plains si vous le savez...

Le temps n'est pas venu de la conversion du poète, mais on remarquera un signe à la fin du poème *Vieux Jour* :

> Debout sur le seuil d'or de la maison des heures
> L'ombre fait le signe de la croix sur le pain et le vin.

On reconnaît, selon le titre de Jacques Buge, un « Milosz en quête du Divin », les œuvres de jeunesse dont nous avons parlé exprimant le visage de « cet européen de l'Est à l'âme fuyante, miroitante, chatoyante et brumeuse à la fois » et aussi ce « poète français par le cœur, par la langue » et qui « reste, *par l'âme* un étranger... »

Des Éléments aux Derniers poèmes.

Après *l'Amoureuse Initiation,* 1910, son unique roman qui représente surtout, dans un univers luxurieux, mystique, poétique, par la magie d'un style admirable, une étape importante de sa vie spirituelle, paraîtra *les*

Éléments, 1911, ensemble cohérent qui montre une évolution vers une recherche de sérénité puisée dans les paysages qu'il a visités et qui lui ont fait découvrir les promesses d'une sagesse obscurément recherchée. Sa ferveur religieuse reste encore panthéiste dans son effort pour rejoindre par les grandes forces élémentaires l'universel.

Le rocher, la nuit, le vent, le lac, le soleil, le silence, la mer, la lune, la terre, les moments, la patrie, le trahi, le retour, la muse, présences concrètes ou abstraites, sont les éléments de sa quête et les titres de ses poèmes. Ils sont sévèrement alignés en alexandrins qu'allègent parfois des vers de six syllabes :

> Pâle comme la nuit et comme elle profonde
> Ma lassitude veille et se consume en vain,
> Ma lassitude veille et tout le poids du monde
> 　　Repose sur son sein.

Milosz veut devenir un élément du cosmos et cherche des transfigurations comme celle de la mort dans sa communion avec la vie et l'univers. Sa poésie est de plus en plus grave, intériorisée, elle offre peut-être plus de richesse de pensée que *les Sept Solitudes,* mais avec moins d'originalité, moins de musique et de vers mémorables. Il abuse de l'épithète et prend par trop le ton de l'éloquence et du discours. Il faut connaître Milosz dans son ensemble pour s'attacher à cette étape spirituellement importante et poétiquement décevante. De même, ses *Autres Poèmes,* 1915, gênent par une référence trop constante à Baudelaire dont l'influence par la forme et le fond se fait ressentir trop directement :

> J'entends : « Qu'il est donc vil le souci qui te ronge!
> N'est-il pas plus charmant que la Réalité
> Ce monde si léger, ce caressant mensonge,
> Ce pleur de fard tombé des yeux de la Beauté ?
> Éloigne de ton cœur le souci qui le ronge! »

On le ressent encore dans ce poème *A une victime* :

> Que dis-tu de ces nuits, que dis-tu de ces jours,
> Enfant malade et faux des ténébreux faubourgs ?
> Loin, bien loin de l'enfer où tu vis épeurée,
> Je sais une amoureuse et tranquille contrée
> Où l'air est aussi doux que le vin du dattier.
> C'est là que mon chagrin, c'est là que ma pitié,
> Fuyant les mauvais yeux qu'éclaire un rire immonde,
> Par les chemins dansants de l'azur et de l'onde
> Voudraient conduire un jour leur faible et triste sœur.

De la même année, 1915, nous préférons ses *Symphonies, Nihumim* où l'on retrouve le chant plus personnel, plus ample et plus musical du poète comme dans cette *Symphonie de Septembre* :

Soyez la bienvenue, vous qui venez à ma rencontre
Dans l'écho de mes propres pas, du fond du corridor obscur et froid du temps.
Soyez la bienvenue, solitude, ma mère,

> Quand la joie marchait dans mon ombre, quand les oiseaux
> Du rire se heurtaient aux miroirs de la nuit, quand les fleurs,
> Quand les terribles fleurs de la jeune pitié étouffaient mon amour
> Et quand la jalousie baissait la tête et se regardait dans le vin
> Je pensais à vous, solitude, je pensais à vous, délaissée.

L'inguérissable nostalgie du pays natal, la mélancolie nordique, les rêveries diffuses, les brumes symboliques, comme dans *le Poème des Décadences,* sont le fond du poème, sa musique. Cependant, au cœur même d'une solitude douloureuse, naguère portée vers le nihilisme, apparaissent comme une ouverture d'avenir son acceptation résignée, son espérance d'une nouvelle vie intérieure. Le poète semble se rassembler, revoir sa vie sous le signe « d'une seule fleur petite et triste, le myosotis » de *la Symphonie de Novembre.* Et passent des images-souvenirs :

> Les voix pauvres, les voix d'hiver des vieux faubourgs,
> Le vitrier avec sa chanson alternée,
>
> La grand-mère cassée qui sous le bonnet sale
> Crie des noms de poissons, l'homme au tablier bleu
> Qui crache dans sa main usée par le brancard
> Et hurle on ne sait quoi, comme l'Ange du jugement.
>
> Ce sera tout à fait comme dans cette vie. La même table,
> La Bible, Goethe, l'encre et son odeur de temps,
> Le papier, femme blanche qui lit dans la pensée,
> La plume, le portrait. Mon enfant, mon enfant!

Dans la *Symphonie inachevée,* il évoque encore le passé, un « amer amour de l'autre monde », il dit « je me souviens » et ce sont des paysages très beaux :

> Dans le Septentrion natal où des grands nymphéas des lacs
> Monte une odeur des premiers temps, une vapeur de pommeraies de légende englouties.

Il a « veillé avec l'angoisse / Dans toutes les auberges de ce monde » et parle sans cesse en invoquant, en évoquant : « Vieux, très vieux jours! si beaux! si purs! » avant que s'ouvrent « L'archipel séduisant et l'île du Milieu » comme, dans le poème *Insomnie* où il recherche les jours de la vie faits de morts sourdes, irrémédiables, parmi des figures :

> Ceux qui cherchent la Baie du Sincère et l'Ile des Harpes
> Et le Château Dormant ne reviennent jamais, jamais!

Dans le dernier poème des *Symphonies* intitulé *le Chant de la Montagne,* il renverse sa tête dans l'azur et dit : « Tout est calme, profond et pur », il contemple l'univers : « Viens, viens purifier ton cœur dans l'immense rosée / Des constellations! » et le dernier mot sera une ouverture :

> Venez, héros, goûter la joie de ce suprême amour,
> La Confiance!

Deux autres livres se rattachent aux *Symphonies* : *Nihumim,* 1915, et *Adramandoni,* 1918, où le poète apparaît « L'esprit purifié par les nombres du temple » avec le même rappel du pays d'enfance, l'amour de terrains vagues, de rues sans soleil, de villes sans sommeil, où passent les fantômes du passé, des riens fanés comme des fleurs dans un vieil album, voix déchirantes. Sans cesse, dans ces beaux poèmes où les images se dessinent dans la brume, perce un élan mystique qui est le fait d'un homme tentant de se délivrer de l'angoisse, de la tristesse, de la nostalgie comme s'il voulait en les évoquant poétiquement, romantiquement, les oublier ou plutôt aller au-delà d'elles-mêmes.

La Confession de Lemuel, 1922, reprendra ces poèmes qui s'intitulent *H, la Charrette, la Gamme, les Terrains vagues, le Pont,* et sera précédée de l'*Épître à Storge* qui constituera par la suite la première partie d'*Ars Magna.* Dans cette *Confession de Lemuel,* une voix s'affermit dans un élan de mysticisme qui, désormais, sera marié à son inspiration poétique : « Les voix que tu entends ne viennent plus des choses » pourra-t-il écrire et son langage sera de plus en plus précis. Un romantisme profond sourd de poèmes comme *la Berline arrêtée dans la nuit, Talita Cumi.* Deux grands poèmes essentiels dominent : *le Cantique de la Connaissance* et cette *Confession de Lemuel* qui a donné le titre du livre. Il ne s'agit plus de traduire, avec tant de charme, des nostalgies et des tristesses, mais de marquer les étapes d'une ascension vers la lumière, et l'on verra qu'à un point donné, la forme du poème ne lui suffira plus pour cela. Cette forme change : il a abandonné la rime et trouvé un juste équilibre entre le vers libre et le verset claudélien. Il s'exprime avec netteté, économise les images lyriques, et se montre tout entier voué à la démonstration :

Les autres, les voleurs de douleur et de joie, de science et d'amour, n'entendront rien à ces choses.
Pour les entendre, il est nécessaire de connaître les objets désignés par certains mots essentiels
Tels que pain, sel, sang, soleil, terre, eau, lumière, ténèbres, ainsi que par tous les noms de métaux.
Car les noms ne sont ni les frères, ni les fils, mais bien les pères des objets sensibles.

De ces poèmes, Jean Rousselot parle fort bien : « Ces deux sommets, ces deux couronnes de la quarantième année, sont les poèmes les plus " volontaires " de Milosz; nous voulons dire : ceux qui furent le plus consciemment éprouvés avant d'être passés en écriture. Aussi bien leur ambition démonstrative n'est-elle point douteuse; ils sont d'un poète que la poésie ne comble plus, qui se refuse à n'être que poète, qui veut gravir, avec les moyens de la raison, les pentes que la poésie lui a permis de découvrir dans le vain brouillard des apparences. Deux poèmes " testament ". Le ton solennel du " saint de corps et d'esprit " ne manque même pas au *Cantique de la Connaissance* dont chaque verset, frappant, irréfutable, dut être longuement articulé, minutieusement recuit au creuset de la diction. »

Le poète est désormais uniquement préoccupé par sa recherche spirituelle, par un approfondissement essentiel qui se délivre du recours à la fable, au charme poétique et aux ornements. Il écrit bien des poèmes, mais plus que des poèmes, par la quête de l'âme des mots et de leur entière vérité, usant de pouvoirs qui sont habituellement ceux des philosophes, des métaphysiciens, des hermétistes, et, en ce sens, ces poèmes échapperont quelque peu au simple amateur de poésie. Lorsque, dans *la Confession de Lemuel,* l'Homme et le Chœur se répondent, nous sommes en présence d'un dialogue philosophique et dramatique.

Les *Derniers Poèmes,* 1924-1937, sont rares et procèdent du même mysticisme. Son *Cantique du Printemps,* avec le retour de ce vers : « Que le monde est beau, bien-aimée, que le monde est beau ! » renoue certes avec le lyrisme, est porté par un langage quasi biblique avec une pure musicalité et nous sommes proches de la louange chère à Claudel et Saint-John Perse et l'on retrouve la voix du premier Milosz :

Le printemps est revenu de ses lointains voyages,
Il nous apporte la paix du cœur.
Lève-toi, chère tête ! Regarde, beau visage !
La montagne est une île au milieu des vapeurs : elle a repris sa riante couleur.
Ô jeunesse ! ô viorne de la maison penchée !
Ô saison de la guêpe prodigue !
La vierge folle de l'été
Chante dans la chaleur.
Tout est calme, charme, repos.
Que le monde est beau, bien-aimée, que le monde est beau !

Le poète Milosz perce sous le penseur Milosz et l'on pourrait dire que ce dernier est plus inspiré, « en intelligence » avec l'univers bien plus qu'il ne célèbre l'Intelligence, et c'est cela qui lui apporte, par l'intuition poétique, sa force synthétique, son universalité, son sens divinatoire. On lira encore *la Nuit de Noël de 1922 de l'Adepte, Psaume du Roi de Beauté, Psaume de la Maturation, Psaume de la Réintégration, Prières,* qui sont en fait des poèmes en prose, et ce *Psaume de l'Étoile du Matin* dont la disposition typographique, voulue par lui, peut surprendre et faire penser à des recherches spatiales d'avant-garde alors qu'il s'agit de la disposition des *schîrs* de glorification de *l'Ancien Testament* en hébreu :

Les torrents de troupeaux   descendent vers les bergeries   l'ombre est sur An-Dor et Pau du pays d'Esaü   sur Matred Toled Beith Aram sur tout Sparad de Judée   Mémoire étoilée   nuit d'Israël en esprit espace projeté par des yeux de brebis   Là-bas Artizarra déjà brille [...]

« Agent de transmission des Volontés Célestes », Milosz poursuivra jusqu'à la fin de ses jours sa quête métaphysique. L'exposé de sa philosophie ésotérique est montré en de nombreux lieux de son œuvre mais surtout dans *l'Épître à Storge* et les autres textes d'*Ars Magna,* 1924, *le Cantique de la Connaissance,* 1920, et *les Arcanes,* 1926 et 1927, qui se présentent comme une suite de cent sept versets suivis d'une prière à Hiram et enrichis de notes exégétiques, en fait grand poème déployant majestueusement une vision mystique.

Saluons encore la très grande beauté de son « mistère » *Miguel Mañara*, 1911-1912, une des plus belles œuvres inspirées par don Juan, l'homme de désir qui trouve Dieu au bout de sa route. Et revenons à sa poésie, à cette « musique profonde et vibrante » dont parle Marcel Raymond, à ces « longues phrases exhalées de la vie même, les plus simples, les plus justes, aux images légèrement excentriques et pourtant inévitables ».

« Tout le royaume de l'amour... »

« Tout le royaume de l'amour sent la fleur d'eau », nous confie *le Cantique du Printemps*. Dans l'œuvre entier, chez Milosz : mots coulants, goût des cascades, glissements de féminines : « mois vague de la lune des roses », « vieilles dormeuses des berges », « nombres du temple », « tristesse des anges », « le fantôme Novembre », « l'Ile des Harpes », etc. Il nous a dit dans *Miguel Mañara* que l'homme est composé d'argile et de larmes. Il choisit les mots qui coulent comme la pluie, les mots-musique : berline, diadème, trirèmes, sonatine, matines, cithare, harpe, guitare. Pour lui, l'eau est féminine, fécondante, et l'on pense au rêve hydrant de Novalis. Les poètes dans le voisinage du Symbolisme ont tous ce que Bachelard nomme « le complexe d'Ophélie » : Mallarmé, Rimbaud, D'Annunzio, Rodenbach, Claudel le prouvent; et tout l'art symboliste, tout l'art rococo nous offrent de coulantes sinuosités.

Dans *Ars Magna*, Milosz écrit : « La pureté surnage, le blanc et le bleu surnagent. L'esprit de jalousie, le maître de pollution, l'huile de rongement aveugle, lacrymale, plombée, dans la région basse est tombée. » Voici des liquides lourds, une huile devenue plus pesante que l'eau. Comme ailleurs, le poids de l'océan pèse sur les noyés. Il dit les eaux profondes, les eaux de dessous l'eau, les fonds insondables comme la mort en nous. Et les eaux coléreuses, se déversant en musiques apocalyptiques : « Les eaux de Jupiter, de Vénus et de Mars se déversaient avec fracas sur les assises de l'infini. »

Aux pluies, aux eaux verticales, il donne un âge : « jeunes pluies ». Ou une saison : « pluies d'hiver » ou « pluie froide d'extrême Novembre » ou « eau d'automne ». Il écrit : « Il pleuvait sur les tristes. » Je me suis rendu aux îles Lofoten, parce qu'il avait rêvé : « Tous les morts sont ivres de pluie vieille et sale » et « le cimetière étrange de Lofoten » avait bien la vérité des choses rêvées. De même il fait errer « dans un pays d'enfance retrouvée en larmes » qui est aussitôt précisé : « Dans une ville de battements de cœurs morts. » Milosz, l'homme des quêtes essentielles, recherche le château de la pureté, celui des mots, des maisons de l'être sans cesse lavées par l'eau mélancolique du temps. Ses meilleures correspondances l'orientent vers l'élément liquide : les roses pleurent (il y a des « pleurs de gin », le rire lui-même sanglote, les pleurs fécondent), la voix devient fleuve, l'oasis soupire, les fontaines disent « Jamais... », le jardin se noie, les rires font des bruits de grêle, la pâleur se fait lac, le corps prend la clarté des averses et l'averse dénoue la chevelure tandis que l'écume devient linceul. Il dit encore les cordes qui sanglotent, les jours limpides, les reflux pleureurs. L'eau peut être « pensive et blanche » ou bien la résignation, l'oubli, la torpeur, la solitude... Voici qu'un jardin ruisselle de fleurs, que la mort est le hideux entonnoir, que l'univers est coupé de sanglots, qu'il fait chaud comme aux sources du sang, que le poète connaît « une angoisse de marier le feu et l'eau ». Arrêtons-nous à cette dernière image : angoisse de Milosz devant le choc des éléments. N'est-ce pas le même qui marie masculins entre eux et féminines entre elles ? Un bel exemple dans ce vers connu : « Une rose pour l'amante, un sonnet pour l'ami. » Dans *la Confession de Lemuel,* cette idée de la séparation, de « l'immense adieu de l'Époux à l'Épouse », de la « division des deux belles clartés / Du jour et de la nuit ». Mais : union de l'argile et de l'eau encore quand il parle de « Ces nids de boue / Trempés d'une salive d'insectes bâtisseurs ». Rappelons que Rolland de Renéville fait de Milosz l'héritier des alchimistes.

Peu de poètes atteignent à un tel degré d'intensité dans une hantise de la mort qui dicte ses itinéraires. Née d'une vision panthéiste, voisinant avec la nostalgie du pays natal, elle pourra devenir par la recherche spirituelle la promesse d'une communion avec la vie universelle. Son nihilisme, le mysticisme, la recherche de l'initiation vont le combattre. Au poète de la nature succédera le poète de Dieu avec le risque du silence. Ce Dieu, Milosz le recherche partout, dans le corps comme dans l'esprit, dans la luxure comme dans le renoncement. La création sera vue à travers un rideau de larmes. L'universel lui délivre ses présents de musique ineffable et le poème en est sans cesse le porteur.

Cela permet au lecteur de moissonner d'incessantes images de musiques mouillées : « l'horloge du dégel tictaque », « le glouglou des marais de la lune », « profond nuage de musique », « son de lune », « gelée » et aussi miroir de Narcisse, les eaux mouvantes de Milosz deviennent miroirs changeants et à leur fil glissent le cygne symboliste et le signe d'Ophélie venu du fond des légendes si chères au poète, des « contes fous » qu'il dit « pleins d'une odeur de vieilles îles ». Pour lui, ne reviennent jamais « Ceux qui cherchent la Baie du Sincère et l'Ile des Harpes / Et le Château Dormant ». Ici encore paraissent l'irrémédiable et les morts sourdes, car « irrémédiables sont faits ces jours de la vie ! ».

D'aucuns ont pu dire, comme Henri Clouard, « Ce qui malheureusement affaiblit cette œuvre de grande inspiration et de noble style, c'est l'esthétique restée presque strictement symboliste : visions molles, analogies forcées et obscures, absences de sûrs contours. En sorte que l'ennui finit par creuser un abîme dans cette mer et nous y noie. D'ailleurs Milosz sortait de la littérature et disparaissait dans un brouillard d'initié. » Ces propos tranchants, cette démonstration de logicien seraient de nature à nier toute poésie, et nous écouterons plutôt quelques fervents parmi une foule. Guillaume Apollinaire : « la voix de Milosz est peut-être la plus profonde, la plus nue et la plus riche de résonances, la moins apprêtée, la plus impérieuse et la plus douce ». Joë Bousquet : « la vie aux sources de la parole ». Paul Fort : « le plus beau don que l'Europe ait fait à la France ». Un livre de Jacques Buge, *Connaissez-vous Milosz?* nous a fait connaître des dizaines d'autres opinions venues de tous horizons et saluant dans la diversité les multiples richesses d'un poète qui reste, comme le dit Claude Mauriac, un « de ces auteurs que l'éclat même de leur génie rend invisibles ». Il est un des grands poètes français.

7
Jean de Boschère

Ayant connu Jean de Boschère (1878-1953) en un temps où il nous adressait des œuvres poétiques comme *Dressé actif j'attends* avec une dédicace « sous le signe de nos dénuements », il nous est comme un devoir de le situer dans ce livre près de son grand ami Milosz. Jean de Boschère, « l'Obscur », reste fort peu connu et mérite que justice lui soit rendue. En cela, nous ne ferons que rejoindre de hautes présences comme celles d'Ezra Pound, Milosz, Max Elskamp, André Suarès, Jean Cassou, Antonin Artaud, Jacques Audiberti, Pierre Albert-Birot, Jean Paulhan, Franz Hellens, Gabriel Bounoure, Joë Bousquet, Lanza Del Vasto, Jean Follain, Jean Rousselot, Alain Bosquet, André Lebois, cent autres de génération en génération, dont les hommages, les témoignages n'ont pas suffi à assurer la postérité due à ce grand poète français venu de Belgique, à ce point qu'une partie de son œuvre reste inédite.

Le Grésillement de l'Absolu.

Par son père d'origine flamande et de mère anglaise, Jean de Boschère (son nom s'écrivait avec deux s, mais il avait coutume de dire, après la Première Guerre mondiale, qu'il en avait perdu une à la guerre) appartenait à une vieille famille et Christian Berg, à qui l'on doit une vaste étude, rappelle ses racines : une commune à l'ouest de Rouen : Saint-Martin-de-Boscherville « et qu'un Bosschere (sans accent), maître-tonnelier de son état, offrit au quinzième siècle un vitrail à une église de Gand ». Mais Boschère avait coutume de dire : « Donc pas d'exhibition d'ancêtres. » On peut parler à son propos d'une enfance rebelle, soumise au rêve et aux hallucinations, vécue en marge du pays flamand, qu'il a contée dans un roman poétique, *Marthe et l'Enragé*. L'odyssée tragique d'une sœur infirme le marqua et imprégna son « adolescence d'une souffrance qui y est comme un poison toujours renouvelé ». Dès la mort de cette sœur, « la ville et ses gens, les sites, les jeux mêmes, tout fut noir » et il fut « un être qui devait porter une tache noire sur l'âme ». Ce fut là une forme de malédiction du poète. Son enfance, entre un père tout à ses études et une mère peu sur terre, fut libre, quasi libertaire, buissonnière. Il préférait des courses à cheval à l'étude et, devant de médiocres résultats, son père le fit inscrire à l'École d'horticulture de Gand. Jean de Boschère manifestait déjà un goût pour la vie des plantes et des animaux qu'on retrouvera dans de délicieux livres d'histoire naturelle comme *les Paons et autres merveilles, Palombes et Colombes, le Chant des haies, la Fleur et son parfum,* etc., en marge d'une œuvre multiforme. Un autre amour : la peinture. Il dira : « Comme les barbares et les primitifs, la couleur m'attira fort tôt. Nul près de moi ne dessinait, il me semble, ni ne peignait à cette époque. Peut-être avais-je huit ans quand il me fut offert une boîte à couleurs, une boîte *à peintures,* comme dit Marcel Aymé. » Il s'inscrivit à l'école des Beaux-Arts avec des condisciples comme Isidore Opsomer, Émile Vloors, Walter Vaes. Il n'est point étonnant qu'il ait illustré une quarantaine de volumes et écrit une dizaine d'ouvrages de critique d'art, lui qui aimait les peintres et les dessinateurs d'une époque fastueuse. Citons surtout : *Quentin Metsys,* 1907, *Jérôme Bosch et le fantastique,* en plus d'ouvrages sur la dialectique du dessin ou les sculptures et les édifices anciens ou encore la gravure japonaise. Et n'oublions pas son goût de Léonard de Vinci, de James Ensor, des peintres symbolistes comme de Picasso, pour lui le peintre le plus important de l'époque, comme de Miro, Ernst, Arp, Masson. A travers les temps, il aime les peintres qu'il juge révolutionnaires comme encore Pierre Breughel, Uccello, Signorelli. Il peindra lui-même et s'adonnera à la fin de sa vie à la sculpture sur bois.

A l'âge de vingt ans, il se sentit pris d'une « belle soif de savoir », dévorant les bibliothèques. S'il n'a pas témoigné de toutes ses lectures, du moins trouve-t-on des noms comme ceux de Joséphin Péladan, Édouard Schuré, Swedenborg, Novalis qui indiquent des directions et ses premiers contacts parisiens seront avec des écrivains passionnés de sciences ésotériques et gravitant dans le souvenir de l'initiation du Sâr. Ses premières œuvres furent consacrées cependant à l'art. L'exemple de Beardsley le hantait et les planches qu'il composait étaient marquées par une nette influence qui devait s'étendre à ses compositions littéraires tributaires aussi de l'« écriture artiste » prônée par les Goncourt et Huysmans, et aussi bien, d'une autre manière, par René Ghil, Gustave Khan et Édouard Dujardin.

Sa première œuvre littéraire sera *Béâle-Gryne,* 1909, publiée à la Bibliothèque de l'Occident d'Adrien Mithouard, voyage symbolique, entre poème en prose et roman, que suivra *Dolorine et les ombres,* 1911, comme *Béâle-Gryne,* illustré d'images, Boschère se définissant comme un « ouvrier en mots et en images » car il est en admiration devant tout artisanat qui lui suggérera *Métiers divins,* 1913. Tout à ses romans-poèmes-images, c'est le temps d'une haute amitié pour Max Elskamp et pour André Suarès, d'une admiration pour Paul Claudel, mais qui le « désorganise », du chagrin provoqué par la mort de sa rêveuse mère en 1913, d'une crise morale. Une *Sainte-Sophie perdue,* inédite, sera la suite logique à ses premières œuvres. Il publie alors des poèmes dans les revues mais n'a pas édité de recueil. Tout imprégné qu'il soit de l'esthétique symboliste, des articles montrent son intérêt pour les jeunes écoles comme le Dramatisme de Barzun et le Futurisme de Marinetti. Mobilisé en 1914, blessé sur le front français, il part pour l'Angleterre en convalescence.

Cette période anglaise est très importante. Elle est celle d'un douloureux exil, celle aussi, en 1915, de la rencontre des poètes anglais et américains qui se réunissent à la *Poetry Bookshop* autour de son propriétaire, Harold Monro, poète irlandais. Là, John Gould Fletcher, Richard Aldington, Ezra Pound, Hilda Doolittle, Aldous Huxley, D. H. Lawrence, et plus tard T. S. Eliot se réunissent sous la bannière d'un mouvement destiné à révolutionner la poésie de langue anglaise : l'Imagisme. Nous donnons ici, en citant Christian Berg, les grandes lignes de cette école : « Loin d'être possédés par le démon de l'analogie, ils préconisaient pour la poésie une véritable " opération instantanée " qui ne supportait aucun traitement indirect. Les imagistes entendaient substituer le nommer au suggérer. Ils refusaient l'imprécis et la nuance, chers à Verlaine, au profit du clair et du précis. L'image neuve, originale, directe, était chargée de traduire l'émotion de l'auteur. » Pound écrira : « La caractéristique de l'imagisme, c'est qu'il n'utilise pas les images dans un but décoratif. L'image est elle-même une parole. L'image, c'est le mot au-delà du langage formulé. » Christian Berg : « La musicalité des vers, l'euphonie rythmique étaient reléguées au dernier rang de leurs préoccupations esthétiques. Le vers imagiste est court, heurté, brusque, et, avant tout, libre. La prosodie, et les vers réguliers, sont bannis au profit de la recherche d'un rythme personnel. » Or, ces idées étaient celles de Jean de Boschère. Ezra Pound introduisit le poète auprès des revues d'avant-garde. Naîtront les premières œuvres poétiques publiées : *The Closed Door*, traduction anglaise par F. S. Flint, 1917, et *Job le Pauvre*, traduction anglaise par huit auteurs (parmi lesquels Aldous Huxley), 1922, et 1923 à Paris, recueils repris plus tard dans *Ulysse bâtit son nid*, 1929. Des critiques feront un parallèle entre *The Closed Door* et *Pruflock* de T. S. Eliot et l'on parla, sans rien prouver, d'une influence de Boschère sur ce dernier. Sans doute ne doit-on trouver là que simple similitude.

La guerre passée, Jean de Boschère resta à Londres où des contrats le liaient aux éditeurs, où ses livres illustrés se vendaient bien. Il passait ses vacances au pays natal, y retrouvant Mélot du Dy et Max Elskamp *(voir préc. vol.)* et fréquentait André Suarès à Paris. Marié avant 1914, il se sépara de sa femme en 1917 et vécut alors avec Anne Vera Hamilton, jeune veuve épileptique, à Hamstead Square dans une demeure maléfique. Après la mort de sa compagne, en 1922, il se rendra en Italie, fréquentant des poètes comme Lauro de Bosis et Giuseppe Ungaretti, et le peintre Chirico. Il a publié des livres pour enfants et des récits fantastiques, et surtout *Marthe et l'Enragé*, 1927, roman qui sera, comme *Marthe et Satan l'Obscur* à fondement autobiographique.

Après la période heureuse de l'Italie, le poète, qui vit avec Élisabeth d'Ennetières, s'installe à Paris où il écrit, expose ses toiles en compagnie de Miro. Eluard et Aragon l'ont invité à collaborer à *Littérature*, sans que ses envois paraissent. Il connaît Dada, se rapproche des surréalistes, mais il reste hostile à leurs manifestations de révolte canularesque. La liaison sera de courte durée. Ses amitiés iront à Roger Vitrac et surtout Antonin Artaud, et, peu à peu, bien qu'isolé, à ces nombreux poètes que nous avons cités au début de ce texte. Il cultive le jardin secret de ses livres de nature avec laquelle il ne rompt jamais le contact. Chez lui, il reçoit chaque semaine les poètes déjà cités, et aussi Rolland de Renéville, René Daumal, Henri Michaux alors secrétaire de Jules Supervielle, Jean Cassou, Jean Le Louët, Pierre Guéguen, Marcel Jouhandeau, Max Jacob... et des amis belges comme Robert Guiette. Et il y a l'amitié de Milosz, le compagnon aux chemins à la fois proches et divergents, Jean de Boschère ne trouvant pas, comme l'auteur d'*Ars Magna,* un antidote dans la contemplation mystique à un sentiment de haute solitude qu'il traduit en vers âpres, incisifs, directs.

De nouvelles œuvres s'ajouteront touchant à tous les genres : essais, critique d'art, roman, courts récits, contes, livres de nature, œuvres en prose non narrative comme *le Bourg,* 1922, *Portraits d'amis,* 1935, *l'Obscur à Paris,* 1937, *Paris clair-obscur,* 1946, et des recueils de poèmes dont nous allons parler comme *Jaloux de leur seigneur,* 1935, *Élans d'ivresse,* 1935, *Dressé actif j'attends,* 1936, *Joie grondante,* 1941, *Derniers « Poèmes » de l'Obscur,* 1948, *Héritiers de l'Abîme,* 1950, *le Paria couronné,* 1956.

Jean de Boschère, à Paris, avec sa compagne, dans son septième étage de l'avenue de Corbéra, connut des difficultés matérielles qu'aggravèrent un accident, puis une congestion pulmonaire qui dut lui faire quitter la capitale. Ce sera la dernière partie de sa vie, celle de l'ermitage de La Châtre. En 1938, Aurore Sand, petite-fille de George Sand, l'hébergea au château de Nohant, puis il s'installa à La Châtre dans une maisonnette sur un coteau dominant la vallée de l'Indre. Ce lieu était propice à ses méditations d'amoureux de la nature et les artisans tant aimés étaient proches. Plus tard, il s'installa dans l'ancienne chapelle des Visitandines de La Châtre, loin des vains bruits du parisianisme. Il vivra dans le dénuement, avouant que depuis 1930 il n'a jamais disposé du quart du salaire d'un ouvrier spécialisé. Mais l'errant a trouvé son refuge et il entreprend la rédaction d'un journal et de mémoires, exercices pour lui d'auto-analyse. Le *Journal* devient l'ami, le confident, comme une personne. Il sera le témoin de sa démarche spirituelle, de sa quête ardente, de sa création. En même temps il atteint un point de sagesse. Ses dernières années seront sereines. En mars 1951, il se fait naturaliser français. Il mourra moins de deux ans plus tard, le 17 janvier 1953 sans crainte de la mort, ayant écrit : « Je possède la mort : c'est une vie lumineuse. »

La Rébellion, l'Espoir et l'Attente.

Obscur, enragé, paria, Jean de Boschère ? Obscur, ô combien ! ne disait-il pas n'avoir pas plus de trente lecteurs ? La plupart des histoires littéraires, des anthologies l'ont très longtemps oublié purement et simplement ou se sont contentées de quelques lignes le situant dans la proximité de ce Milosz qu'il fit tant pour le faire connaître et dont nous rappelons ces paroles : « La gloire ne pouvait être une conséquence ni de la publication, ni de la louange. La gloire, dans le secret de son âme, était acquise au moment de la première rencontre du poète avec le poème sur le plan transparent de l'inspiration. » Cet oubli ajoutant l'ignorance à la malédiction, Jean de Boschère n'en serait-il pas lui-même responsable ? Ne disait-il pas dans une confidence à Georges-Emmanuel Clancier qui, lui, ne l'oublie pas que ses textes étaient peu compréhensibles pour les profanes comme le sont les commentaires des découvertes de la microchimie pour les ignorants et que la poésie ne demande pas moins d'initiative que la science. Or, ses textes nous ont paru d'une singulière clarté, lumineux d'une lumière noire, et non pas inaccessibles.

Saluons donc ses proses musicales, ses voyages symboliques, ses quêtes de l'âme comme *Béâle-Gryne,* unissant image graphique et image écrite. Pour apprécier *The Closed Door* et *Job le Pauvre,* unis dans *Ulysse bâtit son nid,* il est nécessaire de les situer dans le contexte artistique d'une époque et d'un climat. Antonin Artaud (qui écrira : « Jean de Boschère m'a fait ») pouvait dire que son ami, son modèle était « le dernier représentant de cette race de *voyants* et de *maudits* qui de Byron à Poe, de Baudelaire à Saint-Pol Roux, ont dressé la parade orgueilleuse et blessée de leur vie *loin des foules* ». Dans *The Closed Door,* Boschère se divise en des personnages nommés Homère, Mare, Ulysse, Gridale, l'Homme. La simplicité de ton, le parler direct de l'Obscur peuvent surprendre :

> Pendant quatre saisons Homère voyage
> Et dans chaque ville il est un autre personnage ;
> Bleu sous le ciel bleu, gris à Londres
> Recueilli à Paris, perverti à Rome...
> Mais jamais il n'est Mare.

Autre personnage, Ulysse, au terme de ses voyages, est revenu parmi le peuple des hommes pour se mêler à la foule, car il n'est point besoin de tour d'ivoire pour trouver l'isolement :

> Or, Ulysse ne songe pas à fuir.
> Il sait l'homme dans les cuisines,
> Dans l'aréopage, dans les batailles ;
> Il les aime avec leurs écailles de poisson,
> Leurs nageoires sur un corps de truie...
> « Que ma statue et ma pensée soient avec eux », dit-il.

Il dira encore : « Tous les hommes ne sont pas faits de viande de porc. » Car le poète dénonce des maux qui se nomment esclavage, militarisme, racisme, et même ce dieu « à qui l'on parle avec trop d'ardeur », et surtout la lâcheté que personnifiait Gridale, le moine assoiffé d'absolu, dans *Sainte-Sophie perdue,* et qui devient dans *The Closed Door* la personnification de la haine des hommes, du désespoir et du martyre :

> Cet homme Gridale, il faut l'écorcher :
> Il a un soleil noir dans les yeux.

> Le geôlier lui enlève son matelas et sa charpie;
> Puis on lui coupe l'os cassé de la jambe.

On trouvera dans *Doutes,* d'un lyrisme plus personnel, les amorces d'une autobiographie, la confidence des premières inquiétudes religieuses, et c'est le poème de la séparation entre les espoirs de l'enfance et les réalités adultes :

> Je cherchais en secret un dieu que je pusse adorer,
> Une statue en bois de la confiance illimitée.

A quoi répondront « une lâcheté immonde sous la lumière » et « l'homme burlesque » qui croit « la hache à la main ». Le « Je » qu'il emploie reste d'une identité incertaine : « De qui parles-tu ? — Je ne sais. » Car partout tout est masque et le poète en cela procède d'une esthétique imagiste telle que la définit Christian Berg : « Cette mise en question du *moi* de l'auteur par les imagistes était en fait liée à une tentative de renouvellement dans l'appréhension du réel. Il ne s'agissait pas, pour eux, de montrer au lecteur une réalité différente, mais bien de lui donner un regard nouveau. La subjectivité de l'auteur constituait un voile gênant pour cette perception directe et nue qu'ils exigeaient. Ils tentèrent donc de dépersonnaliser la poésie ou, tout au moins, de remplacer le *moi,* jugé trop envahissant, par des personnalités de rechange : les masques. » Jean de Boschère, à travers ses personnages, a donc élaboré des masques. Il a choisi le dépouillement, la précision, la pureté, se contentant des éléments essentiels de la phrase sans le recours aux épithètes jugées superflues, et cela donne un ton impersonnel, laconique, souvent quelque chose de froid et de grinçant qui s'accorde fort bien à la personnalité de Boschère. Christian Berg, pour illustrer ce propos, cite justement :

> La maison est attachée à la montagne
> Comme le nez à la face abrupte...
>
> La robe des moines
> Close comme la peau des grenouilles...
>
> Et la mère était le pain et le beurre
> La rosée froide de six heures et la cerise...
>
> Il a les yeux de la taupe,
> Le corps du brochet maculé comme un faune...

On notera dans l'œuvre boschérienne (Boschère-Bosch) le recours au bestiaire comme élément comparatif, à quoi s'ajoute volontiers la flore, et l'on reconnaît l'auteur de ces délicieux traités d'histoire naturelle qui expriment une vive attention envers les choses.

L'autre œuvre de la période londonienne et imagiste est donc ce *Job le Pauvre* qu'il appelle lui-même « testament d'une vie qui n'a pas d'autre conclusion », et c'est encore une quête se situant sur les « ténébreuses frontières de l'humain ». Cet ensemble est fort proche du premier livre de vers à cette différence près qu'il y utilise presque toujours la première personne. On y trouve aussi une permanence de la révolte qui devient facteur d'exploration et de progrès spirituel. Il ne passe rien aux hommes ni à Dieu et se met en état d'agression, de fureur, celle d'un être en marge du monde qui examine au microscope agrandissant le moindre défaut physique ou moral :

> Et avec le microscope aride,
> Je vois sur les visages la lèpre verte.

Sa lucidité a quelque chose d'effrayant, il se nomme fou, il est anarchie :

> Nous sommes les nouveaux pèlerins
> Nous allons partir et prêcher l'explosion,
> Nous mettrons le crime à la place des miels morbides.

Parfois illuminé, il y a en lui une sorte de Diogène, et l'on pourrait se référer à des œuvres satiriques du moyen âge, celles par exemple des troubadours. Ses proies sont les logiciens, philosophes, géomètres, opportunistes. Là encore, le bestiaire lui fournit ses images. Ainsi, vouant une haine aux enseignants, d'un instituteur, il fait un

> Palmipède rachitique aux pattes de caoutchouc,
> Viaduc, tube à endosmose, ruisseau noir
> Par quoi passe la vie.

Il arrive souvent que l'on pense à Lautréamont, avec une dimension autre cependant, celle de l'espoir qui est, selon Berg, dans *Job le Pauvre*, « comme l'acte de révolte, une tension perpétuelle, nourrie par une force obscure et inconsciente », même si cet espoir est la « mort espérée ». Où le Job de la Bible se tait, celui de Boschère « rit de ses yeux trop ronds ». Le dépouillement imagiste rapproche Boschère de saint Jean de La Croix et de maints textes mystiques :

> Je vis mais sans vivre en moi
> Et mon espérance est de telle sorte
> Que je meurs de ne point mourir.

Jean de Boschère assigne au poète une place à part. Il est le créateur essentiel, parce que délivré de la logique et des lois, homme libre au-delà du Bien et du Mal :

> Le poète, ici,
> Est le maître ignoré
> Il reconstruit de ses mains
> Les maisons délabrées
> Et sacre celles qui demeurent.

Car il y a du sacré dans la révolte du poète Boschère, de la foi dans le blasphème. Il a besoin de nier préalablement pour célébrer ensuite. Sa négation du divin n'apparaît que comme une étape vers sa reconnaissance. Apocalyptique, le poète à sa manière refuse le vide et le néant. En tout cas, il y a constamment passion.

Détresse, espoir, amour.

Jean de Boschère a écrit peu de poèmes en vers. Avant la dernière guerre mondiale, citons de minces plaquettes : *Jaloux de leur seigneur*, 1935, huit pages ; *Élans d'ivresse*, 1935, quarante pages ; *Dressé actif j'attends*, 1936, soixante et une pages. Certaines unissent des poèmes d'époques différentes et l'on retrouve le ton des recueils londoniens, avec quelque chose d'exaspéré et de noir. De plus en plus intériorisé, le poète poursuit son expérience, accomplit un voyage dont il se demande s'il n'est pas « dans l'impossible, dans l'Utopie ». Ayant à exprimer tristesse et dégoût, il sait que l'homme dispose de cinq ou six moyens et il en différencie la poésie : « Tous ces moyens sont des *arts*, sauf la poésie qui est le vrai cri de détresse, le seul où je trouve plus que l'homme isolé. » Il n'écrit pas pour faire carrière et dit du poème : « On n'en parle pas...et, quant à moi, j'en ferai le moins qu'il me sera possible. » Ses œuvres en vers ou en prose poétique exprimeront ses élans d'ivresse, son angoisse, ses états d'accueil, ses reniements, et s'accompagneront d'une flamme intérieure secrète, celle du veilleur, flamme vacillante parfois, puis reprenant un éclat plus vif sous une ardeur nouvelle. Ce titre étrange : *Dressé actif j'attends*, dans son laconisme l'exprime en entier. Il est tout paroxysme, il est toute « nervosité aristocratique », comme le dit Jean Le Louët. La *Préface* même est poème en prose, avec quelque chose de pré-apocalyptique et de voyant. On y lit :

Je ne parlerais point s'il n'y avait plus que des gras, des momies et des algèbres. Mais je sais que plusieurs vivants voient s'approcher la grande bête, précédée d'un cyclone de feu. Qu'ils sachent que nous sommes plusieurs.
Quant à moi, je vous dis, en vérité, qu'elle est arrivée la fin jubilante. Chaque jour, dans les cités désertes où les maîtres sont devenus inutiles, j'en ramasse des preuves sans équivoques.

Le premier poème a pour titre *Il y a... c'est*. On y lit :

> Il y a
> c'est
> c'est un poing de meurtre
> un flambeau qui tue
> c'est le coup de massue sur la porte fermée
> le crachat bien au centre du but
> la colère volcanique dans les liens
> le délire dans l'entrave innommable
> le bond hors du chaos
> dans le vide éternel sans voix...

Comme dans *Job le Pauvre*, il va au plus direct, mais on trouvera aussi un autre ton dans *le Détournement de la Croix*, moins abrupt, plus coulant dans sa prophétie :

> Je veux de vérité des mots jouvenceaux éternels
> et qui ne soient jamais plus signes de chansons.
> Nous taillerons avec un silex sans empreinte,
> sans âge terrestre, d'avant les éclosions
> des familles de dieux et des semailles sourcilleuses.

Un *Casseur de pierres* prend le même ton et le poème trépigne, broie, s'agite, étouffe, domine le temps, s'enténèbre :

> Nous ne sommes pas en fonction
> dans une politique du Platon de soleil optimiste,
> nous habitons aujourd'hui les ténèbres authentiques.
> ....
> Je ne transpire pas pour du pain
> ni pour d'avilissantes musiques.
> Je suis le possédé de la douleur,
> et d'une bombe nihiliste opérante,
> qui crèvera l'obstacle.

On trouve dans chaque poème une idée active, des ensembles de mots qui traduisent le mouvement comme en témoignent ces images glanées :

> Le sang de l'espoir trépigne...

> Cela éclatera comme le tonnerre...

> Ne perdons rien dans le remous...

> Prêts à bondir dans la déchirure...

> Tout vire à l'entour, tout fuit...

> Je croyais hurler de cyclones...

> L'ineffable bondissement
> de falaise en falaise...

> Et tes regards sur ta main trébuchent...

> C'est le jour qui éclatera...

Ainsi, le poème est traversé d'éclairs nerveux, de fulgurations incessantes, d'un sentiment panique, et c'est un bateau empli d'ivresse, un lieu où chaque partie du corps vit et s'anime, où l'âme frémit, secouée par quelque signe annonciateur d'une catastrophe. Certes, il y a çà et là le repos de l'attente quand « le soleil des années tourne » ou quand les fruits sont « immobiles, pétrifiés ». Le poème n'est pas seulement fait de mots, mais aussi de chair et de sang :

> Extrémité temporelle de ton bras droit...

> Chapelet d'ivoire vêtu de chair provisoire...

> La main ricane comme une femme savante...
>
> Et soulevant ce passé lourd de caillots...
>
> C'est ainsi que traverse le cœur une lave éphémère...

Bateau ivre, le poète, mais aussi arche sonore, arche de Noé, et l'on peut reconnaître un Jean de Boschère attentif, jusque dans l'ivresse verbale, à la faune et à la flore :

> Ce n'est point avec des roses
> et une traîne de paon bleu
> ni avec du genièvre, des cocktails
> ni avec la cocaïne, une aile de papillon
> ni avec des mots en peuple de rythmes
> ni avec une épée ou un poignard
> que nous montons vers cette coupe
> étalée dans nos cœurs déserts...

S'il parle de la poésie et la nomme, il sait que « le son d'un mot n'est point sa chair » et que « le saltimbanque au balancier n'est pas poète », qu'il est « plus Sorbonne que le système décimal » et, là encore, le bestiaire fantastique apparaît :

> La poésie n'a pas de frondaisons dans les jours mortels
> le bras du verbe s'étend comme la béguine supplie
> à travers l'éternité, ni marbre ni diamant,
> poulpe ténébreux,
> à travers le cyclone des signes mouvants,
> matrices négatrices empoisonnées des lois,
> fleurs, parfums, oiseaux, poissons, hommes, coquilles
> crabe, anémone, étoile
> voyageant dans les formes.

Son poème est plus pictural que musical, et certains paysages font penser aux peintres de son goût comme ce Jérôme Bosch qui porte la première syllabe de son nom et à qui il a consacré un livre. On le voit encore dans les proses de *Dressé actif j'attends* où l'on retrouve des fragments de *Béâle Gryne,* car tous les recueils de Boschère reprennent d'anciens poèmes pour établir une liaison. C'est un tableau qu'il nous montre :

> Sur un domaine ignoré je vis des êtres profondément hilares. Ils se tordaient dans l'habit mi-rouge, mi-jaune ou de couleurs bigarrées. Ils portaient des fanons de pèlerinage, des sistres et des étendards. Ils brandissaient la marotte et le chapeau cousu de sonnettes et de grelots.
> Des fifres aigus, des flageolets pétulants, un intolérable saxophone, un hélicon poussant d'absurdes han-han, sonnaient la cadence de la course folle, incertaine et furieuse.
> En dernier, passa une riche et blanche licorne-pintade. Elle portait une amazone qui soutenait un candélabre mystique. A côté, rythmant selon le pas de la bête sa voix dolente, un orgue de barbarie nasillait son histoire invétérée. A l'entour, un flot de canards nasillait interminablement, se conformant aux gestes amortis de la digne bête, et aux musiques édentées du râlant orgue de barbarie. Le groupe appartenait à un genre discret et rare...

Somptueux et magnifique, comme Gustave Moreau et Odilon Redon, fantastique comme Bosch ou Beardsley, le poète Jean de Boschère!

D'autres livres suivront : *Joie grondante,* 1941, et, plus importants, : *Derniers « Poèmes » de l'Obscur,* 1948, *Héritiers de l'abîme,* 1950, *le Paria couronné,* 1956, et chacun de ces ensembles groupe les poèmes de l'expérience spirituelle du poète durant le parcours de sa vie. Ils traduisent le mouvement et l'immobilité, l'activité et l'attente. Une part est réservée à l'amour des animaux et il y a en Boschère un saint François d'Assise aimant Dieu dans ses œuvres vives. Dès lors la tension baisse et le chant s'apaise comme si, au contraire d'Orphée qui apaisait les bêtes de la forêt, c'était le contraire qui se produisait :

> Comme elle fut belle parfois, la vie
> pendant que durait un vol de palombes
> rien que pendant l'ellipse de ces ailes...

Il ne cesse de dire son amour et sa fraternité pour les êtres dits inférieurs, de chanter « la vaste plaine multicolore de l'univers » avec un goût souvent pour l'animal baroque ou celui des paysages symbolistes, le paon cher aux décadents ou la pintade promise à une ouverture et à un symbole :

> l'avènement de la pintade, par la fente du chaume
> happe, indolente intruse, la frange de l'absence.

Il y a, certes, l'animal devenu signe, mais aussi, plus simplement celui naturel que le poète observe en homme émerveillé :

> J'insisterai pour le recensement de toutes les bêtes
> ce sera une litanie vibrante
> un appel liturgique monocorde
> sans trêve répétée la même note sourde
> toute grosse et illuminée de pitié.

Dans *Héritiers de l'abîme,* c'est avec l'oiseau que dialogue l'homme de quarante ans, et là, sa ferveur ira aussi vers ces plantes qui laissent une rémission à qui les contemple, les traduit avec les mots du poème :

> Laisse des corolles toutes les mains
> apaiser ton cœur de doigts parfumés
> délivre les pivoines de ta gorge
> et sacrifie les chardons secs de ton âme.

> Puis ce sera pourpre et tout d'iris
> comme aux âges où dort le serpent
> sur la voûte blanche de la poitrine
> sous l'ombre des fougères métalliques.

Assignant à la poésie sa plus haute fonction, il se laisse souvent gagner par l'ivresse des mots. De longs poèmes comme *Requis dans son sang, Sécrétion muette de Dieu, Héritiers de l'abîme, Globules incandescents, Nous partirions, c'est certain, Monstre inerte,* etc., enchâssent des merveilles, font scintiller des mots, se parent de baroque avec leurs « oscillations d'ébène et d'or » et le poète semble pressé de dire, d'accueillir, ce qui ne va pas sans un défaut, celui de l'éloquence et l'on aimerait que telle ou telle strophe fût plus maîtrisée, que la phrase inspirée ne sombrât pas dans le prosaïsme. Le poète dit cependant :

> Or, chaque poème n'est pas un caïman
> pour lui l'athlète revêt d'autres armures
> le poème est un gouffre de mots insatiable
> tu les essaieras tous en accords et oppositions
> feu et glace, lumineux et obstrués de rocs.
> Tu ne lui imposeras pas un nom
> qu'il ne vomisse avec mépris sur tes vocabulaires
> un caïman fort bien, mais un poème
> qui embrase et déçoit chaque créneau
> sur l'ourlet d'une vague de la mer.

Nul ne parlera mieux du poète que lui-même dans ses *Lumières sur l'Obscur :* « Il est un grand invalide, un corps vainement alerté par le matérialisme; il est atteint de la maladie du sublime, de la perfection dans la plénitude, de la candide croyance, de la maladie d'une foi qui très tôt se substitua, pour lui, à son être même... » Et encore : « Il a vécu dans les ténèbres, dans la lumière, avec une rigoureuse ardeur... Les rayons du ciel ni les flamboiements de l'enfer ne l'ont pas éclairé pour ses contemporains... Il loue sans défaillance l'isolement de la conscience... » Obscur, satanique, angélique, il est cela puisqu'on le veut, mais l'on oublie de parler d'une singulière innocence. Celle de la nature qui en lui fait son nid. Des opinions antithétiques se sont manifestées et nous souscrivons plus volontiers à celle de Milosz qui dit son ami « le plus pudiquement tendre des hommes » qu'à celle de Joë Bousquet : « Cruel comme un oiseau. » Il reste que l'homme et l'œuvre ne font qu'un et parler de l'un c'est parler de l'autre. Pour Jean Cassou, Jean de Boschère est « un homme isolé et défendu, un esprit hérissé, auquel ne convient d'autre comparaison qu'avec la flamme ou avec la glace, et qui nous fait sentir dans toute sa plénitude le sens du mot originalité... ». Audiberti peut ajouter : « Ce dandy tératologique », Jaloux trouvera chez lui « l'imagination bizarre d'un Flamand du xve siècle, transporté brusquement dans le monde le plus moderne », Lanza Del Vasto en faire « le dernier-né de la noble famille des grands Révoltés », André Suarès reconnaître qu'il a « la pensée la plus rare, le don le plus vrai de comprendre le monde à sa manière ». On le dira précieux (Francis de Miomandre), grand prêtre, « étranger » (Clancier), baroque, imagé, musical, pictural, sans jamais le définir dans son entier.

Nous n'aimons pas tout chez Boschère, nous l'avouons, car il a ses scories, il ne sépare pas toujours l'ivraie du bon grain, il cède trop volontiers à l'éloquence, mais en revanche jamais il ne laisse indifférent, jamais il ne sacrifie à la parole morte. Qu'on relise *la Mort de Neptune,* écrite en 1940, et l'on pourra trouver scandaleux qu'il soit à ce point ignoré. Il faudrait citer en entier des poèmes aux vastes mouvements, car on ne sépare pas une vague de toute la mer. Lisons cependant :

> Rouge, la gloire ourle les vagues du soir
> l'eau agite ses mains de brodeuse au crépuscule
> range entre ses doigts des épées et des thiares
> des pêches miraculeuses, écailles pourpres, secrets d'abîme
> et l'ivresse des vendanges aux plaies fumantes
> ....
> Le dieu, ses panaches d'eau, ses pattes de cygne
> et les cris douloureux de ses chevaux d'argent
> ne se cabrent plus au fond des gloires rouges
> au rythme de l'épinette que les étoiles caressent.

Nous pouvons encore parler de somptuosité dans la révolte, de magnificence dans le cri. Mais si nous examinons son œuvre dans son ensemble, nous souscrirons à cette opinion de son meilleur exégète, Christian Berg, qui intitule une étude de fond : *Jean de Boschère ou le mouvement de l'attente,* 1978 : « ...la poésie de Boschère sera, avant tout, une parole d'attente, − une parole sur l'attente, − questionnement constant qui aspire sans cesse à surmonter ce que l'écriture a d'immobile, à s'évader des rets du langage... ». Nous sommes proches de ces sculptures baroques qui, dans leur immobilité, par le jeu des formes, traduisent un incessant mouvement. Lyrisme qui jaillit, orgasme, images et sons difficilement isolables, poète non pour anthologies, mais pour ensembles symphoniques qu'on ne peut percevoir que dans leur totalité. André Laude dira : « C'est encore tout un théâtre, un carnaval des tourments de l'Esprit chez l'affamé d'absolu qui sont ici " mis en scène ". Le verbe charbonne, flamboie, éructe. Sa lumière croise le fer avec ses innombrables ennemis. » Et, avec lui, citons Gabriel Bounoure qui voit en Boschère « l'hératique parfait, le rebelle absolu parti à la découverte de l'essence suprêmement inhumaine de la poésie ». La plus parfaite image, peut-être, d'un poète que nous avons connu et aimé.

Tentatives d'esprit nouveau

I

Rappel de quelques précurseurs

ÉVOQUÉS dans le second volume de *la Poésie du dix-neuvième siècle,* alors que nous saluions la « Naissance de la Poésie moderne » avec les Lautréamont, Verlaine, Rimbaud, Baudelaire, Mallarmé, de jeunes poètes de la fin du siècle, père du nôtre, ne sauraient être absents de ce panorama. Comme nous l'avons fait pour Francis Jammes, Saint-Pol Roux, Paul Fort, Paul Claudel, Paul Valéry, nous retrouvons ici Alfred Jarry, Raymond Roussel, Henri Bataille, Pierre Louÿs, et nous parlons aussi de Jean-Pierre Brisset.

Alfred Jarry ou les débauches de l'intelligence.

Né à Laval, Alfred Jarry (1873-1907) était le fils d'un fabricant de toile et d'une mère excentrique, si l'on en juge à son goût marqué pour le travesti. Du lycée de Laval à celui de Saint-Brieuc, puis de Rennes, avant Henri IV pour la préparation à Normale, Jarry se montre bon élève. Il a pour professeur Henri Bergson, il a pour ami Léon-Paul Fargue qui lui apprend l'école buissonnière et la joie d'être « piéton de Paris ». Leurs pas les conduisent volontiers au *Mercure de France* où Jarry se lie avec Vallette, Rachilde, Remy de Gourmont qui dirigera avec lui en 1894 et l'année suivante *l'Ymagier,* revue d'art. Au *Mercure,* il rencontre aussi André Gide qui le dépeindra : « Ce Kobold, à la face plâtrée, accoutré en gugusse de cirque et jouant un personnage fantasque... » avant que Guillaume Apollinaire ne dise de son œuvre : « Ces débauches de l'intelligence où les sentiments n'ont pas de part, la Renaissance seule permit qu'il s'y livrât, et Jarry, par un miracle, a été le dernier de ses débauchés sublimes. » En 1895, Jarry qui a publié l'année précédente *les Minutes de sable mémorial,* donne *César Antéchrist.* Ses parents meurent à une semaine de distance et leur héritier s'installe boulevard Saint-Germain dans un appartement qu'il quittera plus tard pour un wagon de marchandises déclassé, nommé « le Tripode », planté en pleine campagne, au Coudray, près de Corbeil, dans un champ clos par un grillage. Entre 1898 et les premières années du siècle, il écrira beaucoup ; aux œuvres déjà citées, aux textes d'enfance d'*Ontogénie,* de 1885 à 1890, d'autres proses et poèmes, s'ajouteront *l'Amour en visites,* 1898, *Gestes et opinions du docteur Faustroll, pataphysicien,* 1898, publication posthume en 1911, *l'Amour absolu,* 1899, *Messaline,* 1901, *le Surmâle,* 1902, et aussi *les Jours et les nuits,* 1897, et des semaisons de poèmes dans *la Dragonne,* dans les revues. Enfin le célèbre *Ubu roi.*

Pour assurer « sa matérielle », Jarry collaborait à *la Revue blanche* tout en étant, au côté de Lugné-Poe, le secrétaire général du Théâtre de l'Œuvre. C'est sur cette scène célèbre que le 10 décembre 1896 eut lieu ce qu'on peut appeler la bataille d'*Ubu,* comme on dit la bataille d'Hernani. Pour acteurs, il y a Gémier et Louise France qui forment le couple Ubu. Les décors sont d'une équipe de peintres qui se réunissaient à *la Revue blanche* : Bonnard, Vuillard, Lautrec, Ranson, Sérusier. La musique est de Claude Terrasse qui la joue lui-même au piano. Dès le premier mot, le célèbre « Merdre » lancé par Gémier d'une voix tonitruante, la salle se lève hurlante d'indignation. Il y a là Jules Renard et Courteline qui s'opposent à ce théâtre, Francisque Sarcey, le critique écouté, qui quitte la salle, Jean de Tinan qui siffle et applaudit tour à tour et s'efforce de ramener le calme, Henry Bauër, le seul défenseur de la pièce et qui en perdra sa place de rédacteur à *l'Écho de Paris.* Avoir quelques lustres d'avance sur son temps n'est pas chose facile. Cet *Ubu roi* avait été écrit en 1888 au lycée de Rennes alors que Jarry était adolescent. Publié par Vallette au *Mercure de France* quelques mois avant la représentation, cet Ubu est non seulement un personnage inoubliable (on dit : ubuesque), mais pour Jarry une sorte de modèle : lorsqu'il veut mettre du génie dans sa vie, et Oscar Wilde a dit qu'il a mis tout son génie dans sa vie, comme il en met dans son œuvre, un génie de bouffonnerie et de canular, il n'oublie jamais ce personnage né des révoltes d'un adolescent contre la bêtise triomphante des adultes. Nous oublierons ici les anecdotes et les mots, car, comme l'a remarqué Michel Arrivé, le corpus des anecdotes jarryques ne permet que de déceler les structures d'un mythe et non celles de son œuvre. Elle ne saurait être limitée au célèbre *meRdre,* à la pompe à phynances, aux oneilles, à la gidouille ou à la chandelle verte; en cela depuis des années on lui a rendu justice, de J.-H. Sainmont à Maurice Saillet, de Michel Arrivé à Noël Arnaud, sans oublier le Collège de Pataphysique. Cherchons le Jarry réel derrière le Jarry de la parade sans oublier cependant que ce dernier est aussi Jarry. En fait, Alfred Jarry est un auteur adulte et conscient, un des maîtres de la littérature, un patient organisateur, le créateur d'une œuvre autonome et d'une singulière richesse.

Lorsque, en 1903, *la Revue blanche* disparut, Jarry se trouva dans une situation difficile. Dans les dernières années de sa vie, il besogne, fait des tentatives journalistiques sans succès, traduit du grec avec le Dr Jean Saltas un roman de Jean Rhoïdès, *la Papesse Jeanne* qu'on publiera en 1908. Le « débauché sublime » connaît la pauvreté, les privations, s'adonne à l'alcool qui le détruit. Il travaille à *la Dragonne,* un roman qu'il n'achèvera pas. Après un séjour auprès de sa sœur à Laval au printemps de 1906, il revient à Paris pour mourir d'une méningite tuberculeuse à l'hôpital de la Charité. On parlera beaucoup du cure-dent qu'il a demandé avant de mourir et sa vie semblera se terminer sur un dernier trait d'humour. Sans cesse, il ressuscitera dans notre siècle qui le connaît comme un des siens, un des plus considérables.

Parcours de l'œuvre poétique de Jarry.

Il faut poser que chez Jarry tout est poésie. Le premier ouvrage important, *les Minutes de sable mémorial,* 1894, réunit des proses, poèmes, scènes, fragments disparates allant facilement du langage décadent et raffiné à la parole rugueuse du Père Ubu, avec le temps de l'horreur médiévale et de ses terreurs gothiques, son odeur de sépulcre. La préface, *Linteau,* donne une méthode d'écriture et de lecture : « Suggérer au lieu de dire, faire dans la route des phrases un carrefour de tous les mots... » C'est l'apologie de la liberté créatrice, c'est aussi un certain mépris de la perfection artistique : « Il y a divers vers et prose que nous trouvons très mauvais et que nous avons laissés pourtant... » Le recueil s'ouvre sur *Lieds funèbres,* poèmes en prose, mais en fait vers mesurés déguisés en prose; le lecteur attentif voit bientôt qu'un rythme quinquennal s'impose :

La vitre se crève / cerceau de papier. / Un corps de limace / oscille dans l'ombre. / L'enfant se réveille, / et ses grands sourcils / arqués dans la nuit, / font battre leurs ailes. / Frémis dans la coupe / veilleuse, et deviens / la lampe d'un mort!
Les ténèbres sont / un filet rempli / de monstres sans nom. / La vitre étoilée / à ses pointes claires / accroche des larves. / La coupe n'est plus / qu'un vase de poix. / Les Anges qui veillent / éclairés d'étoiles / ont éteint leurs lampes.

Jarry est l'auteur le plus subtil, le plus savant qui soit, le plus étonnant architecte de secrets disséminés dans des signes linguistiques, héraldiques, obsessionnels, avec des panneaux indicateurs qui sont eux-mêmes à découvrir. Tout l'œuvre de Jarry est semé d'imbrications complexes, de relations intertextuelles, de jeux de langage qui dépassent le simple jeu et dont le réseau recouvre les grands ensembles. Et voilà dans ces *Minutes* des poèmes symbolistes, d'une forme parfaite : *les Trois Meubles du mage suranné,* trois sonnets intitulés *Minéral (voir préc. vol.), Végétal, Animal* :

Tout vêtu de drap d'or frisé, contemplatif,
Besicles d'or armant son nez bourbon, il trône.
A l'entour se presse un cortège admiratif
Qui fait trembler le feu soudain de son œil jaune.

On trouvera une *Berceuse du mort pour s'endormir* en distiques rimant deux par deux, Jarry ne craignant pas de faire rimer une masculine et une féminine :

Le grand portrait pendu au mur,
solaire sous sa tente obscure,

> dans les plis du fantôme blanc
> qui me couve hausse son front lent.
>
> Ô que pâle est mon front lunaire
> sous les étoiles septénaires.
>
> Le portrait de mon front mural
> a sucé tout mon sang qui râle.
>
> Le vampire hume dans mon cou
> et mes artères des airs fous...

D'autres poèmes : *la Régularité de la châsse* en deux parties : sept quatrains d'alexandrins et huit strophes unissant vers de un, huit, dix pieds :

> Pris
> Dans l'eau calme de granit gris,
> nous voguons sur la lagune dolente.
> Notre gondole et ses feux d'or
> dort
> lente.

Les alexandrins jouent sur des allitérations en les portant à leur comble comme dans le dernier vers de ce quatrain :

> C'est le bal de l'abîme où l'amour est sans fin ;
> Et la danse vous noie en sa houleuse alcôve.
> La bouche de la tombe encore ouverte a faim ;
> Mais ma main mince mord la mer de moire mauve...

Des scènes seront parsemées de poèmes, les chœurs allant de la strophe et de l'antistrophe à l'épode, l'épilogue faisant pénétrer dans « la forêt triangulaire » de l'effroi où « la sieste des longs fémurs croise / ses blanches X philosophales », où « le lombric blanc des enterrements sort de ses tanières ». Puis des poèmes très classiques, *les Paralipomènes*, précieux, baroques :

> La pluie est monotone en l'heure tombant : craque
> Au plomb lourd de la pluie, ô Sablier qui vaque
> Toujours, gonflant les épines des diodons.

Les Prolégomènes de César-Antéchrist et *l'Acte prologal* tout en faisant partie des *Minutes* annoncent l'œuvre qui lui fait suite. On trouve là encore des poèmes en vers réguliers ou non et des poèmes en prose, *la Revanche de la nuit*, d'autres textes en relation avec ces *Minutes de sable mémorial*. Toutes les proses ont des rythmes de poèmes et l'on pourrait compter alexandrins, décasyllabes et octosyllabes. Un souvenir de Lautréamont passe dans ses phrases. On le voit notamment dans ce *Phonographe :*

> Elle ne le blesse point, la vieille amoureuse, ni ses griffes ne l'écorchent : son doigt unique, col de fémur dont un fourmilier a lapé la moelle, greffe son érection cordée aux tragus de l'écouteur. Sabot de cheval, bec d'éguisier, piaffe et farfouille aux tragus qui, pour le métal instillé, t'encorbellent cinq minutes : tes

bourdonnements s'étouffent au cérumen dont tu t'es oint depuis des âges, copulant avec tout venant. Et les deux noires sangsues pendent aux oreilles de l'écouteur.

A la parenté de Lautréamont s'ajoute celle de Rimbaud qui semble avoir pris rendez-vous avec Mallarmé dans *les Paralipomènes*. Des poèmes intitulés *Tapisseries, l'Homme à la hache* étonnent. Si la majorité de l'œuvre de Jarry a l'apparence de la prose, on y peut glaner infiniment : c'est la caverne d'Ali Baba ou les mines du roi Salomon. Cet ensemble annonce Surréalisme et Dadaïsme et contient déjà les révoltes et les défis de l'art moderne.

César-Antéchrist est uni aux *Minutes* non seulement par l'histoire mais aussi par cet ésotérisme héraldique particulier à Jarry : un acte entier a pour personnages des pièces de blason. On retrouve la même magie verbale, la même apparence de florilège, le même délire où, comme disent ses lépreux : son « âme fenêtre voit ». Et c'est la suite Ubu : *Ubu roi, Ubu enchaîné, Ubu cocu, Almanachs du Père Ubu, Ubu sur la Butte,* une des plus inquiétants et des plus originaux chefs-d'œuvre de la scène où apparaît un ton nouveau qui ne cesse d'étonner. Si l'on détaille la moindre réplique, on s'aperçoit bientôt qu'elle a des rythmes de poème et c'est là qu'on trouve la célèbre *Chanson du décervelage* sur une musique de Claude Terrasse :

> Je fus pendant longtemps ouvrier ébéniste
> Dans la ru' du Champ de Mars, d'la paroiss' de Toussaints.
> Mon épouse exerçait la profession d'modiste,
> Et nous n'avions jamais manqué de rien. [...]

Les *Gestes et opinions du docteur Faustroll, pataphysicien*, publié en 1911, en prose, montre un personnage soumis aux lois de la pataphysique. De quoi s'agit-il ? : « La pataphysique est la science des solutions imaginaires, qui accorde symboliquement aux linéaments les propriétés des objets décrits par leur virtualité. Au lieu d'énoncer la loi de la chute des corps vers un centre, que ne préfère-t-on celle de l'ascension du vide vers une périphérie, le vide étant *unité de non-densité...* » C'est plus sérieux qu'on ne le croit, mais, comme chez Rabelais, on est invité à se réjouir en compagnie du célèbre docteur, de Panmuphle, huissier près les tribunaux de la Seine, et le singe papion Bosse-de-Nage « moins cynoqu'hydrocéphale » dans une randonnée surréelle de maître de l'humour noir. Les chapitres se succèdent dans un heureux désordre. Le livre VI est une suite de poèmes en prose étonnants d'imagination. C'est un incessant voyage plein de surprises, un fabuleux délire charriant mille richesses, une épopée picaresque enthousiasmante. La fin est un dialogue de pataphysique ancienne entre Ibicrate le géomètre et Sophrotatos l'Arménien, avec de longs exposés algébriques pour arriver à cette conclusion que « Dieu est le point tangent de zéro et de l'infini ». Ajoutons aux poèmes cités dans le précédent volume, ce début des *Médecins et l'Amant* :

> Il y a dans ce lit, calme comme une eau verte, un flottement de bras étendus ;
> ou plutôt ce ne sont pas les bras, mais les deux parties de la chevelure, végétant

sur la mort. Et le centre de cette chevelure se recourbe selon un dôme et ondule selon la marche de la sangsue. Des faces, champignons boursouflés sur la pourriture, naissent complémentaires et rouges dans les vitres de l'agonie...

Dans *les Jours et les nuits,* « roman d'un déserteur », 1897, on peut encore découvrir parmi la prose bien rythmée des trésors : une fraîche *Pastorale* ou un sonnet, des comptines ou un poème mythologique en prose, *l'Ambre,* qu'un personnage qualifie de « prose d'officier ». De la poésie il y en a partout et encore dans *l'Amour en visites, l'Autre Alceste, l'Amour absolu,* etc. Henri Parisot et André Frédérique en moissonneront la matière d'un recueil dans ses œuvres et dans les revues. Les poèmes ressortissent aux esthétiques d'époques les plus diverses et tiennent parfois du pastiche, mais la marque personnelle de Jarry est toujours présente. On aime qu'il fasse de la poésie avec tout et aussi avec la mystification. On trouve tout : des poèmes cosmogoniques, des chansons, des traductions, des parodies, avec un goût du saugrenu, du cocasse, de la moquerie qui, poussé à l'extrême, rejoint la plus haute poésie. Quelle merveille par exemple que *l'Ile sonnante* :

> Les plantes les plus communes y étaient les taroles, le ravanastron, la sambuque, l'archiluth, la pandore, le kin et le tché, la turlurette, la vina, le magrepha et l'hydraule. Dans une serre érigeait ses cous nombreux et son haleine de geyser l'orgue à vapeur donné à Pépin en 757 par Constantin Copronyme, et importé dans l'Ile Sonnante par sainte Corneille de Compiègne. On y respirait encore l'octavin, le hautbois d'amour, le contrebasson et le sarrusophone, le biniou, le zampogna, le bag-pipe, la chérée du Bengale, l'hélicon contrebasse, le serpent, la coelophone, les saxhorns et l'enclume.

Et quelle joyeuseté loufoque dans telle fable :

> Une boîte de corned-beef, enchaînée comme une lorgnette,
> Vit passer un homard qui lui ressemblait fraternellement...

Des vers sages de tous mètres et même celui peu usité de quatorze syllabes :

> Et la flûte à sept trous du Mage grave éclate et clame
> Par le dédale tors et sonore comme une lame.
>
> Au-delà de la porte à son souffle, oscille un follet
> Luisant comme un flambeau dans la main ferme d'un varlet.
>
> Et sa lueur projette à terre une ombre fantastique.
> De tête très barbue et mobile comme un moustique.
>
> Sous la porte sans seuil une griffe a mis quatre faux...
> Et la flûte à sept trous lors éclate en cris triomphaux.

Avant Michaux qui construira une ville avec des loques, Jarry construit une poésie nouvelle avec les déchets d'un siècle qui s'achève ; il prend des mythes fatigués pour en faire des mythes durables ; il fait du nouveau avec des ruines ; il condense l'univers en archipels poétiques. Sans cesse en rapport avec l'occultisme et l'ésotérisme, le symbolisme, les métamorphoses de l'éros, les idéaux informulés, les désirs jamais exaucés, les révolutions jamais atteintes, les refus jamais affirmés, comme un architecte dit naïf édifiant des palais de rêve avec des assiettes cassées, ce parfait anarchiste qu'est Jarry s'affirme paradoxalement un constructeur, un urbaniste préoccupé de faire « dans la route des phrases, un carrefour de tous les mots ». Aimant le verbe pour lui-même, il dépasse la satire et montre aux poètes à venir des directions nouvelles en tous points cardinaux. Pataphysicien, il peut répondre à ce désir d'imagination qui peut être notre sauvegarde. Esprit encyclopédique, il paraît surgir dans un hyper-espace entre le Rabelais gothique et le Scève renaissant, entre Pic de la Mirandole et Des Esseintes. Métaphysique et philosophie positive, morale et antimorale, histoire et légende, il sépare et unit dans des labyrinthes multiples et savamment imbriqués. Il ignore la paresse de l'esprit. L'insolite est son hygiène, le bizarre sa médecine, la bouffonnerie sa boussole, et il navigue en pays si inattendus que le paresseux a peine à le suivre. Il superpose des masques sur sa détresse par pudeur. Il affiche la cruauté et le sens du macabre des purs. A travers tout, on peut distinguer le luxe inouï de l'élégance morale qui se refuse aux épanchements et aux larmes sales. Tournant en dérision les poncifs parnassiens et symbolistes, il sait en procéder par malice avec un art consommé. Révolté, on a pu penser que son art rabelaisien, sa goinfrerie de mots, ses rites burlesques, son « ymagerie » marquaient une impuissance tragique à provoquer une révolution spirituelle intégrale. Est-il un Dada désespéré ? Représente-t-il le cri d'agonie d'une culture conduite à son sommet ? Cependant son entreprise qui peut être définie comme subversive, sa manière d'ériger la culture en dérision, sa contre-culture agrandissent le domaine de la science.

Le lisant, on ne peut s'empêcher de penser à Artaud et à Vitrac, fondateurs du Théâtre Alfred Jarry, à Rabelais et à la Renaissance, aux grotesques et aux baroques, aux pré-classiques et aux pré-romantiques, aux Bousingots, à Tzara et à Breton, à Queneau, à Michaux et à Prévert, à Ionesco et à Obaldia. Nous le disions : elle est là, toute la littérature, il est là, tout le haut savoir ancien, l'héritage gréco-romain, l'art des mimes et de la marionnette, ils sont là, Lautréamont, Rimbaud, Pétrus Borel, Laforgue, Stéphane Mallarmé et Villiers de l'Isle-Adam, Tristan L'Hermite et Cyrano de Bergerac, Péladan, Flaubert, Remy de Gourmont, tous les grands mythes de l'Occident. Cauchemars villonesques, rêves surréalistes, imaginations et tragédies, rire et déchirement mènent chez Jarry une sarabande folle et un cortège grave. L'œuvre de Jarry est une mine, un réservoir de secrets. Hors des cadres sociaux, décrivant « un univers que l'on peut voir et que peut-être l'on doit voir à la place du traditionnel », prenant la mystification comme fil d'Ariane pour échapper à la vision habituelle et paresseuse du monde, Jarry a apporté une source inépuisable de burlesque. La vie, « farce sinistre » comme disait Flaubert, est par lui renouvelée. Il a contribué pour une large part à créer de nouvelles sensibilités, ouvertes au fantastique et au burlesque, et, du cubisme littéraire d'Apollinaire, Salmon, Max Jacob, au dadaïsme de Tzara et au Surréalisme de Breton (qui reprenant un de ses jeux de langage le définit :

« Celui qui revolver ») on trouvera partout la marque indélébile d'Alfred Jarry le génial.

Raymond Roussel, superbe et déconcertant.

Être un admirateur de Victor Hugo et de Jules Verne, ne connaître sa vie durant qu'insuccès et incompréhension, passer pour un extravagant ou un fou littéraire, et être reconnu par Robert Desnos, par André Breton qui le dit « avec Lautréamont, le plus grand magnétiseur des temps modernes », par Michel Leiris qui parle de « l'alliage insolite du simple-comme-bonjour et de la quintessence » avant que Michel Foucault ou les nouveaux romanciers comme Michel Butor et Alain Robbe-Grillet voient en lui un précurseur, que Bernard Noël parle d'« un moment capital non seulement dans l'évolution de la *littérature,* mais dans les rapports de l'écrivain et de l'*écriture* », que François Caradec soit son biographe dégageant particularités et originalité, c'est l'aventure littéraire de Raymond Roussel (1877-1933), un de ces personnages dérangeants et uniques comme l'histoire de la poésie en recèle parcimonieusement et qui étonnent.

L'homme ? Richissime, il peut s'offrir toutes les fantaisies et la vision de surface est celle d'un dandy désœuvré, d'un excentrique multipliant les singularités et ce qui, pour le commun des mortels, est extravagance. « Il est un monde d'élégance, de féerie de peur », écrit Cocteau dans *Opium.* Ce mondain parcourt le monde dans une somptueuse roulotte, fait des voyages au long cours sans regarder les paysages : qu'il soit en Chine ou à Tahiti, il reste avec sa création sans se soucier du reste. Il y a en lui du capitaine Nemo et du « Citizen Kane », du Des Esseintes aussi, ou, si l'on veut du Montesquiou, et Georges-Emmanuel Clancier a raison de le voir « naviguant vingt mille lieues sous les rêves ». François Caradec, dans sa biographie, pourra nous faire parcourir les étapes d'une vie étrange allant de la mondanité et du désir de gloire au retrait d'une solitude maniaque. Sa vie est pleine d'anecdotes, mais si les surréalistes le feront « surréaliste dans l'anecdote », c'est bien plutôt à cause du tour de son œuvre.

Il débuta avec *la Doublure,* 1897, roman en vers, dont Gustave Kahn rendit compte dans *la Revue blanche :* « Le roman en vers n'avait plus guère tenté personne depuis l'*Edel* de Paul Bourget, et pas même Paul Bourget lui-même; d'ailleurs *Edel,* comme *l'Olivier* de François Coppée, est plutôt une nouvelle qu'un roman en vers. M. Raymond Roussel, l'auteur de *la Doublure,* tient à ce que ses lecteurs appellent son livre un roman. » Déjà Roussel déconcertait et la critique ne savait trop que dire. Au seuil de l'ouvrage le poète (romancier) avertissait : « Ce livre étant un roman il doit se commencer à la première page et se finir à la dernière. » En écrivant cet ouvrage, il avait ressenti « une sensation de gloire universelle d'une intensité extraordinaire », y travaillant jour et nuit avec exaltation. En un temps où l'expression écrite n'était pas vouée tout entière à serrer la vérité de plus près, on ne put apprécier cette *Doublure* qui passa presque inaperçue. Et puis dans un temps de chatoiement, l'œuvre, à la première lecture, pouvait paraître froide : il faut beaucoup d'attention pour en percevoir l'animation. Il y avait trop d'incisives curiosités, trop de « combinaisons imaginaires » et aussi d'« idées d'un monde extra-humain » comme dira le psychiatre Pierre Janet. En période de symbolisme ou de régniérisme qui pouvait voir le Carnaval de Venise comme le voyait Roussel ?

>   A cet endroit
> La route fait à gauche un angle presque droit;
> César en s'écriant : « Dieu que c'est beau ! » fait halte,
> Puis arrêtant Roberte avec la main, s'exalte,
> Lui fait admirer par des gestes l'effet
> Splendide, magnifique et sublime que fait
> Dans son flot de couleurs diverses cette foule
> De masques ressortant tout au fond sur la houle
> Si bleue et si jolie et calme de la mer.

« L'art d'un Roussel, dit Montesquiou, de couper non pas, comme on dit, les cheveux en quatre, mais quatre cent quarante mille, pour commencer, m'apparaît comme un phénomène digne d'être signalé à ceux qui font leurs délices de l'analyse, de l'énumération et de la nomenclature. » On pouvait bien être surpris par ce prosaïsme constant, ce goût du détail jugé par ses contemporains insignifiant. Sa microscopie analytique pourra intéresser les créateurs du Nouveau Roman :

> Quelquefois un reflet momentané s'allume
> Dans la vue enchâssée au fond d'un porte-plume
> Contre lequel mon œil bien ouvert est collé
> A très peu de distance, à peine reculé;
> La vue est mise dans une boule de verre
> Petite et cependant visible qui s'enserre
> Dans le haut, presque au bout du porte-plume blanc
> Où l'encre rouge a fait des taches, comme en sang.
> La vue est une très fine photographie
> Imperceptible, sans doute, si l'on se fie
> A la grosseur de son verre dont le morceau
> Est dépoli sur un des côtés, au verso;
> Mais tout enfle quand l'œil plus curieux s'approche
> Suffisamment pour qu'un cil par moment s'accroche.
> Je tiens le porte-plume assez horizontal
> Avec trois doigts par son armure de métal
> Qui me donne au contact une impression fraîche;
> Mon œil gauche fermé complètement m'empêche
> De me préoccuper ailleurs, d'être distrait
> Par un autre spectacle ou par un autre attrait
> Survenant au dehors et vus par la fenêtre
> Entr'ouverte devant moi...

De tels éléments, non seulement la nouvelle littérature, mais aussi le cinéma à venir, les annexeront. En son temps, l'insuccès fut total : le monde vu au travers d'un porte-plume ne tentait personne. Lui qui devait dire plus tard : « Ce que j'écrivais était entouré de rayonnements, je fermais les rideaux, car j'avais peur de la moindre fissure qui eût laissé passer au dehors les rayons lumineux qui sortaient de ma plume... » reçut le silence comme un « choc d'une violence terrible ». Il eut l'impression, avoua-t-il, « d'être précipité jusqu'à terre du haut d'un prodigieux sommet de gloire ». Dès lors, son lot habituel sera le silence ou les propos méprisants. Et puis, pouvait-on prendre au sérieux dans le Landernau des lettres un homme dont le « Maître incomparable » était Jules Verne, qui mêlait des lectures aussi variées que Victor Hugo, Jean Richepin, François Coppée, les romans de cape et d'épée, les ouvrages scientifiques et de vulgarisation (il connaissait bien la physique, les mathématiques, la musique, s'intéressait à la théorie de la relativité d'Einstein) et qui, voyageant, n'en tirait rien pour ses livres, préférant inventer un monde surprenant, des images féeriques, édifier des machines à rêves, imaginer des aventures prodigieuses dans une création pure et totale, sans références connues ?

Une autre entreprise poétique de longue haleine fut *la Vue*, 1904, description rigoureuse jusqu'à l'absurde d'une plage balnéaire. Son procédé consistait à relier deux vers olorimes par une longue suite de modifications apportées au sens et à la forme de chaque mot du vers initial. Dans un testament spirituel destiné à paraître après sa mort : *Comment j'ai écrit certains de mes livres,* 1935, il a révélé son secret de composition : écrire, à partir de mots homonymes ou sensiblement homophones, deux phrases d'une signification aussi différente que possible, et se servir de ces deux phrases, en les plaçant en tête et en fin, comme épine dorsale du récit ; en travaillant sur chaque mot des deux phrases, jeter un pont de l'une à l'autre en passant d'un mot à double entente par le truchement de la préposition *à*. Ce procédé pouvait lui permettre « de faire surgir des sortes d'équations de faits qu'il s'agissait de résoudre logiquement ». Il avoua que chaque vers intercalaire exigeait de lui quinze heures de travail. Le résultat de ces images fortuites nées d'enchaînements sémantiques et visionnaires est la pure création d'un univers fantastique, baroque, halluciné, proche de celui de Lautréamont, le dépassant parfois, faisant de lui, comme dit René Lalou, « le Marcel Proust de la prestidigitation mentale ». Parmi des milliers de vers, le choix d'une citation est difficile, l'intérêt venant d'un lent grossissement microscopique et de subtiles subdivisions :

> La machine du yacht lance de la fumée
> Qui conserve d'abord beaucoup de densité,
> Mais perd presque aussitôt de son intensité ;
> Sous les impulsions de l'air elle exagère
> Sa transparence claire et devient plus légère ;
> Elle subit la forte influence du vent
> Occupant un certain espace en arrivant
> A la barque petite et frêle qu'elle cache
> Et qui, sur les remous constants, ne se détache
> Que derrière un rideau gris de vague brouillard.
> Dans la barque, à l'avant, est assis un vieillard
> Au regard avisé ; derrière ses lunettes,
> Ses rides fines et profondes sont très nettes,
> Très distinctes malgré le voile de douceur
> Du brouillard enfumé...

Sa singulière manière s'affirme dans ses *Impressions d'Afrique,* 1910, les deux phrases-clés étant : « Les lettres (signes typographiques) du blanc (cube de craie) sur les bandes (bordures) du vieux billard et les lettres (missives) du blanc (homme blanc) sur les bandes (hordes guerrières) du vieux pillard. » Il s'agit de construire un livre entre ces deux phrases. Le livre est écrit en développant les deux phrases en une suite d'associations de mots pris chacun dans un sens différent de celui sous lequel il se présentait tout d'abord. Pour Roussel : « Ce procédé est parent de la rime. Dans les deux cas, il y a création imprévue due à des combinaisons phoniques. C'est essentiellement un procédé poétique. Encore faut-il savoir l'employer. » Ouvrage donc de pure imagination né de recettes précises et aboutissant à un automatisme de l'écriture (on voit le rapport avec le Surréalisme). Il fallait pour cela une intrigue-prétexte : c'est le naufrage sur la côte africaine d'un groupe composite de curieux Européens : un historien, une vieille Livonienne, un jeune chanteur marseillais, un entrepreneur de pirotechnie, un architecte, une cantatrice, une tribu de phénomènes de cirque; ils sont capturés par Talou VII, empereur noir, et Roussel pourra décrire interminablement et méticuleusement des fêtes étranges à la cour, des intrigues de palais, et, aussi bien les particularités de chaque personnage, des mécaniques absurdes de l'ingénieur aux difformités physiques des monstres non sans un certain sadisme. On est effaré par ce travail gigantesque, par cette entreprise arbitraire et apparemment insensée (« Je saigne sur chaque phrase », disait Roussel) mais on doit reconnaître son génie de l'absurde et la grande beauté de ce à quoi il donne naissance : une prose étrange qui révèle des pouvoirs inconnus avant lui, la découverte de nouvelles ressources insoupçonnées du langage.

La magie verbale de ce Jules Verne de l'imaginaire (mais qui ne se limite pas comme son maître au vraisemblable) s'affirme encore dans l'exploration de la merveilleuse propriété du savant génial Mathias Canterel dont le nom est le titre du livre, *Locus Solus,* 1914. L'argument de ce qui est appelé roman est une visite, tableau après tableau, de ce domaine où résident les inventions les plus folles et les plus extraordinaires unissant le génie à l'ingéniosité. On est entraîné dans un vertige ordonné, pris au piège d'engrenages successifs dans des mécaniques bien réglées, un monde d'automates qui dépassent les entreprises existantes. On peut voir, par exemple, « l'athlète Vyrias entravant l'élan d'un oiseau robuste qui, par l'effet de certain dressage criminel, tente d'étrangler Alexandre le Grand », ou « un épisode noté par le poète Gilbert »; on est au cœur d'un tableau surréaliste lorsqu'une demoiselle est suspendue à un aérostat au-dessus d'une mosaïque de dents, lorsqu'un diamant contient une danseuse nue aux cheveux musicaux, lorsque apparaissent les nerfs d'un crâne sans os ni chair, lorsque dans une cage de verre des morts revivent une scène de leur existence. C'est un monde digne de la plus folle des sciences-fictions et l'on sort de cette lecture étonnante comme on revient d'un voyage extra-humain hors des limites du possible. Ce Surréalisme d'avant les surréalistes est le plus admirable qui soit.

Sans cesse déçu par le manque d'intérêt général ou par les propos blessants, Raymond Roussel tentera de forcer la notoriété en adaptant pour le théâtre un art qui se serait mieux adapté à un fantastique de cinéma. Il dépensa des sommes folles pour porter à la scène ces œuvres déjà toutes publiées à compte d'auteur. Ce furent les *Impressions d'Afrique*, 1911, *Locus Solus*, 1922, et il écrivit aussi directement pour le théâtre : *l'Étoile au front, la Poussière de soleil*, 1926. Il ne suscita que moqueries et colères. Cependant, il connut d'ardents défenseurs : ainsi, Robert Desnos. Lorsqu'on accusa ce dernier et son groupe de former une claque, il répondit : « Nous sommes la claque et vous êtes la joue. »

En 1932 parurent les *Nouvelles Impressions d'Afrique* qui n'ont de commun avec les *Impressions d'Afrique* que le titre. Il s'agit d'un ouvrage en vers, quatre longs poèmes étant en alexandrins et le poème final, *l'Ame de Victor Hugo*, en octosyllabes. Les premiers poèmes sont écrits sur des thèmes bien établis : *Damiette; la maison où saint Louis fut prisonnier; le Champ de bataille des Pyramides; la Colonne qui, léchée jusqu'à ce que la langue saigne, guérit de la jaunisse* (Mosquée d'Abou'l-Ma'atèh. Environs de Damiette); *les Jardins de Rosette vus d'une dahabieh* (Environs du Caire). Pour le dernier poème, *l'Ame de Victor Hugo,* il s'est expliqué : « Une nuit, je rêvai que je voyais Victor Hugo écrivant à sa table de travail, et voici ce que je lus en me penchant par-dessus son épaule. » A signaler que Roussel écrivit ce poème parodique à l'âge de dix-sept ans. Raymond Roussel ne se limite pas aux impressions : elles sont le point de départ des étranges cheminements et vaticinations du poète, de curieuses randonnées verbales, de déambulations extraordinaires avec des multiplications de parenthèses prises les unes dans les autres jusqu'à ce qu'il semble avoir épuisé toutes les possibilités verbales; parfois il semble même avoir perdu de vue son point de départ, parlant de tout autre chose, mais il y revient de façon surprenante. Enfin, au cœur du poème de petits chiffres renvoient à des notes complémentaires en bas de page qui sont d'autres poèmes en petits caractères encore plus longs. Un trop court extrait :

> — Art né, dit-on, un soir, du fou profil mural
> Qu'offrant à des rieurs l'ombre d'une personne, —
> A la porte duquel maint journaliste sonne,
> Qui sur vingt grands cordons existants en tient un,
> Lui qui souvent, alors qu'il se couche, est à jeun
> Non moins que le fidèle en qui descend l'hostie [1])))))
> S'éteint quand l'âge rend son détenteur gaga
> (((((Feu qui, si grand que soit tel nom, tel pseudonyme,
> Chez nul n'est reconnu de façon unanime;
> — L'homme n'a pas ainsi qu'un pantin au bazar
> Son prix collé sur lui;))))) [...]

Être à la fois le précurseur du Surréalisme et l'initiateur du Nouveau Roman fait de Roussel un cas bien singulier (et qui sait si un jour quelque nouvelle école ne se réclamera pas encore de lui?). Singularité encore que cette union en lui d'un nabab somptueux, et, en quelque sorte, d'un poète maudit, d'un oisif privilégié par la vie et d'un énorme travailleur œuvrant durant quarante ans sans obtenir la moindre satisfaction littéraire à part de rares exceptions : un Edmond Rostand proclamant qu'on pourrait faire une pièce extraordinaire des *Impressions d'Afrique,* un Pierre Frondaie adaptant *Locus Solus,* Robert Desnos et ses amis défendant *l'Étoile au front.* Il racontera plus tard qu'au cours de son travail « il m'est arrivé de me rouler par terre dans des crises de rage, en sentant que je ne pouvais parvenir à me donner les sensations d'art auxquelles j'aspirais ». Imaginons-le dans sa grande maison de Neuilly comme dans un cloître, servi par une armée de domestiques muets, prenant pour gagner du temps ses quatre repas de la journée en une fois, allant tous les soirs au théâtre avec Charlotte Dufrène, sa dame de compagnie. Imaginons-le parcourant le monde sans le voir ou résidant en clinique. Imaginons-le surtout se mesurant jour après jour avec les mots dans la solitude et n'imaginant pas la future revanche du sort. Raymond Roussel mourut à Palerme d'un excès de barbituriques, d'une overdose comme on dit aujourd'hui peut-être volontaire. Ce dépressif de l'insuccès témoigna d'une étonnante volonté et fut le démiurge d'un monde nouveau dans lequel de nouvelles sensibilités devaient se mirer, le déchiffrant sans cesse et découvrant la lumière d'une nouvelle mythologie.

L'Étrange Monsieur Brisset.

Que ce soit dans l'*Anthologie de la poésie naturelle* (où on le qualifie d'agitateur biblique) ou dans l'*Anthologie de l'humour noir* d'André Breton, une place est faite à Jean-Pierre Brisset sans qu'on soit bien sûr qu'il puisse relever de l'une ou de l'autre, car il est le plus sérieux et le plus grave des chercheurs, et c'est peut-être le lecteur qui l'envisagera sous l'angle de l'humour, le classant un peu rapidement parmi quelque cellule des fous littéraires ou, comme on le fit en 1912 ironiquement, comme un « prince des penseurs ». Ses ouvrages sont : *la Grammaire logique,* 1883, *les Mystères de Dieu,* 1891, *la Science de Dieu,* 1900, *les Prophéties accomplies,* 1906, *les Origines humaines,* 1913. André Breton a rappelé son idée-maîtresse : « La parole qui est Dieu a conservé dans ses plis l'histoire du genre humain depuis le premier jour, et dans chaque idiome l'histoire de chaque peuple, avec une sûreté, une irréfutabilité qui confondront les simples et les savants. » Il analyse donc les mots, fonde des systèmes d'allitérations, joue sur le jeu des sons et des sens, sachant que : « Il existe dans la parole de nombreuses Lois, inconnues jusqu'aujourd'hui, dont la plus importante est qu'un son ou une suite de sons identiques, intelligibles et clairs, peuvent exprimer des choses différentes, par une modification dans la manière d'écrire ou de comprendre ces noms ou ces mots. » Il cherche donc la clef qui ouvre les livres de la parole et pour cela décompose la phrase à loisir, fait de savantes recherches étymologiques pour arriver à ces solutions comme celle qui fait descendre l'homme de la grenouille. Mais laissons parler André Breton : « Ainsi se développe, sur un fond pansexualiste d'une grande valeur hallucinatoire, et à l'abri d'une rare érudition, une suite vertigineuse d'équations de mots dont la rigueur ne laisse pas d'être impressionnante, et se constitue une doctrine qui se donne pour la clef certaine et infaillible du livre de vie. » Passons sur les désillusions de l'auteur, prises avec le sourire, pour constater simplement que nous ne sommes pas éloignés de la pataphysique de Jarry ni de l'activité paranoïaque-critique de Salvador Dali. Breton écrit encore : « Il est frappant que l'œuvre de Raymond Roussel, l'œuvre littéraire de Marcel Duchamp, se soient produites, à leur insu ou non, en connexion étroite avec celle de Brisset, dont l'empire peut être étendu jusqu'aux essais les plus récents de dislocation poétique du langage (" Révolution du mot ") : Léon-Paul Fargue, Robert Desnos, Michel Leiris, Henri Michaux, James Joyce et la jeune école américaine de Paris. » Sans doute les « psy » de toutes espèces pourront-ils puiser chez Brisset, mais aussi les poètes soucieux de trouver le grand secret et les amateurs de curiosités : chez Brisset elles sont fort troublantes dans leur contenu explosif.

2

De l'« Abbaye » à l'Unanimisme

Le Groupe phalanstérien de l'« Abbaye ».

CRÉER un phalanstère d'intellectuels, poètes, artistes, voilà une idée fouriériste, et l'on pense aussi aux communautés savantes de moines. A Créteil, près de Paris, de jeunes intellectuels, en majorité des poètes, tentèrent cette expérience qui, bien que durant un peu plus d'un an seulement, fait date. C'était durant l'été 1906 et ces hommes se nommaient Charles Vildrac, son beau-frère Georges Duhamel, Henri Martin-Barzun qui devait fournir les premiers fonds, René Arcos, Alexandre Mercereau de La Chaume, le peintre Albert Gleizes, le musicien Albert Doyen, ainsi que Linard, ouvrier typographe qui devait initier le groupe à l'art de Gutenberg, car il s'agissait de vivre de travail. Le dimanche surtout des visiteurs se mêlaient à ce monde accueillant : Jules Romains, Luc Durtain, Georges Chennevière, Pierre-Jean Jouve, Georges Périn, Théo Varlet, Paul Castiaux, le futuriste italien Marinetti et son compatriote le poète Ricciotto Canudo (1879-1923), quelques autres encore. Cette expérience, la création d'un atelier littéraire et artisanal, s'éteignit en 1908 en laissant une trace et un exemple.

L'activité y fut fébrile, intense, nous voulons dire celle du brassage d'idées en rapport avec l'évolution sociale, car si l'on publia ardemment, les gains de l'entreprise furent quasi inexistants. La thébaïde portait son enseigne : « L'Abbaye, groupe fraternel d'artistes. » Elle marque un moment de l'histoire littéraire : des hommes différents d'origine et de formation, ayant au départ des goûts poétiques divers, s'accordèrent sur de grands idéaux et furent pour beaucoup dans la bataille du modernisme contre les passéistes. Ce monde enthousiaste, voué à cet artisanat collectif dont ont rêvé bien des créateurs, et qui sera à l'origine des groupes bien constitués, trouvait ses sources dans le Romantisme humanitaire des romantiques eux-mêmes, des poètes sociaux et ouvriers, de Maurice Maeterlinck dans son appel aux joies profondes d'une vie simple et créatrice, dans l'immense Tolstoï avec son besoin de justice et de charité, dans Émile Verhaeren et son chant du travail et du monde en marche dans les villes tentaculaires. Dans cette abbaye, on rêvait au fond d'une religion de l'humain. Il faut ajouter à ces ferments les incitations toujours vivantes d'un Léon Bazalgette, le fondateur du *Magazine international* qui, de 1894 à 1896, avait multiplié les appels pour la création d'une « Internationale des Poètes ». Un des maîtres révérés était Walt Whitman (1819-1892), le géant américain (il avait commencé lui aussi par la typographie), poète de l'amitié entre les hommes, du corps, du sexe et de la procréation, de l'âme et du désir, avec son amour cosmique, son identification du moi au monde, son mysticisme mêlé de réalisme, son credo de l'univers démocratique du travail, son optimisme musclé.

A partir de ces sources, la nécessité s'imposait d'un nouveau langage plus proche des hommes. Les phalanstériens étaient en réaction contre certains aspects du Symbolisme, ou plutôt contre l'emploi des symboles et d'une poésie trop allusive, car il reste chez eux, par le canal de René Ghil notamment, un certain nombre d'apports de l'école qu'ils repoussent au nom du langage concret, réaliste et charnel dont ils se réclament. Si l'on n'échappe pas totalement à cet entourage symboliste, il y a une forte réaction contre ses aspects d'intimisme alangui et d'esthétisme décoratif. Il en naîtra les œuvres les plus diverses. Ainsi, dans le domaine poétique, certains usent du vers libre, d'autres du vers classique, d'autres encore atténuent la métrique traditionnelle, et, par exemple, un Jules Romains, après avoir débuté comme un disciple de François Coppée (ou Jouve à ses débuts dans la lignée de Samain) procédera de diverses prosodies. Les poètes de l'Abbay comme ceux de l'Unanimisme, dans lequel la plupart se fondront, l'expérience ayant échoué (manque de moyens matériels, mésententes et froissements internes, lassitude) ne transformeront pas radicalement la prosodie : ils garderont des supports métriques, des rapports de sonorités à l'intérieur du vers et non plus forcément à la fin, des rimes internes, des allitérations, avec plus ou moins de réussites, mais commençant à forger de nouvelles armes dont les générations futures se serviront en les améliorant.

Les tendances sont disparates chez ces créateurs et l'on n'est pas éloigné au fond d'un Jammes ou d'un Paul Fort et non plus d'un Naturisme revu par l'idéologie socialiste et la marche de l'idée démocratique. Le naturalisme des romanciers a, lui aussi, préparé les esprits à cette révolution des idées. On se met à détester cette mode de l'expression indirecte qui fait florès dans les salons et qui tourne vite à la préciosité et à l'afféterie. Lorsque André Gide extrait d'une lettre de Charles-Louis Philippe ce propos décapant : « Le temps de la douceur et du dilettantisme est passé, il faut des barbares », Duhamel ou Arcos reçoivent cette formule comme une invitation à s'éloigner de l'érudition et de la culture livresque qui étaient le fait des écoles post-hugoliennes, Parnasse, Symbolisme ou École romane, pour prendre son bien dans l'expérience personnelle ou collective. Il s'agit d'une tâche immense : désintellectualiser la poésie, et cela suppose un travail intellectuel important puisqu'il s'agit de procéder au lavage de son propre cerveau, et les hommes de l'Abbaye ne sont ni des barbares ni des poètes ingénus. Il faudra créer sa propre innocence et sa propre ouverture en faisant le vide de ce qui a justement formé la plupart. Jules Romains sait bien qu'on ne peut se séparer de certains apports, mais il dit : « Ne te laisse pas étonner par les inventions des praticiens. Sers-toi de leurs machines, et méprise-les, eux et leurs machines, tranquillement... Il n'y a que l'âme qui importe. » L'âme pour Jules Romains, c'est le sentiment poétique de la vie, pour Georges Duhamel, c'est une vie lyrique, car tous recherchent la joie et l'amour. Parler de soi devient parler des autres. Là encore, c'est cette générosité qui court tout au long de la poésie française et la grande ombre de Hugo, ou plutôt sa grande lumière, éclaire, sans qu'ils l'avouent, ces jeunes hommes du siècle nouveau.

Pour une meilleure compréhension du phénomène dont nous avons tenté de faire la synthèse, il est indispensable de suivre l'expérience de chacun d'eux. Si l'Abbaye est inséparable de l'Unanimisme, c'est par l'amitié et un certain nombre d'idées communes. Si proches que soient les doctrines, on ne peut vraiment les confondre, de nombreuses nuances existent entre les deux mouvements, le second étant dominé par Jules Romains qui s'y assimile parfaitement.

Georges Duhamel, professeur d'amour.

Georges Duhamel (1884-1966) sera plus connu par sa prose, des œuvres sur la guerre (*Vie des martyrs*, 1917, *Civilisation*, 1918), des romans, les cinq volumes du *Cycle de Salavin* ou les dix volumes de la *Chronique des Pasquier* et autres analyses psychologiques ou familiales fort bien écrites, par ses essais sur la littérature, la politique internationale, les problèmes de l'humanité (*Scènes de la vie future*, 1930), ses impressions de voyage, ses pièces de théâtre, tout cela qui le conduira du prix Goncourt à l'Académie française.

Médecin de formation, son premier recueil parut à l'Abbaye : *Poésie : Des légendes, des batailles*, 1907, que suivraient *l'Homme en tête*, vers et prose, 1909, *Selon ma loi*, 1910, *Compagnons*, 1912, *Élégies*, 1920, *Ballades*, 1926.

Pour lui, le poète ne se refermera plus sur lui-même, il sera non pas un baladin ou un troubadour, mais un homme accordé au monde moderne, un homme de participation, un enseignant d'amour et d'idéal qui fera vivre le présent, éclairera la vie de chacun en cherchant ses secrets, un contemplateur aussi. Il écrit : « Contempler le monde et les hommes, imiter ensuite les objets de la contemplation, mettre en relief les linéaments et les rapports susceptibles d'éclairer ce qu'il y a de plus secret, de plus caractéristique dans ces objets, voilà le but, voilà la raison même de l'écriture. »

Le poète Duhamel repousse la rhétorique, ne se soucie pas d'originalité, de détails curieux en eux-mêmes et qui n'auraient pas de prolongements sensibles, il est à l'écoute de la respiration du monde, comme un médecin l'auscultant pour guetter ses maux, il cherche par une éloquence sobre à rejoindre les destinées, en espérant découvrir la joie de la vie, mais avec grande inquiétude. Son message vient de l'homme et est destiné à l'homme. Il est réellement bon, plein de générosité, du même coup peu dérangeant. Cette poésie a ses limites, mais le poète emplit bien le cadre qu'il s'est tracé. Il peut apparaître comme une sorte d'évangéliste de la fraternité qui guiderait le poète vers une sainteté laïque, un médecin des âmes, un frère à la main chaude :

> Comme deux arbres bien semblables
> Tournés vers le même horizon,
> Nous partageons les nourritures
> Et plions sous les mêmes souffles.

Avec Charles Vildrac, dans des *Notes sur la technique poétique,* 1909, il préconise le vers blanc, mais fortement rythmé dont nous venons de donner un exemple. Le plus significatif de ses recueils est sans doute *Élégies*. Il ne cesse là de se pencher sur les malheureux, les blessés du corps et de l'âme, les dépossédés :

> Celui qui gémit
> Mon gémissement!
> Et ressemble à ma détresse,
> Celui qui fleurit
> A tous mes printemps,
> Celui-là m'a tout donné.

On ne saurait trouver la grande poésie exaltante qui vous conduit d'emblée au-delà de vous-même sur les terres inconnues. Non, sa poésie est comme un ami fidèle qui cheminerait à vos côtés en sifflotant tranquillement, mais si proche, si attentif! Duhamel semble parfois vouloir fixer un instant dans l'éternité. Il regarde, il guette, il apaise. Dans sa *Ballade de l'homme à la gorge blessée,* il dit à son compagnon qu'il n'est pas seul :

> Frère! ne sais-tu pas que, dès que tu frissonnes,
> Comme un rameau de peuplier je frissonne?
>
> Si la toux gronde au fond de ta poitrine,
> Il n'y a plus aucune joie pour ma poitrine,
>
> Si l'air gémit en déchirant ta gorge,
> Peut-il chanter en visitant ma gorge?
>
> Et si le sommeil t'oublie, cette nuit,
> Crois-tu qu'il va me combler, cette nuit?

En pleine période d'esthétisme artistique, ce dépouillement, ce mépris total de toute rhétorique pouvaient surprendre et écrire ainsi témoignait alors d'un certain courage. On peut ne pas être épris de cette forme de poésie; on ne saurait nier qu'elle apportait une dimension singulière.

Charles Vildrac, l'homme face aux hommes.

De son beau-frère, Charles Messager, dit Charles Vildrac (1882-1971), poète et dramaturge, Georges Duhamel disait : « En présence des hommes, il a désiré les aimer tels, pour leur grandeur non moins que pour leur touchante faiblesse. » Il débuta par un pamphlet contre les tenants du vers-librisme Gustave Kahn et Francis Vielé-Griffin, avant d'adopter cette forme de vers chère à l'Abbaye, fondée sur une liberté prosodique qui accueille aussi bien la rime et l'assonance que les groupements métriques de vers blancs où dominent le décasyllabe et l'octosyllabe.

Après *Poèmes*, 1906, et, à l'Abbaye, *Images et mirages*, 1908, lorsqu'il publie *Livre d'amour*, 1910 (puis 1914 à la N.R.F. et 1947 aux Éditions de Minuit), Émile Verhaeren écrit : « Charles Vildrac connaît aussi bien qu'un autre les tares, les misères, les méchancetés et les folies des hommes, mais il ne veut pas que, mises dans un plateau de la balance, elles fassent pencher celle-ci vers la haine, la rancune ou la désespérance. La sagesse, pour lui, n'est faite ni de scepticisme ni d'amertume, mais bien de courage, de confiance et de joie. Il possède la bonté tonique et résistante. Il ne descend pas la vie, il la monte. » Voilà, exprimé en quatre phrases, tout Vildrac. Son œuvre lyrique comprend encore *Chants du désespéré,* 1920, *Poèmes de l'Abbaye,* 1925, *Prolongements,* 1927, et des poèmes en prose, *Découvertes,* 1912-1931, *Vitrines, le Vin de Paris,* 1953. Il resta fidèle à lui-même dans son théâtre plus tourné cependant vers l'analyse des oppositions psychologiques et des conflits sentimentaux; ses pièces connaissent un accueil chaleureux, que ce soit au Vieux-Colombier *le Paquebot Tenacity,* 1919, ou à la Comédie-Française *le Pèlerin,* 1921, *Madame Béliard,* 1928, *la Brouille,* 1931.

Fils d'un déporté de la Commune, Vildrac est un poète de la fraternité, émotif et tendre jusqu'au balbutiement ému, sobre volontairement toujours. Pour lui qui croyait en un avenir de sagesse, de progrès et de paix, la Première Guerre mondiale apparut comme un réveil brutal, on le voit quand la colère transparaît dans l'élégie du *Livre d'amour* ou du *Chant du désespéré*. Il dit les beautés du monde, l'amour de la femme, les grandeurs du peuple, et en appelle, malgré les déchirements et les effondrements, à l'espérance :

> La bonté des hommes
> N'était pas constante ni tenace;
> Ce n'était pas elle hélas! qu'on enseigne;
> On n'avait pas pu lui donner grand'place,
> On lui défendait de parler trop fort;
> Si bien que, des ans, on la croyait morte.
>
> Mais lorsque son jour arrivait,
> Elle était aussi pénétrante et chaude
> Qu'une eau-de-vie qu'on boit en fraude,
> Dans les prisons.

« Plein de mort et plein d'amour / Je chante, je chante! » écrit-il. L'*Europe* de son poème blessé est comme un arbre tragique :

> Arbre mutilé, maintenant sois libre!
> Ils avaient empoigné tes branches
> Pour les cingler et les briser ensemble
> Par le calcul et la rigueur de leurs pesées;

> Ils les maintenaient en branle éperdu,
> Ils les tourmentaient de durs élans captifs,
> Ils se disputaient tes fruits et tes feuilles
> Et jusqu'à tes nids!

Son *Élégie à Henri Doucet,* jeune autodidacte, mort de la guerre, lui fait s'exclamer : « Ô Peuple, il sort ainsi de toi / Des fils aux yeux avides. » Hors de tout esthétisme, là où d'autres seraient prosaïques, il trouve dans une poésie prête à répondre à l'événement des accents efficaces :

> Mon ami, c'est toi que j'évoque,
> Frêle ouvrier de quatorze ans
> Si résolu, si appliqué,
> Henri Doucet de Châtellerault,
> Élève à l'école du soir.

Dans le même poème, par opposition, il s'en prend à ceux qui ne voient pas les vrais trésors de l'humanité :

> Qu'importe ce trésor, ô mon ami,
> Aux trafiquants du monde!
> Leurs enjeux, leurs valeurs se nomment
> Patrie, population, territoire, effectifs,
> Main-d'œuvre, marchandise;
> Toutes choses qu'on divise
> Ou qu'on additionne
>
> . . . .
> Mais toi!
> Mais toi, happé par l'incendie,
> Tendre ami, je ne sais pas même
> A quel creux du sol calciné
> A quel point de désert de cendre
> Gît ta cendre frêle.

Ses chants désespérés ne sont pas des invocations au ciel en se frappant le cœur. Ils ont des vibrations simples et profondes comme dans un *Chant du fantassin* :

> Je voudrais être l'aveugle
> Sous le porche de l'église :
>
> Dans sa nuit sonore il chante!
> Il accueille tout entier
> Le temps qui circule en lui
> Comme un air pur sous des voûtes.
>
> Car il est l'heureuse épave
> Tirée hors du morne fleuve
> Qui ne peut plus la rouler
> Dans sa haine et dans sa fange.
>
> Je voudrais avoir été
> Le premier soldat tombé
> Le premier jour de la guerre.

Les bons connaisseurs de la poésie trouveront sans doute dans ces citations une voix familière. Il faut penser au Desnos ou au Paul Éluard des poèmes de l'Occupation et de la Résistance qui ne sont pas si éloignés de ce poète d'une autre guerre. Jean Rousselot écrit justement : « Son optimisme et sa simplicité ont exercé une heureuse influence sur nombre de poètes, notamment le Paul Éluard du *Devoir et l'inquiétude,* sinon des *Poèmes politiques.* »

Si la trame de la poésie de Charles Vildrac est lâche, parfois insatisfaisante, l'accent est chaleureux et, sans recherche d'archaïsme, le ton des complaintes est présent. Issu du petit peuple, Vildrac le comprend et devient son porte-parole avec une sensibilité moderne. N'est-il pas aussi comme un écho à un Charles-Louis Philippe ? Cette nudité verbale, cet extrême dépouillement en une époque où triomphe l'esthétique symboliste, cette recherche d'une religion humaine, sans dogmes et sans contraintes, peuvent paraître en nos jours troublés un peu courts, un peu faciles, mais voilà un des meilleurs témoins de son temps. Indépendant, humanitaire, Vildrac est un élégiaque populaire, loin des états collectifs de l'Unanimisme qui n'a rien de cosmique et ne cherche qu'à regarder l'homme au fond des yeux. Il y a de la grandeur dans sa pitié et du pathétique jusque dans ses apitoiements.

René Arcos et l'unité humaine.

D'un autre fondateur et compagnon de l'Abbaye, René Arcos (1881-1959), Romain Rolland, son ami, avec qui il vécut en Suisse et dont il partagea les idées (Henri Clouard le définit même comme « un Romain Rolland en vers ») a dit qu'aucun poète n'a chanté plus fortement l'unité humaine. Arcos est le pèlerin d'un idéal européen et universel qui se concilie fort bien avec son idéalisme quotidien. Il fonda en Suisse les éditions *le Sablier* qui publièrent Émile Verhaeren, Walt Whitman, Henri Barbusse, des poètes et de grands auteurs étrangers. Réformé au début de la guerre de 1914, Arcos devait diriger avec Paul Colin, ancien directeur de *l'Art libre,* à partir de 1922 et durant dix-huit ans, la grande revue *Europe.* Auparavant, durant les sombres années, il avait parcouru le monde en guerre comme correspondant du *Chicago Daily News* ayant ainsi une vue sur les États, sur les grands bouleversements de l'univers qu'il considère toujours d'un point de vue pacifique et antimilitariste.

Auprès de ses livres de poèmes : *l'Ame essentielle,* 1901, *la Tragédie des espaces,* 1906, *Ce qui naît,* 1910, *le Sang des autres,* 1916, il est l'auteur d'un poème dramatique, *l'Ile perdue,* 1912, d'essais et de prose touchant à ses idéaux comme *le Mal,* 1916, *le Bien commun,* 1917, *Pays du soir,* 1917, *Caserne,* 1921.

Ses poèmes philosophiques, sociaux, cosmogoniques exaltent la vie, saluent les hommes de l'avenir, condamnent la guerre. Le poète engagé humainement a pour règle essentielle d'éliminer les artifices et les faux-semblants, les paysages d'exception, pour montrer les hommes dans la communauté avec leurs trésors essentiels. Il se moque de tout art voué aux apparences, méprise les parfumeurs de mots et les acrobates verbaux, se met lui-même en retrait, se dépouille des oripeaux faussement culturels pour « saisir la vie dans le secret même de son élaboration ». Il refuse les apparentements : « Il n'y a pas d'écoles, il n'y a que des personnalités plus ou moins accusées, plus ou moins loyales. » Sa maison poétique est celle de l'accueil et derrière la simplicité des mots, par l'ampleur des sujets, par le désir de dire juste et ayant beaucoup à dire, il naît un lyrisme humanitaire :

> J'invente votre vie
> Et je m'accrois d'elle,
> Je vous vois tout près,
> Je vous vois au loin,
> Je vous rassemble sous mes yeux,
> Et suis comme un hôte parmi ses convives.
> Très haut sur ma tête,
> L'espace est joyeux
> Comme à l'instant du toast
> Quand il contient les coupes.
> Je vous vois si bien que je tends ma main
> Pour la poser sur votre épaule.

Son cœur est si grand qu'il veut contenir le monde. *A une victime,* titre d'un poème, il s'adresse ainsi :

> Non, ce n'est pas assez de ne pas te plaindre,
> Triomphante victime,
> Il faut chanter et célébrer !
> Frère plus misérable encore que moi-même,
> Mais qui fendis l'argile muette ainsi qu'un dieu
> Pour être avec nous tous sous le grand ciel vacant
> Le tendre éclatement de la parole humaine
> Et ces yeux grands ouverts où se connaît le monde.

Dans *le Sang des autres,* parmi la douleur, un optimisme invincible surgit comme dans *Tout n'est peut-être pas perdu :*

> Tout n'est peut-être pas perdu
> Puisqu'il nous reste au fond de l'être
> Plus de richesse et de gloire
> Qu'aucun vainqueur n'en peut atteindre ;
>
> Plus de tendresse au fond du cœur
> Que tous les canons ne peuvent de haine
> Et plus d'allégresse pour l'ascension
> Que le plus haut pic n'en pourra lasser.

Deux autres fondateurs de l'Abbaye : Martin-Barzun, Mercereau.

Avec Duhamel, Vildrac, Arcos, il est aisé de voir quelles affinités ont uni les poètes de l'Abbaye, et nous le verrons avec les visiteurs du dimanche comme Jules Romains et quelques autres. Parmi les fondateurs, Martin-Barzun et Mercereau n'ont pas les mêmes dimensions, le premier parce que, sans oublier ses premières amours, il s'orienta diversement, le second parce qu'il s'orienta vers la prose.

Henri Martin-Barzun (né en 1881) publia à l'Abbaye des œuvres procédant de l'humanitarisme du groupe : *Poèmes de l'adolescence,* 1903-1904, *Poèmes de l'homme,* 1905, le montrent attentifs aux voix humaines selon l'esthétique phalanstérienne avant que, dans des essais comme *Poésie et drame,* 1963, il ne trouve sa voie futuriste avec le Simultanéisme, le Synchronisme, le Dramatisme en faisant appel au phonographe et au disque poétique, avec la direction de revues comme *les Rubriques nouvelles* ou *la Vie des lettres.* Il tentera une épopée dramatique du destin de l'homme en plusieurs volumes, *la Terrestre Tragédie,* de 1904 à 1912.

Alexandre Mercereau de La Chaume (né en 1884), à vingt ans publia sous un pseudonyme juvénile comme son titre, Eshmer-Valdor, *les Thuribulums affaissés,* 1898-1904, recueil imagé, d'un vocabulaire riche et chatoyant, plein de promesses, avant de se consacrer à la prose avec des contes, des romans, des études sur l'art ou des essais comme *Paroles devant la vie,* 1912, ou *la Littérature et les idées nouvelles,* 1912, et de devenir un animateur de salons artistiques ou littéraires.

Les leçons de l'Abbaye furent fécondes : nous les retrouverons chez les unanimistes et les poètes humanitaires proches de ces mouvements unis par de grandes lignes communes et par des réseaux d'amitié. Mais nous allons voir qu'on ne saurait confondre l'Abbaye et l'Unanimisme et, par facilité, les assimiler comme cela se fait parfois.

Jules Romains et l'Unanimisme.

« Expression de la vie unanime et collective », telle est la définition du mouvement telle que la donne Jules Romains après en avoir donné l'illustration avec *la Vie unanime,* 1908, qui rassemblait des poèmes écrits depuis 1904, après que la prose *le Bourg régénéré* soit sortie en 1906. L'importance de ce moment de l'histoire poétique veut qu'on rappelle les circonstances de sa naissance ainsi que le terreau intellectuel dont il est issu.

L'Unanimisme est né de l'intelligence et de l'intuition. Au début du siècle, un jeune homme, Louis Farigoule, né à Saint-Julien-Chapteuil en Haute-Loire, le village d'un troubadour d'antan, Pons de Capdueil, et qui allait transformer son nom de Farigoule en celui de Jules Romains (1885-1972) pseudonyme, puis nom légal, un jeune homme donc passait dans le quartier animé de la gare Saint-Lazare, rue d'Amsterdam, lorsqu'il reçut une révélation, presque une illumination, en tout cas « l'intuition d'un être vaste et élémentaire, dont la rue, les voitures et les passants formaient le corps, et dont le rythme emportait ou recouvrait les rythmes des consciences individuelles ». Ainsi les villes tentaculaires de Verhaeren trouvaient un écho et un prolongement intellectuel et mental; la polyphonie énorme des cités, la vie collective, les voix du monde remplaceraient les chants solitaires de l'intimisme ou de l'aristocratisme lamartiniens; le poète, en s'ouvrant aux voix et aux fourmillements de l'univers réel, deviendrait le lieu privilégié de la réverbération universelle où l'individuel est pris dans le collectif et le collectif dans l'individuel qui le reçoit. « L'air qu'on respire a comme un goût mental », dit encore Jules Romains et on entrevoit la démocratisation et l'universalisation d'un nouveau panthéisme, la plus grande difficulté étant de trouver des correspondances rythmiques.

Cette prise de conscience de Jules Romains reposait sur de solides fondations. La politique avec les remous de l'Affaire Dreyfus et l'avènement du socialisme, les actions sociales telles que les Universités populaires, le Théâtre du Peuple, l'Union pour l'Action morale de Paul Desjardins créaient déjà un climat favorable à une telle éclosion. Il fallait pour en prendre conscience de l'intelligence et de l'enthousiasme, il fallait un Jules Romains futur agrégé de philosophie, lecteur d'Émile Durkheim, de Lucien Lévy-Bruhl, de Gustave Le Bon, il fallait ce jeune homme attaché à certains aspects scientifiques comme la vision extrarétinienne, il fallait un esprit assez vaste pour que se développât en lui le sentiment d'une psychologie supra-individuelle dans le cadre sociologique de la ville ou du groupement humain. Aux ferments philosophiques, sociologiques, psychologiques et politiques, s'ajoute l'épopée sociale de l'historien Jules Michelet, des romanciers Honoré de Balzac et Émile Zola, des naturalistes, des brasseurs de poésie et d'idées comme Victor Hugo, Walt Whitman et Émile Verhaeren, et aussi, auprès de Gustave Le Bon, de ce *Mystère des foules*, 1895, dû à Paul Adam (1862-1920), et l'on ne saurait oublier les sciences positivistes ou les recherches nouvelles comme celles des collèges d'esthétique.

Ce qui différencie Jules Romains des fondateurs de l'Abbaye, c'est qu'un Duhamel ou un Vildrac sont à la simple recherche fraternelle de l'amitié des hommes avec une philosophie tendre et quotidienne généreuse, simple de cœur, un peu courte. Ils auront eu leurs domaines et ne sont nullement des disciples de Jules Romains. Le propos de l'auteur de *la Vie unanime* n'est pas de proposer à son tour une éthique sentimentale, mais une psychologie poétique sensible aux impondérables de l'atmosphère physique autant qu'à la pression des facteurs sociaux. Nous sommes aux antipodes d'une rêverie élégiaque ou des volutes du Symbolisme, si ce n'est des mythologies parnassiennes ou des médaillons romans, tout être qui ressent aujourd'hui la ville, ses buildings, ses voies à grande circulation, ses embouteillages d'automobiles, ses foules et en reçoit les impressions et les oppressions voit qu'en cela Jules Romains fut d'une parfaite lucidité.

Qu'apportait encore l'Unanimisme ? Non seulement une prise de conscience moderne, mais aussi un élargissement du champ de la pensée et de la poésie qui tendait à se figer dans ses cadres établis, en même temps qu'il avalisait les recherches de certains aînés, Gide et Claudel par exemple malgré des différends, Paul Fort et Francis Jammes, et se rapprochait du réalisme de prosateurs comme Charles-Louis Philippe. Au cours d'une conférence, Jules Romains parla de *la Poésie immédiate* et dit son refus de « rabâcher les vieux thèmes lyriques », et, dès lors, la plupart des écoles et des poètes sont visés, ceux justement que nous avons présentés dans de précédents chapitres : auteurs de stances néo-malherbiennes, néo-romantiques, post-symbolistes, poètes philosophiques et moralisants, sonneurs de sonnets à la Heredia, disciples de Moréas ou de Coppée, et même les fervents d'un humanitarisme, sages élégiaques, messianistes ou faiseurs d'élégies. Poète et théoricien, donnant d'abord les preuves des poèmes, Jules Romains savait bien que le renouvellement ne pouvait se faire sans que soit renouvelée la versification française. Positiviste, procédant pas à pas, il suivra sa ligne toute droite et marquera ses étapes par des indications prosodiques, la première paraissant près de vingt ans après l'élaboration de *la Vie unanime,* ce sera le *Petit Traité de versification,* 1923, écrit en collaboration avec Georges Chennevière qui est, avec Luc Durtain, le plus proche de lui.

La Prosodie unanimiste.

Le traité de Romains et Chennevière représente l'aboutissement des recherches et des tâtonnements des vingt premières années du siècle. Si son influence ne sera pas décisive, du moins marque-t-il un point historique auquel on doit se référer. « Malherbe et Boileau disqualifiés », écrit André Figueras dans un « Poète d'aujourd'hui » consacré à Jules Romains. Déjà, dans *Notes sur la technique poétique,* 1910, Duhamel et Vildrac montraient leur faveur pour le vers libre, le vers blanc, l'assouplissement de la métrique, les assonances remplaçant les rimes, les rappels de sons à l'intérieur des vers, la forte rythmique, etc. Romains et Chennevière sont à la fois contre les carcans classiques que Victor Hugo jetait en partie au panier et le vers-librisme ne les satisfait pas : « La fin du XIXe siècle, particulièrement en France, a été marquée par une libération non compensée de la prosodie. Il y a donc eu, de ce premier fait, une décadence technique incontestable. » Contre la sénilité qu'ils accordent au style classique et contre l'insuffisance du vers libre qu'ils stigmatisent alors que maintes grandes œuvres suffisent à leur apporter une réponse décisive, contre les théories des phonéticiens aussi, même si un poète tel que Paul Claudel y a recours, les deux hommes vont tenter d'élaborer de nouveaux systèmes. Il s'agit de jouer sur des accords secrets, pas immédiatement visibles, s'en tenir au principe de la scansion syllabique, avec les mêmes préférences que leurs amis de l'Abbaye pour l'assonance ou le rappel de sons à l'intérieur du vers. Ils admettent l'hiatus, l'e muet élidé, refusent les règlements parfois arbitraires des traités de versification et dictionnaires de rimes sur la diérèse et la synérèse, accueillent avec faveur les vers impairs (« Plus léger et plus soluble dans l'air », disait déjà Verlaine) de neuf, onze, treize, quinze syllabes ou les pairs de quatorze et seize pieds, les mètres longs convenant au souffle nécessaire pour l'exaltation de la vie collective et se prêtant bien à la récitation théâtrale. Ainsi la pièce en vers *Cromedeyre-le-Vieil,* 1920, dans son édition de 1952, fut précédée de notes sur la diction des vers qui contiennent les principes de la poésie de Romains et de certains de ses amis. Ils valent pour une bonne partie de son œuvre et comme tels doivent être indiqués, même si on se réfère à des règles classiques :

> Cette pièce est écrite en vers « réguliers », c'est-à-dire dont chacun comporte un nombre de pieds strictement défini, comptés selon les règles de la prosodie classique. Les diphtongues et les e muets proprement dits seront donc prononcés comme dans un texte relevant de cette prosodie...
> En revanche, les mètres employés sont nombreux, depuis le vers de 7 syllabes jusqu'à celui de 14, y compris ceux de 9, 11 et 13 syllabes. Mais ils sont toujours groupés par suites ou laisses de plusieurs vers (comme les mesures dans un texte musical), chaque nouveau rythme correspondant à un mouvement du dialogue, à un changement de la situation, des sentiments, ou des personnages. Le premier soin sera donc d'identifier à chaque fois le mètre auquel on a affaire. L'absence de césure fixe à l'intérieur du vers crée pour l'oreille une certaine difficulté qu'on résoudra en comptant les syllabes. En cas d'hésitation, il suffira de prendre dans la laisse considérée un vers dont la numération ne prête à aucune ambiguïté (par exemple ne contenant aucune diphtongue douteuse)...

Dans ce texte que tout comédien, toute comédienne devraient bien lire, Jules Romains insiste sur les rythmes comme si la simple lecture du vers était insuffisante et peut-être faut-il voir là la trace de quelques défauts de l'École unanimiste et aussi de l'Abbaye : une science prosodique à mi-chemin, participant de ceci et de cela et faite d'un peu trop d'accommodements. Il fallait beaucoup d'art pour suppléer à certains manques et certains heureusement n'en manquent pas. Mais écoutons encore ces conseils aux diseurs de vers :

> ... Il est bien recommandé aux interprètes : 1° de ne jamais « noyer » la particularité de ces divers rythmes, indispensable à l'effet que doit en éprouver l'auditeur ; 2° de ne jamais, sous prétexte de faire « vivant et naturel », adopter la diction de la prose, même d'une prose dite « poétique », ou vaguement rythmée : le « vivant » et le « naturel » seront donnés par la justesse de l'expression dans le cadre rigoureux de l'appareil rythmique ; 3° en conséquence de respecter l'individualité de chaque vers, en évitant aussi bien de manger les syllabes que de faire des enjambements là où l'intention visible du texte ne l'indique pas.

Il se peut que ces cadres rigoureux de diction ne laissent penser aux acteurs qu'on les veut « robotiser », mais ils ne sauront ne pas en tenir compte dans une certaine mesure, et les conseils qui suivent valent pour toutes les œuvres et toutes les interprétations :

> ... Pour ces diverses raisons, il sera excellent de préluder à tout travail d'interprétation par un déchiffrement et une mémorisation du texte au point de vue purement prosodique. De même qu'un chanteur ou un instrumentiste doit s'assurer qu'il possède exactement la teneur matérielle d'un texte musical avant de songer à l'interpréter.

Et Jules Romains a complété ses indications par des exemples. Voici l'un d'eux :

> Moutonne le train des bêtes
> Écrasant le sable fin.
> La tête, on la voit à peine ;
> On n'en aperçoit pas la fin.

> Le navire de Venise
> A Jaffa nous a menés.
> La bise, on ne peut y croire
> Sous le soleil forcené.
>
> Pourtant le sable tournoie
> Et vient poudrer les naseaux,
> La soie un peu nous protège
> Où l'on a peint des oiseaux.

Et voici le commentaire : « Poèmes en strophes à forme fixe : quatre vers de sept pieds. Rapports de sonorité : 1er et 3e vers : rime entre 7e pied du un et 2e pied du trois; 2e et 4e vers : rimes finales du type ordinaire. »

L'instrument de Romains, ici légèrement classicisé, est donc l'emploi d'un style direct, franc, dépouillé et ayant même les apparences du prosaïsme puisqu'il est obligé de souligner les rythmes, un langage souple, mais fortement rythmé et précis, l'allégorie et le symbole étant presque toujours refusés pour atteindre l'essentiel. Ne voyons cependant pas dans les directives de Romains une scolastique s'étendant à une école. Il s'agit plutôt d'une inspiration commune aux poètes de l'Unanimisme, d'une même manière d'aborder le poème, d'une même préhension des choses. S'il y a image, son rôle ne se limite pas à elle-même, elle n'est ni illustration, ni parure, ni aura, mais bien l'expression d'une action du poète sur ce qu'il veut rejoindre, la forme exacte qui convient à la sensation ou à l'émotion. L'imagination vise à faire ressentir la plénitude de l'objet en le situant dans son volume et dans son espace unanime.

Jules Romains et ses œuvres.

Jules Romains a réussi ce miracle de réussir dans toutes ses entreprises et de marquer de sa personnalité tous les moules littéraires qu'il a choisis. Avant de s'arrêter à sa poésie, on ne saurait omettre la citation de ses diverses productions.

Le cycle des *Hommes de bonne volonté,* ensemble-fleuve publié à partir de 1932, conduit le lecteur dans tous les milieux de la société, monde du théâtre, de la politique, de la noblesse, des affaires, du petit peuple, des intellectuels, innombrables personnages charriant les angoisses et les espoirs de la société humaine, avec au début la plus riche compréhension sociale et politique et au cœur les deux volumes *Prélude à Verdun* et *Verdun*. Partout l'intelligence, la lucidité, la maîtrise, la meilleure clarté, celle qui sait l'existence de la nuit. Cette masse romanesque ne saurait faire oublier l'inspiration unanimiste du *Bourg régénéré,* 1906, de *Mort de quelqu'un,* 1911, l'humour canularesque et normalien de ce chef-d'œuvre *les Copains,* 1913, ou de *Donogoo,* 1920, dont il tire une pièce, la série romanesque qui s'ouvre sur *Une Femme singulière,* 1957, ou la trilogie *Psyché,* 1922-1929.

L'œuvre dramatique commence avec *l'Armée dans la ville,* 1911, se poursuit avec l'agreste et rugueux *Cromedeyre-le-Vieil,* 1920, ces deux pièces en vers, et triomphe avec des fantaisies para-universitaires de contenu universel comme M. *Le Trouhadec saisi par la débauche*, 1923, et *Knock ou le Triomphe de la médecine*, 1923, le *Dictateur*, 1926, *Volpone*, en collaboration avec Stefan Zweig, *Musse*, 1929, *Donogoo, Boen*, 1931, *Grâce encore pour la terre, l'An Mil*, 1947, sans oublier de petites pièces comme *Amédée ou les messieurs en rang, la Scintillante, le Déjeuner marocain*, etc.

Auprès des œuvres d'esthétique poétique et théâtrale, on trouve de nombreux essais : *Manuel de déification*, 1910, *la Vision extra-rétinienne et le sens paroptique*, essai scientifique, sous le nom de Farigoule, 1920, *Problèmes d'aujourd'hui*, 1931, *Problèmes européens*, 1933, *Zola et son exemple*, 1935, *Visite aux Américains*, 1936, *Pour l'esprit et la liberté*, 1937, *Stefan Zweig, grand européen, Messages aux Français*, 1941, *Mission ou démission de la France*, 1942, *Actualité de Victor Hugo*, 1944, *Retrouver la foi*, 1945, et tous les ans ou tous les deux ans, un autre essai jusqu'à *Pour raison garder*, 1960, et des études d'art sur *Landowski* ou *Maillol*, des livres de confidences, etc.

Jules Romains fut un grand voyageur, ce qui n'étonne pas étant donné le sens de son œuvre. A la fin de la Première Guerre mondiale il fut un défenseur de la paix et de l'idée européenne; au cours de la deuxième guerre, en 1940, il s'installa aux États-Unis où il soutint la cause de la France libre. Il partagea alors son temps entre les États-Unis et le Mexique avant de revenir en France à la Libération. En marge de son activité littéraire, il donna régulièrement des éditoriaux à la presse qui s'éloignèrent parfois de ses premiers idéaux.

Jules Romains poète.

Auprès de cette masse littéraire, l'œuvre poétique, moins connue, reste considérable et porte un contenu d'actualité qui surprendrait bien des jeunes gens : *l'Ame des hommes*, 1904, *la Vie unanime*, 1908, *A la foule qui est ici*, 1909, *l'Être en marche*, 1910, *Odes et prières*, 1910, *le Voyage des amants*, 1913-1914, *Europe*, 1916, *les Quatre Saisons*, 1917, *Amour couleur de Paris*, 1921, *Ode génoise*, 1925, *l'Homme blanc*, 1937, *Pierres levées*, 1948, *Maisons*, 1954.

Jules Romains appelait *la Vie unanime*, le « poème de la vingtième année ». Tout le poète y était déjà inclus même s'il irait d'élargissement en élargissement. Le jeune homme ne regarde pas la Ville comme un Rastignac, il ne lui jette pas de défi, il la prend dans ses bras, il l'exalte, il recueille une sorte de quatrième dimension, il la fait naître dans une vérité que nul n'avait montrée. L'intelligence n'exclut pas la spontanéité, ni la lucidité l'enthousiasme, ni le positivisme la chaleur, et, par l'ensemble de ces qualités, le poète invente, on peut parler d'une nouvelle dynamique et d'une transfiguration :

> Qu'est-ce qui transfigure ainsi le boulevard ?
> L'allure des passants n'est presque pas physique;
> Ce ne sont plus des mouvements, ce sont des rythmes,
> Et je n'ai plus besoin de mes yeux pour les voir.

> L'air qu'on respire a comme un goût mental.
> Les hommes
> Ressemblent aux idées qui longent un esprit.
> D'eux à moi, rien ne cesse d'être intérieur ;
> Rien ne m'est étranger de leur joue à ma joue
> Et l'espace nous lie en pensant avec nous.

Tout nous répète la conclusion de l'ouvrage : « Il faudra bien qu'un jour on soit l'humanité ! » cri presque teilhardin. Parfois il rejoint le ton simple d'un Paul Fort :

> Comme on serait content si l'on avait un Dieu !
> Les mots aimés qu'on lui dirait ! Et les bons yeux
> Qu'on lui ferait si tout à coup, demain, ce soir,
> Il entrait se placer au coin de notre feu,
> Où le siècle encor vert flambe mal et grésille,
> A cause de la neige qui tombe dans l'âtre.
>
> Si c'était pour demain, vraiment, ou pour ce soir !

Écoutons — ou regardons ! — *le Présent vibre* :

> En haut du boulevard le crépuscule humain
> Se cristallise en arc électrique. Un bruit mince
> Frétille. Le courant, qui s'acharne à passer
> Et s'accroche au buisson des molécules, saigne.
> Les frissons de l'éther partent en trépignant.
> La foule du trottoir a repris confiance.

Le poète exalte le monde vivant, multiple et puissant de la foule, le boulevard, le théâtre, l'église, le café, tous lieux de réunion du groupe humain, avec une universalisation et une démocratisation du panthéisme. Où est l'art subtil des symbolistes ? peut-on se demander. En toute connaissance de cause, et alors même que cet art semble survivre et enchanter la bourgeoisie et les salons, un tel prosaïsme semble étonnant. Romains n'est pas Orphée avec sa lyre solitaire, et non plus l'aède d'une communion intime avec le monde, il est le chantre des myriades de voix, de bruits, de bruissements, une réverbération universelle du présent, barbare et illuminée, matérielle et sensitive.

> J'écoute dans mon cœur comme dans une écluse
> Affluer, avec un immense clapotis,
> Les rêves, les désirs des hommes. J'engloutis
> Un morceau de cité dans ma poitrine accrue.
> Le rythme de mon pouls émeut toue la rue.

Ayant tracé d'emblée son domaine, Jules Romains, dans *l'Être en marche*, amplifie la tendance mystique de son unanimisme. Il ne veut saisir que le présent tel qu'il apparaît dans la conscience d'un promeneur de 1910. La première partie, sous-titrée « poème épique », montre un être collectif (un pensionnat de jeunes filles) qui se déplace dans la campagne. Il a parfois recours, sans s'y tenir longtemps, à un art plus classique, et, du même coup, il peut paraître embarrassé :

> Les bras aux poignets nus qui tiennent des ombrelles
>   Et rament en cadence,
> Font rêver aux maisons que de l'eau coule entre elles,
>   Et qu'une barque s'y avance.

Jules Romains joue de tous les mètres, on le voit encore dans la seconde partie du poème sous-titrée « poème lyrique » pour marquer une différence, car là, l'être en marche, c'est l'individu, en l'occurrence l'auteur qui se situe dans l'universel :

> Mon corps sur le fauteuil est un bourg au soleil
> Qui incline selon la pente et la colline;
> L'heure y sonne; la rue est faite d'enfants blonds;
> Des femmes, à leur seuil, sourient d'être vivantes.
>
> Avant de galoper mes instants se relayent;
> Je ne sais pas si quelqu'un meurt dans ma poitrine
> Où la lumière envoie un vol de petits plombs
> Qui déchirent à peine assez pour qu'on les sente.
>
> Mon sang n'a pas de fin ni de commencement.

Dans les *Odes et prières*, le lyrisme s'individualise encore. Certes les thèmes unanimistes sont présents et le poète peut écrire : « Une allégresse de Paris / Me traverse comme une brise », mais souvent il dit sa plainte et sa mélancolie : « Je ne suis pas heureux / Comme tant d'autres hommes » ou « Il y avait deux mois / Que je voulais mourir » ou encore :

> Je me sens pauvre aujourd'hui
> Comme les plus pauvres hommes,
> Et timide comme ceux
> Qu'on a le droit de chasser.

On voit que l'embrassement de la cité, l'ampleur de l'ambition de Romains n'ont pas chassé son humanité :

> Je sais bien maintenant que je ne suis pas seul;
> Et des lambeaux de dieux s'enroulent à mes membres.
> Je ne désire même plus m'arracher d'eux.
>
> Ô compagnons, maîtres fidèles, vêtements,
> Ô vous, plusieurs linceuls sur ma tête vivante,
> Que ferez-vous de moi si je meurs à présent?

Après cette humanisation, cet arrêt mélancolique au cœur même de son unanimisme, ce complément sensible au tracé de l'œuvre, le poète, illuminé par sa Ville, va étendre son propos à d'autres univers, ceux des villes d'Europe telles qu'elles apparaissent dans *le Voyage des amants*. L'illumination de la rue d'Amsterdam, par exemple, le conduit vers la ville hollandaise elle-même où tout se rassemble, où une fois encore les cités se ressentent physiquement. Un extrait de *Kalverstraat* :

> Vraiment, c'est une de ces choses
> Qui valent qu'on aime son âme.
> Jadis, dans un soir de Paris,
> Je fis le songe d'Amsterdam.
>
> Et maintenant, devant ton pied,
> Entre le pouf et le foyer,
> Qui les réchauffe et les éclaire,
>
> Je vois se tordre Kalverstraat
> Et ma grand'rue imaginaire
> Comme deux serpents enlacés.

De plus en plus, Jules Romains ira vers les grands sujets, montrant que l'aspect épique de l'Unanimisme accompagne l'aspect lyrique qui se fait jour avec plus de constance. Souvent, le poète oubliera les formules et les systèmes pour se laisser aller à son chant individuel. Çà et là, il revendique le droit de l'individu contre la poussée collective :

> Ils auront beau mener leur bruit :
> Je leur rappelle doucement
> Mille choses délicieuses ;
>
> Ils auront beau pousser leur crime,
> Je reste garant et gardien
> De deux ou trois choses divines.

Sa conscience européenne, son désir de rejoindre une Europe prise non dans telle ou telle ville mais dans sa totalité lui font écrire *Europe* en pleine guerre. Là l'individu Jules Romains dialoguera avec l'unanime, voudra réveiller les foules, fera entrer l'événement dans le poème, dira la mauvaise tournure des choses. Il écrit une *Invocation* :

> Partout, je t'ai cherchée, Europe.
> J'ai tâté le sable et le roc
> Dont tu fatigues l'océan ;
> C'est mon âme la plus allègre
> Qu'ont balancée à marée haute
> Les débarcadères grinçants.

Comme toujours, ce « passant efficace » prendra le ton direct, familier, au mépris de tout art artiste, disant : « Voilà soixante jours que l'Europe est en guerre. / L'Europe, mon pays, que j'ai voulu chanter » :

> L'Europe, mon pays, est en proie aux armées.
> Le continent grouille par terre, comme un sac
> De serpents enfumés qui s'éveillent et se mordent.
> Des villes, au hasard, éclatent sous leurs dents.

Un de ses plus beaux poèmes d'*Europe* se présente comme un témoignage ou un reportage :

> Une assemblée de jours chante l'Europe pacifique.
>
> J'ai vu les pommiers en fleurs dans les vallées ennemies,
> Et, par le vent de juin, les pennons, en haut des navires,
> Dardés comme les langues d'un printemps qui avait soif.
>
> J'étais avec la foule qui regarda tout un soir
> Arriver à la mer le Rhin chargé de nations,
> Ses eaux charriant les frontières comme des épaves.
>
> Le pont de bateaux à Cologne, je l'ai vu s'ouvrir
> Pour un vapeur criard qui s'en allait vers Rotterdam.

Après *Amour couleur de Paris,* après *Chant de dix années,* qui contient la belle *Ode génoise,* voilà qu'avec *l'Homme blanc* Jules Romains s'attaque à un projet ambitieux : retracer l'épopée intérieure et psychologique de la race blanche, suite d'interrogations en cinq chants, un prélude, une hymne. Il aurait fallu pour cela *la Légende des siècles.* Amoureux de Hugo qu'il appelle « le divin aïeul », Jules Romains, peut-être parce que son sujet est trop vaste, n'en emplit pas les cadres. Après un rappel de l'origine orientale des peuples occidentaux, le poète montre la société moderne éloignée de la foi et proche d'une nouvelle religion de progrès, de raison, de liberté, en marche vers la République universelle, assurant la suprématie de l'homme blanc, bon et généreux, qui en fera profiter ses frères noirs ou jaunes. Le projet apparaît curieusement simpliste. Rien de raciste sans doute, mais un regard assez primaire sur le monde. Cette démarche didactique serait lourde sans maints éclairs de lyrisme personnel, des poèmes d'amour, des trouvailles dans la tradition du Romains unanimiste. Après avoir chanté l'Europe, il se sentit investi d'une responsabilité nouvelle : « C'est l'homme blanc qui me réclame une dette. » On apprécie certes ses litanies géographiques parallèlement à l'art de poètes du voyage comme Cendrars et Larbaud :

> Paris de l'Ouest! Nouveaux boulevards qui bordent le Bois;
> Tunnel palpitant et paré de la Porte Dauphine;
> Berlin de Tempelhof; espaces de Charlottenburg,
> Chaussée de grand trafic de Copenhague à Hellerup;
> Cafés aux sièges blancs des quais de Pest sur le Danube;
> Nice bien-aimée avec ses palais, ses casinos,
> Ses fins palmiers pareils aux femmes qui se font maigrir,
> Et ses caressantes avenues courbes vers Cimiez.

Il a des accents prémonitoires, cet « homme blanc » qui sait comprendre l'autre et peut lui emprunter ses propres chants comme ici où l'on pense à certains poètes de la négritude :

> Retourne chez toi, homme blanc!
> Écoute les tambours tremblants
> Qui nous ameutent sous les arbres;
> Les troncs creusés, les calebasses,
> Les crécelles, les crins stridents;
> Les sifflements entre les dents,

> Les cornes rauques, les coquilles,
> Les fifres faits d'un ossement;
> Les cymbales, les oliphants;
> Entends le tam-tam circulaire
> Comme l'horizon sur tes tempes
> Qui se resserre en palpitant;
> Entends les gongs, les cloches plates,
> Aux tours des couvents de montagne
> Et les plaques sous les battants.
> Entends le grand rassemblement
> Qui nous soulève et qui te chasse.

De la première illumination aux derniers recueils, le chant s'épure, se délivre d'un trop plein de prosaïsme voulu et mis en ordre. D'aucuns préféreront aux autres les derniers livres comme *Complaintes* et *Pierres levées* où l'optimisme d'antan fait place à un chant de désespoir qui va jusqu'à l'humour grinçant, la raillerie de lui-même. Il y a là un univers poignant de désastre où les routes saignent, les villes hurlent à la mort, où le but devient la fuite. La solitude n'est plus seulement mélancolique, elle est amère. La prosodie unanimiste s'est affinée, purifiée. Il se soucie d'actualité immédiate comme dans l'histoire en quatrain du *Sergent Juif* :

> Adolf proclamait par affiches
> Que tout le mal sort du ghetto.
> Israël hérissé de flèches
> Fut lié debout au poteau.
>
> Hans Goldberg, la tête un peu trouble,
> Touchait du doigt sa croix de fer.
> C'est quand on lui brûla ses meubles
> Qu'il commença d'y voir plus clair.

« Jamais ne fut pareille solitude », proclame-t-il, ou bien « L'esprit ayant bu toute honte / Il reste un goût lâche de vivre », ou bien :

> L'espace luit sans une cicatrice.
> Des passants neufs pointillent le chemin.
> Un boulevard bourdonne; une auto crie.
> Et le néant les tire par la main.

Maisons témoigne de l'élargissement de l'Unanimisme qui, de terrestre, devient cosmique avec l'apparition d'une angoisse étrange qui s'éloigne des chants de jeunesse et d'espoir tout en conduisant un art neuf vers son propre classicisme, comme en témoigne ce début de *Déchéance* :

> Autrefois le domaine était si grand autour de nous;
> Tant de toitures au loin qui luisaient entre les arbres;
> Puis des pelouses, des bois, des profondeurs inconnues.
>
> Toujours une forêt ou des monts à franchir encore.
> Par-delà nous attendait, comme un nid dans la fougère,
> Un royaume avec son peuple étrange et des temples d'or.

> Toute l'aventure était si magnifique et si rare
> Que les Puissances d'en haut venaient se pencher dessus.
> Il leur échappait des cris, la foudre, une poignée d'astres.

Dans ce recueil, il atteint à la grandeur hugolienne et fait palpiter un univers énorme qu'il charge des interrogations essentielles, remonte à l'origine des temps et voit rouler la créature au fond des gouffres :

> Il crie : « Arrêtons-nous! » Il crie :
> « Halte! Je n'en puis plus! » Il crie :
> « Je veux juste reprendre haleine! »
> Il écarte les bras, les mains,
> Comme un homme qui se retient,
> Qui s'accroche aux parois, qui freine,
> Comme un nageur entre des roches,
> Qu'un torrent pousse dans les reins.

Dans l'œuvre poétique de Jules Romains tout est à lire, et l'on ne saurait omettre les pièces en vers comme *Cromedeyre-le-Vieil* faites autant pour l'œil que pour l'oreille. Ils sont nombreux, les poètes modernes des diverses écoles, et parmi les plus grands, qui ont reçu quelque chose de Jules Romains sans toujours reconnaître leur dette. Ami de L'Abbaye, ce n'est pas par hasard qu'il fut celui des modernistes comme Apollinaire, Max Jacob ou Picasso. Il eut des disciples inavoués et fut à la base d'une poésie qui poursuit ses efforts de nos jours sans toujours connaître ses sources et où l'humain prime sur l'esthétisme. Ses exégètes, André Cuisenier, André Figueras, André Bourin, Lise Jules-Romains, Madeleine Berry, Denis Boak, surtout, ont montré sa puissance de création et ses particularités.

La première lecture des poèmes, pour des oreilles bercées par le chant classique et romantique, peut donner une idée de lourdeur qui, peu à peu, porte ses envoûtements, la symphonie des villes n'ayant pas des douceurs de musique de chambre. Romains a cherché sa poésie dans l'immédiat et celui-ci lui a offert des chants abrupts, des sonorités rocailleuses, des vapeurs de grisaille, mais aussi des griseries et une existence forte. Ce qui le distingue, ce « passant efficace » du « passant considérable » Rimbaud et de ses disciples porteurs d'avenir, c'est son refus de céder aux enchantements. La poésie a vraiment bien des demeures et sa grandeur naît de cette diversité.

Georges Chennevière, unanimiste sentimental.

Le co-auteur du *Petit Traité de versification,* Léon Debille, dit Georges Chennevière (1884-1927) tout en étant un des poètes les plus conformes à l'idée unanimiste est plus volontiers tourné vers le sentimental proche d'une pensée sociale qui lui est dictée par ses origines pauvres et une enfance difficile. Il dit : « La poésie avant tout, le reste m'est égal ». Humble et indépendant, fidèle à lui-même, gardant tout au long de sa courte existence le sens de l'insouciante allégresse et de la gratuité de la jeunesse, désintéressé, il est comme il le dit « un homme parmi d'autres hommes ». Il n'est pas un poète de haut vol, mais son œuvre dépouillée est touchante sans faux attendrissements, avec un intimisme vrai :

> Quelqu'un vient d'éteindre la lampe.
> Une main a bordé mon lit.
> « Dors, tu n'as plus besoin de rien ? »
> Et des pas ont quitté la chambre.
>
> Il ne m'arrive plus du monde
> Qu'un lointain murmure amorti,
> Et cette lueur domestique
> Qui filtre et souffre à travers l'ombre.

Son lyrisme intime apparaît dans ses livres, notamment le Printemps, 1910, ou Chant du verger, 1923, tandis que Pamir, 1926, reçoit des préoccupations sociales. Il élabora une poésie chorale : Chœur pour toutes les fêtes, 1921, et Chant de midi, 1923, en hommage aux morts de la guerre qui connut au Trocadéro un vif succès. La N.R.F. publia sa Légende du Roi d'un Jour et ses Œuvres poétiques. Sa Légende met en scène des êtres réels avec lesquels il cherche la communion, des humbles qui se prénomment Gaspard et Élisa et dont il traduit la vie simple et artisanale tout en disant la solitude et la fuite du temps. Avec ces amis du poème, il veut trinquer « à l'amitié du raisin pour le soleil » et il émeut par sa voix nue, par la justesse de son chant qui relègue bien des intimistes dans un esthétisme de la solitude lointain. Comme dit Clouard : « Le caractère essentiel de Chennevière, c'est la simplicité des relations qu'il entretient avec l'univers ; il nomme des choses modestes et en évoque de grandes : l'amour, le vieillissement, la mort, la rêverie d'éternité, une fraternité fondamentale. » On ne peut le lire sans l'aimer humainement. Il pense aux hommes de l'avenir et nous répondons ici à un de ses vœux :

> Dans quarante ans, dans cinquante ans, dans soixante ans,
>   Ou peut-être bien plus tôt,
>   Selon l'heure de ma mort
>   Et l'épaisseur de ma nuit,
>   Par un jour comme aujourd'hui
>   Quelqu'un pensera à moi.

Après Gilbert Sigaux qui cita ces vers, nous pensons à lui et nous pensons de ce poète vrai beaucoup de bien.

Luc Durtain, unanimiste social.

Venu comme Georges Duhamel de la médecine, André Nepveu, dit Luc Durtain (1881-1959) fut le poète de Pégase, 1908, Kong Harald, 1914, Lise, 1918, le Retour des Hommes, 1920, Perspectives, 1925, Quatre Continents, 1955. Il fut auteur dramatique et surtout romancier avec Douze Cent Mille, 1922, la Source rouge, 1924, Ma Kimbell, 1925, et auteur d'impressions de voyage comme Dieux blancs, hommes jaunes, 1930, ou l'Autre Europe,

1928, ou encore *Quarantième Étage,* 1927, *Hollywood dépassé,* 1928, *Captain O.K.,* 1931, et d'un imaginaire *Voyage au pays des Bolohoms,* 1938, ainsi que de *Mémoires de notre vie,* cinq volumes à partir de 1946.

Ce fondateur avec ses amis de l'Abbaye est avant tout unanimiste, chantre de l'homme nouveau et de la vie nouvelle. Du vers mesuré au vers libre, puis au classicisme avec peu d'originalité, il y a dans ses poèmes une recherche très poussée qui l'apparente parfois aux cubistes ou futuristes. Il aime, hors de toute rationalité, de toute logique, rapprocher des sensations, des dictées de l'inconscient sans toujours trouver la communication souhaitée. Il emploie pour cela l'arsenal existant des mots et multiplie des rythmes que la langue française ne peut lui accorder qu'au prix de ruptures grammaticales. Ses poèmes traduisent une lutte, une quête de l'expressivité et ils ont quelque chose de cahotique justement parce que la langue doit être malaxée, torturée au mépris des usages. Voici un extrait de *Sptizberg* dans *Kong Harald* :

> Et m'y poussant des jambes et du cœur,
> Voilà que j'ai vécu, prenant souffle, parmi
> La lumière durable qui ne souffre plus
> Les éclipses de la Terre, mais
> Est le parti total, au Néant confronté sur l'axe essentiel.
> Et augmenté tel qu'une femme, mais en mâle, j'ai conçu
> Les épaules des moraines formidables, les déblais dressés en cônes,
> Les mousses germant polygonales par ordre,
> Les vertèbres des grands monstres, renversées comme des sièges vides,
> Les phoques gras comme des métaphores,
> Et l'innombrable des icebergs
> Sortant de l'intérieur inaccessible et tombant
> Avec détonation dans l'immensité pour s'y dissoudre.

Déjà dans *Pégase,* fou de vie mouvante, Durtain s'écriait : « Ô délice innombrable ! Immensité ! Ô joie / Ris ! Ris ! Ris ! Ris ! Pleure ! Étrangle ! Pisse ! Aboie ! » et ce sont pourtant deux alexandrins. Ce « citoyen du monde » comme l'appelle André Billy n'hésite jamais à répéter des mots et à procéder par accumulation :

> Qu'est-ce qu'on pourrait dire pour marquer
> A vif la vraie peau de la mémoire ?
> Des mâts, des mâts, des mâts, des mâts
> Et puis cordages, cordages, cordages.
> Ça paraît naïf, mais c'est ça.

Il répète « mâts » comme Aragon « Persienne ». Ou bien il jette des mots heurtés comme dans *l'Homme à la moue* du *Retour des Hommes* :

> Un homme.
> Il se cambre, cabre sans voir. Sans savoir,
> Tel un mont qui oublie sa cime,
> Son bras lève le poing et songe.

Il est le poète des longs trajets, des trajectoires poétiques très longues qui créent par leur longueur même un envoûtement dont de simples citations ne donnent qu'en partie l'idée :

> Lui, longtemps seul, retrouvant la femme, doucement il tremble.
> Il baise les mains nues, doigts marqués d'aiguilles, si jeunes, si nues.
> Vers le pli du coude, les veines qu'il sait montent, elles, bleues ténèbres
> Dans un clair de chair, tel qu'une transparence d'yeux clos au soleil,
> Et dans la manche d'ombre un désir descend vers le corps entier.
> Flairant la chevelure, l'homme soudain songe aux autres places sombres.

Malgré ses barbarismes, ses difficultés, son désir de dire et la difficulté de lecture, Luc Durtain offre un intérêt historique et présente une transition entre l'Unanimisme poussé à l'extrême de ses exigences et un Futurisme naissant qui emprunte des chemins parallèles.

Familiers de l'« Abbaye » et unanimistes.

Le chant de l'humanité qui fut celui des poètes sociaux et parfois de maints poètes de terroir ou de chanteurs issus de la Commune *(voir préc. vol.)* a pris toute son ampleur avec les poètes de l'« Abbaye » et les unanimistes. On ne saurait condenser toute l'influence de ces derniers dans ce chapitre, mais du moins peut-on jeter un regard autour de ces mouvements.

Il y avait des idées unanimistes mal affirmées chez un Maurice Magre (1877-1942) après qu'il eut publié *Éveils*, 1895, en collaboration avec son frère André Magre, recueil symboliste, pour rejoindre les réalités sociales avec *le Chant des hommes*, 1898, même si la prosodie classique est présente, encore qu'elle soit assouplie comme dans cette *Grande Plainte* :

> Nous avons travaillé sous l'ombre des usines,
> la force de nos corps coula dans nos sueurs,
> nos rêves ont gémi dans le chant des machines,
> nos dos se sont courbés sous le faix des labeurs,
>
> nous avons aiguisé des faulx, tordu des barres
> et fait jaillir la forme à grands coups de marteaux ;
> de grandes roues de fer ont mangé nos cerveaux,
> et notre cœur a trépassé devant les flammes...

La préface au *Chant des hommes* est significative : « Assez longtemps le poète a rêvé loin des hommes. L'art est devenu dans ses mains le luxe, le privilège d'une élite. Il faut désormais que sa voix s'élève pour tous ou qu'il ne soit plus. Il y a une majorité qui manque de pain spirituel et qui le réclame parce qu'il est nécessaire à son existence. Que le cri des foules monte donc jusqu'au cœur du poète... Qu'il proclame enfin en des chants nouveaux le règne de la simplicité féconde et qui purifie. »

Du *Poème de la jeunesse*, 1901, à *la Montée aux Enfers*, 1918, en passant par *les Lèvres et le secret*, 1906 (une étrange confession pleine de repentirs sous le masque du cynisme), le poète ira toujours vers plus de spiritualité comme en témoignent romans, romans historiques, récits, essais inspirés par les religions orientales, les néo-platoniciens ou les Albigeois.

Parmi les familiers de l'« Abbaye », il y eut Georges Périn (1873-1922) que son tempérament intimiste conduisit bien vite vers un néo-symbolisme dit « éclectique » dans *la Lisière blonde,* 1906, *le Chemin,* 1910, *les Fêtes dispersées,* 1921. Deux poètes du Nord, Paul Castiaux et Théo Varlet fréquentèrent le phalanstère. Ils étaient proches de ces poètes sociaux de la Flandre française comme Étienne Blanguernon, Achille Segard, Émile Lante, Léon Bocquet, etc., si proches des réalités du travail industriel *(voir préc. vol.),* on le voit dans *Notes et poèmes,* 1905, *Notations,* 1906, *Ad Astra,* 1928, de Théo Varlet. Paul Castiaux dans *Au long des terrasses,* 1905, *la Joie vagabonde,* 1909, allie à un goût du vers sonore un besoin de décrire paysages et états d'âme, l'inquiétude moderne apparaissant dans le second recueil coloré, imagé, musical avec un rien de préciosité. Ces poètes, comme le Suisse Paul Aeschimann (1886-1952) auteur du *Coureur d'azur,* 1918, bien qu'indépendants, sont les voisins de leurs amis de L'Abbaye.

N'oublions pas que Roger Allard (1885-1960) avant de devenir un des poètes de l'École fantaisiste fut édité par le groupe de l'Abbaye : *Vertes Saisons,* 1908, qui suivait *la Féerie des heures,* 1902. Ses *Élégies martiales,* 1917, seront inspirées par la guerre. Il se situera en retrait de son sujet : plus élégiaque que martial, il met un certain dandysme à chanter la volupté, à introduire dans la tranchée un Éros inattendu, exprimant ainsi avec nonchalance et ironie l'absurdité et la dérision de la guerre.

Henry-Jacques (1886-1973) est un populiste de l'Unanimisme. Ses recueils : *Nous... de la guerre,* 1918 et 1965, *la Symphonie héroïque,* 1922, sont les plus réalistes qu'ait inspirés la guerre de 1914. De forme classique, mais bousculant au besoin les règles, Henry-Jacques tient surtout à donner des tableaux vigoureux, des paysages de guerre, de boue et d'argile. La marche vers la paix lui fait entonner « l'hosannah des vivants » :

> Nous cueillerons au vol les fleurs de la Grande Ourse
> Et la rouge toison des Sirius vermeils.
> Nous prendrons en passant les plus fauves soleils
> Pour les jeter aux morts comme un bouquet d'adieu.
> Et nous irons plus loin, jusqu'au ventre de Dieu,
> Car nous sommes des dieux que leur puissance emporte.

De forme plus régulière, ses *Chants de la mer et du Cap Horn,* 1964, publiés par *Points et Contrepoints,* introduisent dans un chant harmonieux à la navigation et à l'aventure qui sont celles de l'océan et de la destinée humaine.

Paul Jamati (1892-1962) fit partie de ces poètes enflammés par Walt Whitman (à qui il a consacré une étude en 1948), proches de l'Abbaye et de l'Unanimisme. Il a cette particularité d'avoir reçu de René Ghil le désir d'une recherche musicale qui apparaît dans ses poèmes symphoniques. Pétri d'humanité et de culture, curieux de tout (il traduisit poètes et écrivains chinois), sa générosité, son attention aux tragédies sociales apparaissent dans *le Vent de guerre,* 1921, *Poèmes,* 1936, *le Dire de la paix,* 1954, *Quelques Chants anciens pour la perspective,* 1956, qui rassemble une importante partie de son œuvre, c'est-à-dire trente années où la poésie et l'action sont allées main dans la main sous des signes unanimes, sociaux et philosophiques, ce que l'on voit encore dans l'anthologie *Je suis au monde,* 1972.

L'héritage unanimiste apparaît en grande partie dans un groupe formé autour de la revue *le Mouton blanc*, 1922, où passe le souvenir du célèbre cabaret d'Auteuil où se réunissaient Racine, La Fontaine et Boileau. Le fondateur en était Jean Hytier (né en 1899) qui, après avoir publié *le Violon chante et pleure*, 1916, eut pour professeur de philosophie au collège Rollin Jules Romains qui devait l'influencer fortement. Bien que *le Mouton blanc* se soit voulu l'« organe du classicisme moderne », il fut marqué par l'Unanimisme et l'on n'est pas toujours éloigné d'André Gide et de Paul Valéry. Dans *la Belle Sorcière*, 1924, *la Cinquième Saison*, 1933, on trouve les échos d'une recherche mélodique riche de sensations et de pensée. Il définit la poésie comme « une métaphysique qui s'exprime par une musique ». Comme dit René Lalou : « Les poèmes de Jean Hytier enferment entre leurs courbes mélodieuses de véritables concentrations d'idées et de sensations. Par des moyens très différents, ils nous rappellent souvent les riches grenades de Mallarmé ou de Valéry. »

Appartinrent à ce groupe du *Mouton blanc* le philosophe René Maublanc (né en 1892) qui publia un recueil de *Haïkaïs*, le dramaturge Claude-André Puget (né en 1907) auteur de divers recueils comme *Pentes sur la mer*, 1923, *Matin aux oliviers*, 1924, *Miracle du dormeur*, 1927, Henri Dalby auteur des *Poèmes de la vie mordue,* Jean Portail, poète d'*Androlite* et de *Porte-Voix.*

Deux importants poètes, Louis Brauquier et Gabriel Audisio se situent par de multiples aspects de leurs œuvres dans cette postérité unanimiste. Ils ont su trouver un art personnel qui les montre, le premier comme un poète du voyage dont il renouvelle le thème, le second comme un humaniste méditerranéen; nous les retrouverons.

Dans *les Noyés,* 1935, l'auteur dramatique André Josset (1897-1976) nous entraîne dans une bien personnelle odyssée marine et même sous-marine, du tumulte des vagues au cloaque abyssal, et l'on pourrait dire que l'eau ici a quelque chose de mental comme l'air de Jules Romains. Des « fleuves du chaos de leurs lits ressurgis » et « des mondes caverneux pleins de frères secrets » monte un chant d'accueil qui entraîne l'homme dans la paix de son premier élément. Toute une poétique de l'eau et des rêves où le poète s'imagine nageur de l'infini, nageur ivre dans cet univers auquel nous ne connaissons rien de semblable :

> Nous nous tenions tous par la main dans les girations monstrueuses,
> Affolés et sans voix, écartelés ou confondus
> Selon les mouvements des flux et des reflux.
> Vomis et culbutés par les contre-courants
> Nos cadavres sautaient, copeaux sous des haches luisantes,
> Filaient vertigineux sur les plans inclinés des lames
> Où s'écroulaient en avalanches des cimes aux reflets stellaires;
> Et quand assommés nous gisions dans la profondeur de l'abîme,
> Les fleuves du Chaos de leurs lits ressurgis, glacés comme des morts,
> Venaient nous infliger de la nuque aux talons leurs caresses larvaires.

Et ces errances de cauchemar s'accompagnent de tel *Office des ténèbres* entraînant vers des paysages dantesques, d'angoissantes terres de mémoire où la poésie semble prendre ses élans prophétiques.

Un Méridional de Haute-Provence, Lucien Jacques (1898-1961) se situe plus franchement dans la filiation de Chennevière et de Vildrac. Ses *Premiers Poèmes* paraissent en 1918. D'autres recueils, *Fontaines, la Pâque dans la grange, Momeries, Carnets de moleskine, Tombeau d'un berger*, et son *Florilège poétique*, 1954, préfacé par Charles Vildrac, affirment la seule croyance de ce libertaire, la croyance en l'homme, une croyance lucide :

> Je crois en l'homme, cette ordure.
> Je crois en l'homme, ce fumier.
> Ce sable mouvant, cette eau morte.
>
> Je crois en l'homme, ce tordu,
> Cette vessie de vanité.
> Je crois en l'homme, cette pommade,
> Ce grelot, cette plume au vent,
> Ce boute-feu, ce fouille-merde.
> Je crois en l'homme, ce lèche-sang.

Le fils de Georges Chennevière, André Chennevière (1908-1944) offre l'exemple d'une fidélité totale d'un fils aux idéaux du père. Unanimiste social, directeur de la page littéraire de *l'Humanité*, participant à la presse clandestine, il fut arrêté par les Allemands durant le combat pour la libération de Paris et fusillé devant la gare de l'Est. Si nous anticipons sur cette période, c'est pour ne pas le séparer du groupe unanimiste dont il était l'héritier, on le voit dans un poème sur *Paris occupé* paru dans son recueil posthume intitulé *1940-1944* et qui procède des leçons de son père et de ses amis :

> Rues grises, résonnantes, désertes et tristes,
> Découvrant des horizons nouveaux, lointains
> Comme un rêve trouble;
> Murs décrépis où s'étale en larges taches
> Une lèpre multicolore;
> Boutiques comme des coquilles vides;
> Foules mornes aux traits tirés,
> Foules que marquent les soucis du ventre,
> Foules aux épaules courbées
> Comme sous le poids d'une faute,
> Foules sans joie mâchant des regrets
> Et des souvenirs perdus.

C'est bien, près de quarante ans plus tard, la cité de Jules Romains devenue une entité souffrante que le poète décrit « non en fille soumise / Mais en ville qui se refuse ». Mais l'unanimisme, il y en a chez maints poètes de la Résistance. On en trouverait des traces dans les poèmes de la rue ou de la vie quotidienne de Desnos, dans maints recueils d'Éluard où le chant de la multitude est façonné par une main d'artiste, dans la Poésie nationale des années 50 quand Louis Aragon lançait ce mouvement, dans des groupes de poètes réunis autour de Cadou, Bérimont, Rousselot. Et sans nul doute auparavant chez cubistes ou futuristes, les mouvements, les groupes ou les écoles s'interpénétrant beaucoup plus profondément que les répartitions en chapitres ne le laissent supposer.

Quant à Pierre-Jean Jouve (1887-1976) il reniera ses premières œuvres unanimistes parce qu'elles ne représentaient pour lui qu'une approche incertaine de son art; il situera son avènement de poète à l'année 1928 lorsqu'il publiera *Noces* après avoir refondu une suite de 1923, *les Mystérieuses Noces*. C'est à partir de là qu'il trouve sa voie la plus vaste et la plus personnelle. Il appartient à une autre partie de l'histoire poétique, mais rappelons *Présences*, 1912, *Parler*, 1913, *Vous êtes des hommes*, 1915, *Poème contre le grand crime*, 1916, *Danse des morts*, 1917, *Livre de la nuit*, 1919, *Livre de la grâce*, 1920, *Toscane*, 1921, *Tragiques* suivis du *Voyage sentimental*, 1923.

Il exista donc un Pierre-Jean Jouve avant Pierre-Jean Jouve. Il n'acceptait pas qu'on lui parlât de cette œuvre de plus de dix années qui lui était devenue étrangère. Tout en accédant à son désir, on ne peut effacer l'histoire, et, dans un contexte unanimiste, Jouve occupait déjà une place de choix. Il ne se sépara d'ailleurs pas complètement de la prosodie de ses débuts :

> Et je vois dans ton grand courant les millions d'hommes
> Et je sens la spore qui les dévorait et te dévore
> S'installer dans ma chair pour y vivre indéfiniment.

Marcel Martinet, poète et militant pacifiste.

Militant socialiste, internationaliste, Marcel Martinet (1887-1944), durant la guerre de 1914, demanda asile à la Suisse, tout comme son ami Romain Rolland, car, pour lui, aucune idéologie ne justifiait une guerre. Lorsqu'il écrivit un drame, *la Nuit,* 1921, qui préfigure le théâtre politique d'aujourd'hui, il fut salué par Léon Trotski qui vit dans cette œuvre « le drame de la classe ouvrière française ». Poète, qu'il écrive en vers classiques ou libres, Martinet a des accents proches de ceux des poètes de L'Abbaye, surtout quand il dit les déchirures de la guerre :

> Ils ne se tueront plus !
> Ah ! que les cieux sont beaux avec leurs saisons d'arbres !
> — Mais il y a la manche vide de ce manchot,
> Et elle emplit ma route.
> Et il y a la toux de cet homme aux yeux fixes,
> Et il est ravagé, le clair silence.

Son œuvre est considérable et reste en partie inédite. Domaine poétique : *le Jeune Homme et la vie,* 1911, *les Temps maudits,* 1917, 1920, et, avec *la Nuit,* 1975 (remarquable préface de Nicole Racine), *Chants du passager,* 1934, 1979, *Hommes,* précédé d'un essai : « Défense à la poésie... », 1938, *Une feuille de hêtre,* 1938, 1979, *Quarantaine,* 1939, *Florilège poétique* (par Violette Rieder), 1946, *Eux et moi,* 1954. Nicole Racine écrit : « Il est de ceux qui, à la suite de mouvements (comme l'Unanimisme) de renouvellement de l'inspiration et de la forme poétique, sont venus à une poésie d'inspiration sociale; il est de ceux qui admirent fortement Walt Whitman et Émile Verhaeren. Certes, Marcel Martinet est né à la poésie dans ces années; on trouvera toujours chez lui cette tradition de fraternité humaine et de communion avec la nature. Cependant Marcel Martinet a voulu contribuer non seulement à la naissance d'une poésie sociale et universaliste, mais à celle d'une poésie révolutionnaire. » Il est à la fois contre les poètes qui refusent un rapport à la politique et contre certains militants qui croient que la poésie peut affaiblir les énergies. Pour lui le champ de la poésie est illimité; elle est « une certaine façon d'éprouver et d'exprimer une passion que tous les hommes ressentent. Une passion humaine, peu importe à quoi elle s'adresse, son origine, son contenu, si elle est profonde et brûlante, nue, et si elle trouve son expression dans une langue pareillement dépouillée, forte et tendre, souple et franche, pénétrante et douée d'un pouvoir d'incantation ». Martinet est le poète de la fraternité humaine échappant aux stéréotypes. Bouleversant données et chronologies, cet homme né avant l'avènement surréaliste apparaît comme un poète d'avenir. Écoutons-le encore :

> Une feuille de hêtre
> — De mon passage sur la terre
> Je ne rapporterai rien d'autre,
>
> Mais cette feuille, je te la donne,
> Rien d'autre, une feuille de hêtre,
>
> Mais si tu peux apprendre un jour
> A la posséder à ton tour,
> Si elle t'enseigne à te conquérir,
>
> Elle te suffira comme elle m'a suffi.

Un voisin proche, l'immense André Spire.

Il a sa voix personnelle, il n'appartient à aucun groupe et il est cependant proche de l'Abbaye qu'il fréquenta et de l'Unanimisme par ses préoccupations sociales et socialisantes. C'est André Spire (1868-1966), philosophe, phonéticien, politique, homme d'action et poète, qui mourut presque centenaire et dont la vie, comme jadis celle de Fontenelle, est à cheval sur deux siècles. Au début du nôtre, il eut des amitiés parmi les phalanstériens comme d'ailleurs auprès des poètes de *la Phalange,* mais, homme de caractère, farouchement indépendant, il ne sera annexé à aucun groupe. Ce qui l'unit aux poètes figurant dans ce chapitre, c'est le désir d'écrire « une poésie accessible à tous, une poésie simple, avec un minimum d'artifice, écrite par un homme de notre temps pour les hommes de notre temps ».

Né à Nancy, il suivit les cours de l'École des Sciences politiques, fit son droit et soutint en 1895 sa thèse de doctorat. Il fut auditeur au Conseil d'État, et, de 1902 à 1926 (date d'une retraite dont il a joui durant quarante années), il fut un haut fonctionnaire du ministère de l'Agriculture. Influencé par Paul Desjardins et Tolstoï, il fut très tôt intéressé par les questions ouvrières. Ainsi il prit part à la création des Universités populaires, collabora à de nombreuses revues dont les *Pages libres* de Charles Guyon ou *les Cahiers de la Quinzaine* de Charles Péguy. Issu d'une famille juive qui s'était quelque peu éloignée de la religion, il prit conscience des valeurs du judaïsme dans la société mondiale et voulut éveiller une conscience nationale chez ses coreligionnaires.

A trente-cinq ans, il avait mené de nombreux combats lorsqu'il publia *la Cité présente,* 1903, où, à côté de vers traditionnels, on trouve des poèmes de facture libre. Disons au passage que Spire ne cessa d'être phonéticien : son art s'inspire des techniques de l'abbé Rousselot et il entreprendra de savantes recherches au Laboratoire de phonétique du Collège de France. Dès ce premier recueil, pour une oreille habituée à la musique de l'alexandrin, il put surprendre, mais ses vers hors la routine prenaient un accent particulier correspondant à une sensibilité nouvelle. Spire était plus sensible au parler courant qu'au débit des acteurs de la Comédie-Française. Cependant, il n'attacha jamais d'importance à cette *Cité présente* dont il affirmait que le titre seul méritait d'être conservé.

A l'époque, il fréquentait Charles Péguy, ce qui n'allait pas sans orages. Dans son grand âge, nous pûmes rencontrer le poète du judaïsme qui était avant tout un poète de l'humain et nous portons témoignage qu'il n'avait rien perdu de sa fougue, de sa passion et d'un caractère intransigeant et entier que modéraient sa profonde humanité, la chaleur de son accueil et une bonté rayonnante proche de celle qu'apportait un Bachelard. Il embrassa la matière intellectuelle de son temps; on le vit défendre avec Julien Benda l'esprit critique et la raison contre les théories de Bergson. A ce propos il écrivit même des poèmes sarcastiques et ironiques dans *Vers les routes absurdes,* 1911. Pas de débats sur le judaïsme mondial où il ne prit part, militant pour la création d'un État juif, écrivant *les Juifs et la guerre,* fondant la Ligue des Amis du Sionisme et la revue *la Palestine.* Il écrivit sur de grands auteurs juifs comme l'Anglais Israël Zangwill, l'Autrichien Otto Weininger ou le Français James Darmesteter. Délégué à la Conférence de la Paix, il ne sépara jamais son action politique et sociale de sa recherche poétique : « L'action et la création, une seule vocation les commande : nécessité de tout l'être, aspiration morale plutôt qu'esthétique, besoin du cœur en un mot. »

Auprès de divers autres recueils, *Et vous qui riez!* 1905, ou *le Secret,* 1919, ce sont ses *Versets,* 1908, et ses *Poèmes juifs,* 1919, qui affirmèrent sa personnalité et retinrent l'attention de la critique. Ainsi, le remarquable poète Paul Jamati qui fut son biographe, écrivit : « *Les Poèmes juifs* recèlent une force explosive, une charge de vie inconnues avant lui. Leur combativité, leur noblesse, leur absence d'emphase et leur réalisme leur ont assuré une pénétration quasi immédiate, un retentissement mondial, un pouvoir d'action qui a survécu aux événements. » Dans l'univers du judaïsme, André Spire apportait quelque chose de nouveau : ce n'était plus un chant plaintif, un mur de lamentations, mais une poésie combative, vengeresse et forte. A la fois socialiste pacifique et lutteur nationaliste, Spire savait, à partir d'un ton familier, atteindre au souffle de l'épopée.

André Spire écrit une poésie sans contraintes apparentes, simple et coulante comme la conversation et ponctuée de flamme lorsqu'il invoque le peuple d'Israël sur un ton biblique ou lorsqu'il s'attaque aux égoïsmes et aux injustices. Voici le début d'un poème *Au peuple* :

> Ils m'ont dit de chanter pour toi, Peuple.
> Ils m'ont dit :
> Il faut à ses enfants des chansons à danser;
> A ses femmes des lieds pour les longues veillées,
> Chante-lui son travail,
> Et chante-lui ses jeux;
> Chante-lui ses cortèges et ses foules mystiques
> Qui font trembler les chefs peureux des Républiques.
> Ils m'ont dit :
> Chante ce peuple bon, chante ce peuple juste;
> Rends ce peuple plus fort en lui chantant sa force,
> Et forge-lui des cris pour ses colères.

Il devient un poète urbain et nomme les lieux de la cité moderne dans un *Dimanche de Pâques* :

> Christ est ressuscité
> Par la Ceinture et le Métro
> Tout Paris débouche à la Porte Maillot.
>
> Tout Paris! Celui qui reste à Paris,
> Même après la journée des Drags,
> Ou le Grand Prix,
>
> Celui qui n'a qu'une bonne,
> Ou pas de bonne,
> Et qui, toute l'année, rêve du restaurant.
>
> La file, encore endormie, des autos-taxis
> Sous un ciel violette de Parme,
> Coupe en deux la chaussée, de la barrière jusqu'à l'Étoile.

Parler des « bécanes », du chemin de fer du bois de Boulogne, de la foule et des bousculades pour en arriver au cri « Christ est ressuscité » dans un monde de prosodie disloquée put étonner. Et, auprès de cela, il y a le dynamisme de poèmes tels que cet *Exode* qui sont de sa meilleure veine :

> Israël, Israël, peuple entêté de vivre,
> Il faut fuir, Israël, toutes ces fausses patries.
> Tu aimes ces pays où tu es entassé :
> L'air, le soleil, les vents, les neiges et les plaines;
> Les fleuves où tes filles ont pris leur premier bain;
> Les bois où tu erras traqué comme une louve;
> Les maisons d'où tes fils furent défenestrés,
> Arrache de ton cœur ces sols de servitude;
> Prends le pain sans levain et les herbes amères;
> Ceins tes reins, prends ton bâton, chausse tes pieds.
> Marche vers Odessa, vers Hambourg ou vers Brême,

L'océan se fendra de nouveau devant toi,
Les chefs de tes tribus ont parcouru le monde,
Ont reconnu pour toi de nouveaux Canaans.

Un ton prophétique l'animait. On le voit dans d'autres recueils qui pourraient tous prendre le titre général de *Poèmes juifs : Et j'ai voulu la paix!*, 1916, *Fournisseurs*, 1923, *Poèmes de Loire*, 1929, *Instants*, 1936, *Poèmes d'ici et de là-bas*, 1944, *Poèmes d'hier et d'aujourd'hui*, 1953. Et n'oublions pas son essai sur l'évolution physique des techniques poétiques : *Plaisir poétique et plaisir musculaire*, 1949, son poème dramatique *Samaël*, 1921.

Edmond Fleg le biblique.

Comme André Spire, son coreligionnaire Edmond Flegenheimer, dit Edmond Fleg (1874-1964), Suisse naturalisé français, tout au long d'une longue vie, lui aussi, fit de son action et de son œuvre une lutte et une constante méditation sur la foi et la condition juive dans le monde moderne. De lui, François Mauriac pourra écrire : « Son génie aura, d'un Testament à l'autre, et bien qu'il n'appartienne qu'à l'Ancien, déployé ses ailes comme ce Gabriel qui vint un jour dans une petite ville de Judée, mais qui se tient debout, éternellement, devant l'Unique Dieu. »

L'essentiel des recueils de poèmes publiés entre 1913 et 1948 sera réuni dans *Écoute, Israël*, 1954, somme poétique étonnante. Il a joué sur tous les registres : roman (*l'Enfant prophète*, 1926), biographie légendaire (*Jésus raconté par le Juif errant*, 1935), essai (*Pourquoi suis-je juif?* 1928), théâtre (*la Bête*, 1910, *le Trouble-Fête*, 1913, *la Maison du bon Dieu*, 1920, *le Juif du Pape*, 1925, *le Marchand de Paris*, 1929). Il adapta *Faust*, *Œdipe* (pour une musique de Georges Enesco), traduisit les *Psaumes*, publia une *Anthologie juive*, 1939 et 1954, collabora au cinéma avec un scénario fantastique pour Léon Poirier, *le Penseur*, 1920.

Les vers de Fleg ressortissent d'une esthétique s'éloignant de la prosodie habituelle. Il est habité par un souffle venu de plus loin dans le temps : la Bible, le Talmud, la Thora lui donnent leurs rythmes et leurs accents. Des prophètes, il a l'abondance et la chaleur et tout chez lui s'oriente vers des valeurs éternelles de foi, de bonheur et de paix universelle à venir. Épique, familière, sa poésie est semée de sentences, de paraboles, de visions, de prières, de dialogues sacrés. Il y a chez lui du merveilleux biblique :

La Reine de Shéba de l'orient venue,
Disait à Shélomô :

« Qu'ils sont beaux, tes chars de Thagorma,
Tes vaisseaux de Tharshish,
Tes palais à piliers d'acacia,
Tes jardins d'aromates où bondissent des biches!

« Et tes cheveux sur tes épaules d'or
Et les deux fils de pourpre de ta bouche,

> Et tes yeux farouches
> Et tes genoux polis sous ta robe de Tsor!

Et le rappel de prophéties :

> Et le roi s'en alla, courbé sur un bâton,
> Et, mendiant son pain aux portes des maisons,
> Il chantait :
>
> « Tout le long des jours, peuple d'Israël,
> Bénis, bénis la main de l'Éternel;
> Sa grâce est aimable, aimables ses dons,
> Tout le long des nuits glorifie son Nom!
>
> « Si tu l'as oublié dans ton âme rebelle,
> Tu seras par ton Dieu chassé de ta maison;
> Et, comme je mendie à ta porte, Israël,
> Tu mendieras ton pain parmi les nations! »

Poésie religieuse donc, pas toujours éloignée de grands poètes catholiques, de Paul Claudel à Pierre Emmanuel, mais nous n'avons pas voulu séparer ici Fleg de Spire, et non plus des poètes de l'Abbaye dont il se rapproche par bien des endroits tant au plan de la prosodie libérée qu'à celui des sujets traités comme dans *la Morgue* :

> Dalles de plomb. Pieds bleus. Ventres crus
> Sous les robinets des cages vitrées.
> Trous aux tempes. Cous dépendus.
> Boursouflures des joues noyées.
>
> Morts inconnus... Comme ils sont bien tenus :
> Chacun, sur trois registres, a son numéro...
> Fatigue et famine,
> Alcool, luxure, crime,
> Cercles de l'Enfer, entre quatre murs blanchis à la chaux!
>
> N'as-tu rien lu d'écrit sur la porte, Dante?
> — « Par moi, on *sort* de la cité dolente;
> Par moi, on *sort* de la douleur et de l'éternité;
> *Retrouvez* l'espérance, vous qui *sortez!* »

Henri Franck et l'ardente quête.

Toujours dans le voisinage de l'Abbaye, un autre poète juif, Henri Franck (1886-1912) était nourri de la Bible. Il fut l'auteur de *la Danse devant l'Arche,* 1912, posthume, à la N.R.F. Mort à vingt-quatre ans, il promettait beaucoup, mais son unique livre en soi mérite qu'on s'y arrête comme le fit Anna de Noailles. Franck écrivait en alexandrins classiques mais remplaçait le plus souvent la rime par une assonance, prenait çà et là des libertés avec les règles prosodiques et marquait bien ses rythmes. Issu, comme un Marcel Proust, de la bourgeoisie juive, ce jeune intellectuel partagé entre la Sorbonne et le peuple apporta un examen de conscience probe face à la période tourmentée où se situait sa jeune existence. *La Danse devant l'Arche* est une quête frémissante, une poésie de culture et de philosophie vivantes où le poète est avide d'un Dieu difficile à rejoindre, d'une France pour laquelle il est aussi ambitieux que pour la foi. Il croit non seulement aux valeurs intellectuelles, mais aussi aux valeurs simples, à l'amitié, à l'« adhésion de l'homme à l'homme ». Il n'aime pas le passé, il a la jouissance, et comme Henri Bergson, l'intuition de l'instant :

> Ah! sache franchement saisir de tout moment
> La fuyante bonté et le suc éphémère
> Sans vouloir que s'y fixe à jamais ton désir.
> Chaque instant que tu vis est un instant du monde.
> Dis, pourquoi ta piété choisirait-elle entre eux?

Raymond Schwab l'hébraïsant.

Raymond Schwab (1884-1956) fut un savant orientaliste, un hébraïsant, un critique d'art, un musicologue, en même temps qu'un romancier, un prosateur lyrique, un poète. Il débuta dans le domaine poétique par *Vision d'un âge d'acier,* 1919, vaste méditation prophétique, empreinte d'une inquiétude que le temps devait justifier Son *Nemrod,* 1932, est une épopée philosophique, cosmogonique et légendaire qu'il mit quinze années à édifier. Liturgie dramatique, vision métaphysique, tentative d'explication de l'univers, il est injuste que *Nemrod* ne soit pas mieux connu car dans cette transfiguration mythique sont exaltées les vérités les plus profondes de l'âme et de la destinée humaines. Tout dit d'aimer la Terre au long de cette tragédie pleine de passion. Les dieux et les déesses, le Roi des Bêtes, la Terre, le Rossignol, le Roitelet, l'Aigle, le Taureau sont plus que des allégories, des êtres en proie aux passions humaines qui apportent des réponses à nos quêtes. L'homme y fait corps avec le monde :

> Le monde! il ne m'est pas plus proche dans mon corps :
> Affluence moi-même entre les affluences,
> Je ne sais où la chair des autres y commence.

Un véritable poète épique de notre temps est Raymond Schwab, mais qui sait si son recours à de vigoureux alexandrins n'empêche pas des oreilles déshabituées de l'entendre? Il a écrit sur Élémir Bourges, l'auteur de *la Nef,* et comme lui il a visé à « l'épanchement du quotidien dans l'éternel », celui qu'expriment les légendes et les mythes. Pour traduire *le Psautier de la Bible de Jérusalem,* Schwab apprit l'hébreu. En 1961, il le fit paraître tout jeune et renouvelé. Il donna des pages sur les caractères généraux des littératures orientales dans *l'Histoire des littératures* de La Pléiade. Il dirigea de 1936 à 1940, avec Guy Lavaud, *Yggdrasill,* revue de poésie. Ce savant infatigable, tourmenté, mystique, tourné vers un sentiment de fraternité cosmique, attentif à la vie onirique, a publié encore *Quelques Chants pour une enfant d'aujourd'hui,* 1938, *Mauvaise Époque,* 1952, où retentit une *Voix pour siècles maudits* :

> Siècle mon plus vrai peuple, ivre d'œuvre néfaste
> Mon siècle toi patrie aux frontières du temps,
> Ô natale galère ô rameurs de mon banc,
> Que batte en vous mon vers, tambour de triste caste;
>
> Foules du jour pâles d'un gris de temps présent
> C'est à cause de vous que je crie et j'endure,
> Bouches bientôt de morts où les ères futures
> Attendent que mon rythme imprime votre accent...

Henri Hertz le généreux.

Un grand ami d'André Spire, Henri Hertz (1875-1966) fut l'admirateur de Renan, connut Apollinaire et Salmon, retrouva à Paris Alfred Jarry qu'il avait connu au lycée de Rennes, se lia avec tous les grands poètes nouveaux de sa génération, collabora aux grandes revues littéraires : *le Mercure de France, la Revue blanche, la Démocratie sociale, la N.R.F., le Monde nouveau, Litterary Review, Avec l'Amérique latine, la Revue mondiale, Philosophies, Europe* (une étude d'André Spire, en 1955, l'y salue comme précurseur, et une commémoration y a lieu en 1970), etc. Une grande amitié et une admiration réciproque le lièrent à Max Jacob. Il débuta par *Quelques Vers,* 1909, un « mystère civil en quatre actes » : *les Mécréants* (selon André Spire « une bouffonnerie poétique »). Il y aura romans et contes, reportages journalistiques, et, pour la poésie : *les Apartés,* 1912, *Lieux communs,* 1921, *le Guignol horizontal,* 1923, *Passavant,* 1938, l'ensemble de ses écrits étant réuni en 1955 sous le titre de *Tragédie des temps volages.* Essayiste, il a écrit sur Henri Barbusse, André Spire, Jules Laforgue, Guillaume Apollinaire, Max Jacob, Alfred Jarry, Edgar Poe, les peintres Degas et Zarfin. Il est mort la même année qu'André Spire. Il y a chez ce poète un humour railleur qui le rapproche des poètes de l'École fantaisiste et Carco l'a présenté dans un Florilège de ces poètes dans la revue *Vers et prose,* le situant dans le voisinage de Toulet, Klingsor et Jules Laforgue. Mais il y a chez cet homme libre et généreux d'autres aspects : il est un vengeur de l'homme, un destructeur d'impostures, voire un anarchisant apportant sans cesse un message d'amour humain. Sa poésie est parfaitement originale et les témoignages le concernant l'indiquent. Ainsi Pierre Morhange (dont nous parlerons dans un autre volume) le dira « de la famille des Heine, des Corbière, des Max Jacob » et ce dernier le couvrait d'éloges : « Il y a là-dedans, tout! — dadaïsme... Gidisme et tout le naturalisme au complet. » André Spire : « Son œuvre se fit lentement, en se jouant. Car pour lui, écrire, c'est avant la plume et le papier, se promener dans les rues, regarder les passants, cueillir les physionomies des visages, une couleur vive et tendre aux reflets des devantures... » et, sans doute, cet intérêt du regard, ce goût de la flânerie de celui que Hélène Henry appelle « Henri Hertz, écrivain *volage* » ont-ils réduit l'importance quantitative de l'œuvre, mais ce spectateur passionné saisit le déroulement et la diversité du monde alors que tout, du voyage aux mentalités se modifie, alors que les rythmes s'accélèrent, que le quotidien des vivants devient autre. Cela ne va pas sans souffrances et sans déchirements, sans cette nécessité constante d'y voir clair qui conduit à fuir les simplifications, à donner du sinueux à la démarche. Il y a chez Hertz à la fois un goût des suites d'images où, comme l'écrit Georges Pillement : « la poésie et le paradoxe se nouent désespérément ». Un certain laforguisme aigu et mélancolique qui l'amènent aux pirouettes tragiques et au désir de ne pas être dupe de lui-même ni de la littérature, d'utiliser au besoin le mot le plus quotidien, d'appeler un chat un chat, de saisir au vol telle métamorphose :

> Tu n'étais qu'un sommeil végétal :
> Te voici homme, exploit quotidien et fatal.

Héros d'une aventure intérieure, soucieux de montrer comme disait Georges Duhamel à son propos « une face humaine sans masque de velours », un art ne devant rien à ses prédécesseurs, une expérience de la vie immédiate en « temps volages ». Michel Décaudin écrit : « Les ouvrages d'Henri Hertz sont apparus, selon son propre mot, comme une suite de " buissons hérissés d'éclairs et d'éclipses ". Des buissons que la forêt littéraire a peut-être un peu trop cachés. » Le lecteur attentif s'aperçoit cependant bientôt que Hertz est un poète d'exigence qui cache ses sentiments de fraternité profonde derrière un ton âpre, parfois gouailleur, loin de toute poésie de confection ou trop séduisante, sa douleur ancestrale et sa douleur quotidienne derrière l'humour à froid.

Nous n'avons pas voulu le séparer de son ami André Spire, si différent qu'il soit de lui. Nous parlerons ailleurs d'autres poètes juifs comme Emmanuel Eydoux ou Max Jacob. Rappelons ici que le philosophe Jean Wahl (1888-1974), un des premiers à introduire en France la notion existentielle, lorsqu'il écrivit les poèmes de *Connaître sans connaître* ou de *Poèmes,* tenta de capter et d'élucider ses états de conscience par un exercice autre que celui de la pensée rationnelle, et c'est le plus bel hommage de la philosophie à la poésie qui fut rendu dans son essai *Poésie, pensée, perception,* où sont établis les rapports entre la recherche poétique et les fondements métaphysiques. Mentionnons aussi que la gloire romanesque d'Albert Cohen (1895-1981) a fait oublier qu'il débuta par *Paroles juives,* 1921, ensemble poétique à peu près inconnu de ses lecteurs.

On peut prendre l'œuvre de la plupart des poètes dont nous avons parlé, André Spire, Edmond Fleg, Henri Franck, Raymond Schwab surtout, comme se situant dans une extension de l'Unanimisme, une ouverture à l'homme social comme le voulurent les compagnons de L'Abbaye. De Gustave Kahn à Max Jacob et Henri Hertz, la pensée juive, la poésie juive ont apporté des biens précieux et originaux, nous le verrons encore.

3
L'École fantaisiste

Naissance d'une pléiade.

A travers l'histoire de la poésie française, on pourrait établir des parallèles : au collège de Coqueret, Jean Dorat et ses élèves Joachim Du Bellay et Pierre de Ronsard ; au collège de Nyons, Roumanille et son élève Mistral ; au lycée d'Agen rencontre de deux jeunes répétiteurs et d'un élève : nous sommes en 1906 ; les deux jeunes répétiteurs se nomment Francis Carcopino, dit Francis Carco et Robert de La Vaissière, l'élève Philippe Huc qui n'est autre que Tristan Derème. Que Carco effectue son service militaire à Grenoble et qu'il y rencontre Jean Pellerin, puis fasse la connaissance dans la Drôme de Jean-Marc Bernard, qu'il les mette en relation avec ses amis, qu'à Toulon un nommé Léon Vérane fonde la revue *les Facettes,* que le petit groupe prenne contact avec lui, cela fait six poètes, six provinciaux (pour une fois les choses ne se font pas à Paris), et, comme écrira Philippe Chabaneix, six amis « qui détestaient l'emphase et qui, méprisant le verbiage des faiseurs de manifestes alors à la mode, pratiquaient avec ferveur un lyrisme tout ensemble audacieux et lucide ». Ce lyrisme, sous l'enseigne de la fantaisie, nous le verrons, n'est pas fantaisiste au sens péjoratif du mot, mais « une manière de douce indépendance et parfois comme un air mélancolique que voile un sourire ambigu » définition qui vaut pour l'ensemble de ces poètes, mais chacun lui apportant sa nuance particulière.

Ils sont donc six, ce qui n'est pas nombre d'or. Il leur manque un chef de file, ils le connaissent déjà. Sept ans se sont écoulés depuis la première rencontre et, à Paris, le groupe est déjà bien connu et reconnu. Paraît en 1913 un numéro de *Vers et prose* consacré aux Indépendants et aux Fantaisistes : nos poètes y donnent à Paul-Jean Toulet, un des plus originaux d'entre eux, la place qui lui est due. Francis Carco a donné une préface substantielle. Ils sont donc sept, mais le chiffre dû au hasard (ou à la providence des poètes) ne sera pas limitatif : d'autres se joindront à eux au cours des années comme Philippe Chabaneix, René Bizet, Francis Éon, Noël Ruet, Robert Houdelot, comme d'autres encore, proches et sympathisants, amis fraternels qui se nomment Jacques Dyssord, Guy-Charles Cros, Roger Allard, Roger Frène, Vincent Muselli, Georges Gabory, Tristan Klingsor, Roger Chalupt, Claude Odilé, Alphonse Métérié, Charles Forot, Pierre Camo, Louis Pize, André Castagnou, Edmond Pilon, Gilbert Charles, Mélot du Dy, André Kerdyk, Marcel Ormoy, etc.

Henri Martineau, érudit stendhalien et poète, ouvrit aux fantaisistes, ainsi qu'à maints poètes néo-classiques, sa revue *le Divan,* future enseigne de sa librairie de Saint-Germain-des-Prés dont *les Soirées du Divan* furent très fréquentées. Les poètes fantaisistes se réunissaient là comme, plus tard, à la librairie *le Balcon* de Philippe Chabaneix dans le même quartier. A travers tous les remous, toutes les tempêtes, sans trop se soucier des modes, ces poètes sont restés fidèles à eux-mêmes. Parce qu'ils ont en commun le goût de la forme, on peut les taxer de néo-classicisme, ce qui n'est pas faux, mais ne suffit pas à les définir car ils participent en maints endroits de la modernité ne serait-ce que par cet humour vivifiant qui passe dans leurs poèmes.

Les fantaisistes n'ont guère le goût du manifeste, mais, çà et là, dans des articles, dans des préfaces, ils expriment les tendances d'un groupe très ouvert où l'on n'a pas l'habitude d'excommunier, où tout est accueil souriant. C'est Francis Carco qui, dans un *Cahier des poètes,* 1912, montre qu'il ne s'agit pas de rejeter le Romantisme et le Symbolisme au nom d'une orthodoxie, qui, dans *les Facettes,* définit le fantaisisme comme « un souci agréable de liberté spirituelle et sentimentale qui permette de donner au monde des aspects imprévus ». Il dit encore que le fantaisisme n'est pas une école, mais « une réaction profonde de la sensibilité contre les vieux clichés, des procédés usés jusqu'à la corde et un incroyable charabia », ce qui n'est point là langage de simple poète traditionnel. Tristan Derème, dans sa préface à *la Verdure dorée,* 1922, apporte un art poétique, celui du poète fantaisiste selon son cœur : « Dans ses poèmes, la tristesse et l'affliction les plus douloureuses n'apparaîtront qu'ornées des guirlandes de l'ironie, qui est, on l'a dit, une pudeur, et qui est aussi une rébellion et une revanche. Le choix des mots, les rythmes, la rime, l'assonance — aucune richesse ne doit être négligée — serviront le poète à ce dessein. Il saura, par l'éclat exagéré d'une rime, par la rouerie d'un épithète ou le jeu trop sensible des allitérations, donner volontairement à sourire des sentiments graves qu'au même instant il chante sans cesser d'être sincère. »

On peut parler de fantaisie légère, de verve qui fleurit jusque dans la mélancolie, de tristesse masquée par un sourire, parfois d'un rien de bouffonnerie, d'un zeste de moquerie, voire de sarcasme, par rapport à soi-même, de piment dans la rêverie. Le poète fantaisiste est sentimental sans illusions, amoureux avec sensualité et libertinage, élégiaque avec des couleurs tendres, sensible à tout spectacle, à toute circonstance pour en extraire le parfum de poésie. On n'aime guère le langage précieux des symbolistes, mais certains paysages, certaines atmosphères brumeuses, celles des symbolistes flamands, pluies de Rodenbach ou évocations légendaires d'Elskamp les ravissent quand ce n'est pas, comme chez Carco, le

Valois de Nerval. Les thèmes sont l'amitié, les belles amies, les rencontres, les sites urbains ou campagnards, les rêveries vagabondes et bohèmes. Ils sont des flâneurs, des observateurs. Leur espace imaginaire n'est pas celui qui repousse le champ du possible, mais une manière de regarder un espace réel, souvent amenuisé, et d'en extraire une chanson touchante et vraie, une musique assez neuve dans sa simplicité comme chez un Erik Satie.

Ils ont leurs maîtres. On pense à Villon, à Colin Muset, à Marot, à Charles d'Orléans, à Belleau et à Ronsard, aux gentils mousquetaires des lettres du premier XVIIe siècle qui s'opposaient à Malherbe, Théophile de Viau, Tristan L'Hermite, le gros Saint-Amant, à Mathurin Régnier, au Voltaire le plus léger. S'ils jettent un regard vers le siècle précédent, le Musset des chansons et des fantaisies, le Gautier des *Émaux et Camées,* le Nerval des *Odelettes,* le funambulisme de Banville les retiennent. Ils n'acceptent pas un poète en bloc ; ils retiennent de son œuvre ce qui leur plaît. On peut faire référence à Verlaine pour la musique, à Corbière et à Laforgue, et l'on ajoute des touches d'exotisme fin de siècle, de l'encanaillement faubourien, un mépris de la solennité et de l'esprit bourgeois, le sens de l'humour...

Mais, dira-t-on, nous ne sommes pas si éloignés de certains poètes modernes. Il est vrai qu'on se rapproche de Guillaume Apollinaire, pas celui de l'avant-garde, mais celui de *la Chanson du Mal-Aimé,* des *Rhénanes* ou du *Pont Mirabeau,* on apprécie Max Jacob, André Salmon ou Léon-Paul Fargue et il y a, dans une même connaissance de la poésie française, bien des parallélismes. Mais le poète fantaisiste reste limité par sa pudeur même. Il suffirait d'un peu de hardiesse pour atteindre de hautes régions. On y répugne et parfois on répète les erreurs de la poésie fugitive, on limite les conquêtes, on sombre même, sous prétexte de chanson douce, dans la banalité. Il y a des frissons poétiques intenses qui égalent presque ces poètes aux plus grands ; il y a des lumières d'aube dans des chants qui touchent au profond de l'être quotidien ; il y a des poèmes à fleur de peau qui apportent des sensations agréables ; il y a aussi, malheureusement, des mièvreries surannées et des faiblesses flagrantes. Il n'empêche que quelques grands poètes émergent du mouvement et c'est bien là l'essentiel, mais on aurait souhaité souvent plus d'ambition à ce groupe fort sympathique et qui apportait vraiment quelque chose de neuf en un temps donné. Rappelons à ce propos que la N.R.F. a apporté sa caution de nouveauté et de modernité aux meilleurs de la première pléiade fantaisiste, ainsi qu'aux proches comme Roger Allard, Roger Chalupt, Claude-André Puget, Mélot du Dy, Georges Gabory, Jean Lebrau qui touchent au Fantaisisme par quelque aspect de leur œuvre ou par le choix de leurs amitiés.

Voilà une petite vue d'ensemble de cet univers fantaisiste où l'on eut le mérite de refuser le plus souvent l'éloquence romantique, le vocabulaire décadent, le didactisme pour accueillir des constantes claires de la poésie française et donner des festivals de l'ellipse, de la litote, de l'épigramme, de la chanson aigre-douce, de la liberté totale qui est celle de l'homme des rêveries sans autres objets qu'elle-même. Comme toujours, en toutes écoles, c'est finalement l'individualisme qui triomphe et il faut pour une meilleure compréhension du phénomène rejoindre chaque poète dans la seule vérité qui compte : celle de ses œuvres.

Paul-Jean Toulet et les Contrerimes.

En choisissant Paul-Jean Toulet (1867-1920) pour chef de file, les fantaisistes faisaient le meilleur pari qui soit sur l'avenir : il est de tous le plus intéressant et le plus original; c'est lui qui a apporté un sang neuf à la tradition. Ses poèmes, s'ils ne furent réunis qu'après sa mort, étaient bien connus du groupe. Le numéro de *Vers et prose,* par exemple, contenait sous le titre de *la Carte du Tendre* dix-huit courts poèmes où, comme le dit Philippe Chabaneix, « son amertume foncière se joint à son étrange pouvoir d'évocation en des strophes savantes dont la plénitude n'exclut pas l'acuité ». Qui était-il, ce Toulet qui faisait si forte impression auprès de ses jeunes amis? Par sa mère, il appartenait à la famille de Charlotte Corday, par son père il descendait de Béarnais et de créoles établis à l'île Maurice. A la fin de ses études, à Paris, Bayonne et Saintes, en 1885, il partit pour cette île lointaine, cette île où la poésie a toujours été en faveur, et il y vécut trois ans. Sur le chemin du retour, il s'arrêta durant quelques mois à Alger où il fit ses premières armes de journaliste et d'écrivain. Le romancier à la mode était alors Pierre Loti qui apportait dans ses romans le parfum vanillé de l'exotisme et Toulet y fut sensible. En 1898, il est à Paris où il se lie avec Edmond Jaloux, Émile Henriot, Charles Derennes, Jean Giraudoux, le musicien Claude Debussy, le peintre Toulouse-Lautrec. Il appartient à la jeunesse boulevardière, celle de la rive droite où les opinions prennent souvent la direction monarchiste : il rencontre Maurras. Il donne des chroniques à *la Vie parisienne,* des vers et des contes dans *les Marges, la Revue critique des idées et des livres.* Il partage la chambre de son ami Curnonsky et fait partie avec lui de l'équipe des « nègres » de Willy : il faut bien vivre. Il partira avec Curnonsky en Indochine où son habitude de l'opium s'aggravera. Sa santé n'est pas bonne : son noctambulisme de dandy, son goût de l'alcool, de la drogue y sont pour beaucoup. Il se lie avec Marcel Schwob, donne des chroniques et les poésies qui entreront dans le recueil des *Contrerimes,* au *Soleil* et à *la Grande Revue.* En 1912, il se retirera à Guéthary où il mourra huit ans après. De son vivant il a publié d'exquis romans : *Monsieur du Paur, homme public,* 1898, *Mon amie Nane,* 1905. *La Jeune Fille verte* est de 1918, mais sera publiée après une refonte complète en 1920. Il avait donné en 1918 *Comme une fantaisie;* l'année de sa mort parurent *les Contes de Béhanzigue.* Puis en 1922, ce furent *les Trois Impostures, almanach.*

Ses poèmes furent édités après sa mort : *les Contrerimes,* 1921, *Vers inédits,* 1936. Dans cette poésie française où, depuis les grands rhétoriqueurs, tant de formes ont été expérimentées, et les recherches de Verlaine, Banville, Jammes, jouant sur l'impair, le sautillement du vers ou les jeux de rythmes et de timbres en sont un témoignage, les contrerimes ont apporté une forme nouvelle permettant des effets originaux. Chaque poème est constitué de deux ou trois quatrains où les vers de huit et six pieds (parfois de six et de quatre pieds) sont entremêlés, celui de huit rimant à contretemps avec celui de six. Cette forme savante et précieuse constitue une armature syntaxique à la fois forte et flexible dont Toulet joue avec un art consommé : ses petits tableaux fixent l'instant psychologique ou l'état d'âme avec toute leur complexité dans l'éternité. Les coloris sont lumineux comme les éclats des vitraux et sobres en même temps tout comme la démarche de chaque poème. Le rythme sait être envoûtant, coupant, surprenant, crispé. Les jeux de rimes, parfois frivoles, parfois sévères, semblent arrêter l'esprit sur la netteté d'une impression ou d'un sentiment. Cet art de contention ne saurait convenir à tous les poètes. Il s'accorde fort bien à ce qui caractérise Toulet : un dilettantisme désabusé, un dandysme qui aime l'amenuisement jusqu'au bibelot, un mélange subtil d'exotisme nonchalant et de finesse française, d'élégie et de libertinage, de tendresse et d'impertinence, de sensibilité et d'un humour allant parfois jusqu'au plaisir de la mystification. Il est plus qu'un humoriste lyrique comme on le crut avant d'avoir lu l'ensemble de son œuvre. Dans sa langue toujours maîtrisée, il peut mêler le parler populaire le plus moderne aux mots de la pléiade renaissante. Tranquillement, sans jamais tomber dans le danger que courent les acrobates des mots, plus ronsardisant que banvillesque, il apporte un mélange exquis de charme et d'ingénuité voulue, de fraîcheur et de profondeur. Mais rien ne saurait mieux parler qu'un exemple :

> Toi qu'empourprait l'âtre d'hiver
>   Comme une rouge nue
>   Où déjà te dessinait nue
>   L'arôme de ta chair ;

> Ni vous, dont l'image ancienne
>   Captive encor mon cœur,
> Ile voilée, ombres en fleurs,
>   Nuit océanienne ;

> Non plus ton parfum, violier
>   Sous la main qui t'arrose,
> Ne valent la brûlante rose
>   Que midi fait plier.

Voici une autre de ses « contrerimes » où s'affirme la fantaisie (car Toulet peut chanter, comme l'affirmait un critique, « l'amour, les îles, l'opium, le *Weber,* M. Curnonsky, le midi océanique et le chocolat d'Espagne) :

> A l'Alcazar neuf, où don Jayme
>   Gratte un air maugrabin,
> Carmen dansant dans son lubin :
>   Ce n'est pas ce que j'aime.

> Mais, à Triana, la liqueur
> D'une grappe où l'aurore
> Laissa des pleurs si froids encore
> Qu'ils m'ont glacé le cœur.

Un de ses poèmes les plus connus figure dans un ensemble de *Romances sans musique* :

> Dans Arles, où sont les Aliscams,
> Quand l'ombre est rouge, sous les roses,
> Et clair le temps,
>
> Prends garde à la douceur des choses,
> Lorsque tu sens battre sans cause
> Ton cœur trop lourd ;
>
> Et que se taisent les colombes :
> Parle tout bas, si c'est d'amour,
> Au bord des tombes.

Par contraste, citons encore ce poème qui n'est pas sans faire penser à certaines fêtes galantes renouvelées :

> Sur la banquette de moleskine
> Du sombre corridor,
> Aux flonflons d'Offenbach s'endort
> Une blanche Arlequine.
>
> ... Zo' qui saute entre deux MMrs,
> Nul falzar ne dérobe
> Le double trésor sous sa robe
> Qu'ont mûri d'autres cieux.
>
> On soupe... on sort... Bauby pérore...
> Dans ton regard ouvert,
> Faustine, rit un matin vert...
> ... Amour, divine aurore.

Parfois il s'amuse franchement et on pense à des fantaisies à la manière de Guillaume Apollinaire :

> Les trois princes Pou, Lou et You,
> Ornement de la Chine,
> Voyagent. Deux vont à machine.
> Mais You, c'est en youyou.

Devant ces miroitements d'émotion, d'images, de sentiment, on pourra parler de « délicate menuiserie poétique » ou de « miracle de justesse » avec raison. Cette poésie a des rapports avec Laforgue et Mallarmé dans leur goût de l'arabesque elliptique, leur désir de quintessencier l'anecdote, avec Banville le funambule, avec Apollinaire, avec le Moréas des *Stances* dont il a cette contention empruntée à l'Anthologie grecque, avec Pierre Louÿs pour le libertinage et la sensualité. Il faut noter que Toulet, apprécié par les poètes les plus modernes, se souciait fort peu d'avant-gardisme et se tenait lui-même pour un néo-classique très vieille France.

Les *Contrerimes* s'accompagnent d'autres recherches que celles qui ont donné leur titre à l'ensemble. Le poète écrit des « coples » qui font alterner des mètres divers, chacun constituant un poème. Il compose aussi des dixains octosyllabiques :

> Puisque tes jours ne t'ont laissé
> Qu'un peu de cendre dans la bouche,
> Avant qu'on ne tende la couche
> Où ton cœur dorme, enfin glacé,
> Retourne, comme au temps passé,
> Cueillir, près de la dune instable,
> Le lys qu'y courbe un souffle amer,
> — Et grave ces mots sur le sable :
> Le rêve de l'homme est semblable
> Aux illusions de la mer.

Une bien mince partie du volume contient des épigrammes du genre suivant : « Ciel! Isadora Duncan / Va danser. F...ons le camp. » Ces blagues boulevardières ne sont pas le meilleur chez Toulet et l'on préfère qu'il prenne l'épigramme au sens antique. Deux vers lui ont dicté ce cople souvent cité :

> Deux amis vrais vivaient au Monomotapa
> Jusqu'au jour où l'un vint voir l'autre et le tapa.

Mais ailleurs, c'est-à-dire presque partout, il y a tant de sensibilité dans les bijoux poétiques de Toulet, tant de mesure et d'élégance que la forme elle-même donne une impression aérienne. Ce n'est pas la sculpture sur marbre des parnassiens ayant écouté la leçon de Gautier. Son scepticisme, son détachement, son ironie, son désenchantement deviennent leur propre chant sans rien qui pèse ou qui pose. Incline-t-il vers la préciosité qu'il ne va jamais jusqu'au maniérisme. Il y a sans cesse chez ce magicien, cet artiste du verbe, un petit miracle qui fait qu'il sait jusqu'où il peut aller trop loin : un mot de plus, un mot de moins et l'édifice ne serait plus le même. Il a beaucoup d'art et l'on pense au meilleur correspondant français qui soit des haïkaïs dans ces *Contrerimes* enchanteresses.

Le recueil contient donc soixante-dix contrerimes proprement dites que suivent quatorze petits poèmes, douze dixains comme celui cité plus haut, cent neuf distiques et quatrains serrés qui font penser aux épigrammes grecques, aux haïkaïs japonais, et plus encore aux soledades espagnoles. Tout Paul-Jean Toulet est dans *les Contrerimes* et les *Vers inédits* ne font qu'apporter un supplément. Il est agréable de voyager parmi ces courts poèmes qui nous font parcourir des paysages d'âme en même temps que les paysages du monde. Alger, l'île Maurice, la Chine, l'Indochine, le Japon ou Arles chatoient de nouvelles couleurs. Toulet, un des poètes les plus originaux de notre pays, montre qu'au cœur de la tradition et sans lui être infidèle tous les renouvellements sont possibles. A force de maîtrise artisanale, de concision syntaxique, d'harmonie savante, et par son tour ironique, légèrement agressif, il s'inscrit dans la lignée précieuse et burlesque des poètes du début du XVIIe siècle en même temps que dans une tradition alexandrine qui l'a fait comparer à Horace, mais on pourrait aussi parler d'Henri Heine ou de Musset.

Les témoignages le concernant sont innombrables et l'on peut citer avec Jean Giraudoux cet « horloger des âmes », avec Charles Du Bos « le secret et sarcastique magicien », avec Émile Henriot d'un « trait venu de loin, acéré, longuement macéré dans le venin le plus corrosif », avec Jean-Marc Bernard « ce style chatoyant, coloré, nuancé comme l'eau de mer », avec Francis Jammes « un grammairien de génie », avec Eugène Marsan « ce style accompli », avec Jacques Boulenger « une phrase belle et savante », avec Georges Pompidou « ce murmure où s'efface et chante, et nous enchante, le reste d'une pluie d'été », avec Kléber Haedens « un poète fin et rapide comme un souffle embaumé », et il faudrait encore citer Henri Martineau, Tristan Derême, Paul Eluard, Philippe Chabaneix, Roger Caillois, Georges Bernanos, et Borgès qui nous confia qu'il le tenait pour un des plus grands poètes français.

Jean-Marc Bernard et le De Profundis.

Né à Valence, Jean-Marc Bernard (1881-1915), après une enfance et une jeunesse passées en Allemagne, en Angleterre, en Belgique, en Suisse, s'installa à Saint-Rambert-d'Albon en Dauphiné dans la maison paternelle, en pleine nature bucolique et virgilienne. C'est là qu'il composa ses poèmes tout en publiant, avec Raoul Monier, à partir de janvier 1909, une revue poétique, satirique et monarchiste intitulée *les Guêpes* où il accueillit ses amis Paul-Jean Toulet et Francis Carco, et à laquelle collaborèrent Jules Romains, Henri Martineau, Henri Clouard, Louis Thomas, Jean-Baptiste Rey, etc. Il pouvait donner l'idée de l'honnête bourgeois, homme de bien cultivant les lettres dans une maison commode, propre et belle, digne du sonnet de feu Christophe Plantin. Cela l'inclinait vers la bergerie classique, l'élégie souriante, un peu facile, les impressions de promenade, la mélancolie. Il publia de son vivant une étude sur *Savinien de Cyrano et Edmond Rostand*, 1903, des *Pages politiques des poètes français*, 1912, *les Rondeaux de Charles d'Orléans*, 1913, et des recueils : *l'Homme et le Sphynx*, 1904, *la Mort de Narcisse*, 1905, *le Banquet ridicule*, 1909, *Quelques Essais*, 1910, *Sub tegmine fagi*, 1913. Après sa mort paraîtront quelques ouvrages, notamment un *François Villon*, 1918, et surtout ses *Œuvres de Jean-Marc Bernard*, 1923, en deux volumes au *Divan*, suivies des *Reliquae* d'Henri Monier. De lui, on a retenu un poème, ce *De Profundis* écrit dans la tranchée peu avant sa mort qui est sans doute un des plus beaux poèmes inspirés par la grande guerre et auquel sa mort au front en juillet 1915 ajoute une note pathétique :

> Du plus profond de la tranchée,
> Nous élevons les mains vers vous,
> Seigneur! Ayez pitié de nous
> Et de notre âme desséchée!

> Car, plus encor que notre chair,
> Notre âme est lasse et sans courage,
> Sur nous s'est abattu l'orage
> Des eaux, de la flamme et du fer.
>
> Vous nous voyez couverts de boue,
> Déchirés, hâves et rendus...
> Mais nos cœurs, les avez-vous vus ?
> Et faut-il, mon Dieu, qu'on l'avoue ?
> . . . .
> Mais aux morts, qui tous ont été
> Couchés dans la glace ou le sable,
> Donnez le repos ineffable,
> Seigneur, ils l'ont bien mérité !

Un écho de Villon, un souvenir de la grande poésie religieuse, de la simplicité et de la grandeur, il fallait cela pour dire la douleur, mais ce poème qui a suffi à assurer l'immortalité de Jean-Marc Bernard a aussi jeté un voile sur une œuvre élégiaque et douce où passaient des souvenirs antiques :

> Mieux vaut, couché sur le gazon,
> Relire, loin des philologues,
> Catulle, Horace, Anacréon
> Et le Virgile des *Églogues*.

Ce fantaisiste ne dédaignait pas la satire et non plus la légèreté de petits poèmes sensuels d'un goût renaissant. Il était aussi un poète intimiste, voluptueux, comme la plupart de ses amis :

> ... D'une main maladroite et lasse, je caresse
> Le contour de tes seins humides de sueur.
> Déjà, par les volets mal clos, une lueur
> Matinale surprend notre douce paresse.

Il fallait, auprès du cri de la guerre tant de fois cité, rappeler le chant de l'amour et rappeler que quelques-uns des plus beaux poèmes de l'École fantaisiste figurent dans ses œuvres, et surtout dans *Sub tegmine fagi* où rôde le souvenir de La Fontaine, où des quatrains d'Omar Khayyam sont librement adaptés, où les paysages de la vallée du Rhône s'accompagnent de chants d'amour et d'amitié. Citons à son propos Francis Carco : « Ce qui frappe chez Jean-Marc Bernard, c'est son accent dont la sourde gravité déconcerte tant elle prend de violence, d'intensité, d'ampleur. On s'attendait aux jeux, aux rires aimables d'un adolescent que l'amour n'a qu'effleuré d'une de ses flèches et l'on s'aperçoit qu'elle l'a secrètement blessé. Il ne veut point en convenir, mais il souffre. Quand il murmure :

> Je suis un peu celui qui laisse
> Courir les flots s'ils sont pressés,

on devine que c'est pour mieux examiner sa plaie et la presser en silence. » On peut penser que le *De Profundis du Combattant* a uni ses souffrances à la souffrance de tous.

Jean Pellerin et la Romance du retour.

Six ans jour pour jour après Jean-Marc Bernard, le 9 juillet 1921, mourut Jean Pellerin (1885-1921), né à Pontcharra, des suites de la guerre. On recueillera ses poèmes épars dans diverses revues après sa mort : *la Romance du retour*, 1921, *le Bouquet inutile*, 1923, ainsi que des romans et un livre de pastiches, *le Copiste indiscret*, 1919. Avant guerre, il avait collaboré au *Gil Blas*; après guerre, il fut l'un des « Treize » de *l'Intransigeant* et écrivit dans *la Lanterne*.

Les poèmes de Pellerin sont plus modernes que ceux de ses amis en ce sens qu'il sait extraire la poésie des choses les plus quotidiennes, n'hésitant jamais à parler de taxis, de métro, de T.S.F., de banque, de Salon d'Automne, d'Opéra-Comique ou de cinéma :

> Paris, milliers de promesses,
> Appels de taxis inviteurs,
> Aveux de nocturnes prouesses
> Dans les corbeilles de facteurs,
> Milliers de maisons, de femmes,
> Sarabande d'hommes infâmes,
> Tournois de mauvaises raisons !
> Le ciné donne Forfaiture.
> La marchande sur sa voiture,
> N'a plus de quatre saisons.

Cette strophe d'octosyllabes est extraite de *la Romance du retour* ainsi composée. Il y a là une fantaisie débridée. On peut le prendre comme un festival de tout et de n'importe quoi, une fête de la fatrasie et du coq-à-l'âne. Cette suite serait un peu lassante si d'incessantes surprises ne l'égayaient. Pierre Mac Orlan plaçait ce poème dans la tradition de Claude Le Petit et de Villon, Chabaneix a comparé certaines strophes aux madrigaux de Tristan L'Hermite. Il y a aussi du Banville en lui, du Laforgue, de l'Apollinaire et du Toulet, mais ces hauts patronages qui risqueraient de le reléguer au rang d'un poète mineur ne cachent pas sa personnalité : derrière la blague et la gambade, la fantaisie et la plaisanterie se cache un homme blessé dont le sourire se crispe. Au retour de la guerre, sa romance émerveillée par le retour porte des cicatrices :

> J'ai pleuré par les nuits livides
> Et de chaudes nuits m'ont pleuré.
> J'ai pleuré sur des hommes vides
> A jamais d'un nom préféré.
> Froides horreurs que rien n'efface !
> La terre écarte de sa face
> Ses longs cheveux indifférents,
> Notre vieux monde persévère.
> Douze sous pour un petit verre !
> Combien va-t-on payer les grands ?

Parmi les jeux et les pirouettes, les facéties et les traits, le désespoir s'exprime en élégies voilées, la tristesse prend un masque clownesque et narquois. Dans un même poème, il peut dire la « tristesse des parapluies » ou les « bourgeois tièdes et constipés » et, aussi bien, atteindre à la poésie la plus intense et la plus pure :

> Grâce à toi l'univers s'explique;
> L'ombre hésitante de tes cils
> Forme la grille qui s'applique
> Sur tous nos textes obscurcis.
> Ton geste résout et propose.
> Le vers se lave de la prose,
> Comme Aphrodite jaillissant
> De l'écume qui la fomente,
> D'un serpent vert, algue infamante,
> Libère un torse éblouissant.

Ce poème est proche de *la Chanson du Mal-Aimé,* non par sa forme qui est plus lourde, mais par la multiplicité de ses thèmes et ce mélange clair-obscur d'imagination, de fantaisie et de profondeur. A travers les tours de force et les jeux du *Bouquet inutile,* un homme apparaît qui est tout sentiment. Pas un instant d'ennui, le regard va de poème en poème et trouve une haute distraction comme dans cette *Bohème* en huit vers :

> Jeanne lutte avec un huissier
>   Et le poëte Chose
> Récite chez le financier
>   Sa ballade à la rose.
> Les dieux s'en vont – s'en vont au trot !
>   Jeanne se décourage
> Et le dernier Abencérage
>   Est mort dans le Métro.

Il va jusqu'au jeu de mots qui n'est pas si loin d'acrobaties mallarméennes mais montre aussi que le temps du *Chat noir* n'est pas si loin :

> Vos coussins d'or et ces tentures
>   D'un jaune canari
> Et ces poèmes d'aventures
>   Où Monsieur Kahn a ri.

C'est là jusqu'où il va trop loin. On peut préférer ces petites perles de poésie urbaine :

> Accepte ce vers agrafé
>   A de la plate prose,
> Laisse le garçon de café
>   Te porter une rose,
>
> Le ruisseau couler – et tes pleurs,
>   Ton compagnon inepte,
> Avec la pluie, avec les fleurs,
>   Accepte, accepte, accepte !
>
> Que la folie en ton grelot
>   Fasse vibrer sa fête.
> Mets du jaune dans tes tableaux,
>   Des plumes sur ta tête.

> Monte sur le toit du taxi.
> Danses-y, retroussée,
> Jusqu'à ce qu'enfin ton souci
> Roule sur la chaussée.

Les fantaisistes furent compagnons agréables. D'un recueil à l'autre passent les noms des amis. De Pellerin, Jean Rousselot a pu dire : « L'humour tendre, le raffinement exquis des formes prosodiques et syntaxiques, l'aisance à faire entrer le monde moderne dans un moule expressionnel lentement éprouvé par les siècles, la pudeur extrême des sentiments, voilà ce qui caractérise cette poésie qui se veut légère, mais où, constamment, on entend le contrepoint de la mort. » Jean Pellerin, en 1917, écrivait : « Nous ne sommes plus, Monsieur Carco et moi, les enfants joyeux qui s'amusaient avec les strophes. Nous aimons maintenant ni plus ni moins qu'avant, mais d'un amour plus profond et plus tendre, cette divine musique où l'on sait trouver le remède à toutes peines. » A Carco, il dédiait ces quatrains familiers, car les poètes de cette époque, et Apollinaire en est une preuve, ne dédaignaient pas la poésie de circonstance :

> Caporal Carco, vous n'étiez
> Pas un gradé sévère.
> Quand on vous cherchait au quartier
> Pour vous offrir un verre
>
> On s'arrêtait soudain, charmé.
> Vous lisiez du Tailhade
> Et du Stéphane Mallarmé
> Aux gars de votre escouade.

L'amour et la mort se mêlent dans cette interrogation déchirante et sentimentale proche de Rutebeuf :

> Quand mon fil se cassera sous
> Les ongles de la Parque,
> Quand ma bouche aura les deux sous
> Pour la dernière barque,
>
> Où serez-vous? Dans le jardin
> Où je devrai descendre?
> Que serez-vous? Charme, dédain,
> Douce chair ou bien cendre?...

Jean Pellerin, trop mal connu, est un des fantaisistes les plus charmants et les plus forts. Il peut écrire une chanson en argot, bourrée de jeux de mots approximatifs et d'à-peu-près sans être jamais vulgaire ou commun, mêler l'argot et le latin, passer d'un chant poétique pur à une observation triviale sans choquer et même en trouvant une poésie plus forte dans cette antithèse même où l'abstraction et la pensée concrète s'irisent mutuellement. Comme les poètes d'autrefois riaient en pleurs, il sourit en tristesse, il plaisante en mélancolie, il amuse en approfondissant son mal. On ne peut lire le poète sans aimer l'homme.

Francis Carco et la Romance de Paris.

Le romancier des hors-la-loi, des souteneurs et des prostituées : *Jésus-la-Caille*, 1914, *les Innocents*, 1916, *l'Homme traqué*, 1922, *Rue Pigalle*, 1928, etc., le mémorialiste des peintres et des poètes de Montmartre : *Scènes de la vie de Montmartre*, 1919, *De Montmartre au Quartier Latin*, 1927, *la Légende et la vie d'Utrillo*, 1927, *Mémoires d'une autre vie*, 1934, *Montmartre à vingt ans*, 1938, *Bohème d'artiste*, 1940, etc., l'auteur de vies romancées de *François Villon*, et de *Paul Verlaine* autrement dit François Carcopino-Tusoli, dit Francis Carco (1886-1958), par sa prose excellente, a connu une popularité méritée, l'entrée à l'académie Goncourt et les honneurs, sans faire heureusement oublier le poète de recueils sensibles. Mais Carco est poète jusque dans sa prose, ses romans où fleurit un monde naturel, sympathique jusque dans l'immoralisme ingénu et les joies naïves des dépravés de la société qu'il observe loin des indignations moralisantes avec une humanité fraternelle.

Francis Carco naquit à Nouméa en Nouvelle-Calédonie d'un père administrateur des Domaines qu'il devait suivre ensuite en France au hasard de ses postes divers en province : Châtillon-sur-Seine, Villefranche-de-Rouergue, Rodez, Nice, Agen où il rencontre La Vaissière et Derème, Grenoble où il fait la connaissance de Pellerin. En 1910, il vint à Paris et fut dès lors parisien dans ses œuvres et dans sa vie. Parallèlement à son œuvre en prose, toute son existence sera semée de poésie en de nombreux recueils : *Instincts*, 1910, *la Bohème et mon cœur*, 1912, *Chansons aigres-douces*, 1913, *Petits Airs*, 1920, *Poèmes retrouvés*, 1927, *Petite Suite sentimentale*, 1936, *A l'Amitié*, 1937, qu'on retrouvera dans les éditions successives de *la Bohème et mon cœur*, 1929, 1939, 1950 chez Albin Michel, et que compléteront *Mortefontaine, suite nervalienne*, 1946 et 1949, *Romance de Paris*, 1953, *Poèmes en prose*, 1958.

A ses débuts, Carco fut un élégiaque imprégné du sentiment de la nature, aimant les demi-confidences, les allusions amoureuses, les tracés indécis, avec une influence de poètes comme Francis Jammes, Henry Bataille, Charles Guérin. Ce ton d'élégie ne devait jamais le quitter et même s'affirmer dans les derniers recueils comme *Mortefontaine* où revit Nerval ou *Romance de Paris*. Cependant le véritable Carco se trouva bien vite dans son premier livre vraiment original, *la Bohème et mon cœur*.

Sur des trames fragiles, parfois un peu lâches, il retrouve le ton de la complainte populaire colorée de modernisme, du lyrisme villonesque accordé aux temps nouveaux. Aucune complexité, mais des chants et des chansons bien coulants, côtoyant le prosaïsme et n'y sombrant que par instants, du sentiment et du « sentimenteux » voulu, de la romance et de la rengaine, de l'aigre-doux, de la nonchalance nostalgique, des frissons d'âme, des choses aussi simples que chez un Géraldy : « Il pleut — c'est merveilleux. Je t'aime. » Ses thèmes sont populaires : les filles, les chalands, l'accordéon, la Seine, Paris :

> Sur les quais, le long de la Seine,
> A Montmartre, près des moulins,
> Mes souvenirs entrent en scène :
> Bonjour, Paris des assassins !
> Bonjour, Paris des midinettes,
> Des filles, des mauvais garçons,
> Des clochards et des bals-musette !
> Si je te dois d'être poète,
> C'est sur un air d'accordéon.

Comme ses amis, Carco est un poète en demi-teintes, comme eux il bannit le verbiage, le clinquant, le faux lyrisme. Jusque dans ses poèmes les plus simples, on sent une sorte d'arrière-tremblement, de frémissement. Son art n'est pas aussi élaboré que celui d'un Toulet, mais ses vers savent dire l'essentiel avec souplesse. Sa couleur est le gris, celui des murs, des jours, des souvenirs. Ses paysages campagnards ou urbains sont mouillés de pluie. Les bonheurs charnels sont courts et sans lendemain. On voit des bars, des ombres, des pas solitaires, un univers triste et las. Ce sont les amours de rues sans joie comme dans les chansons des chanteuses réalistes, de Damia à Fréhel, mais Carco excelle à jouer des airs tristes et tendres, à composer même sur un air de java :

> C'est au son de l'accordéon
> Que Nénette a connu Léon
> Et que j'ai rencontré Fernande.
> Elle était mince, elle était grande :
> Cheveux coupés, l'air d'un garçon.

En quelques vers, il trace le *Minuit* de la ville triste et le poème est intense :

> Au fond de l'impasse,
> Un hôtel de passe :
> Il pleut, c'est minuit.
> J'entends sonner l'heure
> D'une voix qui pleure
> Et le pavé luit.

Il ne dédaigne ni le poissard ni l'argotique, mais ne s'y complaît pas. Il a le talent de donner de la qualité à une inspiration populaire, à créer des refrains qui courront de bouche en bouche comme *le Doux Caboulot* :

> Le doux caboulot
> Fleuri sous les branches
> Est, tous les dimanches,
> Plein de populo.
>
> La servante est brune,
> Que de gens heureux !
> Chacun sa chacune,
> L'une et l'un font deux

> Amoureux épris
> Du culte d'eux-mêmes.
> Ah! sûr que l'on s'aime
> Et que l'on est gris!
>
> Ça durera bien
> Le temps nécessaire
> Pour que Jeanne et Pierre
> Ne regrettent rien.

Il n'y a cependant pas chez Carco que le bastringue et la rengaine. Il y a les chants d'amour, les plaintes, les poèmes du souvenir et de l'amitié, les mélodies verlainiennes, les vers de circonstance aux amis ou sur *l'Éventail de Marie Laurencin,* les poèmes bucoliques comme cette *Rue d'Aigrefeuille* :

> Rue d'Aigrefeuille... ô langoureux tourment!
> Souvenir, tu te blottissais, tu cherchais l'ombre,
> Tu respirais des fleurs d'automne sans odeur,
> Des dahlias amers, des chrysanthèmes et ton cœur
> S'ouvrait à la douleur comme une rose de septembre
> S'ouvre et tremble, battue par la pluie et le vent.

Il sait tourner un *Madrigal* très XVIIIe siècle :

> Vous n'aimez pas qui vous aime
> Ni qui vous saurait aimer
> Et ne donnez de vous-même
> Que ce que vous voulez donner.

Chez Verlaine souvent il prend ses rythmes pour imaginer des fêtes galantes à la Montmartroise :

> Villon, qu'on chercherait céans,
>   N'est plus là, ni Verlaine
> Dans ce caveau sombre et puant.
>
> On y soupire la rengaine,
>   On y boit, comme avant,
> Entre filous et tire-laine.
>
> Voici le poète, béant,
>   Assis près d'Yvelaine
> Qui le supporte en maugréant.
>
> Voici Totor et Magdelaine
>   Boiteux, voici Jehan
> Et Messieurs-les-gars-qu'a-la-flème,
>
> Près du boxeur et du géant
>   Biribi-la-déveine
> Et de leurs « dames » à la flan.
>
> A chaque jour suffit sa peine.

Carco adore les variations sur des poèmes de poètes qu'il aime. Sa
« suite nervalienne » évoque un Nerval familier, celui de Sylvie et du
Valois qu'il quitte bien vite pour en revenir à sa bohème. S'il fait tourner
des vers autour de « Je suis le ténébreux... » c'est sans grand art. Non, il
est le poète de la douceur :

> C'est le pays de Gérard de Nerval
> Avec ses bois, ses sources, ses prairies,
> Ses horizons chargés de rêverie
> Où le cerf brame et fait, de val en val,
> Comme un caillou ricoche au clair de lune,
> Sur l'eau qui dort, retentir tantôt l'une,
> Tantôt l'autre des voix que l'écho multiplie.

La plupart de ses *Poèmes en prose* sont un développement des thèmes de
ses vers; il en est qui sont plus narrations ou courts récits que poèmes;
la plupart semblent des extraits en prose de ses romans. Ce ne sont
là qu'échantillons de bonne écriture, mais trop prosaïque pour le poème.
Nous préférons ses vers ingénus où se cache toujours quelque heureuse
trouvaille. La coulée en est facile, les impressions restent à fleur de peau
avec leur aspect Verlaine ou Villon de la rue, leur lasciveté trouble dans
un univers de drame populaire et de rêverie sous la pluie.

Tristan Derème et la contre-assonance.

Il a, ce Philippe Huc, devenu Tristan Derème (1889-1941) de singulières qualités. A Toulet qui renouvelle la forme classique par les contrerimes, il répond par un procédé technique déjà utilisé par Robert de
Montesquiou : la contre-assonance qui permet un élargissement de la
manière classique et permet des effets musicaux inattendus. Alors que
la rime offre un freinage brutal ou un repos la contre-assonance apporte
une surprise, semble mourir avant le but ou dériver soudain, d'où cette
impression, a dit un critique, « d'arc-en-ciel sous la pluie, de cœur
gonflé, dans les jeux les plus habiles, et cette perfection que se refusent
discrètement la douleur ou la joie ». Si le jeu paraît facile de faire se
succéder des ame, eme, ime, ome, ume, lorsqu'il joue subtilement de
cet art, le résultat est probant. Ainsi dans cet extrait de *la Verdure dorée* :

> Lève le nez, ferme ton livre et ton pupitre.
> La flûte de cristal à la bouche du pâtre
> Module sous les fleurs nouvelles et les feuilles
> Un air grave qui fait rougir les jeunes filles;
> Et son souffle fervent, magnifique et docile
> S'épanouit dans la lumière universelle.
> Elle chante la joie et les collines fraîches,
> Le cri des paons, le vert des bois, le bruit des ruches,
> L'écarlate des liserons sur les écorces,
> Le bleu du ciel, le bleu des yeux, le bleu des sources.

Lorsque apparaît une suite trop longue de distiques fondés sur ce
procédé, il paraît laborieux :

> Nous attendions des héroïnes
> Qui dormissent sous des troènes
>
> Ou tendissent sur des terrasses
> Des lis verts et des branches rousses,
>
> Et nous aurions chanté leurs lèvres
> Avec leurs fièvres dans nos livres,
>
> Afin, défuntes nos jeunesses,
> Postérité que tu connusses
>
> Les traits, les tresses, les détresses
> Atroces de ces Béatrices.

Même procédé technique, mais appliqué à des vers de quatorze syllabes dédiés à Pierre Benoit :

> J'ai mis des fleurs autour de ma flûte mélancolique
> Et, toujours exilé, soufflant sous les saules de l'île,
> J'ai tour à tour chanté l'ombre et les roses transitoires,
> L'azur, les escargots, l'amour, la pipe et les étoiles;
> Et l'on a vu parfois passer aux pages de mes livres
> Dans les vallons français des paons, des buffles et des tigres;
> Et même, à la saison où jaunissent les blancs troènes,
> A cheval sur un bouc, j'allais réciter des poèmes;
> Je proclamais l'espoir parmi les cendres et les roches,
> Et le bouc indulgent s'endormait au bruit de mes strophes.

Tristan Derème naquit à Marmande d'un père officier et compte dans son ascendance un poète épique oublié. Au gré des garnisons de son père, il se retrouva à Agen, berceau de l'École fantaisiste. Il a publié *les Ironies sentimentales*, 1910, *Petits Poèmes*, 1910, repris dans *la Verdure dorée*, 1922, avec *le Parfum des roses fanées, la Flûte fleurie, le Poème de la pipe et de l'escargot, le Poème des chimères étranglées*, puis ce furent *le Zodiaque ou les étoiles sur Paris*, 1927, *Poèmes des colombes*, 1929, sans oublier des fantaisies en prose mêlée de vers comme *l'Enlèvement au clair de lune, les Propos et les amours de M. Théodore Decalandre*, ainsi qu'un charmant *Patachou, petit garçon*. Ajoutons qu'il remplaça Joachim Gasquet dans la pléiade provençale.

De tous les fantaisistes, il est le plus aventureux, ce virtuose se pliant aussi bien aux disciplines classiques que se livrant à toutes les innovations. Comme les burlesques de jadis, il unit des éléments contradictoires : l'élégie et la farce, l'émotion et la cocasserie, l'ingénuité et la raillerie, mais toujours avec charme et intelligence. Il y a en lui un curieux mélange de Du Bellay dévoyé, de burlesque Louis XIII et de poète badin style Louis XV. On peut ajouter du clownesque à la Banville, et, soudain, comme s'il s'avisait de redevenir sérieux, un souvenir de Catulle et de Tibulle, des inflexions à la Chénier. Il aime à surprendre, voire à décontenancer et sombre parfois dans la facilité parce que trop doué, trop habile. Qui sait si sa nature véritable n'était pas d'être un poète élégiaque et délicat comme lorsqu'il rime pour Clymène de jolies broderies sentimentales ? Certains poèmes empreints de romantisme sentimental laissent à penser qu'il blague souvent par un excès de pudeur. Voici des quatrains où il oublie de railler :

> J'ai laissé de mon cœur tout le long du chemin
>   Comme les brebis de leur laine,
> Et j'espérais toujours qu'un tiède lendemain
>   M'ouvrirait une herbeuse plaine.
>
> Et toujours sous mes pas l'ortie et les galets ;
>   Car c'est en vain que tu annonces,
> Après l'orage, Espoir, les matins étoilés,
>   Et la luzerne auprès des ronces.

Par contraste, nous donnons un extrait où il cherche une banalité voulue pour y glisser de l'émotion :

> Chambre d'hôtel morose et vide. Un œillet penche
> Et touche le miroir triste où tu contemplas
> Ta gorge nue. *Eau chaude — Eau froide. MM. les*
> *Clients sont priés de régler chaque dimanche.*
>
> C'est dimanche. Réglons les comptes de ce cœur.
> Rideaux jaunes et noirs, quel funèbre décor !
>
> Tu n'es plus là. J'ai lu Delille et l'*Annuaire*
> *des Téléphones,* pour ne plus songer à tes
> Sanglots...

Il y a là une dérision moderniste et ici un tour clownesque :

> Allez et que l'amour vous serve de cornac,
>   Doux éléphants de mes pensées.
> Ô poète, tu n'as qu'
> A suivre allègrement leurs croupes balancées,
> Cependant que l'espoir te tresse un blanc hamac.

Il dit l'amour et l'amitié : bien des noms de poètes se glissent dans ses vers. Il dit : « Le décor en poésie n'est plus un accessoire négligeable, c'est un langage nouveau qui exprime l'indicible. » Il a besoin pour situer ses amours de lieux bucoliques, de paysages méridionaux, d'auberges du Béarn et apparaissent des « midis de résine imprégnés », des roses « dont l'arôme embrase les étés », des « maisons rouges, pavés brûlés, feuillages bleus » ou « des monceaux de lilas rose dans des brouettes ». Il se rapproche alors de Jammes, de Despax, de ces amoureux du paysage français. Cela ne l'empêchera pas de célébrer, comme l'a rappelé Chabaneix, les Folies-Bergère, la Grande Roue, la tour Eiffel, les hôtels garnis du Quartier latin (tout comme son ami Carco) ou les cafés nocturnes de la place du Théâtre-Français. Il y a en lui quelque chose de sautillant, comme le remarque encore Chabaneix : « Quand il a réveillé en nous le sens du mystère, familier depuis Baudelaire à tous ceux qui cherchent dans la poésie autre chose qu'une vaine rhétorique, il ne s'attarde pas et

c'est avec une agréable désinvolture qu'il passe à d'autres exercices. »
Voici encore une de ses cabrioles :

> Tes bras ont une courbe adorable et malgré que
> Ton cœur n'ait que dédain pour la grammaire grecque...

Et un sonnet qui caractérise ce que son art a de plus personnel avec ses contre-assonances qui se parent de quelque préciosité :

> Ni les roses, ni l'air morose que tu siffles
> Sous les ifs en gardant ces chèvres et ces buffles
> Au crépuscule, vieux berger, joueur de flûte,
> Sous la lune que frôle un ibis insolite,
>
> Ni le soir calme, ni ces palmes immobiles,
> Ni les astres montant comme de lentes bulles,
> Rien ne me distraira de la source où se mire
> Son blanc visage au vert de la fraîche ramure.
>
> Et dussé-je mener par les aubes allègres
> Le troupeau jaune et noir des tigres et des zèbres
> Ou cueillir sur les monts la branche souveraine,
>
> Que j'entendrais sa voix douce sur les fanfares
> Et que son souvenir embaumerait mon rêve
> Comme une rose à mes couronnes triomphales.

Tristan Derème partage avec ses amis cette qualité d'éloigner l'ennui et de retenir l'attention alors même que son art est sujet à critique. Mais sa nonchalance étudiée, son aimable émotion, ses joliesses narquoises, la pudeur de son ironie, une certaine manière de n'être jamais dupe de lui-même ont une grâce véritable et un charme exquis. Poète mineur sans doute, mais ne dit-il pas que « l'ombre émouvante est dans les choses minuscules »?

Léon Vérane et la flûte mélancolique.

Le Toulonnais Léon Vérane (1885-1954) avant d'être bibliothécaire en sa ville (et sur le tard aubergiste à Solliès-Pont en même temps qu'éleveur de lévriers) fut le jeune secrétaire de Stuart Merrill et n'oubliera pas les avalanches de fleurs et les animaux précieux du Symbolisme même si on le définit avant tout comme poète fantaisiste : il fut un des plus animés et des plus fougueux du groupe. Ayant débuté sagement par des sonnets imités de l'Anthologie, *la Flûte des satyres et des bergers*, 1911, il commença à s'affirmer avec *Terre de songe*, 1912, *Dans le jardin des lys et des verveines rouges*, 1913, *la Gardeuse de paons ou le Tombeau de Stuart Merrill*, 1917, *Images au jardin*, 1921. Il y a dans ces recueils un aspect évident : ses goûts semblent ceux du chevalier Des Esseintes et de Robert de Montesquiou. On vit, comme l'a remarqué Philippe Chabaneix, « de somptueux décors peuplés de valets, de bouffons, de pages, de sagittaires, de magiciens, de princesses; et nous y sommes éblouis par les fleurs les plus rares, les étoffes les plus chatoyantes et les bijoux les plus précieux ». A ces scintillements du décor, Vérane apporte des soins de poète précieux. Heureusement, il humanise ce monde du songe ébloui par de bonnes observations d'ami de la campagne, mais nous sommes plus proches du décadentisme que des fantaisies réalistes de ses amis :

> Le prince triste, au cheval harnaché de rubis,
> Chassait par la forêt dans l'été de feu ;
> Il accrochait du soleil au fer de son épieu,
> Un vent léger gonflait son écharpe de tabis.
>
> A ses côtés, les sept princesses de brocart et de velours
> Souriaient aux pages qui leur tendaient des anémones,
> Et des lys d'argent que les gemmes faisaient lourds
> S'épanouissaient aux plis de leurs longues robes jaunes.

Il y eut ensuite des quatrains proches du haïkaï où se mêlaient la mélancolie du souvenir à l'évocation précise de la nature. Une tendance archaïsante apparut dans *le Promenoir des Amis,* 1924, et leur supplément de 1925. Ce titre proche de Tristan L'Hermite n'a pas été choisi par hasard : le burlesque qui s'opposait à la rigueur malherbienne, deux siècles après, ressurgit et l'on pense irrésistiblement à Saint-Amant :

> S'abreuver au ruisseau et dîner d'un croûton,
> Gîter en un logis où sévit la punaise,
> Souhaiter l'Aphrodite et baiser la Gothon,
> Ne surprendre la nymphe au bois qu'à la cimaise ;
>
> Ne flairer du laurier qu'aux ragoûts de mouton,
> Passer juillet sans ombre et décembre sans braise,
> Signer pour vingt écus un morne feuilleton,
> Voir Crès et Boutelleau vous refuser l'in-seize ;
>
> Sous un feutre sans poils, sous un veston de serge
> Promener dans Paris une maigreur d'asperge,
> Sans crédit au buffet, sans entrée au salon,
>
> Ignoré de Fortune et méprisé de Gloire,
> Dès le début du mois danser devant l'armoire :
> C'est le loyer de ceux qui servent Apollon.

Du burlesque à la fantaisie, il n'y a pas loin et nous verrons Vérane de plus en plus proche de ses amis dans de nouveaux recueils : *Dédicaces,* 1929, *Plus loin,* 1929, *les Lévriers, Bars,* 1929, *le Livre des passe-temps,* 1930. *Les Bars* sont le lieu où son originalité s'affirme. Carco disait : « Il y a dans ces vers autre chose qu'un foisonnement de rimes ordinaires, qu'un frémissement de rêveur ébloui par son rêve, mais une nostalgie amère, pareille à celle qui vous saisit quai de Cronstadt, lorsqu'aux petits coups haletants des moteurs, les vedettes fendent l'eau marine et qu'à droite, sous un chaud soleil, bloquant la perspective de sa sévère façade, l'ancien bagne vous apparaît comme à dessein d'aggraver la songerie de qui s'arrête en une muette contemplation. » *Les Bars,* c'est Toulon, celui des grands départs et de l'aventure, celui de la fièvre incessante des ports. Voici un extrait significatif :

> Parmi les nickels et les glaces
> De ce bar où l'alcool est roi,
> Pauvre homme, tu caches ta face
> Sous la grille de tes dix doigts.
>
> Une liqueur flambe et rutile
> Dans ton verre et son parfum dur
> Évoque de lointaines îles
> Incrustant une mer d'azur.
>
> Mais que t'importent les Antilles,
> Leurs lianes et leurs palmiers
> Et le morne où des rouges filles
> S'éventent sous les girofliers ?

Les bars, les marins, les lévriers, les amours et les fêtes, les plaisirs et les regrets, voilà ce qu'il ne cesse de chanter. Il publiera encore *le Livre d'Hélène*, 1931, *les Étoiles noires*, 1932, *Imagerie toulonnaise*, 1940, *la Fête s'éloigne*, 1945, *la Calanque au soleil*, 1946, *le Tribut d'encens*, 1951, *le Luthier des équipages*, 1953, *Avec un bilboquet*, 1954. Dans de nombreux poèmes, et surtout ceux où apparaissent un bar ou un bouge, surgit un univers qui fait penser aux *Amours jaunes*. Ses matelots aux yeux tristes, ses femmes le hoquet aux lèvres ont quelque chose de poignant. Lorsque le regard civilisé de Vérane quitte son héraldisme poétique, ses lévriers ou ses somptuosités héritées du Symbolisme, pour se poser sur des zincs obsessionnels, il voit vraiment. Ainsi, *le Diable au bar* :

> Les alcools fleurissaient dans les vers à facettes
> Et le zinc lumineux semblait un reposoir.
> Je trouvais au patron une figure honnête,
> Un nerf de bœuf était derrière le comptoir.
>
> Les flacons arboraient d'étranges étiquettes,
> Une fille faisait ses lèvres au miroir,
> L'aveugle, sur le seuil, d'une aigre clarinette,
> Aggravait à dessein la descente du soir.
>
> Des marins qui n'étaient inscrits sur aucun rôle
> Troquaient pour un peu d'or de rares perroquets
> Ou les singes pelés juchés sur leur épaule,
> Et les barques s'entrechoquaient le long des quais.
>
> Alors au ciel monta la lune lente et plate
> Qui fait hurler en chœur les déments et les chiens,
> Et le Diable, vêtu d'un chandail écarlate,
> Pénétra dans le bar et dénombra les siens.

La Vaissière, maître en prose.

Fort discret, mystérieux, Robert de La Vaissière (1880-1937), né à Aurillac, fut, de par son choix, moins connu que ses amis et son nom est surtout resté comme celui de l'auteur d'une *Anthologie poétique* qui, en 1923, fit le point de la poésie de sa génération. Dès 1906, il se cacha sous le pseudonyme de Claudien emprunté au poète latin pour écrire de courts poèmes en prose au lyrisme serré et puissant, d'une étrange alchimie verbale, ésotérique et scientifique, avec des allusions au nombre, à l'hyperespace ou aux fonctions imaginaires, et que traverse l'ange du bizarre, un ange sans doute quelque peu mystificateur, mais qui ne laisse jamais percer un sourire de connivence. C'est d'ailleurs là l'infime point par lequel La Vaissière touche au fantaisisme, car, fantaisiste, il l'est par son appartenance au groupe, par ses goûts et ses amitiés plus que par sa production personnelle. Dans *Labyrinthes*, 1925, comme dans *Dérélicts*, 1934, on est surpris par l'originalité et la qualité de sa prose, dans le premier livre souvent déconcertante avec un lointain parfum rimbaldien, dans le second plus directement abordable et dans un climat de haute solitude trahissant, comme l'a remarqué Pierre Moussarie, « le tourment d'un homme convaincu que son domaine ne peut être celui de la terre, où il est pourtant condamné à vivre ».

A l'exception d'Edmond Jaloux que ces textes enthousiasmèrent et de Maurice Chapelan qui en retint pour son *Anthologie du poème en prose,* de ses amis fantaisistes, les critiques ne remarquèrent pas sa valeur et c'est fort dommage. Voici, extrait du poème *Un hôte de la nuit,* un passage intéressant :

> Mon attention se fixa sur ce qui était pour moi l'extérieur, c'est-à-dire sur la luminosité nocturne dont j'étais baigné. Et j'aperçus un bien singulier cortège : un dé blanc, qui, sur ses six faces, sautait comme une graine de jumping-bean, était surmonté d'un bel ovoïde de fluide bleu, d'où s'échappaient des ronds de lumière. Cet ovoïde plat, suspendu dans l'atmosphère et un peu incliné, avançait d'un mouvement uni au-dessus du cube sautillant. Derrière venait un deuxième ovoïde, sous lui un second cube progressait à la manière du premier, mais était suivi de deux autres qui sautaient aussi. Puis une troisième, une quatrième lentille bleue, d'autres pareilles, s'éloignant de plus en plus, car leurs grotesques suites de cubes augmentaient chaque fois d'une nouvelle rangée : un, deux et trois, puis un, deux et trois et quatre, – ainsi de suite. [...]
> Un ver ! le jour se fit en mon esprit. Le nombre e était un ver ! Un ver immatériel, certes, mais en ma qualité d'équation je sentais le frôlement de ses anneaux, toujours plus gros et plus longs, le contact pâle... un dégoût immense me submergea. Des dénominateurs monstrueux traînaient autour de moi la danse de leurs cellules cubiques, et la lumière bleue, la lumière froide de l'unité... Je voulus crier et me débattis. Horrible, horrible, cette emprise d'une équation par un nombre...

Le thème du ver est aussi celui du *Dieu de la spirale,* et il faut signaler des pièces moins difficiles ou oniriques comme *Anna Steel, Cabaret, Mardi-Gras, Myrina, Prose pour Giulia Belcredi, Voyage, l'Orgue des gongs,* etc. Ils sont plus proches des goûts fantaisistes; il y passe parfois un souvenir de Baudelaire :

> Anna Steel, qui descendait la rue, traversa et suivit le trottoir. Moi, j'écoutais la cloche de la gare, qui d'un pylône noyé dans la clarté violette et bleue sonnait, plus solennelle que celle de Walpurgis. Les coups étranges vibraient un à un;

— j'attendais en vain qu'il arrivât quelque chose; — pour la passante, elle me frôla de son manteau, mais je ne savais rien d'elle, ni qu'elle s'appelât Anna Steel, et j'aperçus son visage flétri et mauvais, un regard de prostituée ou de masseuse rongée par le vice, qui se détourna de moi aussitôt...

Des poètes ont donc formé cette École fantaisiste, moins école que groupe d'amis, mais ayant cependant des caractéristiques bien déterminées entre l'élégie classique et le modernisme des thèmes. Leur amitié étant sans frontières, leur maison ouverte, ils ont eu une influence évidente sur nombre de poètes, les uns purement fantaisistes comme Philippe Chabaneix et une demi-douzaine de compagnons, les autres rejoignant ce ton de rire en pleurs par quelque endroit de leur œuvre.

Philippe Chabaneix l'élégiaque.

Le benjamin du groupe, Philippe Chabaneix (né en 1898) représente l'image d'un homme ne vivant que pour et par la poésie. Il naquit à bord de *l'Australien,* paquebot à destination de Nouméa où Carco vit le jour. Son père, Paul Chabaneix, était médecin, écrivain, psychologue et poète, sa mère, Marie Caussé, écrivait des vers. Le jeune couple, en référence à Gérard de Nerval, publia *les Rêves unis,* 1905, sous le double pseudonyme de Jacques et Marie Nervat. On y put lire :

> C'était un beau soir de mai, et le berceau fut fini
> à l'heure où naquit mon fils,
> là-bas, bien loin, sur la mer,
> et sur les flots bleus, et sur les flots verts,
> les sirènes le bercèrent, le bercèrent sur les flots.

Ayant perdu sa mère à onze ans, le jeune Philippe fonda des revues au lycée de La Rochelle : *l'Effort poétique,* 1915, *le Bel Espoir,* 1916, où publièrent Paul Fort, Tristan Derème, Francis Carco. Il retrouva ce dernier à Paris en 1920 et consacra sa vie, dès lors, à l'amitié et à la poésie. A l'enseigne du *Balcon,* rue Mazarine, il créa une librairie entièrement dévouée à la poésie, comme l'a signalé Galtier-Boissière : « Rue Mazarine, au 33, la charmante librairie de Philippe Chabaneix et de son épouse, superbe Toulonnaise, est toujours pleine d'écrivains et d'artistes qui échangent des propos définitifs sans jamais acquérir un seul bouquin. » Ce *Balcon* a vu défiler des générations de poètes de tous bords : fantaisistes et néo-classiques, amis du *Pigeonnier* ou du *Divan,* unanimistes, mais aussi des poètes des nouvelles écoles, et même de l'avant-garde littéraire lorsqu'ils étaient soucieux de retrouver les œuvres rares de quelque précurseur. Cet îlot dans Paris, modeste boutique, a été lieu de pèlerinage et l'on y revient toujours avec délices. Les Carco, les Dorgelès ont hanté ces lieux, ainsi que des artistes connus, des hommes politiques à la recherche de quelque plaquette rare qu'ils se nomment Giscard ou Mitterrand.

Philippe Chabaneix a semé sa longue vie de livres; dès 1922, il était connu par *les Tendres Amies* que suivit *le Bouquet d'Ophélie,* 1928. Comme on ne saurait tout citer, parmi plus de vingt titres, indiquons *A l'amour et à l'amitié*, 1929, *Méditerranée*, 1931, *Dix Romances*, 1931, *Comme le feu*, 1935, *Flèche parmi les ombres*, 1936, *Boucles du souvenir*, 1943, *Au souvenir de Federico Garcia Lorca*, 1944, *Musiques des jours et des nuits*, 1945, *Poèmes choisis*, 1947, *les Nocturnes*, 1950, *Suite magique*, 1950, *Pour une morte*, 1951, *Mémoire du cœur*, 1952, *Aux sources de la nuit*, 1955, *D'un étrange domaine*, 1959, *Sérénade*, 1962, *la Rose et l'asphodèle*, 1964, *Musiques d'avant la nuit*, 1972, *Musiques secrètes*, 1978, *Romances du temps qui fut*, 1981.

L'art de Chabaneix est le plus simple qui soit, le plus dénué d'artifices; il ne cherche ni le mot rare ni la prouesse syntaxique; le doux-coulant, l'harmonie, la mélodie sont ses seuls soucis et y chercher autre chose serait vain. Le vers est régulier, sans heurts et sans rocailles et apporte quelque chose d'infiniment berceur, d'une délicatesse féminine où tout est élan du cœur, intuition, fraîcheur caressante, évasion sentimentale :

> Au-delà des baisers, des pleurs et des serments,
> Ils partirent, à l'heure étrange où la bruyère
> S'enflamme sous les feux mourants de la lumière,
> Vers un domaine aimé de tous les vrais amants.
>
> La nuit tomba sur eux; un pavillon de chasse
> Oublié dans les bois les retint jusqu'au jour.
> A l'aube elle parla peut-être de retour,
> Mais n'y croyant qu'à peine et d'une voix très lasse.
>
> L'amour avait fixé leur ineffable sort.
> Ils paraissaient déjà n'être plus sur la terre
> Et leur âme à leurs yeux révélait son mystère.
> C'est ainsi qu'au matin les accueillit la mort.

Cette poésie est fragile, éphémère, elle pèse le poids d'une plume; des fantaisistes, Chabaneix a la désinvolture amusée, un mélange de tristesse et d'ironie, le rire en pleurs et la sensualité, la nostalgie aussi :

> Je songe à des oiseaux venus d'Océanie,
> A la rose des soirs s'effeuillant sur les flots,
> A des peines de cœur, à des nuits d'insomnie,
> A de troubles désirs, à d'étranges sanglots,
>
> Je songe à tes regards et je songe à l'étoile
> Où ta flamme s'inscrit dans son aspect futur.
> Un navire vers toi met encore à la voile,
> Et déjà, bien-aimée, il rencontre l'azur.

Maurice Genevoix l'a ainsi défini : « Il y a dans cet art, tout ensemble, une perfection technique, un sertissage invisible et précis, et une frange indéterminable, une aura " soluble dans l'air " qui rejoint la sensibilité du lecteur et vient le faire participer directement, personnellement, au frémissement d'où le poème est né. Cela échappe à l'analyse. Et c'est tant mieux. » Mais le danger est grand pour cette poésie à l'écart des mouvements nouveaux de paraître facile, attendue, sans nouveauté. Chabaneix qui connaît bien les nouvelles recherches n'en a cure. Piéton de Paris, il cherche à fixer un instant, une image, jouant volontiers de l'assonance pour donner plus de fluidité :

> C'est dans l'impasse des Trois Anges
> Qu'au matin gris j'ai rencontré,
> Après avoir longtemps erré,
> Le plus meurtri de tous mes songes :
>
> Une enfant triste aux yeux cernés
> Qui s'appelait Marcelle ou Marthe
> Et qui, m'ouvrant comme une morte
> Le ciel des jours abandonnés,
>
> M'a conduit jusqu'à cette chambre
> D'où l'on voyait, sortis du port,
> Les voiliers glisser vers le nord
> Parmi la brume de novembre.

Il est l'élégiaque du fantaisisme, l'anacréontique qui va de la rose au baiser, l'amoureux de nombreuses passantes, une sorte d'alangui de l'amour dont il cultive la précarité, la nostalgie. Cette poésie fugitive n'ouvre pas d'horizons nouveaux, reste dans la quotidienneté, mais elle est douceur et charme, langueur et délicatesse.

Poètes fantaisistes.

Lorsque Francis Éon (1879-1942) publia *la Promeneuse,* 1905, il dit en un alexandrin son désir de chanter « selon l'ordre classique et la ligne française », ce qui correspond bien aux tendances néo-classiques de l'époque. Il est heureux que la fantaisie soit entrée dans cette œuvre de bonne facture qui ne le distinguait pas d'une foule de suiveurs du romantisme le plus sage. Il publia *Trois Années,* 1909, *La vie continue,* 1919, où la joie du retour de la guerre est assombrie par les morts fraternels, *Suite à Perséphone,* 1933. Il va dans ses recueils de la grave élégie à une émotion rêveuse, du poème un peu trop noble, un peu trop lamartinien à une douceur plus prosaïque et plus vraie, empreinte de quotidienneté amicale comme dans cet extrait d'une *Ode à Jean Pellerin* :

> Ils suivent le filigrane
> Que croisent en or pâli
> Les abeilles de Vérane
> Aux rosiers de Muselli;
> Ils voient la vie elle-même :
> Carco désigne à Derème
> L'ombre du laurier amer,
> Et le vent frappe la proue
> Où Lavaud noue et dénoue
> Les images de la mer.

De Jean Pellerin, de Francis Carco, d'Alain-Fournier, René Bizet (1887-1947) était l'ami-frère. Il collabora tout d'abord aux *Actes des poètes* avec

Roger Dévigne, Vaillant-Couturier, Albert-Jean et Jean Ryeul, et écrivit des poèmes à la fois proches de Bataille, de Jammes et des fantaisistes. Citons *Une histoire*, 1910, *le Front aux vitres*, 1912, *Aux oiseaux des îles*, 1918, *la Bouteille de whisky*, 1921, *Saxophone*, 1925, et Carco en 1957 préfaça ses *Poèmes posthumes*. Certains de ses titres montrent une légère tendance moderniste. On comprend que Carco ait pu apprécier un poème comme *Ces hôtels où j'ai vécu* :

> Hôtels peuplés de personnages de romans
>   Où le jeune romantique
> S'isole pour surprendre un soir, sournoisement,
>   L'Elvire maigre et phtisique ;
>
> Hôtels des clowns, des acrobates, des jongleurs
>   Du cirque, des écuyères
> Où tout le ramassis des routes et des cœurs
>   Vient se mettre à « l'ordinaire »,
>
> C'est dans vos murs que je voudrais, un soir, mourir,
>   Moi, scrupuleux locataire
> D'années trop souvent bissextiles, qui veut fuir
>   Vers ce qui n'est plus la terre.

Si la première partie de l'œuvre de Roger Allard (1885-1960) l'apparente à L'Abbaye où il fut publié, après ses *Élégies martiales,* un des plus beaux livres inspirés par la guerre, loin de tout ton déclamatoire, ses livres sont bien dans la tonalité fantaisiste, et cela dès *l'Appartement des jeunes filles,* 1919, où passe aussi un parfum de voyage qui fait penser à Levet ou à Larbaud. Que la belle Clara soit « reine du doux septembre », Agathe « avocate à la cour de Paris », qu'Edith allume les regards, cela se dit en courts poèmes où la rime si elle ne vient pas laisse place à l'assonance. Tout cela est léger comme des amours de plage et finement sensuel :

> Tu me plais après le bain
> Humide et lasse des vagues ;
> Garde ta couronne d'algues
> O charmant monstre marin
> Qui jaillis de cette écume
> Hors le temps et la coutume !
>
> Pour y goûter en secret
> Ta peau de sel et d'iode,
> J'aime ce lit incommode
> Creusé dans le sable frais :
> Sois-y l'épave où je pille
> Les fruits brûlants des Antilles.

La N.R.F. Tublia ses recueils et aussi *les Feux de la Saint-Jean,* 1919, *Poésies légères,* 1930. Il façonne ses strophes comme maints poètes du passé et Marcel Raymond trouve qu'il marie « Voiture ou Malleville à Mallarmé » et que « Maynard paraît lui avoir fait sentir le prix du trait plus direct ». On pourrait, comme pour les fantaisistes, citer d'autres poètes du premier XVIIe siècle, car il règne dans ses poèmes, plus précieux que burlesques, une sorte d'humanisme sensuel qui s'allie fort bien à une pointe de modernisme.

Roger Fraysse, dit Roger Frêne (1878-1940), né à Rodez, publia des vers de bon terroir comme *Paysages de l'âme et de la terre,* 1904, puis *les Sèves originaires* suivies de *Nocturnes,* 1908, et, enfin des *Nymphes,* 1921, qui ne sont nullement évanescentes, mais tiennent de Rubens et de Giorgione qui les inspirent. Il a fondé une revue, *l'Isle sonnante,* 1911-1913, où écrivirent Tristan Derème, Louis Pergaud ou Léon Deubel. Sa poésie est pleine de santé et de puissance comme cette *Femme rousse,* voluptueux fruit d'automne, où passe un souvenir de Baudelaire :

> Que j'aime ta splendeur pesante, ô fruit d'automne,
> Lourd raisin qu'un soleil écrasant a nourri !
> Ta grasse nudité, comme un muscat meurtri,
> S'enchante de désirs, abeilles qui bourdonnent.

Dans un *Minuit mystique,* il use du vers de quatorze à dix-huit pieds en mêlant rimes et assonances :

> Viens, dit l'ombre, et d'une câline étreinte elle l'entraînait.
> Dans le crépuscule les pins étaient d'un ton de bronze ;
> Le timbre d'un crapaud mesurait l'heure note à note ;
> Le soir était précis et lumineux, pourtant cette ombre l'entraînait !
>
> Viens, je t'apprendrai le secret de la joie et de la douleur,
> Je connais les mystères maintenant ; viens avec moi, dit l'ombre.
> D'un pied maladroit il casse un lys, les larmes à ses yeux montent.
> Mais elle : tu verras qui je suis, là-bas où il n'est plus de douleur.

Il utilisera aussi des mètres impairs mêlés, sept et cinq syllabes avec un certain art :

> Venez à notre secours,
> Nymphes vigoureuses,
> Et dotez nos tristes jours
> De formes heureuses !
> Que les gestes de vos corps
> Où brille la grâce,
> Deviennent les purs trésors
> Dont jamais nul ne se lasse.

Guy-Charles Cros (1879-1956) plus timide que son père Charles Cros, l'auteur du *Coffret de santal* et du *Collier de griffes,* se contenta d'être un gentil poète de la sensation floue, impressionniste amoureux des luminosités suaves et de la fluidité musicale. Il y a dans ses recueils matière à d'heureuses trouvailles : *le Soir et le silence,* 1908, *les Fêtes quotidiennes,* 1912, *Pastorales parisiennes,* 1921, *Retours de flammes,* 1925, *Ni d'hier ni d'aujourd'hui,* 1926, *Avec des mots,* 1927, *Mon soleil nouveau* suivi des *Soleils anciens,* 1947, le montrent sans préjugés, car le vers classique, le vers libre ou le vers claudélien le tentent tour à tour, ce qui gêne ses amis comme il le dit avec humour :

> Raoul Ponchon, Tristan Derème,
> le plaisant bruit que font ces noms!
> Je pense à des vers d'eux, que j'aime.
> Aiment-ils les miens? Ah, mais non!
>
> C'est que mes affreuses licences,
> mes singuliers, mes pluriels
> m'ont exclu de leur chœur qui danse,
> mis à la porte de leur ciel.
>
> Du moins me console et m'accueille
> Paul Fort, subtil oiseau des bois
> dont le chant enchante les feuilles
> bien qu'il ne suive que sa loi.
>
> Encor Vildrac ne me repousse
> et son ramage est bel aussi.
> Sa voix fraternelle m'est douce
> sonnant sans règle et sans souci...

Voilà du pur fantaisisme. Il sait aller de la joyeuseté à l'émotion la plus nuancée, chantant ses amis Léon Deubel ou Alain-Fournier, disant l'absence et le rêve, la vesprée de juin en pur élégiaque ou donnant *Quasi una fantasia* :

> Pour avoir souri aux Sirènes
> plus qu'aux marins il n'est permis
> tu dors, étrange capitaine,
> sur le fond de la mer, parmi
> les ossements blancs des baleines,
> et la femme qui fut ta reine
> se donne aux amants dans ton lit.

Non loin d'Apollinaire et de Paul Fort, près de Charles Guérin, à l'ombre de l'École fantaisiste, le fils de Charles Cros a su trouver une place mineure, mais de bonne qualité.

Lucien Feuillade (né en 1917) est l'homme le plus discret du monde et cultive, comme bon nombre de poètes fantaisistes, la poésie pour son plaisir, sans se soucier de succès ou de gloire. De *Pour la cendre d'Hélène*, 1942, à *l'Auvergnat de Paris,* 1979, en passant par des recueils qu'il oublie parfois de signer ou orne d'un pseudonyme, il alterne, dit Jean Rousselot, « les stances malherbiennes, les résurgences valéryennes, un fantaisisme acide, des notations très modernes, et un humour noir à la Corbière ». Ainsi, *l'Auvergnat de Paris,* long poème de 198 strophes de huit octosyllabes, est d'un ton familier et savant, élégiaque et argotique, fleuri de paysages, étayé sur des pensées profondes, sur des allusions à la vie quotidienne, où le poète ne se veut pas dupe de sa tendresse, et il passe comme un écho de Villon, celui des *Testaments* avec ce que cela comporte de charme et de franc-parler :

> Paris, le petit jour s'avance
> Sur ce flot de pierre où je vais
> Selon ce que dit la romance

> De la brise ou du vent mauvais.
> Mère Auvergne, tu le savais
> Ce refrain de miel et de cendre
> Du pèlerin noir qui buvait
> A l'auberge du péché tendre.

Robert Houdelot (né en 1912) à Nancy, par ses courts poèmes en vers de six, sept, huit ou neuf syllabes, fait penser à Paul-Jean Toulet. Ses strophes sont précises, musicales, elles ont des cadences de fugues, de scherzos ou de boléros. La voix est toujours atténuée, comme murmurée, et en même temps riche de prolongements sensibles. Économe de mots, Houdelot cherche à bercer un amour blessé et l'on entend sourdre une plainte dans le voisinage de la mort avec parfois des accents qui font penser à une mélodie de Rameau. Il chante ici au rythme d'une guitare, là dans le silence d'une nuit amoureuse, anacréontique :

> J'arracherai cette flèche
> (Ô ma septième douleur!)
> Pour que ma blessure fraîche
> S'entrouvre comme une fleur,
>
> Pour que la pointe acérée
> Libère, en flot jaillissant,
> Ma peine désespérée
> Mélangée à tout mon sang.
>
> Et je guérirai sans doute
> Au lieu de voir, nuit et jour,
> Couler, couler goutte à goutte,
> Le noir venin de l'amour.

Uni par ses amitiés à l'École fantaisiste, il en participe par la recherche de thèmes originaux et par cette mélancolie qui est une de ses composantes. Il a publié *Fugue un peu triste*, 1934, *le Temps perdu*, 1937, *Toi qui dormais entre mes bras*, 1947, *Où dort le souvenir*, 1950. Écoutons :

> L'inexprimable nuit s'attarde aux cimetières ;
> Elle en aime le calme et les tristes décors ;
> Mais toujours, au-delà des plus noires frontières
>   Luit le soleil des morts.

Au contraire de beaucoup de ses amis fantaisistes, parfois trop éloquents, il donne ici une leçon de silence et d'économie dans un poème intitulé *Solelad* :

> L'Espagne, au loin, la mer
> Dormante sous la lune,
>
> La haute croix de fer
> Au sommet de la dune,
>
> Ce calme, cette nuit
> De jasmins embaumée,
>
> Tout ce royaume où luit
> L'étoile bien-aimée,

> Dans quelle élection,
> Mon cœur, plus belle au monde,
>
> Ta désolation
> Fut-elle plus profonde ?

Édouard Laporte qui, à Roanne, proche de Louis Mercier, fut pharmacien et poète, dans *la Route de Venise*, 1949, ou ses *Élégies pour une Clymène*, déploie en vers libres une fantaisie d'humaniste tranquille avec des accents qui le rapprochent d'un Tristan Derème.

Proche lui aussi de l'École fantaisiste, Jean-Victor Pellerin (1889-1970) qu'il ne faut pas confondre avec Jean Pellerin, est l'auteur d'une quinzaine de recueils dont : *32 Décembre*, 1922, *Pièces détachées*, 1935, *Traduit de l'esquimau*, 1950, *Épitaphes à vendre*, 1955, *Marchand des Quatre-Saisons*, 1957, *Choix de poèmes*, 1960, à *Points et Contrepoints, Bipède rétif*, 1965, *Pour et contre*, 1967, etc. Ce poète lucide allège le vers traditionnel par le charme de son langage. Ses *Boutades* le montrent :

> Les oiseaux ignorent l'attente
> D'une autre vie en un haut lieu,
> Les oiseaux ne croient pas en Dieu...
> Et cependant les oiseaux chantent.

Il sait la difficulté d'être et la transcende par des ironies sans grincements, satirise sans méchanceté, trace des *Épitaphes* dignes des burlesques du XVIIe siècle, aime la discrétion des mots du cœur, sourit des aléas de la gloire, en bref offre une présence amicale du poème qui semble cheminer main dans la main avec la vie.

Marcel Prouille, dit Marcel Ormoy (1891-1934) ressuscita avec Georges Heitz la revue symboliste *l'Ermitage*. Il commença par ronsardiser en bon élégiaque avec ses inspirations vagues, sa mélancolie, subit l'influence de Moréas et d'Henri de Régnier et donna dans ses recueils l'impression d'un homme à la recherche de lui-même à travers de multiples influences, puisqu'on put distinguer peu à peu une influence de Toulet pour les rythmes brefs, puis de Scève et de Valéry pour une certaine musique. Le meilleur de lui-même, il le donna quand, loin d'une tristesse de convention, il connut une réelle douleur : dès lors sa poésie s'éleva et fut traversée d'élans mystiques et visionnaires, mais toujours au rythme monotone d'alexandrins parfaits qui le limitent. Ses recueils : *le Jour et l'ombre*, 1912, *le Visage inconnu*, 1925, *le Cœur lourd*, 1926, *le Visage retrouvé*, 1927, *Le bonheur est dans une île*, 1929, *la Flamme et le secret*, 1930, *les Royaumes interdits*, 1932, montrent les étapes d'une recherche probe, allant de la tendresse songeuse à la sensualité et à l'ironie, du travail délicat de l'artiste aux élans spirituels de l'homme dans l'exil de sa jeunesse et face au destin :

> Quel que soit le visage où s'inscrit mon destin,
> J'y regarde frémir la vie universelle.
> Si la cendre s'entasse au foyer mal éteint
> N'en puis-je faire encor surgir une étincelle ?

Ne serait-ce que par l'admiration que lui portait Francis Carco, nous pourrions apparenter Édouard Gazanion (1880-1956), né au Puy-en-Velay, aux fantaisistes. Dans les *Chansons pour celle qui n'est pas venue,* 1910, il a la ligne mélodique de ces derniers, leur attachement sentimental, mais il possède en propre une vibration sensible et harmonieuse et un air de nostalgie qui se dissimule derrière de fines descriptions sans rien qui pèse ou qui pose comme chez Verlaine :

>   Les chalands savent la douleur
>   Des cœurs trop lourds
>   Rivés aux poignes des hâleurs
>   Sans le secours
>
>   Des souffles légers que recueillent
>   Les blancs voiliers
>   Et le seul vent tremblant aux feuilles
>   Des peupliers
>
>   Sur le chenal interminable
>   Où le train va
>   De grands bateaux chargés de sable
>   Et de gravat
>
>   Le long des berges rectilignes
>   Offre un frisson
>   Aux chalands pleins jusqu'à la ligne
>   De flottaison...

Fondateur de la revue *la Vie* avec Valmy-Baysse, Charles Vildrac et René Arcos, Gazanion fut encore apprécié par André Billy, Paul Fort, Louis Mandin, Robert de La Vaissière, Pierre Benoit et Louis Amargier qui a pieusement publié un choix de *Poèmes et proses,* 1978, où l'on retrouve les poèmes en prose de 1926, *le Cycle de la vigne.*

Fort proche est André Herdyk (1885-1945) avec ses motifs simples, ses sensations fugaces, ses notations de voyage. Après *Secteur perdu,* poèmes de guerre, il donna *Sentiments, les Oiseaux tristes, Nuages cousus* où, désenchanté, amoureux des instants de l'amour, il se situe dans le double voisinage de Verlaine et d'Henri Heine. N'oublions pas Gabriel-Joseph Gros, charmant impressionniste du *Guide champêtre,* 1922, Georges Delaquys (1880-1970) auteur de *la Bonne Clairière* et des *Ballades du Dimanche* qui a le tort d'écrire *l'Après-Midi du faune* où l'on ne voit que mieux ses limites, Jean Durieux (né en 1914) qui vient plus tard avec des recueils classiques parfumés de fantaisie comme *l'Ancien et le nouveau,* 1958, *Oméga,* 1964. Et nous pourrions encore nommer dans ces zones entre classicisme et fantaisie Jules-Gérard Jordaens, Henri Bouvelet, Marius Mermillon, José de Berys.

Les contours de cette « école » sont assez vagues et flous, et de Paul Fort à Muselli maints poètes procèdent de ce besoin d'alléger le néo-classicisme. Ceux qui se réunissaient autour d'Henri Martineau (né en 1882) au *Divan* étaient tous quelque peu de la famille. Martineau lui-même fut en 1904 le lauréat du concours de *la Plume* où Jean Moréas, Henri de Régnier et Émile Verhaeren étaient juges. Il publia *les Vignes mortes,* 1906, *Acceptation,* 1907, qui disent sa qualité surtout lorsqu'il chante *le Plaisir* :

> Le plaisir s'offre à toi, prends-le; cueille le jour
> et goûte les baisers d'un éphémère amour.
> Vois comme entre tes bras elle est toute troublée.
> Que t'importe à présent sa paupière voilée
> et les tumultueux battements de son cœur?

Autour de lui, on retrouve, sous la couverture du *Divan,* tous les poètes fantaisistes et aussi ces classiques modérés que furent François Berthault, Nicolas Beauduin, Henry Charpentier, Lucien Christophe, André-Marie Éon, Jacques Erlande, Fagus, Lucien Fabre, Charles Forot, Henri Gadon, Émile Henriot, Jacques-Noir, Philéas Lebesgue, Gaston Luce, Gérard Mallet, Louis Mandin, Marcel Martinet, Fernand Mazade, Alphonse Métérié, Claude Odilé, Cécile Périn, Louis Pize, Jacques Sermaize, Jean Tenant, Jean-Louis Vaudoyer, Théo Varlet, Paul Valéry lui-même, et du symboliste Edmond Pilon au moderniste Fernand Divoire les représentants de diverses demeures de la poésie.

École fantaisiste? Non, plutôt groupe amical, mais n'oublions pas qu'un Paul-Jean Toulet, un Jean-Marc Bernard et un Jean Pellerin offrent les meilleures tentatives de rénovation classique, que Léon Vérane et Tristan Derème ont apporté une poésie toute personnelle, que Carco, malgré des facilités, a renouvelé la romance, et, enfin qu'un La Vaissière, par ses poèmes en prose, s'il ne fut pas reconnu par les surréalistes, pouvait leur apporter une riche référence.

Ces néo-classiques se sont montrés aussi par certains endroits, par certaines références à la vie moderne dont ils n'ont pas repoussé le vocabulaire, tout comme les unanimistes et le groupe de L'Abbaye, au carrefour des tendances modernistes vers lesquelles nous nous dirigeons peu à peu. Ces tendances apparaissent encore chez des poètes que nous groupons dans ce même chapitre parce que, tout en tenant compte de leurs particularités, ils peuvent se réclamer d'une parenté avec un groupe qui a su donner au mot « fantaisie » une nouvelle acception, loin des poètes du XIXe siècle, qui portant le nom de « fantaisistes » étaient plutôt des humoristes à part entière. L'École fantaisiste fut celle de la mélancolie souriante et du rire en pleurs, de la liberté sentimentale et de la rêverie acide, pas si loin qu'on le pourrait croire, par la filiation de Verlaine, de Laforgue, de Corbière, de Paul Fort, de Levet et de Larbaud, des tenants de l'« esprit nouveau » que furent un Apollinaire, un Cendrars, un Salmon, un Max Jacob, un Mac Orlan, leurs cousins plus hardis. Rencontrons donc quelques poètes amis du fantaisisme qui se situent sur le chemin du modernisme.

Tristan Klingsor l'enchanteur.

De l'École fantaisiste, Léon Leclère, dit Tristan Klingsor (1874-1966), discrètement, put être un inspirateur bien que la dette n'ait guère été reconnue. Il avait publié ses premiers poèmes entre 1890 et 1900 dans *la Plume, la Revue blanche, le Mercure de France,* fondé la revuette *les Ibis* avant de diriger *la Vogue* de 1899 à 1901. Après des plaquettes, *Triptyque des châtelaines, Triptyque à la marguerite,* son premier vrai recueil, les wagnériennes *Filles-Fleurs,* 1895, était composé en vers de onze pieds. Déjà il s'efforçait à l'enchantement et Robert de Souza put écrire : « M. Tristan Klingsor s'efforce d'être, comme son nom (pseudonyme wagnérien) l'indique, un enchanteur. Il ressuscite sous quelques notes de vielle, de flageolet ou de cornemuse le souvenir des belles châtelaines et des pages... » On pouvait lire :

> Des fuseaux se sont bercés à la croisée :
> C'est dame Élise aux fuseaux blonds reposée;
> On viole une chanson sous la croisée...

Klingsor, compositeur de haute qualité en même temps que peintre, poète et conteur, avait le sens de la chose musicale. Il devait bientôt mêler des mètres différents pour aboutir au vers libre, rythmique sur le modèle des vieilles chansons populaires, fondé sur le retour périodique des accents toniques et la syncope. Dès ses *Squelettes fleuris,* 1898, apparaissait un art original qui faisait dire à Henri de Régnier : « Poésie singulière, à la fois galante et funèbre, attifée et naïve, qui sent la marjolaine et le cyprès, mêlée de froissements de soie et de cliquetis d'ossements, chansons qui voltigent sur des drames latents, chansons parfumées d'amour et de mort... » Quant à son vers libre, Régnier le trouvait souple, élégant, et il ajoutait : « M. Klingsor possède un métier très personnel qui n'est ni la soierie irisée de M. Vielé-Griffin, ni les mousselines à pois de Jules Laforgue, ni la bure puissante de M. Verhaeren, et qui a ses procédés propres et son secret. » Jean Lorrain pouvait parler du « joli livre de M. Tristan Klingsor tout rempli de baladins, de fols, de princesses en robes orfévrées, la rose au corsage, Maud, Iseult, et de pages-fées et de pages-fleurs, qui exhale un parfum musqué et vieillot d'ancien missel » et ajouter : « C'est bien le recueil d'un ramageur de ballades à la cour des Papes en Avignon, ou d'un ménestrel du royaume d'Arles, au temps de la comtesse de Die : cela chante, chatoie, frissonne et flamboie... » Tristan Klingsor aimait déjà les contes de fées, du Chaperon rouge à la mère l'Oie où « les souris rôdent en minuscules pantoufles de fées ». De la poésie populaire, il retenait le merveilleux féerique et le lyrisme sentimental. Nous n'étions pas si éloignés d'un symbolisme proche de Maeterlinck et déjà Tristan Klingsor était ce poète dont parlera Alexandre Arnoux, autre enchanteur : « Poète exquis, délicat, aérien, rompu aux rythmes rigoureusement libres, abondant en images transparentes et irisées, un des plus purs et des plus nécessaires de son temps. » Enchanteur agissant,

Tristan le sera dans toutes ses œuvres de notre siècle : *Schéhérazade*, 1899, puis 1926, *le Valet de cœur,* 1908, *Poèmes de Bohême,* 1913, *Humoresques,* 1921, *l'Escarbille d'or,* 1922, *Poèmes du brugnon,* 1928, *Cinquante Sonnets du dormeur éveillé,* 1949, etc., sans oublier son *Florilège* et le « Poète d'aujourd'hui » dû à Pierre Menanteau qui préfacera des poèmes en prose posthumes, les *Poèmes de la princesse Chou,* 1974.

Nous indiquons ses principales œuvres musicales : de nombreuses chansons : *Chansons d'amour et de souci, Chansons de ma mère l'Oie, Quatre Chansons de bonne humeur, Chansons sous l'organdi,* etc., qui sont de délicieuses mélodies, *Petite Suite pour deux violons* et d'autres pièces instrumentales. Ses poèmes étaient tellement faits pour la musique qu'ils tentèrent Maurice Ravel *(Schéhérazade),* Gabriel Pierné, Paul Pierné, Sylvio Lazzari, Pierre de Bréville, Gabriel Dupont *(les Noisettes),* Samuel Rousseau, Jean Belin *(le Jardin d'Osmonde),* Philippe Gaubert *(Rondels),* Gabriel Grovlez, Charles Koechlin, etc.

On ne peut oublier le peintre, ami des néo-impressionnistes comme Vuillard, qui exposa au Salon d'Automne et au Salon des Tuileries et dont certains musées possèdent des œuvres. Il fut le portraitiste de ses amis les poètes du Divan et les fantaisistes et on lui doit des études d'art sur Goya, Hubert-Robert, Chardin, Cézanne, etc.

Le titre de *Schéhérazade* a été emprunté aux *Mille et Une Nuits* dans les traductions de Galland, puis de Mardrus, c'est-à-dire, loin de la verdeur médiévale des œuvres originales, un Orient de fantaisie revu par le XVIIIe siècle et qui se prête aux musiques issues du Symbolisme. Pierre Menanteau dit fort bien : « Il ne s'agit pas ici d'une ou de plusieurs histoires continues : ce sont de brèves évocations, où " la volupté, la mort et la vie – Prennent part tour à tour au jeu ", des fantaisies graves ou plaisantes, où le poète joue, à plaisir de plume, sur les noms communs d'origine arabe : vizir, cadi, muezzin, henné..., et surtout sur les noms propres, noms de personnes : Schéhérazade, Schahriar, Sindbad, Haroun Al-Rachid... noms des lieux, chargés de rêve, où son imagination le conduit, comme elle l'avait conduit, à ses débuts, en Thulé (1892-1894), comme elle le conduira en Bohême, 1913... » Et l'on ne saurait oublier l'influence d'Omar Khâyyam que Klingsor traduira, une influence dont il faudrait dire l'importance à travers toute l'histoire de notre poésie. Disons au passage que l'Orient a influencé les poètes fantaisistes, on le voit aussi souvent par le recours au haïkaï japonais. Dans *Schéhérazade,* Tristan Klingsor, musicien, a trouvé un thème propice à ses goûts mélodieux, mais le peintre a aussi pu décrire des paysages. Voici *la Flûte enchantée* :

> L'ombre est douce et mon maître dort,
> Coiffé d'un bonnet conique de soie,
> Et son long nez jaune en sa barbe blanche.
> Mais moi je suis éveillée encore
> Et j'écoute au-dehors
> Une chanson de flûte où s'épanche
> Tour à tour la tristesse ou la joie,

> Un air tour à tour langoureux ou frivole
> Que mon amoureux chéri joue,
> Et quand je m'approche de la croisée,
> Il me semble que chaque note s'envole
> De la flûte vers ma joue
> Comme un mystérieux baiser.

On pense forcément à Ravel comme on pense au peintre Klingsor dans ce *Paysage* :

> Les arbres du jardin
> Se découpent dans l'air léger du soir
> Comme s'ils étaient peints
> Sur une fine soie;
> Le bel oiseau gris qui se balance
> Sur la branche d'un pêcher fleuri
> Se garde de troubler le silence
> D'un seul cri;
> Tout dort,
> Et la lune qui se mire dans l'eau du lac
> Est comme une mince barque
> Au milieu d'un parc illuminé d'or.

Dans *le Valet de cœur*, 1908, Klingsor joue encore sur la mélodie et la rêverie avec de trop évidentes gentillesses et des facilités qui le conduisent à l'emploi du damoiseau, de la mignonne ou du prince charmant. C'est doux et futile, mais l'on aime telle flânerie sur le Pont-Neuf ou telle sérénade à un ami, à moins qu'il ne joue sur *Plaisir d'amour*. C'est là qu'on trouve ces vers que Serge Fauchereau a comparés à une chantefable de Desnos :

> Chat, chat, chat,
> Chat noir, chat blanc, chat gris,
> Charmant chat couché,
> Chat, chat, chat,
> N'entends-tu pas les souris
> Danser à trois des entrechats
> Sur le plancher?

Fauchereau dit qu'« il n'est pas impossible que Max Jacob lui-même ait quelque peu pratiqué Klingsor » et c'est avec raison, car bien des poètes modernes n'ont pas reconnu leur dette. Le thème du chat et de la souris est constant chez Klingsor : on le trouve dès ses premières œuvres.

Les *Poèmes de Bohême*, 1913, font défiler des cortèges burlesques, toute une troupe de bohémiens et de baladins, de gens venus de l'histoire, de la légende ou de la chanson. Ne peut-on trouver ici un souvenir de Paul Fort?

> Sur ton beau tapis de poussière rose,
> De poussière grise, de poussière blonde,
> Ô route, rois ou pauvres, fous ou fiancés,

> Cueilleurs de baisers ou cueilleurs de roses,
> Sur ton beau tapis de poussière blonde,
> Tout le monde, tout le monde, tout le monde
> Y a passé.

Jacques Prévert pratiquait-il Klingsor ? On peut supposer que ces vers ne lui auraient pas déplu :

> Ceux qui s'en vont le cœur léger et rassasié
> En leurs habits percés de balles et de trous,
> Ceux qui s'en vont vers le trépas,
> Monsieur de La Palice et ses quat'z-officiers,
> Monsieur de Malborough et ses quatre beaux pages
> Monsieur de Malborough qui ne reviendra pas.
>
> Et puis ceux des villages,
> Les loqueteux, les paysans, les claquedents,
> Les miséreux et tous les jacques aux culs nus,
> Les marmiteux, les pauvres hères qui se ruent
> Vers l'inconnu,
> La vieille haine au cœur et l'âpre faim aux dents,
> Et qui dévalent les coteaux,
> En rangs farouches et pressés,
> Avec des serpes, des bâtons et des couteaux,
> Avec des pierres et des coutres de charrues,
> Avec des pics, avec des fourches et des faux,
> Tous ceux qu'on tue...

Klingsor, dans ses *Humoresques,* 1921, brosse encore des tableaux parisiens et il arrive que l'on retrouve des thèmes déjà traités dans ses précédents livres, mais avec des variations humoristiques. Il se moque volontiers de lui-même, s'appelle « birbe barbu » ou montre « le poète Klingsor avec sa boîte au lait et ses pantoufles ». Il y a là un ton proche de celui de Max Jacob encore une fois comme dans *la Chanson de Monsieur Benoist* :

> Fera-t-il beau temps, pleuvra-t-il ?
> Prends ta canne, Monsieur Benoist ;
> Fera-t-il beau temps, pleuvra-t-il ?
> Qui le sait ? ni pape, ni roi ;
> Prends ta canne de bois
> Des îles.

Auprès de bourgeois, de badauds, de jolies voisines, dans ses paysages urbains, apparaît souvent Antonio de La Gandara :

> La lune se lève sur le marronnier :
> Monsieur de La Gandara rêve au Luxembourg ;
> La lune se lève sur le marronnier
> Et Monsieur de La Gandara la regarde ;
> On entend au loin battre le tambour
> De garde.

Et encore dans *Mademoiselle de Montpensier* :

> Dans ce vieux Luxembourg cher au cœur d'Antonio
> De La Gandara,
> Dans ce vieux Luxembourg,
> La flûte, le trombone et le tambour
> Esquissent un trio.
>
> Hé! hé! la fine jambe que voici!
> Le bourgeois assis
> Vers elle glisse
> Une œillade d'amour farcie;
> Ce hautboïste emplit les cœurs de poésie :
> Qu'en dîtes-vous, nourrice?

Dans *l'Escarbille d'or,* 1922, il quitte l'humour appuyé, mais non pas la fantaisie. Quand « le contrepoint fleuri du bon Jean-Sébastien/ S'égrène dans le soir d'octobre » surgissent les regrets et le livre tout entier est une recherche de l'apaisement. C'est un livre nostalgique, une réflexion sur la vie pleine de souriant scepticisme. Six ans plus tard, les *Poèmes du brugnon* se parent de nouveau de la gentillesse de chanson et de la féerie de ses débuts comme dans cette *Prière du roi nègre* :

> Cher mignon roi rose qui dors
> Dans tes langes,
> Je t'apporte trois sacs d'oranges
> Belles comme des lunes d'or.
>
> Sur mon vieil éléphant
> Pendant cent et une nuits j'ai suivi l'étoile
> Et me voici tremblant et confiant
> A genoux devant toi.

Les *Cinquante Sonnets du dormeur éveillé,* 1949, comme maints poèmes qui suivront : *le Tambour voilé, Mesures pour rien,* les poèmes d'*Album,* 1955, les *Florilèges,* 1955 et 1964, *la Maison d'Aloysius* complèteront cette œuvre. Il y aura encore des vers rythmiques, mais aussi des vers classiques comme dans le sonnet *la Musique merveilleuse* dont le titre pourrait définir son œuvre :

> Ils ne se dirent pas un mot. Et comme épris
> Et cœur battant il regardait le beau visage
> Aimé, elle ne put supporter davantage
> Cette imploration tendre et baissa les cils.
>
> Elle restait debout dans le cadre obscurci
> De la porte, comme sur le bord d'une cage
> Ouverte; il s'agenouilla sur la marche et prit
> Sa main. Une rose tremblait à son corsage.
>
> Tout s'était tu, le rossignol et l'oiseau noir
> Du bois, l'abeille dans la fleur du groseillier :
> Le hameau s'endormait dans la buée du soir.
>
> Un absolu silence rendait plus profonde
> Cette heure unique; et cependant, émerveillés,
> Ils entendaient chanter tous les violons du monde.

Les posthumes *Poèmes de la princesse Chou,* en prose, s'inscrivent dans une tradition qui fut celle de Judith Gautier, Frantz Toussaint ou Pierre Louÿs. Pierre Menanteau dit : « Dans les *Poèmes de la princesse Chou,* le gazouillement des oiseaux ou de la voix humaine, le chantonnement d'un ivrogne ou le ronflement d'un dormeur, le gong du Palais, le tambour, la flûte, les cordes que l'on pince, les notes argentines d'une boîte à musique – tout, les cris, les bruits, les sons musicaux, nous rappelle qu'une oreille subtile était à l'écoute du monde. » Bien sûr, c'est une Chine de fantaisie qui nous est montrée, car Klingsor ne voyagea guère qu'en rêve ou plus volontiers du côté du Valois de Nerval ou dans les paysages d'Aloysius Bertrand, mais cela n'empêche pas les poèmes d'être d'un musicien attentif et d'un peintre délicat. En quelques lignes, il rappelle les biens de ce monde, *les Trésors méprisés* :

> Empereurs, maréchaux, ministres et mandarins ont élevé des ponts et des tours aujourd'hui écroulés, dévidé des paroles fumeuses, abrégé plus d'une chanson; puis l'un après l'autre ils ont disparu.
> Ils ont oublié les quatre choses précieuses de la vie : la contemplation d'une peinture raffinée, un quart d'heure de poésie, une soirée de musique et une nuit d'amour.

C'est parce que les trésors de Tristan Klingsor furent souvent méprisés par les critiques ou les historiens qui l'expédièrent en quelques lignes que nous lui donnons ici une place importante, ne serait-ce que par compensation, mais il est vrai que la fréquentation d'une œuvre légère, pleine de sensibilité, d'auto-ironie, de charme confondus dans un art complexe et d'un extrême raffinement, se révèle pleine de bonheur poétique. Avant Apollinaire, il avait déjà un parfum d'Apollinaire; nul doute que les surréalistes n'aient reçu ses messages et que son œuvre ne les ait inspirés. L'École fantaisiste lui doit beaucoup, il est souvent allé plus loin qu'elle-même dans une marche vers le modernisme et la poésie nouvelle.

Jacques Dyssord et « Certaine » la mort.

Comme Tristan Klingsor, Édouard Moreau de Bellaing, dit Jacques Dyssord (1880-1945) peut être considéré comme un précurseur de l'École fantaisiste : Carco en porte témoignage. Ce compatriote de Toulet à qui il dédia des poèmes publia très jeune ses premiers vers dans *l'Ame latine* avant de s'installer à Paris au début du siècle et de publier *le Dernier Chant de l'Intermezzo,* 1909, qui dit sa filiation à Henri Heine. Ce livre, comme ceux qui le suivront, se caractérise par la sensibilité, la souffrance voilées par l'ironie, la fantaisie, le ricanement désespéré devant la mort qui envahit toute son œuvre. Le poète se fait d'une pertinente impertinence et va de l'affrontement hautain à l'arlequinade rococo, quasi cubiste. On n'est pas toujours éloigné de l'art d'Apollinaire, de Cocteau ou de Salmon. Dyssord a recours à la couleur locale, à l'exotisme burlesque et aux mots de la vie moderne :

> Jazz-band, jouez-nous de ces airs
> Qui font s'éveiller les gorilles,
> — Croyez-vous qu'on trouve en Enfer
> Encore des petites filles ?...

Comme les fantaisistes, il a le goût de la romance, de l'ariette aigre-douce :

> — Les roses-thé de son chapeau,
> Et le linon de son corsage
> Et le grain surtout de sa peau !
> — C'était une fillette sage —
>
> — Et comme je faisais des vers,
> Je la prenais pour un poème,
> Elle mit ma tête à l'envers,
> En me disant : « Comme je t'aime ! »

En 1909, on voit qu'il pressentait notre univers d'informatique et de béton avec quelques grincements dans la voix :

> Où retrouver la brave pierre lourde et nette
> — Notre siècle n'est décidément pas honnête —
> Et l'outil d'humble fer qui l'allège et le charme ?
>   — Ce ciment armé vous désarme...
>
> Gratte-ciel où s'obstine, en vain, un téléphone...
> — Au bout du fil, vous savez bien qu'il n'est personne.
> Une rosace cligne au couchant, qu'auréole
>   La vapeur noire du pétrole.
>
> Pour le convertir, aurez-vous assez d'affiches,
> Assez de statistiques et assez de fiches,
> Notre cœur hérétique ou relaps suivant l'heure
>   — Ou fidèle, suivant le leurre ?

Artiste, Dyssord a le souci de composer un livre en diversifiant les chants. A des strophes pimentées, ironiques où, entre deux tirets, le coq-à-l'âne jette ses feux rapides, à une débauche mesurée de couleurs et de pirouettes succède brusquement le chant lyrique de la destinée :

> Que viens-tu faire ici, toi qui n'as pas de clef ?
> Les lourds battants de la porte sont fermés
> Sur les rires, sur les baisers, sur le loisir
> D'être beau, d'être pur ou de le devenir,
> D'être un maître et d'être son maître, ou de choisir
> Cette volupté-là — suspecte — d'obéir.
>
> A d'autres doigts pressés tinte la clef d'argent,
> Arrachée à des morts, surprise à des vivants.
> J'en sais qui l'obtinrent avec leur corps offert,
> Leur pauvre corps montrant la corde de ses nerfs,
> Ou leur âme, apprenant l'appétit de l'Enfer
> A voir la terre morte en son linceul de fer.

La mort médiévale, celle des danses macabres, la mort qu'il appelle « la Certaine », est encore dans *On frappe à la porte,* 1928, qui fit penser à Henri Clouard aux premières mesures de la Ve *Symphonie* de Beethoven. En arrière-plan, on sent un romantisme fantastique, mais Dyssord est trop artiste pour tomber dans les lieux communs : la légèreté de sa plume l'en préserve. Même ton dans *Les dés sont jetés,* 1938, qui affirment la permanence d'une hantise et aussi dans ses publications comme *Intermèdes* ou *Chanson de la Bonne* et *Malencontre*. Il délaissera la poésie durant de longues périodes pour écrire des romans, des essais, des biographies romancées comme *l'Aventure de Paul-Jean Toulet, gentilhomme de lettres* ou la traduction en langage populaire moderne des *Mimes* d'Herondas, des pièces de théâtre comme *les Faisans* ou *le Jeune Homme à l'œillet vert*. Comme de nombreux poètes de sa génération affirmant une transition entre le Néo-Classicisme et le Modernisme, il fut bien à tort négligé par les uns et par les autres. S'il existe une notion de plaisir poétique, et nous le croyons, Dyssord en est un bon dispensateur : vif, sémillant, sautillant, se figeant soudain dans une attitude grave, usant de la musique de chambre ou de la symphonie, du jazz ou de l'air de bastringue, il distrait et il enchante, il jongle sans être artificiel et sait mettre son lecteur face à lui-même et à ses préoccupations intimes et tragiques :

> Un soir où le vent
> Poussera plus fort,
> — Maintenez les contrevents —
> Ce sera la mort.
>
> La lampe est soufflée
> — Qu'est-ce qui remue :
> C'est comme une ronde essoufflée
> Et qui s'exténue ?
>
> Les feuilles s'envolent ;
> La table est déserte,
> — Est-ce donc que le vent vole
> Jusqu'aux feuilles vertes ?

Entre Fantaisisme et Modernisme : Gabory, Castagnou, Chalupt...

Proches de l'École fantaisiste et pas trop éloignés des recherches d'une poésie nouvelle, comme Klingsor et Dyssord, nombre de créateurs affirment une transition et l'on pourrait les situer à l'aile gauche du Fantaisisme. Ainsi Georges Gabory (né en 1899) fait partie de ces virtuoses à l'esprit léger parce que le cœur lourd qui ne cessent de masquer leur sentimentalité derrière des apparences bouffonnes. Il a des grâces acides et enrubannées qui le rapprochent de Max Jacob. Classique dans la forme, il fait danser des vers gracieux qui nous parlent à mi-voix non sans quelque mièvrerie, mais avec un charme certain. Ses titres sont *la Cassette de plomb,* 1920, *Cœurs à prendre,* 1920, *Poésies pour dames seules,* 1922, à la N.R.F. Il est le poète de la rose, des feuilles mortes, des peines légères et des chuchotements du soir :

> Ma vie est la feuille qui tombe
> D'un arbre pensif et glacé
> Sur le chemin où j'ai laissé
> Le chien, la rose et la colombe.
>
> Aux genoux de quelque maîtresse —
> Mon corps, mon cœur et mon esprit —
> Et la couronne se flétrit
> Que j'ai faite avec ma jeunesse.
>
> Et chaque nuit, je crois entendre
> Sur notre amour qui va finir,
> Pleurer le vent du souvenir
> Dans un jardin couleur de cendre.

Il a lu Musset et Verlaine, son cœur peut être une praline ou une boîte à musique, il a la fantaisie de parler de la « Nymphe des eaux de Vichy », il ne rejette pas le jeu de mots, fut-il contestable, mais trouve le moyen de l'entourer de colifichets poétiques :

> Les sens excités par la folle
> Insuffisamment assagis,
> Le poète Lévy-Scarole
> Brûlait de rentrer au logis.

André Castagnou (né en 1889) lorsqu'il présenta Apollinaire à Toulet dut unir deux tendances de sa poésie. Ayant classiquement débuté dans l'ombre de Moréas et de Maurice Du Plessys, il ressentit les influences de La Fontaine et de Rimbaud, vécut dans l'amitié d'Utrillo et de Modigliani, dans l'entourage musical de Mozart et de Debussy. Écrivant en vers blancs, libres ou classiques, il donne une impression de facilité née en réalité d'une recherche, il évite la rhétorique, fait couler simplement un chant plus compliqué qu'il n'y paraît. Son recueil imprimé à Spolète, *les Quatre Saisons*, 1923, enthousiasma André Thérive pourtant plus proche des classiques : « Chaque vers de Castagnou déborde d'allusions, de mouvements éludés, d'émotions esquissées; les points d'orgue, les silences conspirent, eux aussi, à l'harmonie cachée de ses accents... La poésie d'André Castagnou est presque unique, et on la reconnaîtrait entre toutes. » En fait, il y a dans ses vers des airs d'impromptu, comme s'il écrivait tout ce qui lui passe par la tête et qu'il n'y passe que jolies choses non point inoubliables mais significatives du passage d'une muse légère et habillée d'atours nouveaux :

> Là-bas, sur les plages mandchoues,
>   au bout du Transsibérien,
> Cendrars a rencontré Sindbad le Marin.
>   Moi j'ai peur de la neige
>   et je ne connais point la fleur du caoutchouc.
>   Je ne quitterai pas la belle Trinacrie
> où des déesses brunes passent en des carrioles peintes,
>   et sur la mer couleur de raisin
>   le soleil est un bouquet de roses.

Le précieux René Chalupt (1885-1957) est aussi un virtuose, un jongleur qui trace des arabesques, manie l'ellipse, pour créer un art d'illusionniste entre Cocteau et Toulet. Tout d'abord proche de Samain dans *la Lampe et le miroir*, 1911, de recueil en recueil il évoluera vers l'art de Toulet dans un entourage à la mode des années 20 comme en témoigne le poème *les Demoiselles d'Avignon* :

> En revenant de Villeneuve
> Elles quittent leur robe neuve
> S'il leur plaît de feindre l'ébat
> Des naïades du fleuve,
>
> Offrant douce proie au pinceau
> Du peintre Pablo Picasso
> Qui s'est, pour les surprendre nues,
> Caché sous un arceau.

Poète et imprimeur « A la Rose », François Bernouard (1883-1949) débuta en 1904 avec *les Roses sous la bruine*. Il ne cessa de fonder des périodiques poétiques : *le Fermoir*, avec Paul Iribe, *Schéhérazade*, avec Jean Cocteau, 1909, *la Vogue française*, 1910, *Panurge*, 1913, *le Goût du jour*, 1920, etc. Il s'affirmera bientôt avec *Futile*, 1910, *les Regrets de Futile*, 1913, *le Bonheur du jour*, 1910 que suivront *le Convalescent*, 1919, *Franchise militaire*, 1928, aux curieuses typographies, *Trésor de l'humanité*, 1934, comme un cascadeur, un chercheur de rythmes, un fantaisiste, mais qui n'oublie cependant pas la prosodie régulière :

> Ni la violette ni la rose
> Ni le réséda vert et rose
> Ne possèdent une douce odeur
> Aussi subtile
> Futile
>
> Que celle de la fleur
> Du lilas blanc
> De vos flancs.

Intimiste aussi, Bernouard est doucement sentimental et berce ses rêveries de notes élégiaques :

> La beauté de tes yeux ne fut que le miroir
> Qui reflétait mon rêve éternellement triste,
> Et lorsque je t'aimais c'est que je croyais voir
> Dans tes yeux mes espoirs encerclés de cils bistres.

Chercher l'originalité sans quitter le cadre classique n'est pas chose aisée. Emmanuel Lochac (1886-1956) tente cette gageure avec succès dans maints recueils : *l'Oiseau sur la pyramide*, 1924, préface de Jean Royère, *le Promenoir des élégies*, 1929, *Monostiches*, 1936, *le Tribut à Mélusine*, 1938, *Hier nous attend*, 1946, *Obélisque*, 1949, *Un souffle et une ombre*, 1951, *Sixains de persévérance*, 1956, et un choix posthume, *Au pas feutré du songe*, 1967, où se mêlent vers et prose, car il fut aussi un prosateur : Valery Larbaud préfaça *le Secret du Belvédère,* 1927. S'il écrit des sixains, il les agence de cette manière (deux distiques suivis chacun d'un vers isolé) :

> Si funèbre la rue où s'ennuie un fantôme.
> Que reste-t-il de tout ? poussière, écume et chaume.
>
> De nouveaux inconnus entrent dans les débits.
>
> Les poubelles ont l'heur d'attirer les chats souples ;
> Ici viennent chercher leur ciel les jeunes couples ;
>
> Se rouille un panonceau, témoin des jours subis.

Ses tercets font parfois penser à des haïkaïs. Ses monostiches sont des poèmes d'un seul vers : il fallait y penser ; là il condense poésie, image et pensée, dans un tableautin rapide :

> Les chenets. Fine pluie. Et tes pleurs, Cendrillon !

Dans *Obélisques,* il contractera encore le monostiche : « Longtemps se sont aimés nos doubles » ou « Je patiente, Éternité ». Il dit : « Un seul vers remplacera le long poème. » Jean Paulhan aimait ses vers condensés, laconiques, lapidaires. Après avoir expérimenté toutes les formes fixes, il se voulut le bourreau de l'éloquence pour mieux traduire la douleur, la solitude, le silence. Là où l'on pourrait voir un artifice, on trouve un art nouveau de la maxime onirique : c'est un peu comme le quatorzième vers d'un bon sonnet, évocateur et riche de prolongements.

Il veut donc évoquer plus que dire et en cela on pourrait le rapprocher de Julien Vocance (né en 1890) soucieux lui aussi de faire du vers « une force que l'on comprime ». Cet ami de Jean Paulhan et de Paul Éluard qui le citera dans *Poésie involontaire et poésie intentionnelle,* de ses *Cent Visions de guerre,* 1916, à son *Livre des haïkaïs,* 1936, montre son mépris de la rhétorique et des épanchements lyriques en résumant ainsi son art poétique :

> Le poète japonais
> Essuie son couteau ;
> Cette fois l'éloquence est morte.

Il y eut toute une tradition de l'haïkaï, et Paul-Louis Couchoud, maître de l'histoire des religions, créateur de l'haïkaï français en fut le chef d'école. Le philosophe René Maublanc lui dédia ses *Cent haïkaïs,* 1924, et il préfaça les *Pincements de corde* qui empruntent cette forme héritée du Japon, de Henri Druard (né en 1902). Ce sont là amusements de lettrés, mais lorsque le genre ne succombe pas à la facilité, il y a de sensibles réussites.

Les frontières de la « fantaisie » sont parfois difficiles à déterminer. Lorsque Charles-Adolphe Cantacuzène donne une *Synthèse attristée de Paris,* 1907, il verse dans le genre tout en se rattachant par ses sonnets parfumés à cette autre école fantaisiste du XIXe siècle où l'on ne trouve pas la mélancolie sensible de Toulet ou de Carco.

Le premier recueil de Dominique Combette (1890-1958), *Présence,* 1910, fut remarqué par Francis Jammes. Ce poète, né à Mercurey, se mêla au monde littéraire du début du siècle, collaborant aux *Soirées de Paris,* assistant aux fameux mardis de la Closerie des Lilas. La guerre de 1914 lui imposera un silence de vingt-sept ans : en effet, après *les Pèlerins d'Emmaüs,* 1912, son deuxième recueil, il faudra attendre 1939 pour lire *l'Ombre sur le mur,* que suivront *Légitime Défense,* 1941, poèmes en prose et haïkaï, *Phylactère,* 1943, qui dit son goût de la maxime et de l'épigramme, *Signaux vers Altaïr,* 1947, *Berceuses pour la Belle au bois dormant,* 1949, *Ciel ouvert,* 1952, *Orphée et les robots,* 1953, *le Bol de jade,* 1955. L'humour souriant, la fantaisie, la délicatesse caractérisent un art dépouillé où la mélancolie glisse vite vers la tendresse humaine. Il use aussi bien du vers classique que du vers libre avec un sens très sûr de la musicalité qui s'exprime en mélodies légères :

> Il manque une larme à la mer...
>
> Elle se fâche et c'est en vain :
> Elle se plaint, sa plainte est vaine !
>
> Il manque une larme à la mer
> Pour être heureuse
> Mais sa coupe immense jamais
> Ne sera pleine.

Il dira les regrets, l'angoisse devant la mort, et aussi sa certitude qu'il existe d'autres peuples dans l'univers, le « puissant orchestre de l'automne », avec un goût de la féerie légère, et déploie des *Guirlandes d'oiseaux* :

> Je ne suis jamais las de regarder de l'eau.
> Quelque chose tressaille en moi, quand, d'aventure,
> Je rencontre, au tournant de ma route, une pure
> Et discrète fontaine au roucoulant sanglot.
>
> Je sais qu'elle demeure et que je prends congé,
> Qu'elle est vivante et qu'au sortir du marbre, nue,
> Cependant que je m'éloigne, elle continue
> A pleurer toute seule une peine que j'ai...

Dans les dizains du *Bol de jade,* il mêle adroitement les rimes selon une distribution bien personnelle, comme dans *Évasion* :

> Ainsi qu'un évadé, retardé dans sa fuite
> Par le poids d'un habit qui le gêne et l'encombre
> Cède, aux mains qui déjà l'agrippent, son manteau
> Et s'esquive, étonné de son agilité,
> Au Temps qui me poursuit j'abandonne mon ombre
> Et cours, pour le plaisir de fuir, toujours plus vite,
> Avant d'atteindre cet instant que nul n'évite
> Où, pour sauver mon âme ivre de liberté,
> Pour qui tout ici-bas sera peine et fardeau,
> Aux ongles de la mort, je laisserai ma peau.

Un poète singulier, Armand Dehorne (1882-1974), auteur de *Nord* que préfaça Théo Varlet, de *Routes,* et notamment de *Dynamique des orchestrions,* 1927, mérite d'être connu et reconnu. Discrètement moderniste, il arrive qu'il fasse penser à Léon-Paul Fargue ou à Jules Supervielle, en plus rocailleux, avec de délectables aspérités et d'étonnants reliefs. Publiant au *Mercure de Flandre,* il fut oublié des édiles parisiens. Or, on trouve chez lui une personnalité originale, pleine de grincements cocasses, prenant pour héros des instruments de musique : fifre, jazzoflûte et concertina, accordéon, hautbois, ophicléide qui donnent les titres de ses poèmes, à moins que ce ne soit *Berceuse, Harmoniques, Solfège, Ariette composée, Mélodie, Chant des bouteilles, Liaisons à trois voix, Fugue, Solo...* Les originaux des lettres étant toujours recherchés, on s'étonne que nul ne se soit intéressé à lui. Il est difficile de citer des extraits tant le poème court de strophe en strophe, s'arrête, rebondit, s'envole, nous agresse et nous caresse tour à tour. Écoutons ce soudain repos :

> Les framboisiers, si doux, font pleurer les oiseaux,
> Par une singulière amitié poétique,
> Comme on peut l'entrevoir chez des fous sympathiques.
> Ô flûtes pour qu'un songe intriquant les réseaux,
> Musique populaire, heureuses manivelles,
> Si loin de la rivière et si près des roseaux !
> Au fond des cieux des cieux voguent mes caravelles

Et le début d'un curieux poème sur *le Printemps* dont la suite ménagera mille surprises, mille ruptures brusques de ton :

> Du soleil dans la forêt nue ;
> L'espérance, une enfance menue,
> Une voyelle d'or sous l'accent circonflexe ;
> Et moi-même, un miroir convexe
> Qu'en repoussant, le soir, on peut rendre concave.
> — Cher bougeoir sur les fruits dans le fond de la cave !

Autre poète du Nord, Gabriel Laniez (1897-1954) a laissé dans *Poèmes et proses,* 1955, avec une présentation d'Antoine Adam, une œuvre fort diverse et proche en maints endroits de celle d'Armand Dehorne. Scientifique lui aussi, proche de Pascal, il n'a cessé de « cultiver les vertus du hasard et de discerner les fruits de l'ordre ». Des poètes comme Louis Foucher, Emmanuel Looten, Jean Rousselot se sont attachés à lui. Il est le maître d'une spiritualité élégiaque au cours de poèmes en versets, mais il sait aussi prendre un ton narquois et sarcastique dès qu'il s'agit de fustiger le bourgeois dans de réjouissantes maximes, mais par-delà ses éclats on distingue une profondeur et une cohérence de pensée, une rigueur dans la manière d'unir des tensions diverses, parfois contradictoires. Derrière le sourire comme derrière la pensée triste, il y a ce qu'Alfred Adam distingue en lui : « La poésie de l'homme tragique, la poésie de notre siècle. »

L'aile la plus avancée du fantaisisme, celle de Klingsor et de Dyssord, des Gabory, Castagnou, Chalupt, Bernouard, Lochac, Vocance, Combette et Dehorne l'isolé rejoint la poésie moderne d'Apollinaire, Salmon, Max Jacob, Cocteau et quelques autres dans un jeu subtil d'influences conjuguées.

Cette École fantaisiste, si de nombreux poètes se regroupèrent autour d'elles, n'a pas de frontières précises. Souvent plus proche de la tradition que de l'avant-garde, elle n'en participe pas moins de l'esprit nouveau. Elle unit les éléments les plus divers, du néo-classicisme au modernisme, mais elle représente une transition heureuse et délicate, bien sympathique en tout cas, par des œuvres de valeur. Elle n'est pas exempt d'une tendance à la mièvrerie et au prosaïsme, mais elle promet des moments délicieux.

Un « Fantaisisme » moderniste : L'Œuf dur.

Il arrive que le basson, instrument à vent, et la contrebasse, instrument à cordes, à un certain lieu de musique, rendent le même son. Ainsi sont souvent moins éloignés qu'on ne le croit les hommes de l'École fantaisiste somme toute classique, les Carco, Derème, Toulet ou Jean-Marc Bernard de ces poètes dont nous parlerons plus loin, pèlerins du renouveau, qui se nomment Apollinaire, Max Jacob, André Salmon et des surréalistes comme Desnos, Prévert ou Queneau, bien que la charge ne soit pas la même. Dans la revue *l'Œuf dur,* s'opèrent ainsi des rencontres : auprès de Louis Aragon, Max Jacob, Blaise Cendrars, Pierre Naville, Philippe Soupault, André Salmon, on trouvera le symboliste Gustave Kahn, Francis Carco, René Chalupt, Tristan Derème, Georges Gabory, Robert Honnert, sans qu'il y ait hiatus. Les fondateurs de cette revue furent cinq jeunes gens étudiants : Gérard Rosenthal, Pierre Villoteau, Georges Duvau, Jean Albert-Weil et Mathias Lübeck qui trouva le titre *l'Œuf dur.* Leur « simili-manifeste » est joyeux et juvénile : « Notre manifeste? Le voici : deux points, ouvrez les guillemets. Notre manifeste? C'est notre revue. Nous sommes beaux... » et comme l'écrit l'un deux :

> Nous étions quelques-uns – bien peu –
> Sonneurs d'aurore, enthousiastes,
> Insatiables et désireux
> A vouloir un monde plus vaste.

Étant « bien peu », ils s'inventeront des doubles : Francis Gérard et Belphégor Daunou sont Gérard Rosenthal; Lesle Flint est Jean Albert-Weil et Jean-Pierre Lafargue se nomme Maurice David. Car il y aura des nouveaux venus comme ce Maurice David : ainsi Pierre Naville qui entrera au comité au n° 13, et des collaborateurs épisodiques parmi les grands aînés, ceux que nous avons cités et Maurice Martin du Gard, Léon Pierre-Quint, Henry de Montherlant, Pierre Drieu La Rochelle, François Mauriac, Joseph Delteil, Valery Larbaud, Pierre Mac Orlan, etc. Les jeunes rédacteurs ont dix ans de moins que leurs aînés surréalistes, André Breton et Louis Aragon, et ces derniers les amèneront à participer à leurs activités : Francis Gérard, Mathias Lübeck et leur ami J.-A. Boiffard seront du premier groupe surréaliste et c'est chez l'imprimeur de *l'Œuf dur* que se préparera la maquette de *la Révolution surréaliste,* avant que Naville et Gérard se séparent du mouvement lorsqu'il ira vers l'action politique.

Dans le domaine poétique, deux hommes émergent qui sont Gérard Rosenthal, dit Francis Gérard (né en 1903) et Robert Enoch, dit Mathias Lübeck (1903-1944) dont nous parlons ici en anticipant sur la période surréaliste, non seulement parce que les classements sont peu aisés, mais aussi parce qu'il n'est pas désagréable de vagabonder. Gérard Rosenthal a donc publié dans *l'Œuf dur,* mais aussi dans la *Révolution surréaliste;* il a laissé une plaquette, *les Dragons de la vertu,* 1927, se détachant assez tôt de l'expression poétique. Ses poèmes étaient pleins de fantaisie et de charme, une note surréaliste leur ajoutant un piment absent de bien des œuvres de l'École fantaisiste :

> Pour guérir le moribond
> On entrouvrit ses lèvres et l'on glissa entre elles
> Une pincée de sucre candi
> Des tranches de coings choisis parmi les plus mûrs
> Un peu de sable mêlé à de l'ocre
> L'anneau du bracelet de fiançailles rompues
> Une touffe d'anis venu des montagnes
> Une poudre blanche qui agace ses gencives
> Quelques gorgées d'eau claire
> Il ouvrit les yeux et se mit à chanter...

Son ami Robert Enoch, dit Mathias Lübeck (1903-1944), après la période de *l'Œuf dur,* adhéra au Surréalisme en 1924 et écrivit poèmes et proses longtemps épars dans les publications de l'époque. Participant à l'aventure de la poésie moderne, du côté de la rue Ravignan, il en chérit le pittoresque et l'éclat, un humour insolite qui le situe près de Max Jacob, une truculence qui le rapproche de Jarry. On lisait dans l'anthologie Kra : « Comme on se représente Apollinaire, il est un géant débonnaire. Sa poésie " franche comme l'or, ronde comme une balle " a cet aspect " bien nourri " signe de grâce de la poésie moderne. Sa force rend un son grave et plein, qui se répercute. La netteté de sa démarche confère à beaucoup de ses gestes le cachet de la poésie. » Un extrait d'un *Petit Poème postparadisiaque* :

> Au Bar du Paradis Perdu,
> Adam et Ève boivent du
> Porto-flip avecque des pailles
> — Adieu les célestes ripailles —
>
> Le barman qui se nomme Iblis,
> Clignant de ses yeux de lapis,
> Leur prépare en grande conscience
> Le cocktail dit « L'Arbre de Science »...

La fin de Lübeck fut tragique : arrêté par les Allemands, en 1944, il fut exécuté avec une trentaine d'autres otages. En 1963, Gérard Rosenthal réédita ses poèmes et proses de *l'Œuf dur*. Certains montrent un caractère particulièrement intelligent et sensible, et s'il y a quelques facilités, quelques pirouettes ingénues, l'ensemble appelle la sympathie et témoigne d'un moment de la poésie où, respirant la bonne santé, elle se faisait noctambule et nostalgique, recueillant des portraits, de la dame très bas bleu aux empereurs romains, de la grâce du voyage à celle de l'escale, et ne dédaignant pas le tour comique :

> Le docteur Faust a voulu tout savoir :
> Il fut damné, nous conte la chronique —
> Ah, le bon Dieu n'a pas l'air de vouloir
> Encourager l'instruction publique.

Georges Fourest n'est pas loin qu'on situe, comme Max Jacob, dans la rubrique des « grands aînés » de *l'Œuf dur,* une revue fort significative, rendez-vous de tendances fantaisistes, ironiques, impertinentes (on élit même un « Prince des Pompiers »), parfois classiques comme dans les charmants poèmes de Marcel Millet ou de Maurice David, parfois modernistes chez Jean Cocteau, Georges Gabory, René Chalupt, Émile Fernandez, le fantaisisme d'un Tristan Derème ou d'un Francis Carco se trouvant aussi fort bien à sa place. Des poètes bien oubliés offrent des merveilles de fraîcheur et de jeunesse et l'on a plaisir à rencontrer des auteurs qui suivront des directions diverses comme Georges Duvau, Léon Pierre-Quint ou Joseph Delteil, si ce n'est Maurice Martin du Gard qui dédie ses poèmes à Paul Morand. La réédition complète de *l'Œuf dur,* assurée par Jean-Michel Place, promet à l'amateur de poésie de belles joies et, dans son entière cohérence, montre le point d'incidence d'une fantaisie qu'on pourrait dire traditionnelle et d'une autre fantaisie plus neuve et plus agressive annonçant l'avenir.

4
De la tradition au mouvement

Du côté de Points et Contrepoints.

UN des plus ardents combattants de la tradition fut Maurice Bousquet, dit René Hener (1911-1979) par sa revue et ses éditions *Points et Contrepoints* qui a représenté et représente encore son attachement à la forme tout en accueillant des poètes nouveaux : n'est-ce point là que firent leurs premières armes un Jean-Claude Renard ou un Charles Le Quintrec ? La diversité est grande qui va de poètes de l'École fantaisiste comme Francis Carco ou Léon Vérane, aux spiritualistes comme Lanza Del Vasto et Patrice de La Tour du Pin, aux archaïsants comme André Berry et André Mary, à des poètes anciens comme Charles Maurras, Tristan Klingsor, Fernand Mazade, Vincent Muselli, Henry Dérieux, François-Paul Alibert, à de frais chanteurs comme Jean Cocteau, Maurice Fombeure, Paul Fort, Maurice Carême, Jacques Marlet, à des poètes comme Marie Noël, Marie-Madeleine Seguin, Blanche Messis, Elisabeth Borione, Anne-Marie de Backer, Juliette Decreus, Hélène Desmaroux, à des poètes musicaux comme Jean Pourtal de Ladevèze, Christian Dédéyan, André Blanchard, Philippe Dumaine, à des poètes au parfum de terroir comme Louis Pize, Jean Lebrau, Pierre Loubière, et nous citerons encore Georges Bonneville, Henri Chabrol, Maurice Courant, Paul Dresse, Yves Gandon, Henry-Jacques, Roger Joseph, Jean Loisy, Pierre Menanteau, Noël Ruet, Jean Soulairol, d'autres plus modernes comme Pierre Béarn, Jean Bancal, Jacques Charles, Rouben Mélik, Roger Michaël ou Jean Rousselot. La lecture de cette revue et de son anthologie *Un certain choix de poèmes* (1935-1965) est fort enrichissante et témoigne, dans un contexte classique, d'un goût très sûr dans les choix. Il ne s'agit point d'une école, mais d'un lieu de rendez-vous. Nombre de poètes sont traités dans d'autres chapitres de ce livre, d'autres figureront dans d'autres volumes. Ici, nous parlerons de quelques-uns des fidèles de cette revue.

Certes, René Hener, dévoué à sa revue, ne parlait jamais de lui-même. Il était pourtant l'auteur de livres fort bien faits, dans la tradition des poètes de l'École romane et non loin de poètes comme Vincent Muselli qu'il admira et fit connaître tout comme ceux qu'il édita, à commencer par François-Paul Alibert, Léon Vérane et Philippe Chabaneix. Il y eut des romans et surtout des recueils intitulés *Silences et mouvements,* 1932, *Aube sur l'île,* 1938, *Par les moissons et les étoiles,* 1942, *Des pas sur l'ombre,* 1937, *Au jardin de l'attente,* 1952, etc. A part quelques essais de vers libres et de poèmes en prose, Hener fut surtout d'obédience classique, amoureux de la rime riche et de la pensée élevée, même si la formulation n'est pas toujours originale. Vincent Muselli le dit « grave et sensible » plutôt que « sentimental et morose » et en bien des endroits règne une harmonie bien architecturée qui n'est pas sans beautés avec parfois un contenu gnomique dont la poésie n'est pas absente. Homme de caractère, nul ne fut plus que lui dévoué à la poésie et cela durant un demi-siècle. Par-delà bien des désaccords, sa probité mérite notre respect.

S'il a publié tous ses livres chez Hener, Jean Loisy (né en 1901) est fort différent et son œuvre est d'une grande diversité : « Sa manière, écrit Jean Rousselot, va du paysagisme à la fantaisie archaïque, du lyrisme civique à la réflexion philosophique. Il se méfie de l'image et lui préfère la métaphore. » Certes, sa prosodie est parfaite, mais tout en étant en liberté, en se faisant oublier souvent, par exemple lorsqu'il utilise le vers de différents mètres comme La Fontaine ou lorsqu'il écrit en prose poétique (il est aussi l'auteur de pièces de théâtre et d'essais). Sa volonté de clarté le rattache aux poètes romans, et l'on peut parler de spiritualité, de philosophie sans pour autant le cerner. Son œuvre poétique est en fait pleine de surprises, allant du grand fracas cosmique à la fantaisie, à la fable, au poème-rêverie comme chez Nerval, à la prière comme celle « pour le prolétariat des banlieues », à la louange devant la création, à d'intenses méditations sur le sort de l'homme, à la nature, aux pays du monde, à la Grèce ou aux religions. On trouve aussi, en vers classiques, des images qui ont tenté plus volontiers des poètes modernes :

> On danse dans la brousse et les bars de Harlem,
> On danse avant le scalp autour des poteaux rouges :
>   Vieux dieux danseurs dans l'ombre des totems,
>   Sombres Vénus suant au creux des bouges !
>
> Dansent les éléphants, les singes, les najas,
> Les flancs, les reins, les yeux, les mains des bayadères,
>   Danseurs dansant la danse de Civa,
>   Genèse en feu sur les frises de pierre.

Cette danse du monde est aussi de l'auteur de cette *Pierre d'orgueil* d'un tout autre ton :

> Fragment d'astre, élément détaché du chaos,
> Pierre attendant l'éclair pour faire un nouveau monde,
> En elle quel passé, quel futur sont enclos ?
> — Ne la vois pas sans tremblement ; et sonde
> Ce cœur dormant, cet univers et ce tombeau.

Il y a au fil de l'œuvre une nomination des choses : mots du dictionnaire ou couleurs grises d'une ville, noms des villes qu'il fait chanter, présents de l'univers, du « splendide univers de la douleur de l'Homme ». En fait il s'agit d'une incessante méditation qui touche à l'universel en n'oubliant pas d'intimes vibrations. Ses œuvres poétiques : *Suite basque*, 1936, *Suite nivernaise*, 1937, *Odes, stances, chansons*, 1938, *Hymnes*, 1939, *Nocturnes*, 1948, *Poésie brève*, 1949, *Feux et lumière*, 1952, *Aux frontières de ce monde*, 1955, *Poésie* (choix de poèmes), 1961, *Terre étoilée*, 1966, puis le *Double Seuil, D'ombre et d'or, Couleurs Nuit Lumière*, 1977.

Roger Joseph (né en 1910), de ses *Petits Païens* à *D'une prison d'exil*, 1964, dans une quinzaine de livres, a chanté mieux que personne sa ville natale d'Orléans et ses sept portes et, aussi bien, la Lyonnaise Louise Labé, le Parthénon, la mort dans telle *Epitaphe anthume* ou tel *Petit Testament*. Il a sans cesse voulu être le maître d'une chanson « claire et grave, limpide et secrète à la fois » et y est fort bien parvenu, faisant partie de ces poètes qui, en d'autres temps, auraient été honorés davantage.

On pourrait dire cela de Jean Soulairol (1892-1959) ouvert aux sujets antiques, Ève ou Phèdre dans ses *Chants de l'amour*, 1952, qui suivaient *Préludes à l'amour*, 1952. Familier de la poésie ancienne, il fait un poème d'un brin de chèvrefeuille sous le signe de Marie de France ou un sonnet d'une aurore, avec partout quelque chose d'allègre et de religieux à la fois et il règne partout une vive luminosité comme filtrée par le vitrail d'une cathédrale et portant de vives couleurs, celles du « lumineux secret de l'Ange intercesseur » qu'est aussi le poète.

Maurice Courant (né en 1919) a une préférence pour le vers court et économe de mots. Il suffit de quelques-uns d'entre eux, suivis souvent d'une exclamation pour évoquer un état d'âme ou un paysage du cœur. Il y a chez lui un désir de nudité, de désert, mais aussi de miroir, d'ondes, de lumière, de soif rêvant de « Retour aux nuits fraîches de Dieu » et ce dépouillement n'est cependant pas aride car la poésie l'humecte à défaut d'une eau de joie sans cesse réclamée. Parmi ses livres : *Dix Poèmes*, précédés de *Rigueur et poésie* par Augustin Janneau, 1961, *Un ruisseau de sel doux*, 1961, *Désir de mon désert*, 1963, *Quand l'heure sonne, ô déraison!...*, 1966, *Ténébreuse Lumière*, poèmes, *L'immobile et le mouvant*, notes remarquables, 1980. Il y a là quelque chose de fort intéressant : une poésie nette et franche qui brise ses entraves sans en avoir trop l'air.

Il arrive que Henri Chabrol (1897-1981) oublie la rime, mais c'est alors pour que l'assonance la remplace, à moins que ce ne soit une dissonance heureuse. Il y a une sorte de joie dans ces poèmes, du mouvement, toutes sortes de bruissements, même ceux du passé : « Nos souvenirs seront une pluie de printemps. » Il peut aussi jouer sur les mots comme un Max Jacob : « Le baobab de Majunga / est un baobab pour nabab » à moins qu'il ne fasse entrer dans son poème des amis et des filles, la rose et la mouette, des pêchers dont les filets captent une apothéose quand « Une aube large et solennelle / remonte du fécond désert. » Il y a dans ces œuvres qui ne sont pas d'un poète traditionnel, mais d'un semeur de merveilles une grande liberté d'allure en même temps qu'un sens solaire de l'humanité puisé sans doute dans ses origines nîmoises. Il publia aussi bien aux *Cahiers du Sud* et chez José Corti qu'à *Points et Contrepoints*. Les livres à lire sont notamment : *Arlequin,* 1927, *Lyrisme du corps,* 1928, *Calanques,* 1935, *Au bord de la nuit,* 1952, *Jeux du voyage,* 1954, *Chants ininterrompus,* 1963. Si nous avons pu parler d'un poète du sport, parlons aussi d'un poète de langue provençale avec *Moun Estelan,* 1957, et *la Messorgo doù Mabre,* 1966.

Jacques Marlet (né en 1907) fait partie de ces poètes qui, « au bercement de la musique et du silence » expriment en vers mesurés des choses belles et simples, un visage qu'on attend, une danse intime et sensuelle : « Tes seins ont la splendeur des sensibles soleils. » Parfois un souvenir valéryen : « Tes pas mystérieux qui peuplent le silence » ou quelques-uns de ces émois qu'on trouvait chez Anna de Noailles mis ici au masculin : « Comme tu l'as blessé, ce cœur qui t'aimait tant ! » Marlet est aussi un observateur, un capteur d'impressions : pour lui, la nuit devient un vin noir et il se plaît à chanter un *Nocturne* musical où « L'impalpable poussier de l'ombre / Traverse le tamis du soir. » Les choses les plus naturelles peuvent trouver chez lui un écho et, sans rien de redondant, avec gravité et l'ombre d'un sourire. Quelques titres : *Fantaisies,* 1928, *le Feu des souvenirs,* 1937, *les Ombres et les songes,* 1943, *Carrefours des cœurs,* 1945, *les Nuits perdues,* 1951, etc.

Pierre Loubière (1913-1979), de Rodez, comme Jean Digot et Denys-Paul Bouloc dont il fut l'ami, est plus traditionnel qu'eux, moins nouveau, plus poète de terroir avec ce que cela comporte de parfum, mais à cela on ne saurait le réduire car si sa ligne est classique, si sa poésie est celle de la discrétion, elle ne se soumet pas aux clichés agrestes et découvre son propre chant. Michel Décaudin ne s'y est pas trompé qui lui a consacré un livre dans la collection « Visages de ce temps » de Jean Digot. Que nous chante Loubière ? Rien de rare et à la fois quelque chose de très rare : l'amitié, l'amour, la mort, la nature, et à partir de cela tout l'univers peut s'exprimer. Un don d'enfance court dans tous ses livres et le titre du dernier que nous ayons reçu : *Poèmes à la craie,* 1975, en témoigne tout comme cette *Mémoire buissonnière,* qu'illustrèrent des enfants. Mais citons encore : *Escarbilles,* 1934, *Chalands,* 1935, *Compagnons de silence,* 1953, *Raisons du cœur,* 1956, *les Bagages du ciel,* 1958, *Mains ouvertes,* 1964, *Profil d'un tendre été,* 1966, *Florilège poétique,* par Georges Bouquet et Pierre Menanteau. N'ignorant rien de la poésie nouvelle, il a souhaité en rester à cette poésie qui chante et ravit les écoliers de tous les temps : « Souvent j'écris au tableau noir / Avec la neige des années / Un mot sans cesse ravaudé / De tous les signes de l'espoir. » Il y a beaucoup d'art dans ses poèmes discrets et des images au tournant du vers qui surprennent : « Il se voudrait poignée de riz » ou « Je délace des paysages ». Car sans cesse il est proche d'une nature qu'il aime et dont il sait surprendre les secrets, dont il sait arracher les images. Poésie pleine de tendresse, poésie sans majuscules mais qui souvent va très loin dans la méditation face au destin, à la justice, à la liberté. Souvent apparaît l'image d'un homme aux portes de la mort qui sourit à l'enfant qu'il fut et l'on aime cette grâce, cette lumière, cette manière d'enfermer des fleurs et des parfums dans une bouteille à la mer comme le plus secret et le plus beau des messages fraternels. Il est bien le poète de la « réalité douce à étreindre » selon l'expression de Michel Décaudin.

Il nous plaît de placer près de lui son ami Pierre Menanteau (né en 1895), le plus jeune des poètes nés avant le siècle, toujours présent aux rendez-vous de l'amitié. Il y a en lui un éducateur proche de l'enfance, un expert ès-poésie qui a publié des ouvrages sur le poète baroque André Mage de Fiefmelin, sur Charles Vildrac et Tristan Klingsor, ce qui indique des directions du merveilleux, tandis que Maurice Fombeure présentait son propre *Florilège poétique*, 1951. Il débuta par *Ce joli temps de demoiselle*, 1927, *Quand la feuille était verte*, 1928, puis ce furent *l'Arbre et la maison*, 1939, *le Cheval de l'aube*, 1951, *Ce que m'a dit l'alouette*, 1957, *Bestiaire pour un enfant-poète*, 1958, et, toujours pour un enfant-poète, un *Herbier*, 1960, un *Légendaire*, 1962, et l'on cite encore : *Ah! que la terre était belle*, 1960, où les contes se marient aux poèmes, *Tapisserie du vent d'ouest*, 1964, *De chair et de feuilles*, 1966, *la Rose et le tambour*, 1966, dix autres livres dont *Ricochets*, 1975, *Chansons venues par la fenêtre*, 1978, *les Destinées parallèles*, 1981. Georges Bouquet qui lui a consacré un livre a parlé de ses paysages d'eau, de ses nuées océaniques, des éclairages de la lumière sur ses arbres, d'une manière particulière de s'associer aux éléments et aux êtres. Il dit : « La poésie s'est manifestée en Pierre Menanteau dès l'enfance et l'adolescence comme une source intérieure qui s'épanchait sans bruit, elle s'est nourrie en lui des sèves de la vie, elle s'est épanouie peu à peu, plus largement, comme un des arbres que le poète admire... Ainsi elle a conquis son espace propre, son autorité et sa maîtrise, faite de mesure et de grâce, de discrétion et de rigueur. Avant tout elle appartient à la vie naturelle, proche de la terre et de tout ce qui la peuple... » Né dans une maison d'école du bocage vendéen, il offre une poésie de l'ouest non loin de la mer là « où le vent pousse », là où « le temps écoute ». Il y a en lui quelque chose aussi de ces symbolistes épris de merveilleux comme Maeterlinck, avec ces sourires gentils qu'on trouve chez Max Jacob, et ce merveilleux aérien se mêle à la plus authentique rusticité, à la simplicité des lectures premières, car il a donné, comme le précise Jean Rousselot, « des lettres de noblesse aux " récitations scolaires " par une réelle fraîcheur ». Il faut bien parler d'une très vive humanité lorsqu'il chante les artisans :

> Le sabotier, le tisserand
> A main de fil qui se projette,
> Les scieurs de long, de long ahan,
> Pris eux aussi dans la navette
> Comme les vanneaux dans le vent,
> Tous ceux qui perçaient le silence
> Du cocon doré de l'enfance
> Qui se dévidait lentement,
> Où sont allés ces artisans ?

On pense à Supervielle qui l'aimait lorsqu'il montre les richesses naturelles et salue les présents du monde :

> Qu'elle est belle, la terre, avec ses vols d'oiseaux
> Qu'on entrevoit soudain à la vitre de l'air,
> Avec tous ses poissons à la vitre de l'eau !

Il renouvelle l'herbier et le bestiaire par une familiarité avec le réel et un sens très sûr des correspondances. Ainsi ce *Coq feuillu* :

> C'est un beau coq feuillu qui brille dans sa plume
> Et gonfle à son réveil ses rameaux soulevés.

Il raconte l'arbre et lui donne la parole ; plus qu'il ne recense l'univers, il va d'un objet à l'autre comme un enfant heureux, un écolier aux sentes buissonnières. Tout cela est musical, coloré, bien dit, et cette bonne chanson est porteuse de bonheur simple, ce qui est assez rare dans le monde de la poésie contemporaine.

Un poète remarquable est André Blanchard (1906-1975) à qui Émilienne Kerhoas et Jehan Despert ont consacré un livre fort intéressant : *André Blanchard, poète de notre temps*, 1980. Il nous vient, ce poète, de Polytechnique, ce qui est rare en ces pages. Être ingénieur et poète, haut fonctionnaire et épris de notre art autrement qu'en dilettante n'est pas si fréquent ! Il est un homme de liaison entre passé et présent, l'anthologiste des poètes qui, entre le XVIe siècle et le pré-classicisme, ont joué sur le précieux et le baroque, lui-même un poète attentif au sens et au secret. Sa biographie d'ingénieur des télécommunications est riche et se déroule successivement à Nancy, Tunis et Paris. Retenons qu'il publia son premier poème dans la revue *Méditerranée* à Tunis, qu'il collabora durant la guerre aux publications de Pierre Seghers, puis après à Nancy à la revue de William François *les Essais*, et fonda à Tunis, avec le poète Claude Benady, la revue *Correspondances*. Il est de ceux qu'on trouve dans les revues de poésie traditionnelle et, aussi bien, dans les anthologies plus modernes. N'oublions pas non plus sa revue *Betelgeuse* ouverte à tous les talents. Il a écrit en vers réguliers sans que ce soit exclusif, car il sait se libérer au besoin des contraintes et aller vers le poème en prose. Ce qui le retient, ce sont les mystères de la création, les zones intermédiaires entre l'acquiescement et le refus, les objets menus qu'il interroge ou bien les rythmes de l'univers sur lesquels il médite parfois de manière angoissante. Lisons *Attente*, extrait du *Glossaire incongru*, 1954 :

> L'éventail des instants s'est refermé entre les deux branches d'ivoire ciel et cendre. Ce creux du temps que ne comble rien de l'espace, ce creux de l'âme que ne remplit rien du cœur ni de l'esprit, sont insonores et décolorés. Tout est ce que j'ignore, je ne sais plus ce qui est, je ne me touche pas bien moi-même. L'esprit est une cloche sans battant, dont la corde est aux mains de l'ignorance. J'ai soif et j'ai faim d'une apparence qui se refuse, je joue à vivre et la vie glisse à mi-distance du oui et du non.

Il a publié : *Invectives*, 1934, *Elle et le jour*, 1936, *les Figures et les songes*, 1938, *Entre jour et nuit*, 1939, *Ligne de vie*, 1943, *Ton silence, ô joie*, 1948, *Si loin qu'on aille*, 1952, réunion de plusieurs plaquettes, *De nuit et d'oubli*, 1972, *Ultra-Sens*, 1975, paru l'année de sa mort et où l'on voit une nette évolution vers une poésie plus résolument moderne. Il n'a pas oublié que Jean de La Jessée pouvait au xvie siècle écrire un sonnet non rimé et cependant parfait. Mais il sait jouer de la musique et des assonances, prendre avec la rime de savantes libertés :

> Je ne crois pas aux nuits qui, pour notre aise,
> retourneraient le matelas du temps
> et non plus au soleil de midi. Grises
> les nuits et gris les jours, soirs et matins.

Les thèmes les plus fréquents sont la solitude, le « Je » qui s'interroge, l'identité entre l'être et lui-même, les jeux de la lumière et de la nuit dans la nature ou dans le langage, le jeu de vivre, l'acte spirituel. Là où d'autres affichent une philosophie facile, se paient de mots nobles, on trouve une sensibilité, une culture refusant les facilités et allant toujours au plus près du sujet évoqué. Son ultime poème, *Rien qu'un jour,* est un chant ample et beau que nous voudrions citer en entier tant il est beau, ardent, douloureux. En voici une strophe :

> L'esprit se lasse d'arpenter le champ des astres,
> de suivre les errants qui brouillent les cadastres
> du ciel. Désordre des mondes, ordre soumis
> aux lois, mobile fixité, vide et vertige,
> abîme en nous, charme des profondeurs, je suis
> le vase sec pour vos bouquets de fleurs sans tige.

André Blanchard laisse un héritage poétique et spirituel considérable. Fidèle de *Points et Contrepoints,* il est de ceux qui ont honoré une revue que nous tentons ici d'arracher aux idées toutes faites sur la tradition. Au nom de la modernité, il est facile à certains de la rejeter vers les vieilles lunes et c'est là une erreur et un manque de confiance car il y est prouvé plus que par neuf que la tradition a ses mouvances et ses cheminements, ses responsabilités et ses recherches. Bien des poètes, nous l'avons dit, sont passés par là. Parmi les dernières publications, on a trouvé des livres de Myriam Le Mayeur, Hedwige Louis-Chevrillon, Marie-Aimée de Kermorvan, Charles Courtin, François de Montbrial, Joseph-Marie Eudes, Henry Mavit, mais il faudrait y voir de plus près pour trouver une moisson fort diverse. Il y a certes des poètes qui ne cessent de balbutier les mêmes termes en vers attendus, il en est d'autres qui méritent qu'on y voit de plus près. Tout terrain mérite d'être prospecté.

Du côté de La Bouteille à la mer.

La revue du poète Hugues Fouras, *La Bouteille à la mer,* parut de 1929 à 1953, avec une interruption durant la guerre. Il ne s'agit pas d'un groupe et cependant il s'agit de tendances que l'on pourrait situer dans la descendance de Jammes, Laforgue, Fargue ou Larbaud. Nous-même avons parlé de néo-fantaisisme, mais cette appellation est réfutée par les intéressés eux-mêmes bien que les fantaisistes de l'école de Carco y soient largement représentés et que nous tenions les contributeurs les plus habituels de la revue dans cette descendance. Il est bien vrai que, comme le signala Pierre Moussarie, « cent cinquante pèlerins venus de tous les points de l'horizon poétique, des pétroleurs surréalistes aux paisibles tenants d'un traditionalisme méticuleux », l'ont honorée, cette revue ouverte, à la fois joyeuse et sévère, et si l'on cite Philippe Soupault, Maurice Blanchard, Jean Tardieu, Paul Pugnaud, Raymond Queneau, André Salmon... auprès d'Yves Gandon, Léo Larguier, Jean Dutourd, on voit bien qu'il s'agit d'une diversité accueillant encore Boris Vian auprès de Jean Cassou ou Pierre Mac Orlan auprès de Marcel Aymé. Nous nous en tiendrons ici aux collaborateurs habituels de la revue pour essayer de dégager quelques tendances.

Hugues Fouras a publié *Quotidiennes*, 1936, *Abattre son jeu*, 1947, *Tombés du nid*, 1949, *les Fées de Coucouru*, 1951. Jean Rousselot a écrit que « sa poésie est influencée par celle de Jammes et celle des fantaisistes » et qu'« on y trouve de charmants tableaux de la vie provinciale et rurale ». On peut aussi trouver les échos d'une errance faubourienne, une chanson mélancolique, une confidence grave se déguisant sous les traits de l'humour, avec quelque chose d'allègre comme un chant de moineau. Moussarie écrit : « une querelle d'oiseaux : penne de Laforgue, rémige d'Apollinaire, duvet de Milosz... » Écoutons plutôt :

> Parapluies, parapluies, enterrement de pauvres.
> Ô le moutonnement des pensionnats d'octobre !
>
> Des lambeaux de ciel fuient entre deux averses.
> Deux amoureux cherchent la rue du Chat-Qui-Perche.

Il est plutôt rare dans la poésie de ce temps de trouver un poète chantant les humbles. Or c'est le cas de Fouras : « Dans une rue de cette ville / Un petit horloger est mort... », écrit-il ou bien il parle de « Mendigots effrontés et tendres ». Il peut avoir le souvenir d'une enfance faubourienne où sonne quelque cor de chasse, d'un épicier ou d'un comptable tout en leur donnant une dimension poétique. Et voilà qu'il refait à sa manière les titres de la une des journaux du soir :

> Aujourd'hui, 21 Novembre 1934,
> dans la cour de l'immeuble sis
> 12, avenue de la Grande-Armée,
> un diplodocus est entré.
>
> Sa tête est au niveau du troisième étage.

Avec lui, on ne s'ennuie jamais et l'on voit soudain les spectacles les plus triviaux avec un œil poétique. Voici « L'heure exquise de chiens trouvés / Et de cyclistes sans lanterne. » Voici ce tableau triste : « A l'enterrement des vieilles / Toujours pleure un moribond. » Moussarie écrit : « Poésie authentique, poésie loyale, qui ne s'embarrasse point d'arcanes ni d'abstraction : poésie d'un homme qui " abat son jeu ", poésie claire, limpide et belle comme une source de mai. » Ajoutons que le mérite de Fouras est d'explorer des régions habituellement dédaignées ou oubliées par les poètes.

Il est normal que *la Bouteille à la mer* soit le reflet de ses goûts et il apparaît non comme un chef d'orchestre, mais comme celui qui donne le coup de diapason essentiel. Parlons de ses amis. On trouve de la fantaisie, au sens de l'école qui porte ce nom, chez Jacques Bibes, cet « athlète au large torse », qui, selon Moussarie, « poussait l'humilité jusqu'à se présenter à nous sous l'apparence d'un moineau : " La rue est plus intime et le ciel est plus tendre / Et dans la main de Dieu l'homme se laisse prendre " ». Jean Béchade-Labarthe nous apporte, avec générosité, un frais écho du sud-ouest avec des chants de bonne compagnie, l'observation d'une nature familière et un air d'apprivoiser la poésie comme un oiseau familier venant frapper du bec à la vitre : « Fenêtre, je viens boire au bord de votre source. » La bonne poésie féminine n'a pas été oubliée avec des poètes dont nous parlerons en un autre lieu comme Lucienne Desnoues, Pierrette Sartin, Anne Quatremère de Quincy, la Canadienne Simone Routier, la Roumaine Laetitia Pap, par exemple.

Pierre Moussarie (1910-1978) qui, dans un numéro du *Cerf-Volant*, se fit l'historien du groupe de ces amis, était aussi un poète de belle humeur. Déjà Émile Ripert avait préfacé ses premiers poèmes : *Au vent...* et c'est à la « Bouteille » qu'il donna ses meilleures productions, ses poèmes les plus pittoresques, avec ce côté sans chiqué et à la bonne franquette, ce qui n'interdit nullement la rigueur, lot commun de ces poètes. Il était d'Aurillac et c'est là qu'il publia en 1976, deux ans avant sa fin (avant le posthume *Vacances du souvenir,* 1981), ce livre au titre prémonitoire : *Fin de saison,* un regard sur une vie et des amours : l'enfance, la maison, les amours, les vieux livres, les dimanches, les saisons. Il y a quelque chose de franciscain dans ces poèmes traversés d'oiseaux où l'on tente d'apprivoiser la mort pour se préparer à mieux mourir : « Mourant, qu'on me porte au soleil, / Sur un brancard, sur une claie, / Pour ce miracle du réveil / Les merles dans la cerisaie. » Partout le parfum suranné des vieilles provinces, des objets familiers :

> Quand tu feras grincer les portes de l'armoire,
> Quand tu t'accouderas un temps à l'écritoire,
> Quand tu ranimeras le feu dans le cantou,
> Les lares danseront joyeux autour de nous.

Bonne poésie, poésie qui aide à vivre, faite de merveilleux quotidien et d'éblouissements successifs. Quatorze recueils, parmi lesquels : *Chemin vicinal,* 1939, *Chansons de joie et de souci,* 1959, *Enfantines,* 1960, *Campagne,* 1962, *Pain de ferme,* 1974, et ces titres disent bien les sujets d'inspiration.

Pourquoi les anthologies ont-elles oublié ces poètes? Sans doute parce que, libres d'allure et d'opinion, ils ne se souciaient pas eux-mêmes de leur postérité. Peut-être aussi parce qu'ils échappaient aux cadres définis.

Fernand Lot débuta avec *le Spectre de sa banlieue,* écrivit sur le pays basque et s'attacha aux poètes hongrois contemporains. Il fit des études critiques, notamment sur Alfred Jarry. Poète plein d'humour, il savait sourire tout en explorant ce qu'il avait de plus profond. Clouard écrivit : « La poésie d'*Invitation au mystère,* 1933, et de *Sortie de secours* apparaît, quand on y pénètre, comme un beau navire peint à neuf, prêt à partir, qui hisse ses oriflammes. Elles battent au vent et le vent est joyeux. C'est que cette poésie ne veut que le détail imprévu, la correspondance inédite, l'image absolument inventée, la métaphore levée comme perdrix... »

Parmi ces poètes, il y a encore Henri Foix, un lieutenant de vaisseau, toujours en mission vers des pays lointains, et qui en ramenait ses images : « C'est un soir de fête à Manille / Que j'ai pris ce mal dont je souffre tant... » Cette idée du voyage, on la retrouve chez un autre familier, Jacques Raphaël-Leygues (né en 1913) diplomate qui débuta comme commissaire général de la Marine, et en poésie par *Retour de mer,* 1942, avant *Mers indiennes,* 1953, que préfaça Georges Duhamel, *Reflets des heures vives,* 1978, sans oublier des pièces de théâtre, des récits et chroniques. Il est un poète du voyage, de la navigation qui est poésie, comme Levet, comme Larbaud. Il puise son inspiration dans sa vie même et l'on trouve une vérité des choses du voyage qui n'a rien de littéraire ou d'artificiel, une vérité des hommes qu'il a côtoyés et des océans qu'il a parcourus. Il les énumère, les décrit avec réalisme, les situe en témoin passionné, habile à nous restituer une atmosphère, à nous donner l'odeur et le goût des lieux, avec spontanéité :

> Il fait bon sur la mer dans ma cabine blanche,
> Dans la chambre où je sens la fraîcheur sous mes doigts
> Du beau sextant de cuivre et des livres à tranche
> D'or mordoré par les temps morts et par le froid.

C'est une manière de faire vivre l'heure présente avec ses beautés et ses tristesses dans la sérénité du poème, de prendre du recul pour dégager les vérités essentielles de la vie, de l'action, de la mort. Il y a là mariage du témoignage direct et de la quête poétique. A qui aurait mieux convenu ce titre d'une bouteille jetée à la mer qu'à ces navigateurs, Foix et Raphaël-Leygues?

Parmi ces poètes, il y eut Jean-Marie Disler devenu Jean Maze, Charles Fraissinhes, Henri Sales, Paul-Marie Fontaine, Paul Nadeau, encore un homme du grand large : « Sur la plage arrière, aux Antilles, / le mousse apprit l'accordéon... » et peut-être ces deux vers expriment-ils deux tendances de la « Bouteille » : le voyage lointain et les accords d'un accordéon nostalgique. A cela s'ajouterait un goût pour le retrait, la retraite campagnarde loin des vains bruits de la ville, mais sans oublier le temps des grands dîners de la revue autour de Milosz, Giraudoux, Mauriac, Duhamel, Romains, Carco, Vildrac, Schlumberger, Larguier...

La revue disparue, les poètes continueront, dispersés, à poursuivre leur œuvre, ce qui est le cas de Jacques Arnold (né en 1912) qui dans ses recueils : *Cristaux de mémoire, Sonate de la Marne, Closerie cérébrale, l'Oiseau-roi,* récit poétique, *De l'âme en son mirail, Théodicée arachnéenne,* récit, *Scansion du temps,* 1971... sait lui aussi évoquer les amours buissonnières et parler des joies simples avec un humour joyeux tout en allant plus loin qu'on ne le penserait lorsqu'il trouve cette beauté et cette harmonie qui sont proches de Mallarmé ou de Baudelaire. C'est à Armand Lanoux que fut dédiée sa *Sonate de la Marne* et Serge Brindeau a justement observé : « S'il évoquait les saules, les peupliers, les guinguettes, et les " amours dans les buissons ", s'il philosophait avec humour et joie sur des prétextes de pêche et de canotage, il laissait aussi se dessiner dans la moire du poème d'assez étranges figures. » Il touche au fantastique dans ce récit philosophique où les araignées deviennent envahissantes avec le sourire voltairien de leur théologie. Il aime la nature et les choses simples, mais en sachant en extraire le mystère, en allant au plus loin dans l'analyse, en réinventant par le langage, le rythme, l'utilisation savante des mots avec des tours curieux comme si quelque fervent d'un archaïsme à la manière des poètes gallicans ne se métamorphosait en poète d'aujourd'hui, oubliant la rime, se souvenant des tours de la Renaissance et contant allègrement :

> L'ingénu cache-cache auquel pour se fuir ils jouent
> cérébral labyrinthe où nul détour ne s'égare
> m'oblige à chercher si partout elle est consentante
> et lui fait revivre en moi les secrets de son être
> tel serin pleuré perdu, tel bouquet d'anémones
> dont ses sens un jour ont reçu l'empreinte à jamais.

On le voit, parmi les familiers de la « Bouteille », on prend les chemins les plus divers. Ceux de Jacques Arnold font penser à quelque labyrinthe renaissant, à quelque union de Scève et de Mallarmé et cela sans rompre le contact avec les choses de la vie. L'esthétique de ce poète l'éloigne de l'idée vague que l'on peut avoir des amis de Fouras et il pourrait se situer dans un tout autre chapitre : ne nous interdisons pas de vagabonder un peu.

Jean Berthet est un de ceux qui ont le plus publié et il est sans doute le plus proche de l'idée de fantaisisme. On trouve des poèmes à résonance médiévale comme ces nombreux volumes de quatrains, ces pastourelles, ces palinodies, ces coq-à-l'âne, ces fatrasies où il se meut avec une aisance heureuse. Il se livre au sonnet dans *l'Éternel Instant*, 1975, en prenant plus de sérieux, mais avec moins d'originalité que dans ces recueils aux titres archaïsants : *Cinq Chansons françoises, Testamenteries, Palinodies et palilalies, Poésiépures, Laconiquerimes, Périparaphtases*, etc. Il a demandé ses préfaces à Carco, Cocteau ou Achard. Il se meut dans ses poèmes avec une entière liberté en pensant que le coq-à-l'âne et la fantaisie autorisent tout même si ce sont des lieux de rigueur. Cela tient de la comptine avec ses « Am stramgram », du parler bohème, de l'aphorisme, du jeu sur les mots, de la chanson fredonnée. Voilà bien un poète sans complexes, qui écrit d'abondance, qui a sans cesse l'air de donner dans l'impromptu et il s'en faudrait de peu pour qu'on tombe dans le mirliton. Sans doute le poète le veut-il ainsi et l'on veut bien être heureux avec lui avec un soupir de soulagement quand la chanson triste ou la romance affleurent entre deux satires ou entre deux jeux de petites marionnettes.

Si, après *Sérénades indiennes,* 1934, Roger Michaël (1907-1957) donna à la « Bouteille » ses *Contacts,* 1939, c'est qu'il tient de cette revue par sa liberté d'allure. Suivront : *Magie verte,* 1946, *Chapeau de fer,* 1946, *Matins du monde,* 1949, *Passe noire,* 1951, *Poèmes terre à terre,* 1953, *Grandeur nature,* 1954, *Signes particuliers,* 1955, *la Tour de feu.* Rappelons que *Matins du monde* est un oratorio qu'orchestra Olivier Messiaen, le célèbre compositeur fils de Cécile Sauvage, frère du poète Alain Messiaen, et dont le père, Pierre Messiaen, écrivit sur les poètes. Fils d'un tailleur de pierre, Michaël restaurait les édifices religieux, ce qui ne l'éloigne pas de la poésie. On a qualifié sa poésie de réaliste, d'unanimiste, de populiste, mais aucun de ces termes ne la définit vraiment à lui tout seul. Rousselot parle de « bonne pâte un peu lourde, mais fraternellement pétrie ». En tout cas, pâte bien cuite et bien craquante :

> Je me souviens du gros pain dur...
> Chacun recevait son morceau
> Avec respect, en songeant
> A des pauvres sur les routes,
> A des orphelins sans gîte.

Nul n'a tracé aussi bien que lui le portrait de quelque « ouvrier des mains », avec son outil et sa « meute de muscles » et il fait lui-même œuvre de bon compagnon qui mesure du regard, longuement, intelligemment, les lieux à peupler. Ce n'est pas, Roger Michaël, l'homme des apparences, mais plutôt l'homme de la communion avec le dedans des hommes. S'il les décrit du dehors, c'est pour pénétrer au-dedans. Et l'homme, ce peut être lui-même avec quelque confidence amoureuse ou quelque méditation. S'il pose son regard par quelque fenêtre ouverte sur des arbres, il les voit en poète et en homme d'architecture : « Sur la forêt de sapins bleus / Aux verticales implacables. » Et il a des délicatesses de regard là où on l'attendrait plus bourru :

> Des lumières brisent les vitres
> Des maisons lointaines et bonnes
> Que la nuit reprend une à une.

Il peut lui arriver de s'arrêter sur une strophe le temps d'une prière un peu rude où il parle de ce qu'il restera de lui : « Un étrange squelette blanc, / le cœur suspendu dans sa cage » et, soudain, ce travailleur des mots est plein de délicatesse : « Jeune fille, archipel de grâce... » Ce n'est pas l'homme des grands poèmes, mais celui qui sait écarter les mauvaises herbes pour découvrir un beau paysage, celui qui murmure et sait évoquer tout un drame en un simple vers : « Le fils aîné est mort hier » ou la beauté avec des demoiselles « aux yeux de myosotis ». Il ne cesse de dire une espérance qui chante au milieu même de ses craintes, de chercher des lumières pour trouer la brume, des lumières qui peuvent être celles d'un sourire et sa poésie a le visage de la bonté des simples.

Un autre poète de la « Bouteille » est Paul-Marie Fontaine. On pourrait dire qu'il est le plus japonais des poètes français. N'a-t-on pas publié au Japon sous le titre de *Primeneige* un choix bilingue de ses poèmes apparentés par Yukio Otsuka « aux meilleurs petits poèmes japonais, les tanka et les haïkaïs ». Pierre Mac Orlan, préfaçant *Tournesol,* 1954, a parlé d'un « maître des paysages fragiles et tenaces » et Maurice Toesca présentant *l'Astronaute,* 1972, d'une source qui murmure à l'âme. Ces deux recueils ont été réunis à ses *Yeux clairs,* 1936, *Jeunesse du ciel,* 1940, *Folle Avoine,* 1946, pour former *l'Oiseau-Fleur,* 1980. Il est le poète des paysages ruraux, de la nature apprivoisée, de la faune et de la flore familières. Un jardinier peut semer les grains de son chapelet, le facteur devenir un ange aux ailes bleues. Observateur comme l'était Jules Renard, il trace en peu de mots des portraits émouvants traversés parfois d'un rien de préciosité : « Sur un cil / au bord du lac / un oiseau d'or s'est penché. » Il est l'ami du renard ou du poisson et l'abstrait se concrétise pour nous parler comme le fait le soir. Au fond, il cherche partout le bonheur et le trouve, faisant grimper sa chanson en haut des toits. Tout est léger, tendre et finement observé. Il y a beaucoup d'art et celui surtout de dire beaucoup en peu de mots.

De Paul Pugnaud (né en 1912), Fouras dit qu'il était « le surréalisant du groupe ». Il est vrai que ce vigneron du Roussillon, épris de navigation (il traversa l'Atlantique à la voile) se rattacha durant un temps à l'esprit de *la Bouteille à la mer,* notamment dans ses premiers recueils, mais il suivra une évolution qui nous permettra de le retrouver en d'autres lieux de cette histoire.

Comme l'a indiqué Moussarie, parmi ces amis, les uns cultiveront les jeux lyriques, d'autres préconiseront le retour au sol natal et il y aura des querelles et des brouilles, en somme : « Tout ce qui s'insère dans le destin d'un groupe vivant, aux prises avec les tumultueuses et contradictoires convictions de la jeunesse et tâtonnant vers son idéal. » Il est à souhaiter que, quelque jour, une anthologie de *la Bouteille à la mer* soit publiée : on y trouvera plus de meilleur que de pire et une région sensible de la poésie sera ainsi explorée.

La Fantaisie en ses dépassements.

Fantaisie, humour, poésie populaire... présentons quelques servants. Ainsi André Martel (1893-1976), inventeur de mots qui s'apparente en cela à Audiberti ou Michaux, à maints poètes que le Lettrisme pourrait prendre pour voisins. Ses titres sont en eux-mêmes parlants, tout au moins ceux d'une deuxième période (car il avait publié dans sa jeunesse des poèmes moins originaux) : *le Paralloïdre des corfes,* 1951, *la Djingine du Théophélès,* 1954, qu'illustra Jean Dubuffet, *Abstaral,* 1954, *Gorgomar,* 1962, qu'illustra Olive Tamari, *le Mirivis des Naturgis,* 1963, *Initiation au paralloïdre,* 1964, dans *Bizarre, Cantode du Lobélisque,* 1969, et aussi *La Fontaine n'est pas un imbécile,* 1960. Nous sommes dans l'univers des mots-valises de Lewis Carroll, des *Mots-Déluges,* 1933, d'Eugène Jolas, du Collège de pataphysique, avec peut-être un souvenir des tentatives de Jean-Pierre Brisset. Il s'agit d'une recherche fort sérieuse qui a retenu l'attention des spécialistes du langage comme Alfred Dauzat et Charles Bruneau ou des esthéticiens comme Étienne Souriau, invention d'une langue parallèle au français, plus savante que l'argot ou le louchébème, avec parfois la naïveté des mots d'enfant, et sans doute un arrière-sourire de l'auteur. Il y avait loin en effet de l'auteur de *Chants du poilu* à ce nouvel André Martel jailli du cocon aux abords de la soixantaine par un poème intitulé *le Poéteupote* inattendu chez un membre de l'académie de Toulon et qui rejoindra Jean Paulhan par Maurice Chapelan interposé, puis Jean Dubuffet. Ainsi naquirent la langue paralloïdre et le début d'une aventure lexicale, naquit le papillon André Martel devenu « le Martélandre, Papapafol du Paralloïdre » et l'on put voir que le français, à condition qu'on le soumette à « l'autosoude », soudure autogène des mots, ou plutôt de certains de leurs éléments, travail aussi de greffe savante, recélait bien des possibilités. Langage étrange qui n'est pas sans évoquer Rabelais et certain macaronisme à la Louis de Gonzague Frick. Qui se serait attendu à ce qu'un aimable poète traditionnel fasse de telles inventions verbales et, en exploitant les ressources, multiplie les sens, édifie des épopées comme ce Gorgomar qui fait penser à l'antique guerre des grenouilles et des rats, cette *Batrachomyomachie* si célèbre? Bien sûr, Martel l'utilisera, son langage, à satiété dans ses lettres où il use aussi bien du parler phonétique avec des « Cèpapossib » ou des « Cètipatoi », mais donnons un exemple de son poème :

>   Engravé au primaschiste des écroules,
>   Geyse dans les fabules rémémores,
>   Paléo, paléo Antélopicus des Milmilaires!
>
>   Qual fiérallant vecta cottécaille!
>   Vigorance de ta têtangule en fonçaflèche!
>   Frémillance d'orguille à ton nervocodal!
>   Tes pharazieux enfascinaient les maragrouilles...

Chez Martel on déforme, on agglutine, on soude, on recrée en se récréant et il y a quelque chose de joyeux et de tonique, d'invention par l'absurde et le canular, d'édification scientifique à cœur-joie dans la « perfecte absole ».

Nous y reviendrons quand nous parlerons d'Isidore Isou et de quelques autres, mais les plus proches de Martel sont sans doute Jean Dubuffet, auteur de la prose de *Couinque* entre Michaux et Martel, François Dufrêne, le champion de l'allitération imaginative, Jean-Pierre Foucher qui n'hésite pas à traduire Verlaine en sa langue, le mage Altagor, et quelques autres rejoignant souvent l'am-stramgram de la comptine, ce qui est une haute référence. Cela intéresse les savants du langage comme les psychologues, les médecins qui, tel Gaston Ferdière, ont tenté d'approfondir le phénomène de la néologisation. Un immense champ de recherches.

Roger Bellion, dit Roger Rabiniaux (né en 1914), l'ami d'André Berry sur lequel il a écrit un essai, a fait carrière dans l'Administration centrale mais a su rejoindre les champs de la poésie avec une singulière bonne santé, une jovialité burlesque, un sens critique de la société à laquelle il met des masques pour qu'on la reconnaisse mieux, et cette verve, cette truculence qui sont de Rabelais, des poètes burlesques du XVIIe siècle, et, plus près de nous, d'Alfred Jarry et de Raymond Queneau. Les titres de ses épopées sont parlants : *l'Honneur de Pédonzique* ou *les Enragés de Cornebourg*, sans compter des romans, des poèmes fort réjouissants où passe comme un souvenir chantant d'Apollinaire, et un théâtre fantaisiste et poétique : *Petit Théâtre pour boîte à ordure*, un drame : *la Mort de son juge*. Des romans encore : *la Bataille de Saumur*, 1971, *les Bonheurs de la guerre*, 1973, *la Fin de Pédonzique*, 1978, etc., et pour la poésie : *la Rue aux oiseaux*, *les Faubourgs du ciel*.

Marcel Auger, dit Marjan (né en 1918) éditeur à Niort de *Feuillets poétiques et littéraires* en bon typographe qu'il est, ne cesse de publier des poèmes d'humour comme dans *Humour*, 1952, *Treize Poèmes*, 1959, *Un petit vent de liberté*, 1962, *les Mauvais Exemples*, etc. Il adore donner des poèmes courts, souvent fondés sur un jeu de mots, comme de petites fables ironiques et tendres où peut apparaître un King-Kong qui descend de l'homme et du train, à moins qu'un tueur de cerfs ne se serve d'un pied-de-biche. Une frêle région de la poésie, des cadres limités mais bien remplis, un écho de Prévert et du charme.

Paul Valet (né en 1905), s'il emploie lui aussi une langue savoureuse dans des poèmes brefs, cherche dans l'événement son inspiration réaliste jusqu'à la crudité. Mais ses poèmes vont plus loin qu'il n'y paraîtrait au prime abord et il sait édifier une image rapide, placer le mot fort (qui est, dit-il, son faible) bien à sa place et user du laconisme et de la syncope. Ses titres : *Pointes de feu,* 1948, *Sans muselière,* 1949, *Poésie mutilée,* 1951, *Comme ça,* 1952, *Matière grise,* 1953, *les Poings sur les I,* 1955, *Lacunes,* 1960, *Table rase,* 1963, *La parole qui me porte,* 1965. S'il a de l'humour, il est loin d'être un poète joyeux et maints poèmes comme *Extermination* sont emplis de terreur, ou comme *Trois Générations* disent les maux de la guerre. Ou bien il chante quelque *Chapeau* baroque, à moins que ce ne soit la *Moto* avec une rare délicatesse.

Jacques Maret (mort en 1980) charma le monde de la poésie avec ses *Feuillets inutiles,* petits dossiers pleins de trouvailles artistiques qu'il imprimait et préparait amoureusement. Ses poèmes se firent l'écho d'une gentillesse amusée dans *Corps 9,* 1938, ou *Bagages à l'arrivée,* 1962. Délices menues d'une ruelle du surréalisme où se seraient rencontrés Max Jacob et Desnos le temps d'un sourire ou d'une pirouette. Adolphe de Falgairolle (1898-1979), dans *le Graduel passionné, Voluptés du silence,* 1936, *Treizième ligure,* 1937, *les Sargasses,* 1966, pratiqua divers genres, allant de la traduction de sentiments indéterminés cachés dans un soupçon d'hermétisme à une fantaisie fondée sur la virtuosité prosodique, avec des notations modernistes et un certain goût du cosmopolitisme de bon aloi apportant un parfum de poésie parmi les jongleries savantes. Ce cosmopolitisme, on devait le retrouver chez Alain Rascle (1899-1944) dont Brice Parain présenta les posthumes *Poèmes,* 1966. Pierre Seghers nous renseigne : « Poésie mélancolique, d'un humour tendre, malicieux.

Détaché, dédaigneux de la " réussite ", il devait faire un séjour dans un asile psychiatrique, absent déjà, et mourir à quarante-quatre ans. » Voici le début d'un poème, *Constantinople* :

> J'ai beaucoup voyagé. Sur les bords du Bosphore
> je suis allé pour boire un ultime Pernod.
> Mais le Chinois aux as qui brûlait son phosphore
> devant les cent Vénus du théâtre Apollo.

Certains poèmes ont l'air de parodies comiques de nos bons vieux parnassiens, d'autres, apparemment légers, débouchent sur un retrait mélancolique : « Peut-être faut-il tourner le dos à la vie / et contempler les révélations, / les révélations anciennes qui renaissent / dans mon cœur. »

Louis Foucher et Paul Gilson.

Cosmopolitisme aussi chez Louis Foucher (1909-1970), mais où le poète invente ses exils et ses demeures tout comme ses personnages qui donnent leurs noms à ses recueils : *Anna de Hore,* 1955, *Éponine et le puma,* 1961, *Argyne et les gypaètes,* 1967, *Carmagnole des Khongres,* poème dramatique, 1969, ces Khongres (Ouigre! répondrait Jarry) qui se khongratulent dans les khongrès ou les khongrégations. Humour euphonique, tons des refrains et des comptines, cocasseries, caprices, légèreté, baroquisme, gentillesse, sourire, il semble qu'avec Foucher tous les mots soient mis en couleurs, que les phrases fouchériennes, impeccablement françaises, soient traduites d'une autre langue, plus franche, gaillarde, satirique, comique, et surtout éminemment poétique. Sans cesse on invente, on met de l'oxygène dans l'épopée pour que le souffle soit plus vivifiant :

> Anna Picolla de Hore
> La femme du consul de Xante
> Habite un château de verre
> Nageant au fil des savanes

et, dès lors que les personnages sont posés, d'une strophe à l'autre, vont naître mille faits et légendes, des déclarations d'amour dans un décor baroque où la tragédie fait mourir et ressusciter avec toutes sortes d'émotions, de jeux tendres, de délices langagières, de préciosités menues avec des éclairs de très haute poésie. Dans certains poèmes, on a recours au vocabulaire le plus rare et comme il ne suffit pas, on invente à cœur joie comme chez Michaux, Martel, Audiberti... Et ce sont des « astifreloure », des « oconuflantes », des « assoupipés », mais n'a-t-on pas l'impression d'un pastiche du *Grand Combat* :

> Monsieur Jef astifreloure
> Madame d'Orme à loisir
>
> Il lui saxige les ousses
> Lui romolit les suchets

> Lui dore les palissoires
> L'effouit la mirlitonne

Dès lors, Foucher sombre dans la facilité. Nous le préférons lorsqu'il semble extraire ses personnages et ses images d'un univers parallèle aux abords de quelque roman gothique de la science-fiction. On n'oubliera pas Anna de Hore et le Consul de Xante.

Louis Foucher fut fort proche de Paul Gilson, homme de théâtre, de cinéma, de radio, lieux qui furent pour lui les moules de la poésie et où il a laissé une trace exemplaire. Son chant est plus vaste, plus diversifié que celui de Foucher, mais il est des lieux de mystère mêlé de fantaisie où les deux hommes se rejoignent. Paul Gilson (1906-1963), forte personnalité, est très proche de la haute poésie populaire, nous voulons dire celle qui va de Villon à Apollinaire, celle des lieder et des romances, avec un souvenir des poètes qui ont interprété le romantisme allemand comme Gérard de Nerval. Ses vers sont réguliers, légèrement assouplis, et sont les supports d'un contenu nouveau, d'un modernisme cosmopolite avec des éclats de saxophone, un peu comme chez Robert Goffin. A la recherche d'un paradis perdu, il a le charme des vagabonds, des perceurs de coffres silencieux, déguisés en rats d'hôtel, qui avancent à pas feutrés avec un soupçon d'ironie dans le regard. Tout est en allusions discrètes et tendres. Pierre Seghers nous a rappelé qu'il aimait Cendrars et Mac Orlan, Peter Ibbetson et Lewis Carroll, et aussi « le fantastique sans crocs de bouchers, les miroirs à traverser, les portraits qui descendent eux-mêmes de leurs cadres », que « Chamisso était au nombre de ses familiers, son " recul " était dans ce jeu, celui de l'étrange, des domaines de l'invisible deviné. Thomas de Quincey, Marcel Schwob devaient l'accompagner... » Lisons :

> J'ai souvent rendez-vous avec l'homme du rêve
> Il s'appelle Peter Ibbetson et je sais
> l'heure à laquelle il vient près du quai...

Paul Gilson a publié *A la vie, à l'amour*, 1943, *Ce qui me chante*, 1956, *l'Arche de Noël*, 1960, *Énigmarelle*, 1963, et on lira dans « Poètes d'aujourd'hui » l'essai suivi d'un choix de textes de Germaine Decaris : *Paul Gilson*. Comme Apollinaire, il relie le passé français à l'avenir, l'imaginaire à la vie authentique; il recherche les paradis perdus dans la vie quotidienne et ce rassembleur de savantes images ne dédaigne pas la sentimentalité des complaintes. On lira encore *Au rendez-vous des solitaires*, 1947, *Ballades pour fantômes, le Grand Dérangement*, 1954. Parfois un air de Cocteau :

> Un major étranglé par son nœud de cravate
> murmurait sur le quai Ma fille il faut partir
> Je t'attendrai Lorna dans le château de cartes
> où les carreaux sauvés n'osent plus réfléchir.

Dans des poèmes comme *l'Affaire du bateau-mouche* ou *la Complainte d'Auteuil,* il joue sur des vers plus courts, et c'est la bonne chanson où le Mal-Aimé rejoint le pauvre Lélian :

> Entre les berges de la Seine
> une voyageuse au long cours
> cours du dimanche et cours d'amour
> mêlait en jouant des mitaines
> et les *jamais* et les *toujours*
> au fond d'un manchon de velours

Ou bien il se mêle de jouer un air de mirliton sur des rimes avec cet art qui fait que ce n'est point mirlitonesque. Traducteur de *la Traversée du Miroir,* il en a le surréalisme léger, et partout fleurissent l'élégance, la liberté d'allure. De l'allemand, de l'anglais parsèment ses poèmes et c'est là une petite musique exotique :

> Au Garrick Club coup de théâtre
> le poignard de Kean aurait disparu
> du médaillon à fleurs d'albâtre
> Seul Scotland Yard n'en a rien cru

Cela tient souvent de l'image d'Épinal, du cinéma du temps de Musidora, du théâtre de marionnettes et de son ami Charlie Chaplin, de la fable-express, mais jamais cette poésie n'est en surface, toujours naît la mélancolie de l'homme face à face avec l'histoire, dressé devant son destin :

> Un dernier punch flambant vernissa le comptoir
> Nous bûmes pour nous délivrer du froid
> en laissant nos regards croisés dans un miroir
> La Mort soudain plus humaine
> me fredonna un ton d'espoir

Tout Gilson est là : poésie qui délivre du froid et rend la mort plus humaine. Une foule d'images se presse :

> J'annonce les décès par l'horloge parlante
> aux hommes qui n'ont plus de nom

> Je reprends le voyage en bottes de sept lieues
> pour rassembler tous les étrangers que je fus

> Projecteurs balayez un monde de décombres

> Je crois qu'il n'a jamais fait plus noir que ce soir
> où la sirène pleure au bord du monde en ruine

Jamais Gilson n'oublie que le poète est un enchanteur, fût-il pourrissant, jamais il n'oublie que la tâche du poète n'est pas d'ennuyer ses contemporains. Amical, souriant, il part sans cesse à la recherche de son ombre, cherche le « merveilleux des îles sous le vent » et le dispense en conteur, en narrateur, en pêcheur de songes. Il y a plaisir à Gilson.

Garampon, Frédérique, Chardine, Roché, Sauvage.

Dans *Poèmes des sept jours*, 1930, *le Jeu et la chandelle*, 1953, Georges Garampon (né en 1899) offre des poèmes où les strophes semblent se répondre, parfois dans des mètres différents, avec de la malice ou de l'ironie, poésie que l'on dirait mineure si l'on ne s'apercevait de « l'exigence d'une perfection sévère » dont a parlé à son propos Jacques Duron. Il y a là un souvenir de Jules Laforgue et de Tristan Corbière et un petit sourire narquois de Max Jacob; on appelle un chat un chat et une souris une souris, et c'est lorsque le poème semble « à la bonne franquette » qu'il témoigne du plus d'art. Qu'il nous dise : « Les oiseaux de malheur ont les ailes si blanches » ou « Les nuages avaient de beaux ventres de femmes », il nous entraîne comme sans y penser vers quelque chant funèbre atténué où peu à peu des questions se posent, où la tragédie de l'homme dans l'hôpital du monde ou dans le Sainte-Anne des aliénés se joue quand on ne voit rien venir. Il y a là quelque chose de physiologique, une poésie physiquement ressentie. Lisons par exemple :

> – Pour les blessés, plus de rosée. On boit ses pleurs.
> Pensée à l'hôpital, la mouche tsé-tsé pique.
> De degré en degré la fièvre devient fleur
> et met au thermomètre un regret des tropiques.

Cette maison de la poésie où l'on est douloureux et souriant même si le sourire est crispé, on la retrouve chez André Frédérique (1915-1957) qui, lui non plus, n'est pas éloigné de Laforgue en même temps que de tous ceux-là, les Max Jacob, Raymond Queneau, Robert Desnos, la famille des insolents et des cocasses, extrayant le surréel du réel ambigu. Des livres : *Histoires blanches*, 1946, *Aigremorts*, 1947, *Poésie sournoise*, 1957, un humour « blanc » qui est en fait d'une noirceur constante, un sentiment de l'absurde, et des têtes de Turcs, les mêmes qui ont tenté les satiriques de tous les temps depuis le moyen âge, rejet du sabre et du goupillon, de l'épicier et du notaire, du nanti et du plaideur, et aussi bien de la grande armée des parfumeurs, muscadins et cuistres, en somme des tricheurs d'un monde cruel s'ajoutant à ce destin de l'homme qui est atrocité. Dès lors il porte le masque du comique, élève un soleil noir, offre chaque poème à un ami, avant de prendre congé par un suicide, se détachant du monde, comme prêt à entrer avec un rire dans la grande galerie maudite de la poésie française. Humoriste? Allons donc! tragique, oui. Hubert Juin a cité Vialatte à son propos : « Son amitié, son rire étaient indifférence, détachement. Il est mort de distance, à force d'être déjà loin et de s'en donner les plaisirs. Il est mort du besoin d'être absent, de ne plus faire semblant d'être là. De se procurer la poésie d'une perspective lointaine; jusqu'au vertige. Détaché, détaché. Comme un chien qui a rompu sa laisse. Ensuite, comme un bateau qui a brisé son amarre; enfin, comme un ballon qui a jeté son dernier lest. » Et Hubert Juin : « André Frédérique ne supporta pas une seule seconde, ni dans un seul texte, le scandale d'être. » Et Pierre Seghers : « Un langage sans drapeaux aux bras du sémaphore, sans grondement de tempêtes, sans voiles déchirées... Lucide à l'extrême, insolite parce que au-delà, ennemi du bruit, de la publicité de l'emphase... » Il se plaît à jouer comme Prévert sur quelque cortège où perce le goût surréaliste des mariages :

> Un homme de terre et une femme de fer
> font un enfant de porcelaine
>
> Un homme de mer et une femme de feu
> font un enfant des Tropiques
>
> Un homme de main et une femme de velours
> font un enfant en peau de castor...

ou bien il invente un personnage : « Monsieur de Nœil » et le décrit en petits vers courts pour le satiriser, à moins qu'il ne fasse éclater *le Lac* de Lamartine fort sournoisement : « D'une hisse un cra fit deux clus / et de deux clus un loc eut / Le loc devint lac / Mais *lac* quoi dire ? » Cet enfant paraît et on veut qu'il joue. Alors on invente interminablement des jeux qu'il refusera, préférant étudier :

> Veux-tu jouer à la pirouelle
> à la redouble au rat musqué
> veux-tu jouer à la sauguette
> au goligode au ziponblé
> veux-tu jouer au jeu de l'ange
> à l'œil-au-dos au mort parlant...

Didactique, il raconte quelque cadeau d'enfance et en extrait des trésors imaginatifs jusqu'à démontrer l'absurde. C'est ce monde-là qu'on retrouve dans les exquises et déroutantes histoires en prose emplies de délices et de cruautés, de troubles et de blessures où l'enfant supplicié et puni promet de futures vengeances. La poésie de cet homme en retrait, en attente, n'est pas de tout repos, elle fait mal au lecteur, devient parfois insoutenable, insupportable, comme nous l'a montré Serge Brindeau citant : « ...l'orthopédiste aux dents d'alcool / qui crachait des fleurs de néant. » Car la poésie de Frédérique est un inventaire incessant de l'univers et de son peuplement, un lieu de métamorphoses surréalistes où l'on nous apprend que le rire peut être vitriol. On ne sort point de telle lecture tout à fait le même qu'auparavant. A manier avec précautions.

Jules Laforgue a aussi marqué André Chardine (né en 1909) mais s'il exprime sa mélancolie, sa tristesse souriante, s'il n'ose pas entrer dans le concert des vivants, il reste simplement élégiaque, comme dit Rousselot : « D'une voix feutrée, contenue, avec des mots simples et des métaphores usuelles, il exprime la tristesse douce-amère, mais sans aigreur... » On peut entendre un écho atténué de Jules Supervielle dans cette poésie sans rien qui pèse ou qui pose, comme voulant toujours se tenir en retrait. Derrière une apparence de fantaisie, c'est souvent un monde désolé, démuni qui apparaît chez Louis Roché (né en 1903), auteur de *Si proche et si lointaine*. S'il écrit une berceuse, on la trouve toute traversée d'effrois, de prophéties sinistres :

> L'aube sera de pure nacre,
> Mais avant que sonne midi
> Il y aura de grands massacres.
> C'est ta mère qui te le dit.

Cette poésie, prosodiquement organisée, peut arracher ses secrets à un jeu de cartes où l'Histoire se révèle :

> Les Reines folles prient les Parques
> De leur garder de si bons monarques,
> Mais le soir, entre chien et loup,
> Ouvrent les portes aux filous
> Les Valets fourbes sans moustaches
> Dégrafent jupes et soutaches.

Marcel Sauvage (né en 1895) nous donne sa définition de la « Poésie : divine démangeaison attardée. Grattez la terre au soleil. Elle seule concrète. Les clairs de lune sont des reflets morts. » Et du « Poème en prose : bouclé sec et bref sans lyrisme ni grelots, à coups de surprise qui doivent aller s'élargissant au-delà des marges et des formules. » Son plus proche ami se nommait Max Jacob et il illustra *le Voyage en autobus*, 1922, qu'avaient précédé *Cicatrices, éclairs encore des douleurs mortes*, 1920, et *le Chirurgien des roses*, 1921. Ce seraient ensuite : *Libre-Échange*, 1926, *A soi-même accordé*, 1938, *Poème sans fil*, 1943, *l'Arme à gauche*, 1944, *Gardiens de la parole*, 1948, *Treize Poèmes en prose*, 1951, l'essentiel de son œuvre dans *Œuvre d'or*, 1952, que suivit *la Fleur coupée*, 1955. Marcel Sauvage ne va pas au plus loin pour trouver son inspiration : elle est là, au plus réel, dans la vie même qui palpite singulière et force l'imagination sans qu'on se sépare de la spontanéité, c'est-à-dire de quelque chose de fort savant. Cela peut s'établir sur un souvenir, une image entrevue, un fait quotidien (journaliste, le poète a interrogé le monde) et voilà qu'un léger décalage du réel laisse entrevoir un humour empli de tendresse comme un remerciement à la vie, sans oublier la petite fleur bleue qu'on porte à la bouche ou au revers, avec quelque *Aristocratie de la plume,* comme ici :

> Et pour qui écrivez-vous ?
> Nous écrivons pour les petits oiseaux Nous luttons pour les petits oiseaux Nous mourons pour les petits oiseaux : les colibris les perroquets les fauvettes les traîne-buisson, le râle des genêts ou l'alouette isabelle – que vous connaissez peut-être Ou la mouette La mouette rieuse Aimez-vous la mouette rieuse ? la colombe ? le cul-blanc ? le cou coupé ? le cardinal ?

En vers classiques ou presque il nous dira : « Êtes-vous libre ? Soyez dangereux / Notre avenir est en boîtes de conserves. » Mais il excelle surtout dans la courte histoire si réelle qu'elle a des airs oniriques. Il est un bon observateur des objets familiers et de l'existence sociale, et plus encore de leurs relations secrètes qu'il traduit en délicieux caprices de

phrases, avec l'œil exercé du peintre et l'on pourrait le définir en le citant :
« Deux pinceaux clairs cherchent à savoir quel est cet être. D'où il vient. »

Présence de Roger Lannes.

Un des poètes les plus remarquables de l'avant-guerre est Roger Lannes
(né en 1909). Il passa comme un astre dans le ciel poétique dans la compagnie de son ami Jean Cocteau à qui il consacra un ouvrage en 1945 dans
un des « Poètes d'aujourd'hui », et, après la guerre fut l'homme d'un
long silence qui fit croire à sa disparition. Connu par deux romans :
Argelès ou la solitude, 1943, qu'orna Henri Mondor, et *les Gémeaux,* 1947,
que préfaça Léon-Paul Fargue, il est le poète de *Poèmes,* 1934, préfacés
par Max Jacob, *Signe de reconnaissance,* 1935, *A fleur de tête,* 1936, *la Nuit
quand même,* 1937, *les Voyageurs étrangers,* 1937, *le Tour de main,* 1941, *la
Peine capitale,* 1942, *le Temps d'en finir,* 1945, le prosateur de l'*Appel à Paul
Valéry,* 1947, que suit *la Poésie objet de civilisation,* le directeur de la collection *le Milieu du siècle* où les plus grands ont publié. Après un silence un
petit livre *Syracuse,* 1969, chez son ami Guy-Lévis Mano, des inédits qu'il
nous communiqua amicalement de Suisse où il réside. Qui a lu cette
épopée faite de poèmes en prose, *la Peine capitale,* connaît cette élégance
de style, cette clarté, cette lucidité devant le monde, devant Dieu, devant
la mort, cette manière unique de faire entrer l'événement ou l'ami dans
le poème, de chuchoter une confidence, de fouiller l'ombre, d'éclairer
l'utopie, de rêver le monde souhaité, de jeter ses angoisses au cœur de la
narration souvent cocasse. Il organise des fêtes splendides et fantomatiques où surgissent Maldoror ou Milosz, offre la flamme vive de ses prophéties. Nous étions en guerre et Léon-Gabriel Gros put écrire : « Il ne
s'agit pas de la tragédie d'un peuple ou du destin d'une époque, pas d'une
apocalypse mais d'une confession qui est parfois une féerie. La guerre
dans *la Peine capitale,* c'est l'horreur réfractée au travers de la vision d'un
poète, c'est la fin d'une civilisation vécue par un esprit qui en était un des
plus purs représentants. » On vit un temps Roger Lannes comme un chef
de file de la jeune poésie, lui qui écrivait avec une sorte de préciosité
désinvolte des vers chargés d'inquiétude :

> Je cherche l'être que j'étais
> Et ses paroles dans ma voix.
> Les anges sautent des palais
> Fuyant la guerre par le toit.
> Pour moi je tombe si je crie.
> Je tourmente un linge de marbre.
> Les ailes qui manquent à l'arbre
> Je les arrache de l'écrit.

Nous avons lu : « Croyons en nous. Le sang est le seul fleuve qui remonte
à sa source et c'est pour cela aussi qu'il est le seul qui se renouvelle. La
poésie est l'arme la plus aiguë du monde en présence de la maladie la
plus grave du monde. Elle est l'atroce mélange du mourant et du chirurgien. » La prose est superbe et il sait nous dire vers quoi il tend : « Vers

un mythe personnel, vers une poésie de l'individualisme solitaire et de la gloire intérieure. » Il a souvent été fait référence à Cocteau à son propos, sans doute parce qu'il en a la souplesse et l'agilité, mais nous voulons parler quant à nous du Cocteau le plus intériorisé, le plus grave, celui non du temps de Lannes publiant, mais celui d'après, de la fin de ses jours. René Bertelé écrivait en 1942 : « Les jongleries rigoureuses de Roger Lannes, son souci du langage, un certain humour sec, le plus parfait naturel dans l'artifice, aussi bien qu'un dépouillement de l'expression souvent classique, appellent le souvenir d'un autre prince-acrobate, qui fut sans doute pour beaucoup dans sa formation. Même sérieux dans le jeu : rien de plus grave que l'équilibriste sur la corde raide. Pourtant, ce jeu laisse transparaître le sentiment — et les brûlures d'un cœur inquiet... » Lannes dédiant un poème à Cocteau allait au plus haut de lui-même :

> Si ma vie ne savait qu'elle est la vie d'un autre
> pourrais-je la mener si près de me détruire
> sans que le soir semé par son sang sous ma peau
> soit plus nu que le sol veillé par les étoiles
> où va monter le front du monde où nous sommes ?

Équilibriste ? Nous n'avons rien lu de lui qui fût gratuit et une grandeur tragique l'habite, un terrible sens du secret, cela traduit dans l'élégance, dans la qualité, dans la tendresse aussi pour répondre à l'angoisse commune, à la catastrophe par la Poésie restituée dans tous ses pouvoirs et seule capable de faire face. Comme Léon-Gabriel Gros qui le citait pour le définir, disons pour le saluer tel qu'en lui-même : « Ce garçon était de ceux que rien n'atteint et qu'une eau lustrale recouvre. Il jouait de la translucidité du diamant, en nous cachant qu'il a la puissance de couper les vitres et de réfracter la lumière jusqu'à la rendre meurtrière. »

Hardellet le conquérant.

Il a fallu les efforts conjugués de ses amis pour qu'on s'aperçût qu'un poète, également romancier, André Hardellet (1911-1974), revêtait, dans la diversité et la singularité, une réelle importance. André Breton lui écrivait : « Vous abordez en conquérant les seules terres vraiment lointaines qui m'intéressent et la reconnaissance que vous y poussez offre un nouveau ressort à tout ce que je me connais comme raisons de vivre. » A son propos, on a évoqué « un écrivain dans la suite de Nerval et de Nodier, de Lewis Carroll et de George Du Maurier » ou bien on a dit, comme Rousselot : « Un air de romance circule toujours dans sa poésie comme dans celle de Carco et de Mac Orlan. Il aime les faubourgs, les bars, les cirques. Sa poésie tourne parfois tout à fait à la chanson... » En effet, Georges Brassens a envié à Guy Béart d'avoir mis en musique et chanté *le Bal chez Temporel, Il y a plus d'un an, le Pont du Nord* ou *Tout comme avant*. Armand Lanoux l'a fait, près de Desnos et de Prévert, un valet de cœur et a parlé justement d'un surréalisme populaire. Des écrivains comme Louis Nucera, Georges Walter, René Fallet, Albert Simonin,

Alphonse Boudart, ont été ses amis et ses admirateurs. Enfin, Hubert Juin lui a consacré un volume dans la collection « Poètes d'aujourd'hui ». Il ne faut pas se méprendre : Hardellet ne saurait être limité à quelque populisme facile. Ses œuvres témoignent d'une envolée vers les régions de la plus haute poésie. Il y a certes le petit vin blanc, mais qui est une des clés du rêve éveillé dont a parlé Pierre Seghers, l'ouverture vers le mariage du magique et du quotidien, l'insolite et la poursuite des échos dont parle son poète-éditeur évoquant cette image du gentil Nerval telle que nous l'aimons à son propos. Œuvre variée, riche, qui va de la chanson réussie au poème en vers ou en prose aérienne. Lire : *la Cité Montgol*, 1952, qu'on unira en 1977 à deux autres œuvres : *le Luisant et la Sorgue*, 1954, *Sommeils*, 1960, et nous citons encore *le Seuil du jardin*, 1958 et 1966, *le Parc des archers*, 1962, *les Chasseurs*, 1966, *Lourdes, lentes* (signé Stève Masson), 1969, *Lady Long Solo*, 1971, *le Chasseur Deux*, 1973, *Donnez-moi le Temps*, 1973, *la Promenade imaginaire*, 1974, vers ou prose, poésie toujours. Nous trouvons le rêveur banlieusard de la chanson chansonnière du genre :

> C'étaient trois artilleurs d'Ivry
> Qui s'en allaient au bois d'Vincennes
> C'étaient trois artilleurs d'Ivry
> Qu'avaient la permission d'minuit...

et cette chanson sans quitter sa vocation populaire peut s'élever soudainement de quelques paliers pour rejoindre l'art de Villon, l'art de Verlaine, semblant rejoindre du côté de Mortefontaine Nerval et Carco dans le temps hors la chronologie du poème murmuré. Nous trouvons aussi l'homme attentif, le spectateur, celui qui nomme et qui rejoint ce que ne nous disent pas les dictionnaires :

> Le mystère – c'est la voix étouffée des ramoneurs derrière les murs et le parcours de la Grange-Batelière sous l'Opéra.

> La peur – c'est un roulement de tombereau, la nuit, dans un bois où ne passe aucune route.

> La douceur – c'est un vol de chouette, sous le taillis, au crépuscule.

> Le contentement – c'est l'odeur d'une blonde qui, lente, efface ses bas noirs.

Tout serait à citer et cette dernière phrase nous introduit à une dimension érotique du poète qui nous dit : « L'érotisme, je le conçois feutré, grave, à l'opposé de la gaudriole... » En lui, il voit la prolongation de l'âge des émerveillements, ce que ne comprendront pas les censeurs poursuivant en 1973 l'auteur de *Lourdes, lentes*. Or, il n'est rien qui soit plus pur et plus subtil. Mais citons la conclusion d'Hubert Juin à son livre : « Dans les pages qu'il a laissées, André Hardellet, le chasseur d'étincelles, a vidé sa gibecière : plumes brillantes et brûlantes des oiseaux-filles; jambages des feuilles dans le sous-bois et les odeurs de l'herbe après la pluie, sous les lampes à arc du ciel; ruelles des villages partis en procession au pays de la parole! Tout cela, dans le sein d'une bibliothèque qui pourrait réjouir Jorge Luis Borges, vous tire sur les traces du songe de George Du Maurier – et, bonjour M. Stevenson! bonjour M. Mac Orlan! – vous parle poésie : non pas *de* la poésie, ni à propos de, ni à l'occasion de, non! vous parle poésie comme les Chinois parlent chinois. »

Nous aimons d'Hardellet la parole nette et si nous avons une préférence pour ses proses, comme celles de *Sommeils* parce qu'elles témoignent de la plus haute écriture, celle qui, comme chez Breton, fait fulgurer le réel, nous avons toujours pris plaisir à ses complaintes, errances, rondes de nuit, ballades et balades des petits bals, et nous nous sommes aperçus d'un regard unique, d'une exquise transparence, sans cesse, d'une manière de transformer l'ailleurs en ici et l'ici en ailleurs, de nous aider à supporter la vie en ayant recours à la fiction qu'il en extrait avec un art consommé. Explorateur des contrées insolites, ce piéton de Paris comme Fargue, mais aussi Restif, Nerval, Apollinaire, apparaît comme le copain, celui avec qui on aime se promener dans une nuit magique parce que l'on sait qu'il va extraire de l'obscur les trésors de la clarté. Il marche, il sifflote, il fredonne quelque chose de facile et, brusquement, nous nous apercevons qu'il résume quelques siècles de la poésie des bons enfants du monde en abordant à la voie évidente d'une prose tranquille, quotidienne qui nous montre ce que nous croyions connaître et que nous ne voyions ni ne connaissions vraiment.

De la nature au travail des hommes.

Nous éprouvons, comme Michel Ragon, un attachement aux écrivains paysans dont il a parlé dans son *Histoire de la littérature prolétarienne*. Nombre de romanciers, écrivains ruraux, travaillant dans la bonne pâte des mots, les Émile Guillaumin, Antonin Dusserre, Joseph Voisin, Michel Maurette, cet « Hemingway paysan » selon Rousselot, qui est poète aussi et que les plus importants écrivains ont salué, Arland, Delteil, Nelli, Pugnaud, tant d'autres, et notamment Pierre Loubière qui l'a présenté dans un choix de textes. Parmi ces écrivains de la terre et du travail, faut-il rappeler encore Angélina Bardin, la fille des champs, Georges David, Marius Noguès, Jean Tousseul et André Baillon, Henri Bachelin, Paul Vimereu et Gabriel Nigond ou Henri Norre? Nous avons parlé de Philéas Lebesgue (1869-1958) et parlerons du Belge Francis André, un des plus remarquables, de beaucoup d'autres en maintes parties du livre. Rappelons ici un poète-paysan peu connu : c'est André Druelle (né en 1895) qu'ont salué Jean Rousselot et André Lebois, le premier écrivant : « Il est à la fois " péguyste ", " jammiste " et " unanimiste ", mais on trouve aussi, dans sa poésie volontiers descriptive, des accents à la Rictus. » Citons *la Terre est en sève* et *France,* ainsi qu'un *Florilège* à l'Amitié par le Livre. Cette simplicité, on la retrouve chez des poètes qui, sans être paysans, ont le sens de la rusticité et de la nature comme Pierre Autize (né en 1912), poète fraternel et familier, direct et simple dont nous aimons les offrandes, par exemples : *Poèmes,* 1936,

Obole aux heures, 1948, *Pipeaux rustiques,* 1950, *Visages de ma rivière,* 1957, *Pavés,* 1961, *Graines en vent,* 1962, *Feu de sarments,* 1965, etc., titres parlants.

Un poète délicieux est Guy de La Mothe (né en 1903), l'animateur des *Carnets de l'oiseau-mouche,* 1937, des *Cahiers Terre,* de *l'Oiseau de feu,* et l'auteur de ces livres qui eux aussi ont des titres exquis, par exemple : la *Cueillette matinale,* 1923, *l'Herbier fleuri de campanules,* 1929, la *Charmille des demoiselles,* 1932, et encore *Au cabaret des oiseaux,* la *Fleur d'épine, Thyrse, Douces-Amères,* des cahiers d'écriture en fac-similé comme *Chemin Faisant* ou *Dans l'amitié des arbres,* etc. C'est un poète qui n'hésite pas à nous conter des fleurettes et de nous le dire avec des fleurs, qui sait le prix des choses et la qualité des âmes, car son vif amour de la nature s'accompagne de sa spiritualisation. Les plantes, les arbres, il en parle en horticulteur, en botaniste, et surtout en poète qui sait de quoi il parle. Dans les multiples demeures de la poésie, il faut compter avec ses jardins. Nul n'est plus proche que lui de la réalité féerique, de l'amitié végétale, écoutant « Les arbres, ces harpes qui chantent et pleurent sous les doigts souples du vent. »

Jacques Lepage (né en 1909) n'a cessé d'être un animateur : « Rencontres poétiques de Provence », « Centre d'information et de coordination des revues de poésie », « Club des Jeunes », avec Paul Mari et Robert Rovini, direction de la revue *Acropoles* dans les années 1950, etc. Il est de ceux qui servent la poésie et il faut louer une inlassable activité du côté de Nice où Lepage, poète, volontiers journaliste, et aussi fermier, restaurateur, se tient au plus près des choses du réel et de ce qui le traduit en clair sans oublier de préserver le secret. Des œuvres comme *Mosaïque,* 1937, *Émilie,* 1956, *Vigile,* 1958, *Rivages d'eau,* 1963, *Cardiogramme,* 1966, *les Yeux déchirés,* 1966, *le Déluge,* 1966, etc., apportent une coulée de poésie prise sur le fait de nature, traduisant une intériorité que l'on ressent physiquement, apprivoisant l'instant et la douleur avec un art auquel le poème en prose donne ses plus chères inflexions. Il mérite d'être mis en évidence.

La nature à l'état vierge s'épanouit dans l'œuvre d'André Lacarce (né en 1908) et sa permanence est assurée dans le poème réaliste qui la rend à elle-même, loin de nos souillures et de nos dévastations dans des œuvres sans fioritures, toujours au plus proche des choses, avec force et couleurs, mouvement et formes, dans des œuvres solides comme le roc et drues comme un épi : *Si vous avez connu cela,* 1946, *Marasme,* 1952, *Forces,* 1956, etc. Sans cesse retentit un appel à des vérités que nous sommes tentés d'oublier et là s'accomplit un but de la poésie : garder les yeux ouverts.

Au plus près aussi des choses du village et des champs, des métiers ruraux et des jardins, sont les poètes venus de la profession d'enseignants, d'instituteurs, en rapport constant avec l'enfance qui est poésie, mais nous ne classerons pas les poètes à partir du métier second, bien que cela se fît avec bonheur dans une *Anthologie des poètes instituteurs* que prépara Robert de Bédarieux, que préfaça Jules Romains et que présenta Jean

Aubert. Certes, là on voit l'union de tous les thèmes traités par des dizaines de fervents du poème, poètes de haut vol ou gentils rimeurs en habit du dimanche, cet ouvrage paru en 1949 aux Éditions Pierre de Ronsard étant à consulter. Nous avons préféré retrouver les meilleurs dans les diverses maisons de la poésie. Signalons cependant ici quelques-uns de ceux que nous aurions aimé y trouver. Ainsi Antony Lhéritier (né en 1912) qui n'a cessé de chanter sa Bretagne, comme son ami Charles Le Quintrec que nous trouverons dans un prochain volume, Bretagne de la lande et de la mer, du menhir et des îles de l'Armor, lieux privilégiés de la poésie. Le Quintrec écrit à son propos : « Son chant est nu comme un cri de goéland sur les rochers de Diben. Son chant s'élève. On pourrait chanter avec lui. Dans un monde qui trépigne, qui jacasse, qui hurle, qui aboie, il chante et nous donne envie de chanter. » Cet « homme de cœur, homme de bien » qui dit les saisons, les souvenirs, les affections, y met souvent une singulière force : « Mais, la beauté du feu, ce soir, qui la dira / Si je m'en vais, si ce n'est moi ? » Le chardon bleu, un Dieu qui dérange, le vent fou, l'arbre et l'oiseau qui échangent fleurs et chants, la saga de la mer bretonne, il nous dit cela dans ses livres parmi lesquels *A la poursuite de Joséphine,* 1952, *Nuages,* 1954, *Mi-raisin,* 1955, *Silences,* 1958, *les Sources du feu,* 1962, *Là-bas la mer,* 1965, *le Menhir et l'étoile,* 1966, *Enfant de mon amour,* 1968, *Troménie,* 1972, *Des îles de silence,* 1974, *Mourir chez nous,* 1979.

On peut le rapprocher de Jacques Charles (né en 1910) qui n'a cessé d'organiser des récitals poétiques pour les enfants des écoles et a exprimé en vers classiques de « fabuleuses flores » et des « grèves d'innocence », fêtes coutumières où passent l'amour et la mort, des banlieues, des ciels changeants et tout l'or d'un monde que l'on veut fraternel et humain. Ce sont des chants généreux, riches de nostalgies et qui crient l'amour sur les toits quand « Les portes du matin s'ouvrent sur les collines ». Il y a partout quelque chose d'enthousiaste, vivant et joyeux, des saluts et des défis au monde contraignant : « Mais je crierai plus fort que vos sifflets d'usine / Frères de tous pays je vous requiers d'amour ! » Lire *Escales de lumière,* 1947, *Dianes et matines,* 1955, *les Armes du matin,* 1956, *les Oiseaux tumultueux,* 1960, *le Temps de l'homme,* 1963, c'est se sentir rassuré, se sentir, face à la destinée, un peu moins seul.

L'usine, la structure mécanisée, Jean Poilvet Le Guenn (né en 1908) les condamne avec une certaine force et leur oppose des valeurs pures, comme celles de l'enfance émerveillée et imaginative dans des livres parus dès 1928 et qu'il réunira sous le titre de *Jalons,* 1959.

Dans un prochain volume, nous rencontrerons les Louis Guillaume, Robert Prade, Pierre Mathias qui ont de belles dimensions de poètes et nous en venons à quelques hérauts d'une poésie populaire et prolétarienne, mettant en tête Tristan Rémy (né en 1897), employé aux Chemins de fer, faubourien et populiste au meilleur sens du terme dans ses romans qui se situent du côté de la porte de Clignancourt et du canal Saint-Martin, avec une fantaisie de poète sur un air d'accordéon. Autodidacte, érudit populaire, il s'est consacré au cirque, à Debureau le mime, à Jean-Baptiste Clément et au *Temps des cerises,* à la Commune, etc. Comme l'a signalé Michel Ragon, il a su tirer de l'anonymat « ceux qui, dans l'histoire collective des combats et des révolutions ne sont jamais à l'honneur : cordonniers, tailleurs, maçons, palefreniers, crieurs de journaux ». Mais parlons ici du poète en vers de *Prolétariat,* 1932, qui est sans doute au plus haut de son œuvre et que l'on ne connaît pas. En vers libres, il traduit les instants, les « impressions habituelles » du travailleur, de celui de la main à outil, hommes aux « grosses mains poilues » qui s'ennuient dès qu'elles ne font rien :

> Depuis qu'il avait lâché les outils, tout à l'heure,
> Elles étaient lasses
> De ne sentir ni le manche de la pioche
> Ni rien qui vienne buter contre leurs paumes,
> Cric ou levier, moellons, bitumes, masses.

Honorons celui qui chante ainsi les mains de l'homme et les jours et les faits du travailleur, maîtres du chantier et de l'école du soir, militants auxquels se sont mêlés les Henry Poulaille, Henri Barbusse, Bernard Clavel, Georges Navel, Jean Guéhenno, Louis Guilloux, Michel Ragon, Jean L'Anselme, Benigno Cacérès, etc. Et nous citons ces lignes de Henri Poulaille : « Pour nous, l'acte créateur n'est pas le privilège d'un groupe d'hommes, d'une nouvelle aristocratie, il est le prolongement naturel de l'usine, du bureau, etc. » L'avenir à ceux-là rendra hommage.

Empruntons à Michel Ragon ce portrait d'un poète qui nous est familier : « Jules Mougin est aussi un curieux bonhomme. Il pose son vélo de facteur rural au bord d'un fossé, là où il y a l'ombre de l'été, s'éponge le front, cherche dans sa boîte un bout de papier des P.T.T. et se raconte une histoire. Comme ça ! » Lorsque Jules Mougin (né en 1912) nous écrit d'une écriture belle avec pleins et déliés à l'ancienne mode, par politesse ouvrière, il prend soin d'ajouter à l'adresse : Merci facteur ! Art naïf, art brut ? Disons art tout court, car, comme l'a signalé Jean Rousselot, si « sa poésie naïve et rusée, humoristique, rappelle l'art brut », on songe aussi aux divertissements bretons de Morven le Gaëlique, le cher Max Jacob. Facteur du côté de Saint-Christol dans le Vaucluse, là où les bases de missiles ont souillé le paysage, on peut dire avec Pierre Seghers : « Regard narquois, cœur tendre, malice et révolution, coquelicot et mottes de terre. » Poète des villages bas-alpins, du tri du courrier, facteur ressemblant sur son vélo « à un oiseau mouillé qui bat des ailes », il dit son métier humble et qui unit les hommes. Un roman, des poèmes réunis chez Robert Morel dans un bel habillage, des récits, des contes, des lettres du facteur, poèmes, lettres, cartes postales, *le Comptable du ciel,* avec ce je ne sais quoi rongeant le cœur de l'homme, de la gravité et du sourire, de la sympathie, un poète qui s'enchante et qui enchante, des dialogues avec les choses et les chemins, un monde heureux au fond, comme dans un tableau naïf :

> Rondeurs de la terre
> avec les têtes d'arbres rondes.

> Courbe de feuilles,
> et l'autre courbe, majestueuse, du ciel,
> un ciel où flottent de ronds petits nuages blancs.

Avons-nous besoin d'un bain de fraîcheur, nous lisons Jules Mougin comme on regarde saint Christophe et nous partons rassurés.

Camille François a vu ses livres préfacés par Marcel Pagnol : *A cœur ouvert* ou *Chansons des rues et des cœurs*, 1972, si ce n'est Pierre Hiégel : *A cœur perdu*, 1951. Cela tient de la langue parlée et de la rocailleuse chanson, avec une versification qui a fait penser à Pagnol aux primitifs : « naïve, mais sûre : parfois trop facile, parfois roublarde et raffinée ». Des élisions constantes qui en rajoutent un peu sur le parler populaire, un langage à la bonne franquette, cela tient de l'art du chansonnier à la Bruant, à la Couté, avec des jeux de mots à la va comme je te pousse et de l'argot en veux-tu en voilà. Une odeur de steak-frites et de vin blanc au petit matin, il mérite bien son prix de poésie populiste reçu en 1951. Il est par ailleurs auteur de romans, de théâtre et de films.

Sait-on que le journaliste Jean Nocher (1908-1967), à Saint-Étienne, publia dans les années 40 *Gueules noires* pour saluer les hommes de la mine ? Loÿs Masson en dit alors : « Poésie populaire, plongeant aux racines mêmes du peuple, dans ces cœurs où " ceux de là-haut " ne pensent pas qu'il puisse nager de l'azur. Poésie humaine, où le réel est toujours présent avec les muscles, le sang et la mort... » On lit, dans ce livre illustré par Roland Coudon :

> Gueule noire aux yeux de lumière
> aux yeux de Saint
> toi qui portes le poids des peines de la terre
> toi qui tiens dans ta main
> au fond de ta prison
> la joie de nos futurs matins...

Bernard Jourdan n'a jamais manqué de rendre hommage à Charles Bourgeois (1917-1976), parlant d'originalité et d'authenticité dans l'inspiration, montrant une poésie « avant tout cadastrale, toujours habitée par les personnages de l'auberge et des pâtures de l'enfance, ceux du village et des champs autour de la maison d'école, ceux d'un passé légendaire ». Dans *le Bel Amusement*, 1970, *En court métrage*, 1972, comme dans les œuvres posthumes, règne une harmonie savante dans sa forme, et, comme le dit Jourdan, « modulée dans ses images, généreuse et inquiète, fraternelle et réservée, ouverte et troublante à la fois ». On lit :

> Tous mes presque-mots dans le presque-vent
> Bientôt c'est la nuit qui les confondra
> Ou bien seront-ils mélangés à l'herbe
> En butte aux jurons d'un presque-défunt.

Poésie riche d'angoisses et de tremblements intérieurs, mais aussi d'images fraîches, « lapin qui sort de son trou d'épines » ou « servante qui montre le ciel » et toujours hommage à la poésie qui fait que le poète soutient le ciel.

Tout aussi généreuse et fraternelle est la poésie de Pierre Darmangeat. Nous lisions avec bonheur ses textes sur la musique, la danse, la poésie, ses traductions de l'espagnol, comme Federico Garcia Lorca, et lorsqu'il louait Emmanuel Roblès de ses propres traductions du poète espagnol, nous voyions là un phénomène rare. Nous nous souvenons de Denys-Paul Bouloc annonçant la publication à Rodez, aux éditions du Méridien, de *le Siècle absent* en 1942. Nul n'est plus discret que ce vrai poète aux lignes nettes, à la voix droite, fervente et éprise de vérité. Jean Rousselot signalait ces vers comme un impératif auquel Darmangeat est constamment fidèle : « Marquons d'un rythme volontaire / Notre passage sur la terre. » A son propos, nous pourrions employer ces mots qu'il consacrait aux *Poésies catalanes* de Josep-Sebastia Pons : « Elle naît (sa poésie) de l'intimité avec toute la fraîcheur de vivre. »

Les Ferveurs harmoniques.

Parallèlement au message surréaliste, les valeurs d'un classicisme éclairé par le Symbolisme, puis la présence valéryenne, ont continué à être honorées et les poètes de la musique du vers sont nombreux que l'on rencontre en divers lieux de ce livre ou qu'on trouvera dans un prochain volume sous le signe de certains accords avec la modernité, Louis Émié ou Philippe Dumaine, par exemple. Tentons ici une féconde flânerie.

Nous avons nommé Valéry, nous pouvons nommer Racine et Mallarmé. Un André Lebois (1915-1978) n'a cessé d'être poète tout en se livrant à une recherche d'essayiste d'une telle qualité que cela occulta souvent sa propre création. On ne saurait envisager l'étude de maints poètes sans avoir recours à lui : Gérard de Nerval, Villiers de L'Isle-Adam, Milosz, Jean de Boschère, Franz Hellens, Pierre Albert-Birot, André Druelle, Jean Lebrau, Joseph Delteil, par exemple, ont été éclairés par lui et donnent une idée de ses goûts. Il eut pour père un romancier breton auteur d'une trentaine de volumes célébrant le terroir et aussi de poèmes, Paul Lebois (né en 1892) et lui-même écrivit des romans remarqués comme *Christel et l'albatros,* 1956, *Anna de Tréogarn,* 1959. Pour ses livres de poésie parmi lesquels *Mythiques, Drôle de guerre* qu'il réunira avec les inédits dans *Poèmes,* 1964, puis *Vers la nuit d'Idumée,* 1976, Yves-Marie Rudel a donné cette opinion : « Cette perfection un peu savante que l'on remarquait déjà dans les premiers poèmes de cet auteur. Le plaisir qu'on y prend est celui des gourmets. » Or, si Jean Rousselot, lisant le poème *Galatée* qui est remarquable, a évoqué Racine et Valéry, il est aussi des œuvres au plus près de l'humanité quotidienne comme tel *Rossignol de Saint-Malo* qui a des allures de complainte ou telle *Poétique* proche d'un Jean-Marc Bernard par exemple :

> Ils m'ont tout pris, et les mains vides
> Je viens à vous, ma sœur d'en haut;
> J'ai des De Profundis livides
> Plein le cœur et plein le cerveau.

Poète prisonnier, il disait : « L'amour est captif et la joie est morte » et il restera toujours quelque chose de la mélancolie des jours sombres dans son œuvre :

> Humains perclus de décembres divers,
> Mais n'est plus fleurs pour nous; ni walpurgique.
> L'œil embué d'un safran de colchique,
> Meurt Karénine, enneigeant l'univers.

Sa connaissance de la poésie allemande l'a amené à traduire dans une version créatrice les grands poètes du pays voisin, montrant ce qui l'unit à eux, un romantisme qui n'oublie pas la romance, une manière nostalgique d'évoquer le passé et le temps qui court. Des livres comme *Dames de mes pensées, Gerbes sur le parvis,* portent un mystère proche de celui de ces occultistes qu'il étudia tout comme Élémir Bourges à qui il consacra une thèse de lettres. Il chante dans son temps et dans l'histoire, il se relie à la tradition en ce qu'elle a de plus porteuse d'avenir. Il ne faut point oublier son ascendance bretonne, celui de la « race aux grands yeux de mystère » et partout dans son œuvre il y a le double éclairage de la lumière du jour et d'une autre lumière, celle noire que put chérir un Mallarmé. Il n'a pas renié non plus ce que nous pouvons appeler une fantaisie érudite, faisant entrer dans ses poèmes, le temps d'un sourire quelque « Monsieur Loyal en habit de gala », Nijinsky ou Edgar Varèse et Massenet. Il tient en effet par un côté des poètes de l'École fantaisiste, des poètes de la nature : « Sur l'Armor chatoyant rêve un cri de macreuse », tout en étant un pèlerin des domaines enchantés où passent des Meaulnes et des Yvonne de Galais qu'il rend magiques. Il a gardé de son père un goût qu'on dirait aujourd'hui écologique, mais il sait magnifier et même parfois rendre inquiétante la réalité immédiate.

Autre universitaire, Jacques Duron (1904-1974) s'est bien gardé de s'éloigner de la musique classique, même pour chanter quelque saxophone des années folles dans la sagesse de l'alexandrin. Ce spécialiste de Santayana, le philosophe et poète américain, a consacré des études à Guez de Balzac, à Anatole France comme à Léonard de Vinci et Mozart, Nerval et Baudelaire, Paul Claudel et Paul Valéry dont on sent l'influence prépondérante dans ces *Poèmes retrouvés,* 1954, qui sont sa seule publication poétique. On sent l'œuvre sans cesse remaniée et réécrite dans la rigueur et la sévérité pour inventer une sensibilité savante et des inflexions verbales accordées aux inflexions de l'être intérieur. On trouve souvent la grâce des poètes renaissants et l'éclat des soleils mystiques du romantisme. Il est le poète d'un vaste désir, d'un appel incessant et d'un mystère mélancolique dans la tradition de Nerval, Mallarmé et Valéry. N'écrit-il pas : « Aphrodite inconnue constellait la blessure / Antique et chère, et toute à son propre plaisir »?

Roger Belluc, dit André Bellivier (1894-1973), traducteur de Rilke, a nettement subi l'influence de ce dernier. Comme dit Rousselot, « c'est le même sentiment d'appartenance cosmique et spirituelle du monde; c'est la même musique fiévreuse et tendre ». Il a le sens du secret et, comme on l'a dit : « Ivresse des dépouillements. L'Homme retourne aux premiers instants du monde. Il en rapporte les accents d'une joie rare, d'un espoir primitif enfouis dans la pierre soudain vivante, lumineuse. » Écrit-il en vers libres que l'on sent le travail de dépouillement d'un homme qui connaît la musique et l'harmonie. Ses livres : *Poèmes,* 1936, *Poésies arides, Poésies, Moments d'un captif,* 1947, *Vingt et Un Poèmes,* 1966. Oublié, il mérite que de lui on se souvienne car sa transparence, son sens du bonheur, sa manière panthéiste de célébrer le vin et le miel, les calices et les barques, font de chaque poème une offrande dans un univers réconcilié où

> La rosée du premier matin
> Imprègne mon cadavre
> Et les cristaux et les aigrettes
> Me composent un ciel
> Où les lents oiseaux noirs sont des archanges calmes.

Parmi ces poètes musicaux, le plus proche de Paul Valéry est sans doute Paul Lorenz qui éleva un *Tombeau* poétique à son maître vénéré. Biographe de *Renée Vivien, Sappho 1900,* 1977, auteur de biographies historiques, romancier, critique d'art, enchanteur, ce poète excelle dans la composition de poèmes infiniment nuancés et harmonieux, toujours finement sensuels et sensitifs, d'une contention quasi épigrammatique au sens antique, avec des saveurs anacréontiques. Des titres : *la Seconde Eurydice, Sur les fleuves de Babylone, Cette nuit enflammée, Épigrammes tardives, Premiers et Derniers Vers,* 1981. Il est le quêteur des époques heureuses :

> Et tu devins l'Adone, Hyacinthe et Céphale
> Dans cette pauvre chambre où j'épuise la nuit
> A chercher ta saveur dans le vin et le fruit.

Les ailes de la modernité n'ont point effleuré cet amoureux d'une Grèce aux couleurs orientales qui mêle à ses offrandes bien volontiers l'aphorisme poétique, le goût panthéiste de la vie, avec un charme constant, une harmonie du vers lumineuse et ce sens du beaucoup dire, beaucoup évoquer en peu de mots par la magie du chant qui court de Racine à Valéry. Celui-là n'a pas oublié le passé grec et romain mais où les parnassiens y voyaient peinture, il y voit lui cette musique qu'il place au sommet des arts. Parlons aussi d'une célébration du soleil, d'un appel aux sources pures, d'un appel à l'Éros blond « pour vendanger la grappe noire ! » au pays de Bacchus et d'Apollon.

D'ascendance égyptienne, Georges Cattaui (1896-1974) fut un remarquable essayiste s'attachant à Marcel Proust ou T. S. Eliot, mais il ne délaissa pas pour autant le poème comme en témoigne son *Outrenuit,* 1949, qui ne laisse pas d'être subtil tout en ayant le dépouillement de la poésie religieuse (il se convertit au catholicisme) et sa musique d'orgue.

Autre catholique fervent à la musique élégante et grave, à l'inspiration haute, Christian Dédéyan (né en 1910) a gardé sa fidélité au vers classique, valéryen, et Edmond Jaloux a dit : « La découverte d'un univers tragique par une sensibilité qui l'éprouve jusque dans ses fibres les plus profondes. » Cette poésie, souvent des sonnets formant une suite comme dans telle *Cantate à Psyché*, semble se jouer toujours dans les mêmes tonalités avec la haute monotonie du plain-chant. Sans cesse l'homme se consulte, écoute ses vibrations internes, son intime oratorio et reste celle d'un guetteur de l'absolu car « Il n'est pas d'absolu dont l'âme se découse » et l'on peut parler d'une parfaite adéquation du fond à la forme. Les mots de la musique reviennent : oratorio, quatuor, opéra, et l'on pourrait dire musique d'âme quand « Les orages du vent viennent cerner la tour ». L'œuvre est importante : *Journal crié dans la nuit*, 1934, *le Jeu des hommes*, 1941, *Montagne*, 1942, *Ariane*, 1943, *Tristan*, 1946, *Prière à l'ange mort* suivi de *Passion d'images*, 1947, *Opéra espagnol*, 1953, *Quatuor pour le temps des ténèbres*, 1957, *les Présents de la mort*, 1965, *l'Automne intérieur*, 1973, *Chant du Houlme*, 1976, sans oublier un essai sur Gérard de Nerval et des romans. Plain-chant, disions-nous, mais cela n'exclut pas une constante impression d'angoisse, d'appels, de sensualité, de blessure avec « le parfum putride du carnage » aux époques funestes.

Christian Muracciole, dit Christian Murciaux (1915-1976) fut proche de lui par ses sujets religieux et sa musique assourdie. Ce diplomate fut aussi l'auteur de romans remarqués et proches de ses poèmes. Classique, malgré quelques licences aujourd'hui admises, ses inspirations viennent de la religion, du recueillement, de la confidence murmurée. Si le contenu n'est pas toujours original et si quelques abus d'épithètes font cheville, il y a constamment une vérité et une sincérité hors de doute, une ferveur qui le rapproche des poètes religieux de tous les temps, du XVIIe siècle à François Mauriac par exemple. Il reste un souvenir du symbolisme auquel se mêle quelque préciosité si ce ne sont des fleurettes baroques. Il a publié *le Dormeur aux yeux ouverts*, 1947, *l'Arbre de Jessé*, 1949, *la Pêche aux sirènes*, 1952, *le Fil du labyrinthe*, 1955. Sans doute la lecture des poètes persans l'a-t-elle marqué d'un certain penchant au fatalisme. Il a comme eux répondu à ce désir : « Bâtissons notre demeure / De parfums et de musiques. » On lui doit un essai sur Anna de Noailles.

Jean Chauvel (né en 1897), lui aussi diplomate, publia dans l'âge mûr : *Préludes*, 1945, *D'une eau profonde*, 1947, *Labyrinthe*, 1949, *Infidèle*, 1952, *Imaginaires*, 1953, *Clepsydre*, 1959, *Sables*, 1963. Ce sont là des ensembles de qualité où le poète, en vers ou en proses souvent rythmées, un peu dans le goût de son confrère Saint-John Perse, où les mots, savamment distribués dans des phrases coulantes, prennent toute leur force pour montrer de subtiles intériorités au contact des choses de ce monde offertes à l'homme : tantôt rassurantes, tantôt mortelles comme le temps qu'il tente de percevoir et de retenir. Une singulière pureté, un sens de la langue précise et évocatrice, une savante distribution des périodes, un choix minutieux du mot et de l'épithète donnent à cette poésie une belle allure, une élégance parfaite, celle qui vient de la réserve et de l'économie des mots.

Autre diplomate, Jean Bourdeillette (né en 1901) a été, comme nous l'a appris son ami Pierre Seghers, reçu au concours diplomatique en

1925 par un jury que présidait Paul Claudel. Si nous insistons sur ce que d'aucuns appelleront le second métier, c'est que ces diplomates ont en commun une sorte de discrétion dans la hauteur de vue et aussi ils écrivent à l'échelle planétaire, transcendent tout exotisme facile et ont une vision éclairée à la fois intérieure et ouverte au monde. Séjournant en divers pays, ils semblent en revenir ivres de paysages et de ciels. Bourdeillette écrivit dès l'avant-guerre et publia tout de suite après : *Simulacres*, 1944, *les Étoiles dans la main*, 1954, *Reliques des songes*, 1958, *la Pierre et l'anémone*, 1964, *Saison des ombres*, 1965. On a évoqué Milosz à son propos et il nous est arrivé de songer à Ségalen. Opinion de Jean Rousselot : « Sa poésie capte de subtils états de conscience nés d'un souvenir subit, d'une rencontre fortuite, d'un choc émotionnel. Ses textes sont brefs, denses, mais sans sécheresse. Plutôt qu'à des " inscriptions " dont ils ont la forme, ils font songer à des instantanés un peu flous, dont le pouvoir de suggestion est d'autant plus intense. » Et l'on peut parler de poésie à voix basse, préservant le mystère. S'il se réfère à des lieux où il a vécu, c'est pour les évoquer dans sa sensibilité et non pour les décrire, mais il n'empêche qu'ils ne nous en apparaissent que plus sûrement. Avec lui on peut être à Rome ou à Caracas tout en étant dans cet autre pays qui a nom Poésie. En vérité, il aime les flores, les jardins, la vie, tout ce qui est « espérance aux bras d'aurore », tout ce qui peut faire aimer, qui chante et danse dans la transparence, ou bien les architectures réelles et fantastiques :

> Les palais les plaisirs des soirs d'ocre et de pluie
> Les grands escaliers froids vers la nuit et l'amour
> Les dédales blafards de mémoire et de pierre...

Il cueille les perles de l'instant pour en faire un collier d'éternité. Et le temps qui passe est aussi celui de la météorologie, des intempéries qui apportent d'autres couleurs, d'autres magies renouvelées : « Un nuage mauve dans les tamarins » ou les lupins bleus brûlant « comme des lampes douces » et voilà que l'univers nous apparaît au regard d'un contemplateur.

Poète avant de se consacrer à la philosophie, Pascal Fieschi (1908-1980) a retenu la leçon de contention mallarméenne. D'un classicisme assoupli, il a publié à la N.R.F. un seul recueil : *Bulles d'air,* 1942. Son inspiration peut venir de quelque banlieue, de quelque paysage pastorale et le philosophe pointe lorsque la durée ou la mort lui dictent de courts poèmes, souvent faits de deux quatrains, comme dans maintes stances de Jean Moréas. Il n'hésite pas à parler, à convaincre en vers sans que cela soit trop prosaïque ou didactique et, de temps en temps, dépassant les contraintes de la rime et de la rhétorique, il devient évocateur pour retrouver de longs murmures et des gestes doux venus d'une enfance s'éloignant dans le temps : « Ô mes amis vêtus de distance et d'oubli ».

Charles Massonne (né en 1906) libère souvent ses alexandrins de la rime. Henri de Lescoët put écrire : « En posant la question du destin et de la faute, ce poète souligne la vanité de la Science, condamne les prophètes et suggère la leçon de la sagesse : se nourrir de l'arbre de la vie et de l'amour, entonner avec Dieu le cantique païen de la réalité terrestre », ce qui nous paraît peu aisé. Mais ce poète est sans cesse en quête de lumière et de paix, il parle de voies saintes et sûres et sa poésie a des tons exorcistiques. Il nous dit : « Ils renaîtront l'automne et les printemps perdus » et rêve qu'on nous épargne « L'enfer, le lac profond, la mâchoire du fauve » car tout en lui est chaleur convaincante en des vers pleins et riches dans des recueils comme *Masque de faune* et *Chant terrestre, Hypérénor,* 1948, *l'Arbre et l'ange* ou *Versants,* 1951, avant des livres qu'il signera Charles Vachot.

Raymond Datheil (né en 1902) est un poète de la nature, dans *Étapes,* 1931, *les Signatures naturelles,* 1933, *Fable de l'enfant,* 1952, *les Nouvelles Signatures,* il répond à ce que disait Jean Cassou dans la préface aux premières « signatures » : « La nature est là, dans ces vers tour à tour ardents, humbles, frénétiques et que l'amour fait vaciller. Paysan, provincial, solitaire, Datheil connaît les raisons des racines et les élans des sèves. » En fait, il s'agit d'une incessante célébration, lente, lourde et solide comme la terre, aérienne comme les arbres et, par-delà la rusticité, c'est le chant d'une harmonie accordée aux saisons qui s'élève avec une sorte de foi enrichie aux meilleures sources. Là où d'autres ne trouvent que conventions et facilité, il découvre la source d'un chant personnel s'étendant en images vraies, vraies comme la fable, vraies comme le cantique le plus ardent.

Robert Sébastien (né en 1903) publia à la N.R.F. un livre remarqué, *la Grande Passacaille,* un ensemble de vastes poèmes lyriques et classiques, infiniment convaincants dans leur chaleur fraternelle, tragiques souvent : « Il n'est rien demeuré sur l'océan songeur » et pleins d'appels : « Ton cœur soit ce bosquet soudain gonflé de nids. » L'apprentissage de vivre, le sens de la fragilité et de la cruauté de l'existence, la solitude et les larmes, il semble appeler comme Rutebeuf ses amis d'antan et écrit : « Wagon de mes vingt ans j'ai péri sous tes roues », dans cette passacaille aux variations sensibles et musicales riche de nostalgie et déchirante de regrets du bonheur entrevu à peine et déjà perdu.

Né en Corse, André Mora est un aîné (1887-1947) et il n'est point étonnant qu'il porte l'empreinte du Symbolisme à ses débuts avant que le Surréalisme ne lui apporte d'autres ouvertures. Auteur de *Polyphonies, Orbe de Rigel, Terres fuégiennes, Pierre de foudre, Dame de cœur,* il est un veilleur attentif des paysages du monde avec ses sucs et ses sèves, ses minéraux et ses cristaux et des paysages cosmiques intérieurs « qu'éclaire ton cœur froid astre de diamant ». Il y a du baroquisme, au sens de la perle, dans ses ensembles sous le signe de la pierre et du sang où « Le prince sans âge entre et sort de la nuit », où le monde semble tourner d'une ronde sans fin jetant au passage des visions rapides et fortes. Henri de Lescoët a écrit : « Le grand minéral, sécrétion de l'éternité, stérilise le sol de cette région désolée; il aiguise la chair et la spiritualise; il unit au rythme et au sang des planètes, à la pierre des orages, s'y incruste comme l'escarboucle au front d'un monde de basalte, de feu et d'eau. Aux minutes heureuses, des fulgurations jaillissent de cet univers, lueurs du Mystère projetées sur le miroir des glaciers et de la nuit, devant les yeux attentifs du Poète qui cherche en vain la clef de ce langage. » Ce poème d'approche critique de Lescoët définit fort bien un art que nous avons tort d'oublier car André Mora a une singulière force.

On a bien oublié aussi Paul Souffron (1909-1939), l'auteur de *Lull, l'Eau lustrale, le Charme provençal, A la lumière humaine,* et cela fait partie de cette course absurde qui fait que tant de créateurs sont laissés en chemin. Il y eut dans cette génération, parallèlement au Surréalisme, une recherche des paradis perdus de la joie pure et du miracle solaire et Souffron fut de ceux-là, recherchant dans les pays lointains, Océanie ou Orient où il a vécu, des traces sensibles finement distillées dans ses poèmes.

Et qui se souvient d'André Marcou (né en 1898) en dehors de Jean Rousselot parlant de sa poésie « rocailleuse parfois », tourmentée et vigoureuse avec de grandes beautés? Pourtant *le Déhanché,* 1946, n'est pas si éloigné de nous. Après avoir reçu des influences romantiques, et celle de Baudelaire, il s'en dégagea pour se livrer, dans le voisinage de Claudel et de Péguy, à ce qu'il nomme ses « intimités cosmiques » dans *Air du temps, Livre de la morte, Sphères, Jazz amer, Dioscures,* etc. Ses amis ont publié sous forme ronéotypée hélas, proses et poésies traversées d'un souffle spirituel, religieux, théologique, lyrique, passionné, secoué par la présence des abîmes, et soudain s'éclairant d'une vaste luminosité dès qu'il chante celle qu'il aime, la jeune héroïne de ses jours « aux cheveux légers comme un rire ». Nous pouvons parler d'un ensemble mouvementé et d'une immense richesse à laquelle nous souhaitons que l'on s'intéresse un jour avec la même ferveur que *Connaissance des hommes* qui lui a consacré plus d'un hommage.

Jean-Daniel Maublanc (1892-1964) fut à la fois un critique d'art, un historien littéraire de la chose rare (Jean de la Péruse, Guy de Tours, Xavier Forneret et les petits romantiques entre autres le passionnant) et le mécène de sa revue *la Pipe en écume* accueillante aux jeunes talents qu'il avait l'art de découvrir, et cela a fait oublier le poète harmonieux d'*Amaryllis,* 1924, et de rares recueils. Robert Kanters lui a rendu un fervent hommage, montrant ce fin lettré dédaignant sa propre œuvre pour élever des stèles à ses passions, Gérard de Nerval ou Pierre Louÿs, Laforgue ou Toulet, Mellin de Saint-Gelais ou Hégésippe Moreau. Ses recueils amoureux de ceux qu'il aimait comme *Almanach poétique 1942* ou l'anthologie *le Rouge et le noir* ont charmé une génération et son sens très sûr lui a fait saluer les René-Guy Cadou, René Lacôte, Louis Parrot, Louis Guillaume, René de Obaldia, Robert Kanters, tant d'autres en même temps qu'il fondait le Mouvement musical des Jeunes pour saluer tous les arts. Parmi ses amis, Albert Ginet fut un des plus ouverts au charme dans une poésie concise, lumineuse et plastique, solaire, exaltant sans cesse la beauté des corps et des formes : *Aux confins du silence et de la parole,* 1964, réunit ses plaquettes antérieures et il y a là, dans l'économie des mots, dans le dépouillement de la parole, des petites coupes de poésie très pure où passe la beauté grecque des torses et des visages.

Henri-Philippe Livet (1902-1941) est proche de Paul Valéry et des poètes de l'École fantaisiste à la fois. Cette conjugaison est heureuse car à l'harmonie et à la grâce répondent la mélancolie et le sourire doux-amer. Lire : *Palmes, Chants du prisme, Deucalion, l'Odeur du monde,* c'est se souvenir que les délicatesses symboliques se sont prolongées bien avant dans notre siècle. Nous plaçons auprès de lui Jacques Bour (né en 1905) qui traduisit Oscar Wilde, donna avec Louis Vaunois l'anthologie *les Poètes de la vie,* 1945, donna au théâtre *le Libertin,* 1964, et fut le poète d'*Amour terrestre,* 1944, *Rire à la brune,* 1946, selon Rousselot « d'un lyrisme tempéré, frais et piquant parfois »; Paul Vaillant-Couturier (1892-1937) et ses *Poésies,* 1938; Roger Belluc (né en 1899) dont le classicisme stylé, pur, élégant, est en même temps d'une grande rigueur : *l'Éclair et le temps,* 1950, *Mesures pour rien,* 1960, *Triptyque hellène,* 1960, sont d'un homme de sensibilité et de culture; Henri Allorge (1878-1938) proche des poètes symbolistes, puis s'inspirant de figures géométriques ou musicales comme le contrepoint « lingot pur du chant profond » et dont les œuvres sont *Poèmes de la solitude,* 1901, *la Splendeur douloureuse,* 1912, *Petits Poèmes électriques et scientifiques,* 1924, *l'Espoir obstiné,* 1929; Gérard Bize, poète de forme rigoureuse dans *la Flambée de Sainte-Lucie, Décalcomanie, Rumeur des ombres;* Marcel Beuret, auteur de *Gammes,* 1955, *Stèle pour Paul-Ambroise,* 1959, *Poèmes et proses pour Akernar,* 1962; souvent Beuret se livre à de subtils exercices sur un poète connu, Géraldy, Henri de Régnier ou Paul Valéry, avec une pointe critique d'extrême gentillesse tandis qu'ailleurs il a de la fantaisie souriante et des poèmes de haute volée :

> Ceux qui, debout dès l'aube, et fixant les nuées
> dont le ventre est luisant comme ceux des vaisseaux
> y lisent les derniers messages de la nuit.

Gaston Massat (1909-1966) a cette liberté d'allure que l'on trouve chez un Lorca par exemple, le sens du portrait qui est en même temps chant profond et familier et certains poèmes sont comme une danse en robe du dimanche :

> Lorsque Maria Cara
> les mains sur les hanches
> descend pour le bal
> lorsque Maria Cara
> forge un dimanche à coups d'aciers et de regards
> les filles les plus laides lui font une haie blanche
> de robes pauvres et de mouchoirs.

Gaston Massat a publié *Capitaine Superbe, la Source des jours, Poèmes,* et partout le quotidien y prend des airs de fête.

Avec Pierre Guéguen (1889-1965), nous trouvons un poète d'une race rare. Ce Breton aimant sa Bretagne fut un des meilleurs critiques de poésie dans l'avant-guerre aux *Nouvelles littéraires* et ses études sur Racine et Valéry disent ses goûts. Il a cherché son inspiration dans la science et il fait penser à maints poètes didactiques et mnémotechniques des siècles passés :

> Le Rayon X, clown saugrenu,
> Passant au rythme de cent mille
> Par les portes de notre argile
> Change en squelette Adonis nu.

Mais il n'est pas que ces jeux dans un ensemble savoureux, riche d'humour et de cocasserie, moderniste, avec des pointes précieuses et baroques, il est aussi un amoureux du sentiment de la nature, de la légende populaire et de la complainte bretonne. Homme de culture, il sait illustrer Pascal de notations bouffonnes et tendres, et mettre de l'harmonie jusque dans le saugrenu. Ses livres : *Jeux cosmiques,* 1929, *la Chasse au faon rose, le Bar des mots,* et un roman : *Arc-en-ciel sur la Domnonée.*

5

À la recherche de la poésie

Dans la marge d'œuvres en prose.

L A poésie n'a pas le poème pour unique demeure. Depuis le XVIIIe siècle des Rousseau, Diderot, Montesquieu, Buffon, Volney, Cousin de Graniville, Sade ou Restif de La Bretonne, depuis Chateaubriand, qui ne le sait? Dans notre siècle, des écrivains, pour des raisons de diffusion plus que de littérature, seront fort connus pour leurs œuvres romanesques, dramatiques ou critiques, et l'on aura tendance à oublier le contenu poétique de leur prose tout comme les poèmes qu'ils pourront écrire, et cela par cette singulière manie de la classification que nous avons.

Rappelons que l'André Gide des *Nourritures terrestres* publiées à la fin du XIXe siècle verra cette œuvre consacrée dans les années 20 et l'on oubliera quelque peu *les Poésies d'André Walter,* de 1892. Dans le précédent volume, nous avons pu rencontrer Henri Barbusse (1873-1935) plus connu pour *le Feu,* 1916, que pour ses poèmes des *Pleureuses,* 1895; le naturaliste académicien Goncourt Jean Ajalbert (1863-1947) poète sensible des banlieues de Paris; son confrère Joseph-Henri Rosny, dit Rosny aîné (1856-1940) un des premiers maîtres de la science-fiction et du fantastique auprès de qui se situent un Gustave Le Rouge (1867-1938) ou un Jean de La Hire dont l'imagination populaire est empreinte de poésie réelle; Jules Renard (1864-1910) et ses *Histoires naturelles,* 1894, maître de l'analogie et de la litote; Anatole France (1844-1924) et Paul Bourget (1852-1935) auteurs de livres de poèmes eux aussi; Marcel Schwob (1867-1905) et Remy de Gourmont (1858-1915) maîtres du poème en prose; Joris-Karl Huysmans (1848-1907) et son *Drageoir aux épices* de 1874; Jean Lorrain (1855-1906) et sa *Forêt bleue,* 1883; John-Antoine Nau (1860-1918) premier prix Goncourt, poète musicien de plusieurs recueils dont *En suivant les goélands,* 1904; Marcel Proust (1871-1922) dont l'œuvre romanesque efface les poèmes moyens contenus dans *les Plaisirs et les jours,* 1896; Maurice Barrès (1862-1923) dans la lignée de Chateaubriand et de Michelet chez qui la prose sait prendre de l'altitude et devenir authentiquement poème; enfin tant d'autres dont le temps de vie s'étend sur nos deux siècles.

Dans maints chapitres du présent volume apparaissent de célèbres romanciers comme Jules Romains, Georges Duhamel, François Mauriac, Francis Carco, Colette, Paul Morand, Henry de Montherlant qui, en prose, en versets ou en vers, atteignent les plus hautes régions. Une flânerie parmi d'autres romanciers, critiques, dramaturges s'impose.

Alain-Fournier ou la brume et la lumière.

Henri Alban Fournier, dit Alain-Fournier (1886-1914) un des premiers morts de la guerre de 1914, a respiré dès son adolescence, en compagnie de son ami Jacques Rivière (1886-1925) futur directeur de la N.R.F., moraliste, critique ardent à faire connaître Proust ou Joyce, correspondant d'Alain-Fournier, de Proust, de Claudel, les effluves du Symbolisme, celui d'Henri de Régnier et de Maeterlinck, a reçu l'influence féerique et réaliste d'un Francis Jammes et d'un Jules Laforgue surtout pour des poèmes qui seront réunis dans *Miracles,* 1924, tandis que les influences gidiennes et claudéliennes en lui se combattront. Appartenant à une génération éprise de spiritualité et d'idéal, il cherche l'intériorité : « Je veux montrer mon visage! Je veux atteindre, au milieu de la vie même, ce qui est le plus merveilleux de moi-même. » Ayant rencontré une jeune fille, sa Clara d'Ellébeuse à lui, et ne l'ayant plus jamais revue, elle lui inspire le célèbre *Grand Meaulnes,* 1913, le type même du roman poétique, sans cesse réédité, où la recherche des états d'âme prime sur l'intrigue romanesque. « Vous irez loin, Fournier », lui avait dit Charles Péguy. La guerre devait les faucher tous les deux. Les souvenirs d'enfance poétiquement transposés du *Grand Meaulnes,* avec leur mélange irréel et réel, leur atmosphère mystérieuse, atteignent à une poésie qui n'est pas un ornement, mais le cœur même du sujet. Jean Cassou pourra en dire : « Son livre, quelques phrases déchirantes des *Miracles,* voilà, avec les livres et le souvenir de Rilke, les analyses musicales de Proust et certains vers du grand tzigane Apollinaire, le plus cher trésor de notre temps, la réponse de notre temps aux mystérieux appels de Gérard de Nerval, de Baudelaire et de Rimbaud. » Alain-Fournier aura une postérité chez des écrivains tels que Robert Brasillach, Marcel Arland, beaucoup d'autres sensibles aux contrées étranges des paradis perdus que la campagne française évoque parfois et qui vivent en nous-mêmes.

La prose d'Alain-Fournier, à la fois aérienne et terrienne, rêveuse et réaliste, fait de chaque paragraphe un poème. Ses *Miracles* offrent des images en prose dont voici un trop court exemple :

> Nous avons trouvé ce bosquet désert avec de grands arceaux de fer tombés, vestiges d'une tonnelle. On découvrait une ville au loin qui fumait de pluie dans la vallée. Visages humains, qui regardiez derrière les fenêtres, que les heures étaient lentes à passer devant vous dans les rues, et monotones à vos oreilles la sonnerie régulière de l'eau dans le chenal – auprès de la soirée errante dans les avenues de notre réduit de feuillage! Nous nous sommes jeté de la pluie à la figure et nous

nous sommes grisés de son goût profond. Nous sommes montés dans les branches, jusqu'à mouiller nos têtes dans le grand lac du ciel agité par le vent. La plus haute branche, où nous étions assis, a craqué, et nous sommes tombés tous deux avec une cascade de feuilles et de rire, comme au printemps deux oiseaux empêtrés d'amour.

Ce ton est proche de celui du *Grand Meaulnes*. Mais les *Miracles* contiennent aussi des poèmes proches de ceux de Francis Jammes, comme ce *Conte du soleil et de la route* :

> — Un peu plus d'ombre sous les marronniers des places.
> Un peu plus de soleil sur la grande route lasse...
>
> Des noces passeront, aux « beaux jours » étouffants,
> sur la grand-route, au grand soleil, et sur deux rangs.
>
> De très longs cortèges de noces campagnardes
> avec des beaux habits dont tout le monde parle
>
> Et de petits enfants, dans la noce, effarés,
> auront de très petits « gros chagrins » ignorés...

Et toujours la jeune fille, celle de Nerval ou de Jammes, celle qui passe dans les tableaux impressionnistes, légère et ténue, comme en un rêve :

> J'irai à petits pas. Je tiendrai son ombrelle.
> Très doucement, je lui dirai « Mademoiselle »
>
> d'abord — Et puis, le soir, peut-être, j'oserai,
> si l'étape est très longue, et si le soir est frais,
> serrer si fort son bras, et lui dire si près,
> à perdre haleine, et sans chercher, des mots si vrais
> qu'elle en aura « ses » yeux mouillés — des mots si tendres
> qu'elle me répondra, sans que personne entende...

Alain-Fournier s'est abreuvé à la source d'enfance dans un mélange de ferveur, de mysticisme, de mélancolie et d'extase. Avec lui, la rusticité s'idéalise et au cœur même du réel il cherche un ailleurs, une évasion, un monde autre, celui des paradis songés et des domaines mystérieux aux confins de la mort et de la vie. L'importance du *Grand Meaulnes* a dépassé sa valeur même : ce roman put répondre aux tourments de la jeunesse, à son besoin d'irréel, des fêtes étranges, loin des banalités de la vie courante, là où les jeunes filles sortent de la féerie comme dans les romans bretons de jadis, là où tout est magie, dépaysement, limpidité. Le Cocteau des *Enfants terribles* y puisera ses images. Les poètes soucieux de se retremper dans la nature, comme un René-Guy Cadou se souviendront de lui :

> Ô vieilles pluies souvenez-vous d'Augustin Meaulnes
> Qui pénétrait en coup de vent
> Et comme un prince dans l'école
> A la limite des féeries et des marais...

Jean Giraudoux et ses images.

Jean Giraudoux (1882-1944), enjoué, intelligent, délicat, apportera à la scène, en un temps de lourdes pièces à thèse ou de vides pièces de boulevard, un renouveau de fantaisie poétique, de marivaudage intellectuel, d'idéalisme lucide, avec un charme jamais démenti. Il semble parfois que chaque phrase soit un poème, que chaque image appelle sans cesse d'autres images originales. Il aime les ornements et s'en amuse. Il amène l'idée en tressant autour d'elle des guirlandes amusées et savantes, et, singulièrement, auprès de cette joie de plume, de ces finesses de langage, de ces chatoiements de pensée, les caractères apparaissent graves et profonds, les êtres prennent chair avec un goût intense de la vie. Ce scintillement, ce foisonnement de nuances conviennent plus volontiers à son théâtre qu'à ses romans ou parfois l'essentiel des données humaines se perd. La scène lui permet d'aborder sans douleur les plus graves problèmes et de donner d'adorables échos aux préoccupations de son temps. Il est vrai qu'au romancier et au dramaturge s'ajoute un critique fin et efficace. Nul ne niera qu'une poésie toute neuve soit apparue dans *Siegfried*, 1928, *Amphytrion 38*, 1929, *la Guerre de Troie n'aura pas lieu*, 1935, *l'Impromptu de Paris*, 1937, *Ondine*, 1939, etc. Il est le pionnier d'une nouvelle aventure du langage. On pourra le juger précieux, déconcertant parce que d'une intelligence aiguë et d'un raffinement hors du commun. Or, il apporte ce fait rare : un écrivain qui prend plaisir à écrire. Comme le dit si bien Kléber Haedens, « en réalité, Jean Giraudoux écrit pour le plaisir, faisant éclore à son usage un univers qui l'enchante, inventant des complicités imprévues entre les fraîcheurs éparses d'un nouveau paradis sur la terre. Son univers est peuplé de jeunes filles, de fleurs et d'oiseaux... » Il apporte de la fantaisie, du bonheur, de la bonté souriante et l'on ne peut que l'aimer.

Parlera-t-on d'artifice, de jeu, de clinquant, de préciosité ? Certes, mais il faut ajouter l'imagination, le jaillissement, la spontanéité, la souplesse, la vitesse de la sensation, l'agilité de l'esprit, la vivacité de l'intelligence. Il est le contraire d'un naturaliste, d'un mystique, mais il est un réaliste de l'irréel, un puissant inventeur de mythes. Précieux, il l'est avec humour et auto-ironie. Ange acrobate, se fiant à une sorte de métaphysique du hasard, illusionniste, il ne se sépare jamais du bel aujourd'hui. Sans cesse il est poli avec le monde et courtois comme l'étaient Chrestien de Troyes ou Thibaud de Champagne. De la préciosité il a sa définition : « La préciosité, mal qui consiste à traiter les objets comme des humains, les humains comme s'ils étaient dieux et vierges, les dieux comme des chats et des belettes, mal que provoquent, non pas la vie dans les bibliothèques, mais les relations personnelles avec les saisons, les petits animaux, un excessif panthéisme et la politesse envers la Création. » Mais comme dit René Bray : « Au fait, elle (la préciosité) surgit de partout : de la nouveauté de l'image, de son caractère inattendu et du choc qu'elle provoque, du travail nécessaire de l'esprit occupé à saisir le rapport qu'elle établit, de la comparaison, de l'antithèse sous-jacente, de l'irréalité obtenue. » Cela suppose des prouesses d'écriture, des métaphores, des allégories, des gratuités pleines de plaisir, des jeux infinis. Cet extrait de *Suzanne et le Pacifique* donne une idée de ce qui est dans la prose poésie :

> La première, nous dit-elle, est toujours nue, la seconde harnachée d'orchidée, mais je ne les suis, hélas! que tour à tour. Comme ces héroïnes qui jouent à elles seules, au cinéma justement, le rôle de deux jumelles, ce n'est que par artifice qu'elles peuvent se rencontrer et se toucher, juste du doigt, à minuit, pour la relève. L'une est capable de tous les exploits, l'autre de toutes les bassesses. L'une est idolâtre, crédule; l'autre raisonne. L'une a tendance à engraisser, l'autre à maigrir. L'une marche sur la pointe des pieds, l'autre sur le talon, et elles ne laissent pas les mêmes traces dans l'île. L'une innocente, l'autre perverse, et leurs bouches ne laissent pas la même empreinte dans les fruits. L'une qui caresse les animaux au front, l'autre qui les flatte.

C'est dans ses romans qu'on trouve ses rares poèmes en vers. Ainsi dans *Suzanne et le Pacifique* ceci qui fait penser à Larbaud et à Apollinaire :

> Dans Londres, la grande ville,
> Il est un être plus seul
> Qu'un naufragé dans son île
> Et qu'un mort dans son linceul.
> Grand badaud, petit rentier.
> Jeanne, voilà son métier.
> A Douvres un original
> Tombe un jour dans le chenal.
> Il appelle au sauvetage.
> Il se cramponne au récif.
> Mais vers lui nul cœur ne nage...
> Adèle, ainsi meurt l'oisif.

Il dira « Le grand Chinois de Lancastre » ou « Le lord prévôt d'Édimbourg » pour faire entrer dans le couplet Cécile ou Irène comme l'auraient fait les fantaisistes avec la même liberté désinvolte avant de conclure :

> Qu'as-tu vu dans ton exil?
> Disait à Spencer sa femme,
> A Rome, à Vienne, à Pergame,
> A Calcutta? Rien!... fit-il...
> Veux-tu découvrir le monde?
> Ferme tes yeux, Rosemonde.

Alexandre Arnoux l'enchanteur.

Voilà bien un poète méconnu, non pas que les honneurs lui aient manqué du Prix national des lettres à l'académie Goncourt, mais parce que son caractère, sa modestie l'ont toujours mis en retrait. Alexandre Arnoux (1884-1973) avant d'être auteur dramatique, essayiste, narrateur, romancier, fut le poète de *l'Allée des mortes,* 1906, *Au grand vent,* 1909. Au cours d'un long entracte, il publiera les poèmes de Voiture, donnera des peintures poétiques du monde urbain, des récits d'une parfaite justesse psychologique comme *le Cabaret*, 1919, livre de la guerre, et encore *Écoute s'il pleut*, 1923, le *Chiffre*, 1927, *Algorithme*, 1948. Il sait discipliner son imagination avec la rigueur d'un homme obsédé par la science et l'harmonie féerique d'un amoureux de la musique. Clouard peut écrire : « Arnoux écrit la langue la plus adroite, la plus brillante d'éclat pur, la plus prestidigitatrice de notre temps. » La poésie l'amène à tracer la biographie de Merlin ou de Tristan Corbière et à faire revivre à la scène *Huon de Bordeaux*, 1923, en magicien des mots. Il adaptera *l'Amour des trois oranges*, 1947, dix ans après son délicieux récit *le Rossignol napolitain*, 1937. Il n'oubliera cependant pas la poésie comme en témoignent ses *CVII Quatrains* ou ses *Petits Poèmes*, 1954. Au contenu poétique d'une œuvre en prose riche de sortilèges, s'ajoutent donc des poèmes modernistes comme cette *Ballade de Lullo-Mîr* qui fait penser à un nouveau « bateau ivre » :

> J'ai croisé longtemps autour de la lune
> Sur un fin voilier armé pour la chasse,
> (Mille cacatois perchent dans la hune),
> L'étrave taillait dans l'hyperespace.
>
> Au coupant luisait l'Étoile Polaire
> Que le mousse avait décrochée à l'Ourse;
> Vénus rougeoyait au fanal arrière,
> J'avais cinq écus de plomb dans ma bourse.
>
> Les filins tressés dans les cheveux d'Ève,
> Le grand mât taillé dans l'arbre de Science,
> Les voiles couleur d'entre-veille-et-rêve,
> Le cellier garni de vieux vin de France;
>
> Les hommes poussaient jusqu'à mort d'haleine
> La chanson sans fin d'une seule note;
> Comme un violon ronflait la carène;
> Nous avions le Juif Errant pour pilote;
>
> Et notre Sans-Fil plongeait outre-monde,
> Outre-temps dans la matrice des forces;
> Quand je m'accordais à sa longueur d'onde,
> Firdouzi passait un poème en Morse...

Il aime tracer des *Flammes dansantes* où apparaissent les héros des contes de fées, ceux des romans d'aventure, ceux des vieilles chansons, marier les trois mages et Sinbad-le-Marin, chercher dans ses mille enfances tout ce qui les charma avec une fantaisie colorée, une verve voyageuse constantes :

> Un bandit nourri de Virgile
> M'a donné jadis son manteau,
> Odeur balsamique de l'île
> Et hircine du bruccio.
>
> La prairie et la gare en briques,
> Pour signal le cri du choucas;
> Le rapide des Amériques
> N'a jamais atteint Arkansas.

> Œil de Scops et Vol-d'Alouette,
> Pied-d'Outarde et Taon-du-Bétail,
> Mes bons amis des nuits de guette,
> Le rifle au poing, l'oreille au rail...

Tout au début du siècle, Alexandre Arnoux jetait des enchantements originaux. La plupart des anthologies l'oublièrent et nous avons plaisir à rendre justice à un poète qui vécut en poète, dans l'oubli complet de lui-même et mourut dans un dénuement fier et silencieux.

Francis de Miomandre et la grâce sensible.

Comme Alain-Fournier, Giraudoux et Arnoux, Francis Durand, dit Francis de Miomandre (1880-1959) n'a rien en lui qui pèse ou qui pose. Surtout auteur d'une trentaine de romans de qualité dont le prix Goncourt 1908 *Écrit sur l'eau,* il y dispense une fantaisie gracieuse et raffinée; il a le sens de l'observation amusée, une sensibilité poussée à l'extrême, un sens du fantastique, et propose un humour discret ou une ironie parfois incisive. Il avait débuté par des poèmes, *les Reflets et souvenirs,* 1904, et il publiera *Humoresques* en 1943, mais il apparaît plus parfaitement poète dans des proses où il se sent plus à l'aise que dans ses vers. Ainsi, trouve-t-on dans *Samsara,* 1930, un parfait poème en prose que retint Maurice Chapelan pour son anthologie du genre et dont nous citons le début :

> Le dahlia, l'écho, la rame, la pâleur des reines en exil au pays des détritus, les mots qu'on ne peut répéter tout entier faute de voix et dont le reste se dissout dans les profondeurs de l'âme, les bateaux égarés au milieu du lac quand le promeneur s'est évanoui sur son banc en pensant à son amie perdue, le dahlia, l'écho, la rame, l'exil, l'impuissance, la mort, les rêves qui s'effacent dans l'absurdité du réveil, les forces vaines, l'amour méprisé, paroles en l'air, vagues en écume, le dahlia, l'écho, la rame, le dahlia, l'écho, la rame.

Traducteur de Gongora et de nombreux poètes d'Amérique latine, cet homme lettré dispensa dans ses romans une grâce imaginative qui savait prendre ses sources dans la vie réelle. Pour la poésie il faut surtout lire *Samsara* qu'il dédia à Jules Supervielle : c'est le livre d'incessantes métamorphoses de la nature des hommes, des bêtes et des plantes, une merveilleuse cristallisation de la vie et des apparences, un « ballet incohérent » entre rêve et réalité, une ronde incessante et un chant incantatoire qui touche parfois au surréalisme. René Lalou pourra faire de Miomandre « un digne héritier de Gérard de Nerval » sans se tromper et dire à propos de « l'arabesque amoureuse et marine » d'*Otarie,* 1933 : « Les acteurs de ce conte féerique se groupent comme des motifs musicaux et ce sont nos plus secrètes aspirations que Miomandre entrelace dans ce contrepoint avec l'infinie souplesse du rêve. Par l'abondance et la délicatesse des inventions, *Otarie* supporte la comparaison avec les nostalgiques chefs-d'œuvre du romantisme allemand. » Il est vrai que Francis de Miomandre appartenait à une génération de romanciers touchés par l'aile de la poésie.

Les Couleurs violentes de t'Serstevens.

Belge naturalisé français, Albert t'Serstevens (1885-1974) est connu comme l'auteur de récits de voyages comme *le Vagabond sentimental*, 1923, ou les « itinéraires » portugais ou espagnol, et de romans à l'imagination puissante, au style chaleureux contant les aventures de flibustiers, de gens de sac et de corde, d'aventuriers en tous temps et en tous lieux. Il sait aussi manier la satire et faire œuvre d'essayiste et de moraliste. Vigoureux, cocasse, coloré comme un fauve, extravagant, intelligent, il écrit avec netteté et sait s'éloigner des conventions du récit de voyage pour chercher avec quelque pessimisme « l'amère poésie de l'homme d'aujourd'hui ». Moins connus que *les Corsaires du Roi*, 1930, *l'Or du Cristobal*, 1936, les *Poèmes en prose*, 1911, se placent volontiers sous le signe de la musique romantique et il excelle à entonner des accords wagnériens qui conviennent à son tempérament. Ici domine la sensualité :

> Entre! ma belle et noble bête, ma fardée, ma luxurieuse! que je m'incruste à ton cher corps, que je m'annihile dans ton ventre! Tu existes, tu es, tes formes sont grasses et remuent sous mes doigts; je te tiens, je te respire, j'avale, en sueur, ta chair chaude, je renifle ta peau en parfums; et les vibrations de mes désirs répondent comme les cordes d'une lyre aux attouchements de tes mains.
> Et puis, avec toi et sur toi, m'évaporer dans l'infini, m'infiltrer dans l'absolu, atteindre les bornes de l'incommensurable, m'endormir dans un néant sans réveil, même en un autre monde, m'incorporer au silence, à la nuit, à l'éther, à l'abstraction, ne plus être!

Il sait aussi tracer des luxuriances baroques et baudelairiennes comme dans cet autre extrait :

> On se passait de main en main un étrange bijou d'or et de jade dont la sertissure figurait des guivres exilés, aux ailes d'émail vert; la taille, subtilement, d'un lapidaire industrieux, donnait à la table de la gemme une bordure de facettes.
> Une dame, aux épaules dormeuses et grassement sensuelles, se plut à le poser entre ses seins : il luisait là, très faiblement, comme un clair de lune dans un vallon aux courbes apaisées.
> L'artificiel de sa pose et son sourire à peine espoir, comme aussi l'audacieuse impudeur de sa gorge fardée et de ses lèvres nues, seyaient à merveille aux entrelacs savants, d'une allure Renaissance de ses bandeaux calamistrés. Maintes non-pareilles y serpentaient et des réseaux de perles sinuaient sous les remous dorés de sa chevelure.

Le Fantastique social de Pierre Mac Orlan.

Le voyage, les ports aux décors de brume, les bouges, les rues, la poésie d'un monde en gris et en noir, c'est Pierre Dumarchais, dit Pierre Mac Orlan (1882-1970), le maître du fantastique social dont la verve drolatique, le réalisme, le goût du surnaturel dans ses œuvres romanesques ont, selon Jean Rousselot, « les couleurs, le parfum, le mouvement souterrain de la poésie ». Ses débuts difficiles, sa jeunesse ardente, ses fréquentations des milieux d'avant-garde : Picasso, Apollinaire, Max Jacob, Salmon, ses amitiés montmartroises de Roland Dorgelès à Francis Carco, sa vie aventureuse, son amour d'un Paris coloré et tendre ont aussi nourri une œuvre abondante et riche de diversité. Il fut peintre, chansonnier, poète. Et aussi personnage de légende : ceux qui l'ont connu n'oublieront pas son béret à pompon, ses knickerbockers du trimard, son gros pull-over et sa bouffarde, son chien et son accordéon dont il accompagnait ses goualantes avec une gentillesse malicieuse. Mais derrière cela, il y avait les années de misère et de faim, un monde gris des fantômes de la jeunesse, hors-la-loi et désespérés, filles perdues aux amants tatoués, romanichels, êtres en marge, de la truculence certes, mais aussi les échos de secrètes angoisses que ni la renommée, ni l'académie Goncourt ne pouvaient effacer.

Nous ne citerons ici qu'une partie de l'œuvre en prose. Certains titres sont significatifs de cette « civilisation de minuit » qui est chère à Mac Orlan : *Marguerite de la Nuit, les Jeux du Demi-Jour, Nuits aux bouges, la Tradition de minuit*, d'autres disent l'aventure insolite comme *le Quai des Brumes, le Chant de l'équipage, la Bandera, le Nègre Léonard et Maître Jean Mullin, la Clique du café Brebis, la Cavalière Elsa, les Pirates de l'avenue du Rhum*, etc., ou le voyage comme *Images sur la Tamise, Brest, Montmartre*, etc. Dans *Masques sur mesure,* la préface étudie le fantastique social, dans *le Petit Manuel du parfait aventurier* sont dévoilés les ressorts de l'imagination romanesque. Il faut lire encore *le Chant de l'équipage,* les contes de terreur et de pitié de *la Chronique des temps désespérés, le Rire jaune* qui parodie le Wells de *la Guerre des Mondes,* l'anticipation de *la Vénus internationale...* mais venons-en aux poèmes.

L'œuvre poétique de Pierre Mac Orlan se compose de poèmes en vers, de poèmes en prose, de chansons. Ses *Œuvres poétiques complètes,* 1929 puis 1969 (par les soins de Gilbert Sigaux) comprennent *l'Inflation sentimentale,* 1922, *Simone de Montmartre,* 1924, *Boutiques,* 1925, *Fêtes foraines,* 1926, *Quelques Films sentimentaux, Père Barbançon,* 1946, *Chanson de charme pour faux-nez,* 1950, *Chansons pour accordéon,* 1953, *Poésies documentaires complètes,* 1954. Dans la préface de l'édition de 1969 complétée par des inédits, Gilbert Sigaux écrit à propos des poèmes : « A la limite, il est permis d'affirmer que tout Mac Orlan est contenu dans ces pages. Sensations, images, esquisses, visages, noms, — et la musique la plus profonde, celle qui module l'inexprimable personnalité d'un homme, d'un écrivain : tout ici naît, se croise, se ramasse, est dit; on retrouve dans ces poèmes et dans ces chansons la figure, l'ombre ou la trace des romans, des nouvelles et des chroniques. Mac Orlan est d'abord un poète. » En poésie, il propose donc, plus qu'un complément à son œuvre en prose, une interprétation plus directement poétique de ses thèmes essentiels qui sont liés intimement à sa vie, à sa route, à ses itinéraires, les poèmes devenant « documentaires », les chansons de véritables « mémoires ». Dans les poèmes libérés de *Simone de Montmartre, l'Inflation sentimentale, Boutiques...* on trouve avant tout des lieux et des personnages. Ici *la Boucherie, la Triperie, la Fruiterie* ou *les Couleurs et Vernis* : chaque boutique a son poème et aussi ces êtres qui le ravissent : *le Bougnat, le Coiffeur, le Dentiste, le Bouquiniste, le Bouif, le Marchand de ballons* :

— « Votre commerce, ô marchand de ballons, est-il de ceux qu'on doit envier ?
— « Non, Monsieur, depuis que l'aviation est sortie de son domaine expérimental pour devenir une réalité, les enfants méprisent les moins lourds que l'air. Désormais, je vais remplacer mes sphériques en baudruche par des plus lourds que l'air. »
Depuis j'ai rencontré le marchand de ballons. Au bout de sa perche, des potirons, des tomates, peut-être un jambon étaient accrochés. Il avait également troqué son ancien nom contre celui plus avantageux de « Mât de Cocagne ». Il « fait » les fêtes de la banlieue.

Ses vers sont proches de ceux d'Apollinaire, celui de *Zone* par exemple, on le voit dans *la Vénus internationale* ou dans certains poèmes de Paris :

Tel était Paris avec sa grande tour où, chaque nuit, crépite la chevelure bleue de la T.S.F.
   et ses étincelles qui laissent sur le mur de la nuit
   des traces d'allumettes chimiques ;
   avec ses vieux meubles en pierre de taille,
   ses parapets où les suicidés bleus et roses
   font des rétablissements sur les poignets
   et ratent leur numéro ;
   avec son grand cirque où le public descend sur la piste,
   où les femmes, folles de l'odeur des chevaux,
   jaillissent du Moulin-Rouge
   comme les grains d'une grenade aux muqueuses amarante.

On lira encore de longues strophes nerveuses où se rencontrent les personnages les plus anachroniques, « la reine Dactylo », des trouvères comme Colin de Cayeux ou Jean d'Arras, Cartouche ou Agrippa d'Aubigné dans un délire verbal résolument moderniste.

S'il peint le monde de Montmartre, ce n'est pas en employant la mélodie aigre-douce de son ami Carco, mais avec un style heurté, moins harmonieux et plus fort, moins attendu aussi que celui du poète de *la Bohème et mon cœur*. On pense parfois à Cendrars lorsqu'il écrit :

   Les mains enfoncées dans leurs poches,
      jouant négligemment avec le browning rouillé par la sueur,
   Léon et Georges ont traversé
   les gaz multicolores de la fête de Montmartre.

Parfois bouffe comme sait l'être Max Jacob, cachant ses attendrissements, dépassant sa propre bohème pour atteindre des fulgurances imprévues, Pierre Mac Orlan, poète d'avant-garde, lorsqu'il discipline ses vers, ne perd rien de son sens des couleurs :

      Les compagnons, leurs compagnes assises
      Devant les tapis-francs et les églises ;
      La double haie des polissons bêlants,
      Des malfaisants en blouse bleu d'Auvergne

> Le foulard rouge à la pomme d'Adam
> Près de la rue de la Vieille Lanterne
> Offr'nt à la Rousse un pante agonisant.

Chansons de trimard, de soldats, pour accordéon ne se distinguent de ses poèmes que par un plus grand nombre d'ellisions. Il devient alors un chansonnier de bonne race, celle des Rictus et des Bruant :

> Le long des fortifs devant le bastion
> On s'était groupé comme des fantômes
> Les moufflett's chialaient un peu sans raison
> Car à cet âg'-là on n'sait rien d'un homme.
> Le grand bâtiment plus noir que mon cœur
> Comme une prison s'dressait dans la sorgue
> C'était on peut l'dire aussi enchanteur
> Que d'aller casser la croûte à la Morgue.

Dans ses poèmes, le peintre Mac Orlan demeure avec son monde où le fard devient chose naturelle, où le monde des villes et des hommes a quelque chose de déchirant tant le regard est vaste et analytique. Là où l'on ne pourrait voir que poésie de verve, on découvre une intelligence sensible, une humanité tendre et qui ne veut pas s'en faire accroire, une angoisse qui se dissimule derrière la beauté, celle qu'on trouve jusque dans ce qui paraît son contraire.

Les Grandes Géorgiques provençales : Bosco et Giono.

Lorsque le philosophe Gaston Bachelard veut illustrer ses essais de poétique des éléments, Henri Bosco (1888-1976) lui apporte ses plus sûres images. Ses plus belles pages de prose sont inspirées par la Provence, de *l'Ane culotte* à *Malicroix* en passant par *le Mas Théotime* où tout est poésie inspirée par la terre, l'eau, le feu, par les croyances ancestrales, l'âme enfantine, les mythes et les légendes qu'il aborde avec une ferveur mystique. Il y a dans ses romans des paragraphes entiers qui sont de véritables poèmes en prose avec ce que cela suppose de rythme et de contention. On a oublié qu'il fut poète en vers chantant la terre marocaine où il a vécu dans *Des sables à la mer* ou bien rejoignant un ésotérisme nervalien des plus classiques dans *le Roseau et la Source* :

> Ceux qui passent furtivement comme des Ombres,
> Nocturnes visiteurs du Temple enseveli,
> Cachent sous leur manteau la Parole et le Nombre
> Qui tireront un jour le Soleil de l'oubli.
>
> Ils ont bâti leur rêve où fut le sanctuaire
> Des lampes, des flambeaux, des rayons et des feux,
> Et ils ont mis le dieu qui leur dit de se taire
> Silencieusement devant les autres dieux.

Plus proches de ses romans sont certains poèmes en vers libres où se retrouvent l'empire des eaux ou le mythe des taureaux qui lui est cher :

> Les vents qui montent de la mer
> couronnent le printemps et cinglent
> les flancs impétueux des buffles
> et des cavales.
>
> Sur toute l'étendue du monde
> flotte l'odeur des bœufs sauvages.
> Deux grandes métairies affrontent
> la solitude.
>
> Brutalement par groupes sombres
> à travers les roseaux des îles
> les taureaux chassés par la pluie
> passent le fleuve.

Amoureux lyrique d'une Provence inspiratrice, brûlante et parfumée, il l'est comme Jean Giono (1895-1970) romancier exceptionnel à l'écoute des Grecs ou de Virgile et poète panique à la recherche des « vraies richesses ». L'auteur de tant de chefs-d'œuvre, dans la partie de son œuvre avant 1947, comme la *Trilogie de Pan* (*Colline*, 1926, *Un de Baumugnes*, 1929, *Regain*, 1930) avait débuté à la revue *la Criée* auprès d'Émile Ripert, de Marcel Brion et de son grand ami Lucien Jacques. Il faut rappeler ses débuts de poète avec *Jeux ou la naumachie* ou *Accompagnés de la flûte* et glaner ses poèmes en vers parmi sa prose comme cette image du potier digne de l'anthologie :

> Ce n'est pas autant l'argile
> C'est le doigt.
> Ce qui compte dans un vase,
> C'est le vide du milieu.

Dès sa première œuvre, *Naissance de l'Odyssée*, 1930, il offre une prose si belle, pleine, imagée, qu'on peut parler de poème :

> Le chemin, comme une trace de couleuvre, déroulait ses anneaux au milieu de l'oseraie. Il faisait chaud : dans l'air visqueux, des touffes de mouches dessinaient les molles ondulations de leur danse nuptiale. Ulysse aspirait goulûment des flocons de vent tiède, espérant une vaine fraîcheur. On entendait gronder le fleuve sous son pelage de bélier.
> Le rideau flexible des joncs s'ouvrit sur une étroite plaine qui mimait la chair liquide de la mer. Des vagues de froment brisaient contre le flanc rugueux de la montagne où l'écume des oliviers grésillait; dans ces calanques ombrées et profondes dormait le flot étale des prés. Une bastidette à forme de nef était à l'ancre sur un champ de trèfle. Ainsi, sous le visage de la terre, Ulysse trouvait toujours les traits aimés de la mer.

Il faut lire les romans de Jean Giono pour s'apercevoir qu'auprès de cet exemple poétique, il en est cent et cent autres tout aussi beaux. Son sens épique de la vie élémentaire, sa rusticité réinventée, son panthéisme solide, ses idylles mythiques, par-delà un lyrisme parfois déclamatoire, savent bouleverser le lecteur. Ses drames comme *le Bout de la route* sont encore de rugueux poèmes. On oubliera un didactisme quelque peu simpliste lorsqu'un flot lyrique, touffu, grondant comme un torrent nous emportera car la symphonie rustique de Giono a la majesté et l'ampleur de l'épopée qui est à la source du poème.

L'Audace tranquille de Marcel Arland.

Marcel Arland (né en 1899) après avoir flirté avec le Dadaïsme et fondé avec Crevel et Vitrac la revue *Aventure* collabora à la N.R.F. aux destinées de laquelle il devait présider durant un demi-siècle avec de hautes collaborations. Romancier, nouvelliste, critique, prix Goncourt 1929 avec *l'Ordre,* académicien français, auteur entre autres d'une *Anthologie de la poésie française,* sa langue précise, sa finesse psychologique, sa culture, son goût, son sens des nuances sont bien connus. Il sait, avec audace et discrétion, montrer des vies intérieures dissimulées sous des apparences quotidiennes. Il a le sens de la nature et de la vie rurale, et l'on pourrait glaner dans sa prose la matière de véritables poèmes. Des poèmes, il en écrivit fort discrètement encore comme cet *Arbre* glané dans la revue *Aventure* :

> Nos attentes ont pressé et fouillé les soirs comme de noires grenades d'où tombait une ivresse triste. Cerné par des yeux électriques et perspicaces, l'affolement léger du désir s'épanchait à rectifier un faux-col. Un attendrissement que nous voulions ironique guettait le miracle quotidien de la prestigieuse silhouette. Léguant au monde le regret d'un suprême intérêt, leur abord un peu contraint exalte en nous la savoureuse jalousie de n'être point les uniques merveilles. Un chantonnement toujours nouveau des prénoms éteint les gloires et les soucis. Exhaussés jusqu'à l'accueil seul d'une bouche capricieuse, nos cœurs ont oublié les étoiles d'enfance, figées et mortes de notre négligence. Bustes écartés pour une ingénue contemplation, mais jambes encore pressées et s'affirmant l'étonnante présence, voici que chaque couple est le tronc nécessaire bifurqué en deux curiosités sentimentales.

Et voilà un de ses délicieux et peu connus, sinon inconnus, poèmes en vers :

> Jésus m'est apparu aussi
> Il pêchait avec Joseph d'Arimatie
> En Galilée
> — Mon cher seigneur, j'ai le cœur gros
> — C'est que tu t'es levé trop tôt
> Or trois mille galères northmannes
> S'en allaient vers les temps nouveaux
> Offrant clouées à leur bec d'aigle
> Des sirènes tendres et mortes comme mannequins de cire
> — Seigneur ne faites pas le plaisantin
>   Sirènes et mannequins
>   Romances lassantes enfin
>   Et vous Seigneur et vous
> — Le temps nouveau, dit la bergère, c'est le printemps
> Jésus sur un mirliton
> Jouait tristement des cavatines.

De Marcel Arland, on pouvait lire dans l'anthologie Kra de 1924 cette appréciation qui vaut toujours aujourd'hui : « Dans un style acéré et dépouillé Marcel Arland développe un très fin sentiment poétique. Son allure ardente et grave explore précieusement les recoins de la vie intérieure : déjà son goût se précise pour ce trouble et ce recueillement... Son inquiète lucidité, quelquefois grinçante de rage et de volonté, dégage le parfum de la ferveur. » Nos lignes ici ne sont qu'un hommage amical, c'est bien entendu, l'œuvre en prose d'Arland qu'il faut lire.

André Dhôtel ou la simplicité.

Et André Dhôtel ? Il est, selon Henri Thomas, d'une « redoutable simplicité » et Patrick Reumaux préfaçant *la Vie passagère,* 1978, de son aîné dit : « Ces poèmes, pour moi, sont analogues à la montée des barbeaux ou des chevesnes vers la lumière. Rien de plus simple. » André Dhôtel (né en 1900) est l'auteur d'un *Jean Follain* dont il n'est pas éloigné. Lorsque dans ses romans il narre des intrigues proches des légendes des Ardennes (le pays de Rimbaud à qui il consacrera maintes études), lorsqu'il dit *Le pays où l'on n'arrive jamais,* 1955, il sait donner à sa prose une sorte de halo poétique, de vague qui doit plus au Surréalisme qu'au Symbolisme, un air de féerie né d'un réalisme de la description minutieuse. Il a le sens du sortilège naturel, des rapports de l'homme avec un univers aussi secret que lui-même, en bref il a son monde à lui, mystérieux, fantastique, exploratoire, et sans rien de conventionnel, sans rien de compliqué comme s'il était normal que les choses fussent ainsi qu'il les voit. En état d'accueil, il fait corps avec elles et transmet au lecteur son apaisement émerveillé. Ses personnages entrent sans heurts dans l'ordre de la vie, le bonheur est en eux, à eux de l'extraire. Il rendrait le lecteur un peu meilleur qu'il n'imaginerait l'être tout en le conduisant à d'intimes interrogations. Écoutons ce poème du grand âge :

> Saint chevreuil,
> sainte mousse des bois,
> saints champignons qu'y pouvons-nous ?
> Les chênes de l'aube rougeoient.
> Pourquoi est-il cette heure-là et pas une autre ?
>
> Soleil, dévore le jour
> écureuils pleurez
> noisetiers chantez
> tout aura été de toutes manières
> dans le moment de la rosée et du brasier.
> Mais on ne saura pas pourquoi
> cela devait se passer.

Plus de cinquante ans avant ce poème, il montrait son art poétique dans *le Petit Livre clair,* 1927, et dans les numéros d'*Aventure* auprès de ses amis Arland, Limbour, Vitrac, Jacques Baron et d'autres, et ces vers extraits d'un poème montrent qu'il a su rester fidèle à lui-même :

> Nous n'irons plus au bois
> Les lauriers sont coupés
> Sous les frondaisons chaudes et éteintes

> Nous ne glisserons plus, penchées,
> Vers les muguets doucement sonores à notre cœur
> Filles des hameaux sous le lierre
> En sautant vers la lisière du bois
> Plus ne tendrez vos jarrets dorés.

André Suarès ou le bouillonnement.

Qui sait si la variété même de ses dons (il est l'auteur de quelque soixante-quinze livres : critique, musicologie, morale, histoire, essai, voyage, correspondance, drame, poésie, esthétique, etc.) n'a pas joué quelque mauvais tour devant la postérité à l'auteur du *Voyage du condottiere,* André-Yves Scantrel, dit André Suarès (1868-1948)? Son bouillonnement, sa vivacité et son éclat de style, son trop-plein d'éloquence, sa philosophie complexe et étrange se retrouvent dans ses livres de poèmes, et il en a beaucoup écrit bien qu'ils paraissent perdus dans le flot d'une œuvre vaste. Vers 1914, sa renommée était aussi haute que celle de ses amis Gide et Claudel, Romain Rolland et Péguy. Il admira Wagner et Nietzsche, se tourna vers la Grèce, l'hindouisme, eut ce rêve hugolien du mage, du prophète, du voyant. Il ne se voulut que poème et son œuvre entier est essentiellement poétique. Il a écrit sur Verlaine, Nerval, Baudelaire comme sur Shakespeare, Goethe, Tolstoï, Debussy, Ibsen, Racine, Pascal, etc. avec un constant souci de grandeur et d'approfondissement. Les recueils de poèmes sont *Airs,* 1900, *Lais et Sônes,* 1909, *Poème du temps qui meurt,* 1929, *Rêves de l'ombre,* 1937, *Antiennes du paraclet,* 1976. Yves-Alain Favre qui a étudié sa création poétique rappelle le portrait de lui-même que Suarès fit à la demande d'un Japonais : « A écrit un grand nombre de poèmes et de drames. Tous ses livres, même ceux où l'on croit voir de la critique, sont des poèmes. Poète et musicien avant tout. » Il s'attacha en effet à créer une fusion de la poésie et de la musique, écrivant sonates, lieder, préludes, cantates, etc. et empruntant à la musique son vocabulaire : pianissimo, staccato, allegro, andantino, et Favre rappelle sa définition : « La poésie est une pensée, offerte par la forme et par la musique rendue sensible au cœur. » Il ne refuse aucune forme. Il n'imagine pas le poète autrement que rebelle et hérésiarque, mais pour lui : « La vraie poésie enferme et contient tout, depuis la raison la plus austère jusqu'à la plus folle fantaisie. » Il ne la voit pas autrement que métaphysique et, pour lui, le poète créateur « vit dans une ascension qui ne finit jamais ». Yves-Alain Favre écrit justement : « En fin de compte la création de l'œuvre d'art ne vise qu'à créer le poète lui-même. » Suarès l'a noté : « Le vrai poète est une création continuelle : pour commencer, il se crée et se recrée continuellement lui-même. » Il faut pour trouver une réponse à ses ambitions théoriques s'attacher à l'ensemble d'une œuvre dont une bonne partie est encore inédite. Si pour lui la poésie est « ce défi passionné de vivre éternellement », ses poèmes seuls ne suffiraient sans doute pas à répondre à cet orgueil prométhéen quelle que soit leur bonne qualité d'ailleurs comme en témoigne cette *Sphère du poète :*

> Soit qu'il nomme l'amour ou bien la poésie,
> C'est la même ferveur avec le même accent;
> C'est le même parfum aux mêmes fleurs de sang
> Que porte l'arbre unique où le rêve est la vie.
>
> Ô temps, ô vierge espace à jamais innocent
> Que d'un trait créateur décrit la fantaisie!
> L'amour qui tout embrasse est ta face saisie,
> Et le chant de ton esprit, tout l'univers pensant.
>
> L'harmonie en suspens après toi seul soupire;
> Tout ordre est fonction de ce sage délire
> Qui possède le monde en couvant l'idéal :
>
> Puisque le temps s'apprête à fêter ta venue,
> Poète pur et nu, arc-en-ciel triomphal,
> Viens donner ton sourire éternel à la nue.

Ses sonnets ne feront pas oublier *les Chimères*. Il aime l'ampleur, la luxuriance, la pensée hautaine mais n'échappe que difficilement à certaines conventions et ne sait pas faire oublier un travail de versificateur trop apparent, trop appliqué qui apporte une certaine gêne quand il ne sombre pas dans une rhétorique facile. Il est plus à l'aise dès qu'il se libère d'une prosodie qu'il domine mal, ainsi dans ce *Lai des larmes* :

> Ô pleurs, ô perles nues
> Qu'on n'a point enchâssées,
>
> Ô très douces pensées
> D'elles-mêmes inconnues!
>
> Du cœur plein jusqu'aux bords
> Une à une elles tombent,
>
> Elles cherchent leur tombe,
> Les chères lèvres d'or
> Qui les ont fait verser
> Et ne les ont pas bues,
>
> Ô larmes, perles nues.

Ses *Antiennes du paraclet* écrites dans les dernières années de sa vie affirment plus de force. Ce sont les poèmes du grand âge venu qui voit mieux la souffrance humaine, l'approche de la mort, les déceptions de l'idéal, mais où de la blessure peut naître la fleur vive, où la présence biblique « montre le ciel du doigt ». Il sait y faire régner une grâce soudaine, une sensualité religieuse avec délices comme dans cette *Antienne de Matines* :

> La Grâce n'a pas d'Hiver
> Le coucou dit au pivert
> Quand l'aurore de mai chante
> Je suis dans la feuille écoute
> Celle dont l'arbre s'enchante

> Vient en parfum sur la route
> Dans sa robe de satin
> La tubéreuse s'éteint
> A l'approche du matin
> La bien-aimée innocente
> Fait éclore sur la sente
> Le pur encens du matin.

André Suarès, avec son esthétisme exigeant et exacerbé, son ascétisme quasi mystique, son sens de la méditation et de la grandeur, occupe dans la littérature française une place peu définissable; tentant de rejoindre les plus grands, ceux qu'il admire, se trouvant comme un poète maudit en proie à l'incompréhension, on ne peut le considérer que dans le vaste ensemble de l'œuvre et la plus ample poésie se trouve plus volontiers dans ses visions que dans l'imagerie allégorique des poèmes, dans sa prose rythmée ou ses vers libres, dans ses drames que dans de trop laborieuses compositions versifiées.

Paul Morand, « l'homme pressé ».

L'œuvre poétique de Paul Morand (1888-1976), académicien français, ambassadeur de France, se situe à peu près entre 1914 et 1928. Comme l'écrit Michel Décaudin : « Ils ne semblent pas peser, ces poèmes, en regard des quelque quatre-vingts volumes de romans, nouvelles, récits, essais et chroniques publiés par Paul Morand en un bon demi-siècle : deux recueils, *Lampes à arc* en 1919, *Feuilles de température* en 1920, qui, complétés par les *Vingt-Cinq Poèmes sans oiseaux,* forment l'ensemble des *Poèmes* de 1924; les " photographies lyriques " d'*USA-1927* en 1928... »

Dès les premiers poèmes, comme chez Walt Whitman, bien des noms de lieux : Ravenne, Saint-Sébastien, Gibraltar, Hendaye, Tolède, Barcelone, Rome, Londres, Charing-Cross, la Floride, et des images à faire rêver aux wagons-lits et aux grands paquebots dans la tradition des poètes du cosmopolitisme et du voyage, Larbaud, Bataille, Levet, Cendrars, et aussi Ségalen et Perse. On n'est pas éloigné des thèmes de sa prose, du Londres des *Tendres Stocks,* 1921, à ses *Venises,* 1971, cinquante ans plus tard, en passant par *Ouvert la nuit,* 1922, *Fermé la nuit,* 1923, et tant d'autres titres. Paul Morand poète est encore *l'Homme pressé,* celui qui fixe des instantanés, et ne dit-il pas : « Je ne crois pas à l'homme éternel, je ne crois qu'à l'homme actuel. » Ce prosateur somme toute classique se double d'un poète d'avant-garde comme Marinetti, Reverdy ou Cocteau dans le Paris des années folles du Bœuf-sur-le-Toit, du cubisme, du jazz, du noctambulisme, du cosmopolitisme. Il aime les buildings et les palaces, les puissantes automobiles de sport. L'anthologie *Rencontre* de Robert Kanters et Maurice Nadeau le présente ainsi : « Il voyage. Il est pressé. Il est arrivé à la gare ou au port par le paquebot le plus luxueux et c'est du haut d'un building ou d'un palace sélect qu'il entend jouir du spectacle nocturne de la ville de son choix. Il porte un chapeau de chez Locke, un complet de flanelle impeccable, une chemise molle et rose. Parvenu dans sa chambre, si possible la plus confortable de l'hôtel, il ouvre la fenêtre. Son œil est vif, sensible, exercé. Le stylo Parker dernier cri a de la peine à transcrire ce qu'il découvre. Notations fiévreuses. Images haletantes. Ses visions ressemblent à des décharges électriques violentes. Puis il s'agit d'aller dénicher le restaurant à la mode, le mets rare, le bar où l'on danse jusqu'au petit matin. »

Ses vers ne sont pas classiques, mais ils savent tenir compte des rythmes du langage et des effets du verbe en liberté. Ils nous entraînent vers les lieux visités avec l'accompagnement de leur musique. Le poète sait tout voir et tout dire : le Southern-Pacific ou le Santa-Fé-de-luxe, l'inauguration d'un paquebot ou d'un canon, une vache citée en justice ou des bains publics, une soirée musicale ou un lock-out, cent autres faits composant un microcosme. Comme Paul Morand ivre du monde en marche, le poème deviendra caméra, téléscripteur pour exprimer les multiples dimensions du temps et de l'espace dans une image vive, syncopée, et ainsi apparaît un univers moderne, convulsionnaire, avec ses étranges mécaniques, son pittoresque, ses airs de cinéma et de jazz. Et ce monde, un demi-siècle plus tard, nous le reconnaissons comme le père du nôtre. Lisons le poème *Business* :

> 5.000 dollars
> à qui prouvera
> qu'on peut faire entendre un mot dans l'usine
> à l'heure où l'on forge les chaudières tubulaires.
> Les châssis s'envolent, suspendus :
> le crâne éclate
> sur les marteaux-pilons.
> J'aime ça.
> Je conduis ma journée à la vitesse du chemin de fer aérien,
> j'invite mes amis par le mégaphone,
> je déjeune debout,
> les cours de la Bourse se dévident sur le plancher ;
> le métropolitain me tremble dans les jambes.
> J'aime ça.
> Pendant ce temps,
> sur un noir divan,
> une femme tend ses seins à une amie.

Le monde moderne ne vit donc plus au rythme berceur de l'alexandrin, mais à celui de la mouvante caméra, et c'est bien une poésie d'incessant mouvement qu'offre Morand :

> D'un coup de reins
> la montagne avait rejeté
> les villages et les lacs au fond de la vallée.

Dans *Boule-Panorama* il offre un cortège, celui des êtres d'un monde nouveau, avec, comme toujours, de l'ironie souriante, une ambiguïté concertée, des flashes cosmiques, des étincelles lyriques :

> Alors l'on vit passer
> les marchands de la terre,
> les banquiers perceurs d'isthmes,
> les dégustateurs d'amers,
> les batteurs d'or,
> les voyageurs en explosifs,
> les éleveurs de tulipes électriques,
> les négociants en scapulaires,
> les fabricants d'yeux artificiels.
> Ils criaient : « Malheur!
> Tant de richesses ont été détruites
> en une seule heure. »
>
> APOCALYPSE
>
> Puis, naquirent des planètes
> avec, pour rayons, des soies de porc,
> des astres en métal blanc
> semés d'une chapelure d'ozone,
> et d'autres
> dont la bouche était un timbre de caoutchouc;
> tous
> rayèrent une nuit soumise au froid artificiel.

On doit lire l'*Ode à Marcel Proust* où passent Céleste, le général de Froberville ou Jacques-Émile Blanche, l'évocation en peu de mots du « dandy gris perle et noir », et encore *le Soir avec Charlot* ou *Paul Claudel au Grand Canyon*, mais Paul Morand ouvert on lit tout car la coulée vous entraîne dans cette imagerie moderne où vie rêvée et vie vécue se rejoignent intensément. Poésie de grand large où apparaissent l'émotion vraie et le clin d'œil ironique. Dans ses vers brisés, entrecoupés parfois d'une phrase solide, d'une souple cadence, le regard et la pensée soudain s'amusent, le poète est tour à tour jongleur et fervent, sensuel et sain, tendre et cru. Les lampes à arc des gares deviennent des fruits exotiques. Les images sont inattendues :

> Un malade riche, à tête d'asperge,
> traverse les boulevards sur son lit de mort.

Et citons encore pour tenter de donner au lecteur le désir d'en connaître plus sur un créateur cet *Échantillon :*

> J'ai des émeutes plein les doigts,
> des idées plein mon chapeau melon,
> des gémissements plein mon mouchoir.
> Les gens qui s'épanchent me gâtent le malheur.
> On chercherait en vain deux heures de fou rire
> dans la bibliothèque des Grands Écrivains.
> L'optimisme est une boisson hygiénique
> inventée par Emerson.
> Humide et méchant crocodile,
> J.-J. Rousseau souille l'eau d'Évian.

Est poète qui découvre de nouveaux rapports entre les choses et les mots, qui extrait la poésie de ce qui pourrait paraître antipoétique. Rien de factice chez Paul Morand sans qui notre vision du monde nouveau ne serait pas tout à fait ce qu'elle est. On pourra le taxer de désordre, parler de coq-à-l'âne, on ne pourra nier la puissance et la singularité de sa vision.

Henry de Montherlant, poète du corps.

Comme Paul Morand, Henry de Montherlant (1896-1972) célèbre la boxe comme il célèbre le corps et le muscle, les sports pris comme une volonté de s'affirmer, une morale de l'héroïsme, ce qui est peu commun dans notre époque tout au moins chez les poètes. Romancier, dramaturge, essayiste, entré vivant dans le classicisme, comme il semblait que cela fût beaucoup, on oublia quelque peu l'auteur d'œuvres poétiques en prose ou en versets : *les Olympiques, le Paradis à l'ombre des épées, les Onze devant la porte dorée,* 1924, jusqu'à ce qu'une jeune revue, *le Pont de l'Épée,* en 1975, prenne l'initiative de publier un numéro intitulé *Henry de Montherlant poète,* ce qui provoqua à la fois un intérêt nouveau et aussi quelques agacements. Il reste indéniable qu'avec Montherlant la branche paganisante de notre poésie trouve un servant remarquable. Si un certain moralisme paraît bien daté, on reconnaît que le poète qui chante la boxe ou le football n'est pas si anachronique et ne fallait-il pas une certaine audace pour donner une poésie peu éloignée des reportages du journal l'*Équipe?*

> Gauche doublé de Reby au menton, et crochet du droit sur le cou
> (Je ris du clignotement de ses yeux au moment où il encaisse le coup),
> Il encaisse, mais vif comme l'éclair, il riposte en remise du droit au flanc.
> Voilà! Tu l'as bien coupée, sa profonde puissance de déplacement!
> Encore! Tu as trouvé ton coup! Travaille-le avec des crochets aux côtes.

Mais ces phrases pourraient faire sourire si on ne les situait pas dans leur contexte, du début du poème où on lit :

Soudain l'irruption des corps est pareille à l'éclatement de l'orchestre.
Trente fois croisés dans la rue, si je me doutais qu'aussi beaux qu'à la palestre!
Je crois en Dieu!

à sa fin où l'on voit « ces jambes blanches et sanglantes de petit esclave crucifié ».

Dans ses recueils, et encore dans *Encore un instant de bonheur,* 1938, on voit qu'Henry de Montherlant sait réunir en ses meilleurs moments la méditation intérieure de Barrès, le lyrisme cosmique de Claudel et la sensualité lyrique de D'Annunzio, mais il n'a pas le sens poétique de l'éclair comme Paul Morand, la grâce du vers donné par les dieux comme Paul Valéry ou les fulgurances automatiques des modernistes ou des surréalistes. Il a le sens du spectacle, celui des stades et il sait cultiver un lyrisme de l'individu, du héros face à la foule, écrivant *A une jeune fille victorieuse dans la course de mille mètres :*

> Laissez-moi vous regarder sans parole, jusqu'à temps que mon front s'abaisse,
> Victoire qui aviez pour ailes l'amour de quinze mille hommes debout!
> Dès l'instant qu'à deux cents mètres du poteau la course avec certitude fut pour vous,
> Notre clameur, comme une eau qui sourd, par en dessous vous a soulevée.
> Vous étiez portée dans des bras deux cents mètres avant l'arrivée.

Il n'oublie pas que le stade est souvent le lieu du cocorico sonore et apparaît d'une fraîche naïveté quand il ajoute : « Ô valeur! Ô meilleure que les autres! Ô merveille que vous soyez Française... »

L'amateur de poésie plus que de sport pourra préférer son *Chant de Minos* :

> Au large de la nuit il est d'étranges îles,
> pleines de rois pleurants qui lèchent leurs morsures.
> Ils s'éveillent, et des pleurs coulent sur leurs visages immobiles,
> à cause d'une perfidie ou d'un esclave ingrat,
> de quelque chose de très ancien, qu'ils pensaient avoir oublié.
> Tous nos morts remontent en nous pour y mourir une seconde fois.
> Nous nous apercevons que nous les avons aimés.

Dans son *Chant funèbre pour les morts de Verdun*, il sait atteindre un pathétique d'élégie lorsqu'il s'adresse *A un aspirant tué :*

> J'ai lavé ton front, tête vide,
> défait les cuirs sur tes reins étroits,
> défait le col sur ton sein aride.
> Pauvre corps, qu'a-t-on fait de toi!
>
> Tu priais que passât ce calice
> Je tairai tes yeux tournoyants.
> Frère du choix plus fort que le sang,
> qu'avais-tu fait pour qu'on te punisse?

Ses détracteurs eux-mêmes reconnaîtront à Montherlant poète que le tour particulier de son esprit lui a permis d'aborder, même s'il y a mis parfois quelque maladresse, des thèmes peu communs dans la littérature poétique contemporaine : des hymnes à « la camaraderie et à la poésie quand elles sont marquées par le sceau du stade », et aussi des voluptés paganisantes, de séduisantes cantilènes, des reportages poétiques ou des instants solaires qu'on retrouve aussi dans ses *Bestiaires* de 1926.

Pierre Drieu La Rochelle et la guerre.

Comme Montherlant, Pierre Drieu La Rochelle (1893-1945) exaltera le sport après avoir été inspiré par la guerre de 1914, sa « saison en enfer », comme lui il empruntera l'instrument claudélien du verset ou d'un ample vers libre pour s'exprimer en poésie dans deux recueils : *Interrogation*, 1917, *Fond de cantine*, 1920. Il y manifeste une pensée directe, contenue, forte et violente avec la même sûreté que dans sa prose, de l'essai *Mesure de la France,* 1922, au roman comme *Gilles,* 1939. Il fut à ses débuts auprès d'Aragon et des surréalistes pour attaquer Anatole France dans le pamphlet *Un cadavre.* Il s'affirma comme une de ces forces intellectuelles qui requièrent l'attention, son aventure allant d'une guerre à l'autre et se terminant par un suicide après l'échec de ses idées collaborationnistes. En 1917 n'écrivait-il pas dans *Interrogation,* recueil qui traduit le mal d'une génération saisie à vingt ans par la guerre, un vaste poème lyrique intitulé *A vous Allemands* dont voici le début fort révélateur et même prémonitoire d'un choix futur :

A vous Allemands — par ma bouche enfin descellée de la taciturnité militaire — je parle.
Je ne vous ai jamais haïs.
Je vous ai combattus à mort, avec le vouloir roidement dégainé de tuer beaucoup d'entre vous. Ma joie a germé dans votre sang.
Mais vous êtes forts. Et je n'ai pu haïr en vous la Force, mère des choses.
Je me suis réjoui de votre force.
Hommes, par toute la terre, réjouissons-nous de la force des Allemands...

Refusant l'isolement de l'artiste, il émane de lui une sorte d'attirance, il suscite un mystère et Henri-François Rey pourra écrire : « Car enfin comment se fait-il que cet écrivain, brillant certes, intelligent, esprit vif et rapide, bien entendu, mais aussi fasciste, antisémite, bref totalement " salaud " n'ait suscité tout au long de sa vie que des sympathies multiples et passionnées »? *Interrogation,* c'est le recueil de la colère et de la lassitude des jeunes soldats, c'est aussi un vaste poème en plusieurs chants ayant une puissance semblable à celle d'un Verhaeren qui, par sa force d'expansion, son lyrisme, atteint au cosmique lorsque, par-delà les frontières, apparaît le soldat européen :

Ennemis de cette tranchée-ci ou de la tranchée d'en face, tous ensemble isolés au milieu du monde
Au milieu de l'implacable sollicitude du monde.

Saisi par la guerre, il y puise un élan, un goût de la lutte, une fécondité qui ne le libèrent pas. Il se cherchera du côté de Dada, connaîtra toutes les aventures intellectuelles, trouvera la foi du côté de chez Rimbaud et le souffle chez Claudel pour une œuvre poétique essentiellement inspirée par la guerre et la condition de l'homme en guerre, on le voit dans le second recueil *Fond de cantine,* de la même veine que le premier, mais avec une amplification de l'imagerie apocalyptique :

Sous le ventre de nos armées qui rampe vite sur dix millions de roues, les villes de plâtre tombent en poudre.
Nous traînons parmi nos rangs d'étonnants équipages.
La terre s'use sous notre foulement métallique.
D'un ongle de fer nous faisons sauter la pellicule d'humus.
Les végétations se corrodent, la craie s'aigrit, les chênes sont des échardes.
Les routes s'effritent sous les infinis monômes râpeux.

Cet univers de fer, celui de la « guerre, fatalité du moderne », cette « intrusion de l'âme », il en est le poète exceptionnel et, au-delà de ses idées, il en dit la puissance dévastatrice :

Il se confirme que la tenace usurpation de l'homme sur les anciens règnes approche de son triomphe terrible.
Les pierres, les plantes et les bêtes sombrent dans le déluge de l'humain.
La poussière se fait chair et ne veut pas retourner en poussière.
De gros os de fer s'implantent dans le ciment impourrissable.

Dans un poème comme *T.S.F.* son lyrisme d'épopée se déploie avec un sens moderne des correspondances et d'un nouveau fantastique :

— Holà terre! quelqu'un sur la terre.
Nous ne ferons aucune tentative vers les étoiles.
Nous ne demanderons pas la lune au central solaire.
Vous hommes
Vous — hé — holà — vous.
— Qui est là ?
— Nous les habitants des Pays Extérieurs, nous les Scythes à vous les Anciens d'Occident.
Il vient de se passer en nous quelque chose d'extraordinaire. Nous voudrions vous le communiquer.
— Nous vous déclarons le silence.

Les études, les numéros spéciaux de revues se sont multipliés, mais souvent critiques et biographes ont négligé la somme poétique au profit de la somme romanesque alors que dans les poèmes sont des réponses et des éclaircissements. Pour Daniel Halévy ses poèmes livraient « le secret des tranchées » et si les recueils correspondaient aux nécessités du moment, leur éloquence intempérante et imagée, leur réponse au chaos par l'abondance ne nous semblent pas si éloignés de nous en des temps de bouleversement planétaire et d'angoisse atomique. Par-delà l'échec et la dérive d'un homme qui semblait désigné pour être le guide d'une génération, par-delà les épaves et les suicides, il reste de Drieu La Rochelle les poèmes au bord de l'éclatement d'un univers en désarroi. Auprès de l'œuvre en prose, ils représentent la source d'une croisade tragique, celle d'une « armée d'amants qui mourut inassouvie » dans le flot ininterrompu et barbare de l'histoire.

Raymond Radiguet l'adolescent.

Comme Verlaine accueillit le jeune Rimbaud, des poètes d'avant-garde apportèrent leur appui à Raymond Radiguet : ce fut André Salmon, puis André Breton, Tristan Tzara, Max Jacob, et surtout Jean Cocteau qui le protégèrent, ce dernier lui témoignant une vive et fidèle affection. Les poèmes de forme classique que publia Radiguet dans les jeunes revues, puis, à dix-sept ans dans son recueil *les Joues en feu*, 1920, révélèrent un esprit indépendant, un tempérament original dans une forme quasi classique. Ses romans, *le Diable au corps*, 1923, et *le Bal du comte d'Orgel*,

1924, posthume, ont surpris par une ligne pure, une désinvolture maîtrisée, une parfaite sincérité conduisant au scandale dans le premier, le second élevant à hauteur de mythe et de métaphysique les rites mondains. On put parler de génie. Ses poèmes ont une fraîcheur juvénile, des grâces enrubannées, mais aussi des traits vifs : ils apportent par endroits la surprise de pointes incisives, d'acidités qui révèlent des amertumes sous-jacentes et qui dépassent l'habileté apparente. Parce que le poète est mort à vingt ans, on est tenté d'entrevoir derrière une sorte de fantaisisme des déchirements qui s'expriment en flèches messagères :

> Prenant pour les éclairs de Dieu
> La fausse lumière des hommes,
> Comment pourrait se méfier
> L'ange de notre magnésium ?
> Le voilà photographié.

Il ne veut être dupe de rien, mais ne l'exprime qu'avec une singulière pudeur, une discrétion qui était celle des poètes de l'époque classique :

> Mais, Écho! je sais que tu mens.
> Par le chemin du ramoneur,
> Comme en un miroir déformant,
> Divers fantômes du bonheur,
>
> A pas de loup vers moi venus,
> Surprirent corps et âme nus.
> Bonheur, je ne t'ai reconnu
> Qu'au bruit que tu fis en partant.

Radiguet se donnait pour maîtres des poètes du XVIIe siècle comme Malherbe, Tristan L'Hermite, La Fontaine. Cette leçon l'a amené, au contraire de la petite Sabine Sicaud qui touchait au cœur, à s'adresser à l'esprit par le trait inattendu, la métaphore singulière, le rapprochement d'images surprenantes et baroques. Sa vue du monde est désinvolte, discrètement provocatrice, et l'on pourrait le situer dans une région entre les poètes d'avant-garde qui l'ont protégé, Cocteau ou Max Jacob, d'une part, et, d'autre part, les poètes fantaisistes dans la descendance de Toulet. Certains poèmes ont des allures de madrigaux faciles et élégants où l'on sent l'exercice de plume comme cet *Automne* :

> Tu le sais, inimitable fraise des bois
> Comme un charbon ardent aux doigts de qui te cueille :
> Leçons et rires buissonniers
> Ne se commandent pas.
>
> Chez le chasseur qui la met en joue
> L'automne pense-t-elle susciter l'émoi
> Que nous mettent au cœur les plus jeunes mois ?
>
> Blessée à mort, Nature,
> Et feignant encore
> D'une Ève enfantine la joue

> Que fardent non la pudeur mais les confitures,
> Ta mûre témérité
> S'efforce de mériter
> La feuille de vigne vierge.

Il est si proche de Jean Cocteau qu'on se demande parfois si ce dernier n'a pas pris quelque part à sa création. Radiguet écrivit aussi en collaboration avec Max Jacob, ainsi *Edwige ou le héros,* long poème symphonique en vers et prose mêlés où se succèdent strophes, antistrophes, upostrophes, ostrophes, etc. dans un ardent délire verbal sans qu'on puisse distinguer ce qui est du maître de ce qui est du disciple.

L'Ultime Chant de Robert Brasillach.

Lorsque parurent les *Poèmes de Fresnes,* 1949, de Robert Brasillach (1909-1945) ils furent comme un testament poétique et on le compara à André Chénier : il est vrai qu'on pouvait trouver entre eux une similitude de goût et de destin car Brasillach connaissait bien la poésie grecque (à laquelle il consacra une remarquable anthologie) et parce qu'il composa la plupart de ses poèmes dans l'attente de son exécution ce qui leur apportait un surcroît pathétique. Collaborateur de *l'Action française,* de *Je suis partout,* dès 1937 il avait pris des positions pro-hitlériennes auxquelles il resta fidèle durant toute la guerre mettant son talent au service de cette cause. Il se livra lui-même à la justice et, en dépit d'interventions, fut fusillé au fort de Vincennes le 6 février 1945. Ce normalien a laissé une œuvre en prose importante : des romans et récits comme *le Voleur d'étincelles,* 1932, *l'Enfant de la nuit,* 1934, *les Sept Couleurs,* 1939, etc. ; des essais comme *Virgile,* 1931, *Portraits,* 1935, *Histoire du cinéma* (en collaboration avec son beau-frère Maurice Bardèche), *les Quatre Jeudis,* 1950 ; des souvenirs, *Comme le temps passe,* 1937.

La poésie fut donc son dernier et amer refuge. Il n'y a pas apporté, comme Drieu par exemple, une nouveauté avant-gardiste à laquelle son tempérament ne le préparait pas. Il ne fut pas un poète de tout premier plan, mais, se servant de structures prosodiques classiques, il composa avec sobriété et sincérité des poèmes parfois poignants, bien accentués, parfois trop faciles et sentant l'amateurisme qui n'ont pas la valeur de ses œuvres en prose et surtout de sa critique quelles que soient les réserves que l'on puisse faire sur un talent mal employé. Voici le début du *Psaume IV :*

> Seigneur, voici couler le sang de la patrie.
> J'entends le bruit qu'il fait en tombant sur la terre,
> Le bruit sourd, en cinq ans de luttes ennemies,
> De ces gouttes tombant du corps de tant de frères.

Alors que triomphait la poésie issue de la Résistance, celle d'Aragon, d'Éluard, d'Emmanuel, la voix de Brasillach était intempestive. Il avait payé sa dette de sa vie. On n'avait pas oublié une fantaisie proche de celle du cinéaste René Clair qui côtoyait une sorte de populisme intelligent, parfois un lyrisme chaleureux. Ses *Poèmes de Fresnes* connurent une renommée assez vaste même hors des milieux collaborationnistes. Lisons encore *Bijoux* :

> Je n'ai jamais eu de bijoux,
> Ni bague ni chaîne au poignet,
> Ce sont choses mal vues chez nous ;
> Mais on m'a mis la chaîne aux pieds.
>
> On dit que ce n'est pas viril,
> Les bijoux sont faits pour les filles ;
> Aujourd'hui comment se fait-il
> Qu'on m'ait mis la chaîne aux chevilles ?
>
> Il faut connaître toutes choses,
> Être curieux du nouveau ;
> Étrange est l'habit qu'on m'impose
> Et bizarre ce double anneau.
>
> Le mur est froid, la soupe est maigre,
> Mais je marche, ma foi, très fier,
> Tout résonnant comme un roi nègre
> Paré de ses bijoux de fer.

D'autres romanciers-poètes.

Ils sont nombreux, les prosateurs qui, comme ceux que nous venons de montrer, avec des mérites divers, ont écrit des vers, souvent à leurs débuts, pour se consacrer ensuite à des œuvres leur assurant une plus sûre notoriété. C'est le cas d'un Pierre Benoit (1886-1962), ce romancier d'aventures et d'action qui entraîna des générations de lecteurs vers l'exotisme ou le mystère (*Kœnigsmarck, l'Atlantide, la Châtelaine du Liban,* etc.). Cet homme cultivé, qui connaissait par cœur des dizaines de milliers de vers, composa deux recueils fort honorables : *Diadumène,* 1914, *les Suppliantes,* 1921, œuvres parnassiennes qui font songer à Heredia par le respect de la forme et l'inspiration mythologique et historique, médailles ciselées, avec des évocations sensibles et parfois des souvenirs raciniens :

> Bérénice, ta sœur, la reine iduméenne,
> J'ai cru la voir errer ce soir dans ton jardin.
> Regarde, comme elle est apaisée et sereine
> Depuis qu'elle s'est pu soumettre à son destin.
>
> Vous voici désormais toutes deux sœurs jumelles,
> Palais de marbre noir, villa de bois verni ;
> On ne distingue plus si c'est toi, si c'est elle,
> L'Existence, le Temps, l'Espace est aplani.
>
> Elle, la reine illustre, et toi, la courtisane,
> La pâle enfant ployant sous le poids de son cœur,
> Vous avez toutes deux bu la même tisane,
> Le même sacrifice, avec les mêmes pleurs.

Jusqu'aux classiques auteurs de *Dingley l'illustre écrivain*, 1902, les frères Jérôme Tharaud (1874-1953) et Jean Tharaud (1877-1952) qui ont écrit en collaboration des *Contes de Notre-Dame*, 1943, et des *Vers d'almanach*, 1946, formant un étrange poète à deux têtes dont on cherche en vain l'originalité avec, dans les meilleurs cas, une impression de déjà lu :

> Pourquoi retournerais-je à ma maison de Rance?
> Est-elle encore à moi, est-elle encore en France?
> Ce seuil si défendu, où depuis quatre années
> Tant de gens ont passé, que je ne connais pas;
>   Ma chambre où des pensées,
> Que je hais, ont couché tant de nuits dans mes draps...

Louis Chadourne (1890-1925) mort prématurément, auprès d'une œuvre romanesque importante et que l'on redécouvrira quelque jour, a laissé des poèmes, *Accords,* 1928, recueillis après sa mort. Sous une forme libre, il a écrit des vers dépouillés et chaleureux, pleins d'émotions notamment quand il donne une *Commémoration d'un mort de printemps :*

> Ô Nuit,
> première nuit après la bataille.
> Je me suis couché sur la terre,
> mâchant de la terre,
> et tout fumant d'une ivresse mauvaise.
> Des arbres nus maudissaient.
>
> Ils dorment,
> au creux des bois, au flanc des collines,
> sous les vagues épaisses de la nuit.
>
> Ils dorment,
> repus de la même fatigue et saouls de la même fumée,
> et la mer profonde des souvenirs les roule dans les mêmes plis.

Marcel Pagnol (1895-1974), narrateur, dramaturge, romancier, cinéaste, a toujours relevé d'une pointe de poésie ses enfances ou sa verve provençales. Lorsqu'il traduisit Virgile, il y apporta un soin d'universitaire et une sensualité de méditerranéen.

Marius Grout (1904-1946) obtint le prix Goncourt en 1943 pour *Passage de l'homme*. Cet instituteur, puis professeur normand a été salué par Francis Jammes et Jacques Maritain, Jean Paulhan et Audiberti. « Poète authentique, au cheminement spirituel d'une extrême richesse », écrivit Pierre Seghers. La N.R.F. a publié ses *Poèmes,* 1944, et l'on put découvrir un poète attentif aux choses, à la nature qui ne cesse de nommer : « Qui te dira le nom des vents, le nom des roses, / le nom des neiges, le nom des fontaines perdues? » Il sait écouter la pluie parmi les feuilles et faire naître en vers libres des paysages un peu surannés, chanter des objets comme le moulin à café ou le « plumier en carton bouilli d'enfant qui sent la gomme » avec une vive familiarité du quotidien et de la campagne grasse et féconde dans un univers « qui sent bon, qui sent la cire » et est rendu habitable par une poésie de regard et de nomination.

Maurice Martin du Gard (mort en 1970) publia *Signes des temps* en 1922. Cette *Chanson pour moi* témoigne de son intériorité :

> Comme celui qui va mourir
> Au milieu de ses amis,
> Solitude, je ne suis
> Que ton souffle, ton frisson.
>
> Car les meutes de l'hiver
> Au seuil de ma maison
> Vont aboyer et je n'ai pas
> De défense contre la nuit.
>
> L'été m'a pris comme la mer.
> Il me rejette avec des chants,
> Et c'est beaucoup plus que la vie
> Que vient me ravir le vent.

Auteur dramatique, maître du théâtre de boulevard, Claude-André Puget (né en 1905) eut de plus hautes ambitions avec certaines pièces comme *le Grand Poucet*, 1943, ou *la Peine capitale*, 1948. Son succès public fit rapidement oublier le poète remarquable de *Pentes sur la mer*, 1923, *Matin aux oliviers*, 1924, *Miracle du dormeur*, 1927, et c'est fort dommage. Jules Romains préfaça son premier recueil en y voyant de beaux présages. Discret, il crée de délicates images :

> La colline jaillit à l'horizon
> Aussi pure qu'un cri de femme.

Son confrère au théâtre, Henri-René Lenormand (1882-1951) débuta lui aussi par des poèmes. Ses *Paysages d'âme*, 1905, offrent d'excellents poèmes en prose.

Jean Bellemère, dit Jean Sarment (1897-1976), connu comme auteur d'une vingtaine de pièces à succès, publia *Poèmes*, 1964, œuvres nostalgiques où passe un écho de Laforgue sur une musique verlainienne. Armand Lanoux y a vu « une musique de province, de pluie et de Loire ». On trouve des épanchements lyriques, un souvenir des printemps d'autrefois, ceux de l'enfance, quand quelque instituteur construisait « pour ses lapins une cabane en planches » et une sorte de stoïcisme tranquille devant le sort, de sagesse : « Je rêve de renoncement à toute gloire » et, par-delà, un regard de philosophe, le recours, toujours, d'une tranquillité provinciale où l'on partage le pain blanc « et le lait frais qui sent la paille de l'étable ».

Les premiers recueils du romancier et poète Henri Pourrat (1887-1959) s'intitulaient *les Montagnards*, 1919, *Liberté*, 1925. Ils constituaient le prélude savoureux à une œuvre ample de romancier du Centre (*Gaspard des Montagnes*, 1922-1931, *Vent de Mars*, 1941, prix Goncourt, *le Chasseur de la nuit*, 1951) et de folkloriste (*le Trésor des contes*, 1948-1962). Peu connus, ses poèmes présentent une parfaite identité avec l'ensemble de son œuvre en prose comme en témoigne la chanson de son « bon ménager philosophe » :

> Tout est dit et tout est chanté
> Au branle des quatre saisons.
> Automne, hiver, printemps, été,
> C'est toujours la même chanson.
>
> Tourne en rond, toi, l'Humanité,
> Dans ton cirque de lunaisons.
> Mais venez, vous, les Dégoûtés,
> Et quêtons un autre horizon.
>
> Frères, vous voulez que ça change :
> Il nous faut être un peu plus ange;
> Pour cela donc faisons la bête.
>
> ... Ils comprennent : Faisons la fête!
> Ou bien ils me répondent : Mange!
> ... J'attends le temps de la comète...

On ne dira jamais assez les mérites de cet autre écrivain du Centre, Alexandre Vialatte (1911-1971) dont les trois romans sont des chefs-d'œuvre : *Battling le Ténébreux,* 1928, *le Fidèle Berger,* 1942, *les Fruits du Congo,* 1956. Auteur de savoureuses chroniques, traducteur remarquable de Kafka, un symbolisme bien particulier règne dans ses romans au symbolisme original et secret où les personnages partent en quête de leur mémoire essentielle. On ne sait guère qu'il fut un poète en vers bien de son temps avec par exemple *Au jazz-band des chars d'assaut :*

> Oh soirs! derrière le Rhin sombre,
> Sur la Hesse Nassau...
> L'accordéon des chars d'assaut
> Joue la « Valse des Ombres ».
>
> Et que de pianolas, lointains,
> Berçant le crépuscule :
> « Garibaldi », valses crapules,
> « Marche des Palotins »,
>
> « Nous avons tous une payse »...
> — Voire! dit le sergent,
> J'en ai bien deux, mon pauvre Jean,
> Sans compter la Louise. —

Nous l'avons vu, les romanciers en M, Mauriac, Montherlant, Morand furent poètes. On le sait moins du quatrième, André Maurois pseudonyme d'Émile Herzog (1885-1967), mais si l'on parcourt *les Silences du colonel Bramble,* 1918, ou *les Roses de Septembre,* 1956, on découvre avec ravissement les poèmes qui sont enchâssés dans sa prose. Ainsi le début de cette *Lettre d'Aurelle :*

> Les soldats passent en chantant :
> « Mets tes soucis dans ta musette. »
> Il pleut, il vente, il fait un temps
> A ne pas suivre une grisette.

Les soldats passent en chantant.
Moi je fais des vers pour Josette;
Les soldats passent en chantant :
« Mets tes soucis dans ta musette. »

D'autres lettres en vers qu'André Maurois qualifie de faciles apparaissent, le personnage qui est censé les écrire s'excusant de tourner « au plus plat des romantismes », mais non! c'est charmant :

La mort passe; le Destin chante :
Vite, oublie-moi.
Tes robes noires sont charmantes.
Mets-les six mois.

Garde-toi de venir en pleurs
M'offrir des roses;
Aux vivants réserve tes fleurs
Et toutes choses.

Ainsi, au romancier, au biographe, au psychologue s'ajoutait par éclairs un poète et il y a encore bien de la poésie dans maintes recherches anticipatrices ou dans le parcours d'*Olympio ou la vie de Victor Hugo*, 1945.

Roland Lecavelé, dit Roland Dorgelès (1886-1973) s'il ne fut pas poète en vers ne manqua jamais de soutenir les frais chanteurs montmartrois et les bohèmes fantaisistes. Maurice Genevoix (1890-1980) est bien souvent poète en prose dans les meilleurs passages de ses descriptions agrestes et de ses romans de nature. Au théâtre René Fraudet, dit Pierre Frondaie (1884-1948) avec *les Pierres de lune*, 1906, et Jacques Boularan, dit Jacques Deval (1890-1972) avec *le Livre sans amour*, 1919. Le romancier Jean Martet (1886-1940) publia un recueil de poèmes en 1908. N'oublions pas que Charles-Henry Hirsch avait publié des poèmes avant le siècle, de même que le mari de Colette, Henry Gauthier-Villars, dit Willy (1859-1931) qu'accueillaient *les Guêpes* et *la Plume*, que Gilbert de Voisins (1877-1939), romancier qui annonçait Larbaud et Cendrars fut poète, de même que Pierre Hase, dit Pierre Lièvre (1882-1939), que Paul Reboux (1877-1963), qui se frotta à tous les genres, n'oublia pas le poème, que Charles de Richter fut le poète de *Bernerette et son amour* et que Pierre Loiselet sacrifia lui aussi au poème.

Parmi les lauréats du prix Goncourt les poètes sont nombreux et aux noms figurant au hasard de ces pages (Nau, Miomandre, Pergaud, Barbusse, Duhamel, Bertrand, les Tharaud, Proust, Pérochon, Lucien Fabre, Genevoix, Arland, Pourrat, etc.) il convient d'ajouter Francis Ambrière (né en 1907) pour *Parmi les fleurs et la lumière*, 1926, Maurice Druon (né en 1918) puisqu'il écrivit avec son oncle Joseph Kessel (né en 1898) le célèbre *Chant des partisans*, 1943, Thierry Sandre pour un *Tombeau de René Vivien*, et plus tard, dans la deuxième partie du siècle, parmi les membres et les lauréats Goncourt de très nombreux créateurs poètes autant que romanciers, et que nous rencontrerons.

Il est à souhaiter qu'un ouvrage d'ensemble parte à la recherche de la poésie dans les œuvres en prose car, après tout, chaque lecteur peut trouver un chant profond, selon son goût, dans les œuvres romanesques ou théâtrales les plus diverses, du côté par exemple de chez André Malraux, Albert Camus, Antoine de Saint-Exupéry...

Critiques et poètes.

Un rapide tour d'horizon nous montrera que depuis Sainte-Beuve critique qui fut poète et Baudelaire poète qui fut critique une tradition s'est perpétuée. Tout poète n'est-il pas quelque peu critique? Par goût et aussi par nécessité, ne serait-ce que pour pallier les défaillances des critiques dès qu'il s'agit de poésie. Qui le sait? Albert Thibaudet (1873-1936), un des plus grands critiques français, qui sut parler aussi bien de Stéphane Mallarmé, de Baudelaire, de Paul Valéry ou du Surréalisme que de Flaubert et Stendhal, Maurras et Barrès, commença par être le poète d'un « mythe dramatique » en prose mêlée de vers libres et d'alexandrins, *le Cygne rouge,* 1897, dont Gustave Kahn apprécia les heureuses rencontres de métaphores et la solidité oratoire tout en préférant la prose aux vers, avant *Sept Poésies philibertines,* 1905, dont Jean Paulhan faisait grand cas.

Un autre critique, Edmond Jaloux (1878-1949) qui fut aussi romancier, était nourri de la poésie allemande des grands romantiques (il commenta Novalis, Achim von Arnim, Jean-Paul Richter) à Rainer-Maria Rilke. Au contraire de maints critiques, il goûtait les climats de rêve et de mystère et oubliait le sacro-saint rationalisme. On le voit dans ses romans, ses récits, ses nouvelles, ses feuilletons littéraires, l'ensemble d'une œuvre qui le conduisit à l'Académie française. Il avait débuté par des poèmes : *Poèmes,* 1896, *l'Agonie de l'amour,* 1899, *Une âme d'automne* qui laissaient augurer une œuvre poétique de bon aloi. S'orientant autrement, il défendit ce qu'il aimait et réserva toujours une place de choix aux poètes qu'il défendait.

Critique, romancier, feuilletoniste littéraire, académicien français, Émile Henriot (1889-1961) n'abandonna jamais son œuvre de poète parallèlement à son œuvre de romancier. On le situe facilement : il avait pour maître Henri de Régnier dont on retrouve l'élégant classicisme et la sensibilité symboliste. Il publia ses poèmes à dix-sept ans et les plaça sous le signe d'un poète moins connu à l'époque qu'aujourd'hui, Gérard de Nerval; le recueil avait pour titre *Poèmes à Sylvie,* 1906. Les titres qui suivirent donnent une idée de ses goûts tournés vers l'élégie, le classicisme antique et les ordonnances renaissantes et italiennes, avec un goût pour les *Jardins à la française,* 1911, ou les *Vignettes et allégories,* 1925. Citons encore *Eurynice,* 1907, *Petite Suite italienne,* 1909, *Onze Portraits dont un de femme,* 1909, *Églogues imitées de Virgile,* 1912, *Vignettes romantiques et turqueries,* 1912, *Deivae sacrum,* 1913, *la Flamme et les cendres,* 1914, *Divinités nues et quelques autres,* 1920, *Dans le jardin de mon père,* 1935, *Tristis exul,* 1945, *Les jours raccourcissent,* 1954. Toute la culture raffinée du critique du *Temps,* puis du *Monde,* de l'émule d'Edmond Jaloux y apparaît sans pour autant peser comme dans cette *Psyché* :

> Il dort. N'approche pas, Psyché. Silence! Il dort.
> Ta robe a trop gardé l'odeur mystérieuse
> Des roses... S'il allait sentir la curieuse?
> Ne bouge pas, Psyché. Cache ta lampe d'or!

Il chante des regrets qui font penser à la Renaissance, trace des élégies chargées de roses mourantes, dit les robes diaphanes de belles entrevues, chante la Provence :

> Rappelle-toi, quand nous visitions Saint-Trophime
> Sur le gris tendre de la pierre, ce ciel dur,
> Implacable, éclatant, profond comme un abîme
> Et sous cet immuable et minéral azur
> Les deux cyprès captifs et le buisson de roses
> Et le dernier regard dans le cloître quitté.

Fin, racé avec ses yeux bleus et ses moustaches gauloises, s'il restait peu sensible à la nouveauté, du moins apportait-il un essai de compréhension et une franchise entière. Classicisant, il fut un historien littéraire de qualité, apportant un regard clair sur les choses. Le poète se doublait aussi d'un moraliste :

> Heureux qui sait vieillir selon ses destinées
> Et ne redoutant pas le soir qui va venir,
> Présent à tous ses jours dans les pages tournées
> Peut s'embaumer encor de ses roses fanées
> Et garde un cœur fidèle à ce qu'il vit mourir!
> Le sage étend pour lui le nombre des années
> Car c'est vivre deux fois qu'aimer se souvenir!

Son ami Yves Gandon (1899-1975), critique littéraire, nouvelliste, romancier, auteur de grands reportages (il fut un grand voyageur), d'une chronique de la sensibilité française vue au travers d'héroïnes, *le Pré aux dames*, en de nombreux volumes, cet animateur de sociétés littéraires (Société des Gens de lettres, Pen-Club, Syndicat des critiques littéraires, etc.) qu'il présidait avec compétence et dévouement était aussi un poète qui ne manquait pas de fantaisie et de lyrisme fervent dans ses recueils : *Ventre de Guignol*, 1922, *Blason de la mélancolie*, 1936, avec une préface de Léon-Paul Fargue, *Prière de la dernière nuit*, 1943, *l'Offrande à Timonoé*, 1950, *Petite Suite d'été*, 1950. Le plus souvent classique, il joua sur des dissonances à l'occasion :

> Les femmes seront tranquilles et graves.
> Les enfants riront au vert des jardins.
> Les marins suivront le fil de leurs rêves
> Au sillage blanc des bateaux perdus.
>
> Les vierges auront le cœur sur les lèvres.
> Les amants boiront aux mêmes ruisseaux.
> Les poètes, las de leurs tristes livres,
> Se régaleront d'espoirs insensés.

> Oui, partout, la vie éclatera d'aise
> Et de jeune ardeur et de doux élan,
> Et la terre aura goût de friandise.
> Ô monde, moi seul ne serai plus là !

Pastichant la poésie chinoise dans *le Pavillon des délices regrettées*, 1942, *la Terrasse des désespoirs*, 1943, *Rêveries sur les divins empereurs*, 1947, et attribuant ces œuvres à un poète chinois du siècle passé, Tsing Pann Yang, il eut la surprise délectable de voir la critique parler du « plus grand poète chinois du XIXe siècle » et ces poèmes furent traduits en chinois. C'est que l'auteur du fameux *Démon du style,* 1938, avait une parfaite habileté de plume qui n'en fait pas un poète considérable, mais un poète à considérer.

Historien de la littérature, critique littéraire, René Lalou fut occasionnellement le poète de *Paysages parisiens* par exemple, images fugitives comme celle du *Bassin des Tuileries* :

> La vasque au discret murmure dans le bassin laisse tomber
> Avec la fraîcheur de son eau la tiédeur du soleil de juin ;
> Et le Sénat des poissons rouges, solennellement, délibère
> Autour d'un bout de carton rouge, don d'un passant facétieux.

Pascal Pia, érudit, critique, bibliographe, un des esprits les plus curieux qui soient, écrivit de courtes proses qu'on peut appeler poèmes comme ce fragment de *Circuits* :

> Depuis je poursuivis l'écuyère d'une nuit d'été. Je l'entrevois parfois une seconde et elle disparaît subitement. Son fiancé le Cow-boy, qui s'avoue prospecteur de platine et de radium, me traque impitoyablement, Valparaiso, Papeëte, Gilbraltar, Arkhangel m'ont vu à la recherche de mes souvenirs.
> Mon but n'est pas très précis.
> Je vous cèlerai même que je suis à la recherche d'un but.
> Lorsque j'aurai atteint ces résultats, je me ferai poète.

Enseignant à l'École des langues orientales, Jean Paulhan (1884-1968), un des maîtres de la critique et de la rhétorique, était bien placé pour traduire des *Haïn Teny Merinas,* 1913, ou « Poèmes de la Grande Ile », mais il sera surtout connu par son récit *le Guerrier appliqué,* 1917, par *les Fleurs de Tarbes,* 1941, ouvrage capital de la critique moderne, et des enquêtes approfondies sur le langage, l'étymologie, et sur la critique. Son rôle à la N.R.F. dont il sera en 1953 le directeur avec Marcel Arland après en avoir été secrétaire puis rédacteur en chef l'a amené à découvrir et à encourager les plus grands écrivains (Jouhandeau, Giono, Ponge, Artaud, Michaux, etc.) des générations successives. Esprit aigu, spéculatif, paradoxal, anticonformiste jusqu'à entrer à l'Académie française, il aima la littérature en ce qu'elle a de plus raffiné, de plus expérimental. Apprécié ou décrié, il joua donc un rôle de premier plan dans l'avancée de la poésie française. Il est encore l'auteur lucide de *Clef de la poésie,* 1944, où il tente de « dégager enfin quelque méthode ou clef, qui permette d'y séparer le vrai du faux » pour que la poésie nous devienne claire, « comme à nos yeux les objets du monde ». Ajoutons que, résistant, il créa avec Jacques Decour *les Lettres françaises clandestines,* puis les Éditions de Minuit avec Vercors et d'autres, qu'il écrivit sur les peintres : *Fautrier l'enragé,* 1944, *Braque le patron,* 1945, etc. L'ancien chercheur d'or à Madagascar, l'ami d'Éluard et de Breton, a excellé à extraire les pierres précieuses de la poésie sans écrire lui-même des poèmes à proprement parler encore que la pureté de son style permettrait de trouver matière à bien des poèmes en prose dans son œuvre.

Du côté de la N.R.F., un de ses fondateurs, Jean Schlumberger (1877-1968) est connu comme essayiste, moraliste, dramaturge, romancier concis qui laisse à deviner au-delà des mots et donne des modèles d'art classique aux prolongements mystérieux. On sait qu'il prit *Plaisir à Corneille,* 1936, et qu'il aimait les individus dont la volonté prime sur l'instinct. Mais qui sait qu'il fut le poète en vers des *Poèmes des temples et des tombeaux,* 1903, et d'*Épigrammes romaines,* 1910, son tempérament classique le situant du côté du Parnasse non loin de l'École romane de Jean Moréas dont les *Stances* ont influencé ses épigrammes ?

Les poèmes de nos grands critiques sont souvent classiques, on le voit encore chez le critique catholique Louis Chaigne (1899-1973), auteur de vies de grands écrivains comme Pascal, Claudel, Bernanos, qui publia des recueils empreints de spiritualité : *Figures,* 1928, *la Couronne d'Ariane,* 1931. Maurice Betz (1898-1946) qui fut par ses traductions l'introducteur en France de Thomas Mann et de Rainer-Maria Rilke, avait débuté par un recueil, *Scaferlati pour troupes,* 1920. Les traducteurs des poètes étrangers sont souvent poètes eux-mêmes. Il est moins fréquent que des historiens soient poètes, et pourtant on peut trouver chez Philippe Erlanger (né en 1903) dans un recoin caché de son œuvre les poèmes de *l'Aube enchantée* ou chez Wladimir d'Ormesson (1888-1973) *les Jets d'eau* de ses débuts littéraires, et encore chez l'historiographe des grands procès criminels Armand Praviel (1882-1944) *le Cantique des saisons,* 1913, ce sont là curiosités.

Sans doute un jour n'y aura-t-il plus de séparation entre les genres. Dans un prochain volume, nous pourrons montrer que bien des romanciers ont été poètes avec bonheur (à moins que parfois le poète ne l'emporte sur le prosateur). Quelques noms : Hervé Bazin, Gilbert Cesbron, Jean Dutourd, Jean Cau, Armand Lanoux, Jean Orieux, Emmanuel Roblès, Jean Cayrol, Clément Lépidis, Jean Genêt, Bernard Privat, Daniel Boulanger, Pierre-Henri Simon, Françoise Mallet-Joris, Jean-Claude Brisville, Alain Robbe-Grillet, Michel Butor, Georges-Emmanuel Clancier...

Index

Abbema (Louise), 137.
Abraham (Marcel), 50.
Abraham (Pierre), 83.
Ackermann (Louise), 126, 143.
Adam (Alfred), 494.
Adam (Antoine), 494.
Adam (Edmond), 120.
Adam (Juliette), 215.
Adam (Paul), 28, 424.
Adam de Saint-Victor, 253.
Aegerter (Emmanuel), 61.
Aeschimann (Paul), 438.
Agathon, 41.
Aguétant (Pierre), 67.
Aicard (Jean), 120, 205.
Aigrisse (Gilberte), 234.
Ajalbert (Charles), 124.
Ajalbert (Jean), 124, 536.
Alain (Émile Chartier, dit), 218, 234.
Alain-Fournier (Henri-Alban Fournier, dit), 85, 199, 262, 273, 474, 477, 537-538.
Albaret (Céleste), 554.
Albert-Birot (Pierre), 386, 527.
Albert-Jean, 475.
Albert-Weil (Jean), 495.
Aldington (Richard), 388.
Alençon (Émilienne d'), 137, 148.
Alexandre le Grand, 289, 292.
Alibert (François-Paul), 33, 42, 72, 93, 94, 95, 98, 498, 499.
Aliénor d'Aquitaine, 30.
Allais (Alphonse), 114.
Allard (Roger), 67, 111, 438, 451, 452, 475.
Allard-Méeus (Jean), 124.
Allem (Maurice), 95.
Allo (Marie), 182.
Allorge (Henri), 534.

Alyn (Marc), 88.
Amar (Pierre), 120.
Amargier (Louis), 65, 66, 480.
Ambrière (Francis), 565.
Amy (Luce), 181.
Anély (Max), 308.
Angellier (Auguste), 41.
Anglade (Jean), 66.
Angliviel (Doëtte), **178-179**.
Annunzio (Gabriele d'), 75, 129, 383, 555.
Antoine (André), 38.
Apollinaire (Wilhelm Apollinaris de Kostrowitsky, dit Guillaume), 44, 47, 109, 110, 111, 113, 116, 119, 123, 190, 192, 202, 210, 283, 324, 352, 356, 384, 401, 407, 448, 452, 455, 459, 477, 481, 487, 490, 495, 496, 505, 512, 514, 522, 540, 544, 545.
Aragon (Louis), 78, 204, 250, 324, 388, 436, 440, 495, 557, 560.
Arbousset (Jean), 119.
Arcimboldo, 152.
Arcos (René), 32, 415, 416, **421-422**, 422, 480.
Ardouin (Pierre), 67.
Arétin (L'), 71.
Arland (Marcel), 32, 47, 304, 322, 323, 353, 355, 367, 522, 537, **548-549**, 549, 565, 568.
Armandy (Anne), 182.
Arnal (Émilie), 182.
Arnaud (Noël), 402.
Arnauld (Céline), 179.
Arnim (Achim von), 566.
Arnold (Jacques), 507, 508.
Arnold (Paul), 122, 165.
Arnoux (Alexandre), 41, 120, 482, **540-542**.

Arp, 387.
Arrien, 289.
Arrivé (Michel), 402.
Artaud (Antonin), 168, 386, 389, 390, 407, 568.
Aubanel (Théodore), 42, 215.
Aubert (Jean), 524.
Aubigné (Théodore-Agrippa d'), 34, 60, 279, 545.
Audibert (Georges), 122.
Audiberti (Jacques), 386, 510, 513, 562.
Audigier (René), 121.
Audisio (Gabriel), 32, 439.
Audra (Alliette), **179**.
Aulnoy (Marie-Jumelle d'), 331.
Autize (Pierre), 522.
Autrand (Charles), 83.
Auvrey (Mme Charles), 181.
Avril (René d'), 67.
Aymé (Marcel), 387, 505.

Bach (Jean-Sébastien), 279.
Bachelard (Gaston), 21, 84, 97, 98, 383, 443, 546.
Bachelin (Henri), 522.
Bach-Sisley (Jean), 67.
Bach-Sisley (Mme), 126.
Backer (Anne-Marie de), **187**, 498.
Badin (J.), 95.
Baës (Edgard), 28.
Baguenier-Désormeaux (Jacques), 120.
Baïf (Jean-Antoine de), 100.
Baillon (André), 522.
Bailly (Rosa), 193.
Balde (Jean), 89.
Baldenne (Fernand), 67.
Balder (Georges David, dit Jacques), 122.
Balzac (Jean-Louis Guez de), 528.
Balzac (Honoré de), 38, 116, 250, 424.
Bancal (Jean), 498.
Bansil (A.), 95.
Banville (Théodore Faullin de), 35, 51, 452, 453, 455, 459, 466.
Barbéris (Pierre), 260.
Barbier (Auguste), 120.
Barbusse (Henri), 421, 448, 536, 565.
Bardèche (Maurice), 560.
Bardin (Angelina), 522.
Barker (Reginald), 211.
Barlande (Claude), 30.
Barnes (Djuna), 147.
Baron (François), 119, 549.
Baroncelli (Jacques de), 211.
Barquissau (Raphaël), 118.
Barrault (Serge), 76.

Barrès (Maurice), 28, 40, 43, 78, 81, 85, 89, 91, 120, 121, 129, 133, 134, 143, 154, 161, 536, 555, 566.
Barthou (Louis), 129.
Basselin (Olivier), 107.
Bastet (Ned), 234.
Bataille (Henry), 77, 118, 152, **204-208**, 401, 462, 475, 552.
Bathille (Pierre), 109.
Battanchon (Georges), 120.
Baudelaire (Charles-Pierre), 25, 26, 27, 29, 32, 33, 37, 39, 42, 48, 75, 92, 116, 118, 123, 125, 132, 137, 138, 139, 168, 187, 206, 214, 222, 226, 231, 248, 283, 301, 323, 324, 326, 327, 333, 334, 337, 345, 350, 357, 374, 379, 390, 401, 467, 508, 528, 533, 537, 550, 566.
Baudouin (Marcel et Pierre), 260, 263.
Bauër (Henry), 402.
Bazalgette (Léon), 416.
Bazan (Paul), 29.
Beardsley (Aubrey Vincent), 387, 396.
Béarn (Louis Besnard, dit Pierre), 83, 202, 498.
Béart (Guy), 191, 520.
Beauduin (Nicolas), 33, **54-55**, 481.
Beaumont (Germaine), 87, **180**.
Béchade-Labarthe (Jean), 506.
Bédarieux (Robert de), 68, 523.
Bédier (Joseph), 100.
Bédouin (Jean-Louis), 310, 316.
Beethoven (Ludwig van), 489.
Béguin (Albert), 279.
Belin (Jean), 483.
Belleau (Rémi), 100, 181, 452.
Bellemin-Noël (Jean), 234, 374.
Bellivier (Roger Belluc, dit André), 534.
Belval-Delahaye (Anatole), 80.
Bémol (Maurice), 234.
Bénady (Claude), 503.
Benda (Julien), 161, 261, 279, 443.
Benjamin (René), 129.
Benn (Gottfried), 325.
Benoit (Pierre), 41, 53, 466, 480, 561.
Béranger (Pierre-Jean de), 113.
Berchtold (Alfred), 151.
Berg (Alban), 335, 344, 346, 347, 348, 349.
Berg (Christian), 386, 388, 391, 397.
Berger (Lya), 127.
Bergson (Henri), 16, 129, 232, 401, 443, 447.
Bérimont (André Leclercq, dit Luc), 203, 440.
Berlioz (Hector), 17.

Bernanos (Georges), 86, 88, 89, 129, 457, 569.
Bernard (Claude), 52.
Bernard (Jean-Marc), 41, 119, 450, **457-458**, 481, 495, 527.
Bernard (Paul Bernard, dit Tristan), 367.
Berne-Joffroy (André), 234.
Bernhardt (Rosine Bernard, dite Sarah), 38, 137.
Bernier (Josette), 176.
Bernières (Claude), 174.
Bernouard (François), **491**, 494.
Bernoville (Gaëtan), 239.
Bernstein (Henri), 109.
Beroul, 100.
Berry (André), 41, 98, 100, **103-105**, 108, 109, 498, 511.
Berry (Madeleine), 434.
Bertelé (René), 520.
Berthault (François), 481.
Berthelot, 111.
Berthet (Jean), **508**.
Bertin (Georges-Eugène), 54.
Bertrand (Adrien), 120.
Bertrand (Aloÿsius), 203, 487.
Bertrand (Louis), 40, 565.
Berys (José de), 480.
Bestour (Albert), 67.
Betz (Maurice), 165, 569.
Beuret (Marcel), 534.
Bibes (Jacques), 506.
Bichet (René), 273.
Biermé (Maria), 174.
Biguet (André), 122.
Billy (André), 47, 436, 480.
Bize (Gérard), 534.
Bizet (René), 450, 474.
Blake (William), 71.
Blanc (Philibert), 77.
Blanchard (André), 498, **503-504**.
Blanchard (Maurice), 505.
Blanche (Jacques-Émile), 554.
Blanchet (André), 167, 168, 373.
Blanchot (Maurice), 242.
Blanguernon (Étienne), 438.
Blémont (Émile), 78.
Blondiau (Felixa), 174.
Bloy (Léon), 28, 76.
Blum (Léon), 129, 215, 261.
Boak (Denis), 434.
Bocquet (Léon), 67, 89, 438.
Boggio (Raoul), 22.
Boiffard (J.-A.), 495.
Boileau (Nicolas), 27, 109, 214, 248, 250, 425, 439.
Bois (Jules), 28.

Boisdeffre (Pierre de), 168, 316.
Boissier (Gabriel), 17.
Boissy (Gabriel), 63.
Bol (Victor-P.), 309.
Bonnard (Abel), 41.
Bonnard (Pierre), 402.
Bonneau (Georges), 256.
Bonneville (Emmanuel), 36, 398.
Borel (Pierre Borel d'Hauterive, dit Pétrus), 407.
Borely (Marthe), 129.
Borges (Jorge Luis), 230, 304, 457, 522.
Borione (Élisabeth), **184**, 498.
Bosch (Jérôme), 391, 395, 396.
Boschère (Jean de), 372, **386-398**, 527.
Boschot (Adolphe), 17.
Bosco (Henri), 98, 322, **546-547**.
Bosis (Lauro de), 388.
Bosquet (Alain), 176, 205, 285, 288, 295, 297, 304, 360, 386.
Bossuet (Jacques-Benigne), 250, 283.
Botticelli (Sandro), 207.
Bouchaud (Pierre de), 18, 19.
Boudart (Alphonse), 521.
Boudry (Robert), 33.
Bouignol (Maurice), 119.
Bouillier (Henry), 310.
Boujut (Pierre), 68.
Boulanger (Daniel), 569.
Boulanger (général Georges), 35.
Boulanger (Nadia), 304.
Boulenger (Jacques), 236, 457.
Bouloc (Denys-Paul), 501, 527
Bounoure (Gabriel), 350, 359, 386, 398.
Bouquet (Georges), 177, 501, 502.
Bour (Jacques), 534.
Bourcier (Charles), 122.
Bourdeillette (Jean), **530-531**.
Bourdet (Claude), 161.
Bourdet (Édouard), 161.
Bourgeois (Charles), 526.
Bourgeois (Gaston), 83.
Bourgeois (Pierre), 33.
Bourges (Élémir), 447, 528.
Bourget (Paul), 85, 161, 408, 536.
Bourin (André), 434.
Bournet (Suzie), 68.
Bouscatel (Jean), 148.
Bousquet (Joë), 187, 384, 386, 397.
Boutet (Pierre), 123.
Bouvelet (Henri), 480.
Boyé (Maurice-Pierre), 22, **73**.
Boyer (Léon), 66, 121.
Boylesve (René Tardivaux, dit René), 202.
Braque (Georges), 302, 304.

Brasillach (Robert), 537, **560-561**.
Brassens (Georges), 520.
Braun (Thomas), **26**.
Brauquier (Louis), 439.
Bray (René), 539.
Brémond (Henri), 16, 28, 30, 129, 224, 234, 235, 236, 237.
Brémond D'Ars (Eusèbe de), 88, 90.
Breton (André), 28, 131, 407, 408, 413, 414, 495, 520, 522, 558, 569.
Breughel (Peter), 387.
Bréval (André), 121.
Bréville (Pierre de), 483.
Briand (Aristide), 129.
Briant (Théophile), 113, 177.
Brillant (Maurice), 88, 90.
Brimont (Renée de), 373.
Brindeau (Serge), 508, 517.
Brion (Marcel), 547.
Briquel (Paul), 65.
Brisset (Jean-Pierre), 401, **413-414**, 510.
Brisville (Jean-Claude), 569.
Brontë (Emily), 187.
Brooks (Romaine), 137, 147.
Brousse (J.-R. de), 97.
Browning (Elizabeth), 33, 179.
Bruant (Aristide-Louis-Armand), 114, 124.
Bruant (Armand, dit Aristide), 124.
Brun (Charles), 67, 142, 526.
Bruneau (Charles), 511.
Buge (Jacques), 374, 378, 385.
Buñuel (Luis), 211.
Burnat-Provins (Marguerite), **151-152**, 175.
Burne-Jones (Sir Edward), 137, 140.
Busch (Wilhelm), 49.
Butler (Samuel), 322.
Butor (Michel), 408, 569.
Byron (Georges Gordon, lord), 116, 390.

Cacérès (Benigno), 525.
Cadou (René Guy), 199, 440, 533, 538.
Cahn (Joseph), 123.
Caillard (Francis), 88, 90.
Caillois (Roger), 306, 457.
Calderon de La Barca (Pedro), 239.
Calemard de La Fayette (Charles), 65.
Calemard de La Fayette (Olivier), 64-**65**.
Calvet (Mgr), 241.
Camo (Pierre), 41, 90, 91, **92**, 98, 118, 451.
Camus (Albert), 566.
Cantacuzène (Charles-Adolphe), 28, 492.

Canudo (Ricciotto), 78, 415.
Capieu (Henri), **84**.
Caradec (François), 113, 408.
Caran d'Ache (Emmanuel Poiré, dit), 131.
Carco (François Carcopino-Tusoli, dit Francis), 28, 36, 41, 59, 123, 149, 450, 451, 457, 458, 461, **462-465**, 469, 472, 474, 475, 480, 481, 487, 492, 495, 497, 498, 504, 507, 508, 520, 521, 537, 544, 545.
Carême (Maurice), 498.
Carrau (Charles), 124.
Carrière (Eugène), 158.
Carroll (Charles Dodgson, dit Lewis), 510, 514, 520.
Cartouche (Louis-Dominique), 545.
Casella (Georges), 40.
Cassou (Jean), 355, 374, 386, 389, 397, 505, 532, 537.
Castagnou (André), 451, **490-491**, 494.
Castéroupoulos (Constantin), 84.
Castiaux (Paul), 67, 415, 438.
Catherine (sainte), 255.
Catherine de Sienne (sainte), 334.
Cathlin (Léon), 76.
Cattaui (Georges), **529**.
Catulle, 83, 103, 466.
Cau (Jean), 569.
Cayrol (Jean), 235, 569.
Céart (Henry), 124.
Cécile (sainte), 254.
Cendrars (Blaise), 78, 116, 118, 309, 324, 432, 481, 495, 514, 552, 565.
Cendré (Loÿs), 75.
Cesbron (Gilbert), 569.
Cézanne (Paul), 38, 96, 483.
Chabaneix (Philippe), 42, 58, 98, 450, 451, 453, 457, 459, 467, 468, **472-474**, 499.
Chabrol (Henri), 117, 498, **500**.
Chadourne (Louis), **562**.
Chagall (Marc), 202.
Chaigne (Louis), 569.
Chalon (Jean), 146.
Chalupt (René), 33, 451, 452, **491**, 494, 495, 497.
Champagne (Élise), **174**.
Chantalou (Simonne), 30.
Chanteperle (Mme Legrand, dite), 193.
Chanterive (Claude), 30.
Chapelan (Maurice), 471, 511, 542.
Chaplin (Charles Spencer, dit Charlie), 515.
Char (René), 232, 304.
Charasson (Henriette), 41, **171**.
Chardin (Jean-Baptiste), 207, 483.

Chardine (André), **517-518**.
Chardon (Ary-Henri), 123.
Charles (Gilbert), 64, 83, 451.
Charles (Jacques), 524.
Charles d'Orléans, 452.
Charpentier (Henry), 42, 55, 481.
Charpier (Jacques), 234.
Chassagne (Louise), 54, 184.
Chassin (Henri), 122.
Chastel (Paul Granolier, dit Guy), 59.
Chateaubriand (François-René de), 38, 186, 250.
Chaucer (Geoffrey), 203.
Chauvel (Jean), **530**.
Chédid (Andrée), 183.
Chénier (André), 40, 93, 95, 128, 130, 145, 154, 209, 250, 466, 560.
Chennevière (André), 440.
Chennevière (Georges), 415, 425, **434-435**, 440.
Chenoy (Léon), 33.
Chesterton (Gilbert Keith), 71, 322.
Chevallard-Filippi (Huguette), 190.
Chevallier (Simone), **183**.
Chevassus (Paul), 68.
Chevrier (Maurice), 41, 50.
Chirico, 388.
Choisy (Maryse), 186.
Chrestien de Troyes, 106, 539.
Christian-Frogé (René), 80.
Christophe (Lucien), 481.
Clair (René Chomette, dit René), 560.
Claire (sainte), 255.
Clancier (Georges-Emmanuel), 390, 397, 408, 569.
Claudel (Paul), 24, 32, 37, 72, 118, 171, 178, 202, **238-259**, 266, 279, 288, 299, 304, 306, 307, 308, 309, 315, 316, 322, 345, 354, 370, 372, 383, 387, 401, 424, 425, 446, 528, 531, 533, 537, 550, 555, 557, 569.
Claudien, 471.
Clavel (Bernard), 525.
Clédat (Léon), 99.
Clément (Jean-Baptiste), 525.
Clifford-Barney (Natalie), 15, 137, 138, **146-147**.
Clouard (Henri), 20, 40, 45, 48, 57, 103, 125, 143, 170, 182, 198, 241, 248, 384, 421, 435, 457, 489, 507, 541.
Cloüart (Albert), **116**.
Cluchier (Alice), 76, **184**.
Cocardas (Henri), 122.
Cocteau (Jean), 111, 123, 129, 187, 191, 192, 324, 332, 371, 408, 487, 491, 495, 497, 498, 508, 514, 519, 520, 538, 552, 558, 559.

Codet (Lucien), 125.
Cohen (Albert), 449.
Cohen (Gustave), 229.
Coleridge (Samuel Taylor), 322.
Colette (sainte), 254.
Colette (Sidonie-Gabrielle Colette, dite), 129, 136, 137, 138, 147, **148-149**, 178, 180, 215, 537.
Colin (Alice), 174.
Colin (Maurice), 121.
Colin (Paul), 422.
Colin de Cayeux, 545.
Colletet (François), 109.
Collin (Isi), 26.
Colomb (Christophe), 250.
Colombe (Christophe), 124.
Combette (Dominique), **493**, 494.
Comert (Marguerite), 128.
Compagnon (Auguste), 119.
Comte (Michèle), 192.
Comtet (Alex), 97.
Conchon (Georges), 66.
Confucius, 203.
Conrad (Joseph), 122, 322.
Coppée (François), 36, 39, 60, 61, 81, 115, 122, 200, 202, 205, 211, 354, 408, 410, 416, 425.
Corbie (Henri de), 122.
Corbière (Tristan), 48, 114, 448, 452, 481, 516, 541.
Corbin (Pierre), 122.
Corday (Charlotte), 453.
Corneille (Pierre), 76, 212, 240.
Corot (Jean-Baptiste), 158.
Corrard (Pierre), 124.
Cortat (Raymond), 66.
Corthis (André), 181.
Corti (José), 500.
Cossé (Marie), 472.
Couchoud (Paul-Louis), 492.
Coudens (Jacques de), 120.
Coudon (Roland), 526.
Coulet-Tessier (Antonine), 181.
Courant (Maurice), 498, 500.
Courbet (Gustave), 334.
Courmont (Henri), 42, 98, 100, **107-108**.
Courteline (Georges), 402.
Courtin (Charles), 504.
Couté (Gaston), 114, 526.
Crémieux (Benjamin), 332.
Crépon (Marguerite), **189**.
Crevel (René), 548.
Crommelinck (Fernand), 47.
Cros (Charles), 115, 476, 477.
Cros (Guy Charles-), 451, 476.
Csejdy (Laslo), 188.

Cubelier de Beynac (Léon), **81**.
Cuchet-Albaret (Émilia), 175.
Cuisenier (André), 434.
Curel (François de), 124.
Curnonsky, 453, 454.
Curtius (Ernst-Robert), 161, 230, 323.
Curvers (Alexis), 47.
Cyrano de Bergerac (Hector-Savinien de), 407.

Dalby (Henri), 33, 439.
Dali (Salvador), 414.
Dalize (René Dupuy, dit René), 119, **124**.
Damarix (Marcel Seyrat, dit Paul), 50.
Damia (Marie-Louise Damiens, dite), 463.
Dante Alighieri, 19, 71, 239, 274, 292.
Darmangeat (Pierre), 527.
Darmesteter (James), 443.
Darmet (Louis), 122.
Dars (Jean), 64.
Datheil (Raymond), **532**.
Daudet (Alphonse), 96, 153.
Daudet (Mme Alphonse), 153, 182.
Daudet (Léon), 93, 154.
Dauguet (Marie), 126.
Daumal (René), 389.
Daunou (Belphégor), 495.
Dauphin (Fernand), 59, 83.
Dauphin-Meunier, 81.
Dauzat (Alfred), 511.
David (Georges), 522.
David (Juliette), 126.
David (Maurice), 495, 497.
Debussy (Claude), 123, 210, 217, 308, 309, 315, 453, 490, 550.
Décaudin (Michel), 449, 501, 502, 552.
Decaunes (Luc), 83.
Decour (Jacques), 569.
Decreus (Juliette), 498.
Dedéyan (Christian), 498, **529**.
Deffoux (Léon), 33.
Degas (Edgar de Gas, dit Edgar), 215, 217, 448.
Degenne (Michel), 188.
Degron (Henri), 81.
Dehorne (Armand), **494**, 494, 495.
Delacour (André), **70-71**.
Delacroix (Eugène), 334.
Delaquys (Georges), 480.
Delarue-Mardrus (Lucie), 39, 127, 138, **142-144**, 147.
Delavigne (Casimir), 113.
Delbousquet (Emmanuel), 67, 97.
Delcourt (Marie), 172.

Delebecque (Edmée), 127, 182.
Delétang-Tardif (Yanette), 42, **165-166**.
Delille (Jacques), 106, 130, 181.
Della Francesca (Piero), 19.
Della Torre (Michel), 122.
Deloire (Pierre), 260.
Deloulme (Jean), 68.
Delteil (Joseph), 495, 497, 522, 527.
Denis (Maurice), 72.
Depont (Léonce), 65.
Derême (Philippe Huc, dit Tristan), 93, 236, 450, 451, 457, 462, **465-468**, 472, 476, 479, 481, 495, 497.
Derennes (Charles), 41, 90, 91, 92, 98, 453.
Dérieux (Henri), 70.
Desbordes-Valmore (Marceline), 50, 126, 134, 154, 177, 179, 183.
Descartes (René), 231.
Deschamps (Eustache), 106.
Desclers (Maurice), 123.
Des Cognets (Jean), 67, 71.
Desjardins (Paul), 424, 442.
Desmaroux (Hélène), 47, **185**, 498.
De Smet (Germaine), 174.
Desnos (Robert), 408, 412, 413, 414, 421, 440, 495, 512, 516, 520.
Desnoues (Lucienne), 506.
Despax (Émile), 62, 98, 119, 467.
Despert (Jehan), 187, 503.
Des Rieux (Lionel), 81, 119.
Desthieux (Jean), 64.
Deubel (Léon), 64, 67, 72, 476, 477.
Deval (Jacques Boularan, dit Jacques), 565.
Dévigne (Georges-Hector Mai, dit Roger), 65, **80**, 475.
Devred (André), 121.
Dhano (Marc), 77.
Dhôtel (André), **549-550**.
Diamant-Berger (Marcel), 54, 79.
Dickinson (Emily), 138.
Diderot (Denis), 116, 536.
Dierx (Léon), 209.
Digot (Jean), 68, 501.
Diogène, 392.
Dion-Levesque (Rosaire), 176.
Divoire (Fernand), 32, 481.
Dominique (Marie Closet, dite Jean), 26, **172**, 173, 174.
Donnay (Maurice), 109.
Doolittle (Hilda), 388.
Dorat (Jean), 450.
Dorgelès (Roland), 59, 113, 472, 544, **565**.
Dornier (Charles), **73**, 80.
Dorsenne (Jean), 64.

Dortzal (Jeanne), 127.
Doryan (Mireïo), 193.
Dostoïevski (Fedor), 239, 262.
Doucet (Henri), 420.
Doyen (Albert), 415.
Dreyfus (Alfred), 43, 261.
Drieu La Rochelle (Pierre), 202, 259, 495, 556-558.
Droin (Alfred), 118.
Dromart (Marie-Louise), 153.
Drouet (Marcel), 120.
Drouin (Robert), 122.
Drouot (Paul), 41, 62, 119.
Druard (Henri), 492.
Druelle (André), 522, 527.
Druon (Maurice), 565.
Du Bartas (Guillaume de Salluste), 15.
Du Bayle (Henri Gautier), 42.
Dubech (Lucien), 49.
Du Bellay (Joachim), 42, 100, 450, 466.
Du Bois (Albert), 115.
Du Bos (Charles), 129, 234, 253, 457.
Dubuffet (Jean), 510, 511.
Dubus (Cyrille), 83.
Dubus (Édouard), 81.
Ducaté (Claudine), 183.
Ducaud-Bourget (Mgr François), 76.
Duchamp (Marcel), 414.
Dufner (André), 120.
Dufrène (Charlotte), 413.
Dufrène (François), 511.
Duhamel (Georges), 203, 250, 415, 416, 417, **417-418**, 422, 424, 425, 435, 449, 507, 537, 565.
Duhamelet (Geneviève), 181.
Dujardin (Antoine), 119.
Dujardin (Édouard), 16, 17, 387.
Dulac (Joseph), 64.
Dulhon-Noguès (Louis Barbet, dit Louis), 121.
Dumaine (Philippe), 83, 498, 527.
Dumange (Albert), 121.
Dumas (André), 39, 51, 59.
Dumas (Charles), 122.
Du Maurier (George), 520, 522.
Dumesnil (Georges), 254.
Dumur (Louis), 199.
Dupin (Jacques), 183.
Dupin (Jules), 122.
Du Plessys (Sylvain-François-Maurice Flandre-Noblesse, dit Maurice), 42, 47, 51, 81, 106, 490.
Dupont (Gabriel), 483.
Dupuy-Mazuel (Henri), 96.
Durand (Oswald), 176.
Durieux (Jean), 480, 498.
Durkheim (Émile), 424.

Duron (Jacques), 516, 528.
Durry (Marie-Jeanne), **186-187**.
Durtain (André Nepveu, dit Luc), 33, 116, 324, 415, 425, **435-437**.
Dusserre (Antonin), 522.
Dutourd (Jean), 505, 569.
Duvau (Georges), 495, 497.
Duvivier (Julien), 211.
Dyssord (Édouard Moreau de Bellaing, dit Jacques), 451, **487-489**, 494.

Eeckoud (Georges), 26, 205.
Einstein (Albert), 373, 410.
Ekisler (Charles), 64.
Eliot (Thomas Stearns, dit T.S.), 289, 304, 306, 388, 529.
Elisséeff (Vadime), 310.
Elskamp (Max), 25, 173, 386, 387, 451.
Éluard (Paul), 131, 199, 324, 334, 362, 388, 421, 457, 492, 560, 569.
Emerson (Ralph Wado), 24.
Émié (Louis), 187, 235, 527.
Emmanuel (Pierre), 183, 242, 319, 446, 560.
Emmanuel-Delbousquet (Germaine), 181.
Enesco (Georges), 445.
Eng (Roger), 121.
Ennetières (Élisabeth d'), 388.
Ensor (James), 387.
Éon (André-Marie), 83, 481.
Éon (Francis), **82-83**, 450, 474.
Éon (Gabriel), 83.
Érasme (Didier), 52.
Erlande (Albert), 41, 53, **96**, **98**, 481.
Erlanger (Philippe), 569.
Ernst (Max), 387.
Escholier (Raymond), 167.
Eschyle, 239, 245, 299.
Eshmer-Valdor, 423.
Etévé (Marcel), 121.
Etiemble (René), 353, 357.
Euclide, 161.
Eudes (Joseph-Marie), 504.
Evrard (Mme Laurent), 182.
Eydoux (Emmanuel), 449.
Eyris (Marcelle), 175.

Fabié (François), 67.
Fabre (Jean), 97, 481.
Fabre (Lucien), **30**, 42, 289.
Fabry (Anne-Marie), 193.
Faguet (Émile), 59.
Fagus (Georges Faillet, dit), 42, 72, 76, 236, 481.
Falgairolle (Adolphe de), 512.
Fallet (René), 520.

Fargue (Léon-Paul), 129, 136, 178, 202, 215, 250, 283, 304, 322, 324, 414, 452, 494, 504, 519, 522, 567.
Farrère (Charles Bargonne, dit Claude), 118, 124, 148, 308.
Faubert (Ida), 176.
Fauchereau (Serge), 484.
Fauchois (René), 36.
Fauré (Gabriel), 18, 36.
Favre (Yves-Alain), 550, 565.
Félix-Faure Goyau (Lucie), 182.
Ferdière (Gaston), 511.
Féret (Charles-Théophile), 66, 100.
Fernandat (Louis Genetet, dit René), 41, 70.
Fernandez (Émile), 497.
Ferrand-Weymer (Yvonne), 164.
Feschotte (Jacques), 64.
Fiérens (Paul), 33.
Fieschi (Pascal), 531.
Figueras (André), 434.
Fitz Gerald (Edward), 48.
Fiumi (Lionello), 230.
Flad (Albert), 41, 64.
Flaubert (Gustave), 108, 186, 407, 566.
Fleg (Edmond Flegenheimer, dit Edmond), 15, 445-446, 449.
Fletcher (John Gould), 388.
Fleuret (Fernand), 100, 107, 110-111, 210.
Fleury (Ernest), 61, 182.
Fleury (Marthe-Claire), 61, 78, 182.
Flint (F. S.), 388.
Flint (Lesle), 495.
Florian (Jean-Pierre Claris de), 38, 114.
Flory (Albert), 61, 63.
Foix (Henri), 507.
Follain (Jean), 29, 386.
Fombeure (Maurice), 29, 122, 498, 502.
Fons (Pierre), 97.
Fontainas (André), 19, 25, 90, 98, 215.
Fontaine (Paul-Marie), 507, 509.
Fontaine-Vive (Jean), 120.
Fontane (Jacques), 254.
Fontenay (Charles de), 124.
Fontenay (Étienne de), 124.
Forain (Jean-Louis), 136.
Forot (Charles), 58, 124, 451, 481.
Fort (Paul), 31, 65, 69, 76, 116, 190, 202-204, 354, 372, 375, 384, 401, 416, 424, 472, 477, 480, 481, 484, 498.
Foucault (Michel), 408.
Foucher (Jean-Pierre), 511.
Foucher (Louis), 494, 513-514.
Fouchet (Max-Pol), 319.
Foulon (Maurice), 120.
Foulon de Vaulx (André), 21.

Fouras (Hugues), 504-506, 508, 510.
Fourcade (Claude), 185.
Fourest (Georges), 114-115, 116, 497.
Fourier de Rozières (Pierre), 121.
Fra Angelico, 363.
Fraissinhes (Charles), 507.
France (François Thibault, dit Anatole), 43, 129, 232, 528, 536, 557.
Francis-Bœuf (Jean), 74.
Franck (Henri), 446-447, 449.
Franc-Nohain (Maurice-Étienne Legrand, dit), 52, 114.
François (Camille), 526.
François (William), 503.
François d'Assise (saint), 19, 167, 334, 361, 396.
Franconi (Gabriel-Tristan), 120.
Frédérique (André), 406, 516.
Fréhel, 463.
Frêne (Roger Fraysse, dit Roger), 41, 65, 451, 476.
Freud (Sigmund), 337.
Frick (Louis de Gonzague), 28, 77, 111-112, 511.
Frickx (Robert), 172.
Froberville (général de), 554.
Froment (Nicolas), 96.
Frondaie (René Fraudet, dit Pierre), 565.
Fumet (Stanislas), 122.
Fuster (Charles), 68.

Gabory (Georges), 451, 452, 489-490, 494, 495, 497.
Gachon (Lucien), 66.
Gadon (Henri), 481.
Gaillard (Alphonse), 77.
Galland (Antoine), 483.
Gallimard (Claude), 322.
Gallimard (Gaston), 217.
Galoy (Henri Derche, dit Henri), 64, 80.
Galtier-Boissière (Jean), 109, 472.
Galzy (Jeanne), 181.
Gandilhon Gens d'Armes (Camille), 65, 80.
Gandon (Yves), 505, 567.
Garampon (Georges), 516.
Garçon (Georges Letervanic, dit Jules), 123.
Garnier (André-Paul), 41.
Garnier (Auguste-Pierre), 58.
Garnier (Georges-Louis), 73.
Garnier (Noël), 64.
Gasquet (Joachim), 40, 90, 91, 96, 119, 466.

Gasser (Gustave), 77.
Gaubert (Ernest), 65, 67.
Gaubert (Philippe), 40, 98, 483.
Gaucher (Raymond), 121.
Gaudion (Georges), 77, 97.
Gauguin (Paul), 307, 308.
Gaulle (Charles de), 254.
Gaultier (Jules de), 308, 312, 317.
Gauthier-Ferrières (Léon), 122.
Gautier (Judith), 126, 209, 487.
Gautier (Théophile), 35, 50, 62, 92, 214, 378, 452, 456.
Gazanion (Édouard), 480.
Gémier (Firmin), 402.
Genêt (Henri-Émile), 121.
Genet (Jean), 569.
Genette (Gérard), 234.
Geneviève (sainte), 278.
Genevoix (Maurice), 473, 565.
Gengis Khan, 289.
Génin (Auguste), 54.
Geo-Charles (Charles Guyot, dit), 117.
George (Stefan), 161.
George-Day (Yvonne Debeauvaïs, dite), 180.
Georges (saint), 254.
Géraldy (Paul Le Fèvre, dit Paul), 60, 462, 534.
Gérard (Francis), 495, **496**.
Gérard (Jeanne), 184.
Gérard (Rosemonde), 35, 126, 153.
Gérardy (Paul), 26.
Germain (André), **75**.
Germain (Gabriel), 310.
Germon (Jean), **76**.
Gevers (Marie), **173**, 174.
Gevin (Elie), 120.
Ghéon (Henri Vaugeon, dit), 75.
Ghil (René), 14, 15, 16, 18, 26, 28, 31, 37, 78, 333, 387, 416, 438.
Ghyka (Matila), 31.
Gide (André), 24, 28, 75, 88, 129, 178, 200, 202, 209, 214, 217, 240, 241, 279, 304, 306, 322, 323, 353, 401, 416, 424, 439, 536, 550.
Gignoux (Léon), 123.
Gilbert (Nicolas-Florent), 411.
Gilkin (Iwan), 26.
Gille (Valère), 26.
Gillet (Louis), 279.
Gillet-Renaud (Germaine), 193.
Gillot (Marguerite), 127.
Gilson (Paul), **513-515**.
Ginet (Albert), 533.
Giono (Jean), **547-548**, 568.
Giorgione (Le), 62, 476.
Giraud (Albert), 26.

Giraudoux (Jean), 186, 259, 452, 457, 507, **539-540**.
Giscard d'Estaing (Valéry), 472.
Givray (Georges de), 29.
Gleizes (Albert), 415.
Gluck (Christoph Willibald), 216, 373.
Gobillard (Jeannie), 217.
Godefroy (Georges), 83.
Godoy (Armand), 29.
Goethe (Wolfgang), 116, 231, 240, 550.
Goffin (Robert), 514.
Goffin-Canivet (Hélène), 174.
Gojon (Edmond), 41, **118**.
Gomez de La Serna (Ramon), 322.
Goncourt (Edmond et Jules), 214, 215, 387.
Gongora (Luis de), 350, 362, 542.
Gosselin (Jeanne), 174.
Gossez (Alphonse-Marie), 67, 123.
Got (Armand), 64, 81.
Goudeau (Émile), 114.
Gouhier (Henri), 167.
Goulinat (Anne-Marie), 182.
Gounelle (Henri), 124.
Gourmont (Remy de), 15, 16, 18, 25, 147, 154, 199, 202, 204, 205, 206, 307, 401, 407, 536.
Goya (Francisco de), 482.
Gracy (Pierre), **73**.
Granados (Enrique), 373.
Granier (Albert-Paul), 124.
Granier (Louis), 124, 125.
Granoff (Katia), 182.
Gravier (Joseph), 122.
Greban (Arnoul), 106.
Greco (Le), 87.
Gregh (Fernand), 39, 40, 63, 68, 77, 83, 153.
Gregh (Harlette Fernand-), 127, **153**.
Grépon (Marguerite), **189-190**.
Grimbert (Clovis), 123.
Groethuysen (Bernard), 350.
Grolleau (Charles), 71.
Gros (Gabriel-Joseph), 480.
Gros (Léon-Gabriel), 365, 519, 520.
Grosche (Robert), 248.
Grosclaude (Pierre), 74.
Grout (Marius), **562**.
Grovlez (Gabriel), 483.
Guegan (Marc-Adolphe), 29.
Gueguen (Pierre), 389, **534**.
Guéhenno (Jean), 525.
Guénon (René), 46.
Guerdavid (Yves de), 121.
Guérin (Charles), 62, 75, 77, 89, 121, 155, 200, 462, 477.
Guérin (Maurice de), 86, 87, 120, 130.

Guiart (Amédée), 123.
Guibert (Armand), 374.
Guiette (Robert), 33, 389.
Guillaume (Louis), 524, 533.
Guillaume de Lorris, 106, 292.
Guillaumin (Émile), 522.
Guillemin (Henri), 279.
Guillen (Jorge), 355, 370.
Guilleré (René), 118-119.
Guillot (Léon), 120.
Guilloux (Louis), 525.
Guinle (Alexandre), 53.
Guiraldès, 322.
Gumpel (Lucien), 123.
Gutenberg, 415.
Guyon (Bernard), 279.
Guyon (Charles), 443.

Haedens (Kléber), 136, 141, 272, 315, 457, 539.
Hahn (Reynaldo), 36, 79.
Halbrand (Claude), 174.
Halévy (Daniel), 261, 265, 279, 558.
Hall (Radcliffe), 147.
Hamilton (Anne Vera), 388.
Hamon (M.), 53.
Hamp (Pierre), 261.
Handrey (Mme Pierre), 182.
Haraucourt (Edmond), 39.
Hardant (Hélène), 182.
Hardellet (André), 520-522.
Harry (Myriam), 138.
Haulleville (Eric de), 33.
Hauvette (Pierre-Abel), 66.
Hébert (Anne), 176.
Hébert (Yvonne), 308.
Heine (Henri), 128, 206, 448, 457, 480, 487.
Heitz (Georges), 479.
Hélène de la Providence (sœur), 176.
Helle (Robert-Guy d'), 116.
Hellens (Franz), 355, 386, 527.
Helmholtz (Hermann von), 15.
Hemingway (Ernest), 178.
Hener (René), 182, 498-499.
Hennique (Nicolette), 127, 182.
Henriot (Paul Maigrot, dit Émile), 41, 453, 481, 566.
Henry (Aline), 184.
Henry (Hélène), 448.
Henry-Jacques, 438.
Henry-Rosier (Marguerite), 180.
Herdyk (André), 480.
Heredia (José-Maria de), 35, 51, 54, 83, 114, 118, 122, 143, 161, 170, 209, 214, 267, 424, 561.
Heredia (Louise de), 209.

Héritier (Jean), 142.
Herman-Gilson (Yvonne), 174.
Hermans (Georges), 167.
Hermant (René-Marie), 33.
Hermant (Mme Tony), 174.
Herold (André-Ferdinand), 18.
Herondas, 489.
Herr (Lucien), 261.
Herriot (Édouard), 129.
Hertz (Henri), 448-449.
Hervé-Bazin (Jean), 569.
Hervieu (Paul), 161.
Heugel (Jacques), 72.
Hiégel (Pierre), 526.
Hirsch (Charles-Henry), 565.
Hoff (Fernand), 122.
Hoffmanstahl (Hugo von), 306.
Hölderlin (Friedrich), 335, 350.
Holmès (Augusta), 137.
Hombek (Albert), 124.
Homère, 93, 96, 97, 141, 250, 289, 291, 299, 326.
Honegger (Arthur), 211.
Honnert (Robert), 69, 495.
Hooghe (Édouard d'), 64, 80.
Horace, 54, 83, 248, 457.
Houdelot (Robert), 450, 478.
Hourcade (Olivier), 67, 121.
Houville (Marie de Heredia, dite Gérard), 129, 142, 144-146, 153.
Hubert-Robert, 483.
Hugo (Victor-Marie, Victor), 17, 23, 36, 37, 38, 48, 55, 60, 72, 97, 123, 128, 136, 198, 214, 239, 240, 250, 267, 278, 292, 321, 324, 352, 367, 378, 408, 410, 412, 424, 425, 432.
Humeau (Edmond), 362.
Humières (Robert d'), 122, 205.
Huxley (Aldous), 388.
Huysmans (Joris-Karl), 214, 307, 387, 536.
Hytier (Jean), 33, 217, 234, 236, 439.

Ibarra (Nestor), 230.
Ibbetson (Peter), 514.
Ibels (Robert), 121.
Ibert (Jacques), 211.
Ibsen (Henrik), 550.
Ikor (Roger), 83.
Ince (Walter), 234.
Indy (Vincent d'), 72.
Ionesco (Eugène), 256, 370, 407.
Iribe (Paul), 491.
Israël (Léon), 123.

Jacob (Max), 77, 111, 333, 355, 389, 407, 434, 448, 449, 452, 481, 484,

485, 489, 495, 500, 502, 512, 516, 518, 519, 525, 544, 545, 558, 559, 560.
Jacques le Majeur (saint), 252.
Jacques (Lucien), 440, 547.
Jacques-Noir (Alexandre Geoffret, dit), 71, 481.
Jalabert (Pierre), 95.
Jaloux (Edmond), 62, 70, 96, 129, 166, 172, 179, 372, 397, 453, 472, 529, 566.
Jamati (Paul), 438, 443.
Jamblique, 283.
Jammes (Francis), 20, 26, 28, 32, 50, 69, 75, 76, 78, 86, 89, 128, 129, 130, 133, 154, 171, 179, **199-202**, 205, 250, 322, 327, 333, 401, 416, 424, 453, 457, 462, 467, 475, 493, 504, 505, 537, 538, 562.
Janet (Gaston), 68.
Janet (Pierre), 409.
Janneau (Augustin), 500.
Jarry (Alfred), 108, 210, 307, 401, **401-408**, 414, 448, 496, 507, 512, 513.
Jaurès (Jean), 135.
Jean-Aubry (G.), 322.
Jean-Bosco (saint), 255.
Jean d'Arras, 545.
Jean de Meun, 106.
Jeanne d'Arc, 269, 278.
Jérôme (saint), 255.
Joannis-Pagan, 121.
Johannet, 263.
Joinville (Jean de), 266.
Joiret (Michel), 172.
Jolas (Eugène), 510.
Jolivet (René), 109.
Joly-Segalen (Mme), 310, 318.
Jones (Owen), 214.
Jordaens (Jules-Gérard), 480.
Joseph (saint), 254, 255.
Joseph (Roger), **500**.
Josset (André), 439.
Joubin (Louis), 307.
Jouguet (Pierre), 64.
Jouhandeau (Marcel), 240, 355, 389, 568.
Jourdan (Bernard), 526.
Joussain (André), 77.
Jousse (le Père), 16.
Jouve (Pierre-Jean), 33, 83, 161, 183, 293, 310, 312, **333-351**, 364, 415, 416, 441.
Joyce (James), 322, 414, 537.
Jude (saint), 252.
Juin (Hubert), 204, 516, 521.
Junot (Andoche), 209.

Kafka (Franz), 66, 564.
Kahn (Gustave), 15, 25, 28, 387, 408, 419, 449, 495, 566.
Kanters (Robert), 533, 552.
Kapnist (comtesse), 127.
Keats (John), 209.
Kemp (Robert), 301, 322.
Kennedy (Jacqueline), 304.
Kerdyk (André), 451.
Ker-Frank-Houx (F. Doncker, dit), 125.
Kerhoas (Émilienne), 503.
Kermorvan (Marie-Aimée de), 185, 504.
Kessel (Joseph), 565.
Keyser (Édouard de), 83.
Khayyam (Omar), 458, 482.
Kinon (Victor), 26.
Kipling (Rudyard), 122.
Klingsor (Léon Leclère, dit Tristan), 28, 75, 81, 202, 203, 448, 451, **482-487**, 494, 498, 502.
Klossowski (Pierre), 335.
Knodel (Arthur), 295.
Koeberlé (Elsa), 182.
Koechlin (Charles), 483.
Kouang-Siu (l'empereur), 308.
Krafft (Jacques-G.), 29.
Krysinska (Marie), 126, 142.

Labé (Louise), 16, 150, 162, 185, 191, 500.
Labègue (Loÿs), 76.
La Bonnardière (Dominique), 121.
Labracherie (Pierre), 105, 107, **108-109**.
Lacarce (André), 523.
Lacerte (Emma-Adèle), 176.
Lacôte (René), 533.
Lacretelle (Jacques de), 141.
Lactance, 283.
Lacuzon (Adolphe), 81.
Lafargue (Jean-Pierre), 495.
Lafargue (Marc), 40, 98.
La Fayette (Marie-Madeleine Pioche de la Vergne, comtesse de), 186.
Lafenestre (Georges), 63.
Lafenestre (Pierre), 63.
Lafon (André), 88, **89**, 119.
Lafond (François), 41, 119.
La Fontaine (Jean de), 27, 38, 43, 47, 52, 106, 113, 202, 231, 352, 356, 361, 362, 439, 458, 490, 499, 559.
Laforgue (Jules), 33, 48, 51, 90, 114, 116, 123, 186, 323, 352, 354, 357, 369, 407, 448, 452, 455, 459, 481, 504, 505, 516, 517, 533, 537.

La Gandara (Antonio de), 136, 485.
La Hire (Jean de), 536.
Lahor (Henri Cazalis, dit Jean), 161.
La Houssaye (Noël de), 41, 53, 55.
Laisné (Hector), 64.
Lalou (René), 93, 204, 212, 263, 316, 410, 439, 542, 568.
Lamandé (André), 53.
Lamartine (Alphonse de), 26, 38, 39, 95, 96, 118, 127, 517.
Lambotte (Emma), 174.
Lamennais (Hugues-Robert-Félicité de), 89.
La Mothe (Guy de), 71, 523.
Lançon (René), 121.
Landor (Walter Savage), 322.
Landowski (Paul), 428.
Laniez (Gabriel), 494.
Lannes (Roger), 519-520.
Lanoé (Julien), 358.
Lanoue (Elysée), 123.
Lanoux (Armand), 83, 508, 520, 563, 569.
Lanquiné (C.), 95.
L'Anselme (Jean-Marc Minotte, dit Jean), 525.
Lanson (Gustave), 41, 274.
Lante (Émile), 438.
Lanza del Vasto, 386, 397, 498.
Lapaire (Hugues), 67.
Laparcerie (Cora), 63, 153.
Lapeyre (Eugène), 50.
Laporte (Édouard), 479.
Laprade (Victor de), 59.
Larbaud (Mme), 321.
Larbaud (Nicolas), 321.
Larbaud (Valery), 178, 204, 216, 259, 283, 299, 304, 321-332, 353, 355, 432, 475, 481, 491, 495, 504, 507, 540, 552, 565.
Larguier (Léo), 37-38, 96, 98, 185, 505, 507.
Larnac (Jean), 129.
La Rochefoucauld (Edmée de), 129, 163.
Larronde (Carlos), 372.
Lartigue (Jean), 308, 309, 319.
La Salle (Louis de), 125.
Lasnier (Rita), 176.
Lassaussaie (Guy), 121.
Lasserre (Pierre), 239.
La Tailhède (Raymond Gagnebé de), 41, 43, 49, 81.
Latapie (Georges-Ambroise), 121.
Latil (Léo), 124.
La Tour du Pin (Patrice de), 64, 235, 370, 498.

Laude (André), 397.
Laurence (Evelyne), 175.
Laurencin (Marie), 190.
Laurette (Pierre), 234.
Lautréamont (Isidore Ducasse, dit le comte de), 235, 301, 337, 352, 355, 401, 405, 407, 408.
Lautreu (Louis), 121.
La Vaissière (Robert de), 450, 462, 470-472, 480, 481.
Lavaud (Guy), 20-21, 28, 41, 82, 447.
La Ville de Mirmont (Jean de), 88, 89.
Lawrence (David Herbert, dit D.H.), 388.
Lazzari (Sylvio), 483.
Léautaud (Paul), 211.
Lebaudy (Max), 322.
Lebesgue (Philéas), 28, 481, 522.
Lebois (André), 386, 522, **527**.
Lebois (Paul), 374.
Le Bon (Gustave), 424.
Lebrau (Jean), 50, 56-57, 452, 498, 527.
Le Braz (Anatole), 67.
Lebrun (Pierre-Antoine), 228.
Le Cardonnel (Louis), 19-20, 40, 41, 120.
Léché (Oswald de), 120.
Leconte (Mme Sébastien-Charles), 127.
Leconte (Sébastien-Charles), 28, 39, 51.
Leconte de Lisle (Marie-René-Charles Leconte, dit), 35, 51, 54, 55, 81, 114, 122, 135, 161, 209, 214, 227, 352.
Le Cordier (Roland), 83.
Lécureux (Lucien), 122.
Le Dantec (Félix), 47.
Le Dantec (Yves-Gérard), 42, 47, 47-49, 56, 100, 138.
Lefebure (Louis), 71, 72-73.
Lefèvre (Frédéric), 47, 184, 227.
Lefilleul (Philippe Gonnard, dit Claude), 121.
Lefranc (Marie), 176.
Léger (Jean), 30.
Le Goffic (Charles), 39, 43, 67, 91, 121.
Leiris (Michel), 408, 414.
Le Louët (Jean), 389, 393.
Lély-Poujol (Pierre), 73.
Le Mayeur (Myriam), 504.
Lemercier d'Herm (Camille), 137.
Lemieux-Levesque (Alice), 176.
Lemonnier (Camille), 152.
Lenormand (Henri-René), 563.
Lepage (Jacques), 523.
Le Petit (Claude), 109, 459.
Lépidis (Clément), 569.
Le Quintrec (Charles), 68, 498, 524.
Le Rouge (Gustave), 536.

Leroux (Jules), 122.
Le Roy (Jean), 26, 123-124.
Léry (Maxime), 38.
Lescoët (Henri de), 531, 532.
Le Sieutre (Maurice), 65.
Lestang (Pierre de), 122.
Levaillant (Jean), 218, 232.
Levaillant (Maurice), 38.
Levet (Henry-Jean-Marie), 118, 323, 328, 330, 475, 481, 507, 552.
Lévy (Bernard-Henri), 279.
Lévy-Bruhl (Lucien), 424.
Lévy-Dhurmer (Lucien), 164.
Leys (René), 308, 309.
Lhéritier (Antony), 524.
L'Hiver (Raymond Cottineau, dit Jean), 122.
Lièvre (Pierre Hase, dit Pierre), 565.
Limbour (Georges), 549.
Linard, 415.
Lincoln (Abraham), 14.
Li Taï pé, 256.
Litchfousse (Victor), 28.
Livet (Henri-Philippe), 53, 534.
Lochac (Emmanuel), 491, 494.
Locke, 552.
Loew (Jean), 86.
Loiselet (Pierre), 565.
Loisy (Jean), 499.
L'Olagne (Jean-François Angeli, dit Jean), 121.
Londeix (Georges), 66.
Lonlaye (Claude de), 185.
Looten (Emmanuel), 494.
Lope de Vega (Félix), 239.
Lorca (Federico Garcia), 370, 527.
Lorenz (Paul), 137, 138, 529.
Loret (Jean), 113.
Lorrain (Jean), 18, 137, 204, 206, 210, 372, 482, 536.
Lot (Fernand), 116.
Lote (Georges), 16, 506-507.
Loti (Pierre), 321, 453.
Lotte (Joseph), 260.
Louant (Tina), 174.
Loubière (Pierre), 83, 498, 501, 522.
Louis (saint), 255, 265.
Louis II de Bavière, 19.
Louis XI, 204.
Louis XIII, 466.
Louis XV, 52, 466.
Louis-Chevrillon (Hedwige), 504.
Loups (Léo), 118.
Louvencourt (Geneviève de), 185.
Louÿs (Pierre Louis, dit Pierre), 35, 83, 143, 148, 202, 208-212, 214, 217, 308, 455, 487, 533.

Loysel (Jean de Thomas de Saint-Laurent, dit René), 122.
Lubac (Henri de), 241.
Lübeck (Robert Enoch, dit Mathias), 495, 496.
Lucas (Roger), 29.
Lucas (Wilfrid), 73-74.
Luce (Gaston), 481.
Lucrèce, 143.
Lugné-Poe (Aurélien-Marie), 402.
Lunel (Armand), 83.
Lunel (Raymond), 83.
Lysaine (Paule), 127.

Mabille de Poncheville (André), 75.
Mac Orlan (Pierre Dumarchais, dit), 29, 459, 481, 495, 505, 510, 514, 520, 522, 543-546.
Madariaga (Salvador de), 304.
Madaule (Jacques), 187, 240.
Madlyn (Léon), 81.
Maeterlinck (Maurice), 24, 51, 92, 243, 333, 415, 482, 502, 537.
Magallon (comtesse de), 127.
Magallon d'Argens (Xavier de), 41, 68, 90, 91, 93, 98.
Mage de Fiefmelin (Antoine), 502.
Magre (André), 437.
Magre (Maurice), 437.
Mahler (Gustav), 348.
Maiger-Kauffmann (Renée), 184.
Maillol (Aristide), 92.
Malègue (Joseph), 66.
Malesherbes (Chrétien-Guillaume de Lamoignon de), 74.
Malfère (Edgar), 119.
Malherbe (François de), 34, 43, 93, 223, 236, 425, 452, 559.
Mallarmé (Stéphane), 20, 22, 25, 26, 27, 30, 31, 32, 42, 44, 45, 48, 55, 66, 84, 92, 95, 122, 161, 166, 198, 209, 213, 214, 215, 219, 222, 231, 232, 233, 235, 239, 242, 243, 248, 249, 250, 333, 334, 337, 350, 352, 362, 383, 401, 405, 407, 439, 455, 508, 527, 528, 566.
Mallet (Gérard), 119, 481.
Mallet (Robert), 202, 322.
Mallet-Joris (Françoise), 569.
Malleville (Claude de), 475.
Malouin (Reine), 176.
Malraux (André), 191, 566.
Malrieu (Jean), 184.
Malteste (Henri), 128.
Mandin (Louis), 28, 69, 480, 481.
Manet (Édouard), 215, 217.
Mange (Juliette), 193.

Mann (Thomas), 569.
Mano (Guy Lévis), 519.
Manoll (Michel), 167, 333, 360.
Marc (Gabriel), 65.
Marcello-Fabri (Marcel Faivre, dit), 33.
Marchal (Robert), 122.
Marcou (André), **533**.
Mardelle (Maurice), 76.
Mardrus (J.-C.), 142, 483.
Maret (Jacques), **512**.
Marichal (Jean-François), 121.
Marié (Lucien), 125.
Marie-Antoinette, 52.
Marie de France, 500.
Marie-Tharcissius (sœur), 167.
Marin (Auguste), 172.
Marinetti (Filippo-Tommazo), 28, 388, 415, 552.
Maritain (Jacques), 86, 161, 170, 562.
Maritain (Raïssa), 161, 170.
Marivaux (Pierre Carlet de Chamblain de), 186.
Marjan (Marcel Auger, dit), **512**.
Marlet (Jacques), 498, **501**.
Marlow (Georges), 26.
Marot (Clément), 102, 227, 452.
Marquet (Mary), 191.
Marsan (Eugène), 41, 154, 457.
Martel (André), **510**, 513.
Martet (Jean), 565.
Marti (Delphine), 179.
Marti (José), 29.
Martin (Henri), 158.
Martin-Barzun (Henri), 415, **422-423**.
Martin du Gard (Maurice), 372, 495, 497, **563**.
Martineau (Henri), 451, 457, 480, 481.
Martinet (Marcel), **441-442**, 481.
Martinon, 268.
Marvig (Jeanne), 42, 127, 164.
Mary (Jean Monniot, dit André), 41, 55, 98, **99-103**, 105, 107, 498.
Marye (Édouard), 42.
Maspero (Jean), 122.
Massat (Gaston), **534**.
Masselot (Yves), 189.
Massenet (Jules), 528.
Masset (Jean), 120.
Massignon (Louis), 161.
Massis (Henri), 41.
Masson (André), 387.
Masson (Loÿs), 526.
Massonne (Charles), **531-532**.
Mathews (J. F.), 230.
Mathias (Pierre), 524.
Maubernard (Claude), 185.
Maublanc (Jean-Daniel), 492, **533**.

Maublanc (René), 439.
Mauclair (Camille), 29, 211.
Mauge (Gilbert), 163.
Maurelle (Joseph), 30.
Maurette (Michel), 522.
Mauriac (Claude), 385.
Mauriac (François), 41, **85-90**, 122, 129, 130, 183, 445, 495, 507, 530, 537, 564.
Maurice (Georges), 121.
Maurois (Émile Herzog, dit André), 87, **564-565**.
Mauron (Charles), 84, 234.
Maurras (Charles), 40, **42-45**, 49, 50, 81, 113, 120, 129, 141, 142, 185, 234, 235, 453, 498, 566.
Mavit (Henry), 504.
Maxime-Léry, 38.
Maynard (François de), 437.
Mazade (Fernand), 41, 90, 91, 481.
Mazade (Juliette Fernand-), 91, 498.
Mazarin (Jules), 331.
Maze (Jean-Marie Disler, dit Jean), 507.
Meleagre, 211.
Melik (Rouben), 498.
Melloy (Camille), 76.
Mélon (Joseph), 64, 71.
Mélot du Dy (Robert Mélot, dit), 32, 388, 451, 452.
Menanteau (Pierre), 68, 177, 483, 487, 498, 501, **502**.
Mendès (Catulle), 15, 39, 122, 153, 203.
Mendès (Jane Catulle-), 127, **152**.
Mendès (Primice Catulle-), 15, 124.
Méplain (Anatole), 120.
Meraville (Marie-Aimée), 66.
Mercereau de la Chaume (Alexandre), 415, **422-423**.
Mercier (Louis), 59, 76, 98, 479.
Mercœur (Élisa), 126.
Merens-Melmer (Madeleine), 185.
Merleau-Ponty (Maurice), 242.
Mermillon (Marius), 480.
Merrill (Stuart), 28, 81, 214, 468.
Méryon (Charles), 334.
Meschinot (Jean), 120.
Messiaen (Alain), 153, 509.
Messiaen (Olivier), 153, 509.
Messiaen (Pierre), 153, 509.
Messis (Blanche), 185, 498.
Métérié (Alphonse), 50, 451, 481.
Metsys (Quentin), 387.
Meulayère (Guy de la), 116.
Meunier (Mario), 129.
Meyer (Paul), 99.

Micha (René), 335, 350.
Michaël (Roger), **509-510**.
Michaud (Guy), 242.
Michaud-Lapeyre (Marie-Rose), 184.
Michaux (Henri), 168, 324, 353, 355, 389, 406, 407, 414, 510, 511, 513, 568.
Michel (Louise), 126.
Michel-Ange Buonarotti, 363.
Michelet (Jules), 240, 250, 261, 424.
Micheloud (Pierrette), 175, 183.
Mikhaël (Ephraïm), 39.
Milhaud (Darius), 59, 124, 371.
Millery (Auguste Gien dit Jean), 121.
Millet (Marcel), 64, 497.
Millet (Raymond), 76.
Milosz (Oscar-Vladislas de Lubicz-), 29, 72, **372-385**, 386, 389, 390, 397, 505, 507, 519, 527, 531.
Miomandre (Francis Durand dit Francis de), 124, 172, 259, 372, 373, 397, **542**, 565.
Miquignon (Charles), 125.
Mirabeau (Honoré-Gabriel Riqueti de), 81, 96.
Mirbeau (Octave), 322.
Miró (Joan), 387, 388.
Mistral (Frédéric), 42, 43, 92, 96, 97, 121, 129, 203, 214, 450.
Mithouard (Adrien), 40, 72, 372, 387.
Mitterrand (François), 472.
Mockel (Albert), 25.
Modigliani (Amedeo), 490.
Mokel (Charles), 121.
Molière (Jean-Baptiste Poquelin, dit), 212, 258.
Molinet (Jehan), 106.
Moncaut-Larroudé (Fernand), 121.
Mondor (Henri), 66, 519.
Monfreid (Georges-Daniel de), 308.
Monier (Raoul), 457.
Monnier (Adrienne), **178**, 304.
Monnier (Henri), 457.
Monro (Harold), 388.
Montaigne (Michel de), 52.
Montale (Eugenio), 350.
Montalte (Louis), **74**.
Montbrial (François de), 504.
Montesquieu (Charles de Secondat, baron de La Brède et de), 231, 536.
Montesquiou-Fezensac (Robert de), 14, 128, 129, 161, 205, 408, 409, 465, 468.
Montherlant (Henry de), 116, 129, 184, 242, 259, 495, 537, **555-556**, 564.
Montreuil (Gaëtane de), 176.
Mora (André), 532.

Morand (Paul), 116, 259, 306, 322, 324, 332, 355, 497, 537, **552-555**, 556, 564.
More (Georges), 123.
Moréas (Jean Papadiamantopoulos, dit Jean), 20, 28, 38, 42, 43, 46, 49, 50, 62, 79, 81, 90, 91, 94, 113, 114, 128, 130, 164, 184, 203, 209, 210, 372, 425, 455, 479, 481, 531, 569.
Moreau (Gustave), 376, 396.
Morhange (Pierre), 448.
Morice (Charles), 18, 40, 41.
Morier (Henri), 82.
Morisot (Berthe), 215, 217.
Morize-Delarue (André), 122.
Mortier (Alfred), **71**.
Mougin (Jules), 525, 526.
Moulin (Jeanine), 147.
Mounier (Emmanuel), 262, 279.
Mourey (Gabriel), 67.
Moussarie (Pierre), 471, 505, **506**, 510.
Moussat (Émile), 52.
Mozart (Wolfgang Amadeus), 17, 341, 344, 373, 490, 528.
Muchard (Henri), 42.
Muchat, 97.
Muller (Jean), 41.
Murat (Amélie), 66, 127, **155-156**.
Murciaux (Christian Muracciole, dit Christian), **530**.
Muselli (Vincent), 41, **45-47**, 56, 100, 451, 498.
Muset (Colin), 452.
Musset (Alfred de), 36, 116, 128, 143, 352, 356, 452, 457, 490.

Nadal (Octave), 234.
Nadeau (Maurice), 552.
Nadeau (Paul), 507.
Napoléon Ier, 249.
Nau (John-Antoine), 28, 129, 323, 330, 536, 565..
Navel (Georges), 525.
Naville (Pierre), 495, 496.
Nayral (Jacques), 122.
Nazzi (Louis), 77.
Nelli (René), 522.
Nereÿs (Mme Roger de), 182.
Nerval (Gérard Labrunie, dit Gérard de), 50, 165, 186, 187, 236, 319, 333, 340, 348, 356, 374, 378, 452, 465, 472, 487, 499, 514, 520, 521, 522, 527, 528, 530, 533, 537, 542, 550, 566.
Nervat (Jacques), 153.
Nervat (Marie), 153.
Neuhuys (Paul), 33.

Nietzsche (Friedrich), 213, 318, 550.
Nigond (Gabriel), 67, 522.
Nijinsky (Vaslav), 528.
Nizet (Marie), 26.
Noailles (Anna-Élisabeth, princesse Brancovan, comtesse Mathieu de), 28, 39, 62, 90, 119, 125, 127, **128-136**, 142, 157, 181, 184, 185, 210, 446, 501.
Nocher (Jean), 526.
Nodier (Charles), 520.
Noël (Bernard), 408.
Noël (Marie Rouget, dite Marie), 47, **167-169**, 498.
Noguès (Marius), 522.
Noisay (Maurice de), 41.
Nolhac (Pierre de), 52, 66.
Normandy (Georges), 125.
Norre (Henri), 522.
Nouet (Noël), 41, 88, 90.
Noulet (Émilie), 234.
Nouveau (Germain), 69, 72, 76.
Novalis, 24, 383, 387, 566.
Nucera (Louis), 520.
Nyse (Berthe de), 182.

Obaldia (René de), 407, 533.
Ocampo (Victoria), 304.
Ochsé (Julien), 118.
Oddo (Anne-Marie), **184**.
Oddo (Raphaël), 79.
Odilé (Claude), 451, 481.
Offenbach (Jacques), 455.
Onimus (Jean), 271, 279.
Opsomer (Isidore), 387.
Orieux (Jean), 569.
Orliac (Antoine), 18.
Orliac (Jehanne d'), 127, 182.
Ormesson (Wladimir d'), 569.
Ormoy (Marcel Pouille, dit Marcel), 50, 451, 479.
Orphée, 309.
O'Santry (Sybil), **127**.
Osmont (Anne), **128**, **182**.
Oster (Pierre), 183.
Otsuka (Yukio), 510.
Ott (Jean), 80, 117.
Ovide, 96, 329.

Pagnol (Marcel), 526.
Palmade (Jules), 77.
Pap (Laetitia), 506.
Parain (Brice), 512.
Parent (Monique), 279.
Parisot (Henri), 406.
Parrot (Louis), 533.
Pascal (Blaise), 231, 250, 550, 569.

Pascal-Bonetti, **78**, **79**, 80, 117, 182, 183.
Pasquier (Étienne), 329.
Pater (Walter), 235.
Patinir (Joachim Patemeron), 207.
Patmore (Coventry), 250, 251, 322.
Paul (saint), 252, 364.
Paul (Madeleine), 127.
Paulhan (Jean), 84, 124, 125, 161, 353, 359, 386, 492, 511, 562, 566, **568**.
Paulin (Louisa), **177**.
Payen (Louis), 98, 375.
Payer (André), 42, **58-59**.
Paÿs (Marcel), 64, 65, 80.
Pedrega (Camille), 30.
Péguy (Charles), 75, 119, 129, 250, **260-279**, 443, 533, 537, 550.
Péladan (Joséphin, dit le Sâr), 387, 407.
Pellerin (Jean), 48, 119, 450, **459-461**, 462, 474, 479, 481.
Pellerin (Jean-Victor), 479.
Perceau (Louis), 110, 210.
Perche (Louis), 129, 248, 264, 266, 278.
Perdiel-Vaissière (Jeanne), 127, 309.
Péret (Benjamin), 324.
Pergaud (Louis), 67, 119, 476, 565.
Périer (Odilon-Jean), 33, 172.
Périn (Cécile), 127, 153, **169-171**, 481.
Périn (Georges), 28, 153, 169, 415, 437.
Perle (Raymonde Lefèvre, dite Christiane), 184.
Pérochon (Ernest), 565.
Péroux (Roger), 122.
Perrey (Anie), 127.
Perros (Georges), 231.
Perrot (Charles), 120.
Pétain (Philippe), 254.
Petiot (chanoine A.), 373.
Petiot (Henry), 33.
Petit (Jacques), 242.
Pétrarque, 52, 227.
Pey de Garros, 103.
Peyre (Sully-André), **97**, 183.
Phidias, 161.
Philippe (saint), 252.
Philippe (Charles-Louis), 322, 416, 421, 424.
Philippe (Marie), 174.
Pia (Pascal), 32, 568.
Pic (Marcel), 109.
Pic de La Mirandole, 103, 407.
Picabia (Francis), 32.
Picard (Gaston), 41.
Picard (Hélène), 97, 127, **149-150**.
Picasso (Pablo), 387, 434, 544.
Pie XI, 43.
Piéchaud (Louis), 89.

Piéchaud (Martial), 89.
Pierné (Gabriel), 483.
Pierné (Paul), 483.
Pierre (saint), 252.
Pierre-Martin (Gabriel), 120.
Pierre-Quint (Léon), 495, 497.
Pighetti de Rivasso (Raoul), 121.
Pillement (Georges), 32, 449.
Pilon (Edmond), 451, 481.
Pindare, 53, 117, 245, 283, 299.
Piot (André), 74.
Pize (Louis), 41, **57-58**, 121, 124, 451, 481, 498.
Place (Jean-Michel), 497.
Plantin (Christophe), 457.
Platon, 348.
Plessis (Frédéric), 41, 155.
Plotin, 283.
Poe (Edgar), 26, 29, 33, 214, 375, 390, 449.
Poilvet Le Guenn (Jean), 524.
Poirier (Joseph-Émile), 445.
Poirier (Léon), 67.
Polaire (Louise Balthy, dite), 137.
Pomairols (Charles de), 71.
Pomès (Mathilde), **166-167**.
Ponchon (Raoul), 107, 111, **113-114**.
Ponge (Francis), 189, 568.
Pons (Albert), 68.
Pons de Capdueil, 423.
Porché (François), **60-61**, 261, 268.
Portail (Jean), 439.
Pottecher (Maurice), 114.
Pougy (Liane de, princesse Ghyka), 137, 146, **148**.
Poulaille (Henry), 525.
Poulet (Georges), 234, 242.
Pound (Ezra), 386, 388.
Pourrat (Annette), 66.
Pourrat (Henri), 32, 66, 121, 154, **563-564**, 565.
Pourtal de Ladevèze (Jean), 23, 498.
Pouzol (Francis), 121.
Pozzi (Catherine), **161-164**.
Prade (Robert), 524.
Pradelle (François), 98, 100, 101, **105-107**.
Pradelle (Georges), 9.
Prado (Jacques), 28, 117.
Praviel (Armand), 67, 78, 98, 569.
Prévert (Jacques), 114, 407, 485, 495.
Prévost (Ernest), 62.
Prévost (Marcel), 62.
Privas (Xavier), 114.
Privat (Bernard), 569.
Proust (Marcel), 97, 129, 231, 236, 353, 410, 446, 529, 536, 537, 565.

Prouteau (Gilbert), 117.
Prouvost (Amédée), 67.
Prudence, 265.
Puget (André), 439.
Puget (Claude-André), 124, 452, **563**.
Pugnaud (Paul), 505, **510**, 522.
Pujo, 41.
Purnal (Roland), 33, 332.
Puvis de Chavannes (Pierre), 158.

Quatremère de Quincy (Anne), 506.
Queneau (Raymond), 108, 114, 407, 495, 505, 512, 516.
Quincey (Thomas de), 514.
Quitet-Vauquelin (Pierre), 64.

Rabelais (François), 106, 198, 250, 405, 407, 511, 512.
Rabinaux (Roger Bellion, dit Roger), 105, 108, **511-512**.
Racan (Honorat de Bueil de), 92.
Rachilde (Marguerite Eymery, dite), 25, 205, 401.
Racine (Jean), 30, 35, 50, 53, 154, 220, 223, 231, 236, 251, 439, 527, 529, 534, 550.
Racine (Nicole), 441.
Radet (Pierre), 65.
Radiguet (Raymond), **558-560**.
Ragon (Michel), 522, 525.
Rameau (Jean), 42.
Rameau (Jean-Philippe), 36, 42.
Rameil (Pierre), 95.
Randau (Robert), 28, 118.
Ranson (Paul), 402.
Raphaël, 207.
Raphaël-Leygües (Jacques), **507-508**.
Rapin (René), 235.
Raval (Marcel), 33.
Ravel (Maurice), 482, 483, 484.
Ray (Marcel), 322.
Raymond (Marcel), 16, 28, 100, 101, 198, 233, 234, 237, 289, 330, 331, 337, 351, 383, 475.
Raynaud (Ernest), 41, 42.
Raÿter (Jean Ratier, dit Jean), 80.
Réande (Jean), 64.
Reboux (Paul), 85, 565.
Récamier (Jeanne - Françoise - Julie - Adélaïde Bernard, Mme), 37.
Redon (Odilon), 217, 396.
Régnier (Henri de), 22, 25, 78, 95, 117, 129, 130, 143, 145, 153, 199, 202, 209, 215, 375, 479, 481, 482, 534, 537, 566.
Régnier (Jehan), 106.

Régnier (Mathurin), 15, 28, 34, 62, 109, 278, 452.
Rembrandt, 207.
Rémy (Gabrielle), 174.
Rémy (Jean-Pierre Angrémy, dit Pierre Jean), 310, 312.
Rémy (Tristan), 524.
Renaitour (Jean-Michel), **74**.
Renan (Ernest), 125, 239, 240, 448.
Renard (Jean-Claude), 235, 498.
Renard (Jules), 115, 239, 402, 510, 536.
Renart (Jean), 100.
Rency (Georges), 26.
René d'Anjou, 96.
Renoir (Auguste), 98, 217.
Renoir (Jean), 36.
Restif de La Bretonne (Nicolas Restif, dit), 522.
Retté (Alphonse), 98.
Reumaux (Patrick), 549.
Reutlinger (Jean), 124.
Reverchon (Blanche), 334.
Reverdy (Pierre), 111, 324, 552.
Rey (Henri-François), 557.
Rey (Jean-Baptiste), 457.
Rey (Maurice), 64.
Reynaud (Jacques), 49.
Reynolds (Berthe), 182.
Rhoïdès (Jean), 402.
Ricard (Lydie de), 126, 153.
Ricaumont (Jacques de), 64.
Richard (Élie), 33.
Richelieu (Armand-Emmanuel Du Plessis, duc de), 103.
Richepin (Jacques), 63, 153.
Richepin (Jean), 39, 63, 80, 113, 114, 124, 153, 410.
Richter (Charles de), 565.
Richter (Jean-Paul), 566.
Rictus (Gabriel Randon de Saint-Amand, dit Jehan), **112-114**, 240, 522.
Rieder (Violette), 181, 441.
Riese (Laure), 176.
Rilke (Rainer-Maria), 129, 161, 178, 230, 354, 528, 537, 566, 569.
Rimbaud (Arthur), 32, 33, 84, 110, 118, 198, 210, 235, 239, 241, 248, 250, 324, 329, 330, 333, 334, 337, 338, 350, 354, 374, 383, 401, 405, 407, 434, 490, 537, 549, 557, 558.
Rioux (Paul), 121.
Ripert (Émile), 41, **96**, 506, 547.
Rivière (Jacques), 33, 217, 241, 254, 304, 353, 537.
Robbe-Grillet (Alain), 408, 569.

Robert (Bernard-Paul), 204.
Roberto (Eugène), 310.
Robespierre (Maximilien), 343.
Robinson (Judith), 234.
Roblès (Emmanuel), 527, 569.
Roché (Louis), 518.
Rochefort (Robert), 64.
Rocher (Edmond), 65.
Rocher (Georges), 83.
Rodenbach (Georges), 20, 21, 24, 95, 122, 174, 383, 451.
Rodenbach (Louise), 174.
Rodet (Pierre), 64, 80.
Roinard (Paul-Napoléon), 28.
Roland (Marcel), **74-75**.
Rolland (Alice), 184.
Rolland (Romain), 261, 265, 279, 334, 421, 441, 550.
Rolland de Renéville (André), 374, 384, 389.
Rollot (André), 79.
Romane (André Minot, dit André), 63.
Romains (Lise Jules-), 434, 523.
Romains (Louis Farigoule, devenu Jules), 28, 32, 33, 50, 324, 354, 415, 416, 417, 422, **423-434**, 439, 457, 507, 537, 563.
Romanet (Fernand), 64.
Ronsard (Pierre de), 17, 42, 43, 52, 81, 90, 93, 100, 101, 106, 154, 214, 450, 452.
Rosenthal (Gérard), 495, **496-497**.
Rosny aîné (Joseph-Henri Boex, dit), 536.
Rossetti (Dante Gabriele), 137, 140.
Rossini (Gioacchino), 36.
Rostand (Edmond), 35, 38, 96, 129, 153, 413.
Rostand (Jean), 35, 129, 131.
Rostand (Maurice), **35-36**.
Rouart (Eugène), 295.
Rouart-Valéry (Agathe), 215-216.
Rougé (Jacques), 65.
Roumanille (Joseph), 96, 450.
Rouquet (Auguste), 95.
Rousseau (Henri, dit le Douanier), 202.
Rousseau (Jean-Baptiste), 223.
Rousseau (Jean-Jacques), 128, 130, 200, 536.
Rousseau (Samuel), 483.
Rousseaux (André), 168, 262, 279.
Roussel (Raymond), 115, 321, 353, 401, **408-413**, 414.
Roussel-Dupin (Emma), 66.
Rousselot (l'abbé), 16.
Rousselot (Jean), 56, 74, 82, 163, 179, 184, 185, 187, 235, 374, 375, 381,

386, 421, 440, 443, 461, 477, 494, 498, 499, 502, 505, 517, 520, 522, 525, 527, 528, 531, 534, 543.
Rousset (Jean), 242.
Routier (Simone), **175**, 506.
Roux-Champion (Alice), 182.
Roy (Claude), 242, 251, 353, 354, 362.
Royé (Sylvain), 119.
Royère (Jean), **26**, **27**, **28**, 29, 30, 111, 236, 237, 491.
Rubens (Pierre-Paul), 476.
Ruet (Noël), 450, 498.
Rutebeuf, 57, 461, 532.
Ruysbroeck (Jan Van), 24.
Ryeul (Jean), 475.
Ryner (Henri Ner, dit Han), 28, 77.

Sabatier (D^r), 209.
Sabatier (Robert), 111.
Sabiron (Georges), 124.
Sadia-Lévy, 28.
Sahuqué (Blanche), 127.
Saillet (Maurice), 402.
Sainmont (J.-H.), 402.
Saint-Amant (Marc-Antoine de Girard de), 103, 107, 109, 113, 452, 469.
Saint-Cyr (Charles de), 77.
Saint-Exupéry (Antoine de), 566.
Saint-Georges de Bouhélier (Stéphane-Georges de Bouhélier-Lepelletier, dit), 72, 77, 122.
Saint-John Perse (Marie-René-Alexis Léger dit Saintléger Léger, puis), 118, 259, **283-306**, 307, 316, 352, 366, 370, 530, 552.
Saint-Just (Robert de), 121.
Saint-Point (Valentine de), 28, **127-128**.
Saint-Pol Roux (Pierre-Paul Roux, dit), **197-199**, 307, 390, 401.
Saint-René (Martin), 54.
Saint-Simon (Louis de Rouvroy, duc de), 250.
Sainte-Beuve (Charles-Augustin), 38, 65, 85, 125, 234, 566.
Sainte-Marie Perrin, 254.
Saisset (Frédéric), 95.
Sales (Henri), 507.
Salmon (André), 29, 32, 47, 407, **448**, 452, 481, 487, 495, 505, 544, 558.
Salomé (René), 64, 71.
Saltas (Jean), 402.
Samain (Albert), 83, 89, 117, 122, 137, 330, 416.
Sambor (Raymond), 120.
Sampeur (Virginie), 176.
Sand (Aurore), 389.

Sand (George), 260, 389.
Sandelion (Jeanne), 184.
Sandre (Thierry), 124, 565.
Sangnier (Marc), 86.
Sappho, 135, 137, 141, 146.
Sarment (Jean Bellemère, dit Jean), 563.
Sarraut (Albert), 129.
Sartin (Pierrette), **188-189**, 506.
Sartre (Jean-Paul), 88.
Saurat (Denis), 124.
Sauvage (Cécile), **153-155**, 509.
Sauvage (Marcel), 33, **518**.
Scarron (Paul), 109.
Scève (Maurice), 15, 84, 107, 227, 322, 362, 479, 508.
Schaltin (Raymond), 82.
Schéhadé (Georges), 304.
Schlumberger (Jean), 507, 569.
Schopenhauer (Arthur), 42.
Schubert (Frantz), 135.
Schumann (Robert), 205.
Schuré (Édouard), 16, 17, 24, 72, 387.
Schwab (Raymond), **447-448**, 449.
Schwob (Marcel), 204, 239, 453, 514.
Sébastien (Robert), 532.
Séché (Alphonse), **115-116**.
Séché (Léon), 115.
Second (Jean), 107.
Secrétain (Roger), 279.
Seeger (Alan), 78.
Ségalat (Anaïs), 126.
Segalen (Victor), 118, 119, **307-320**, 531, 552.
Ségalen (Yvon), 308.
Segard (Achille), 438.
Seghers (Pierre), 83, 113, 186, 191, 503, 512, 514, 517, 521, 530, 562.
Séguin (Hélène), 41, 80, 170, 185.
Séguin (Marie-Madeleine), 127, 185, 498.
Seillères (Ernest), 234.
Senancour (Étienne Pivert de), 130.
Senécal (Eva), 176.
Sentenac (Paul), 98.
Sermaize (Jacques), 481.
Sernet (Claude), 83.
Serusier (Paul), 402.
Servien (Pius), 31.
Shakespeare (William), 239, 241, 246, 309, 335, 350, 362, 550.
Shelley (Percy Bisshe), 52.
Sicard (Émile), **96**, 96.
Sicaud (Sabine), **156-161**, 559.
Siefert (Louisa), 126.

Signaux (Gilbert), 544.
Signorelli (Luca), 387.
Signoret (Emmanuel), 93, 96, 98.
Sigogne (Charles de), 111.
Silvaire (André), 374.
Silvestre (Charles), 39.
Simon (Michel), 36.
Simon (Pierre-Henri), 83, 242, 569.
Simone (Pauline Benda, dite Mme), 61.
Simonin (Albert), 520.
Sollier (J.-M.), 178.
Sophocle, 134.
Sormiou (Marie de), 127.
Souchon (Paul), 28, 96, 98, 117.
Souday (Paul), 49, 236.
Souffron (Paul), 533.
Soulairol (Jean), 498, 500.
Soupault (Philippe), 33, 324, 495, 505.
Souza (Robert de), 16, 18, 28, 117, 235, 236, 237, 482.
Spire (André), 15, 16, 117, **442-445**, 448, 449.
Starbach (Gaston), 77.
Starobinski (Jean), 242.
Stendhal (Henry Beyle, dit), 116, 125, 186, 213, 231, 566.
Sternberg (Josef von), 211.
Stevenson (Robert Louis Balfour), 522.
Stirling (André), 53, 79.
Stravinski (Igor), 304.
Suarès (Yves Scantrel, dit), 250, 261, 386, 387, 388, 397, **550-552**.
Suchet (Gabriel), 121.
Sully Prudhomme (René-François-Armand Prudhomme, dit), 39, 54.
Supervielle (Anne-Marie), 359.
Supervielle (Jules), 33, 202, **352-371**, 389, 494, 502, 517, 542.
Supervielle (Laurence), 370.
Swedenborg (Emmanuel), 387.
Swinburne (Charles), 137, 209, 375.
Sylvel (Amy), 183.

Tabuis (Eugène Grognet, dit Lionel), 72.
Tagore (Rabindranath), 304.
Tailhade (Laurent), 14, 28, 205.
Taillefer (Germaine), 220.
Tamari (Olive), 510.
Tarcissius (saint), 256.
Tarde (Alfred de), 41.
Tardieu (Jean), 505.
Tavan (Édouard), 175.
Tchékhov (Anton), 335.
Teilhard de Chardin (Pierre), 66, 373.
Tenant (Jean), 67, 154, 481.

Teneuille (Albert de), 79.
Tennyson (lord Alfred), 19.
Terrasse (Claude), 402.
Texier (Jean), 47.
Thaly (Daniel), 118.
Tharaud (Jérôme et Jean), 260, 261, 274, 279, 562, 565.
Thellier de Poncheville (Georges), 121.
Théocrite, 103.
Thérèse d'Avila (sainte), 334, 335.
Thérive (Roger Puthesté, dit André), 41, 49, 93, 94, 108, 490.
Theuriet (André), 63, 75.
Thibaudet (Albert), 234, 236, 239, 566.
Thibon (Gustave), 183.
Thiriet (Robert), 120.
Thogorma (Édouard Guerber, dit Jean), 64.
Thomas (Henri), 284, 369, 549.
Thomas (Louis), 41, 98, 457.
Thomas (Paul-Marie), 121.
Thomas d'Aquin (saint), 248.
Thubert (Emmanuel de), 99, 108.
Tibulle, 466.
Tichon (Élise), 174.
Tinan (Jean de), 402.
Tinayre (Marcelle), 138.
Toesca (Maurice), 510.
Tolstoï (Léon), 96, 415, 442, 550.
Tonnelier (Jean), 28.
Toulet (Paul-Jean), 118, 125, 448, 450, **453-457**, 457, 459, 465, 478, 481, 490, 491, 492, 495, 533, 559.
Toulouse-Lautrec (Henri de), 402, 453.
Touny-Lérys (Marcel Marchandeau, dit), **77-78**, 97.
Tournier (Michel), 181.
Touron (Marius), 121.
Toussaint (Frantz), 487.
Toussaint (Gustave-Charles), 74.
Toussaint (Marcel), 122.
Tousseul (Jean), 522.
Tresserre (François), 98.
Tristan L'Hermite (François), 355, 362, 407, 452, 459, 469, 559.
Trombert (Mathilde), 184.
Troufleau (Charles), 120.
t'Serstevens (Albert), 259, **543**.
Tsing Pann Yang, 568.
Tudescq (André), 80, 98.
Turolus, 106.
Tusseaud (Mme), 329.
Tzara (Samuel Rosenstock, dit Tristan), 307, 407, 558.

Uccello (Paolo), 387.
Ungaretti (Giuseppe), 304, 388.

Urfé (Honoré d'), 59.
Utrillo (Maurice), 490.

Vacaresco (Hélène), 54, 126, 127, 129.
Vachot (Charles Massonne, puis Jacques), 531-532.
Vade (Jeannine), 127.
Vaes (Walter), 387.
Vaillandet (Alfred), 77.
Vaillant-Couturier (Paul), 475.
Valadié (Raymond), 68.
Valensol (Huy), 68.
Valéry (Paul-Ambroise), 25, 27, 30, 32, 42, 44, 55, 74, 78, 90, 92, 94, 105, 129, 161, 163, 164, 165, 166, 178, 209, 212, 213-237, 248, 279, 289, 290, 293, 304, 353, 401, 439, 479, 481, 527, 528, 529, 534, 556, 566.
Valès (Edgar), 98, 105, **108**.
Valet (Paul), **512**.
Vallas (Jean-Louis), 116.
Vallery-Radot (Robert), 41, 80, 86, 88, 89, 373.
Vallette (Alfred), 401.
Valmont (Gustave), 125.
Valmy-Baysse (Jean), 59, 480.
Van Arenbergh (Émile), 26.
Van Bever (Arnold), 67.
Vandeputte (Henri), 26.
Van Dooren (Jean-Jacques), 33.
Van Elegem (Marie), 174.
Van Eyck (Jean), 203.
Van Gogh (Vincent), 374.
Van Lerberghe (Charles), 172, 173.
Van Loo (Jean-Baptiste), 96.
Van Parys (Georges), 191.
Varèse (Edgar), 528.
Varlet (Théo), 415, 438, 481, 494.
Vaudoyer (Jean-Louis), 62, 481.
Vaunois (Louis), 534.
Vauvenargues (Luc de Clapiers de), 96.
Vegina (Medjé), 176.
Vellay (Charles), 40.
Venancourt (Daniel Cornette de), 76.
Vérane (Léon), 100, 450, **468-470**, 481, 498, 499.
Verhaeren (Émile), 23, 28, 31, 32, 78, 122, 333, 415, 418, 421, 423, 424, 442, 481, 482, 557.
Verlaine (Paul), 31, 33, 39, 48, 72, 85, 96, 113, 114, 128, 130, 183, 188, 203, 209, 210, 214, 215, 227, 231, 250, 269, 321, 329, 333, 374, 375, 401, 425, 452, 453, 464, 465, 480, 481, 490, 511, 521, 550, 558.
Verne (Jules), 321, 408, 410, 411.
Vialatte (Alexandre), 66, 516, **564**.

Vian (Boris), 505.
Viau (Théophile de), 110, 362, 452.
Vielé-Griffin (Francis), 14, 20, 28, 72, 202, 215, 333, 419, 482.
Vignon (Marie-Louise), **156**, 182.
Vigny (Alfred de), 18, 38, 45, 81, 93, 94, 183, 220, 352.
Vildrac (Charles Messager, dit Charles), 28, 415, 418, **418-421**, 422, 424, 425, 440, 480, 502, 507.
Villiers de L'Isle-Adam (Philippe—Auguste-Mathias de), 214, 407, 527.
Villon (François), 43, 231, 452, 458, 459, 465, 477, 514, 521.
Villoteau (Pierre), 495.
Vilmorin (André de), 19.
Vilmorin (Louise de), **190-191**.
Vincent (Roger), 122.
Vincent-Doucet-Bon (Liseron), 184.
Vinci (Léonard de), 387, 528.
Viollet-le-Duc (Eugène-Emmanuel), 106, 214.
Viollis (Jean), 206.
Virenque (Claire), 182.
Virgile, 54, 56, 93, 97, 98, 103, 180, 230, 299, 326, 521.
Visan (Vincent Biétrix, dit Tancrède de), 16.
Vissouze (Jean), 66.
Vitrac (Roger), 389, 407, 548, 549.
Vivien (Pauline Tarn, dite Renée), 48, 127, **137-142**, 146, 147, 183.
Vloors (Émile), 387.
Vocance (Julien), **492, 494**.
Voisin (Joseph), 522.
Voisins (Gilbert de), 96, 308, 319, 565.
Voiture (Vincent), 540.
Volland (Gabriel), 22, 80.
Voltaire (François-Marie Arouet, dit), 35, 231, 452.
Vuagnat (Luc), 82.
Vuillard (Édouard), 402, 483.
Vuillemin (Louis), 36.

Wagner (Richard), 17, 19, 373, 550.
Wagon (Florimont), 122.
Wahl (Jean), 449.
Walter (Georges), 520.
Walter (Jean-Claude), 68.
Walzer (P.-O.), 234.
Warens (Mme de), 201.
Warnod (André), 124.
Watteau (Antoine), 13.
Wedekind (Frank), 335, 348, 350.
Weil (Simone), 183.
Weininger (Otto), 443.
Wells (Herbert George), 544.

Whitman (Walt), 14, 23, 33, 299, 323, 324, 330, 333, 354, 416, 421, 424, 438, 441, 552.
Wilde (Oscar Fingall O'Flahertie Wills, Oscar), 71, 75, 137, 209, 372, 402, 534.
Willy (Henry Gauthier-Villars, dit), 453, 565.
Wysewa (Théodore de), 16, 17.

Xanrof (Léon), 114.

Xénophon, 289.

Yard (Francis), 65.
Yeats (William Butler), 179.
Yourcenar (Marguerite de Crayencour, dite Marguerite), 147.
Yvan (Antoine), 124.

Zangwill (Israël), 443.
Zola (Émile), 424.
Zweig (Stefan), 428.

Table des Matières

PROPOS D'ENTRÉE 7

MOUVANCES DE LA TRADITION 9

1. *Dans le sillage symboliste* 11
Au seuil du nouveau siècle. A la charnière du siècle. Valeurs symbolistes. Symbolisme, musique et science. Symbolisme orphique et chrétien : Louis Le Cardonnel. Le Symbolisme aquatique de Guy Lavaud. Les Eaux dormantes d'André Foulon de Vaulx. Dans le sillage symboliste. Valeurs symbolistes après 1900 : en Belgique. Une province du Symbolisme : le Musicisme de Jean Royère. Autour de Jean Royère. Proches de Paul Valéry : Lucien Fabre et d'autres. Regard sur le Symbolisme. Un bulletin de santé du Symbolisme.

2. *Permanences et réactions classiques* 84
Les néo-romantiques. Vers un Néo-Classicisme? La Musique intérieure de Charles Maurras. Vincent Muselli ou le charme du savoir. Le Classicisme de Le Dantec. Maurrassistes et moréassiens. L'Antiquité et les antiquailles. Virgiliens, intimistes, élégiaques. Idéalismes philosophiques et religieux. Clartéistes, harmonistes, lyriques divers. Poésie en quelques endroits divers.

3. *La Poésie en maintes demeures* 85
L'Enfant chargé de chaînes, François Mauriac. Les Amis du jeune Mauriac, les « Cahiers ». Une Pléiade méridionale. Une Pléiade méridionale élargie. La Pléiade gallicane. André Mary, le Ronsard du Gallicanisme. André Berry, le Du Bellay du groupe. Les Guirlandes de François Pradelle. Gallicants, archaïsants et burlesques. Fernand Fleuret galant et satirique. Louis de Gonzague Frick, dandy, burlesque et mystificateur. Poètes de franc-parler. L'irrévérencieux Georges Fourest. Encore quelques poètes satiriques ou populaires. Sports et voyages. Les Destins tragiques.

4. *L'Essor créateur des femmes* 126
Oubliées et dédaignées. Anna de Noailles célèbre et désespérée. Anna de Noailles, la nymphe au cœur innombrable. Anna de Noailles :

598 . LA POÉSIE DU XXe SIÈCLE

quelques esquisses. Une Sappho française, Renée Vivien. Renée Vivien : les offrandes à Lesbos. Amazones : Lucie Delarue-Mardrus et Gérard d'Houville. La Forêt des Amazones. Un poète nommé Colette. Non point muses mais poètes... Poésie et maternité. Sabine Sicaud, l'enfant-poète. Vers le très haut amour, Catherine Pozzi et d'autres. Le Miracle de Marie Noël. D'autres poètes d'inspiration chrétienne. Féminité et francophonie. D'autres chemins de la poésie féminine. Romancières et poètes. Anticipation. Harmonieuses présences.

LES GRANDS ARCHITECTES 195

1. *D'un siècle à l'autre siècle* 197
Permanence de Saint-Pol Roux. Francis Jammes. Paul Fort. Henry Bataille, sensible et sensitif. Pierre Louÿs, le parnassien sensuel.

2. *Paul Valéry* 213
Les Jeunes Années. Du silence à la parole retrouvée. Charmes. Charmes : les grands poèmes. Charmes : le Cimetière marin. Paul Valéry, penseur et poète. Le Débat sur « la Poésie pure ».

3. *Paul Claudel* 238
L'Itinéraire claudélien. L'Œuvre poétique de Paul Claudel. Parenthèse sur un *Ars poetica mundi*. Paul Claudel, poète lyrique. Un immense réservoir de poésie.

4. *Charles Péguy* 260
Charles Péguy, fils du peuple. Les Mystères. Poèmes, sonnets, quatrains. Les Grandes Tapisseries. Ève ou l'épopée chrétienne.

LES PLANÈTES SOLITAIRES 281

1. *Saint-John Perse* 283
Le Jeune Homme au teint clair. Éloges ou louanges de la vie découverte. Anabase, l'élan et la conquête. Exil, le poème de l'Étranger. Vents ou la cosmogonie. Amers, hymne à l'immensité des mers. Chronique, Oiseaux, Équinoxe. Prolongements du poème.

2. *Victor Ségalen* 307
« C'est ici que nous l'avons pris vivant. » Du parler ancien à la Loi nouvelle. « La stèle, corps et âme, être au complet. » Peintures, Odes, Thibet et autres œuvres. Un corps à corps tragique.

3. *Valery Larbaud* 321
Le Voyage de A.-O. Barnabooth. Valery Larbaud, poète.

4. *Pierre-Jean Jouve* 333
« Songe un peu au soleil de ta jeunesse. » De Noces à Kyrie, les conquêtes de l'inconscient créateur. La Vierge de Paris et l'Hymne.

Diadème, Ode, Langue. Mélodrame, Moires. Des poèmes capables d'affronter l'innommable...

5. *Jules Supervielle* 352
Venu de loin. Un paysage échappé de la terre et du soleil. Des Amis inconnus à la Fable du Monde. De la France malheureuse au Corps tragique. Le même Jules Supervielle...

6. *Oscar Vladislas de Lubicz-Milosz* 372
« Ces mensonges du Temps qu'on nomme Souvenirs ! » Des Décadences aux Solitudes. Des Éléments aux Derniers Poèmes. « Tout le royaume de l'amour... »

7. *Jean de Boschère* 386
Le Grésillement de l'Absolu. La Rébellion, l'Espoir et l'Attente. Détresse, espoir, amour.

TENTATIVES D'ESPRIT NOUVEAU 399

1. *Rappel de quelques précurseurs* 401
Alfred Jarry ou les débauches de l'intelligence. Parcours de l'œuvre poétique de Jarry. Raymond Roussel, superbe et déconcertant. L'Étrange Monsieur Brisset.

2. *De l'« Abbaye » à l'Unanimisme* 415
Le Groupe phalanstérien de l' '« Abbaye ». Georges Duhamel, professeur d'amour. Charles Vildrac, l'homme face aux hommes. René Arcos et l'unité humaine. Deux autres fondateurs de l'Abbaye : Martin-Barzun, Mercereau. Jules Romains et l'Unanimisme. La Prosodie unanimiste. Jules Romains et ses œuvres. Jules Romains poète. Georges Chennevière, unanimiste sentimental. Luc Durtain, unanimiste social. Familiers de l' « Abbaye » et unanimistes. Marcel Martinet, poète et militant pacifiste. Un voisin proche, l'immense André Spire. Edmond Fleg le biblique. Henri Franck et l'ardente quête. Raymond Schwab l'hébraïsant. Henri Hertz le généreux.

3. *L'École fantaisiste* 450
Naissance d'une pléiade. Paul-Jean Toulet et les Contrerimes. Jean-Marc Bernard et le De Profundis. Jean Pellerin et la Romance du retour. Francis Carco et la Romance de Paris. Tristan Derème et la contre-assonance. Léon Vérane et la flûte mélancolique. La Vaissière, maître en prose. Philippe Chabaneix l'élégiaque. Poètes fantaisistes. Tristan Klingsor l'enchanteur. Jacques Dyssord et « Certaine » la mort. Entre Fantaisisme et Modernisme : Gabory, Castagnou, Chalupt. Un « Fantaisisme » moderniste : L'Œuf dur.

4. *De la tradition au mouvement* 498
Du côté de Points et Contrepoints. Du côté de La Bouteille à la mer. La Fantaisie en ses dépassements. Louis Foucher et Paul Gilson. Garam-

pon, Frédérique, Chardine, Roché, Sauvage. Présence de Roger Lannes. Hardellet le conquérant. De la nature au travail des hommes. Les Ferveurs harmoniques.

5. *A la recherche de la poésie* 536
Dans la marge d'œuvres en prose. Alain-Fournier ou la brume et la lumière. Jean Giraudoux et ses images. Alexandre Arnoux l'enchanteur. Francis de Miomandre et la grâce sensible. Les Couleurs violentes de t'Serstevens. Le Fantastique social de Pierre Mac Orlan. Les Grandes Géorgiques provençales : Bosco et Giono. L'Audace tranquille de Marcel Arland. André Dhôtel ou la simplicité. André Suarès ou le bouillonnement. Paul Morand, « l'homme pressé ». Henry de Montherlant, poète du corps. Pierre Drieu La Rochelle et la guerre. Raymond Radiguet l'adolescent. L'Ultime Chant de Robert Brasillach. D'autres romanciers-poètes. Critiques et poètes.

INDEX 571

Cet ouvrage
a été composé
et achevé d'imprimer
le 21 décembre 1981
par l'Imprimerie Floch à Mayenne
pour les Éditions Albin Michel

AM

N° d'édition 7393. N° d'impression 19387
Dépôt légal : 1ᵉʳ trimestre 1982

IMPRIMÉ EN FRANCE